27 Büro- und Geschäftshaus Kurfürstendamm 182–183, Filiale der Berliner Disconto Bank AG, Kurfürstendamm 182–183 **28** Apartmenthaus Damaschkestraße, Damaschkestraße 7, Ecke Nestorstraße **29** Kaufhaus Neckermann, Kantstraße 112–114, Wilmersdorfer Straße 109–111 **30** Haus der Elektrizität (Telefunken-Hochhaus), Ernst-Reuter-Platz 7 **31** Büro- und Geschäftshaus „Alte Volksfürsorge", Bismarckstraße 111 **32** Haus Hardenberg, Hardenbergstraße 4–5, Knesebeckstraße 1–2, Schillerstraße 128 **33** Büro- und Geschäftshaus Knesebeckstraße (urspr. Erweiterungsbau Haus Hardenberg), Knesebeckstraße 3

Geplante Projekte ○ **1** Hotel Eden, Budapester Straße 35, Nürnberger Straße 1–2, Kurfürstenstraße 90–91 und 98–100 (heute: Olof-Palme-Platz) **2** Hotel Corporation of America und **2a** Hotel Intercontinental, Budapester Straße 31–35, Kurfürstenstraße 88–91, Burggrafenstraße 9–10 **3** Büro- und Geschäftshaus am Breitscheidplatz, Tauentzienstraße 9–12b, Budapester Straße 41–53 **4** Haupteingang Zoologischer Garten, Hardenbergplatz **5** Industrie- und Handelskammer mit Börse, Hardenbergstraße 16–18, Fasanenstraße 86 **6** Verwaltungsgebäude der Berliner Bank AG, Hardenbergstraße 21 **7** Büro- und Geschäftshaus Deutsche Zündholzfabriken AG, Hardenbergstraße 27–29, Kantstraße 1–4, Joachimsthaler Straße 43–44 **8** Verwaltungsgebäude und Restaurant der Aschinger's AG, Joachimsthaler Straße 1–3 **9** Großgarage Fasanenstraße, Fasanenstraße 79 **10** Archivgebäude der Allianz-Versicherungs AG, Fasanenstraße 31 **11** Büro- und Geschäftshaus Kurfürstendamm-Passage „Basar", Kurfürstendamm 206–209, Lietzenburger Straße 78–84, Uhlandstraße 30 und 32 **12** Verwaltungsgebäude der Landeszentralbank Berlin, Leibnizstraße 9–10, Bismarckstraße 14–15 **13** Verwaltungsgebäude der Berliner Disconto Bank, Otto-Suhr-Allee 6–16 **14** Büro- und Geschäftshaus IBM, Ernst-Reuter-Platz 2

Sitz des Architekturbüros Schwebes und Schoszberger △ Kurfürstendamm 17, Ecke Joachimsthaler Straße und △ im Großen Hochhaus, Hardenbergplatz 2

„BERLIN KOMMT WIEDER“

jovis

„Lassen Sie anderen Forschergenerationen auch noch was."
Tilmann Buddensieg

„BERLIN KOMMT WIEDER“

Die Architekten Paul Schwebes und Hans Schoszberger

Karin Wilhelm
Johann Sauer
Nicole Opel

jovis

Inhaltsverzeichnis

Einleitung

I

„Berlin kommt wieder“. Unter diesem Titel erschien 1950 eine umfangreich bebilderte Broschüre, in der der damalige Oberbürgermeister von Groß-Berlin Ernst Reuter vor dem Hintergrund der zerstörten Reichshauptstadt Berlin die Vision eines Neubeginns als „heimlicher Hauptstadt eines künftigen einheitlichen und freien Deutschlands“[1] aufleben ließ. Angesichts der Vernichtung städtischen Raumes dieser „Viermächtestadt“ und der politisch aufgeheizten Lage zwischen den Besatzungsmächten erscheint Reuters Hoffnungstext von heute aus gesehen wie die bekannte Beschwörungsformel vom „Pfeifen im Walde“. Tatsächlich aber sollte dieser auf den ersten Blick unangebracht erscheinende Optimismus, der die Wiederkehr Berlins als einstiger Weltstadt vor Augen hatte, eine erstaunliche Strahlkraft aussenden.

Natürlich beschwor man in dieser Rückkunftsidee das Leitbild vom Glanz der ehemaligen Hauptstadt des Deutschen Reiches während der Weimarer Republik, in der die Angestelltenkultur aufgeblüht war und mit aufregenden alltagskulturellen Ereignissen zwischen Kaffeehäusern, Jazzetablissements, Kinos, Theatern und Lichtspektakeln in den öffentlichen Zentren der Stadt ein Lebensgefühl moderner, zukunftsfroher Zeitgenossenschaft erzeugt hatte. Konnte man es wiedererstehen lassen? Oder war es ein Traum, ein notwendiger, der den Überlebenswillen der Menschen im Umfeld der Ruinenlandschaften motivieren sollte? Auf welches Lebensgefühl, welchen Leitsatz sollte man bauen?

Im Kontext dieses Aufbauwillens fanden sich zur Konstituierung einer demokratisch strukturierten bundesdeutschen Gesellschaft auch im Westteil Berlins Architekten und wenige Architektinnen zusammen. Dass sich in diesem städtebaulich und baukünstlerisch zu konzipierenden Neubeginn die vertriebenen und verfolgten Architekten (zu denen Hans Schoszberger als sogenannter „Halbjude“ gehörte) mit jenen arbeitsgemeinschaftlich vereinen sollten, die während der nationalsozialistisch geprägten Jahre dem System entweder aktiv oder in angemessener Anpassung gedient hatten, bleibt überraschend. Ein herausragender Ort dieser Entwicklungen, die sich zudem vor dem Hintergrund der sich politisch verfestigenden Ost-West-Dichotomie vollzogen, wurde jedenfalls die Stadt Berlin.

Zu diesem Themenkomplex sind inzwischen wissenschaftliche Arbeiten sowohl für West-Berlin als auch für Ost-Berlin (später Hauptstadt der DDR) vorgelegt worden. Dazu gehören seit einigen Jahren Publikationen zum Architekturbüro von Paul Schwebes und Hans Schoszberger – zwei Akteure, die seit 1955/56 zusammenarbeiteten und lange Zeit eines der meistbeschäftigten Büros West-Berlins unterhielten.

Paul Schwebes, der in den 1930er Jahren immerhin repräsentative Bauprojekte wie die Industrie- und Handelskammer Berlin (IHK) unter dem Generalbauinspektor Albert Speer in Berlin entwickelt hatte, konnte in den Nachkriegsjahren offensichtlich an die aus diesem Projekt resultierenden Kontakte zur West-Berliner Wirtschaft anknüpfen; offenbar war er bereits kurz nach Kriegsende im „Zweckverband für den Wiederaufbau der Leipziger-, Tauentzienstraße und Kurfürstendamm“ tätig gewesen. In diesem Umfeld fanden sich die Protagonisten Paul Schwebes und Hans Schoszberger – der seit Beginn der 1950er Jahre im Bund Deutscher Architekten / Sektion Berlin (BDA) eine zentrale Rolle spielte – zusammen. Dass die Kooperation mit dem bewusst geplanten Rückzug Schoszbergers vom Amt des BDA-Vorsitz / West-Berlin 1955 zusammenfiel, hatte offenbar auch damit zu tun, dass Schoszberger sich für die Direktvergabe von Architektenaufträgen eingesetzt hatte (wie dies im Büro Schwebes der Fall gewesen ist) und damit das vom BDA bevorzugte Wettbewerbswesen unterlief.[2] Jedenfalls sollte der zeitlebens im eigenschaftsverliebten österreichischen Idiom redende, architekturhistorisch gebildete, dem Schreiben verpflichtete Hans Schoszberger seinem Partner Paul Schwebes bis 1968 verbunden bleiben.

In dieser so ungemein erfolgreichen Partnerschaft ist es aber der künstlerisch begabtere Kopf Paul Schwebes gewesen, der – anders als Schoszberger – die Textproduktion offenbar verabscheute und in einzigartiger Weise die Modernisierungstradition, wie sie sich im Groß-Berlin der 1920er-Jahre-Architektur entwickelt hatte, in das Prinzip des Neubeginns „Berlin kommt wieder", einfließen ließ. Dass er dabei stilistische Tendenzen zu überlagern verstand, die sich in einer Pluralität zwischen klassisch-monumentaler und funktional-aufgelockerter Formensprache kundtaten, hat er beispielhaft im Wiederaufbau der 1935 errichteten und während der Bombardierungen der Stadt ruinierten Deutschlandhalle in den 1950er Jahren gezeigt. Hier agierte Schwebes als Repräsentant jenes Leitgedankens, der schon im 19. Jahrhundert gefordert hatte, Architekten sollten in „allen Stylen bauen"[3] können. Solche Prozesse der Überlagerungen sind der Moderneentwicklung inhärent. Schließlich haben sie sich in ihrer soziopolitischen Auffächerung gerade in der Nutzung der Deutschlandhalle auf dem West-Berliner Messegelände im Jahre 1960 gleichsam programmatisch offenbart. Damals kam die US-amerikanische schwarze Jazzsängerin Ella Fitzgerald zu einem später legendär gewordenen Konzert in die wiederhergestellte und durch den ehemaligen Poelzig-Schüler Paul Schwebes im Erscheinungsbild neu konzipierte Deutschlandhalle – einem Konglomerat aus alter Strenge und neuer Dynamik, das die Besucherinnen und Akteure jetzt mit einem schwungvoll ausladenden Flugdach über dem zentralen Haupteingang empfing. Während dieses Konzertes intonierte Fitzgerald – als Gabe an den Ort – die wunderschöne Moritat „Mack the knife" aus der Brecht-Weill'schen *Dreigroschenoper* in englischer Sprache, vergaß den Text und demonstrierte im Scat-Gesang musikalisch traumwandlerisch, was die US-amerikanische schwarze Improvisationskultur war. Dass Auftritte einer im Nationalsozialismus verfemten Kultur fortan zum Projekt des wiederkehrenden (West-)Berlin gehören sollten, ist nie eindrücklicher positioniert worden: Damals erlebte man die Handreichung zum aufgeklärten Weltstadt-Image, das als ideelles Leitbild zum touristisch nutzbaren Repertoire der West-Stadt beitrug (Dok. 13, 14).[4] Für diese Tendenzen stand lange Zeit das vielfach verschwundene und heute vergessene Aufbauwerk des Architekturbüros Schwebes und Schoszberger.

Unser Buch versucht die Erinnerungsmuster jener Baukultur der West-Berliner Nachkriegsära zu rekonstruieren; dies in der Dokumentation und Betrachtung der Werke der beiden Architekten und ihrer zahlreichen Büromitarbeiter und -mitarbeiterinnen. Dabei spielen die ortsbezogenen Transformationen eine wesentliche Rolle, weil darin die Überschreibungen als Prozess des Werdens im Vergehen städtischer Konfigurationen aufscheinen.[5] Da die meisten der zeitprägenden Bauten des Büros Schwebes und Schoszberger in Berlin entstanden – sie repräsentieren die stilistischen Eigenwilligkeiten jener Zeit, wie die ausladende Dynamik der Wendel- oder Spiraltreppe, das Flugdach, das aus dem Baukörper herausgeschobene Zwischengeschoss oder das freizeitnutzbare Flachdach –, konzentrieren sich die Texte auf die Entwicklung in West-Berlin. Hinzu kommt, dass sich nach 1945 die politisch-ökonomische Genese eines Deutschlands im Wiederaufbau gerade im Stadtraum des geteilten Berlins ungemein konturenreich ausgeprägt hat.

II

Unsere Untersuchungen stützen sich auf den 1978 durch den Architekten und Bauhistoriker Burkhard Bergius an das Architekturmuseum der Technischen Universität Berlin übergebenen Teilnachlass von Paul Schwebes. Der andere, sich lange Zeit in privater Obhut befindende Teilnachlass des Architekten ist als erste grundlegende Maßnahme archivarisch durch Helga Linnemann (†) für das Paul Schwebes Archiv (PSA) aufgearbeitet und als Nachlassverzeichnis dem Institut für Geschichte und Theorie der Stadt (IFGTS) übergeben worden. Wir verdanken ihrer unermüdlichen Neugier wertvolle Entdeckungen bislang übersehener Zusammenhänge. Auf dieser Grundlage konnten viele Dunkelzonen der Büroaktivitäten aufgehellt werden, die unter anderem im Bildteil dokumentiert sind. So war es erstmals möglich, die Vielfalt der Bauaufgaben weitgehend zu rekonstruieren, mit denen sich das Büro im Hotel-, Kaufhaus-, Verwaltungs-, Produktions-, Wohnungs- und Privathausbau befasst hat. Sowohl die Bilddokumentation als auch der detaillierte Werkkatalog zeigen diese Arbeiten, die Schwebes und Schoszberger entweder allein oder als Bürogemeinschaft in West-Berlin, im Bundesgebiet und im europäischen Ausland bearbeitet haben.

Unsere Forschungen konnten zudem auf vorliegende Untersuchungen zu einzelnen Bauten des Büros Schwebes und Schoszberger zurückgreifen. Unser besonderer Dank gilt in diesem Zusammenhang Peter Lemburg, der mit seinen Forschungen den Blick auf einige zentrale Bauten des Büros gelenkt und dem PSA freundlicherweise Unterlagen zum Zentrum am Zoo übergeben hat. Ebenso danken wir Dionys Ottl, der für das Büro Hild und K Architekten die Rekonstruktion und die Erweiterung des „Bikini" (Zentrum am Zoo) leitete und dem wir wesentliche Hinweise auf die Farbgebung verdanken. In Gesprächen mit Detlef Jessen-Klingenberg erfuhren wir, dass Volkwin Marg (gmp) als Werkstudent auf dem Bau des Bikini-Hauses gearbeitet hat. Marg berichtete uns, dass Schwebes und Schoszberger ihren Entwurf der Fassade baukünstlerisch so zu entwickeln versuchten, dass sie der Nutzung (Bekleidungsherstellung) gemäß gleichsam als „textile Fassade" wirken sollte. Zugleich bekannte er seine Bewunderung für die Architektur des gegenüberliegenden DEFAKA-Kaufhauses von Schwebes.

Unser besonderer Dank gilt Vladimír Šlapeta, der dem PSA einige Meldezettel Schoszbergers aus Brünn überlassen hat, die den Nachweis des ursprünglichen Glaubensbekenntnisses Schoszbergers und dessen Revision dokumentieren. Zudem hat die Architektin Helga Schmidt-Thomsen, die in den 1960er Jahren an der TU Berlin studierte, unser Nachdenken über den Bedeutungsverlust des Büros (in den 1960er Jahren) in einem Gespräch bereichert; ebenso möchten wir Louisa Hutton und Matthias Sauerbruch danken, die mit dem Neubau und Erhalt des ehemaligen Ullstein-Areals an der Berliner Kochstraße / Graphisches Gewerbezentrum gezeigt haben, was Nachhaltigkeit im historischen Kontext bedeuten kann. Dankenswerterweise hat Niels Gutschow die Probleme der neuen Arbeitsgemeinschaften von Tätern und Opfern der NS-Zeit im Nachkriegsdenken aufgeschlossen mit uns diskutiert.[6] In diesem Zusammenhang sei Klaus Kürvers und Günter Schlusche gedankt, mit denen wir einige Themen der Nachkriegsära besprechen konnten. Schließlich konnten wir durch die Einladung von Frau Ulrike Müller-Hofstede das Privathaus kennenlernen, das Paul Schwebes mit Isak Asriel am Beginn seiner Laufbahn realisiert hat.

Der Werkkatalog und die einführenden Artikel wären in diesem Umfang ohne die Unterstützung unserer Forschungen in den verschiedenen Archiven unmöglich gewesen. Dazu gehören das Berlin-Brandenburgische Wirtschaftsarchiv, das Bundesarchiv Berlin-Lichterfelde, die Universitätsarchive der Technischen Universität Berlin (TUB) und Technischen Universität Wien (TUW) und vor allem das Landesarchiv Berlin, das uns mit der Unterstützung von Andreas Matschenz wesentliche Hinweise auf Planunterlagen ermöglicht hat. In die wenigen erhaltenen Protokolle der frühen West-Berliner BDA-Jahre gab uns freundlicherweise Petra Vellinga Einblick. Zudem haben wir Dr.-Ing. Helmut Maier den Hinweis auf das Schwebes-Projekt für die WMF zu danken. Von grundlegender Bedeutung für die Erarbeitung des Werkkatalogs und unseres derzeitigen Wissens über Planungsphasen etc. sind die jeweiligen Bauaktenarchive Berlins gewesen. Sie sind, ebenso wie die anderen Archive im Anhang einzeln verzeichnet. Deren Mitarbeiterinnen und Mitarbeitern gilt unser besonderer Dank! Leider konnte das Bauaktenarchiv Berlin-Mitte aufgrund interner Umorganisationen und der amtlichen Finanzierungsvoraussetzungen (trotz mehrerer Versuche) nur bedingt kontaktiert werden.

Auf diesen Voraussetzungen basiert die Erarbeitung des Buches, zu der forschend unterstützend zunächst Florian Heilmeyer beitrug, der in seiner Begeisterung für die Planung der Projekt gebliebenen Brunswick Bowling-Halle mit uns die Faszination für die US-amerikanische Freizeitkultur jener frühen Jahre teilte. Außerdem hat die Berliner Zeitschrift *Arch+* und ihr Chefredakteur und Mitherausgeber Anh-Linh Ngo die Zusammenarbeit der Autorinnen Nicole Opel, Karin Wilhelm und Johann Sauer vermittelt. Die grafische Gestaltung des Schwarzplans mit den wesentlichen Projekten und Bauten des Büros Schwebes und Schoszberger hat Felix Künkel mit uns erarbeitet, ein Studierender der Universität der Künste Berlin, den wir durch die Vermittlung des Kollegen Jörg Gleiter kennenlernten. Von großem Wert waren zudem die Recherchen Christoph Tempels, um die jeweiligen Fotografinnen- und Fotografenrechtenachfolger zu recherchieren. Für die kultur- und kunsthistorisch unterlegten Diskussionen sowie dic Zusammenarbeit in dieser Sache ist der Forschungsverbund mit Prof. Annett Zinsmeister von der Frankfurt University of Applied Sciences weiterführend gewesen. Zu Dank verpflichtet sind wir den Verwaltern des reichhaltigen Nachlasses von Paul Schwebes an der TU Berlin, Leitung Hans-Dieter Nägelke. Schließlich gilt unser Dank der Präzision in der Bildbearbeitung durch Tobias Hösl ebenso wie Theresa Hartherz und Susanne Rösler, die für die Produktion dieses Buches verantwortlich zeichneten.

Vor allem aber sei Christian Schwebes, dem Sohn von Paul Schwebes, und dessen Frau Brigitte ein herzliches Dankeschön ausgesprochen – für die Bereicherung durch biografische Anmerkungen und das Vertrauen, das sie unserem Team in der Überlassung des umfangreichen Materials aus dem Nachlass von Paul Schwebes geschenkt haben! Denn erst auf der Grundlage dieses umfangreichen, privat aufbewahrten, ungeordneten Konvoluts wurde es möglich, den bundesrepublikanischen Wunsch des Neubeginnens in seiner Ambivalenz so zu rekonstruieren, wie er sich nach den Jahren der nationalsozialistischen Diktatur im Wiederaufbau der kriegszerstörten Städte manifestiert hat. Damit eröffnete sich die Möglichkeit für eine breitere kulturhistorische Betrachtung jener Projekte und Bauten des Büros Schwebes und Schoszberger, die wir als vieldeutige Erinnerungsmuster jener bundesdeutschen Nachkriegsgesellschaft zu verstehen lernen.

Vor diesem Hintergrund sei jener Kunsthistoriker gedacht, die in den Zeitenwendejahren nach 1968 dafür Sorge getragen haben, dass die Architekturgeschichtsschreibung des Faches Kunstwissenschaft sich allmählich dem Kontext der Moderne im Feld der Baukunst zuwandte, um sie als Kunstform nicht nur formalästhetisch, sondern gleichermaßen sozialpolitisch sehen und verstehen zu lernen. Dies sind Tilmann Buddensieg von der Freien Universität Berlin, Norbert Huse von der Ludwig-Maximilians-Universität München und Heinrich Klotz von der Philipps-Universität Marburg gewesen. Sie haben unsere interdisziplinär angelegte Publikation methodisch vorbereitet.

Karin Wilhelm
Berlin, 2023

Anmerkungen

[1] Walther G. Oschilewski / Oscar Scholz, *Berlin kommt wieder. Ein Buch vom wirtschaftlichen und kulturellen Aufbau der Hauptstadt Deutschlands*, Berlin 1950, S. 3

[2] Schoszberger trat im November 1955 von dem Amt zurück. Leider ist in den Unterlagen des BDA Berlin nicht mehr nachvollziehbar, was die konkreten Gründe waren. Jedenfalls hatten dreißig Mitglieder verlangt, man möge ein „Ehrengerichtsverfahren" gegen „Dr. Schoszberger" in die Wege leiten. Daraufhin hatte Schoszberger darum gebeten, nicht mehr als Vorsitzender, in den Vorstand oder in einen Beirat gewählt zu werden.

[3] Siehe dazu: Heinrich Hübsch, *In welchem Style sollen wir bauen*, Karlsruhe 1828 (Nachdr. Karlsruhe 1984)

[4] War hier ein Aufbruch zu verzeichnen? Noch blickten manche Europäer in die Welt der US-amerikanischen Gesellschaft mit Verwunderung, wenn sie wie Max Frisch 1947 während einer Reise ab Berlin-Lichterfelde mit der US-amerikanischen rassistischen Diskriminierungspraxis konfrontiert wurden. Er notierte: „Ein amerikanischer Major weigerte sich, im gleichen Abteil zu schlafen mit einem Neger, der ebenfalls die amerikanische Uniform trägt." Es handelte sich um einen jungen schwarzen Sergeanten. Zit. nach Hans Magnus Enzensberger, *Europa in Trümmern. Augenzeugenberichte aus den Jahren 1944–1948*, Frankfurt am Main 1990, S. 262

[5] Dass diese Überschreibungen zuweilen mit einer geschichtslosen Naivität vorgenommen werden konnten, offenbart sich in den Erweiterungsplänen des Kempinski-Komplexes in der Fasanenstraße. Hier schlug das Büro Schwebes später vor, an der Stelle der abzureißenden Synagoge ein neues Parkhaus zu errichten – eine Planung, die nicht verwirklicht wurde (Abb. S. 310).

[6] Zu diesem Komplex siehe: Niels Gutschow, *Ordnungswahn. Architekten planen im „eingedeutschten Osten" 1939–1945* (Bauwelt Fundamente, Bd. 115), Basel/Gütersloh 2001, vor allem S. 62

Neu – Beginnen – Neu?

Das Architekturbüro Paul Schwebes und Hans Schoszberger

Karin Wilhelm

Ich kann mir kein seligeres Wissen denken,
als dieses Eine,
daß man ein Beginner werden muß.
Rainer Maria Rilke

Bausteine einer Biografie: Paul Schwebes

I

Es waren Zeichen, Bilder des Neubeginnens. Zwei Fotografien, die aus den Jahren um 1950 überliefert sind, zeigen den damals achtundvierzigjährigen, in Berlin ansässigen Architekten Paul Schwebes im dunklen Anzug. Auf dem einen Foto sitzt er allein an einem Schreibtisch; auf dem anderen sieht man ihn in ähnlicher Haltung, jetzt von zehn Mitarbeitern seines Büros in weißen Arbeitskitteln umgeben **(Abb. 1, 2)**. Sowohl die Kleidung als auch die habituelle Differenz der Akteure verweisen auf ein hierarchisches Arbeitsfeldmuster, das in jenen Jahren gleichsam leitbildlich die Organisation eines selbstständig geführten, erfolgreichen Architekturbüros gewährleistete. Man darf vermuten, dass diese Fotografien aus dem Atelier Schwebes bereits in den neu bezogenen Räumen am Prager Platz 6 entstanden, wo der Architekt soeben mit einigen seiner vertrauten Mitarbeiter zwei Projekte entwickelt, die seinen Erfolg versprechenden Einstieg in den Wiederaufbau West-Berlins garantieren werden.[1]

Auf beiden Abbildungen jedenfalls sind Entwurfsprojekte zu sehen, für die das Büro Schwebes offenbar seit Ende der 1940er Jahre beauftragt worden ist. Die erste Aufnahme zeigt den Architekten mit einem Stift in der Hand vor einer schwungvoll, kontrastreich entwickelten Zeichnung sitzend, auf der ein Vorentwurf für das geplante Hotel Kempinski am Kurfürstendamm, Ecke Fasanenstraße zu sehen ist. Auf der zweiten betrachten die Akteure das Entwurfsmodell für ein Verwaltungsgebäude, das die Berliner Disconto Bank AG soeben an der Potsdamer Straße, Ecke Bülowstraße plant. Gemeinsam mit dem Chef begutachten die Kollegen den künftigen Gebäudekörper eines öffentlich und administrativ genutzten städtischen Bürohauses und präsentieren sich als ein Architektenkollektiv, das nun über die auf dem Schreibtisch verteilten Innenausstattungsmuster zu beraten und zu entscheiden haben wird. Auch auf dieser Aufnahme ist im Hintergrund eine Zeichnung zu sehen, die im Ausschnitt die modular konzipierte Fassadenstruktur eines Hotelentwurfs erkennen lässt.

Es erstaunt, dass sich das Büro Schwebes, angesichts der Trümmerlandschaft Berlins und der kriegsbedingten Vernichtung eines Großteils des Wohnraumbestandes sowie der weitgehenden Produktionsdemontagen durch die Besatzungsmächte, nur knapp fünf Jahre nach der totalen Kapitulation im Mai 1945 bereits Bauaufgaben widmet, die den unmittelbaren Behausungsbedürfnissen der hier Überlebenden kaum nützlich zu sein schienen.[2] Schon 1946 war Paul Schwebes beauftragt worden, einige der vorhandenen Restaurationsbetriebe der

Das „Bikini" an der Budapester Straße in Berlin, 1957. Foto: Jürgen Wagner

Abb. 1 Paul Schwebes mit Entwurfszeichnung Hotel Kempinski im Hintergrund, um 1950. Foto: Werner Kornetzki

Abb. 2 Paul Schwebes und Mitarbeiter mit Modell Berliner Disconto Bank AG, um 1950 (vorne links: Schluckwerder, hinten links: Fritz Plath, Paul Buhrow, vorne, ohne Kittel: Paul Schwebes, vorne rechts: Hermann Bading). Foto: Werner Kornetzki

NEUE BAUWELT

ZEITSCHRIFT FÜR DAS GESAMTE BAUWESEN

6. JANUAR 1947 · HEFT 1

Mit Bildern und Tafeln der Ziegelputzmaschinen

Ausblick auf 1947

Ein wenig zögernd beginnt man nach den Erfahrungen der beiden Nachkriegsbaujahre 1945 und 1946 zu überdenken, was uns wohl das kommende bringen wird.

Erfreulich ist das Planen, das in so vielen Städten zutage tritt und das sich der größten Aufmerksamkeit erfreut. Gelegentlich wird vergessen, daß die Grundlagen alles Planens wirtschaftlicher Natur sind; diese Tatsache muß freilich berücksichtigt werden, soll die Arbeit Früchte haben und in die Ferne wirken. Nicht der Plan soll der Wirtschaft einen Zwang auferlegen, sondern die Wirtschaft soll den Plan bestimmen, und zwar muß das Planen in der Richtung vom Größten zum Kleinsten erfolgen. Nicht vom Städtebau, von der Stadterweiterung muß ausgegangen werden. Nicht der Blick vom Kirchturm aus kann ein neues Deutschland gestalten; dazu bedarf es der Großplanung, einer Raumordnung des gesamten deutschen Landes. Die Verteilung der neuen, dichteren Bevölkerung nach den wirtschaftlichen Möglichkeiten ist die gar nicht hoch genug zu bewertende Aufgabe der Raumplanung. Der Industrie müssen ihre günstigsten Stellungen zugewiesen werden, dort, wo Verkehrsverbindungen vorhanden oder leicht zu schaffen sind, wo Wasserwege die Transporte erleichtern oder Kraftgewinnung aus Wasser und Wind eigene Anlagen ersetzt, wo Rohstoffe gewonnen werden oder leicht hinzubringen sind, kurz alle uns von der Natur gegebenen Möglichkeiten, wie Erze, Salze oder Brennstoffe müssen in der Raumplanung ausgenutzt werden. Die Bodenoberfläche selbst muß für die höchstmögliche landwirtschaftliche Erzeugung hochwertiger Früchte dienen, z. B. für kalorienreiche Fettpflanzen, deren Rückstände bestes Mastfutter geben, für vitaminhaltiges Gemüse, auch solches, das den ganzen Winter über die Nahrung bilden kann, in vielleicht neuen Siedlungsformen, wie es die Gärtnerdörfer sind. Die landwirtschaftlichen Versuchsfelder liegen in der Wichtigkeit in einer Linie mit der Kohle-, Eisen- und Holzforschung. Die Wirtschaftsplanung wird den Industrie-

Abb. 3 *Neue Bauwelt*, Titelblatt, 6. Januar 1947

Aschinger's AG zumindest notdürftig und manche davon, wie das im sowjetisch besetzten Ostteil Berlins gelegene, einst exklusive Restaurant F. W. Borchardt in der Französischen Straße, publikumstauglich zu gestalten. In einem Brief vom 30. Mai des Jahres hatte er zuversichtlich angekündigt, dass das „Borchart Franzstr. [sic!] [...] mit Gottes Hilfe nach annähernd 10 monatlicher Bauzeit am […] 3. Juni eröffnet“[3] werden solle; um zugleich vom wachsenden Unmut in der Bevölkerung Berlins zu berichten: „Der Volksmund murmelt sowieso schon berechtigterweise, dass zwar Luxusrestaurants am laufenden Band eröffnet würden, aber vom Wohnungsbau nichts zu spüren wäre.“[4] Wenn die Instandsetzung der Unterkünfte und Verpflegungsbetriebe für die alliierten Soldaten offenbar mit einer gewissen Priorität behandelt wurde, so blieb es doch die Hauptaufgabe jener Jahre, den zerstören Wohnraumbestand überhaupt erst einmal zu sichern, um sodann die notwendigen Wiederaufbau- und neuerlichen Wohnraumbaumaßnahmen zu planen.

In dieser Gemengelage der unmittelbaren Nachkriegssituation blieb vordringlich die Trümmerbeseitigung eine der Hauptaufgaben der noch funktionsfähigen Baubetriebe und der darin eingebundenen Architekten. Zusammen mit ihnen suchte die Bauwirtschaft nach Lösungen, um zunächst das Übermaß an Bauschutt sinnvoll zu verwenden und in wiederverwertbare Materialien aufzuarbeiten **(Abb. 3)**. Zu Beginn des Jahres 1947 hatte der Chefredakteur der *Neuen Bauwelt* Rudolf Weilbier immerhin bemerkt, dass die „Verwertung der Trümmer zu Betonmauern, Betonsteinen oder Betonfertigteilen“ Fortschritte mache. Und doch hatte er zu bedenken gegeben: „Allerdings wird oft vergessen […], daß das Geld zum Bauen auch da sein muß.“[5] Dass diese der Not gehorchende Praxis eines *urban mining* langfristig nicht ohne die pekuniär abgesicherte Unterstützung auskommen würde, hatte sich also abgezeichnet. Dass das benötigte Geld schließlich – wenn auch zögerlich – durch die politischen Verwirbelungen in den Haushalt der amerikanischen, englischen und französischen Trizone Berlins fließen sollte, resultierte schließlich aus der offenen Konfrontation der Besatzungsmächte, die mit der sowjetischen Blockade ab Juni 1948 erfolgt war. Durch die Luftbrücke der Amerikaner und Engländer hatten die Westzonenbewohnerinnen und -bewohner der Stadt materiell überleben können, aber Strukturen eines selbstverwalteten wirtschaftlichen Aufbaus zur Linderung der hohen Arbeitslosigkeit, deren positive Wirkung sich mit den Aktivitäten des Baugewerbes angedeutet zu haben schien, waren versiegt und unmöglich geworden.

Vor diesem Hintergrund „entschloß sich die Regierung der Vereinigten Staaten von Amerika im Sommer 1949, Berlin in den Marshallplan und später in das Europäische Wiederaufbauprogramm – European Recovery Program (ERP) – einzubeziehen“. Die Grundlage dieses ERP-Konzeptes bildeten „die am 5.6.1947 von George C. M a r s h a l l vor der Harward [sic!]

Abb. 4 ERP-Montage, dem Wiederaufbaujahr 1948/49 gewidmet

University […] gemachten Vorschläge",[6] „das Vertrauen der Europäischen Völker in die wirtschaftliche Zukunft ihrer eigenen Länder"[7] zu unterstützen. In dieses finanziell gestützte europäische Wiederaufbauprogramm des legendär gewordenen Marshallplans wurde nach dem Ende der Blockade im Mai 1949 jetzt „die Einbeziehung West-Berlins" mit dem Abkommen der „Berlin-Hilfe" integriert. Dabei hatte die politische Entwicklung mit der 1948 erfolgten bundesrepublikanischen Währungsreform und der Gründung der Bundesrepublik Deutschland (BRD) im Mai 1949 wesentliche Voraussetzungen für dieses neu einsetzende US-amerikanische Unterstützungsprogramm zur Einbindung der sogenannten Berliner Westzonen geschaffen. So begann ab Februar 1950 der hier angesiedelte Beratende ERP-Ausschuß unter dem damaligen Leiter des Hauptamtes Banken und Versicherungen des Berliner Magistrats und Beauftragten für Finanz- und Wirtschaftsfragen, Dr. Paul Hertz, konzeptionell zu arbeiten. Unter der Ägide des aus der Emigration zurückgekehrten einstigen Mitglieds der Widerstandsgruppe „Neu Beginnen" und der American Friends of German Freedom positionierte der aus einer jüdischen Hamburger Kaufmannsfamilie stammende Hertz jetzt die wesentlichen ökonomischen und kulturell geprägten Leitbilder, die als Grundlagen der US-amerikanischen Investitionspolitik in West-Berlin und deren Bauvolumen wirksam werden sollten. Wie erfolgreich dieses Konzept war, resümierte Hertz kurze Zeit später in seiner neuen Funktion als Senator für Marshallplan und Kreditwesen: *„Als am 17. April 1950 die Arbeit im ‚Berliner Notstandsprogramm' begann, ahnte niemand, daß dieses aus amerikanischen Steuergeldern (GARIOA-Mitteln) finanzierte Unternehmen das äußere und innere Gesicht Berlins weitgehend verändern würde. […] Ursprünglich hatte man sich nur das Ziel gesteckt, Arbeitslose zu beschäftigen. Man fragte nicht viel, wo und mit welchem Nutzen. Nach und nach trat jedoch das Ziel, neue dauernde Arbeitsplätze, bessere und mehr Wohnungen und andere produktive Arbeiten zu schaffen, in den Vordergrund. So entstand aus einem sozialen Hilfswerk ein produktives Aufbauwerk"*[8] **(Abb. 4)**.

In dieses produktive Aufbauwerk griff das Büro Schwebes soeben mit den Planungen für ein Hotel, vor allem aber für ein Geldinstitut, das Kredite und Investitionen zu garantieren hatte, aktiv ein. Es waren ebenjene Bauaufgaben, die zur Neubelebung des organisierten Geldverkehrs und dessen Einbindung in verzweigte urbane Handels- und Fremdenverkehrskonzepte einer für Gesamtberlin neu zu entwickelnden Hauptstadtidee beitragen sollten. Und war es nicht tatsächlich so, dass durch architektonisch prägnante Bauten des „Gewerbefleißes" das zu entwickelnde urbane Leitbild einer weltoffenen Welthandelsgesellschaft kommentiert und garantiert werden konnte – um auf diese Weise dem ruinierten Stadtraum Berlins allmählich die Vision der neu zu entwickelnden künftigen deutschen Hauptstadt aufzuprägen?

Vor diesem Hintergrund arbeitete man im Büro Paul Schwebes offensichtlich am bautypologisch vertrauten Repertoire einer modernen städtischen Ökonomie, die zwar noch unter Aufsicht der Westalliierten stand, aber deren politische Akteure nun zunehmend einheimische Akteure einbeziehen wollten, die diese Aufbauplanungen architektonisch zu bewältigen verstanden. Paul Schwebes war ein solcher Handlungsträger. Hatte er in den letzten Kriegsmonaten unter anderem die Wiederherstellungsarbeiten der durch Bombenangriffe zerstörten Produktions- und Bürohausanlagen der Berliner Maschinenbau-AG (vormals L. Schwartzkopff) bautechnisch betreut, ein Unternehmen, das seit der Mitte des 19. Jahrhunderts neben dem Lokomotivbau verstärkt als Rüstungsgüterproduzent für Torpedos und Minen tätig gewesen war, so war er seit dem Kriegsende im Wesentlichen mit bestandssichernden Aufgaben bombenzerstörter Gebäude betraut gewesen (unter anderem mit dem prestigeträchtigen Wiederaufbau des Haus Vaterland und des Gebäudes für die Württembergische Metallwarenfabrik [WMF] an der Leipziger Straße, Ecke Mauerstraße). Zugleich aber entstanden auf dem Zeichentisch jene Raum-Wunschbilder, die die Lebensstilmuster der Vorkriegsjahre architektonisch wie städtebaulich wieder aufblühen lassen sollten.

II

Als Paul Schwebes mit der einsetzenden Konsolidierung der Finanzentwicklung ab 1950 erstmals wieder Neubauprojekte für sein reorganisiertes Büro akquirieren konnte, griff er architektonische Leitbilder auf, die ihn während seines Studiums ab 1922 in verschiedenen Studienphasen (bis 1927) an der Technischen Hochschule zu Berlin, später als Meisterschüler bei Hans Poelzig sowie in Wien und Darmstadt geprägt hatten.[9] Dazu gehörte die aufmerksame Rezeption jener Modernisierungstendenzen, die in der 1926 gegründeten Architektenvereinigung Der Ring oder im Umfeld des Staatlichen Bauhaus Weimar, später in Dessau, entwickelt und diskutiert worden waren. Ein zentraler Bezugspunkt seiner eigenen raumkünstlerischen Konzeptionen aber blieb die Mitarbeit im Berliner Architekturbüro Bruno Paul, des Gründers und Lehrenden an den Vereinigten Staatsschulen für freie und angewandte Kunst (1924), in das Schwebes offenbar 1928 eingetreten war. In jener Zeit arbeitete man im

Abb. 5 Bruno Paul, Kaufhaus Sinn (1927–1929), Gelsenkirchen. Foto: Max Majer

Büro Paul an einem typologisch neu konzipierten, vielstöckigen Kaufhausbau im Ruhrgebiet und einem ähnlich angelegten großstädtischen Büro- und Geschäftshaus im Rheinland (Köln). Sowohl das Kaufhaus Sinn in Gelsenkirchen als auch das Büro- und Geschäftshaus in der Kölner Innenstadt gegenüber der spätgotischen Kirche St. Kolumba basierten auf Weiterentwicklungen einer Bautypologie, die schon Hans Poelzig in der Kombination eines Breslauer Geschäfts- und Verwaltungsbaus 1911 entwickelt hatte (Abb. 5). Poelzigs fünfgeschossiges Gebäude hatte bereits in der Fassadenbildung mit der damals beliebten „modischen Vertikalität“[10] im Stile eines Alfred Messel gebrochen und mit den breiten Brüstungsfeldern unterhalb der Fenstereinteilungen die horizontale Binnengliederung des Bauwerkes betont. Auch in den beiden Geschäftshausentwürfen Bruno Pauls sind sie dominant, aber in den vereinheitlichten Fensterbahnen und im Verzicht auf Schmuckformen gegenüber dem Poelzig-Entwurf gleichsam versachlicht. Die Büro- und Geschäftshauskombinationen Bruno Pauls reagierten damit auf Transformationen, die sich in der Folge der expressiv fantasievollen Gegenkultur des Arbeitsrats für Kunst ereignet hatten. In Berlin waren sie durch den

HOCHHAUS AM KEMPERPLATZ / BERLIN.

ENGERER WETTBEWERB DER WIEDERAUFBAU A.-G. 1921 / ARCHITEKTONISCHE GESTALTUNG EINES GEGEBENEN GRUNDRISSES / VIKTORIA-STR.: GESCHLOSSENER TRAKT ALS ANSCHLUSS AN DEN NACHBARBLOCK. POL FÜR DIE VON HIER AUSGEHENDEN HORIZONTALEN DER DURCHSCHIESSENDEN DECKENGESIMSE. LANG ANZIEHENDE BEWEGUNG / BELLEVUESTRASSE: KURZE FRONT. SCHNELL ANSTEIGEND ZUR HOCHHAUSVERTIKALEN IM ENDPUNKT DER BEIDERSEITIGEN BEWEGUNGEN, IM BLICKPUNKT VON KEMPERPLATZ UND SIEGESALLEE / MATERIAL: EISENBETON. BRÜCKENKONSTRUKTION IM ERDGESCHOSS ALS TRÄGER DER AUFGEHENDEN STOCKWERKE.

Abb. 6 Erich Mendelsohn, Hochhaus am Kemperplatz, Zeichnungen, in: *Wasmuths Monatshefte für Baukunst* 1924

Abb. 7 Erich Mendelsohn, Pelzhaus C. A. Herpich & Söhne (1924–1929), Berlin. Foto: Arthur Köster

nach 1918 in Berlin ansässigen jüdischen Architekten Erich Mendelsohn in Gang gesetzt worden.

Paul Schwebes hat diese Entwicklungen aufmerksam verfolgt und sollte zeit seines Lebens ein Bewunderer Mendelsohns bleiben.[11] Noch als junger Architekturstudent in Berlin hatte er den Umbau des jüdischen Verlagshauses Rudolf Mosse verfolgen können. Mendelsohn hatte es zusammen mit seinem österreichischen Kollegen Richard Neutra 1921 bis 1923 entworfen und dem teilzerstörten Bestandsgebäude eine eigenwillig materialkombinierte, dynamische Straßeneckgestaltung eingesetzt, die den Höhenzug des Gebäudes mit stromlinienförmiger Anmutung verknüpfte.

In der gestaffelten Dynamik und Materialbetonung dieses Gebäudes konnte der Student Schwebes jene konstruktiven und ästhetischen Revisionen einer modernisierten Architektur sehen, die Mendelsohn dann 1924 auf seiner Reise in die amerikanischen Millionenstädte kritisch beurteilend veröffentlichen sollte. Zunächst war seine Amerikarezeption im vielgelesenen *Berliner Tageblatt* medial beworben worden, um sodann 1925 in drucktechnischer Brillanz als *Amerika. Bilderbuch eines Architekten* im Berliner Rudolf Mosse Buchverlag zu erscheinen – ein Werk, in dem fortan gerne geblättert und gelesen wurde. Am Beispiel eigener und übernommener Fotografien aus Chicago, Detroit oder New York sowie ergänzt durch kurze, aber erstaunlich prägnante Kommentare wies Mendelsohn darin auf technisch-formale Tendenzen im Bauen hin, mit denen man sich künftig auch in Europa würde befassen müssen. Er fand sie im Amerika des Alltags zuvorderst in der „Kühnheit der Konstruktion" – also im Hochhausbau –, die, gepaart mit Beton, eine an der „automatischen Bewegung" moderner Verkehrsmittel orientierte Formensprache der Gebäudekörper unterstützte. So seien Richtungsänderungen im Gefüge der Baumassen möglich und der Architekt folgerte: „Das heißt: Der Baukörper *bewegt sich*, staffelt sich" (Abb. 6). Schließlich, so sein Fazit, seien Fassadengestaltungen künftig mit „Schmuckformen" anzureichern, die *allein aus den Eigenwirkungen der jeweiligen Materialien* zu entwickeln seien – ebenso wie er es im „Landhaus Chicago" des verehrten Frank Lloyd Wright gesehen hatte.[12]

Hans Poelzig sollte diese Konzeption in einem groß angelegten Vortrag vor dem Bund Deutscher Architekten (BDA) 1931 aufgreifen, als er die modernisierte Zeichenwelt einer *architecture parlante* mit dem „Spiel der Oberflächen", also mit den Wirkungseffekten der Materialien identifizierte: „An die Stelle des handwerklich oder auch maschinell hergestellten Ornaments treten jetzt meist wertvolle Materialien: Lack, Glas, Metalle, Steine."[13]

Mendelsohn hat viele der eigenen Geschäftshausplanungen in Berlin und anderswo diesen Amerikastudien gemäß entwickelt. Zu finden waren sie schon in dem heftig umstrittenen Fassadenkonzept des Berliner Pelzhauses C. A. Herpich & Söhne in der Leipziger Straße, das 1924 begonnen wurde, aber erst 1929 bezugsfertig war (Abb. 7). Sowohl die Höhenstaffelung als auch die abgerundeten, geschwungenen Fensterelemente der Gebäudeecken, die großflächige Schaufensterzone und schließlich die bei Nacht beleuchteten Gesimsbänder waren Neuinterpretationen amerikanischer Großstadtarchitektur unter Nachteinwirkung. „Im Webnetz der Autolichter, im Lichtruf der Geschäftsreklame, in den Vertikalen der Hochhauslichter. Lichtzirkus, nur ganz selten [...] im Rhythmus der Architektur",[14] so hatte einer seiner kritischen Kurzkommentare zum Elektrizitätsschauspiel im nächtlichen New York gelautet. Mendelsohn korrigierte dieses Verfahren und komponierte sein Gebäude in der Leipziger Straße aus der Dominanz der Konstruktion, in der die Beleuchtung gleichsam als Schmuckform einer behutsamen Lichtdramaturgie wirkte. Jetzt untermalten komponierte Lichteffekte die wirtschaftliche Bedeutung eines Geschäftshauses, dessen illuminierte Architektur mit warenästhetischem Kalkül im rasanten, lautstarken Räderwerk des Großstadtverkehrs Aufmerksamkeit zu erzeugen suchte. Das Lehrstück New York zeigte seine Wirkung im Berliner Straßenbild. Mit diesen Entwicklungen bahnte sich eine Grundsatzdebatte über die Gestaltung der modernen Stadtarchitektur und der ihr beigefügten Reklameschilder und -bilder an. Paul Schwebes hat sie zunächst als Mitarbeiter Bruno Pauls erlebt und sollte ihr im Wiederaufbau nach 1950 wiederbegegnen (Abb. S. 148 f.). Um 1930 aber waren es die konzeptionellen Lehren der amerikanischen Reise Mendelsohns, die er als Mitarbeiter Bruno Pauls anzuwenden lernte.

Ab 1928 wurde in dessen Atelier an dem mehrteiligen Büro- und Geschäftshauskomplex der Kathreiner Malzkaffee-Fabrik GmbH gearbeitet, zu dem ein zwölfgeschossiges Hochhaus gehörte, das von den zwei seitlich angelagerten sechsgeschossigen Flügelbauten wie in einer Cour d'Honneur eingefasst war (Abb. S. 108). Das Stahlskelett des „Turmhauses", wie man den Typus des *skyscraper* damals gerne nannte, demonstrierte die „Kühnheit der Konstruktion" in den freiliegenden Stützen und Unterzügen im Inneren des Gebäudes und mit den durchgezogenen Fensterbändern der beiden scheinbar schwebenden oberen Geschosse dieses Hochhauses mit Flachdach. Die mit unterschiedlichem Sandstein verkleideten Fassaden der Gesamtanlage und deren stockwerksbetonte Gliederungen blieben der einzige, farblich leicht differenzierte Schmuck, der dem Ensemble beigegeben war. Schwebes, der später darauf Wert legte, dass er den Hochhausentwurf wesentlich eigenständig entwickelt habe, hat hier tatsächlich eine weitere Fährte zu seinem Lehrmeister Poelzig offengelegt: Die Ähnlichkeit im Umriss, in der stockwerksbetonten Fassadengliederung und der mit Naturstein (Travertin) ummantelten Stahlskelettkonstruktion mit dem ab 1927/28 entworfenen Verwaltungsgebäude der I. G. Farben in Frankfurt am Main ist eklatant. Rückbesinnungen auf diese Lehrstücke werden sich in der Architektur von Schwebes auch nach 1950 wieder einfinden.

Dieses Prinzip des strukturbetonten, ornamentbereinigten Fassadenbildes übernahm er zwei Jahre nach der Fertigstellung des Kathreiner-Ensembles für die Umgestaltung des daran angrenzenden Wohn- und Geschäftshauses von 1911/12 an der Potsdamer Straße. Dieses Gebäude stand zum Verkauf und konnte 1932 von dem österreichischen Konkurrenzunternehmen im Kaffeeersatzgewerbe, Heinrich Franck Söhne GmbH, erworben werden, jenem weltweit agierenden Konkurrenten, mit dem das Familienunternehmen der Kathreiner Malzkaffee-Fabrik GmbH allerdings schon seit längerem (notgedrungen) kooperierte. Bereits 1913 hatte die Linzer Firma eine Zweigniederlassung in Berlin betrieben und zeitgleich mit dem Kathreiner-Unternehmen eine „gemeinsame Aktienholding", die Internationale Nahrungs- und Genußmittel AG (INGA) begründet.[15] Im Rahmen der seitdem intensivierten Zusammenarbeit der beiden Firmen beschloss man in den Jahren der wirtschaftlichen Depression um 1930, das Bestandsgebäude mit dem angrenzenden Kathreiner-Komplex Bruno Pauls für Bürohauszwecke zu verbinden. Den Umbauauftrag erhielt Paul Schwebes. Mit der Verbesserung der technischen Infrastruktur im Rohrpost- und Telefonnetz gelang der architektonisch-gestalterische Umbau im Bereich des Verwaltungsbaus konsequent in der Manier des neusachlichen Reduktionismus. Hier wirkte der junge Mitarbeiter Bruno Pauls erstmals als selbstständiger Architekt und Repräsentant seines neu gegründeten Bauatelier Paul Schwebes (Abb. S. 108).

Den Weg in die Selbstständigkeit hatte er im Frühjahr 1930 beschritten, als er zusammen mit Isak Asriel ein privates Landhaus am Rande der wachsenden Großstadt in Berlin-Zehlendorf bauen konnte. Mit dem nahezu gleichaltrigen jüdischen Kommilitonen aus dem jugoslawischen Zemun hatte der 1902 in Stargard geborene Schwebes die Phase des Studienbeginns an der Technischen Hochschule zu Berlin ab 1922 verbracht, wo beide 1926/27 die Diplomhauptprüfung abgelegt hatten.[16] Ihr erstes Haus blieb in seiner Symmetrie und der äußeren schmückenden Klinkerverwendung dem Leitbild der Privathausarchitektur Bruno Pauls verwandt, wobei sich hier eine gewisse Standardisierung der Bauelemente mit Innenraumelementen kundtat, die Schwebes als handwerklich durchgearbeitete Standardisierungsform während seiner Mitarbeit an der Innenraumgestaltung des Dampfers „Bremen" der Reederei Norddeutsche Lloyd (1928)[17] im Büro Paul kennengelernt hatte. Der damals prägende Leitsatz des Lehrers, „Architektur und Innenarchitektur sind ein unzertrennbares Ganzes",[18] ist zum Bestandteil des Architekturprogramms geworden, das Paul Schwebes fortan in verschiedenen Projekten umsetzen konnte. Bis heute sind die Spuren dieses gestalterischen Leitsatzes in den eleganten Bücher- und Einbauschränken der kleinen Zehlendorfer Villa zu finden. Selbst die geometrisch präzisierten Türdrücker, die Walter Gropius 1922 auf den Markt gebracht hatte, zieren die gesamten einfach geglätteten Türen dieses ersten Privathauses (Abb. S. 336 f.).

Mit der Ernennung des „Führers" der Nationalsozialistischen Deutschen Arbeiterpartei (NSDAP) Adolf Hitler zum Reichskanzler im Januar 1933 begannen die Jahre der Konvergenz und damit die Phase der Gleichschaltung der berufsständischen Vertretungen. Die Architekten unterlagen mit der „Durchführung des Reichskulturkammergesetzes vom 1. November 1933" der Pflicht, sich in Fragebögen über den Ausbildungsgang, die Entwurfserfahrungen, schließlich über die jeweilige Religionszugehörigkeit und die Mitgliedschaft in bestehenden „Künstlervereinigungen" zu äußern. Schwebes bekannte seine Mitgliedschaft im Kampfbund Deutscher Architekten und Ingenieure (KDAI), jener Vereinigung, die 1931 unter anderem von Gottfried Feder, „einem früheren Kampfgefährten Hitlers und hohen Funktionär der NSDAP",[19] mitbegründet worden war. Für diesen Apologeten der Kleinstadt mit angehauchtem antikapitalistischen Tonfall mochte der Sohn eines Einzelhandelskaufmanns aus der pommerschen Kreisstadt vielleicht empfänglich gewesen sein. Inzwischen aber hatte Schwebes die neue Ökonomie der Kapitalkonzentration in den Großstädten Berlin und Wien am Beispiel großer Bank-, Warenhaus- und Verwaltungsbauten kennengelernt und arbeitete konzeptionell-gestalterisch selbst daran mit. Im Dezember des Jahres 1933 wurde Schwebes jedenfalls in die Reichskammer der bildenden Künste aufgenommen.

III

Mit der allmählichen wirtschaftlichen Konsolidierung der folgenden Jahre hat das Bauatelier Schwebes weitere Umbaumaßnahmen der Heinrich Franck Söhne GmbH bearbeitet. Es kamen jetzt vermehrt Aufträge für die Gaststätten- und Hotelbetriebe der Aschinger's AG hinzu. 1934 trat die sogenannte Sperrverordnung im Gaststättengewerbe in Kraft, die noch durch Gottfried Feder ideologisch angestoßen worden war. Seine später publizierte Analyse, „daß die Zahl" der Gaststätten- und Beherbergungsbetriebe „sowohl in den Großstätten als in den Mittel- und Kleinstädten als auch auf dem flachen Land zu groß"[20] sei, kam in dieser Sperrverordnung zum Tragen; de facto leitete diese Maßnahme jenen Konzentrationsprozess im Beherbergungs- und Gastgewerbe ein, der auch in den Maßnahmen der „Arisierung" durchgesetzt wurde. Davon sollte der Aschinger-Konzern profitieren (siehe Johann Sauer im vorliegenden Band). In der Folge sind es dann die Großprojekte im Umfeld der Gewerbetreibenden geworden, die die Bedeutung des Architekten Paul Schwebes in dem neu sich konstituierenden politischen Beziehungsgeflecht der Berliner Architektenklientel gestärkt haben. Sie entstanden in den Aufbauphasen der nationalsozialistischen Diktatur im Umkreis des seit 1936 tätigen Generalbauinspektors für die Reichshauptstadt (GBI) Albert Speer.

Bereits in der Zeit des Machtwechsels hatte Schwebes im Oktober 1933 an dem von der NSDAP ausgeschriebenen Ideenwettbewerb für eine Reichsführerschule der NSDAP in Neu-Grünwald bei München teilgenommen. Teilnahmeberechtigt waren die „freischaffenden Architekten der Partei" oder Mitglieder des Kampfbundes, als dessen Vertreter ihm der Zugang erlaubt war. Schon damals ging Schwebes eine Kooperation mit dem Preisträger des Großen Staatspreises von 1928, Rudolf Ullrich, ein, der offenbar ebenfalls Mitglied des Kampfbundes gewesen ist, denn auch er wurde, wie Schwebes, erst 1940 in die Partei aufgenommen.[21] Die Entwurfszeichnung und der Lageplan, die uns als kleine Abbildungen in der *Bauwelt* von 1934 überliefert sind, dokumentieren ihre Planungsidee, die das ungemein umfangreiche Bauprogramm um einen groß angelegten Arkadenhof herum gruppiert hatte. Unter den fünfhundert verbliebenen Einreichungen erhielten die beiden durchaus jungen Architekten immerhin einen der mit 1.000 Reichsmark dotierten Preise (Abb. S. 111).

Dabei war ihr Konzept keineswegs unhinterfragt geblieben. Zwar lobte man die „gute Übersichtlichkeit und leichte Betriebsführung", aber bemängelte zugleich die „Verkehrsführung im Hauptbau", um abschließend mokant anzumerken: „Die architektonische Durchbildung entspricht eher einer alten Klosteranlage als einer Reichsführerschule".[22] Dass deren riesiger Innenhof funktional sehr wohl als abgeschirmter Exerzier- und Aufmarschplatz genutzt werden konnte, wurde dabei geflissentlich ausgeblendet. Allerdings, so las man, entsprach dieses Projekt in der leicht völkischen Anmutung sehr wohl der Anforderung, „die Bauten […] in ihrer Gestaltung der umgebenden Landschaft und der ortsüblichen Bebauung an[zu]passen".[23]

Diesem Gebot zur Anpassung folgte dann der Entwurf eines großen Verwaltungs- und Repräsentationsgebäudes für die in Berlin ansässige Industrie- und Handelskammer (IHK) mit dem Gespür für das tatsächliche Machtkonstrukt im kommenden Berliner Stadtbau. Dieses Gebäude, das im Rahmen der Neuplanungen für die Reichshauptstadt Berlin durch den GBI Albert Speer eine räumliche Zuordnung im Verfahren der Verlängerung, der Umgestaltung und des geplanten Durchbruchs der Ost-West-Achse erhalten sollte, ist bereits seit 1936 von Paul Schwebes bearbeitet und vermutlich durch die Vermittlung der Unternehmen, für die er damals tätig war, initiiert worden. Schon seit 1934 diskutierte Adolf Hitler „mit Vertretern der Stadt Berlin"[24] die verkehrsgerechte und architektonische Neuordnung der Reichshauptstadt, von der man im Umfeld der IHK gewiss wusste. Als dann ab 1936 diese Aufgaben in die Hände Speers gelegt und am 30. Januar 1937 als offiziell berufene staatliche Planungsbehörde des GBI bekannt gemacht wurde, berief Speer unter anderem Hans Stephan als Referenten beim Generalbauinspektor für die Reichshauptstadt.[25] Seitdem war Stephan für jene innerstädtische Ostausweitung zuständig, an der der IHK-Neubau entstehen sollte. „Die neue Achse im Plane der Hauptstadt des Dritten Reiches erschließt auch die Stadtteile des Ostens", schrieb er 1939 in einer detaillierten Darstellung dieses Stadtumbauprojektes. „Sie wird eine Bresche schlagen in die dichtbebauten Mietshausquartiere, die sich im liberalistischen Zeitalter hier zusammengeballt haben, und wird auch diesen bisher vernachlässigten Gebieten freie Entwicklung und städtebauliche Würde bringen."[26] Dass diese „Würde" mit der Vertreibung der jüdischen Bewohner dieses Stadtraumes und dem Abriss der Wohnbauten einherging, entsprach dem nationalsozialistischen Planungswillen im Geiste der Nürnberger Gesetze (Abb. S. 112 ff.).[27]

In diesem Artikel hat Stephan einige Bauprojekte vorgestellt, die soeben begonnen worden waren, darunter jenes mit der Grundsteinlegung am „2. März 1939" eingeleitete Bauvorhaben der IHK. Mit drei Abbildungen des Modells veröffentlichte Stephan ein Beispiel der künftig monumental anzulegenden Gebäudekubatur, die den umorganisierten Stadtraum mit Gleichförmigkeiten aus dem Repertoire eines monumental-standardisierten Klassizismus definieren sollten. Im Zentrum Berlins, hinter dem Dom mit einer der Schauseiten zur Spree gelegen, sollte der im Baukörper versetzte Prachtbau an der verbreiterten Kaiser-Wilhelm-Straße den Auftakt des geplanten innerstädtischen Ausbaus der Ost-West-Achse bilden. Dass Paul Schwebes für diese exklusiv angelegte Bauaufgabe mit der Zustimmung Hans Stephans beauftragt wurde, lag vermutlich nicht zuletzt daran, dass Stephan wie Schwebes ein ehemaliges Mitglied des KDAI gewesen war. In diesem Gleichklang erschien der selbstständige Architekt Paul Schwebes dem stadtbildprägenden, überzeugten Nationalsozialisten Stephan noch nach der Auflösung des Berufsverbandes KDAI im Jahre 1934 politisch geeignet, um „die kommenden großen Staats- und Wirtschaftsaufgaben“[28] übernehmen zu können.

Sechs Monate vor dem Überfall der Deutschen Wehrmacht auf Polen feierte dann der Präsident der Industrie- und Handelskammer zu Berlin und Leiter der Wirtschaftskammer Berlin-Brandenburg das Projekt in seiner Rede zur Grundsteinlegung mit den Worten: *„Auch dieser Bau wird Zeugnis ablegen von der Größe der Zeit, in der zu leben wir das Glück haben. Er wird noch in der fernen Zukunft künden von den weltbewegenden Ereignissen dieser Tage und dem starken Glauben, den der Führer im deutschen Volke lebendig werden ließ* […]. *Wir gedenken in dieser feierlichen Stunde unseres Führers, des größten Bauherrn unserer Zeit, des Neugestalters von Volk und Reich.*“[29] Dieser Bau, der mit der „Größe der Zeit“ den „größten Bauherrn des Reiches“ repräsentieren sollte und den Paul Schwebes in einem zweiten Anlauf abermals mit Rudolf Ullrich in Varianten ausgearbeitet hat, ist über die Fertigstellung des Kellergeschosses mit den Luftschutzräumen nicht hinausgekommen. Mit der Jahreswende 1940 setzte die luftkriegstechnische Aufrüstung der Reichhauptstadt neue Prioritäten, die der GBI dem Beauftragten der Ost-West-Achsen-Planung Hans Stephan übertrug. Stephan erarbeitete fortan die stadträumliche Positionierung und architektonische Formung im Flakturm- und Bunkerbau, ein Aufgabenfeld, in dessen Umfeld ihm Hans Schoszberger, Spezialist für das wehrtechnische Bauen und künftiger Büropartner von Schwebes, begegnet sein wird. Eine weitere Zusammenarbeit mit Rudolf Ullrich ist dann in geringem Umfang erst für die Jahre 1956/57 nachweisbar, als Ullrich in das Projekt zur Errichtung des sogenannten Kleinen Hochhauses am Breitscheidplatz eingebunden wurde.

Welche Tätigkeiten das Paul-Schwebes-Atelier in den 1940er Jahren tatsächlich entwickeln konnte, bleibt verschwommen. 1942 jedenfalls wird er in die Aktionen des Vernichtungskrieges in Polen und der Ukraine insofern eingebunden, als er durch den „Stadthauptmann in Lemberg Generalgouvernement – Distrikt Galizien verpflichtet [wird,] […] das Büro nach dort zu verlegen, um bei der Durchführung der vorliegenden dringenden Aufgaben des Ost-Aufbaues mitzuhelfen“. Mit vier Mitarbeitern sollte er ab 1942 die „chemalige Finanzdirektion in Lemberg“ sanieren, die schwer beschädigt worden war und für „dringende Zwecke der deutschen Dienstpost Osten“[30] vermutlich in Maßnahmen eines Umbaus wiederhergestellt werden musste.

Wann Paul Schwebes nach Berlin, wo er das Kriegsende erlebte, zurückkehrte, bleibt unklar. Dass er wie viele seiner Kollegen in den Jahren der Luftangriffe auf die Stadt täglich mit der Aufgabe der Trümmerbeseitigung und Instandsetzungsarbeiten betraut war, ist hingegen nachweisbar.

Dass er dann infolge der Einnahme Berlins durch die Truppen der Union der Sozialistischen Sowjetrepubliken (UdSSR) in der Nachkriegszeit gleichsam wie Phönix aus der Asche in die Berliner Wiederaufbauphase eintreten konnte, um mit einem Hotel- und Verwaltungsbau ab 1950 prägnante Zeichen einer vorgeblich *neuen Zeit* setzen zu können, war im Programm seiner Rückbesinnung auf die Ausbildungsjahre in Wien und Berlin angelegt. Dass ihm die Retrospektive gelang, verdankte sich wesentlich der Begegnung mit einem Wiederaufbaukonzept, das Hans Scharoun, ein Vertreter des sogenannten organischen Bauens, mit dem Kriegsende in Berlin propagierte.

Berlin plant. Erster Bericht: Scharoun 1946 oder Träume vom „mittleren Lebensstandard“

and they think
they are free to overlook this sadness
und sie glauben,
es stehe ihnen frei, diese Tristesse zu übersehen
Louise Glück

I

Es war ein regnerischer, kühler Donnerstag, jener 22. August 1946, als im sowjetisch besetzten Teil Berlins im notdürftig hergerichteten Weissen Saal des Berliner Stadtschlosses die durch den Stadtrat der Abteilung Bau- und Wohnungswesen Hans Scharoun zusammengestellte Städtebauausstellung *Berlin plant. Erster Bericht* ihre Tore öffnete. Mit diesem herbstlich anmutenden Spätsommermonat kündigte sich bereits einer der kältesten Winter des 20. Jahrhunderts an, dem sich, nur gut ein Jahr nach der Unterzeichnung der bedingungslosen Kapitulation des nationalsozialistischen Deutschlands im Mai 1945, die Überlebenden der im Bombenkrieg zerstörten Städte 1947 ausgeliefert sehen sollten.

Berlin, das in diesem Nachkriegsdeutschland derweil eine Durchgangsstation für Überlebende, Displaccd

Persons und vor allem für die nicht abreißen wollenden Flüchtlingsströme aus den Ostgebieten geworden war, bot als innerstädtische Trümmerlandschaft zwar Unterschlupf, schien aber als Raum des Überlebens zukunftslos zu bleiben. „Ganz Berlin hungerte“,[31] und so musste die Notwendigkeit, existenzielle und sozial-städtische Überlebensräume zu entwickeln, in der seit August 1945 in vier Besatzungszonen aufgeteilten Stadt ein Hauptanliegen der Alliierten werden (Dok. 3).

Entsprechend hatte es erstaunlicherweise schon seit Beginn des Jahres 1946 Ausstellungen gegeben, die einem interessierten Publikum variantenreiche Planungsideen zum Wiederaufbau der alten Reichshauptstadt präsentierten und geeignet schienen, die Lebensfähigkeit der Stadt und der hier Überlebenden zu sichern. So war bereits zwischen Januar und März im teilzerstörten Zeughaus an der Straße Unter den Linden eine Industrie- und Gewerbeausstellung zu sehen gewesen, die durch acht Bezirke des sowjetischen Sektors organisiert worden war.[32] Dass der künftige Wiederaufbau ein „Städtebau nach wirtschaftlichen Erfordernissen“ sein müsste, war im Milieu dieser Planungsbeamten und Architekten Konsens, den man in den westalliierten Sektoren teilte. „Berlin muß unter allen Umständen und vor allem Güter erzeugen, marktfähige Waren, Halbprodukte, Werkteile und dergleichen. Die nötigen Rohstoffe und Maschinen zu beschaffen, muß mit allen Mitteln angestrebt und ermöglicht werden.“ Ebenso aber wusste man gerade auch im neu konstituierten Magistrat der Stadt Berlin,[33] dass „[d]ie Umgestaltung Berlins [...] so lange ein frommer Wunsch [wird] bleiben müssen, solange wir um unsere nackte Existenz zu ringen haben“.[34]

Dass das Wiederaufbaubegehren der in Berlin ansässigen Architekten zuvorderst politisch und ökonomisch ermöglicht werden müsste, war mit der „Aufnahme der Planungsarbeiten im Sommer 1945 durch das Hauptamt für Stadtplanung“[35] deutlich formuliert worden. Gleichzeitig hatte die wieder eingesetzte Bezirksverwaltung im amerikanisch verwalteten Sektor des Stadtteils Zehlendorf ein Aufbauplanungsamt geschaffen, in dem soeben Walter Moest zusammen mit Kollegen einen Verkehrsordnungsplan erarbeitete, dessen Ergebnisse im Juni 1945 dem parteilosen kurzzeitigen Oberbürgermeister Groß-Berlins, „Doktor Arthur Werner“, und seinem „Dezernenten für Bau- und Wohnungswesen, Herrn Professor Scharoun, unterbreitet“[36] worden waren. Ein Jahr später erfolgte dann die öffentliche Präsentation dieser Zehlendorfer Planungsideen im Haus am Waldsee (Abb. 8, 9). Sie stellten auf der Grundlage der notwendigen produktionsorientierten Interessen die neu zu schaffenden Verkehrsführungen ins Zentrum der anvisierten Wiederaufbaukonzeption – Scharoun sollte später Teile dieser Planungen in die eigene Ausstellung im Weissen Saal integrieren.[37]

Schon im April 1946 hatte der Berliner Bauwirtschaftsausschuss dieses Konzept begutachtet und als förderungswürdig bewertet. Zu diesem Zeitpunkt trug man bereits vielfältige Planunterlagen zu sogenannten Schadensstellen, zu Eigentumsverhältnissen und notwendige Katastermaterialien zusammen, um einen auch für Privatarchitekten in Aussicht genommenen ersten großen „Wettbewerb um Berlin“ ausschreiben zu können.[38] Vor diesem Hintergrund eröffnete im Umfeld der Ruinenlandschaft des alten Berliner Zentrums rund um das Hohenzollernschloss der „Angestellte der Stadt Berlin“[39] Hans Scharoun seine Musterschau über einstige und prognostizierte Raumentwicklungen, der er nun die Vision eines Möglichkeitsraumes für das neue Berlin prägnant und öffentlichkeitswirksam beigeordnet hatte. Dieser Plan, den er im Vorfeld mit der Kollegin Ludmilla Herzenstein (die er „Fräulein“ nannte) und sechs weiteren Kollegen auf der Basis einer reichhaltigen „Grundlagenforschung“ kollektiv erarbeitet hatte, zeigte die weitgehende Neuformation eines funktional und verkehrstechnisch veränderten Stadtkörpers.

Dieser sogenannte Kollektivplan entwarf ein „neue[s] Gesicht Berlins, aufgeteilt durch ein Schnellstraßen-Netz in einzelne Wohngebiete, die ein Arbeits-Zentrum umfassen“, und war in parallel gelegter, funktionaler Schichtung als Bandstadt entlang des Urstromtales gegliedert. Durchaus ähnlich zu den Überlegungen des Zehlendorfer Plans, der den ersten, grundlegenden Aufbauimpuls an die Neuordnung der Verkehrswege in Nord-Süd- und Ost-West-Durchquerung gebunden hatte, galt auch Scharouns Interesse zunächst den Verkehrsführungen und den unterschiedlichen Bewegungsmodalitäten im urbanen Raum. „Die Struktur der n e u e n Stadt verlangt ein n e u e s System der Straßen, deren Leistungsfähigkeit jeweils angemessener Zeit- und Raumnutzung entspricht. Spazierengehen, Radeln, Langsam-Verkehr, Schnell-Verkehr geben diesen Verkehrswegen ihre Gesetze.“[40] Diesen Impuls, die künftige Hauptstadt Groß-Berlin den alltäglichen und durchaus differenzierten Bewegungsrhythmen seiner Bewohner gemäß zu entwickeln, reicherte das Planungskollektiv mit Elementen einer stadträumlichen Erfahrungswelt an, die mit der Kritik an der Industriestadt unter dem Begriff der „Stadtlandschaft“ diskutiert worden war. In dieser Idee mutierte der Stadtraum gleichsam zu einem künstlich errichteten Spiegelbild des „schönen“ Landschaftsraumes, eine Vorstellung, die Scharoun seit langem vorschwebte. Diesem ähnlich, könne aus den Ruinen Berlins jetzt eine architektonisch anschaulich geordnete urbane Lebenswelt auferstehen mit dem Effekt, dass dieses Stadtbild „wie Wald, Wiese, Berg und See“[41] wirke.

Dass diese paradiesisch anmutende Neuplanung der alten Reichshauptstadt als Ergebnis eines utopisch irrationalen Wunschdenkens betrachtet werden würde, diesen kritischen Einwand ahnte Scharoun und markierte ihn in seiner Eröffnungsansprache mit dem Hinweis auf die vorgefundene „m e c h a n i s c h e Auflockerung“ Berlins. Diese Situation, geschaffen durch „Bombenangriffe und [den] Endkampf“, ermögliche es in Zukunft eine Stadt zu bauen, die wie die Natur „aus Niedrigem und Hohem, Engem und Weitem eine neue lebendige Ordnung“ darstelle. Zudem böten die „Teil- und Totalzerstörungen [...] die Möglichkeit“,[42] den bestehenden Stadtkörper zu entkernen, um ein großräumliches Verkehrsmuster darüberlegen zu können, das sich vom Radial- und Ringstraßensystem zugunsten eines neu zu bauenden Rechtecksystems unter Einbindung des vorgefundenen Anliegerverkehrs und bestehender, weiter zu entwickelnder Grünräume verabschiedet.

Scharouns ästhetisch unterlegte Vision der gleichsam dezentralisierten, stadtteilgebundenen Stadt*landschaft* basierte allerdings auf ökonomischen Vorgaben, die er vor dem Hintergrund der Demontagen als Grundlagen des zukünftigen Städtebaus skizzierte und deren „wichtigste die Wirtschaft, der Verkehr, die Wohnung, die Versorgung und die Kultur“ seien.[43] Mit diesen Botschaften offerierte der Kollektivplan im Rahmen der Ausstellung *Berlin plant. Erster Bericht* ein bezirksorientiertes neues Stadtentwicklungsmodell, dem die bestehenden „Kauf-, Vergnügungs-, und Erholungsstraßen“[44] eingepasst bleiben sollten, wie sie der Zehlendorfer Plan im „großen Ringplatz der Gedächtniskirche“[45] angelegt hatte. Ein Ausstellungsbesucher, der sich intensiv mit diesen Vorschlägen beschäftigte, war der vierundvierzigjährige Berliner Architekt Paul Schwebes.

II

Es war kein schöner Spätsommertag des Jahres 1946, sondern der Beginn eines übellaunigen Herbstes, als Paul Schwebes seiner in der kaum zerstörten Kleinstadt Rinteln an der Weser lebenden Ehefrau am 15. September einen Brief schickte: „*Draussen ist hässliches Wetter. Sturm & Regen. Ich beabsichtige eigentlich, mir heute erneut Scharouns Ausstellung ‚Berlin plant & Berlin baut auf‘ anzusehen. Aber bei diesem Wetter bleibe ich lieber hier* [...] *Übrigens ist die Ausstellung beachtlich. Sie wird in ihrer städtebaulichen Bedeutung weit über die Grenzen unseres Vaterlandes hinausstrahlen. Eine ausserordentliche Leistung. Natürlich wird er von allen möglichen kleinen Geistern, mehr oder minder sachlich, angegriffen. Seine Hauptwidersacher sind in dem Lager der sog. Bauwirtschaftler zu finden. Und nur zu leicht ist die breite Masse geneigt, diesen Leuten Beifall zu klatschen. Natürlich sind wir arm, zu arm, um uns auch nur die kleinsten Experimente zu leisten. Selbstverständlich müssen die paar uns verbliebenen Kräfte und Mittel dazu verwandt werden, das Nahziel des Sofortnotbauprogramms, wie unter anderem die Winterfestmachung der Wohnungen, zu erreichen. Aber soll darum ein Städtebauer von der Qualität Scharoun's das Fernziel des Aufbauplans einer Weltstadt ausser Acht lassen und nicht kräftig in die Saiten der Leier schlagen für die Erlangung grundsätzlich neuer Erkenntnisse für den Wiederaufbau eines so komplizierten Mechanismusses wie ihn die Reichshauptstadt verkörpert.*

Er ist m.[eines] *E.*[rachtens] *geradezu verpflichtet, aus der Not eine Tugend zu machen und die sich dem Städtebauer einzig bietende Gelegenheit der grossen Zerstörungen zu benutzen, um uns auf lange Sicht einen Plan zu zaubern, der die Hoffnung auf eine bessere Zukunft in die Betrachtung mit einzieht. Es ist nur zu schade, dass Du diese Ausstellung nicht sehen konntest. Es wäre mir ein Vergnügen gewesen, Dich bei dieser Gelegenheit in die Geheimnisse & Grundlagen des modernen Städtebaues einzuführen. Ich werde selbstverständlich noch ein paar Male hingehen, um diese grandiosen Pläne wieder & wieder zu studieren. Es ist ein Genuss nach 12 jähriger ‚Speer'licher Bauüberwachung, Männer am Werke zu sehen, die dem ganzen Bauschaffen der Zukunft einen richtung* [sic!] *gebenden Impuls zu geben in der Lage sind. Alles in allem eine wundervolle Leistung. Ich habe am Donnerstag meinen ganzen Laden geschlossen und eine gemeinschaftliche Besichtigung angeordnet. Scharoun hatte auf meinen Wunsch eine Führung veranlasst, so dass alle Beteiligten viel Positives mit nach Haus genommen haben. – Am letzten Dienstag hatte ich die Freude, ihn bei mir mit einigen Herren seiner engsten Umgebung zum Frühstück zu sehen. Es waren anregende feuchtfröhliche Stunden. Ergebnis dieses gelungenen Besäufnis war seine Zustimmung zum Wiederaufbau des Leipziger Platzes. Dieser Umstand ist für mich von entscheidendem Interesse für den Wiederaufbau des Fürstenhofes. Ich hoffe bestimmt, dass er mein in Kürze einzureichendes Bauprojekt in dieser Sache befürwortend an die Alliierte Kommandantur weiterleitet. – Ausserdem werde ich voraussichtlich in meiner Eigenschaft als Vorstand des Zweckverbandes für den Wiederaufbau der Leipziger Str., Tauentzienstrasse & Ku.Damm in den Wirtschaftsbeirat der Stadt Berlin abkommandiert. Ob dies vor den Wahlen am 20. Oktober zweckmässig ist, erscheint zweifelhaft. Nun, ich kann abwarten und werde auch weiterhin die Politik verfolgen, am Rande mit dabei zu sein. Alle die Sachen nehmen natürlich*

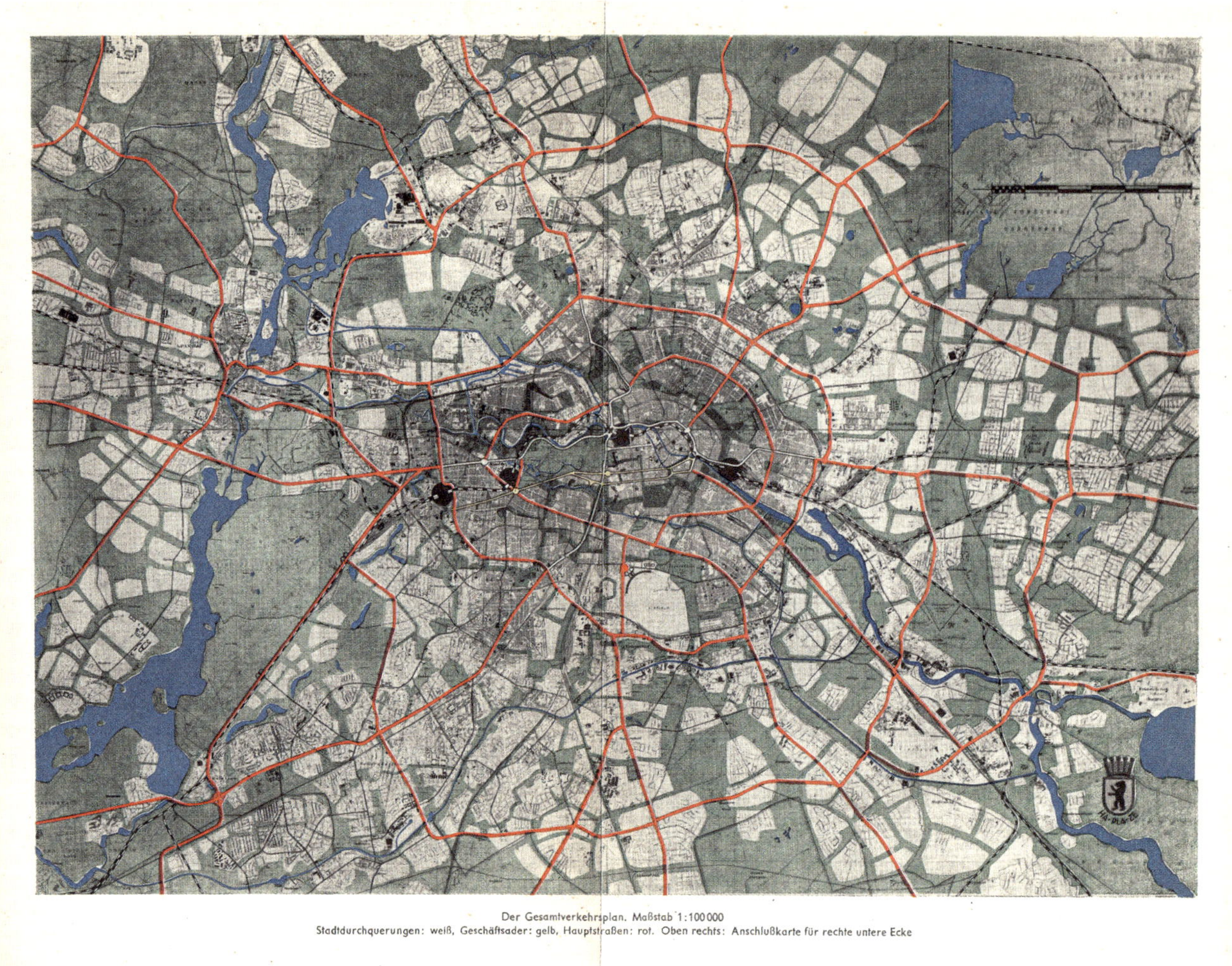

Abb. 8 Walter Moest, Zehlendorfer Plan, Verkehrsplan, Broschüre, 1947

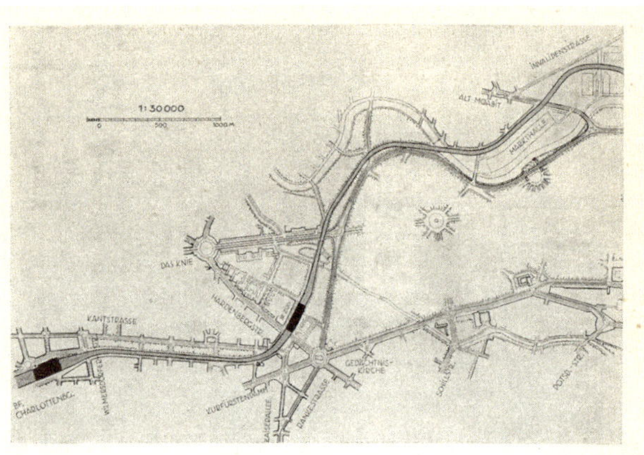

Abb. 9 Walter Moest, Zehlendorfer Plan, Bereich um die Gedächtniskirche, Teilplan, Broschüre, 1947

eine Menge Zeit in Anspruch und stellen für den Energieverbrauch eine gewisse Belastung dar. Aber es muss ja wohl sein. Im Büro ist allerhand Wind. Es wird zur Zeit recht zufriedenstellend gearbeitet. [...] *Dabei bin ich aber immer darauf bedacht, den Verbrauch mit den körperlichen Möglichkeiten ins rechte Verhältnis zu bringen. Jeder Raubbau soll vermieden werden.*"[46]

Paul Schwebes, dem wir im neu sich formierenden, scheinbar einflussreichen Milieu um Hans Scharoun begegnen, weiß um die Unterernährtheit seiner Kollegen, er kennt die Lebensverhältnisse vieler Berliner in den zerstörten Wohnungen, sofern diese überhaupt noch haustechnisch funktionieren. Häufig sitzt man in ungeheizten Räumen und muss zuweilen ohne Strom auskommen. Und anders als Scharoun und dessen für Enttrümmerungsarbeiten zuständiger Mitarbeiter aus der Abteilung Bau- und Wohnungswesen Karl Böttcher, die sich inzwischen in Automobilen mit eigenen Fahrern durch die Stadt fahren lassen dürfen, bewegen sich die meisten Berliner zu Fuß, auf Fahrrädern oder mit den notdürftig wiederhergestellten Straßenbahnen durch die innerstädtischen Ruinenlandschaften.[47]

Vor diesem Hintergrund und den Ausführungen Scharouns zur künftigen Verkehrsneuordnung und dessen Prognosen zur Entwicklung einer künftigen Sozialstruktur fand sich Paul Schwebes bestärkt, die Idee für einen Wiederaufbau des zur Aschinger's AG gehörigen teilzerstörten Luxushotels Fürstenhof im Kerngebiet des Leipziger und Potsdamer Platzes im sowjetisch besetzten Ostteil der Stadt weiter verfolgen zu wollen. Dieser Gedanke mag vor dem Hintergrund der realen Notlage der Überlebenden zunächst absurd erscheinen, doch hatte die Ausstellung *Berlin plant. Erster Bericht* eben auch ein neues soziologisches Leitbild umkreist, das Scharoun im Internationalen Komitee für Bau- und Wohnungswesen mit Vertretern der jeweiligen Militäradministration vielfach als Zukunftsfrage diskutiert hatte: „Was bedeutet die Nominierung des mittleren Lebensstandards für die Gestaltung der Stadt in bezug [sic!] auf Wirtschaft und Wohnungen?“[48] **(Abb. 10)**.

Vermutlich hat auch Paul Schwebes dieses sozialpolitische Gesellschaftsmodell des „mittleren Lebensstandards“ mit Scharoun und dessen Stab vor Ort diskutieren können. Immerhin hatte der seit 1930 als Neugestalter einiger Gasthäuser der Aschinger's AG tätige Schwebes in der Nutzungskomposition aus Edelhotellerie und preiswerter Aschinger-Bierquelle im Erdgeschoss dieser Nobelherberge ein ähnlich strukturiertes Raummodell vor Augen gehabt und durch Umbauten im Fürstenhof 1935 selbst eingerichtet. Dieses einst ertragreichste Luxushotel der Aschinger's AG lag im Umfeld des zentralen Transitraumes des Potsdamer Bahnhofs dem 1937 „arisierten“ Haus Vaterland (Betrieb Kempinski) gegenüber.[49] Der Fürstenhof war somit Teil jenes urbanen Schmelztiegels einer schichtenübergreifenden Unterhaltungsgastronomie, die legendär geworden war. Der durch Grundstückszukäufe allmählich breit gelagerte Bautenkomplex des Fürstenhofes an der Königgrätzer Straße (heute: Stresemannstraße) hatte zudem mit seiner vielfältig genutzten Ladenzeile und drei weiteren Aschinger-Stehbierhallen ein sozial differenziertes Anspruchsniveau zwischen Überfluss und Bedürftigkeit stadträumlich überlegt organisiert.[50] In diesem Milieu hatten sich die klassenspezifisch trennenden Lebenshaltungen schon in der Weimarer Republik in gewisser Weise räumlich überlagern können und damit eine Alltagswelt aufscheinen lassen, die die schichtenspezifisch organisierten Lebensstile anzunähern schien.

Diese Tendenz galt es also im wirtschaftlich neu zu strukturierenden gesamtdeutschen Nachkriegsberlin auf dem Niveau einer mittleren Lebenshaltungsebene im Sinne Scharouns einzupendeln. Damit kündigte sich an, was Paul Schwebes kurzzeitig als „Vorstand des Zweckverbandes für den Wiederaufbau der Leipziger Str., Tauentzienstrasse & Ku.Damm“ in Hinblick auf die Neupositionierung der ehemaligen Handelsmetropole Groß-Berlin vorgeschwebt haben mag: die Schaffung architektonisch prägnant ausgewiesener City-Bereiche, in denen eine allmählich sich entwickelnde „breitgeschichtete Massenkaufkraft“[51] für jedermann möglich wäre.

„Rund um den Zoo“: Paul Schwebes 1947/48 oder Träume vom „mittleren Lebensstandard“

Die Geschichte des zerbrochenen Lebens
Kann nur in Bruchstücken erzählt werden
Rainer Maria Rilke

I

Die (T)Raummodelle zum Wiederaufbau des zerstörten Berlins, wie sie Scharoun mit seinen Mitarbeitern im Kollektivplan präsentiert hatte, sollten sich mit den Wahlen zur Stadt- und Bezirksverordnetenversammlung für Groß-Berlin vom 20. Oktober 1946 flugs erledigen. Schwebes hatte es vorausschauend befürchtet. Schließlich war er mit den Kontroversen um den „Kollektivplan“ vertraut, der wegen des darin umstrukturierten Verkehrskonzeptes mit der Präferenz zur aufgelockerten Neubebauung sowie den damit verbundenen Enteignungsverfahren für unerfüllbar gehalten wurde. Diese Kontroversen hatten Scharoun bereits zum „Pessimisten“ werden lassen. So jedenfalls berichtete es der 1933 emigrierte jüdische Schriftsteller und ehemalige Kriegsberichterstatter der US Navy Carl Riess, der Scharoun während seiner Berlinerkundungen nach dem Besuch der Ausstellung im Weissen Saal getroffen hatte. Auch Riess schienen die Ideen des Planungskollektivs angesichts der Ruinenlandschaften Berlins, „wo vorerst nur wenige Straßen passierbar waren, wo man immer damit rechnen musste, plötzlich durch ein Loch in der Straße in die Untergrundbahn zu fallen, oder umkehren zu müssen, weil ein eingestürztes Haus oder ein Laternenpfahl quer über der Straße die Weiterfahrt unmöglich machten“, geradezu „gespenstisch“, mithin vollkommen unrealistisch.[52]

Mit diesen Vorbehalten vertraut, wusste der gut vernetzte Paul Schwebes, dass sich Scharoun, der auch das Amt für Trümmerverwertung geleitet hatte, politischen Anfeindungen im eigenen Ressort gegenübersah und „wegen unzureichender Wohnungsinstandsetzungen“ bedrängt wurde.[53] Konflikte dieser Art wurden zudem seit April 1946 durch die neu sich formierenden parteipolitischen Einflusssphären begleitet, indem sich die

Abb. 10 Eine „Idealfamilie“ betrachtet das Modell der Neuen Stadt in Charlottenburg in Hans Scharouns Ausstellung *Berlin plant. Erster Bericht* im Weissen Saal, 1946. Foto: Iglarz

wieder gegründete Sozialdemokratische Partei Deutschlands (SPD) und die Sozialistische Einheitspartei Deutschlands (SED) eine von den Alliierten misstrauisch beäugte Fehde zu liefern begonnen hatten. Angesichts dieser politischen Gemengelage sollte Hans Scharoun nach der Oktoberwahl nicht mehr bestätigt und in der Leitung der Abteilung für Bau- und Wohnungswesen zum Jahreswechsel 1946/47 durch den der Sozialdemokratie nahestehenden Karl Bonatz ersetzt werden.[54]

Bonatz, der im Umfeld des GBI Albert Speer seit 1940 in der Entwicklung sogenannter „oberirdischer Luftschutzbunker“[55] gearbeitet hatte, war angesichts der Wiederaufbauideen als Kritiker des Kollektivplans und vor allem der darin radikal neu angelegten Verkehrs- und Straßenführungen aufgetreten. Zu deren Durchführung sei, so der illusionslos technokratisch geprägte Bonatz, „eine geradezu cäsarische Machtfülle“ vonnöten, mithin „ein Zeitraum […] von Jahrzehnten erforderlich“.[56] Angesichts der desolaten ökonomischen und politischen Sachlage der Viermächtestadt Berlin musste also die Potenz des Möglichkeitssinns Scharoun'scher Prägung der Kraft des Realitätsbewusstseins weichen, um vom Kopf auf die Füße gestellt zu werden. Bonatz tat es, indem er angesichts der Zerstörungen wie viele seiner Kollegen zunächst auf die Bereitstellung eines differenzierten Verkehrsnetzes achtete, um die Voraussetzungen zur Erschließung der neu zu planenden und vor allem der wiederherzustellenden Baugrundstücke gewährleisten zu können.

Bonatz, der nach Übernahme des Amtes sein unbedingtes Pflichtgefühl, „auf dem Boden der Wirklichkeit zu bleiben“[57] betonten sollte, griff daher auf einige zentrale Vorschläge der Zehlendorfer Planung zurück. Er sollte sie im Dezember 1947 in zwei Plänen (A- und B-Planung) zur Neugestaltung Berlins publizieren, die in Zusammenarbeit mit dem inzwischen im Hauptamt für Stadtplanung arbeitenden Walter Moest entwickelt worden waren **(Abb. 11, 12)**.

Moest hatte bereits im Konzept des Zehlendorfer Plans ein schon seit längerem diskutiertes Strukturproblem des Berliner Stadtkörpers aufgegriffen, das er als Mangel eines auf die City hin orientierten „Gestaltbildes“ beschrieb. Darunter verstand er Straßenführungen, die sowohl in Nord-Süd- als auch in Ost-West-Richtung als „Stadtdurchquerungen“ in das „Herzstück Berlins“ führen müssten und von hier weiter in die peripheren Quartiere. Zwar habe man sich „in allen bisherigen Plänen für Berlin […] auch um diese Verbindung bemüht“, doch stets sei „ihre Lösung an der Unmöglichkeit kostspieliger Durchbrüche“ gescheitert, da „das Tiergartenviertel [als] unantastbar“ gegolten habe. Durch die Luftangriffe aber sei es inzwischen so gut wie „völlig zerstört […], eine fast geradlinige Verbindung zwischen Budapester und Leipziger Straße macht keine unüberwindlichen Schwierigkeiten mehr“. Und mit dem Blick in eine wieder zu belebende Kurfürstendammkultur folgerte er, dass „das neu zu erbauende Straßenstück ganz besonders reizvoll werden“ könne, „indem sich auf der einen Seite Geschäftshäuser mit Läden und Gaststätten erheben, während sich auf der anderen Seite der freie Tiergarten ausbreitet“.[58] In der Absicht, dieses Areal des Tiergartens fortan um die Fläche des „völlig zerstörten Hansaviertels“ zu erweitern, hatte man im Zehlendorfer Konzept vorgeschlagen, den künftigen Straßenverkehrsfluss vom Bahnhof Tiergarten direkt auf „den großen Ringplatz der Gedächtniskirche“ zu führen. Als Verkehrshindernis sei sie nicht zu betrachten, „denn die vielen auf den Platz mündenden Straßen erfordern sowieso einen Kreisverkehr“. Schließlich hatte Moest großzügig konzediert: „Wenn also der Gottesdienst durch den Verkehr nicht gestört wird – uns stört die Kirche nicht.“[59]

Diese Überlegungen ließ Bonatz in die eigenen Planungen für Gesamtberlin einfließen, wobei er in

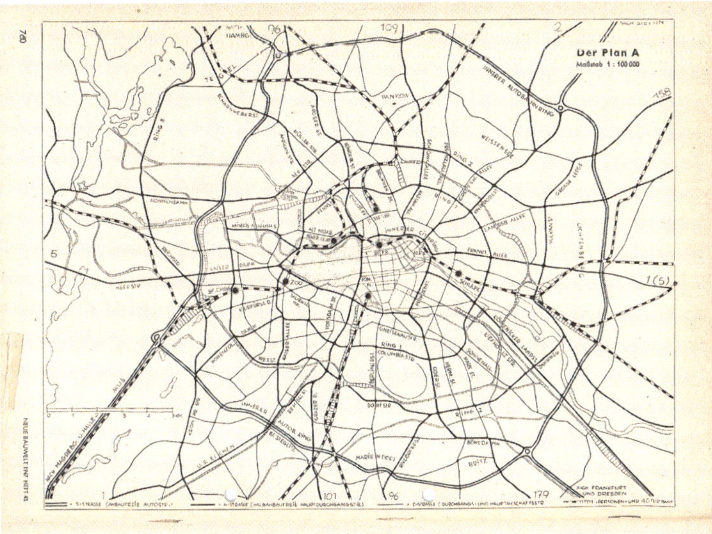

Abb. 11 Karl Bonatz, Verkehrsplan A Gesamtberlin, in: *Neue Bauwelt* 1947

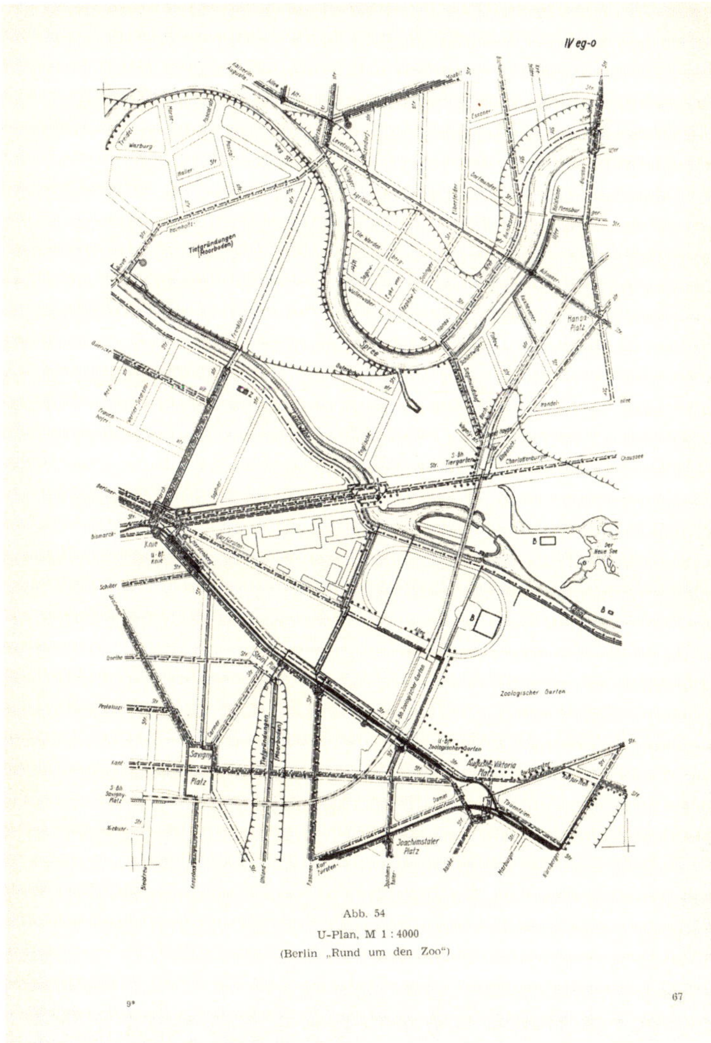

Abb. 12 Ernst Randzio, Berlin „Rund um den Zoo", Planzeichnung, in: *Unterirdischer Städtebau* 1951

eindeutiger Distanzierung zur Scharoun-Planung keine „Neuanlage der Stadt", sondern eine nur „sehr begrenzt mögliche Umbildung einer nur teilweise zerstörten, b e s t e h e n d e n S t a d t" mit der zentralen Bedeutung im Wiederaufbau der „sogenannten City"[60] voraussetzte. Dass neben dieser alten City im Umfeld des Brandenburger Tors, des Schlossareals und der Straßen um den Leipziger und den Potsdamer Platz ebenso bestehende städtische Kerngebiete um die Gedächtniskirche wiederbelebt werden sollten, konzipierte die Planung unter der Voraussetzung, dass von hier aus die Straßenführungen in ihrer Nord-Süd-Richtung in der Verlängerung der Kaiserallee (heute: Bundesallee) nach Moabit und in Ost-West-Richtung als Verlängerung des Kurfürstendamms durch den Tiergarten als Durchgangsstraße zum inneren City-Ring dominant sein sollten. Diese Planungsvorgaben mussten jetzt die ersten substanziellen Wiederaufbauüberlegungen berücksichtigen; Paul Schwebes war mit ihnen bereits vertraut.

II

Im Oktober 1947 schrieb der Magistrat von Groß-Berlin, Abteilung für Bau- und Wohnungswesen zusammen mit der Arbeitsgemeinschaft Wiederaufbau „Rund um den Zoo" einen „Wettbewerb zur Erlangung von Ideen-Plänen für die Gestaltung des Berliner Stadtviertels ‚Rund um den Zoo'" aus. An diesem ersten großen Ideenwettbewerb zur „Neugestaltung des Schwerpunktes des westlichen Teiles von Berlin" konnten alle in Groß-Berlin gemeldeten freischaffenden ebenso wie die beamteten oder in Angestelltenverhältnissen arbeitenden Architekten teilnehmen.[61] Als Abgabetermin galt der 1. März 1948, der später auf den 30. April verlängert werden sollte. Die Organisation sah vor, dass zunächst die Planungsunterlagen gegen ein Entgelt von 50 Reichsmark abgeholt werden konnten, darunter ein Schadensplan, zwei Lagepläne sowie eine „Ansicht des Zoologischen Gartens" und weitere beigefügte „Lichtbilder".[62] Jene, die dann von der Teilnahme Abstand nehmen würden, sollten später 40 Reichsmark zurückerstattet bekommen. Wie attraktiv diese Auslobung im von materieller und mentaler Kriegszerstörung gezeichneten Nachkriegsberlin erschien, dokumentieren die zunächst anvisierten Preisgelder, eine „Summe von RM 30 000 […], die sich auf einen 1. Preis von RM 10 000, auf einen 2. Preis von RM 8 000, auf einen 3. Preis von RM 6 000" sowie auf drei Ankäufe zu jeweils 2.000 Reichsmark verteilen sollten.[63] Eine überlieferte Liste verzeichnet bis März des Jahres 1948, also über den Zeitraum eines halben Jahres, 243 Abholungen, darunter den Journalisten Hans Josef Zechlin, der die Unterlagen für die *Neue Bauwelt* unentgeltlich erhielt – so wurde die kollegial-journalistische Aufmerksamkeitspflege offenbar gewährleistet. Unter den in dieser Liste aufgeführten Architekten finden sich einige Teilnehmer, die beim Wiederaufbau West-Berlins eine wesentliche Rolle zu spielen begannen oder, wie der bereits über siebzigjährige „Prof. Bruno Paul", gespielt hatten. Unter den Verzeichneten finden sich der künftige Büropartner von Paul Schwebes, „Dipl.-Ing. Schossberger [sic!]", sodann die Architekten Konrad Sage, Klaus Müller-Rehm, Hubert Hoffmann mit Walter Rossow, die beiden „Dipl.-Ing. Luckhardt" und tatsächlich auch eine Architektin, die Diplomingenieurin „Liselotte von Mendelsohn", die damals im 1922 von Paul Bonatz erweiterten württembergischen St. Georgenhof Pfronstetten gemeldet und als ehemalige Berlinerin teilnahmeberechtigt war.[64] Nicht aufgeführt ist in dieser ersten reichhaltigen Abholerliste der Privatarchitekt Paul Schwebes selbst, der allerdings, wie auch andere Teilnehmer, die vom Magistrat ausführlich verfasste Ausschreibung erwarb.

In diesem Programm waren sowohl die Aufgabe als auch die Richtlinien für die Bearbeitung in vier programmatischen Planungsüberlegungen zum Teil detailliert vorgegeben; zunächst als Forderung einer Verknüpfung von Wohn-, Wirtschafts- und Kultureinrichtungen im Umfeld des Bahnhofs Zoo; sodann, und das mit besonderer Betonung, wurden Lösungsüberlegungen für Straßenführungen erwartet, die die jeweiligen Nutzungen zwischen Wohnen, Konsum und Kultur unter der Voraussetzung bestehender kommunaler Verkehrsverbindungen berücksichtigten. „Besonderer Wert wird auf die städtebaulich und verkehrlich einwandfreie Lösung des Bahnhof-Vorplatzes am Bahnhof Zoo gelegt. Die Inanspruchnahme eines Teiles des Zoologischen Gartens ist freistellt. Zu berücksichtigen ist, dass eine Vergrößerung des Zoologischen Gartens gegenüber dem heutigen Zustand beabsichtigt ist."[65] Schließlich sollte das Augenmerk auf eine zusammenhängende Grünplanung der Freiräume gelegt werden, die im Zusammenspiel mit einer „künstlerischen Formung der Straßen- und Platzräume" entwickelt werden sollten.

Im August 1948 begann unter dem Vorsitz des Stadtrats Karl Bonatz eine ausgewählte Jury mit der Sichtung der eingegangenen Wettbewerbsbeiträge. Ihm stand dabei sein Stellvertreter, der damalige Stadtrat für Verkehr und Versorgungsbetriebe, der spätere Regierende Bürgermeister Berlin-Wests Ernst Reuter (seit 1950) abstimmungsberechtigt zur Seite. Zur Jury gehörten neben den Bevollmächtigten der Bezirke und der freien Wirtschaft Vertreter der auslobenden Arbeitsgemeinschaft zum Wiederaufbau an sowie Vertreter der freien Architektenschaft, darunter namhafte Städtebauarchitekten und -planer wie Martin Mächler, Richard Ermisch und der ehemalige Paul-Bonatz-Assistent, der inzwischen an der Technischen Hochschule Berlin lehrende Kurt Dübbers. So war zumindest die Jurybesetzung der Architektenschaft durch einige in den Vorkriegsjahren leitbildprägende Vertreter gewährleistet, die im Umfeld der Bonatz-Brüder tätig gewesen waren. Dass in diesem Interessensspektrum Vorstellungen, wie sie Bonatz zusammen mit Moest propagiert hatte, besondere Berücksichtigung finden sollten, lag mithin nahe, zumal sich Ernst Reuter auf der abschließenden Jurysitzung am Freitag, dem 6. August, durch den Ersatzpreisrichter Moest vertreten ließ.

Nach der Vorprüfung der ausgewählten 112 Arbeiten, zu denen jetzt auch das Entwurfskonzept von Paul Schwebes unter der Kennziffer 260537 (Geburtsdatum der Tochter Barbara **(Abb. 13)**) gehörte, entschied sich die Jury zur Verleihung zweier gleichwertig beurteilter Preise (6.000 RM). Neben dem seit 1932 in Berlin in unterschiedlichen Ateliergemeinschaften selbstständigen Paul Schwebes prämierte man den seit 1945 als Professor an die Hochschule für bildende Künste Berlin berufenen Klaus Müller-Rehm.[66] War es Zufall, dass zwei ehemalige „Meister"-Schüler des hochgeschätzten Hans Poelzig eine stadträumlich differenzierte Konzeption zur Wiederbelebung eines Stadtraumes vorlegten, der vor dem Krieg durch eben diesen „Meister" zu einem Zentrum

Abb. 13 Zeichnung aus dem Kreis der Mitarbeiter, Büro Paul Schwebes (Kennziffer der Wettbewerbseinreichung = Geburtsdatum der Tochter Barbara)

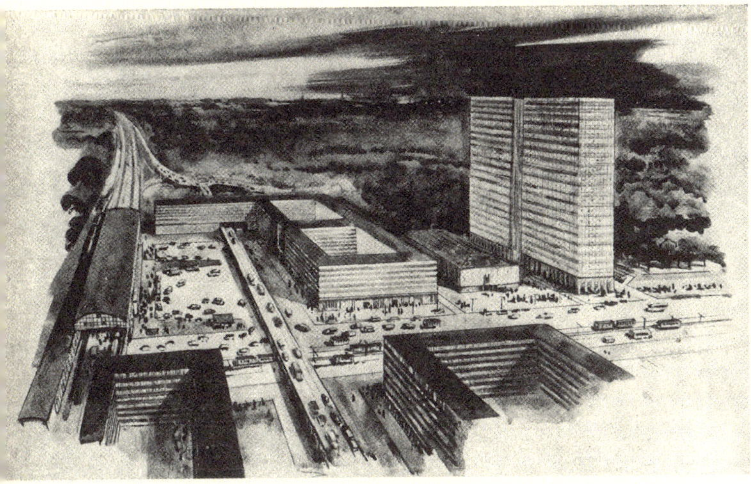

Abb. 14 Paul Schwebes, Wettbewerb „Rund um den Zoo“, Ansichtszeichnung, in: *bildende kunst* 1948

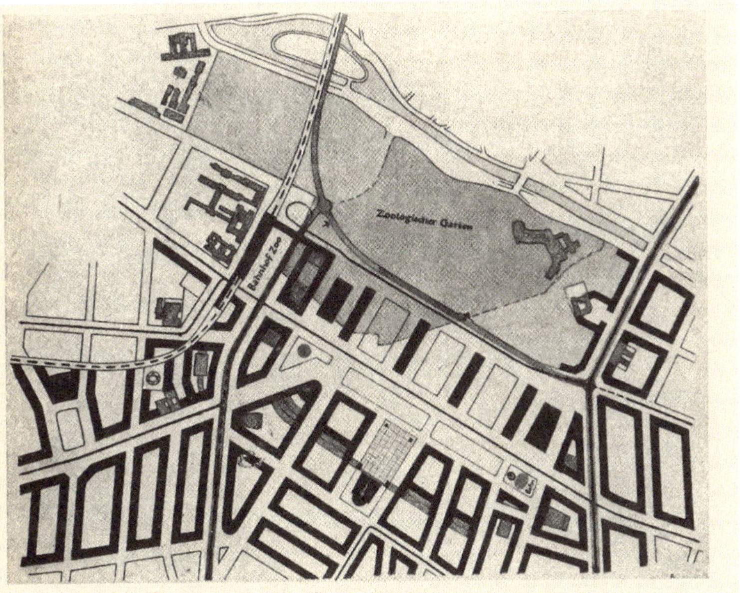

Abb. 15 Paul Schwebes, Wettbewerb „Rund um den Zoo“, Lageplan I, in: *bildende kunst* 1948

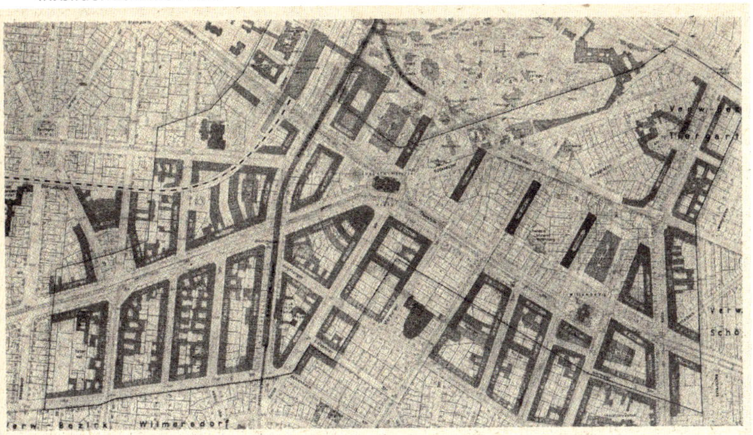

Abb. 16 Paul Schwebes, Wettbewerb „Rund um den Zoo“, Lageplan II, in: *Neue Bauwelt* 1948

wirtschaftlicher und kultureller Einrichtungen ausgebaut worden war?

Dass es ebendiesen für das Berlin der Weimarer Republik so legendären Charakter einer „City West“ wiederzubeleben gelte, war in den „Richtlinien für die Bearbeitung“ pointiert vorgegeben worden, schließlich handele es sich hier um einen Stadtraum, der in Vorkriegszeiten „weltbekannte Geschäfte, Restaurants, Unterhaltungsstätten, Hotels, Pensionen, Konzertagenturen usw. sowie namhafte Vertreter der freien Berufe“ komprimiert organisiert hatte. Daher gelte es, die Wiederbelebung dieser Nutzungen im Umfeld des tertiären Sektors mit einem differenzierten, technisch überlegten Verkehrskonzept (z. B. Beibehaltung der Straßenbahnführungen in der Mitte der Straßen) zu verbinden, das zugleich die „Sicherheit der Fußgänger“, also die Aufenthaltsräume der künftigen Flaneure und Käuferinnen garantieren können sollte. Deshalb seien die „wirtschaftlichen, kulturellen und sonstigen Baulichkeiten außer dem notwendigen Umfang möglichst von normaler Wohnbebauung freizuhalten“[67] – ein angesichts des bombenzerstörten städtischen Wohnraumes erstaunlicher Beschluss.

III

Wie Schwebes diese Planungsüberlegungen aufgriff, davon geben derzeit nurmehr drei in Zeitschriften publizierte Zeichnungen Auskunft (**Abb. 14–16**). Eingereicht hatte er eine Mappe mit einem Erläuterungstext sowie insgesamt zehn Ansichtszeichnungen und Lagepläne. Welche davon dem interessierten Publikum in der am 12. August 1948 eröffneten Ausstellung einiger prämierter Wettbewerbsarbeiten im Charlottenburger Schloss gezeigt worden sind, wissen wir nicht. Immerhin dokumentieren zwei unterschiedliche Lagepläne und eine brillante luftperspektivisch angelegte Kohlezeichnung die konzeptionellen Grundüberlegungen dieser städtebaulichen Neuplanung. Damit sind uns einige der Leitgedanken des gesamten Ideenprojektes „Rund um den Zoo“, die der Architekt Paul Schwebes mit seinen Mitarbeitern in einem Erläuterungstext formuliert hat, in Auszügen überliefert: *„Als die wichtigsten Leitgedanken der Planung erscheinen […]: 1. die Erhaltung der vorhandenen Bausubstanz überall da, wo sie nach Lage der Dinge zweckmäßig erscheint, 2. die radikale Beseitigung der verkehrstechnischen Engpässe, wie sie am Bahnhof Zoo, an der ehemaligen Gedächtniskirche, am Wittenbergplatz, an der Joachimstaler Straße und an der Ecke Kurfürstendamm-Uhlandstraße vorhanden sind. Das augenfälligste Charakteristikum des entsprechenden Geländes ist seine unmittelbare Nachbarschaft zum Zoologischen Garten und Tiergarten. Diese für die Gestaltung des westlichen*

Schwerpunktes Berlins einzigartige Chance sollte die Neuplanung bestimmend beeinflussen und als ihr Grundmotiv die Verwirklichung eines ‚Schwerpunktes im Grünen' ansehen", um schließlich eine „*Verschiebung des Gesamtgeländes des Zoologischen Gartens*"[68] und eine größere Nähe zum Tiergarten schaffen zu können. In dem Gedanken des „Schwerpunktes im Grünen" wirkte der Einfluss Scharouns offensichtlich nach.

Die eher zurückhaltend und wenig greifbar argumentierende Juryentscheidung hat dann zwei Aspekte des Schwebes-Projektes herausgehoben. Sie betrafen wesentlich die Einbindung in den bestehenden Straßen- und Baubestand und zugleich die vorsichtig eingegliederte Bebauung in den Raum des Zoologischen Gartens. Man betonte, dass „[f]*ür die Bebauung* [...] *ein bemerkenswerter Gedanke vorgetragen* [wird]. *Hiernach wird der Bestand am Kurfürstendamm und südlich der Tauentzienstr. nur bereinigt, während die wirtschaftlichen und besonderen Funktionen: Büros, Kinos, Hotels etc. in konzentrierten Standorten, z.T. in Hochhäusern, am Südrand des Raumes Zoo und südöstlich davon angeordnet werden. Dabei ist die Inanspruchnahme des Freiraumes Zoo durch die vorgeschlagene Bebauung verhältnismäßig gering. Der örtliche Verkehr ist weitgehend differenziert. Für die Gedächtniskirche wird ein neuer repräsentativer Standort in der Nähe der Nürnberger Str. vorgeschlagen*".[69]

Tatsächlich hat die Jury dieser Beurteilung nur einen von offensichtlich zwei eingereichten Lageplänen zugrunde gelegt; ein weiterer hatte die Gedächtniskirche hingegen stehen lassen, um sie als *point de vue* für die im Sinne James Hobrechts breit angelegte Tauentzien-Straßenführung zu erhalten.[70] In dieser Konzeption hat Paul Schwebes offenbar im Sinne seiner Funktion als „Vorstand des Zweckverbandes für den Wiederaufbau der Leipziger Str., Tauentzienstrasse & Ku.Damm" geplant, denn er überführte die Flanier- und Einkaufsmeile Kurfürstendamm direkt in den „Tauentzien".[71] Tatsächlich sollte diese Idee, den Boulevardcharakter des Kurfürstendamms in Fortführung der Tauentzienstraße bis zum Wittenbergplatz und damit bis zum repräsentativen Eingangsportal des Kaufhaus des Westens (KaDeWe) fortzuführen, in den folgenden Jahren nach und nach realisiert werden.

Einen vom vorgefundenen Stadtbau- und Straßenführungsmuster abweichenden Gedanken hat Schwebes schließlich mit der Positionierung der in Zeilen geordneten Hochhausscheiben entwickelt. Gleichsam in Verzahnung mit dem Grünraum des Zoologischen Gartens projektierte der Architekt hier in Anlehnung an Scharouns Kollektivplan eine neu zu entwickelnde, ideale Stadtlandschaft – mithin eine städtische Lebenswelt, die vom integrativen Raummuster der Moderne aus Verkehr, Kultureinrichtungen und wohnlich durchgrünten Ruhezonen, wie Schwebes sie mit Scharouns Planungsstab hatte besprechen können, inspiriert war. Ebendiese Idee, einen „Schwerpunkt im Grünen" zu entwickeln und damit sogar die „Verschiebung des Gesamtgeländes des Zoologischen Gartens" über die Budapester Straße hinaus vorzuschlagen und diese zuvor dicht bebaute Straße damit zu eliminieren, fand erstaunlicherweise kaum kritische Beachtung. Der ehemalige Reichskunstwart und Mitbegründer der in der amerikanischen Zone erscheinenden Tageszeitung *Der Tagesspiegel* Edwin Redslob nahm die Auflösung der zuvor dicht bebauten, soeben partiell enttrümmerten Budapester Straße immerhin als zeitbedingtes Modernisierungsmuster zur Kenntnis, wenngleich die Lösung dieses offenen Zeilenbaumusters das ersehnte Geschäftsstraßenflair offensichtlich vermissen ließ: „*Entsprechend der heutigen Auffassung des Städtebaus, die Hinterhaus und Hinterhof ablehnt, werden die Hochhäuser zwischen Grünflächen mit den Schmalseiten an die Straßenfront gesetzt* [...]. *Dabei wäre zu überlegen, ob man nicht längs der Straße* [gemeint ist die Neukonzeption „Tauentzien"] *eine Ladenreihe führen sollte, um die Zerstückelung durch die quergestellten Baukörper zu mildern.*"[72] Als Vorbild dieser Lösung wird Redslob das 1946 durch Max Taut im Aufbau-Verlag veröffentlichte Konzept einer „Geschäftsstraße als Ausfallstraße ähnlich der Frankfurter Allee"[73] vor Augen gehabt haben, jene differenzierte Stadtraum-Komposition aus einer flachgeschossigen Straßenrandbebauung und deren Auflösung in durchgrünte Zeilen- oder großflächige Hofstrukturen der mehrgeschossigen Wohnbauten dahinter.

Die Variabilität moderner Stadtbauformen zwischen geschlossener Platzfigur und offenen Verkehrs- und Flanierstraßen hat Schwebes schließlich in der Gestaltung des Bahnhofvorplatzes durchgespielt und damit Städtebauideen des „Weltstadtplatzes" aufleben lassen, die bereits in den 1920er Jahren in Berlin durch den ehemaligen Stadtbaudirektor Martin Wagner als Muster US-amerikanischer Stadtbaukunst durchgearbeitet worden waren.[74] Die uns überlieferte Platzansicht dokumentiert eine ähnlich angelegte Höhenstaffelung in der Verkehrsorganisation und das Motiv der Unterführung, wie sie Wagner am Alexanderplatz oder im Kreisverkehrskonzept für den Potsdamer Platz um 1929 projektiert hatte. Ähnliche Motive formen jetzt die Konzeption des großflächig angelegten Platzraumes vor dem Bahnhof Zoo.

Eine zeitgenössische Beschreibung, die Hermann Henselmann auf der Grundlage des durch Schwebes eingereichten Erläuterungstextes in der *bildenden kunst* veröffentlichen ließ, hat diese Planungsidee anschaulich übermittelt: „*Der Bahnhof erhält einen seiner Bedeutung entsprechenden großen Raum, der durch die Anlage des geplanten Nordflügels platzartigen Charakter bekommt. Für den Autoverkehr ist als Hauptdurchgangsstraße der Zug Kaiserallee-Stromstraße vorgesehen der Zwischen* [sic!] *Rankeplatz und Bahnhof Zoo als Hochstraße den Kurfürstendamm und die Hardenbergstraße kreuzungsfrei überquert.*“[75] Hier war die Achsenführung im Sinne des Zehlendorfer Plans in Nord-Süd-Richtung sowohl auf einer breit angelegten Autoverkehrsstraße als auch auf einer danebenliegenden aufgeständerten Hochstraße vorgeschlagen worden, die unterhalb des mehrgeschossigen Nordflügels (als Bürobau ausgewiesen) hindurch in das Gebiet des Tiergartens überleitet. Sie sollte schließlich auf dem dahinterliegenden enttrümmerten Areal des noch 1941 fertiggestellten Zoo-Hochbunkers in einen Kreisverkehr einmünden, um sodann durch ein Teilstück des Zooareals in östlicher Richtung in die Kurfürstenstraße überführt zu werden und nach Norden bis zur Charlottenburger Chaussee (ab 1953: Straße des 17. Juni). Erstaunlicherweise hat die Jurybeurteilung diese substanziellen Eingriffe in die Verkehrsführung eher beiläufig kommentiert. Man darf darin vielleicht die Unsicherheit gegenüber einer Entwicklung erkennen, die Karl Bonatz im Rückblick 1949 wie vermutlich einige ältere Mitstreiter der Jury als ein Grundproblem künftiger Verstädterungsprozesse benannte: die hemmungslose Entwicklung des Autoverkehrs, die „gegebenenfalls auch gezügelt werden muß“.[76]

Noch aber war die Schwebes-Planung von der gutmeinenden Idee getragen, diese Tendenz durch die Entflechtung der jeweiligen Verkehrswege für Fußgänger, Radler und Automobile beherrschen und derart für die geforderte „Sicherheit der Fußgänger [...] ausreichend Sorge tragen zu können“.[77] Dass diese unterschiedlich differenzierten Nutzungsräume die Attraktivität des Stadtraumes rund um den Bahnhof Zoo erweitern würden, hat der Architekt Schwebes seiner Zeichnung gleichsam als Botschaft einer erhofften Prosperität unterlegt. Sichtbar wird sie in der beeindruckenden Anzahl der Automobile auf dem Bahnhofsplatz – der offenbar das Kurzzeitparken ermöglichen soll – oder auch in eindrucksvollen Autoschlangen, die die neuen, kreuzungsfreien Straßensysteme beleben. Schließlich erkennt man kleinere Fußgängergruppen, die sich vor den Hotel- und Geschäftsgebäuden entlang der verlängerten Hardenbergstraße offensichtlich dem entschleunigten Schaufensterbummel hingeben. So umkreist diese Darstellung in einer Art Momentaufnahme die Alltagspraxis der zeitversetzten Betriebsamkeit des modernen Stadtmenschen und offenbart die Funktion dieses Bahnhof-Zoo-Vorplatzes als Transitraum mit geringen Aufenthaltsqualitäten. Schließlich, auch das übermittelt uns diese atmosphärisch beeindruckende Entwurfszeichnung, hätten diese Städter den vom Nahverkehr der Straßenbahnen befreiten Platz so schnell als möglich durchqueren können – ein Effekt, der beabsichtigt war. Auf diese Weise sollten die Automobilisten ebenso wie die Nutzer der U- und S-Bahnen möglichst umstandslos in die neu durchgrünte urbane Freizeitzone im Umfeld der Tauentzienstraße geleitet werden, vor allem aber in die freigestellten, breiten Einkaufsstraßen – eben dorthin, wo, wie am Kurfürstendamm, eine architektonisch anziehende Sphäre des Luxus und der Moden auf sie warten würde.

IV

Der Entwurf Müller-Rehms für den Platz vor dem Bahnhof Zoo hat dieses Anspruchsniveau eher bedingt thematisiert. Neben der weitgehenden Berücksichtigung des Bestandes betonte er „in Anlehnung der bisherigen Stadtentwicklung“[78] die im Wettbewerb geforderte nord-südliche Durchgangsstraße für den Fließverkehr geradezu als Leitmotiv einer offenen Platzstruktur. Seine Platzraumfigur bleibt schemenhaft, allein das dem Bahnhof gegenüberliegende lang gestreckte, typologisch unspezifische „Großhotel“ definiert hier die sichtbare Eingrenzung eines ansonsten offenen Durchgangsgebietes. So offeriert die Ansichtszeichnung Müller-Rehms den Raum vor dem Bahnhof Zoo als einen indifferenten Ort, der in der Ansichtszeichnung nicht nur verkehrslos, sondern nahezu menschenleer ist. Es ist diese Leere, in der die Ahnung der materiellen Zerstörung der Stadt und der mentalen Vernichtung ihrer Bewohner mitschwingt. Bebildert das Schwebes-Blatt die Möglichkeitsperspektive eines dynamisch prosperierenden Weltstadtlebens, so verdeutlicht die Müller-Rehm-Zeichnung die weit davon entfernte Wirklichkeitserfahrung der Menschen im bombenzerstörten, wirtschaftlich darniederliegenden Berlin.

Und doch trägt dieser Entwurf den ersehnten, optimistischen Wiederaufbauimpuls gleichsam symbolisch in sich – die Ahnung dessen, was möglich sein könnte. Auf dem niedergelegten Zoobunkergelände, dort, wo Schwebes einen Kreisverkehrsplatz projektiert hatte, lässt Müller-Rehm aus dem Schutt des Kriegsbauwerks einen begrünten „Steilhügel“ für ein hoch gelegenes, friedvolles „Aussichts-Café“ aufschütten **(Abb. 17, 18)**. Mit diesem optimistisch gestimmten Leitbild des Cafés als Ort eines gefahrlosen Freizeitvergnügens schaut das Auge des Melancholikers auf einen nahezu unbelebten, weiten Stadtraum, der insgeheim auf seine Neubelebung im Geiste einer City West wartet.

Abb. 17 Klaus Müller-Rehm, Wettbewerb „Rund um den Zoo", Ansichtszeichnung, 1948

Abb. 18 Zoobunker Berlin, 1947. Foto: Ernst Hahn

Doch was diese City West wirklich auszeichnen sollte, welche wirtschaftspolitischen Impulse die Planer und Architekten künftig aufgreifen müssten, darüber gab es in der Berliner Architektenschaft später kontrovers geführte Debatten. Dass der Berufsstand dabei keineswegs interesselos und unabhängig vom Zeitgeist arbeitete, sondern unter ideologisch unterlegten Prämissen, sprach damals der seit 1946 als Direktor der Staatlichen Hochschule für Baukunst und Bildende Künste Weimar lehrende Hermann Henselmann gleichsam programmatisch an. „Architektur ist gebaute Weltanschauung",[79] schrieb er einen Monat nach Veröffentlichung der Juryergebnisse im September 1948 in seiner Wettbewerbsbesprechung. Mit dieser Feststellung beurteilte er nicht nur die Planungsideen der einzelnen Wettbewerbsteilnehmer, vielmehr stellte er die wirtschaftspolitisch liberal definierten Ausschreibungsvorgaben selbst infrage. Schließlich sei die Zeit für eine sozialpolitisch grundsätzlich neu zu orientierende Raumentwicklung angebrochen und daher die Stadtentwicklungspolitik nicht länger in den Händen der bislang prägenden Wiederaufbauakteure zu belassen. *„Der große Bauherr der Zukunft werden die Gemeinden und Städte, die Länder und der Staat, die Gewerkschaften und andere Organisationen von Schaffenden sein. Nicht mehr einzelne, private Auftraggeber, sondern kollektive Körperschaften werden im wesentlichen das Gesicht unserer Städte bestimmen. [...] Aus dieser Überlegung begrüßen wir auch die städtebauliche Großzügigkeit einiger Pläne [...], ohne zu verkennen, daß keiner von ihnen auf dem gedanklichen Boden der gesellschaftlichen Entwicklung aufgebaut ist, den wir als den allein tragfähigen Baugrund unserer Zukunft ansehen. [...] Im Hinblick auf die gedachten künftigen sozialen Funktionen des Planungsgebietes als Zentrum eines luxuriösen Geschäfts- und weltstädtischen Vergnügungslebens dürfen die [...] Pläne und die aus den Erklärungen hervorgehenden Absichten als utopisch insofern bezeichnet werden, als sie fast allgemein von wirtschaftlichen Möglichkeiten und Auffassungen ausgehen, die unserer sozialen Wirklichkeit und der durch sie gesetzmäßig bedingten soziologischen Entwicklung nicht entsprechen."*[80]

Ganz anders als der inzwischen auch ideologisch in der sowjetischen Besatzungszone beheimatete Henselmann, der die Stadtentwicklung unter privatwirtschaftlich-liberal organisierten Prämissen ablehnte, nahm sich die Empfehlung des Referenten beim Hauptamt für Stadtplanung der Stadt Berlin Adolf Reichle aus. Gleichfalls im September, also einen Monat nach der Preisverkündigung am 6. August, präsentierte dieser Mitarbeiter im Planungsstab um Karl Bonatz einige Grundsätze des Wiederaufbaus „Rund um den Zoo". Reichles Vorschläge verknüpften die künftige Planungsinitiative unmissverständlich mit der „unsichtbaren Hand" des freien, privatwirtschaftlich strukturierten Marktes. Entsprechend ist das künftige Nutzungskonzept angelegt worden, es betraf einige Grundsätze zur Neuordnung des Planungsgebietes, zum Verkehr und zur Grünplanung. Dass sich darunter einige Leitgedanken des Schwebes-Entwurfs finden, macht das Gewicht deutlich, das man seinen Vorschlägen in diesem Planungsstab offenbar zumaß. *„Der Neuaufbau des Kaufgebiets Kurfürstendamm-Tauentzienstraße sollte unter Berücksichtigung aller neuzeitlichen Gesichtspunkte, d.h. der Möglichkeit rationeller Geschäftsführung und des angenehmen Betrachtens und Einkaufens, durchgeführt werden. Die begünstigte Lage der traditionellen Uraufführungskinos im Zentrum des Gebiets sollte beibehalten werden. Falls vermehrter Büroraum erforderlich wird, sollte er in besonderem Bereich vorgesehen werden.* […] *Dringend erwünscht sind mehr Hotels; als günstige Standorte können die Nähe des Bahnhofs Zoo für Übernachtungen und die Gegend der Budapester Straße für längeren Aufenthalt angesehen werden. Wohnungen sind standortfremd und sollten nur in den Randgebieten geplant werden.* […] *Die wichtigste Verkehrsforderung, die Verbesserung des Fußgängerverkehrs, sollte durch Schaffung kreuzungsfreier Promenaden erfüllt werden, an denen die Kauf-, Gast- und Unterhaltungsstätten liegen."*[81] Vor diesem Hintergrund, so Reichle, sei auch die Aufhebung der Budapester Straße kein Hindernis, zumal die im Schwebes-Entwurf vorgelegte „lockere Durchgrünung […] in Zusammenhang mit dem Zoologischen Garten" für eine notwendige „Verbesserung des Mikroklimas"[82] geradezu erforderlich sei.

Der Artikel Reichles ist ebenso wie der Henselmanns unter dem Eindruck des sich politisch zuspitzenden Konfliktes zwischen den vier Besatzungsmächten geschrieben worden. Schließlich war schon die Juryentscheidung unter dem Eindruck der Blockade West-Berlins durch die sowjetische Besatzungsmacht erfolgt. In diesen Monaten, da die Zufahrtswege in die Westzonen der Stadt blockiert und diese allein durch die von den westalliierten Besatzungsmächten organisierte sogenannte Luftbrücke mit Grundnahrungsmitteln versorgt wurden, verfestigten sich allmählich jene Veränderungen in den jeweiligen Besatzungszonen, die das Planungsprojekt eines zusammengehörigen Groß-Berlins obsolet werden ließen. Diese Entwicklung hat sich auf die sich ausdifferenzierenden Wiederaufbauprojekte in den jeweiligen Sektoren Berlins funktions- und nutzungsorientiert nachhaltig ausgewirkt. Und so schwang in beiden Positionen nicht zufällig jene Systemkonkurrenz zwischen dem sowjetisch und dem westeuropäisch verfassten Gesellschaftsmodell nach US-amerikanischem Vorbild mit, die ebenjene mentalen Prägungen vorbereitet hat, die schließlich den eigenwilligen Aufbau West-Berlins und das städtebaulich-architektonische Aufblühen konsumorientierter Lebensstile im Umfeld der City West begünstigt haben.

Neu-Beginnen: Paul Hertz und die Aufbaupläne für West-Berlin

Das alles ist schon so lange her
Dass wir es nur aus Filmen kannten
Durs Grünbein

I

Diese Weltanschauungsdebatte unter Architekten ist später ebenso aus dem Blickfeld geraten wie die konzeptionelle Bedeutung des Schwebes-Entwurfs für die Stadtplanung im Umfeld des Bahnhofs Zoo. Doch in einigen Elementen blieb sein Wiederaufbauimpuls einflussreich und konnte ab 1950 partiell durch sein Büro realisiert werden. Hatte Schwebes gegenüber Scharoun noch den Wunsch geäußert, das Hotel Fürstenhof in der sowjetisch besetzten Zone am Potsdamer Platz wieder aufbauen zu können, so war diese Idee spätestens mit dem Aufbau der beiden im Ost- und Westteil der Stadt angesiedelten Magistratsverwaltungen (September 1948) vollkommen wirklichkeitsfremd geworden. Offenbar aber hat sich Paul Schwebes durch die im Hauptamt für Stadtplanung der Stadt Berlin empfohlene Möglichkeit zum vermehrten Neubau von Hotels zu ähnlichen Neuplanungen ermutigt gefühlt. Schon 1949 legte er einen Hotelbauentwurf in der „Gegend der Budapester Straße" vor, der auf der niederzulegenden Ruine des alten Luxushotels Eden einen groß dimensionierten Neubau mit dem Blick auf den Zoo und das angrenzende Tiergartenviertel beabsichtigte. (Dass dieses Hotel, an dem 1919 die Ermordung Rosa Luxemburgs und Karl Liebknechts vorbereitet worden war, gleichsam als ein „unschuldiger Ort" wiedererstehen sollte, dokumentiert die Naivität gegenüber der politischen Bedeutung dieser Lokalität.) Es war mithin ein tourismusförderndes Projekt, das die ungemein erfolgreiche Neubauära seines Büros im Umfeld des Kurfürstendamms und der Budapester Straße hätte einläuten sollen. Dieser ausgearbeitete Hotelentwurf blieb, wie die anderen Wiederaufbauideen im Ostteil der Stadt, ein Wunschtraum (Abb. S. 205).

Erst im Jahre 1950 begann mit der verstärkten Initiative der amerikanischen Besatzungsbehörden die neue Zeitrechnung im Wiederaufbau des Westteils Berlins.

Im Umfeld der Initiative des sogenannten Long-term-Plans, der als ein „Vierjahresplan zur Kapitalinvestition [...] in den Jahren 1951 bis 1955 die Produktion und den Absatz der Berliner Industrie verdoppeln und zugleich 300 000 neue Arbeitsplätze schaffen sollte",[83] unterstützte Paul Hertz die Belebung des „Fremdenverkehrs". Hertz, der 1949 von Ernst Reuter nach Berlin zurückgeholt worden war, um in verschiedenen Funktionen zunächst als Senator für den Marshallplan und das Kreditwesen tätig zu werden, formulierte die entscheidenden politischen Vorgaben dieser neuen „Wirtschaftsplanung", deren Impuls darin bestand, „dem einzelnen Bürger einen angemessenen Lebensstandard zu gewährleisten".[84] Im Rahmen dieses Programms wurde dann der Entwurf für den Neubau der Berliner Disconto Bank in der Potsdamer Straße realisiert. Damit konnte das Architekturbüro Paul Schwebes erstmals nach dem Krieg ein funktionsorientiertes Bürogebäude errichten, in dem die Verwaltungsarbeit des zu intensivierenden *cash flow* organisiert und in private Kontenführungen eingeschleust werden sollte. Auch sein Entwurf für ein neu zu errichtendes Hotelgebäude auf dem 1937 „arisierten" Grundstück Kurfürstendamm 27 der ehemaligen M. Kempinski & Co. GmbH, das damals in den Besitz der Aschinger's AG übertragen worden war, wurde jetzt in Sichtweite zur zerbombten Synagoge in der angrenzenden Fasanenstraße verwirklicht. Schwebes hatte durch die Arbeiten für Aschingers Hotel- und Gastbetriebe zu deren neuen/alten Akteuren gute Kontakte unterhalten[85] (siehe Johann Sauer im vorliegenden Band).

Mit dem Entwurf für das Hotel Kempinski und das Bankgebäude rekurrierte die Schwebes-Architektur auf jene Formensprache, die mit der funktional unterlegten Standardisierung der Grundrissentwicklung zugleich die Rasterstruktur der Fassadenbilder normiert hatte. In diesem Gleichmaß präsentierte sich das Bankgebäude im symmetrisch auf den Straßenraum der Potsdamer Straße bezogenen Eingangsportal durchaus im Duktus des transformierten Klassizismus, ein Effekt, den die Natursteinverkleidung des hohen Sockelgeschosses unterstützte (Abb. S. 117).

In dem Hotelentwurf kündigte sich allerdings ein verändertes Normierungsmuster des Raumes und seiner Fassadenbildung an. Es zeigte sich in der Individualisierung einzelner Bauelemente sowie der farblich differenzierten Materialwahl, die die verschiedenen Funktionsbereiche des Gebäudekomplexes differenzierend betonte. Als Lehrstück Mendelsohn'scher Prägung rekapitulierte der Schwebes-Entwurf zunächst die geschwungene Ecklösung, die den Gebäudekomplex als Kreuzungspunkt zwischen dem Kurfürstendamm-Boulevard und der querenden, schmaleren Fasanenstraße aufgriff und gleichzeitig durch die schwungvolle Rundung deren Verbindung für die Passanten erlebbar machte. Dieser fußgängerbetonte Bezug zum bestehenden Straßenraum kehrte in der Staffelung des mehrgeschossigen Baukörpers im Verlauf der Fasanenstraße zurück, wo der repräsentativ gestaltete Haupteingang des Hotels die Übernachtungsgäste empfing (Abb. S. 206 ff.).

Jetzt kehrte auch das Prinzip der nuancierten Materialverwendung im Fassadenbild wieder, die Mendelsohn als Äquivalent zur Lesbarkeit des einst verwendeten skulpturalen Schmucks verstanden wissen wollte. Ausschlaggebend für die atmosphärisch angelegte Wirkung dieses Neubaus war die differenzierte Gesamtfarbgebung der Fassaden. Auf die dunkle Schwarzglasverblendung des Sockels setzte im Erdgeschoss die messinggerahmte große Fensterfront auf. Beleuchtete sie an der Eckrundung das dort neu betriebene Café Schloß Marquardt – eine Reminiszenz an ein ehemaliges Kempinski-Hotel in einem brandenburgischen Dorf nahe Potsdam –, so wurde sie an der Fasanenstraße als Schaufensterfront weitergeführt. Die Eigenart dieser *curtain wall* zelebrierte den Blick in das Café und zugleich den attraktiven Innenausblick auf die legendäre, wiederzubelebende Kurfürstendamm-Eleganz. Das Repertoire dieser kommenden Welt des Luxus und der Moden präsentierten die Lifestyle-Bemusterungen, die in den Geschäften der Seitenstraße im Übergang zum Hoteleingang ausgestellt werden sollten. Schließlich ließ die Wandverkleidung der darüber platzierten Hotelzimmergeschosse mit den gelblichen Opakglasplatten die Fassade im wetterbedingten Lichteinfall leicht schimmern. Bei Nacht unterstützte die Lichtreklame, die erleuchteten Schriftzüge HOTEL KEMPINSKI und CAFÉ SCHLOSS MARQUARDT, jene urbane Strahlkraft, die vor 1933 mit diesen Namen verbunden worden war (Abb. 19, 20). Als könnte man die Jahre der nationalsozialistischen Diktatur und deren Zerstörungen ausblenden: Diese Form der licht-labilen Lebendigkeit umhüllte eine sozialpolitische Botschaft. Denn dieses Ensemble aus Hotel, Restaurant und Café am Kurfürstendamm mit der angeschlossenen Ladenzeile offerierte die Möglichkeit zur Rückgewinnung eines friedvollen, satten Lebensstils ohne Schuld und Sühne.

Gefeiert wurde dieser „Traum zwischen Trümmern"[86] schließlich mit der Eröffnung des Hotels am 29. Juli 1952. In vielen Tageszeitungen konnte man lesen, wie dieser Traum vom nachfolgenden Leben in Friedenszeiten räumlich gestaltet aussehen könnte: „*Die äußere Gestaltung des von Paul Schwebes entworfenen und*

Abb. 19 Hotel Kempinski bei Nacht, Postkarte. Foto: unbekannt

Abb. 20 Hotel Kempinski, Kurfürstendamm mit Blick in die Fasanenstraße mit der Synagogen-Ruine, vor 1957. Foto: Lieselotte Schröder

geleiteten Baues wirkt in ihrer sachlich-gläsernen Kühnheit wie ein architektonischer Paukenschlag, der vielleicht fortschwingen und mitbestimmend sein wird für die weitere Neugestaltung des Kurfürstendamms. […] Vom Hoteleingang mit den zwei messingverzierten Logen fällt der Blick durch einen großzügigen Durchbruch auf den weiträumigen Wintergarten hinter riesiger Glasscheibe. Hier blühen bereits die exotischen Pflanzen. Glas, Marmor und schimmerndes Messing in harmonischer Abstimmung, sachlich aber einladend formen den innenarchitektonischen Charakter der Eingangshalle."[87] Und in der Abendzeitung *nacht-depesche* war zu lesen: „*Was der von Paul Schwebes gestaltete Bau mit seiner architektonisch kühnen Glasfassade außen verspricht, das hält sein Inneres. […] Viel Glas, spiegelblankes Messing und Marmor und großartige Vielfarbigkeit der Teppiche, Möbelbezüge und Gardinen. Die Hotelzimmer sind in wechselnden Farben gehalten. Die alte Kempinski-Tradition ist in modernem Geist wiedererstanden […]. Gleich beim Betreten der Hotelhalle […] empfängt den Gast die Stimmung des eleganten Hauses: Der Blick fällt auf den großräumigen Wintergarten gegenüber der Vollglasdrehtür. […] Wer der Auffahrt mit einem der zwei Fahrstühle eine kleine Fußwanderung vorzieht, steigt lautlos auf dicken, roten Läufern über eine offene Spiraltreppe in die Höhe. […] Die 180 Hotelzimmer mit ihren 220 Betten sind sowohl Wohn- als auch Schlafräume. Die Einzelzimmer haben Klappbetten, die tagsüber unsichtbar hinter Holzverkleidungen verborgen sind. […] Telefon und Radioeinstellung für fünf Sender sind in Griffnähe am Kopfende. Jedes Zimmer hat außerdem eine Sitz- und Schlafcouchkombination sowie eingebauten Kleiderschrank* [sic!]. *Durch den Vorraum kommt der Gast ins Bad, das zum Zimmer gehört. Gediegen sind auch das Café ‚Schloß Marquardt' und das Restaurant ausgestattet. Zierliche, rot bespannte Kaffeehausstühle an kleinen Marmortischen, bequeme Sessel in den zwei Räumen des Restaurants. An den Wänden künstlerische Malereien, die von den Kunstmalern Lafeldt und Hans Marno-Kellner geschaffen sind.*"[88] So sprach man damals vom „gläsernen Wunder am Kurfürstendamm" und berauschte sich an der Zuschreibung, dass es sich hier um „[d]as modernste Hotel Europas"[89] **(Dok. 8)** handelte.

Allein die in Ost-Berlin erscheinende *Berliner Zeitung* attackierte diesen „letzten protzigen Schrei", der dem „amerikanischen Geschmack eines New Yorker Waldorf-Astoria Gastes" entspreche, als überlegte Aktion des „amerikanischen Kapitals". Dem umfangreichen Artikel beigeordnet war schließlich eine kleine Fotografie der soeben fertiggestellten Disconto Bank aus dem Schwebes-Büro, die als „Zwingburg" charakterisiert, den Konnex zwischen Finanz- und Gewerbepolitik stadträumlich verdeutliche, mithin eine Baupolitik repräsentiere, die der „Ausdehnung der Macht der anglo-amerikanischen Monopole" entspringe. Dass es sich im Architekturkonzept des Hotelgebäudes aber in dessen Innenausstattung nicht allein um US-amerikanische luxuriöse Hygienestandards handelte – „schalldichte Wände, automatische Be- und Entlüftungsanlagen"[90] –, sondern auch um Rückgriffe auf die Berliner und Wiener Hotel- und Caféhausausstattung aus der Vorkriegszeit und bei der Hotelzimmereinrichtung um ein standardisiertes Einbaumöbelprogramm, wie es für das Wohnungsprogramm des *Neuen Frankfurt* unter Ernst May durch Grete Schütte-Lihotzky und Ferdinand Kramer in den 1920er Jahren entwickelt worden war, übersah diese Kritik geflissentlich.

Hinter dem ideologischen Spiegelbild – man sah, was man sehen wollte – verschwand, dass Schwebes allein in der Grundrissentwicklung des Cafés das Raumkonzept des ehemaligen Weinrestaurants Kempinski aus dem Jahre 1927 aufgegriffen und in dessen Innenausstattung die Ideen einer atmosphärisch geprägten *friendliness* der deutschen Kultur hatte aufleben lassen. Die Innenausstattung mit Gobelins und landschaftsbezogenen Pastell- und Ölmalereien offerierten im Rückgriff auf Motive der Romantik ein zivilisiert friedvolles Deutschlandbild, dessen Intentionen gleichsam unschuldig wiederzubeleben sein könnten. Diesem Leitbild einer akzeptierten Überlagerung von Tradition, Gegenwart und Zukunft blieb das Ausstattungsprogramm der folgenden Jahre mit der Erweiterung des Hotelkomplexes entlang der Fasanenstraße verbunden. Noch 1958 integrierte die Neukonzeption der Hotel-Eingangshalle zwei mosaikverkleidete Säulen der Firma Puhl & Wagner, die einst die Berliner Industriekultur künstlerisch-handwerklich begleitet hatte (und auch in den Ausstattungsmodellen der NS-Architektur bedeutsam geblieben war) (Abb. S. 208).

Der Architektur des Hotel Kempinski am Kurfürstendamm kommt das Verdienst zu, ein Wiederaufbaukonzept definiert zu haben, das den Neubeginn der West-Berliner Wirtschaftsentwicklung im tertiären Sektor gefällig signalisiert hat. Sowohl die Erschließung und Akzeptanz des vorgefundenen Straßenraumes als auch die konzentrierte Innenerschließung der funktional-repräsentativen Grundrissplanung, schließlich die durchaus symbolisch angelegte Zeichensprache der Materialverwendung oder die inszenatorisch angelegte Bauform der freigelegten Drehung einer Spiral- oder Wendeltreppe waren Formen, die das Büro Paul Schwebes – und nicht nur dieses – in der Aufbauphase der wiederzuerweckenden Schaulustarchitektur immer wieder verwendet hat **(Abb. 21)**. Man findet dieses Repertoire in seinen Kaufhausentwürfen, die später im Umfeld des Kurfürstendamms, der Tauentzienstraße und schließlich auch im Umfeld des Bahnhofs Zoo mit den dort neu anzusiedelnden Hotelbauten entstehen sollten.

II

Der Akt der Hoteleröffnung am Kurfürstendamm konnte den Eindruck entstehen lassen, dass sich die katastrophale Wirtschaftslage Berlins und seiner Westzonen seit der Blockade substanziell gebessert hätte. Tatsächlich aber gab es nur bedingt nachhaltige Veränderungen des alltäglichen Lebensstandards der Menschen, denn ein Problem war nach wie vor nicht wirklich gelöst worden. Paul Hertz brachte es immer wieder ins Gespräch und diskutierte seine Ursachen öffentlich, unter anderem im

Abb. 21 Wendeltreppe im Hotel Kempinski. Foto: unbekannt

Schulfunkprogramm des RIAS (Rundfunk im amerikanischen Sektor). Wie so häufig zuvor, wies er 1952 auf die hohe Arbeitslosigkeit der Menschen hin, wenngleich ein gewisser Industrieaufschwung zu verzeichnen sei, wie er meinte, zu dem inzwischen das mit Marshallplan-Mitteln geförderte „Bekleidungsgewerbe" gehörte. Dass sich dieser Aufschwung jedoch nicht in einer zufriedenstellenden Beschäftigungswelle ausgewirkt hatte, lag nach Einschätzung Paul Hertz' an den Flüchtlingsströmen aus dem Osten, die nach wie vor in Berlin zu verzeichnen waren. Zudem hatten viele Frauen und Männer, die in den Westzonen wohnten, aber im Ostteil der Stadt arbeiteten, ihre dortige Beschäftigung im Systemwettbewerb der jeweiligen Besatzungszonen verloren. Die Erwerbslosigkeit blieb in West-Berlin also hoch und beförderte in Kombination mit der versorgungstechnischen Isolierung die sozialpolitisch labile Lebensgrundlage. Paul Hertz konstatierte: „*West Berlin, die Insel im roten Meer, abgeschlossen von Zufuhr und Absatzgebiet, leidet schwer unter seiner geografischen Isolierung und der politischen Unsicherheit. Stärkung des Vertrauens zur politischen Zukunft West Berlins ist daher eines der wesentlichen Mittel, Berlin zu helfen.*"[91] Diesen Vertrauenszuwachs herzustellen und dabei zugleich die Arbeitsproduktivität und damit die Konsumbefähigung zu stärken, war ein Komplex, dem sich in jener Zeit einige aus der Emigration zurückgekehrte, sozialdemokratisch geprägte Mitstreiter und Freunde von Paul Hertz engagiert widmeten. Dazu gehörte der gleichfalls von Ernst Reuter aus den USA nach Berlin zurückgeholte Sozialdemokrat und Journalist Hans E. Hirschfeld. Seit 1950 war Hirschfeld mit dem

Aufbau des Presse- und Informationsdienstes des Magistrats von Groß-Berlin betraut und pflegte gute Kontakte zu dem mit der Situation im Nachkriegsberlin vertrauten Shepard Stone. Stone, einst, wie der für den Aufbau West-Berlins so bedeutende Jacques Rosenstein, Student in Heidelberg, begleitete ab 1946 den Aufbau des bundesdeutschen Zeitungswesens von US-amerikanischer Seite. Vier Jahre später kehrte er nach New York zurück, um dort eine Leitungsposition in der Ford Foundation mit dem Schwerpunkt für „Internationale Angelegenheiten" zu übernehmen. Der Kontakt zum befreundeten Hirschfeld und zu Hertz blieb bestehen, und so war er über die prekäre Lage der Westzonen Berlins gut informiert geblieben. Nach wie vor korrespondierte Stone mit Hirschfeld über die ökonomischen Problemlagen West-Berlins und machte ihn in diesem Zusammenhang darauf aufmerksam, dass es gelte, die Voraussetzungen einer konsumorientierten Marktstrategie in eine ausgewogene Stadtraumplanung zu integrieren. *„I think you ought to know that many thoughtful people here feel that the only way to attack the Berlin problem is to do it on a firm economic base and that means that Berlin must be able to produce things that other people want and spend money to get.* […] *The point is* […] *that the Italians are producing some beautiful things now and so are the Swedes."*[92] Dass die West-Berliner Produktion diesen Ansatz zur Herstellung der begehrenswert schönen Alltagsprodukte bereits verfolgte, betonte Hertz zwei Jahre später in einem Interview mit dem Sender Freies Berlin. Von einer zweimonatigen „Verhandlungs- und Erkundungsreise" durch die Vereinigten Staaten von Amerika (USA) zurückgekehrt, um dort „nach anderen Kapitalquellen und Expansionsmöglichkeiten zu suchen", war Hertz durch die verschiedenen Staaten der USA gefahren und hatte dabei auch die „fortschrittlichen Firmen und den Neubau der Pittsburgher Innenstadt"[93] besucht.

Interessanterweise hatte die in Berlin-Tempelhof erscheinende Januarnummer der *Bauwelt* 1955 einen längeren, gut bebilderten Beitrag zum Stadtumbau dieser ehemals größten amerikanischen Industriestadt mit dem Hinweis auf deren Niedergang seit den 1940er Jahren veröffentlicht. Die Autorin Lucie Lobes, die die inzwischen initiierte und zum Teil erfolgte große Stadtsanierung beschrieb, verwies auf Probleme, die der Situation im nachkriegsdeutschen Berlin vergleichbar schienen. Pittsburgh war aufgrund seiner großflächigen Industrieansiedlungen in einer Blase aus Ruß und Rauch verslumt, später verarmt, sodass Unternehmen und die „Reichen" die Stadt verlassen hatten. Vor diesem Hintergrund konnte die parteiübergreifende Sanierungsinitiative im Zusammenspiel aus privaten Investoren und Lokalpolitikern Maßnahmen anstoßen, die die innerstädtische Attraktivität Pittsburghs durch Hotel-, Kino-, Restaurant- und Geschäftsbauten steigerten, indem die Einkaufs- und Vergnügungsmeile von neu gestalteten Parkanlagen mit gereinigten Wasserläufen umgeben wurde, mithin eine von Luftverschmutzung entlastete urbane Stadtmitte entstanden war. Dass man zudem damit begonnen hatte, eine „Atomkraftstation" zu bauen, die 1957 in Betrieb gehen und „400 000 Abnehmer in Pittsburgh mit Strom" versorgen sollte,[94] wies mit dem einsetzenden Strukturwandel ansatzweise auf künftige Planungsveränderungen der städtischen Infrastruktur hin.

Auch in Europa beschäftigte man sich bereits mit der wirtschaftlichen Nutzung der Kernenergie und diskutierte die verschiedenen Möglichkeiten zur „friedlichen Anwendung" der nur wenige Jahre zuvor als bellizistische Zerstörungswaffe ungeheuren Ausmaßes genutzten Kernspaltung. Das Thema beschäftigte inzwischen auch die Architekten und die Zeitschrift des BDA *Der Architekt* informierte ihre Leserinnen und Leser in ihrem Januarheft 1956 ausführlich über die im Spätsommer zuvor ausgerichtete Atomenergiekonferenz in Genf, an der immerhin „über 1400 delegierte Wissenschaftler aus 73 Ländern" teilgenommen hatten.[95]

Im Umfeld dieser Debatten ließ sich am Beispiel der amerikanischen Stadtsanierungsmaßnahmen einer Industriestadt wie Pittsburgh schließlich ermessen, worauf der Wiederaufbau einer City West unter den Problemstellungen, die Hertz vor Augen hatte, würde achten müssen: die Möglichkeit der realistischen Finanzierung unter Nutzung vorhandener Ressourcen, eine ökologisch sensible Einbindung von Grünanlagen unter Berücksichtigung neuer Technologien in die städtische Energieversorgung, schließlich die Nutzung rationell-standardisierter Herstellungsverfahren mit dem zukunftsorientierten Blick auf neue Automatisierungsverfahren von Arbeitsprozessen. Mit diesem Anspruchsniveau vor Augen galt es, im Entscheidungs- und Planungsumfeld von Paul Hertz städtische Konzentrationspunkte in den Westzonen Berlins zu entwickeln, die ein international wettbewerbsfähiges Warenangebot in marktwirtschaftlich attraktiven Einkaufszonen architektonisch begleitend in Szene zu setzen verstanden.

Mit der Rückkehr aus den Vereinigten Staaten in den Sommermonaten 1955 hatte Hertz, der dort einige Tage in Begleitung des neuen Regierenden Bürgermeisters Otto Suhr Kontakte zu Privatwirtschaftsunternehmen und Politikern weiterentwickelt hatte, die Finanzierung zur Neubebauung im Umfeld der Gedächtniskirche absichern können **(Abb. 22)**. Ein wesentlicher Aspekt war die

Abb. 22 Paul Hertz und Otto Suhr in Washington, 1955. Foto: unbekannt

ersehnte Verknüpfung der US-amerikanischen Wiederaufbaukredite mit privatwirtschaftlichen Unternehmen, sodass die Idee einer Public-private-Partnership zur Eigenständigkeit der West-Berliner Aufbauarbeit beitragen könnte. Schließlich sei es die Aufgabe der „Marshallplan-Hilfe", es „einem Land [zu] ermöglichen, sich selbst weiterzuhelfen",[96] so hatte es Hertz in einem Vortrag im Verein Berliner Kaufleute und Industrieller e. V. (VBKI) programmatisch vorgegeben.

Ein solches Programm hatte die einst in Ost-Berlin angesiedelte Bekleidungsindustrie jetzt mit dem neuen Schwerpunkt der Damenoberbekleidung im Umfeld des Bahnhofs Zoo vor Augen. Die ehemaligen Schwerpunkte der von Enteignung bedrohten Betriebe der Herrenoberbekleidung im sowjetisch besetzten Umfeld des Spittelmarktes und jener der Damenoberbekleidung am Hausvogteiplatz in Nachbarschaft zum Neuen Markt waren, soweit sie überhaupt noch existierten, für die Neuansiedlung privatwirtschaftlicher Unternehmen unmöglich geworden. Auf der Suche nach einem ähnlich attraktiven städtischen Umfeld, das wie einst die räumliche Vernetzung der Herstellungsorte mit der Präsentation der Mode in publikumsattraktiven Einzelhandelsgeschäften in Nachbarschaft zu den vorhandenen Verkehrsknotenpunkten der Fern- und Stadtbahnen ermöglicht hatte, musste man den Blick auf die Umgebung des Bahnhofs Zoo lenken. Hier sollten die über das Stadtgebiet verteilten kleineren Produktionsstätten aus „Zwischenmeisterbetrieben, Heimarbeitern und Zubehörindustrie"[97] konzentriert werden, damit die „Einkäufer, die während der Durchreisen in zunehmender Zahl aus dem Bundesgebiet und in zunehmender Zahl aus dem Ausland nach Berlin kommen, um hier ihre Aufträge unmittelbar beim Hersteller unterzubringen", nicht länger zeitverschwendend durch die Stadt zu den dort verteilt angesiedelten einzelnen Produktionsstätten fahren müssten. Bereits seit 1953 war die Neuansiedelungsidee durch die Vermittlung eines amerikanischen „Top-Managerteams"[98] vorbereitet worden.

Im Zuge der stadtpolitischen Entscheidung, den Produktionsstandort der Damenoberbekleidung (DOB) auf dem Gelände vor dem Zoologischen Garten in Verbindung mit dem Bahnhofsvorplatz zu entwickeln, erhielt die Ideenkonzeption von Schwebes von 1947/48 neuerlich Gewicht. Seine atmosphärisch angelegte Zeichnung des Bahnhofsvorplatzes mit dem angedeuteten Übergang zur Straßenführung am ehemaligen Auguste-Viktoria-Platz, der seit 1947 Breitscheidplatz hieß, hatte das Potenzial zur Geschäftsentwicklung der schönen Dinge und des begehrenswerten Designs gleichsam als Stadt-Schauspiel in Szene gesetzt. Hatte sein Wettbewerbsentwurf eine Verkehrsführung vorgesehen, die die Lebendigkeit eines Boulevards für konsumorientierte Fußgänger mit einer parallel angeordneten breiten Autostraße, einer anrainenden Straßenbahntrasse und einer Spur für den Busverkehr verband, so galt es nun, eine bestandsbewusste Straßenführung zu entwickeln[99] (Abb. S. 252 f.). Spätestens seit der Untersuchung des Ingenieurs Ernst Randzio über die vorhandenen unterirdischen Versorgungs- und Verkehrsanlagen mit „Beispielen Groß-Berlins" von 1951 war es angesichts der angespannten Finanzierungssituation nicht mehr zu rechtfertigen, diese Werte der unterirdischen Stadt mit den bestehenden Straßen, die weitgehend erhalten geblieben waren, zu ignorieren. Schon 1946 hatte Randzio in einem Beitrag zur Scharoun-Ausstellung zu bedenken gegeben, dass der kommende Hochbau die kaum zerstörte Unterstadt in ihrem Erhaltungs- und Wirtschaftlichkeitswert nicht unterschätzen dürfe[100] (vgl. Abb. 12). Angesichts dieser Untersuchungen passte der inzwischen direkt durch die DOB beauftragte Paul Schwebes seine 1954 vorgelegte Neuplanung der stadttechnischen Ökonomie unter Berücksichtigung der inzwischen eigentumskorrigierten Straßenprofile an. Wie schon im Wettbewerbsentwurf

Abb. 23 DOB-Zentrum am Breitscheidplatz im Bau, 1956. Foto: Arthur Köster

dominierte dem Bahnhofsgebäude gegenüberliegend ein vielgeschossiges Hochhaus den Platzraum im Übergang zum dahinterliegenden Zoogelände. Im Anschluss daran war in der Verlängerung der erhaltenen Hardenbergstraße ein Kinogebäude eingeschoben, das jetzt zu dem 200-Meter-Langbau-Riegel der fünfgeschossigen Straßenrandbebauung gegenüber der freien Fläche des Breitscheidplatzes mit der Kirchenruine überleitete. „Die Obergeschosse dieses Bauteils sind schließlich der DOB vorbehalten."[101] An dessen östlichem Ende vermittelte schließlich ein mehrgeschossiges, zurückgesetztes Hochhaus mit angrenzendem Parkhaus den Übergang zur Budapester Straße, die Schwebes gemäß den Rentabilitätsanforderungen der Unterstadterhaltung fortan respektvoll einbeziehen sollte (Abb. S. 256 f.). Als dann im Juli 1955 die „Zentrum am Zoo Geschäftsbauten Aktiengesellschaft zu Berlin" gegründet und mit der Neubebauung des Areals begonnen werden konnte, schien vom Grünkonzept des Ideenwettbewerbs von 1947/48 nichts mehr übrig geblieben zu sein. Vergessen aber hatte Schwebes dieses Prinzip der Auflockerung zur Beseitigung der einhegenden Straßenbestandsbebauung des 19. Jahrhunderts keineswegs. Dass der zeitgemäße Städtebau die Klimaverbesserungen der City-Bereiche – nicht zuletzt im Sinne der Pittsburgh-Rezeption – künftig berücksichtigen müsste, ohne die Bestandsstruktur durch den Ersatz einer radikalen Zeilenstruktur aufzugeben, hatte Schwebes bereits in einer der ersten Entwurfsfassungen 1954 auf eigenwillige Weise vor Augen geführt. In Negation des Raumverwertungsprinzips präsentierte eine dieser Zeichnungen den Breitscheidplatz-Riegel als ein mehrgeschossiges durchgängiges Gebäudeband, das oberhalb der unteren Ladengeschosszone mit dem darüber angelegten ersten Produktionsgeschoss ein scheinbar funktionsloses, luftiges Freigeschoss auswies und erst darüber drei geschlossene Etagen für die Bekleidungsfirmen. Mit dieser Lösung blieb der Blick in das Zoogelände mit dem anschließenden Park des Tiergartens erhalten und sorgte zugleich für die Durchlüftung des verkehrsstraßenbetonten City-Bereiches – Scharouns Stadtbegrünungsmodell ließ grüßen (Abb. 23). Leitmotivisch sollte das Schwebes Büro die Idee des offenen

Abb. 24 DOB-Zentrum am Breitscheidplatz, Kolonnade. Foto: Willy Pragher

Geschosses auch später in anderen Planungen des Bahnhof-Zoo-Umfeldes ins Spiel bringen; tatsächlich realisiert wurde sie im Projekt auf dem Gelände des Dortmunder-Union- bzw. Teppich-Kibek-Komplexes (heute: Waldorf Astoria). Ebenso war es in dem gegenüberliegenden Neubauprojekt der Firma Aschinger's AG an der Kreuzung Hardenberg- und Joachimsthaler Straße geplant worden, mithin eine wirtschaftlich unproduktive Fläche, die, wie das Gebäude selbst, im Projektstadium stecken blieb (**Dok. 19**)). Dieses Manko sollte später insofern behoben werden, als diese Zwischenbereiche oder Dachzonen als Parkräume angelegt und genutzt werden sollten.

Im November 1955 wurde dann mit den Betonierungsarbeiten für das „neue Berliner DOB-Zentrum" begonnen, nachdem in den Sommermonaten zuvor die Projektbeteiligten im Senat für Bau- und Wohnungswesen durchaus kontrovers über den vorliegenden Schwebes-Entwurf diskutiert hatten. Zu diesen entscheidenden Diskussionsrunden hatte der neu berufene Senator Rolf Schwedler geladen, zu dessen Mitarbeitern inzwischen der „entnazifizierte" ehemalige Speer-Vertraute Hans Stephan gehörte. Seit 1953 leitete Stephan das Planungsamt Berlin-West und kannte den Architekten des DOB Paul Schwebes gewiss aus seinen Konzeptionsjahren der Ost-West-Achse und der Planung zum Haus der Reichs-Apotheker-Kammer[102] (**Abb. S. 116**). Neben den beiden Architekturbürokraten und den Architekten Schwebes, Schoszberger und Kirch gehörten die Vertreter des Fachverbandes der Damenoberbekleidungsindustrie e. V. (DOB) ebenso zu diesem Diskussionsgremium wie die Kapitalgeber der Zentrum am Zoo Geschäftsbauten Aktiengesellschaft. Letztere besaß mit Frithjof W. Müller-Reppen einen engagierten Repräsentanten, dem die baukünstlerische Prägung des Areals und damit ein werbewirksames Erscheinungsbild des Gesamtkomplexes am Herzen lag.[103]

Ein zentrales Thema jener Debatten blieb die Entwurfskonzeption der Langbau- und Hochhausfassaden, wobei die Konzeptionierung der dem Platz zugewandten langen Schauseite des DOB-Gebäudes erst allmählich Prägnanz gewann. Eine zentrale Rolle spielte in diesem Gremium der damalige BDA-Präsident und Leiter des Ausschusses zur Vorbereitung der Berliner Bauausstellung im Hansaviertel 1957, der Darmstädter Architekt Otto Bartning. Mehrfach insistierte er in diesen Sitzungen

Abb. 25 Großes Hochhaus am Bahnhof Zoo mit Reklamewand und herausgeschobenem Bauteil des Café Huthmacher. Foto: Walter Köster

Abb. 26 Café Huthmacher im Großen Hochhaus am Bahnhof Zoo mit Blick auf Breitscheidplatz und DEFAKA im Hintergrund. Foto: Willy Pragher

darauf, dass die vorliegende einheitliche Straßenfront des Langbaus wesentlich differenzierter gestaltet werden sollte. In der Septemberbesprechung hatte er angeregt, dass die Bearbeiter des Schwebes-Büros sich an den vorliegenden Entwürfen zur Bauausstellung, wie sie „von Vago und Eiermann" bekannt seien, orientieren könnten. Mit diesem Hinweis hatte er sich „gegen eine Rasterteilung und für eine Flächenteilung" ausgesprochen und argumentierte in Ablehnung „einer einzigen glatten Fläche [...] für die Staffelung einzelner Flächen in der Tiefe" mithin für die „Plastizität" dieser Front. Ähnlich habe sie, so Bartning, auch Walter Gropius in seinem Wohnhausentwurf zur Bauausstellung vorgelegt.[104]

Diesen Anregungen zur Belebung kam die endgültige Entwurfskonzeption eigenwillig und in Auflockerung der Struktur auf unterschiedliche Weise nach: Die Fensterelemente wurden in eine differenzierte Wandstruktur eingepasst, sodass sich der Eindruck eines „verwischten Rasters" einstellte. Zugleich kamen die für Schwebes typischen unterschiedlichen Hell-Dunkel-Effekte als Einhüllung und Individualisierung des Wandaufbaus durch Materialeffekte zum Tragen. Der bekannt-beliebten Wandverkleidung wurden Opakglasplatten (durchgefärbtes Industrieglas) für die Brüstungsfelder aus schwarzen (unten) und weißen (oben) Farbenvarianten und in zwei Gelbtönungen vorgeblendet, die mit dem Grauton der Betonbrüstungen (Zwischengeschosse) die Wirkung einer „textilen Fassade" zu erzeugen versuchten. Hinzu trat ein weiteres, soeben wiederbelebtes Gestaltungsprinzip der Architekturmoderne, denn das neue Fassadenbild zur Straße zeigte farbliche Akzente, die die großen eloxierten Stahlfenster in farblicher Abstufung vertikal in hellem Blau und klarem Rot voneinander abgrenzend gliederten. Damit war die Farbgebung der „gesamten Fassade [...] von den Architekten in gemeinschaftlicher Arbeit mit Herrn Professor Scheper genau festgelegt worden" – folglich in Zusammenarbeit mit dem einstigen Bauhaus-Schüler Hinnerk Scheper, der die farbtheoretischen Studien in Weimar unter Johannes Itten kennengelernt hatte und inzwischen landeskonservatorisch und, wie Hans Schoszberger, mit einem Lehrauftrag an der Technischen Universität Berlin tätig war[105] **(Abb. S. 10)**.

Für den städtischen, aufmerksamkeitszentrierten Charakter der Bauten aber sorgte mit der Aufständerung der Hochhäuser vor allem die ausgedehnte Kolonnadenreihung des DOB-Produktions- und Verkaufslangbaus. Gerade hier kam mit der Kolonnade ein historisch immer wieder genutztes Motiv der Architekturgeschichte zum Tragen, das zum Baubestand der handelsstädtischen Marktkonzentration gehörte. Hinter dieser neuen West-Berliner Kolonnade inszenierte Schwebes die fein gegliederte, messinggefasste, rhythmisch gegliederte Schaufensterfront, wo nun jene Dinge zu sehen sein sollten, wofür die Berlinerinnen und Gäste aus dem In- und Ausland bereit wären, Geld auszugeben **(Abb. 24)**. Sein Vorschlag, auf dem Trottoir zwischen den Stützen Vitrinen aufzustellen, um den Kommunikationsraum zwischen den Geschäften und dem Bürgersteig wie am

Abb. 27–28 Paul Schwebes erläutert mit Hans Schoszberger und Heinz Mohr dem Bundespräsidenten Theodor Heuss die geplante Bebauung „Zentrum am Zoo", neben Heuss: Otto Suhr, 1956. Fotos: unbekannt

Kurfürstendamm zu verdichten, wurde auf Einspruch Bartnings allerdings zunächst abgelehnt.

Im Dezember des Jahres 1955 wurden die Pläne der Fassadenlösungen akzeptiert, und Schwebes überreichte Schwedler auch im Namen des Aufsichtsratsmitgliedes der Zentrum am Zoo Geschäftsbauten Aktiengesellschaft zu Berlin, dem Schweizer Unternehmer Jacques Rosenstein, die „schematische Aufteilung der geplanten Gaststätten, Läden, Kino und Nebenräume" für die Randbebauung.[106] Damit war der Kolonnadeneffekt, der auch bei schlechtem Wetter die Flanerie im Stadtraum zum angenehmen Erlebnis werden ließ, nach erfolgter Vermietung kommerziell abgesichert. Das Traumbild von der neuen City West bekundete nun im Umfeld des devastierten Zooareals die ersten Ansätze eines realitätsbezogenen Neubeginns **(Dok. 5)**.

Der Wunsch zur konsumorientierten Belebung dieses Stadtraumes war bereits im schwungvoll-dynamisch gestalteten Geschäftshaus für die Firma DEFAKA (Deutsches Familien Kaufhaus) angelegt worden, mit dem das Büro Paul Schwebes, dem DOB-Zentrum gegenüberliegend, kurz zuvor an der Einmündung der Rankestraße den Auftakt zur Neuinterpretation des „Tauentzien" als Einkaufsstraße einleiten konnte (Abb. S. 274 f.).

Ein währender Streitpunkt blieb allerdings die geschlossene Stirnseite der Fassade des Hochhaus am Zoo zur Hardenbergstraße, in dem die Büropartner Schwebes und Schoszberger ab 1960 ein gemeinsames Büro im 15. Geschoss einrichteten. (Auch Jacques Rosenstein sollte dieses Gebäude fortan für die Berliner Geschäftsstelle nutzen.) Dass die schmale Straßenfront überbordend als Werbefläche genutzt werden würde, war bereits im Kreis der BDA-Mitglieder skeptisch besprochen worden und blieb ein währender Streitpunkt, den Schoszberger mit den Kollegen im Umkreis des BDA-Präsidenten Bartning ausfechten musste[107] (Abb. 25, 26) (Abb. S. 152).

Bei leicht bewölktem Himmel, aber heiterem Wetter haben Paul Schwebes und sein neuer Partner Hans Schoszberger dann im Mai des Jahres (25.5.1956) dieses Wiederaufbaukonzept dem Bundespräsidenten Theodor Heuss erläutern können. Neben dem Berliner Bürgermeister Otto Suhr in einer offenen Limousine sitzend, ließ sich Heuss das Modell, während eines kurzen Halts vor der Baustelle, ohne auszusteigen vom Straßenrand aus zeigen[108] (Abb. 27, 28).

Bausteine einer Biografie: Hans Schoszberger

I

Mit der Neubearbeitung der Zentrum-am-Zoo-Fassadengestaltungen hatte sich der Blick des Architekten Schwebes auf die Tendenzen der internationalen Architekturentwicklung gerichtet. Unterstützt wurde diese Neuorientierung durch den soeben gewonnenen Partner, den damaligen Vorsitzenden der Berliner Sektion des Bund Deutscher Architekten (BDA) Hans Schoszberger. Die Konstellation dieser Zusammenarbeit war krankheitsbedingt durch Schwebes erfolgt, der den netzwerkgeübten Kollegen 1955 gewinnen konnte, wenngleich die „Ausübung der gemeinsamen Tätigkeit" erst ein Jahr später vertraglich fixiert wurde. Mit Schoszberger gewann das Büro jetzt einen wissenschaftsbegeisterten, bautechnisch engagierten Managertyp, der an der Technischen Hochschule zu Berlin promoviert hatte und seit 1946 unter anderem als freier Mitarbeiter bei der *Neuen Bauwelt*, die inzwischen von der „Nachrichtenkontrolle der Amerikanischen Militärregierung zugelassen" worden war, zu verschiedenen Themen des Wiederaufbaus publizierte. Zugleich nahm er Bühnenbildaufträge verschiedener Privattheater an und verfügte als Mitarbeiter des Bundesministeriums für Wohnungsbau über gute Kontakte zu politischen Entscheidungsträgern (siehe Johann Sauer im vorliegenden Band).

Schoszberger war 1907 in ein „mosaisches" Elternhaus im österreich-ungarischen Privoz geboren worden, einer kleinstädtischen Ansiedlung, die in den Jahren ab 1895 durch den Wiener Stadtbautheoretiker und Architekten Camillo Sitte nach Kriterien des Malerischen umgestaltet worden war.[109] Das Studium hatte er an der Deutschen Technischen Hochschule Brünn begonnen, später in Wien fortgesetzt und war für ein Promotionsstudium nach Berlin übersiedelt. Seine Doktorarbeit wurde ein Jahr nach der Fertigstellung 1934 unter dem Titel *Bautechnischer Luftschutz. Grundsätze des bautechnischen Schutzes gegen Fliegerbomben bei der Landesplanung, beim Aufbau der Gebäude und beim Schutzraumbau* veröffentlicht.[110] Das mit technischen Zeichnungen reich bebilderte Buch erschien im Berliner Bauwelt-Verlag, der als Teilunternehmen des jüdischen Ullstein Verlags mit dem sogenannten Ermächtigungsgesetz der Nationalsozialisten vom März 1933 unter Druck zu geraten begann.

Angesichts dieser politischen Entwicklung im Deutschen Reich und den kaum verklungenen mentalen Nachwirkungen der Kriegsereignisse von 1914 bis 1918 sowie der sich anbahnenden Aufrüstung der Reichswehr unter nationalsozialistischer Führung, entsprach Schoszbergers Studie dem bellizistisch bewegten Zeitgeist. „Die Zahl der Mitarbeiter am bautechnischen Luftschutz kann gar nicht groß genug sein", bemerkte er im Vorwort seiner Schrift und folgerte: „Die enge Verkettung mit wirtschaftlichen Überlegungen und den technischen Voraussetzungen des Bauwesens machen den baulichen Luftschutz zu einem hervorragenden Teilgebiet des Bauwesens, eine Tatsache, die bisher leider nur zu wenig beachtet wurde."[111] Diese wissenschaftliche Lücke zu füllen, wurde für den in Berlin ansässigen und spätestens seit 1937 – wie ein Meldezettel aus dem elterlichen Haushalt Brünn belegt – als „konfessionslos" gemeldeten jungen Architekten in der Atmosphäre der nationalsozialistischen Kriegsvorbereitungen zu einer Brotbeschäftigung. Schoszberger jedenfalls publizierte seine Untersuchungsergebnisse ab 1933 öffentlichkeitswirksam in der *Bauwelt*. Bereits zu Beginn des Jahres kommentierte er in der *Bauwelt* den von der Deutschen Reichsbank ausgeschriebenen Wettbewerb zu einem Reichsbank-Hauptgebäude in Berlin, der vorgegeben hatte, dass Maßnahmen zum Luftschutz für 4.000 Menschen mitentworfen werden sollten. Offenbar hatten die Wettbewerbsvorschläge diesen Aspekt eher marginal behandelt, allein zwei Vorschläge wurden nach Einschätzung Schoszbergers dieser Aufgabe gerecht; es waren die Konzepte von Walter Gropius, dem Leutnant a. D. und Weltkriegserprobten, sowie von Gerhard Graubner, einem Mitarbeiter von Paul Bonatz. Schließlich, so das

Urteil, habe allein Walter Gropius mit seinem Entwurf einen wirklich neuen Aspekt vorlegen können, in dem „ein bestimmtes mathematisch erfaßbares Festigkeitsverhältnis zwischen Ausfachung und Gerippe“ durchdacht und empfohlen worden war.[112]

Als die *Bauwelt* ab 1937 vermehrt Einzelhefte zum Thema herausgab, trat Schoszberger in der Ausgabe zum „Werkluftschutz“ mit eigenen konzeptuellen Zeichnungen zum Luftschutzbau im privaten Wohnbau in Erscheinung **(Abb. 29)**. Seine Überlegungen, die mit dem Blick auf die Ertüchtigung der Gefolgschaftsmitglieder verfasst wurden, behandelten die Fragen zum Raumbedarf für maximal fünfzig Personen. Seine schematisch angelegten, maßstäblich rationalisierten Zeichnungen illustrierten dabei auch die Platzorganisation, die als Minimalkonzept für die unterzubringenden Menschen zu veranschlagen sei.[113] Im selben Jahr veröffentlichte Schoszberger unter Mitarbeit der Diplomingenieurin Martha Bürger die wesentlich umfangreichere Broschüre *Luftschutz durch Stahl*, die vom Reichsluftfahrtministerium „geprüft und genehmigt“ worden war.[114] Als dann die *Bauwelt* ab 1938 nicht mehr im „arisierten“ Ullstein Verlag, sondern im umbenannten „Deutschen Verlag“ erschien, war die Zusammenarbeit mit dem gerade dreißigjährigen Hans Schoszberger nicht mehr opportun. Jedoch war seine Stimme als sachkundiger Architekt in Luftschutzfragen offenbar nicht mehr zu überhören gewesen.

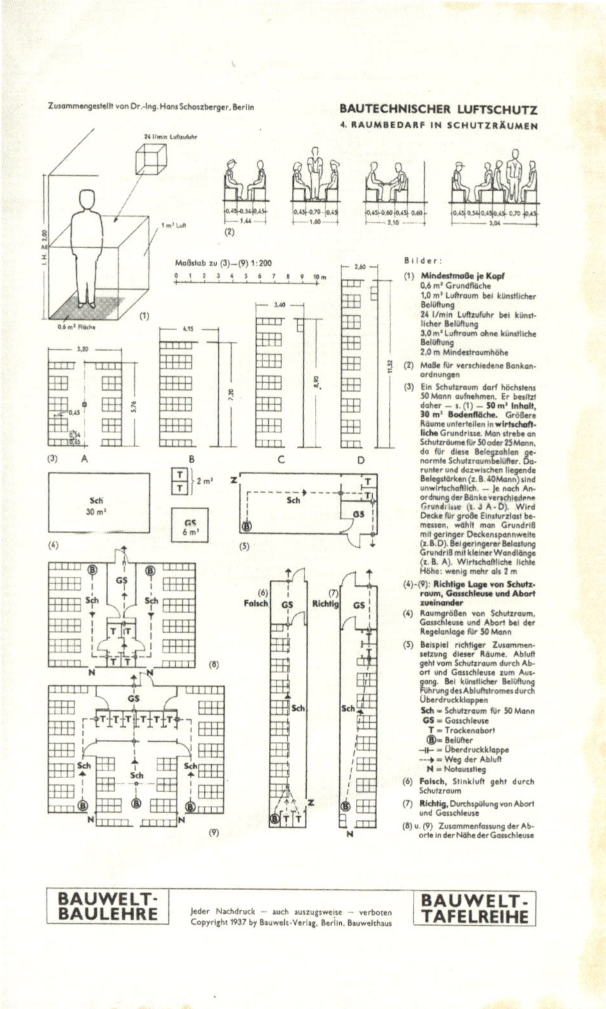

Abb. 29 Hans Schoszberger, Bautechnischer Luftschutz, in: *Bauwelt* 1937

In jener Zeit begann Schoszberger offenbar die Mitarbeit im Büro von Ernst Neufert, der ab 1938 von Albert Speer zum Beauftragten der „Hochbaunormung der Stadt Berlin“ ernannt werden sollte und in dieser Funktion eine Abteilung leitete, die später zur Betreuung der „Gefolgschaftsmitglieder für die Luftschutzbauten“ tätig wurde. Zu diesem Umfeld des Beratungsstabes gehörte, wie Neufert 1945 im Fragebogen des Military Government for Germany angab, „mein erster wissenschaftlicher Mitarbeiter Dr. Schoßberger [sic!] […] Halbjude“,[115] der 1940 als freier Mitarbeiter für die sogenannten L-Bauten (Luftschutz- und Leitturm-Bauten) eingesetzt worden war, aber ab dem 1. August des Jahres dem L-Bauten-Stab offiziell nicht mehr angehörte.[116] Ob Schoszberger im Büro verblieb, ist anders als im Fall des ebenfalls als „Halbjude“ benannten Konrad Sage, der bis 1944 im Büro für Neufert arbeitete, ungeklärt. Voraussetzen aber darf man, dass Schoszberger wesentlichen Anteil an der Abfassung der 1941 durch Neufert veröffentlichten Broschüre *Bombensicherer Luftschutz im Wohnungsbau* (auch 1942, im Verlag Volk und Reich) hatte. Schließlich war er der ausgewiesene Spezialist für diese Fragen, der sich nicht nur im deutschen Bauingenieurwesen, sondern ebenso gut in der englischsprachigen Literatur zum Thema auskannte.

Als Gebiet der Bau- und Stadtraumforschung kam dem baulichen Luftschutz im Umfeld des späteren GBI und Reichsministers für Bewaffnung und Munition Albert Speer natürlich große Bedeutung zu. Vor diesem Hintergrund konnte Schoszberger noch 1939 in der *Bauwelt* einen kurzen Beitrag zum Luftschutz in England veröffentlichen, in dem er die Besonderheiten einiger bautechnischer Lösungen besprach und in diesem Zusammenhang den dort entwickelten „Wellblechhalbbogen“-Schutzraum erwähnte. In einem Unterpunkt wies er daraufhin, dass dieses Bausystem auf dem Vorbild der „deutschen Stahllamellen-Luftschutzräume“ basiere, ein Verfahren, das die Engländer in die Bautechnik der *Nissen hut* (Nissen-Hütte) überführt hatten.[117]

Abb. 30 Postkarte des Berliner BDA-Vorsitzenden Hans Schoszberger aus Lissabon an Hermann Wandersleb, 1953

Dieser Text zur Nissen-Hütte dokumentiert Schoszbergers letzten öffentlich rezipierten Beitrag, danach verliert sich seine Spur. Doch schon ein Jahr nach dem Kriegsende ist er 1946 wieder im Redaktionsstab der in Berlin erscheinenden Bauzeitschrift *Neue Bauwelt* präsent. Dem Kriegsalltag entkommen, kehrte Schoszberger unter der Überschrift „Was sind eigentlich Nissen-Hütten?“ scheinbar bruchlos zu dem Stoff seines letzten *Bauwelt*-Artikels von 1939 zurück, wenngleich unter der Voraussetzung, dass er dieses System jetzt unter der Perspektive zur Linderung des Behausungselends betrachtete. Und so erfuhren die Leserinnen und Leser, dass es sich bei den Nissen-Hütten um „Wellblechbauten der britischen Armee“ handele, die in Deutschland derweil als Notwohnungen für die „Zivilbevölkerung Verwendung“[118] fanden – jetzt zum wohlmeinend-friedlichen Gebrauch. Mit diesem Beitrag kehrte Schoszberger als Autor in die *Bauwelt*-Redaktion zurück, um, wie zuvor, nicht nur wissenschaftlich präzise, sondern auch künstlerisch amüsant über Themen zum Neubeginn des Bauens zu schreiben und zu zeichnen.

Seit der Mitarbeit in Neuferts Büro, die in Zusammenhang mit dessen ungemein erfolgreichem Werk *Bauentwurfslehre* erfolgt war, konnte sich Schoszberger auch als Fachmann für Standardisierungsfragen im Nachkriegswohnbau positionieren. Im Umfeld des 1951 von der Economic Cooperation Administration (ECA) ausgeschriebenen Wettbewerbs zum sozialen Wohnungsbau, der vom Bundesministerium für Bauordnung, Bauwesen und Städtebau organisiert wurde, hatte ihn der Staatssekretär Hermann Wandersleb als Redakteur und Autor für die Veröffentlichung der Wettbewerbsergebnisse engagiert **(Abb. 30)**. Ein Gremium aus „deutschen und amerikanischen Fachleuten“, dem von deutscher Seite unter anderem Otto Bartning, Edgar Wedepohl und für den Städtebau Philipp Rappaport und Ernst Schweitzer angehörten, diskutierte die eingegangenen Entwurfsideen und hatte fünfzehn Städte und deren beispielhafte Planungsarbeiten für eine Ausstellung empfohlen. Ein Jahr später wurden sie publiziert, wobei Schoszberger nicht nur im redaktionellen Stab tätig war, sondern auch einen eigenen Text zum Thema „Gestaltung“ beitrug. Sehr selbstbewusst distanzierte er sich darin von einer technokratisch geprägten Betrachtung des Bauens, um demgegenüber zu betonen, dass sich das Bauen nicht allein in Formeln ausdrücken lasse; denn, etwas anderes sei „nicht ganz unwichtig […] – die Architektur“.[119] Mit diesem Appell verband er einen Architekturbegriff, der die Baukunst als zeitgeistiges und damit als historisch einzuordnendes Produkt definierte, mithin als ein Medium, das den künstlerischen Wert in der zeitbedingten Verwendung der jeweiligen Baumaterialien wie Stahl oder Beton in einer sublimierten Gestaltung interpretiert. Als Grundlage dieser Arbeitsweise habe sich der Architekt unbedingt im Feld der Künste auszukennen und zu wissen, „was Maler und Bildhauer machen, anhören, was Dramatiker und Musiker zu sagen haben“.[120] Schoszberger forderte, eine technisch pragmatische, durchaus am Luftschutzbau geschulte, innovative Baupraxis zu entwickeln, die künftig der künstlerisch geprägten „Raumidee“ verpflichtet sein müsse. Mit dem Hinweis auf Jean Jacques Rousseau betonte er, dass diese „Raumidee“ bereits in den Konzepten des visuell angelegten Ineinanderfließens von Gebäuden mit der umgebenden Landschaft oder dem städtischen Grünraum in verschiedenen Varianten vorliege. Zu studieren sei sie in Bauten von Walter Gropius, Ludwig Mies van der Rohe und am Beispiel des soeben fertiggestellten Glass House von Philip Johnson.

Indem Schoszberger diesen Zusammenhang der Gebäude mit den umgebenden Grünflächen als ein Prinzip der sensorischen Gelassenheit zwischen dem Stadtorganismus und dessen Umwelt betonte, hatte er den Blick auf die weitgefassten Probleme des kommenden Städtebaus gelenkt, der soeben im Modell der gegliederten und aufgelockerten Stadtlandschaft zur Neuorientierung beitragen sollte. Dass derartige Durchgrünungsprogramme, wie man sie bereits aus den Siedlungsstrukturen des Zeilenbaus kannte, auch im Forschungsfeld des bautechnischen Luftschutzes untersucht und als luftschutztauglich empfohlen worden waren, wusste er natürlich. Schoszberger hatte in seiner Dissertation selbst darüber geschrieben. Dass man sie jetzt im Sinne einer pazifistischen Wendung als Bestandswahrung der Natur und eines lebenswerten Stadtorganismus in Konzepten der Stadtlandschaft verwirklichen sollte, hat er wie viele seiner Kollegen gerne vertreten. Und war diese Idee nicht schon einmal in der Tradition der englischen Gartenstadtbewegung im Städtebaudiskurs um 1918 als Planungsprinzip der Befriedung genutzt worden? Bruno Taut hatte es im Konzept der *Auflösung der Städte* nach dem Ersten Weltkrieg gleichsam utopisch zeichnerisch brillant umkreist. Nicht zuletzt war dieses Ideologem vom gebauten Friedensentwurf in Leitbildern der Stadtlandschaft soeben durch Hans Scharoun der Berliner Wiederaufbaudebatte eingewoben worden.

Eine Inversion dieser Art vollzog sich gleichzeitig in der international geführten Debatte zu Themen der Atomkraft, deren globale Vernichtungspotenz 1945 mit dem amerikanischen Atombombenabwurf auf Hiroshima und Nagasaki demonstriert worden war. Schoszberger war fasziniert von Themen, die sich aus der Beschäftigung mit der Atomphysik ergaben, und er wusste um die Doppelfunktion des Atoms als Vernichtungs- und Schöpfungskraft. Dass die Atomphysik Bedeutung für kommende Bauentwicklungen haben würde, hatte kurz nach Kriegsende der Hamburger Grandseigneur des Bauens, Fritz Schumacher, in seiner letzten öffentlichen Äußerung 1948 beschworen.[121] Hans Schoszberger sollte diese Thematik nie aus den Augen verlieren und hat sie ab 1950 in der intensiven journalistischen Arbeit für die *Bauwelt* immer wieder in den Betrachtungen zur internationalen Bauentwicklung unter der Perspektive „Atomphysik im Bauen“ aufgegriffen.[122] Als Schoszberger 1953 aufgefordert wurde, die Planungen einer großen Berliner Bauausstellung für das Jahr 1956 mitzugestalten, wollte er die Themen des baulichen Luftschutzes im Zeitalter der atomaren Aufrüstung zu einem Themenschwerpunkt machen. Erste Überlegungen hat er dann im Frühjahr 1954 unter dem Titel „Die große Bauaufgabe der Zukunft“ in der *Bauwelt* veröffentlicht. Seinem theatralisch geprägten Naturell entsprechend konzipierte er einen fiktiven Ausstellungsbesuch für die entscheidungsbefugten Politiker West-Berlins, um sie mit den begrüßenswerten Auswirkungen des kommenden Atomzeitalters bekannt zu machen und die Kernenergie als formprägende Kraft der Architektur zu feiern. Neben Überlegungen zur Einrichtung von Laboratorien, sollte sein erster imaginierter Ausstellungsraum das Atom als „Energiequelle der Zukunft“ zeigen. Damit griff er Institutsforschungen auf, die er auf seiner Amerikareise 1951 als Nutzung der „Kernspaltung zu friedlichen Zwecken“[123] kennengelernt hatte und die soeben erste Ansätze für „eine tiefgreifende Umstellung unseres Verhältnisses zur Natur“[124] begründen würden. Schoszberger umkreiste mit seinem Ausstellungskonzept die naturwissenschaftliche Wende, die sich mit der Atomkraftnutzung ankündigte, um die „Kernspaltung zu friedlichen Zwecken und nicht die primitiv-ordinäre Form der Bombe“[125] zu bewerben. In der damals üblichen Naivität, oder besser Gutgläubigkeit, begrüßte er das Atomkraftpotenzial als zivilisationsprägende Kraft der Zukunft. Dass sie die Prämissen des künftigen europäischen Städtebaus nachhaltig beeinflussen würde, konnte man am Beispiel US-amerikanischer Stadtsanierungen beobachten.

In diesem *Bauwelt*-Beitrag hatte Hans Schoszberger tatsächlich Aspekte eines Ausstellungskonzeptes vorformuliert, die er als Teil der geplanten *Internationalen Bauausstellung* im Berliner Tiergarten zu organisieren gedachte. Dieses Projekt, das schließlich 1957 als *Internationale Bauausstellung* im West-Berliner Hansaviertel eröffnet wurde, verlief, was Schoszbergers Ideen betraf, im Sande.[126] Das darin gesammelte ingenieurtechnische Wissen aber blieb Gegenstand seiner Lehrtätigkeit an der Fakultät für Architektur (Fakultät III) der Technischen Universität Berlin, die er als Lehrbeauftragter für das „Baugeschehen der Gegenwart“ seit 1951 ausübte.[127] Zum Lehrstuhl für Baugeschichte und Bauaufnahme von Dipl.-Ing. Ernst Heinrich gehörig, hatte er vielfach die Möglichkeit genutzt, international renommierte Architekten zu Vorträgen einzuladen, um mit ihnen die neuesten Tendenzen der Energiegewinnung und deren Auswirkungen auf die architektonische Formensprache zu diskutieren. Seine Vorlesungstätigkeit an der Technischen Universität Berlin hat er in diesem Sinne bis 1956 wahrgenommen, doch mit dem Eintritt in das Architekturbüro des Paul Schwebes nicht weitergeführt.

Ein Projekt, das Schoszberger allerdings noch während der gemeinsamen Planungsarbeit mit Schwebes nach eigenem Entwurf ab Mai 1956 im Sinne seines *Interbau*-Beitrages realisierte, war das „Atomhochhaus“. Entsprechend seinem Selbstverständnis stellte Schoszberger seine Planung eines „dreizehngeschossigen Wohn- und Geschäftshauses“ im Berliner Bezirk Tempelhof-Schöneberg als Bauform zur friedlichen Nutzung der Atomkraft vor, das nach Maßstäben der Doppelfunktion konstruiert war, sowohl kriegs- wie friedenstauglich zu sein. Diese bilateral angelegte Nutzung war schon 1942 in Ernst Neuferts Publikation *Bombensicherer Luftschutz im Wohnungsbau* so vorgeblich beruhigend zu lesen gewesen. Neufert hatte seine Ausführungen damals stets mit dem Hinweis unterlegt, dass jeder Luftschutzwohnbau auch immer friedenstauglich sein werde – je nach Sachlage! Schoszberger wiederholte diesen Ansatz 1956: „Alles, was für den Luftschutz getan wird, muß auch im Frieden seinen Sinn haben. Kein m(3) Beton soll verbaut, keine Mark ausgegeben werden, die nur i m K r i e g e zweckvoll wäre.“ Gleichsam beruhigend betonte die im „Atomhochhaus“ konzipierte Nutzungsmischung aus städtisch wirkender Ladenzone und friedlichem Massenwohnbau eine gewisse Normalität der künftigen West-Berliner Lebensführung. Und entsprechend nutzte Schoszberger auch für diesen Langbau ein Fassadenbild, das Schwebes und Schoszberger soeben am Breitscheidplatz für das DOB-Gebäude entwickelten. Wie dort, so folgte auch hier die Fassadenstruktur der Variabilität, die Otto Bartning angemahnt hatte. Hans Schoszberger hat sie programmatisch als Lösung des künftigen Bauens beworben: „Vielleicht gelingt es der Atomkraft, unsere Architektur endlich aus ihrer Erstarrung in Rasteritis und Briefmarkenfassade zu lösen. Aber […] dieser Bau ist nur ein erster bescheidener Versuch auf einer neuen Linie“[128] (Abb. S. 320 f.).

Hans Schoszberger hat seine Prognose damals als Mitarbeiter der *Bauwelt* veröffentlicht. Von Zeit zu Zeit platzierte er hier kleinere Beiträge zu Zeitfragen, so wie er es früher getan hatte. Zu einem Interview war er 1951 dem nach Berlin zurückgekehrten jüdischen Bauunternehmer Heinrich Mendelssohn begegnet, für den er arbeiten sollte. In einem *Bauwelt*-Artikel betonte er die große Bedeutung dieses aus der Emigration Zurückgekehrten, dessen bodenpolitische Aktivitäten einige der wesentlichsten Bauten der Hauptstadt während der Weimarer Jahre, wie das Shell-Haus von Emil Fahrenkamp (ab 1930), ermöglicht hatten.[129]

Mit gleichem, scheinbar interesselosem Wohlgefallen sollte der engagierte Journalist Hans Schoszberger ein paar Jahre später die Berufung des überzeugten Nationalsozialisten Hans Stephan bekanntmachen, der Ende 1956 vom „Senatsrats […] zum Senatsbaudirektor“ ernannt worden war. Der soeben aus dem Amt geschiedene Vorsitzende des Bund Deutscher Architekten / Sektion Berlin (BDA) Schoszberger stellte den einst im System der NSDAP so machtvoll agierenden ehemaligen Magistratsoberbaurat Stephan, seiner eigenen Neigung zur Persiflage gemäß, erstaunlicherweise am Beispiel von drei Illustrationen vor. Diese sollten Stephan als ungemein begabten Karikaturisten der nationalsozialistischen Megalomanie ausweisen. Zurückhaltend und ohne dessen Funktion im Machtapparat der Nationalsozialisten konkret zu benennen, interpretierte Schoszberger diese Bilder im Sinne eines biografisch entlastenden Hinweises. Der „Bauwahnsinn des Dritten Reiches“ sei nie treffender karikiert worden, so die Lesart. „Der ins Maßlose übersteigerte Geltungstrieb wird herrlich blamiert […] diese Blätter hingen im ‚Büro Stephan‘ zu der Zeit als riesige Achsen geplant und Weißwurstfassaden in Massen entworfen wurden. Viele kamen ins Büro, sahen die Bilder und grinsten sich verständnissinnig an.“[130] Auch Hans Schoszberger hatte sie dort offensichtlich gesehen.

II

Die im Rahmen seiner wissenschaftlich-organisatorischen Tätigkeiten geknüpften Kontakte der Nachkriegsjahre behielten Gewicht, zumal Hans Schoszberger im gerade sich formierenden Netzwerk der bundesdeutschen Architektenschaft nicht nur im Rahmen internationaler Tagungen auftrat, sondern als Vertreter des Berliner BDA und Mitglied im Deutschen Werkbund an einflussreichen Veranstaltungen der Bundesrepublik Deutschland teilnahm. Schon 1952 war er im Rahmen der Tagung „Darmstädter Gespräch“ zum Thema „Mensch und Technik“ geladen worden, die unter der Schirmherrschaft des Bundespräsidenten stand und somit von hoher nationaler Bedeutung zeugte. In seinem ausführlichen, mit einiger Heiterkeit der Zuhörer begleiteten Redebeitrag kam Schoszberger auf die Frage zu sprechen, wie im Zeitalter der Massenproduktion von Gebrauchsgütern künftig der gute vom schlechten Geschmack unterschieden werden könne, mithin das künstlerisch hochwertige Gebrauchs- vom Kitschprodukt. Diesen Ansatz verfolgte er unter anderem am Beispiel der Produktion von Fertighäusern. Absehbar sei, so seine These, dass diese Form der Vorfabrikation die individuelle Architektenarbeit künftig beeinflussen werde, denn Bauten dieser Art würden künftig nicht mehr vom „Einzelarchitekten am Reißbrett“ entworfen werden, sondern als „anonyme Industrieerzeugnisse“[131] den Markt beleben. Dass man diese Produktionsbedingungen respektieren müsse und dass sie die massenkulturelle Geschmacksbildung in Zukunft vermehrt beeinflussen würden, verdeutlichte er an Phänomenen, die im Nachkriegsberlin im Tourismusgewerbe zu beobachten waren. Schoszberger sprach in diesem Zusammenhang von den verschiedenen Formen des „harmlosen und gefährlichen“ Kitsches, der als mentales Lifestyle-Programm aus den USA schließlich auch die bundesdeutsche, hübsche Wohnhauskultur beeinflussen würde. Daher sei die Aufgabenstellung des geplanten künftigen Rats für Formgebung, der ein Jahr später in Frankfurt am Main zur Gründung anstand, sich dieser Veränderungen bewusst zu sein und sich „Grundsätze der Kritik“, „ähnlich wie sie Giedion aufgebaut hat“,[132] zu eigen zu machen.

Dass Schoszbergers Ausflug in die Sphäre der kulturellen Trivialität nur bedingt verstanden wurde, legt die Überlieferung der anschließenden Diskussion nahe. Die versammelten Gestalter und Architektinnen kannten vermutlich die theoretischen Hintergründe des Begriffs „Kitsch“ nicht, wie sie der nach Großbritannien emigrierte Soziologe Norbert Elias 1935 in seiner kleinen Untersuchung *Kitschstil und Kitschzeitalter* bereits als Phänomen einer gesamtgesellschaftlichen

„Übergangssituation" – und in diesem Prozess befand sich das Nachkriegseuropa – umkreist hatte. Elias, der in den Jahren vor seiner Vertreibung im Umfeld des Instituts für Sozialforschung in Frankfurt am Main gearbeitet hatte, war in den Jahren der Weimarer-Republik-Kultur eben jenem Geschmacks- und Stilwandel auf der Spur gewesen, den er mit dem Phänomen eines „unentwickelten, unsicheren Geschmacks der Massengesellschaft"[133] in Verbindung gebracht und im Begriff „Kitsch" gefasst hatte.

Ob der Vielleser Schoszberger diesen Text kannte, wissen wir nicht, dennoch war er mit den Gedanken der verschiedenen Massenkulturdebatten vertraut und hatte in seinem Darmstädter Redebeitrag die Einführung des Kitsch-Begriffs auf eine ähnliche Analyse gegründet, wie sie durch Elias vorbereitet worden war. Schließlich war Schoszberger wie seine Gestalterkollegen und -kolleginnen soeben Zeuge eines kulturellen Transformationsprozesses, der im hauseigenen Marktgeschehen die Ankunft des US-amerikanischen Massengeschmacks beobachtete.

Dass sein Beitrag wenig aufklärerisch wirkte, sondern in der Fassung eines „harmlosen" oder „gefährlichen Kitsches" eher beiseitegeschoben wurde, hat immerhin eine der wenigen anwesenden Frauen aus einer frauenbewegten Perspektive aufgegriffen. Eine Kunsthistorikerin wehrte sich gegen das Statement des Kunsthistorikers und Ordinarius an der Technischen Hochschule Darmstadt Hans G. Evers, der den Beitrag Schoszbergers durchaus überheblich kurz kommentierte und dabei, wie Juliane Roh in ihrem Redebeitrag anmerkte, „allein die Frauen zum Sündenbock schlechten Geschmacks"[134] und damit als kitschanfällige Personengruppe klassifiziert hatte. Dass sich hier bereits eine nachdenkliche Debatte zum Funktionalismus und der Frauenfrage ankündigte, hat man lange Zeit übersehen.

Bausteine des Architekturbüros Paul Schwebes und Hans Schoszberger

Und alles fragt, wie ich Berlin denn finde?
Wie ich es finde? Ach, ich such es noch!
Mascha Kaléko

I

Schoszbergers Verbindungen aus diesen Jahren gestalteten sich nutzbringend im Büro von Paul Schwebes, der seine Kontakte zu den wiedereingesetzten Wirtschaftsverbänden West-Berlins und ihrer Leitfiguren wiederbeleben konnte. Seit der Arbeit für die IHK in den 1930er Jahren wirkten sie weiter, und so hatte Paul Schwebes nach einem internen Wettbewerb soeben das Gebäude für den neu gegründeten Verein Berliner Kaufleute und Industrieller e. V. (VBKI) in der Fasanenstraße in unmittelbarer Nachbarschaft zum Projekt der neuen Industrie- und Handelskammer der Architektengemeinschaft Franz Heinrich Sobotka und Gustav Müller bauen können.[135] Die Architektur des im Wesentlichen mit Geldern der Mitglieder finanzierten Vereinshauses zeigte ebenjene Elemente, die für die Bauten seines Büros – und die vieler seiner Kollegen in diesen Jahren – stilprägend werden sollten. Dazu gehörte das flache Dach, das hier den zweigeschossigen, längsrechteckigen Baukörper an der Fasanenstraße abschloss, dazu gehörte im endgültigen, umgearbeiteten Entwurf das zur Fasanenstraße symmetrisch wirkungsvoll angelegte Eingangsportal mit dem imposanten Flugdach darüber und nicht zuletzt die elegante Ausstattung der Innenräume im Sinne Bruno Pauls; schließlich die großzügig inszenierte Eingangshalle, die durch eine formschöne Wendeltreppenanlage den Akt des Ankommens atmosphärisch veredelte. Unter ähnlichen baukünstlerischen Vorgaben hatte Schwebes seinen schwungvollen Wettbewerbsentwurf für das Allianz-Gebäude am Joachimsthaler Platz von 1952 angelegt, den er zwar nicht gewann, aber als Zweitplatzierter bei der Realisierung des Entwurfs von Alfred Gunzenhauser beteiligt war und dabei Elemente seines Konzeptes einfließen lassen konnte. Man sollte sie hinfort in einigen stadträumlich dominant angelegten Projekten der Bürogemeinschaft Paul Schwebes und Hans Schoszberger nicht nur in West-Berlin, sondern auch in anderen Städten der Bundesrepublik Deutschland (BRD) vor allem im Hotelbau wiederfinden (Abb. S. 145 f., 296 f.).

Als Senator Paul Hertz nach seiner Rückkehr von der USA-Reise 1955 über seine Akquisitionserfolge

Abb. 31 Paul Hertz spricht im BDA-Umkreis, am Tisch Hans Schoszberger und Senator Rolf Schwedler. Foto: Horst Urbschat

berichtete, tat er es gerne im soeben eingeweihten Vereinshaus der VBKI **(Abb. 31)**. Hier hörte man auch von der Absicht, dass neben den Geldern zum Aufbau der stadträumlich zentrierten Bekleidungsindustrie ein ähnliches Zentralisierungsmodell für die „Graphischen Gewerbe"[136] geplant sei. Die Umsetzung dieses Baukomplexes geschah ab 1957/58 im ehemaligen Zeitungsviertel in Kreuzberg, „auf dem ehemaligen Ullstein-Gelände zwischen Kochstraße, Charlottenstraße, Markgrafen- und Besselstraße"[137] in unmittelbarer Nähe zur Zonengrenze und mit Blick auf die Leipziger Straße in Ost-Berlin. Wie der Auftrag für das DOB-Zentrum direkt an das Büro von Paul Schwebes übertragen worden war, so ist auch dieses Großprojekt durch das Schwebes-Schoszberger-Büro in Zusammenarbeit mit Herbert Noth – der wie Schoszberger an der Universität, aber an der Hochschule der Bildenden Künste Berlin (HdBK) lehrte – konzipiert und nach mehreren verschiedenen Entwurfsphasen gebaut worden. Der Baublock, den die Architekten dem Straßengeviert einpassten, folgte in den Werkstatterschließungen und den mehrfach überarbeiteten Fassaden unübersehbar dem funktionalen Erschließungssystem des DOB-City-Zentrums. Ein Element begann jetzt die Gebäudenutzung zu dominieren: die Möglichkeit, das Dach als Parkraum auszubilden. Ein Konzept, das allerdings im Entwurfsstadium stecken blieb. Das gleiche Schicksal erlitt das aufwendige Nutzungsprogramm der attraktiven Ladenstraße, oder das, was vorausschauend optimistisch als künftiges „Kaufzentrum Kreuzberg" erträumt wurde **(Abb. S. 258 f.)** **(Dok. 15)**.

Als 1961 die Fertigstellung des inzwischen zum achtzehngeschossigen Hochhaus umgeplanten Gebäudeteiles an der Kochstraße bevorstand, war aus dem Graphischen Zentrum inzwischen das Gewerbe-Zentrum geworden. Denn aufgrund der sich immer wieder verzögernden Fertigstellung des Gesamtkomplexes waren nur „wenige graphische Betriebe [...] von den vielen Interessenten übriggeblieben". Auch die geplanten Grünflächen mussten aufgegeben werden, weil nur auf diese Weise „zahlreiche Wagenabstellplätze für die vielen Beschäftigten und Kunden" bereitzustellen waren. „[S]ogar benachbarte Grundstücke [mussten] als Parkplätze aufgekauft"[138] werden. Die wirtschaftspolitische Idee von Paul Hertz, „[n]ach der Konzentration einer großen Zahl von Firmen der Bekleidungsindustrie am Zoo [...,] die zweite Zusammenfassung von Unternehmen eines der traditionellen Berliner Gewerbezweige in modernen Fertigungsstätten"[139] zusammenzuführen, war in der Nähe zur Sektorengrenze, einen Monat vor dem Bau der Mauer im August 1961, gescheitert.

Ein städtebaulich und in der Konsumentennutzung vergleichbares Projekt hatte das Büro zum Zeitpunkt der Auftragserteilung für das Graphische Zentrum 1957 in dem Vorentwurf zur Bebauung des Stuttgarter Marstallgeländes entwickelt. Im zeitlichen Umfeld der DOB-Planungen und des Kreuzberger Produktions- und Distributionskomplexes blieb die Stuttgarter Lösung denen der beiden Berliner Projekte verbunden **(Abb. S. 168)**. In der auffallenden Ähnlichkeit dieser drei Gebäudeanlagen mit den rhythmisch eingefügten Treppenhäusern in den Straßenfassaden wurde jetzt ein Entwicklungsschema sichtbar, das den durch Schoszberger gepflegten „planmäßigen Arbeitsmethoden" entsprach. Anders als in den früheren Entwürfen des Paul Schwebes begann sich die Dominanz der rationalisierten Entwurfspraxis durchzusetzen, wie sie in Neuferts *Bauentwurfslehre* angelegt worden war. Dass sie die Maßstäbe der Individualisierung zunehmend außer Kraft zu setzen begonnen hatten, sollte sich dann auch in den Projekten des Schwebes-Schoszberger-Büros ab 1960 vermehrt zeigen.

Die Kritik an diesem Rationalisierungsprogramm hat sich dann im letzten Drittel des 20. Jahrhunderts formiert, als Wissenschaftler und Wissenschaftlerinnen daran gingen, den Neufert'schen „Warencharakter des (Entwurfs-)Wissens"[140] zu dekodieren. Zu studieren ist es in den Projekten, die das Büro zunehmend im Wohnungsbau entwickeln konnte.

II

Seit seiner „zweimonatige[n] Verhandlungs- und Erkundungsreise"[141] durch die USA hatte Paul Hertz ein drittes Projekt zum Wiederaufbau der City West vor Augen, das mit dem Zentrum-am-Zoo-Ensemble wirtschaftlich und damit auch stadträumlich in Verbindung stehen sollte. Es war der Auftrag für ein großzügig anzulegendes Großhotel, das nicht nur als West-Berliner Treffpunkt für investitionsbereite Unternehmer, sondern auch als Touristenattraktion für Berlin-Besucher gedacht war. In seinem VBKI-Vortrag „Was ich in Amerika sah und hörte" berichtete Hertz von seinem „Lieblingskind", dem geplanten Hotelneubau der Hilton Hotels Corporation im Bereich des Tiergartens an der Budapester Straße. Seinen Hörern eröffnete er, dass „keine Nachricht [...] einen so großen, günstigen Propagandawert für Berlin ausgelöst [hat], wie die Tatsache, daß Conrad Hilton Interesse daran hat, ein großes, modernes Hotel in Berlin zu betreiben".[142] Mit diesem Auftrag war allerdings die Vorgabe verbunden, dass es US-amerikanische Architekten sein würden, die den Bau nach Maßstäben der Hilton-Anweisungen entwerfen sollten.[143]

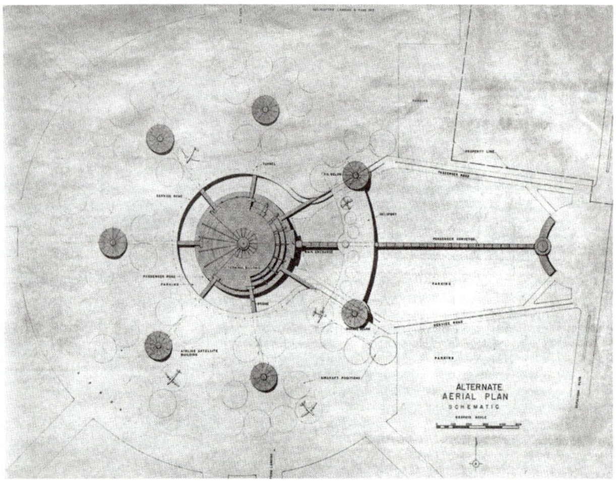

Abb. 32 William Pereira und Charles Luckman, Großflughafen in Los Angeles, Entwurfszeichnung, 1953

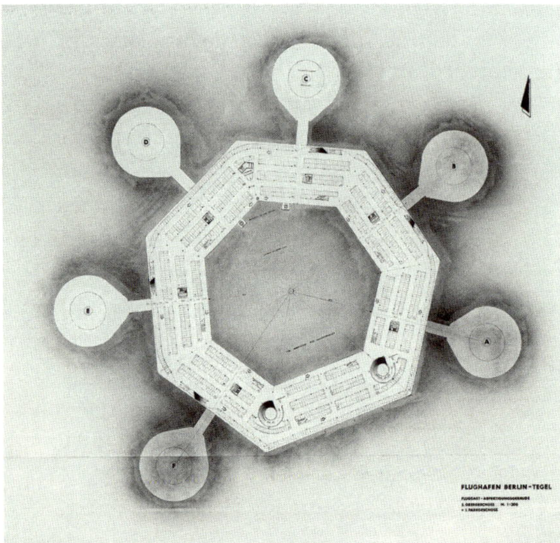

Abb. 33 Paul Schwebes und Hans Schoszberger, Wettbewerb Flughafen Berlin-Tegel, Fluggastabfertigungsgebäude, 2. Obergeschoss und 1. Parkgeschoss, Entwurfszeichnung, 1966

Für sein Hotelprojekt in Berlin engagierte der Selfmademan Hilton die soeben in den USA viel beachteten Architekten William Pereira und Charles Luckman, die bereits das Hilton-Hauptquartier in Los Angeles für ihn entworfen hatten.[144] Die beiden Architekten kannten sich seit Studienzeiten und arbeiteten zum Zeitpunkt der West-Berliner Hilton-Planung bereits seit längerem an neuen Strukturmodellen eines Großflughafens in Los Angeles. Einer ihrer wegweisenden Planungsgedanken, den sie 1953 vorlegten, reagierte auf die Abfertigungsprobleme bei Publikumsverkehr und Gepäck auf eine völlig andere Art, als man es bislang in der Flughafenorganisation kannte: „The only way to solve the complex problem of a modern airport is to separate the people from the planes."[145] Diese Grundidee hatten Pereira und Luckman in ein konzentrisch angelegtes Hauptgebäude übertragen, das von einzelnen, dezentralisierten Terminals umgeben sein sollte – ein Planungsgedanke, der 1966 einige Tegeler Flughafenentwürfe prägen sollte **(Abb. 32, 33)**. Ihr differenziertes Verteilungsmuster der Passagiere, des Gepäcks und der jeweiligen Zugänglichkeiten für die dort beschäftigten Mitarbeiter folgte einer klaren Nutzungspositionierung für einen zeitlich kurzen Verteilungsablauf, der jetzt ebenso im modernen, profitorientierten Hotelbau erwünscht war. Zugleich brachten die beiden amerikanischen Architekten durch ihre verschiedenen Veranlagungen und Tätigkeitsbereiche Prägungen mit, die dieses Rationalisierungsprinzip mit Effekten des schönen Scheins zu verbinden wussten. Pereira hatte sich bereits als Architekt für prächtig ausgestattete Filmtheaterbauten einen Namen gemacht, dem Luckman „the more matter-of-fact approach" beigab, wie er konstatierte. „I believe only in the common sense master plan. To put it simply, I am opposed to the 'dream-table' [sic!] plans. I am in favor of do-able plans."[146] Mit dieser Haltung wurde Luckman zum entscheidenden Gesprächspartner der am 15. Februar 1956 gegründeten Hotelbau-Gesellschaft Budapester Straße mbH (HGBS), die die Planungsprozesse des Hilton-Hotels von West-Berliner Seite finanzpolitisch garantierte. Einige Monate zuvor, am 3. November 1955, hatten die Senatsmitglieder bereits beschlossen, das Projekt zu realisieren, wobei Paul Hertz Wert darauf gelegte hatte, dass es zur Einweihung der für 1957 geplanten *Internationale Bauausstellung* fertig sein müsse; dieser Wunsch blieb allerdings unerfüllt.

Der erste Kontaktbesuch der Architekten wurde dann für den 27. November 1955 angekündigt, und William Pereira sollte erstmals den in Aussicht gestellten Bauplatz kennenlernen. Zudem galt es, geeignete Vertragsarchitekten vor Ort zu finden. Nach eingehender Recherche und Suche der hier arbeitenden Kollegen entschied man sich für das West-Berliner Architekturbüro Schwebes und Schoszberger. Die Wahl lag nahe, hatte Paul Schwebes doch gerade das Hotel Kempinski mit großer öffentlicher Resonanz einweihen können und war mit seinem Konzept für den Wiederaufbau des Hotel Eden längst als Spezialist für diese Bauaufgabe auch in Unternehmerkreisen hochgeschätzt. Zudem hatte Hans Schoszberger den Kollegen Pereira zu einem vom BDA Berlin organisierten Vortrag vor großem Publikum in die Technische Universität Berlin geladen, den „Dr. Schoßberger [sic!] [...] rasch und gewandt"[147] übersetzte. Nach dieser offensichtlich freundlichen Begegnung wurde die Zusammenarbeit der amerikanischen Architekten mit

ARCHITEKTUR

Turm Hotel am Berliner Zoo

Conrad N. Hilton, der amerikanische Multimillionär, hat in Berlin mit dem Bau eines riesigen Hotel-Palastes begonnen

FÜNFZEHN STOCKWERKE wird das neue Hilton-Hotel am Berliner Zoo haben. Hier ist der erste Entwurf. Das großzügig verglaste Haus soll im Erdgeschoß die Gesellschafts-, Restaurations- und Veranstaltungsräume aufnehmen. Der Aufbau beherbergt die Fremdenzimmer. Der Grundriß soll Y-förmig sein. Die genauen Pläne werden zur Zeit noch von New Yorker Fachleuten ausgearbeitet. Nur zwei Jahre soll es dauern, bis der Riesenbau an der Ecke Budapester Straße — Lützowufer eingerichtet und betriebsfertig ist: Ein Prunkstück Berlins Illustration: Scherrer

Kristall 51 1547

Abb. 34 „Turm-Hotel am Berliner Zoo", veröffentlichte Fehlinformation zum Y-Projekt, in: *kristall* 1955

Abb. 35 Grundsteinlegung Hotel Hilton, Manager of Hilton Berlin Curt Strand, Senator Paul Hertz, Architekt Charles Luckman, April 1957. Foto: unbekannt

den deutschen Kollegen vertraglich geregelt: „Während die Amerikaner im wesentlichen die Anfertigung der Rahmenentwürfe"[148] übernommen hatten, Pereira und Luckman also die Entwurfskompetenz erhielten, betreuten Schwebes und Schoszberger die Überarbeitung der Planvorlagen und hatten die Finanzierungsmöglichkeiten sowie die Bodenerwerbsüberlegungen zu berücksichtigen (siehe Nicole Opel im vorliegenden Band). Die politische Entscheidungshoheit lag in beiden Fällen im ebenfalls neu gegründeten Aufsichtsrat der HGBS, mit dessen Mitgliedern der Vorsitzende Paul Hertz sowohl die vorgestellten Entwürfe als auch das durch den Senat vorzufinanzierende Kreditaufkommen diskutierte.

Luckman reiste zu einigen dieser Aufsichtsratssitzung nach West-Berlin und stellte bei einem seiner ersten Aufenthalte im Juni 1956 die Pläne und deren Entwurfsentwicklung vor. Dabei machte er klar, dass diese Arbeit wesentlich durch die Schwierigkeiten des Finanzaufkommens geprägt worden war. Im Verlauf seiner Präsentation rekonstruierte Luckman diesen Formfindungsprozess und konstatierte: „Es ist ein sehr schwieriges Problem für Mr. Strand, die Hilton-Organisation und die Architektengemeinschaft gewesen, da sie an eine bestimmte Kostensumme gebunden waren. […] Ein 300-Zimmer-Hotel für 18 Mio. DM zu planen, ist etwas, was bisher weder in Europa noch in Amerika versucht worden ist." Vor diesem Hintergrund gab er Einblick in die allmähliche Entwicklung der Entwurfsideen: „Der erste Entwurf behandelt den sogenannten Y-Grundriss […]. Es stellte sich heraus, dass der Y-Grundriss etwa 18 % teurer ist als die normale Anordnung in einem Block. Diese Verteuerung hat konstruktive Gründe, weil alle Stahl- und Betonträger immer im schiefen Winkel aneinanderschließen müssen."[149] Eine Zeichnung dieses Y-Projektes war – Luckman sollte deren Veröffentlichung später als Fehlinformation klarstellen – sogleich in der Presse veröffentlicht worden und vermittelte den falschen Eindruck, es habe sich tatsächlich um den beabsichtigten Bau gehandelt (Abb. 34). Ein später erstelltes Protokoll hat Luckmans Präsentationsvortrag und die Abkehr von der Y-Grundrissidee danach so festgehalten: *„Später habe man die Entwicklung eines kreisrunden Hotelbaus versucht, der bisher noch nie gebaut wurde. Die Betriebskosten für ein solches Hotel würden verhältnismäßig niedrig sein, die Baukosten jedoch beträchtlich höher. Deshalb habe man dieses Projekt ebenfalls wieder fallen gelassen.* […] [S]*chließlich* [sei man] *zu der Überzeugung gekommen, dass die beste Lösung ein* *senkrecht zur Budapester Strasse in etwa Nord-Süd-Richtung stehender Block sei, der die Hotelzimmer enthalte, während die übrigen zum Hotel gehörigen Einrichtungen in eingeschossigen Gebäuden gebaut werden sollen.*“[150] Dieses Konzept ist in den wesentlichen Vorgaben umgesetzt worden (Abb. 35). So entstand das vierzehngeschossige Hotel- und Apartmenthochhaus als Stahlbetonbau, das anders als es im Ursprungskonzept beabsichtigt gewesen war, aus Kostengründen auf Balkone für die einzelnen Zimmer verzichtete. Die realisierte Fassadenstruktur präsentierte den Bau schließlich in einer farblich blau versetzten Wandgliederung, deren Charakter als Schachbrettmuster beschrieben wurde (Abb. S. 214 f.).

Die Planung des Hotel Hilton musste also immer wieder Einsparungsnotwendigkeiten berücksichtigen. So hatten Pereira und Luckman ebenfalls der Entscheidung zugestimmt, die an der Budapester Straße geplante Ladenpassage fallen zu lassen. Dass sie später dann doch nach dem Entwurf von Schwebes und Schoszberger ausgeführt wurde, mag ein Zugeständnis an das West-Berliner Büro gewesen sein. Vermutlich ist der Auftrag deshalb zustande gekommen, weil man Schwebes und Schoszberger, anders als es zugesagt worden war, auf Anweisung der Hilton-Administration von der Innenraumgestaltung ausgeschlossen hatte. Ende Mai 1956 waren beide durch den Vertreter der Hilton Company Inc. Curt R. Strand darüber in Kenntnis gesetzt worden, dass diese Aufgabe allein durch Angestellte des Konzerns wahrgenommen werde: „*What we have in mind is the actual designs selection of the interiors, furnishings, operating and other hotel equipment to be undertaken by our own staff, with the addition of one or more German designers or decorators, who would work under the overall guidance of our Architectural and Interior Design Division. The work would be performed partially in New York and partially in Berlin.*“[151] Auf diese Mitteilung reagierten Schwebes und Schoszberger einen Tag später in einem Brief an die HGBS und gaben zur Kenntnis, dass „dieser Vertrag unserer Meinung nach im Widerspruch zu den mit Ihnen geführten Verhandlungen steht, bei denen uns ein Teil der Einrichtung zugesagt worden ist“ (Dok. 9).[152]

Nicht allein vor diesem Hintergrund scheint die Zusammenarbeit der beiden Architekturbüros keineswegs konfliktfrei verlaufen zu sein. Im August 1956 wurde die Geschäftsführung der HGBS über „Spannungen zwischen den deutschen und amerikanischen Architekten“ informiert. „Es entsteht der Eindruck, als wenn die deutschen Architekten ihre amerikanischen Kollegen etwas in den Hintergrund drängen wollen. Die Amerikaner sollten jedoch die Führung behalten und aus diesem Grunde ständig einen Mann für Berlin abstellen.“[153] Unabhängig davon haben Schwebes und Schoszberger dann ihr architekturästhetisches Anliegen in der Umsetzung der überdachten Ladenstraße umsetzen können. Dass dies in der Schwebes-Manier der den Fußgängern vorbehaltenen Kolonnade geschah, die die messingfarben eloxierte, feine Schaufensterfassung in Kombination mit der Mosaikverkleidung der Attikazone schützt, führte die Schaufensterzone des DOB-Riegels motivisch weiter. Mit diesem Arkadenband der Schaulust blieb das Leitmotiv der City West, das Paul Schwebes in der Folge seiner Stadtplanungsideen zum Zentrum am Zoo inzwischen erbaute, gewahrt. Dabei wurde der Eingang zum Zoologischen Garten in die ausgedehnte Straßenführung eingepasst. Ausgehend vom Bahnhof Zoo entlang des Breitscheidplatzes und der Budapester Straße bis hin zum Landwehrkanal mit der Corneliusbrücke konnte man diesen Straßenzug als Verlängerung des Kurfürstendamm-Boulevards verstehen, der als Gegenmodell zur Prachtstraße Unter den Linden zum Spazieren animieren sollte (Abb. S. 215).

Als das Hotel Hilton mit dem an der Budapester Straße gelegenen Gesamtkomplex dann am 30. November 1958 eröffnet wurde, präsentierte sich die Hotelanlage am Rande der devastierten Umgebung des Zoologischen Gartens, umgeben von einem Freigelände für nahezu 420 Autoabstellplätze, als eine Touristenattraktion mit künstlerisch anspruchsvollem Ambiente.[154] Die seit 1950 an der Technischen Universität Berlin lehrende Landschaftsarchitektin Herta Hammerbacher hatte im Übergang zum Grünraum des Zoologischen Gartens die sogenannte Gartenplaza angelegt, deren Mitte durch eine Wasserskulptur des Bildhauers Alexander Gonda klimatisch stimmungsvoll betont wurde. Ein ähnliches Gestaltungskonzept dominierte den im oberersten Geschoss angelegten Dachgarten, wo die Pan-Skulptur des Bildhauers Erich F. Reuter das klassizistische Ideal der ehemaligen preußischen Gartenkultur in Erinnerung rufen mochte.

So kündete der Hilton-Hotelbau in der Trümmerwüste Berlins vom Wohlgelingen im Wiederaufbau des Westteils der Stadt und zugleich vom Konzept zur Organisation des künftigen sozial-marktwirtschaftlichen Lebensumfeldes im Siedlungs- und Wohnbau. Denn wie dieses in Zukunft aussehen würde, konnte man im reichhaltigen Repertoire der Innenraumausstattungen der einzelnen Hotelzimmer und den allgemeinen Versorgungseinrichtungen des gesamten Hotelbetriebs sehen. Die unterschiedlich dimensionierten Zimmer waren jeweils angenehm und platzsparend möbliert, sie verfügten über Badeinbauten, über Telefonanlagen und Fernsehapparate, selbst eine Rohrpostanlage hätten die Gäste noch nutzen können. Dem korrespondierten in den großzügig belichteten Flachbauten die dort untergebrachten Cafés, die exklusiven Restaurants, Selbstbedienungseinheiten und Milchbars sowie schließlich die Friseur- und Einkaufsmöglichkeiten für die Hotelgäste. Einige dieser amerikanischen Ausstattungsmuster für Self-Service-Einrichtungen wie die Selbstbedienungsautomaten kannte Paul Schwebes bereits. In einem Buch über Gaststätten von 1939, das er ungemein schätzte, war diese Entwicklung als moderne Bemusterung für „Trink- und Imbißstuben aus Deutschland und dem Ausland" schon vorgestellt worden. „*Wer heute zwischen vierzig und fünfzig ist, erinnert sich noch des ersten Automatenrestaurants in seiner Vaterstadt. Heute gibt es deren fast überall schon eine ganze Menge, und es reihen sich neuerdings an sie in den Großstädten die noch vor kurzem unbekannten Schnellgaststätten und Frühstücksstuben in vielfacher Abstufung an.*"[155] Das Hilton-Hotel bot diese Self-Service-Einheiten fein abgestuft zusammen mit exklusiven Restaurants, Cafés und Ladeneinheiten an. Es funktionierte wie eine kleine, autark konzipierte Stadt, von deren Dachterrasse aus man Gesamtberlin überblicken sollte.[156]

Abb. 37 Eröffnungsfeier Hotel Hilton, 30. November 1958. Foto: Joachim Diederichs

Abb. 36 Hilton Hotels und Pan American, Werbebroschüre, 1958

Als Conrad Hilton zur Schlüsselübergabe mit sechzig Gästen, darunter einige Journalisten, Hollywood-Schauspieler und europäische Politiker, zu einem dreitägigen Aufenthalt in den Westteil der Stadt anreiste, hatte er die Pan American World Airways gewählt, die erstmals „ohne Zwischenlandung von New York nach Westberlin"[157] geflogen war **(Abb. 36, 37)**. Dieses Zeichen einer neu vernetzten, weltumspannenden modernen Lebensgestaltung griff der Konzernchef sodann in der Eröffnungszeremonie auf. An einem regnerischen Sonntagvormittag ließ Conrad Hilton zunächst im Freien vor dem Haupteingang einen sechzigköpfigen Chor auftreten, der das von ihm selbst verfasste *Gebet für den Frieden* nach der Musik des Filmkomponisten Dimitri Tiomkin aufführte. Vor dem Hintergrund der in Ost und West gespaltenen Stadt Berlin musste die gesungene Fassung seines emotional-sakralen Textes wie eine Beschwörungsformel und das Hotel des Conrad Hilton selbst als moralisch-politische Botschaft wirken. Der American Way of Life mochte hier als symbolisches Leitbild der Befriedung stilisiert sein; in der deutsch-amerikanischen Kooperation der politischen Entscheidungsträger repräsentierte das Hotel für in- und ausländische Gäste den Appell des ideell-friedvollen Neubeginnens allemal. Doch geriet vor den geradezu cineastisch populärkulturell arrangierten Festlichkeiten ein Aspekt aus dem Blickfeld. Es war der Sachverhalt, dass die Eröffnungsreden von Akteuren gehalten wurden, die in den 1930er Jahren von den Nationalsozialisten aus rassistischen oder politischen Gründen vertriebenen worden waren. So übersah die Berliner Öffentlichkeit geflissentlich, dass der soeben zum Bürgermeister West-Berlins gewählte Willy Brandt erst seit einem Jahrzehnt aus dem norwegischen Exil zurückgekehrt war und erst kurz zuvor die deutsche Staatsbürgerschaft zurückerhalten hatte. Man ließ unerwähnt, dass der Senator für Wirtschaft und Finanzen Dr. Paul Hertz ein jüdischer Sozialdemokrat war, dem man auf der Suche nach Unterkunft in den Vereinigten Staaten Asyl gewährt hatte. Und schließlich wusste kaum einer, dass Dr. Hans Schoszberger als Architekt „mosaischen Glaubens" glücklicherweise überlebt hatte und doch Verbindungen zu ehemaligen Mitarbeitern Speers aufrechterhielt. Dass diese lebensgeschichtlichen Prägungen damals kaum Erwähnung fanden und offensichtlich verdrängt wurden, gehört zur Palimpsestgeschichte der gesamtdeutschen Erzählungen des Neubeginnens.

III

Zum Zeitpunkt der Eröffnung des Hotel Hilton war das Büro Schwebes und Schoszberger bereits mit Wiederaufbauplanungen befasst, die die Entwicklungsideen der City West im Sinne von Paul Hertz weiterführten. Seinem sozialpolitischen Programm entsprechend, die Arbeitslosigkeit durch den intensivierten Handelsverkehr zu senken, mithin das Ausstellungswesen zu beleben und die städtische Infrastruktur zur Intensivierung des Tourismus auszubauen, bearbeiteten die Architekten inzwischen weitere Prestigeprojekte (Abb. S. 299 f.).

Paul Schwebes betreute bereits den Wiederaufbau der Deutschlandhalle auf dem großen Messegelände am Funkturm, und noch vor der Eröffnung des Hotel Hilton hatte er zusammen mit Hans Schoszberger den ersten Bauabschnitt des nahe gelegenen Hotel Berlin am Lützowplatz im April 1958 zur Übergabe nach Ausstattungsmaßstäben ihrer Wahl fertiggestellt. Ihr Konzept für diesen Neubau war auf der Grundlage verkehrsplanerischer Vorgaben entstanden, die der ehemalige Mitarbeiter Albert Speers, der inzwischen als Senatsbaudirektor in die West-Berliner Bauverwaltung zurückgekehrte Hans Stephan, formuliert hatte. Dessen langfristig angelegte städtebauliche Neukonzeption sah vor, den enttrümmerten, in seinen ehemaligen Strukturen nur noch vage erkennbaren Ort als Büro- und Verwaltungsbauviertel für „westdeutsche Firmen" zu entwickeln. Zugleich sollte die bestehende Kurfürstenstraße zu einer „neuen Schnellstraße – die sogenannte Südtangente –" ausgebaut werden, deren „Auf- und Abfahrt [...] in unmittelbarer Nähe des Hotels" liegen würde. Entsprechend hatte das Architektenteam das Hotelgebäude von der Straßenführung zurückgesetzt, um es „inmitten vieler Grün- und Erholungsflächen" als „Hotel im Grünen" anzulegen.[158] „Und dennoch", so der Hinweis, „ist es nur ein kurzer Spaziergang, um von hier aus [...] den Zoologischen Garten und den Kürfürstendamm" zu erreichen und damit den Handelsschwerpunkt West-Berlins.[159] Diese Kontextualisierung zu den eigenen Bauten im City-Bereich unterstrich die architektonische Fassadengestaltung, die das versetzte, farblich akzentuierte Muster der Zentrum-am-Zoo-Bauten repetierte (Abb. S. 226 f.).

An kaum einem Ort im Westteil Berlins sind die Spuren dieser historisch politischen Vernetzungen aus Vergangenem und Neubeginnen dann so sichtbar geworden wie am Ernst-Reuter-Platz, der diesen Namen nach dem Tod des Regierenden Bürgermeisters Reuter 1953 erhielt (Abb. 38). Der einst als „Knie" bekannte Kreuzungspunkt zentraler Straßen, die zum einen in die City West, zum anderen in die Berliner Außenbezirke führten, war bereits 1939 im Ost-West-Achsen-Konzept durch Hans Stephan als Möglichkeit zur Entwicklung einer Rundverkehrsführung skizziert worden. Walter Moest sollte diesen Ansatz dann 1946/47 aufgreifen und legte mit seiner Vorgabe eines Kreisverkehrsplatzes am „Knie" die künftige Planungsperspektive fest. Entwürfe für diese Platzfigur, die den bestehenden Ost-West-Achsendurchbruch unterbrach, um an dieser Stelle die Verkehrsverteilung in die äußeren Bezirke einzuleiten, waren zunächst durch Willy Kreuer, Städtebauprofessor an der Technischen Universität Berlin, vorgestellt worden (vgl. Abb. 44, 45). Auf der Grundlage eines Wettbewerbs beauftragte man allerdings Bernhard Hermkes, der inzwischen die Professur für Baukonstruktion und Industriebau an der Technischen Universität Berlin angetreten hatte. Sein Vorschlag für eine offene Bebauung an den Rändern des Kreisplatzes griff auf Entflechtungskonzepte der 1920er Jahre zurück, wie sie zeitgleich im nahe gelegenen Hansaviertel zur *Interbau* wiederbelebt wurden. Entsprechend hatte Hermkes sein Konzept erläutert: *„Im modernen Städtebau wurde in den letzten Jahrzehnten das Prinzip des allseitig umbauten Blockes verlassen und der über den Zeilenbau hinaus entwickelte Gedanke des frei in den durchsonnten und durchgrünten Raum gestellten Baukörpers als Gestaltungsprinzip anerkannt. Der Sinn der Anordnung ist es nicht, den Platzraum zu schließen, sondern ihn in die Weite zu öffnen, ihn ausstrahlen zu lassen in den Gesamtraum der Stadtlandschaft."*[160] Die räumliche Konzeption des Ernst-Reuter-Platzes entsprach damit jener Durchgrünungsidee „der Gesamtstadt", wie sie durch Hans Stephan als verantwortlichem Senatsvertreter propagiert und unterstützt wurde.[161] Diesen Überlegungen gemäß hatte

Abb. 38 „Stadtplanung geht uns alle an", Bebauungsmodell für den künftigen Ernst-Reuter-Platz. Foto: Willy Pragher

Abb. 39 Bauschild für das Haus der Elektrizität (Telefunken-Hochhaus). Foto: Rolf Koehler

der Hermkes-Entwurf die gewünschten Einzelbauten schematisch weiträumig angelegt, doch für das Platzgrundstück zwischen der Bismarckstraße und der ehemaligen Berliner Straße, die 1957 in Otto-Suhr-Allee umbenannt worden war, ein detaillierteres Hochhausprojekt entworfen. Als der Berliner Senat schließlich beschloss, die Bauten im Umfeld der Neuplanungen der Technischen Universität am Ernst-Reuter-Platz auch an privatwirtschaftliche Unternehmen zu vergeben, wurde dieser Bauplatz für ein Projekt der Telefunken GmbH ausgewählt **(Abb. 39)**. Die Voraussetzungen zu dessen Finanzierung hatte, wie für das Hotel Berlin am Lützowplatz, der jüdische Unternehmer Jacques Rosenstein in die Wege geleitet **(Abb. 40)**. Zusammen mit seinem Mitarbeiter Isidor Koppelmann hatte Rosenstein die Zusammenarbeit mit der Tochterfirma der Allgemeine Elektrizitäts-Gesellschaft (AEG) in der Gründung der Haus der Elektrizität AG vertraglich vorbereitet.[162] „Eigentümer des Gebäudes […] ist das Haus der Elektrizität AG, an der die Gruppe Jacques Rosenstein mit 80% und Telefunken mit 20% beteiligt sind."[163] Ganz ähnlich zur Baufinanzierung des Hotel Hilton trat in diesem Fall die Telefunken GmbH als Mieterin des Gebäudes in Erscheinung, wenngleich dieses Unternehmen, anders als es Hilton getan hatte, eine marginale Kapitalbeteiligung einbrachte. Während dieser Bauvorbereitungsphase hatte Rosenstein einige Teilgrundstücke im Umfeld der Bismarckstraße und Otto-Suhr-Allee von Artur Brauner, dem Gründer der CCC-Filmgesellschaft

Abb. 40 Verleihung des Bundesverdienstkreuzes 1. Klasse an Dr. Jacques Rosenstein durch den Regierenden Bürgermeister West-Berlins Klaus Schütz, 1971. Foto: Bert Sass

(Central Cinema Company, Gründung: 1946), erwerben können. Brauner, der in Polen geboren wurde und als Jude den Verfolgungen durch die Nationalsozialisten glücklich entkommen war, hatte als leidenschaftlicher Cineast offensichtlich beabsichtigt, in Zusammenarbeit mit Hermkes an dieser Stelle ein „Haus des Films" zu errichten[164] – ein Projekt, für das er in stark abgeänderter Weise später einen repräsentativen Bauplatz am Kurfürstendamm auswählte **(Abb. S. 192 f.)**.

Mit dem Verkauf der Teilgrundstücke an Rosenstein schied Hermkes als Planungsarchitekt aus, und der „Schweizer Finanzier"[165] verpflichtete für den Neubau der Haus der Elektrizität GmbH das ihm vertraute Büro Schwebes und Schoszberger. Bereits im Juli 1958 lagen die ersten Entwürfe und Modelle für das Bürohochhaus im Straßenzwickel Bismarckstraße und Otto-Suhr-Allee vor und offerierten ein Bürogebäude mit dreiundzwanzig Geschossen, dem zum Platz hin ein durch Glaswände gefasster, zweigeschossiger Ausstellungs- und Verkaufspavillon vorgelagert war. Der dem Publikumsverkehr vorbehaltene Winkelbau mit Café und zugehöriger Straßenterrasse mochte als Attraktion nicht nur die Firmenbesucher, sondern ebenso die vorüberschlendernden Passanten locken. Entsprechend waren die überdachten Eingangsbereiche des Verwaltungsbaus an dessen Seiten zur Bismarckstraße und zur Otto-Suhr-Allee gelegt worden **(Abb. S. 179)**.

Aus finanziellen Gründen wurde dieses Konzept nicht realisiert. Im weiteren Planungsverlauf entschied man sich dafür, auf dieses Pavillongebäude zu verzichten, die Stockwerksanzahl zu reduzieren und auch die im Modell entwickelte Fassadenstruktur des Hochhauses, die zunächst offensichtlich an einem Entwurf Le Corbusiers für Algier (1939) orientiert war, zu verändern.

Mit der endgültigen Planung des Telefunken-Hochhauses bezogen sich Schwebes und Schoszberger schließlich auf das soeben geplante und hoch geschätzte Verwaltungsgebäude der Pirelli-Werke von Giovanni (Gio) Ponti, das an der Mailänder Piazza Duca d'Aosta errichtet wurde **(Abb. 41, 42)**. Als begeisterter Leser der von diesem italienischen Altmeister der Baukunst und des Designs betreuten Zeitschrift *domus* mochte Paul Schwebes in ihm einen Geistesverwandten erkennen. In der eigenen Planung für das Telefunken-Hochhaus griffen Schwebes und Schoszberger auf dieses Projekt Pontis mit dem zweibündig angelegten, schlanken Traggerüst zurück, das „sich zu den Enden verjüngt",[166] – Ponti nannte es der nicht beliebig zu erweiternden Form wegen „endliche Form". Auf dieser Basis gelangte dann ab 1958 das einundzwanziggeschossige Telefunken-Hochhaus zur Ausführung. Dessen „drei ‚Türme': das nördliche und das

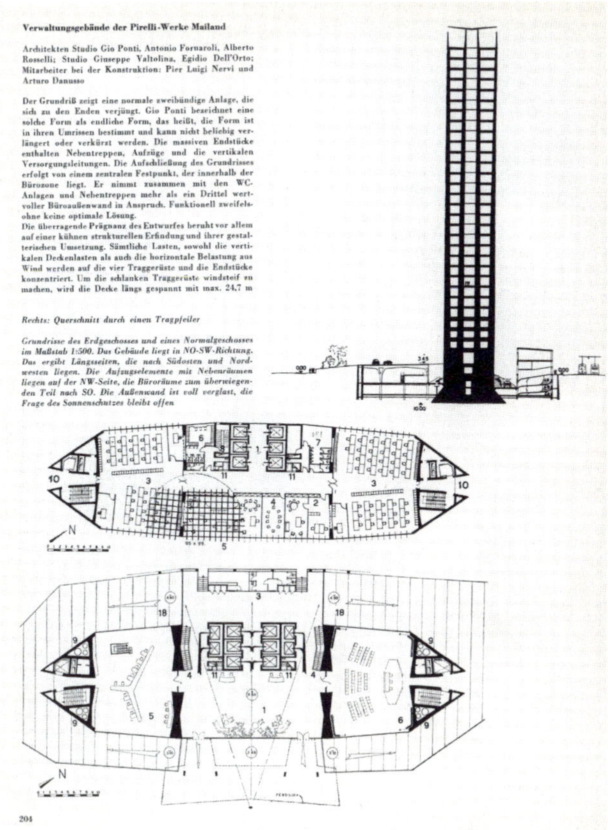

Verwaltungsgebäude der Pirelli-Werke Mailand

Architekten Studio Gio Ponti, Antonio Fornaroli, Alberto Rosselli; Studio Giuseppe Valtolina, Egidio Dell'Orto; Mitarbeiter bei der Konstruktion: Pier Luigi Nervi und Arturo Danusso

Der Grundriß zeigt eine normale zweibündige Anlage, die sich zu den Enden verjüngt. Gio Ponti bezeichnet eine solche Form als endliche Form, das heißt, die Form ist in ihren Umrissen bestimmt und kann nicht beliebig verlängert oder verkürzt werden. Die massiven Endstücke enthalten Nebentreppen, Aufzüge und die vertikalen Versorgungsleitungen. Die Aufschließung des Grundrisses erfolgt von einem zentralen Festpunkt, der innerhalb der Bürozone liegt. Er nimmt zusammen mit den WC-Anlagen und Nebentreppen mehr als ein Drittel wertvoller Büroaußenwand in Anspruch. Funktionell zweifelsohne keine optimale Lösung.

Die überragende Prägnanz des Entwurfes beruht vor allem auf einer kühnen strukturellen Erfindung und ihrer gestalterischen Umsetzung. Sämtliche Lasten, sowohl die vertikalen Deckenlasten als auch die horizontale Belastung aus Wind werden auf die vier Traggerüste und die Endstücke konzentriert. Um die schlanken Traggerüste windsteif zu machen, wird die Decke längs gespannt mit max. 24,7 m

Rechts: Querschnitt durch einen Tragpfeiler

Grundrisse des Erdgeschosses und eines Normalgeschosses im Maßstab 1:500. Das Gebäude liegt in NO-SW-Richtung. Das ergibt Längsseiten, die nach Südosten und Nordwesten liegen. Die Aufzugselemente mit Nebenräumen liegen auf der NW-Seite, die Büroräume zum überwiegenden Teil nach SO. Die Außenwand ist voll verglast, die Frage des Sonnenschutzes bleibt offen

204

Abb. 41 Gio Ponti, Pirelli-Hochhaus, Mailand, Entwurf, in: *baukunst und werkform* 1957

Abb. 42 Blick von der Bismarckstraße auf die Westseite des Telefunken-Hochhauses, um 1960. Foto: Rolf Koehler

südliche Treppenhaus und der Aufzugsturm in der Mitte der Westfront" bildeten die konstruktive Grundstruktur. „Zur Aufnahme der vertikalen Kräfte genügen so je vier sparsam bemessene durchlaufende Außenstützen in der Ost- und in der Westfassade sowie wenige eingestellte Tragelemente."[167] Die Außenwände zwischen den sich nach unten und oben verjüngenden Stahlbetonstützen wurden in Fensterbahnen aufgelöst und belichteten die dahinterliegende offene Raumstruktur der Innenräume, in denen die jahreszeitlich bedingten Hitze- und Kälteschwankungen durch eine innovative Klimatechnik ausgeglichen wurden.

IV

Mit diesem konstruktiv-architektonischen Programm hatte das Büro Schwebes und Schoszberger abermals auf die neuesten Entwicklungen des International Style reagiert. Obwohl diese Zeichen der Zeit, mit denen Schoszberger wohl vertraut war, sich soeben in neuen ästhetisch-formalen Interpretationen unter dem Begriff *béton brut* formierten, blieben im Telefunken-Projekt doch einige kompositorische Begleittöne erhalten, die Paul Schwebes in den Nachkriegsbauten als Erbschaft seiner Ausbildungsjahre pflegte. Dazu gehörten die Prinzipien der „Bekleidung" geschlossener Fassaden- und Wandelemente, die in diesem Bau gleichfalls zum Tragen kamen. Die in Längsrichtung verlaufenden Betonbrüstungen des Hochhauses ließen die Architekten mit grünem Mosaik belegen und kontrastierten sie farblich abgestuft mit den durchlaufenden leicht auskragenden Geschossdecken. Vor allem tauchte in diesem Gebäude ein Bauelement zur sichtbaren Differenzierung verschiedener Raumfunktionen wieder auf. Es ist das aus dem Baukörper herausgeschobene und individuell gerahmte Geschoss, wie Schwebes es aus den Kaufhausbauten Bruno Pauls kannte. In dem ersten Entwurf für das Hotel Kempinski von 1950 hatte er es als öffentlich genutzte Zwischenzone für ein Café konzipiert (vgl. Abb. 1); im Großen Hochhaus am Zoo konnte es dann fünf Jahre später zur Nutzung des Café Huthmacher realisiert werden (vgl. Abb. 25); im Telefunken-Hochhaus betonte dieses Element die bilderrahmengleiche Einfassung des dahinterliegenden Schau- und Verkaufsraumes des ersten Obergeschosses und durfte durchaus als Reminiszenz eines

Abb. 43 Paul Schwebes und Hans Schoszberger im Verkaufsraum zur Eröffnung des Telefunken-Hochhauses, 1960. Foto: unbekannt

Hochhausmotivs gelesen werden, das Walter Gropius und Adolf Meyer schon 1922 ihrem Entwurf für den Chicago Tribune Tower eingefügt hatten. In diesem herausgehobenen Geschoss präsentierte die Tochtergesellschaft der AEG, das Berliner Unternehmen Telefunken GmbH, die neuesten Entwicklungen des Elektronikmarktes und vor allem die Geräte für den Hausgebrauch. Dazu gehörten inzwischen das Tonbandgerät, das Kofferradio und der Fernsehapparat **(Abb. 43)** (Abb. S. 180 f.). Es war mithin die ausgreifende Architekturform, die diese publikumsorientierte Sondernutzung des Bürogebäudes im Außenraum sichtbar machte. Als dann der Regierende Bürgermeister von Berlin Willy Brandt zusammen mit dem Senator Paul Hertz, dem Unternehmer Jacques Rosenstein und den beiden Architekten die Eröffnung des Telefunken-Hochhauses feierlich beging, blickten die geladenen Gäste von der Dachterrasse aus noch über ein devastiertes Areal und einen strukturlosen vorgelagerten Rundplatz. Im Zuge der später durchgeführten Planung wurde dieser Ort, der neue Ernst-Reuter-Platz, zu einem Leitbild des städtebaulichen Neubeginns.[168]

V

Das Telefunken-Hochhaus war eines der ersten West-Berliner Merkzeichen dieses städtischen Wiederaufbauprojektes, dessen Symbolik nun auch in die Neugestaltung des Platzraumes einzuschreiben war **(Abb. 44, 45)**. Die *Bauwelt*, die die Architektursprache des Telefunken-Hochhauses lobend erwähnte, warnte in diesem Zusammenhang allerdings vor dem Verkehrsaufkommen, das „durch die Ansammlung von Bürohochhäusern […] binnen kürzester Frist“[169] an diesem Kreisverkehrsplatz, den noch die Straßenbahn durchquerte, zu erwarten sein würde. Den Gedanken, dass dieser Autostraßeneffekt gleichsam beruhigt werden könnte, griff das Gestaltungskonzept des Platzinnenraumes durch Werner Düttmann auf, der, zum neuen Senatsbaudirektor ernannt, den 1960 zum Amtsverzicht aufgeforderten Hans Stephan ablöste. Düttmanns Platzgestaltung konzipierte ein durchaus strenges, doch nicht auf die Platzmitte hin orientiertes steinernes Quadratmuster, das, umgeben von einer großen Rasenfläche mit Bänken, einen Ort der Ruhe schaffen sollte. Die eigenwillige Schönheit seines

Abb. 44 Kreisverkehrsplatz „Knie", später Ernst-Reuter-Platz, um 1953. Foto: unbekannt

Abb. 45 Kreisverkehrsplatz Ernst Reuter mit Blick auf die Straße des 17. Juni (Ost-West-Achse). Rechts: Blick in die Hardenbergstraße mit Haus Hardenberg (Kiepert), um 1960. Foto: Willy Pragher

Abb. 46 Kreisverkehrsplatz Ernst Reuter mit Telefunken-Hochhaus, Platzgestaltung Werner Düttmann, um 1960/61. Foto: unbekannt

innerstädtischen Erholungsortes erstrahlte bei Nacht, wenn die beleuchteten Wasserspiele im Einklang mit der Lichtskulptur des innenbeleuchteten Telefunken-Hochhauses den Platz verzauberten (Abb. 46). Noch hatte der junge Senatsbaudirektor Werner Düttmann nicht mit dem *horror vacui* gerechnet, den der groß angelegte Ernst-Reuter-Platz später auslösen sollte. Noch rechnete er – und mit ihm die assoziierten Landschaftsarchitekten –, mit der Fußgängerin, die von hier aus schlendernd zur Hardenbergstraße gelangen wollte, um an deren Ecke zur Schiller- und Knesebeckstraße die Buchhandlung Kiepert im Haus Hardenberg zu betreten (Abb. 47, 48). Dass man sich hier in einem Ursprungsbau der West-Berliner Nachkriegsmoderne befand, mit dem Paul Schwebes die Rückbesinnung auf die Wiener und Berliner Geschäftshausarchitektur aus den ersten Jahrzehnten des 20. Jahrhunderts eingeleitet hatte, erkannte man erst, wenn man die Außenhaut des geschwungenen Hauses aufmerksam betrachtete und später die Verkaufsräume betrat (Abb. S. 159). In der Konstruktions- und Materialauswahl der Fassaden- und Innenraumgestaltung war dann die Stilmischung aus Mendelsohns Dynamik, Pauls Feingefühl für Materialien und Poelzigs Lichtdramaturgie zu erkennen. Die Außenverblendung mit dunklen Opakglasplatten erzeugte im farblich fein gesetzten Kontrast zu den messingfarben eloxierten Fensterrahmungen ein feines Oberflächenlichtspiel. Dass damit auch die Botschaft des Neubeginnens auf der Grundlage einiger prägender Bauten aus den Jahren der Weimarer Republik aufschien – mit dem Kaufhaus HELD hatte Schwebes sie ähnlich in Erinnerung gebracht –, ist in den Jahren nach 1960 allmählich aus dem Blickfeld geraten. Man empfand die Lust an der Inszenierung, wie sie Schwebes in der Fassade des Haus Hardenberg und der indirekten Beleuchtung eingesetzt hatte, die die Stützenstellungen im Laden der Buchhandlung Kiepert betonte, als übertrieben.[170] Die von Leidenschaft zum *béton brut* geprägte jüngere Architektengeneration konnte das Oberflächenlichtspiel des Haus Hardenberg später nur noch abschätzig als bürgerliche Selbstdarstellungsbotschaft lesen. Vor diesem Hintergrund verblasste die Attraktivität der Bauprojekte, die Schwebes und Schoszberger so prominent im Umfeld „Rund um den Zoo" zwischen 1950 und 1960 hatten entwickeln können (Abb. S. 154, 270 f.).

VI

In den kommenden Jahren widmete sich das Büro Schwebes und Schoszberger zunehmend den Wohnbau- und Hotelentwürfen außerhalb Berlins, um doch zugleich Großprojekte US-amerikanischer Prägung zu planen, wie sie soeben ein jüdischer Emigrant, der

Abb. 47 Richtfest Haus Hardenberg, 1955. Foto: Rolf Koehler

Abb. 48 Haus Hardenberg, Teilansicht Knesebeckstraße. Foto: Rolf Koehler

Wiener Victor Gruen, in den USA entwickelte. Nach diesen Mustern der „Shopping Towns", die die Attraktivität der innerstädtischen Verkaufsstraßen im Umfeld der Großstädte zu ergänzen suchten, realisierte das Büro Schwebes und Schoszberger die erste dieser Art in Frankfurt am Main und kurze Zeit später eine weitere in Hamburg (Abb. S. 282 f.). Damit begleitete das Büro die Phase einer Baugeschichte, in der man versuchte, etwas vom urbanen Flair in die Außenbezirke der wachsenden Großstädte einzuschleusen (Abb. 49, 50). Dass in diesem Prozess der Stadtentwicklung allein die Planungsgrundsätze Gruens zukunftsfähig sein würden, um die Vielfalt der urbanen Lebendigkeit auch jenseits der Innenstädte erschaffen zu können, hatte 1957 die Stadtforscherin Jane Jacobs anhand von Sanierungskonzepten US-amerikanischer Industriestädte wie Pittsburgh prognostiziert. Allein Victor Gruens Entwicklung des „new downtown pedestrian environment"[171] hielt sie für zukunftstauglich. Jacobs betonte dessen variantenreiche, fußgängerorientierte Grundkonzeption, die mit den offenen, am Boulevardcharakter orientierten Straßen- und Platzräumen die vertrauten, sozialen Aufenthaltsqualitäten des Städtischen zu reproduzieren verstand (Dok. 18).

Nach ähnlichen Prinzipien konzipierte man im Büro Schwebes und Schoszberger dann die inzwischen vorgelegten Planungen zur Innenstadtbebauung am Kurfürstendamm, wobei ihr Grundsatz der Überlagerung alter und neuer Stadtfiguren beibehalten wurde.

Abb. 49 Elbe Einkaufszentrum (1964–1966), Hamburg-Osdorf (Neue Heimat), Luftbild. Foto: Neue Heimat

Abb. 50 Elbe Einkaufszentrum, Hamburg-Osdorf (Neue Heimat), Einkaufsstraße. Foto: Neue Heimat

Die Reorganisation des urbanen Flairs, wie sie in der Bebauung „Rund um den Zoo" zu gelingen schien, sah sich in der multifunktional konzipierten Geschäftshausplanung des östlichen Abschnittes des Kurfürstendamms allerdings zunehmend marktorientierten Konzentrationsprozessen ausgesetzt. Beispielgebend dafür wurden zwei Großbaustellen, die eine unter dem Namen Kurfürstendamm-Passage „Basar" mit integrierten Theatern (siehe Johann Sauer im vorliegenden Band), die andere, die „Passage 202" im Büro- und Geschäftshaus Kurfürstendamm 202 mit integrierten Kinos, die das Büro Schwebes und Schoszberger für den jüdischen Filmproduzenten und Unternehmer Artur Brauner entwickelte. Gerade in dieser Blockrandbebauung des Ku'damms im Übergang zur Knesebeckstraße erlebte ein Weltstadtmotiv des alten Berlins seine Renaissance: die Passage. Doch die Architekten versuchten nicht, den Bautypus mit dem Fluidum vom „Paradies der Damen" zu umgeben und als einen exklusiven Durchgangsraum zu gestalten (Abb. S. 192 f.). Die Passage dieses Mehrzweckgebäudes orientierte sich in ihrer zweckdienlichen Ausstattung vielmehr an Elementen der Massenkaufkraft, wie sie damals in den US-amerikanischen, innerstädtisch eingelagerten Shoppingmalls zu erblühen begannen, wo jetzt auch der „Kitsch" eine angemessene Örtlichkeit erhielt. Der Traum vom „mittleren Lebensstandard", den Schwebes in seinem Wettbewerbsentwurf 1948 städtebaulich-architektonisch umkreist hatte, fand im Zuge dieser Entwicklung seine neue gesellschaftspolitisch technokratische Lösung.

Mit dem Mauerbau ab 1961, dem Todesjahr des Paul Hertz, geriet die Zusammenarbeit von Schwebes und Schoszberger schrittweise ins Fahrwasser des Bauwirtschaftsfunktionalismus. Vor diesem Hintergrund begann man eigene Weg zu gehen; Paul Schwebes frönte seiner musischen Leidenschaft und repetierte im Privathausbau die Architekturbilder seiner Ausbildungsjahre, die er gerne im Stile der italienischen farbigen Designkultur möblierte.[172] Hans Schoszberger blieb der Kenner des formbewussten modernen Bauens, wie es einer seiner meist bewunderten ausländischen Kollegen, der Brasilianer Oscar Niemeyer, entfaltete. In Planungen wie der Brunswick Bowling-Halle zeigten sich sodann die Einflüsse der internationalen Bauentwicklung, indem das Büro für dieses Gebäude die soeben aus den USA nach Europa hinübergeschwappte Konstruktionsneuheit des hängenden Daches konzipierte (Abb. S. 306). Tendenzen dieser Art sollte Schoszberger fortan unterstützen. Wir finden sie in einigen Entwürfen der 1960er Jahre wieder.

Als sich die Architekten 1968 endgültig trennten, konnten sie auf eine Arbeitsgemeinschaft zurückblicken, der es gelungen war, Leitbilder eines modernen Berlins wieder aufleben zu lassen. Man entdeckt sie in der allmählichen Rückeroberung des Kurfürstendamms für die Arbeits- und die Konsumwelt des Tourismus, der nach und nach das Verkehrskonzept folgte, das dem Statussymbol Automobil Dominanz verlieh. Noch heute wird dieser Planungsansatz zur Wiederherstellung des geschäftsertüchtigten Stadtraumes beispielhaft in der Mischnutzung aus Kauf- und Bürohaus im Haus Königstadt repräsentiert, das, einst dem Kulturbau eines Theaters gegenüberliegend, die funktionale Vielschichtigkeit des urbanen West-Berlins der Nachkriegsjahre materialsensibel vor Augen führt (Abb. 51) (vgl. Abb. S. 71, 81).

Abb. 51 Blick durch die Kolonnade vor dem ehemaligen Theater am Kurfürstendamm 208–209 auf das Haus Königstadt, Kurfürstendamm, Ecke Grolmannstraße, vor 1968. Foto: Bert Sass

Anmerkungen

[1] Ein Mitarbeiter von Paul Schwebes erinnert sich in einem Brief an die ersten Arbeitswochen: „Der Kopf war heiß und die Füße kalt, als ich im März 1950 in dem Ruinengebäude in der Roßstraße 29/30 meine ersten bezahlten Striche für das Hotel Kempinski auf Papier brachte", Brief Günter Klatte, 30.11.1993 an Barbara Schwebes, PSA. In der Folgezeit wird Schwebes einen strukturierten Arbeitstag mit klar abgegrenzter Mittagspause für alle vorgeben; später wird er sich von zu Hause durch einen Chauffeur in seinem Privatauto in das jeweilige Büro fahren lassen **(Abb. S. 435).**

[2] „In der Innenstadt wurde nahezu die Hälfte des gesamten Wohnraumes zerstört, die Außenbezirke waren weniger stark betroffen. Von den vormals 1,5 Mio. Wohnungen waren nach Kriegsende noch 730 000 bewohnbar", Ulrike Forßbohm, *Kriegs-End-Moränen. Zum Denkmalwert der Trümmerberge in Berlin* (Diplomarbeit Technische Universität Berlin), Berlin 2009, S. 11. Dort eine fundierte Übersicht zur Literatur dieses Themas.

[3] Brief Paul Schwebes an Käthe Schwebes vom 30.5.1946, Privatbesitz

[4] Ebd. Die Formulierung „Borchart Franzstr." benutzt Schwebes in diesem Brief: „Wenn es noch gelingt, [?] & Vaterland im Laufe der nächsten 3, 4 oder 5 Monate fertigzustellen, dann habe ich ein gut Stück Arbeit hinter mich gebracht und dem A-Konzern [Aschinger-Konzern] zu dem Ruhm verholfen, in Berlin wieder der bedeutendste Gastbetrieb zu sein." 1950 ist Paul Schwebes noch mit seinem Büro in der Roßstraße gemeldet und arbeitet hier an einer Wiederaufbauplanung des Geschäftshauses der WMF (Württembergische Metallwarenfabrik) an der Leipziger, Ecke Mauerstraße zur künftigen Nutzung eines Geschäftshauses der Konsumgenossenschaft (Konsum). Sein Entwurf bleibt Projekt.

[5] Rudolf Weilbier, „Ausblick auf 1947", in: *Neue Bauwelt*, 1. Jg., Nr. 1, 1946, S. 2

[6] Karl Olaf Steinbring, *Organisation und Durchführung des Berliner Notstandsprogramm 1950–1956* (Dissertation Freie Universität Berlin), Berlin 1956, S. 15

[7] George C. Marshall, zit. nach Bundesministerium für den Marshall-Plan (Hg.), *ERP-Fibel mit ERP-Wörterbuch*, Bonn 1950, S. 15

[8] Paul Hertz, *Mehr Arbeitsplätze, mehr Wohnungen, mehr Produktion. Zwei Jahre Aufbau in Berlin*, zit. nach Steinbring 1956 (wie Anm. 6), S. 20. GARIOA = Government Appropriations for Relief in Occupied Areas. Siehe dazu: Das Berliner Notstandsprogramm im Haushaltsjahr 1950, Senator für Kreditwesen als Hauptwirtschafter für das Notstandsprogramm, Berlin o. J. Hertz hatte sich der seit den frühen 1930er Jahren agierenden Widerstandsgruppe „Neu Beginnen" nach seiner Ausbürgerung ab 1934/35 angenähert und ihr später angehört. Zu dieser Gruppierung gehörte auch der später an der Freien Universität Berlin lehrende Richard Löwenthal sowie Ossip K. Flechtheim.

[9] Paul Schwebes war 1927 in die Meisterklasse von Hans Poelzig aufgenommen worden. Poelzig, der die große Nähe zwischen Musik und Architektur als einen seiner entwurfsleitenden Ansätze postulierte, hatte für den zunächst in Wien Musik studierenden Schwebes vermutlich Sympathie. Anders als Albert Speer, der sich beworben, aber nicht genommen worden war, erfüllte Schwebes damit eine Grundvoraussetzung zur Entfaltung „stilistischer Prinzipien" im Feld der Baukunst, wie sie Poelzig vor Augen hatte. Die Studienaufenthalte von Schwebes in Wien und Darmstadt sind nicht mehr nachweisbar gewesen. Einen umfassenden Überblick über die Arbeitsjahre vor 1945 hat Michael Haben auf der Grundlage der im Landesarchiv Berlin aufbewahrten Akten veröffentlicht: Michael Haben, „Kein Phönix aus den Trümmern. Arbeiten des Architekten Paul Schwebes vor 1945", in: Werner Breuning / Uwe Schaper (Hg.), *Berlin in Geschichte und Gegenwart* (Jahrbuch des Landesarchivs 2018), Berlin 2019, S. 137 ff.

[10] Julius Posener, *Hans Poelzig. Reflections on His Life and Work*, hg. v. Kristin Feireiss, Cambridge, MA / London 1992, S. 63

[11] Christan Schwebes hat in Gesprächen mehrfach auf die Wertschätzung Mendelsohns durch den Vater hingewiesen.

[12] Erich Mendelsohn, *Amerika. Bilderbuch eines Architekten*, 3. Aufl., Berlin 1926, S. 67 f. (Hervorhebung K. W.)

[13] Hans Poelzig, „Der Architekt. Hans Poelzigs Rede vor dem Bunde Deutscher Architekten", in: Anna Teut, *Architektur im Dritten Reich 1933–1945*, Berlin / Frankfurt am Main / Wien 1967, S. 33

[14] Mendelsohn 1926 (wie Anm. 12), S. 25. Siehe dazu: Regina Stephan, „‚Die Ware ist das Primäre – ihrer Anpassung dienen alle baulichen Maßnahmen.' Warenhäuser in Berlin, Breslau, Chemnitz, Duisburg, Nürnberg, Oslo und Stuttgart 1924 bis 1932", in: Regina Stephan (Hg.), *Erich Mendelsohn. Architekt 1887–1953. Gebaute Welten. Arbeiten für Europa, Palästina und Amerika*, Ostfildern-Ruit 1998, S. 92. Ita Heinze-Greenberg hat in ihrem Beitrag „‚Gegen Mittag Land in Sicht'. Reisen nach Holland, Palästina, in die USA und nach Rußland" darauf hingewiesen, dass diese Amerikareise durch den Rudolf Mosse Buchverlag finanziert worden war. Ebd., S. 84

[15] Walter Schuster, „Franck gegen Kathreiner: die Kaffee(ersatz)schlacht", in: Claudia Kuretsidis-Haider / Christine Schindler (Hg.), *Zeithistoriker – Archivar – Aufklärer. Festschrift für Winfried R. Garscha*, Wien 2017, S. 409–423

[16] Siehe dazu: Universitätsarchiv Technische Universität Berlin, Matrikelnr. Asriel, Bd. VII, S. 575; Matrikelnr. Schwebes Bd. VII, S. 504. Nach Auskunft Dr. Irina Schwabs sind viele Unterlagen im Zweiten Weltkrieg verbrannt, die Zuweisung daher lückenhaft. Später vermerkte Schwebes: „Seit Januar 1932 selbstständiger Architekt", Reichskammer der bildenden Künste, 15.12.1933, Landesarchiv A Rep 24304, Nr. 8729. Es steht zu vermuten, dass die darin unter den Werken „nach persönlichen Entwürfen" angegebenen „Krankenhaus-Neubauten in Avala in Jugoslawien" gleichfalls mit dem aus der Nähe stammenden Isak Asriel entstanden sind.

[17] Hinweis auf diese Tätigkeit im Gespräch mit Christian Schwebes.

[18] Bruno Paul, „Erziehung der Künstler an Staatlichen Schulen", zit. nach Thomas Drebusch, *Bruno Paul. Schönheit ist Freude*, Soest 2019, S. 25

[19] Werner Durth, *Deutsche Architekten. Biographische Verflechtungen 1900–1970*, 2. Aufl., Stuttgart/Zürich 2001, S. 90. Eine sehr gute Darstellung des „Kampfbundes" und seiner offenbar im „Februar 1932" gegründeten Unterorganisation Kampfbund Deutscher Architekten und Ingenieure (KDAI) gibt Barbara Miller Lane, *Architektur und Politik in Deutschland 1918–1945*, Braunschweig/Wiesbaden 1986, S. 142 ff. Im November 1933 war Paul Schwebes zudem Mieter in der Künstlergemeinschaft „Klosterstraße 75", jener Ateliergemeinschaft aus den 1920er Jahren, der einige bedeutende Künstlerinnen und Künstler angehörten und von denen „etwa zehn Prozent Antifaschisten und zehn Prozent überzeugte Nationalsozialisten" waren. Neben den bildenden Künstlern wie Käthe Kollwitz und Werner Heldt waren bis 1936 auch einige Architekten dort tätig. Hans Jürgen Meinik, „Die Ateliergemeinschaft Klosterstraße innerhalb der nationalsozialistischen Kunst- und Kulturpolitik", in: Akademie der Künste / E. Roters (Hg.), *Ateliergemeinschaft Klosterstraße Berlin 1933–1945. Künstler in der Zeit des Nationalsozialismus*, Berlin 1994, S. 19. Zudem Hinweis auf Schwebes, ebd., S. 229

[20] Gottfried Feder (Mitarbeit: Fritz Rechenberg), *Die neue Stadt. Versuch der Begründung einer neuen Stadtplanungskunst aus der sozialen Struktur der Bevölkerung*, 2. Aufl., Berlin 1939, S. 371

[21] BA (ehem. BDC) NSDAP-Gaukartei, Bundesarchiv Berlin-Lichterfelde

[22] Hans Holzbauer, „Der Wettbewerb für den Neubau einer Reichsführerschule der NSDAP", in: *Bauwelt*, 25. Jg., Nr. 20, 1934, S. 5

[23] Ebd., S. 1

[24] Lars Olof Larsson, *Die Neugestaltung der Reichshauptstadt. Albert Speers Generalbebauungsplan für Berlin*, Stuttgart 1978, S. 25

[25] Zu dieser Entwicklung gibt es inzwischen umfangreiche wissenschaftliche Untersuchungen, darunter: Durth 2001 (wie Anm. 19); Johann F. Geist / Klaus Kürvers, *Das Berliner Mietshaus 1945–1989. Eine dokumentarische Geschichte der Ausstellung „Berlin plant / Erster Bericht" 1946 und der Versuche, auf den Trümmern der Hauptstadt des Großdeutschen Reiches ein NEUES BERLIN zu bauen, aus dem dann zwei geworden sind*, Bd. 3, München 1989; Hans J. Reichhardt / Wolfgang Schäche, *Von Berlin nach Germania. Über die Zerstörung der „Reichshauptstadt" durch Albert Speers Neugestaltungsplanungen*, 11. Aufl., Berlin 1998; Teut 1967 (wie Anm. 13)

[26] Hans Stephan, „Die Berliner Ost-West-Achse nach der Planung des Generalbauinspektors", in: *Die Kunst im Dritten Reich*, 3. Jg., Folge 6, 1939, S. 234

[27] Zu der Abriss- und „Entjudungs"-Praxis siehe: Johann F. Geist / Klaus Kürvers, „Tatort Berlin, Pariser Platz. Die Zerstörung und ‚Entjudung' Berlins", in: *1945. Krieg, Zerstörung, Aufbau. Architektur und Stadtplanung 1940–1960* (Schriftenreihe der Akademie der Künste, Bd. 23), Berlin 1995, S. 55 ff.

[28] In der Schrift „Die Baukunst im Dritten Reich insbesondere die Umgestaltung der Reichshauptstadt" hatte Hans Stephan 1939 dieses Leitbild im Sinne des einstigen KDAI beschrieben: „Der neue Gemeinschaftsgeist [...] schafft auch den Sozialismus des Bauens, der die Gesetze für den Einzelbau aus seiner Bedeutung für das Ganze entwickelt und ihn eingliedert in die höheren Einheiten der Straße, des Platzes, der Stadt, des deutschen Raumes", in: Paul Meier-Benneckenstein (Hg.), *Idee und Gestalt des Nationalsozialismus* (Schriften der Hochschule für Politik, Bd. 36), Berlin 1939, S. 7. Siehe dazu: Beatrix Burtin, *Hans Stephan. Leben und Werk* (Dissertation Bauhaus-Universität Weimar), Weimar 2014

[29] Staatsrat Reinhart, „Feierliche Grundsteinlegung für das neue Dienstgebäude der Industrie- und Handelskammer zu der Industrie- und Handelskammer zu Berlin", in: *Wirtschaftsblatt der Industrie- und Handelskammer zu Berlin*, Nr. 7, 7.3.1939, S. 265

[30] Zu dieser Schwebes-Arbeitsverpflichtung: LAB A Rep 24304 Nr. 8729, 00001. Offensichtlich waren sowohl Paul Schwebes als auch Hans Schoszberger im Umfeld des fein gesponnenen Netzwerks der ehemaligen GBI-Administration angesiedelt gewesen; ab 1939/40 ist der sogenannte „Halbjude" Hans Schoszberger in diesem Umfeld (siehe Mitarbeit bei Ernst Neufert) und der Öffentlichkeit nicht mehr „nachweisbar".

[31] Curt Riess, *Berlin Berlin 1945–1953*, Berlin 1953, S. 43

[32] Die Angaben über den Eröffnungstag *Berlin plant. Berlin baut auf* differieren zwischen dem 23. und 24. Januar 1946.

[33] Die erste Sitzung des neu gegründeten Magistrats fand am 20. Mai 1945 statt.

[34] Eugen Bruker, „Städtebau nach wirtschaftlichen Erfordernissen", in: *Neue Bauwelt*, 1. Jg., Nr. 6, 5.8.1946, S. 1. Bruker war Regierungsbaudirektor, vermutlich ansässig in Berlin-Charlottenburg.

[35] Adolf Reichle, „Rund um den Zoo. Der Berliner Städtebauwettbewerb", in: *Neue Bauwelt*, 3. Jg., Nr. 37, 13.9.1948, S. 579

[36] Walter Moest (Hg.), *Der Zehlendorfer Plan. Ein Vorschlag für die Neuordnung des Verkehrs beim Wiederaufbau Berlins. Bericht über das Ergebnis der Untersuchung des Berliner Verkehrs durch die Außenstelle Zehlendorf des Hauptamtes für Planung in der Abteilung für Bau- und Wohnungswesen des Magistrats von Groß-Berlin* (Schriftenreihe der „Neuen Bauwelt", Bd. 30), Berlin 1947, S. 7

[37] Geist/Kürvers 1989 (wie Anm. 25), S. 231. Die Autoren haben hier die Planungs- und Entstehungsgeschichte des sogenannten Kollektivplans präzise rekonstruiert und dokumentiert. Die Zehlendorfer Pläne waren in diesem Rahmen dort ab dem 16. Juni 1946 ausgestellt und zu sehen gewesen.

[38] Kurd Slawik, „Planunterlagen für einen Wettbewerb um Berlin", in: *Neue Bauwelt*, 1. Jg., Nr. 8, 18.8.1946, S. 1. Im ersten Heft der neu gegründeten Zeitschrift *Die neue Stadt* wurde im Oktober 1947 berichtet: „Berliner Wohnraum. 117 089 reparaturbedürftige und unbenutzte Räume mit insgesamt 2 239 227 qm Wohnfläche wurden nach amtlichen Feststellungen am 1. Juli in Berlin gezählt. Davon entfallen auf den sowjetischen Sektor 33 525 Räume mit 578 766 qm Wohnfläche, auf den amerikanischen 40 609 mit 768 657 qm, auf den britischen 32 998 mit 720 370 qm und auf den französischen 9957 Räume mit 171 434 qm Wohnfläche", in: *Die neue Stadt*, 1. Jg., Nr. 1, 1947, S. 27

[39] Brief Hans Scharoun an R. Döcker 12.1.1946, zit. nach Geist/Kürvers 1989 (wie Anm. 25), S. 222

[40] Hans Scharoun, „Zur Ausstellung ‚Berlin plant'. Ansprache des Stadtrats Professor Scharoun zur Eröffnung", in: *Neue Bauwelt*, 1. Jg., Nr. 10, 2.9.1946, S. 4. Im Juni 1946 hatte Scharoun in einem Vortrag an der Technischen Universität die Idee von den „Grundeinheiten" als Mischung aus Wohnen, kulturellen und sozialen Einrichtungen unter dem Leitbegriff des „Lebensbaus" vorgetragen.

[41] Ebd., S. 3

[42] Geist/Kürvers 1989 (wie Anm. 25). Hier abgedruckt: Hans Scharoun, „Grundlinien der Stadtplanung", S. 232 ff. Beitrag aus einem Sitzungsprotokoll des Bauwirtschaftsausschusses.

[43] Mit dieser Prioritätenliste verknüpfte Scharoun eine veränderte Bau- und Bodengesetzgebung, die künftig die herrschende Spekulationspraxis zu verhindern habe.

[44] Hans Scharoun, zit. nach Geist/Kürvers 1989 (wie Anm. 25), S. 233

[45] Moest 1947 (wie Anm. 36), S. 22

[46] Brief Paul Schwebes an Käthe Schwebes, 15.9.1946, Privatbesitz. Die vorliegende Schreibweise entspricht dem handgeschriebenen Text; Schwebes hat das Wort *und* stets durch das Zeichen & ersetzt. Die Formulierung „Berlin plant & Berlin baut auf" verweist darauf, dass Schwebes mit den Mitarbeitern offenbar die beiden damaligen Ausstellungen gesehen hat: *Berlin baut auf*, Ausstellung im Zeughaus (Eröffnung 23.1.1946), später dann die Scharoun-Ausstellung im Weissen Saal des Stadtschlosses (Eröffnung 22.8.1946). Sein Brief bezieht sich allein auf die Scharoun-Ausstellung.

[47] Siehe dazu: Karl Böttcher, „Erinnerungen", in: Geist/Kürvers 1989 (wie Anm. 25), S. 223

[48] Hans Scharoun über das „Internationale Komitee für Bau- und Wohnungswesen", 23.12.1945, in: Geist/Kürvers 1989 (wie Anm. 25), S. 423

[49] Die Geschichte des Hauses und die „Arisierungs"-Geschichte (1937) durch die Aschinger's-AG-Unternehmen sind in den Archivbeständen des Landesarchivs Berlin dokumentiert.

[50] Die Aschinger's AG hatte im Laufe der Jahre Grundstückserwerbe am Leipziger Platz 2–5 und an der Königgrätzer Straße 124–129 komprimiert. Ab 1948 wurden viele bestehende ehemalige Aschinger-Gaststätten der SBZ in HO-geführte Einrichtungen überführt (HO = Handelsorganisation). Darunter der ehemalige Fürstenhof (Restaurant/Café „Stadtmitte" sowie Café Konditorei „Friedrichstadt" und das Restaurant Borchardt, das fortan „Lucullus" hieß), Wegweiser durch die HO Berlin, o. J., PSA-Nachlassmappe Schwebes

[51] Ludwig Erhard, *Wohlstand für alle*, Düsseldorf 1957, S. 7

[52] Riess 1953 (wie Anm. 31), S. 26 f. Tatsächlich hatte Scharoun in seinem Pessimismus die politische Sachlage verstanden. Frank Werner konstatierte, dass der „Bauwirtschaftsausschuss des Magistrats" (aus: „Magistratsabteilung, Deutscher Zentralverwaltung, Vereinigung Berliner Baubetriebe, Architekten, Gewerkschaften etc.") den „Kollektivplan" strikt abgelehnt hatte, zumal die Berliner Sozialdemokratie sich gegen Scharouns Überlegungen positionierte. Frank Werner, *Stadtplanung Berlin. Theorie und Realität, Teil I: 1900–1960*, Berlin 1976, S. 76 f. Pointiert durch Bodenschatz, der auf die Voraussetzungen einer neuen Bodenpolitik durch den Scharoun-Plan mit Enteignungen größeren Umfangs hingewiesen hat, ein Sachverhalt, dem die Berliner Sozialdemokratie ablehnend gegenüberstand. Harald Bodenschatz, *Platz frei für das neue Berlin! Geschichte der Stadterneuerung seit 1871* (Studien zur neueren Planungsgeschichte, Bd. 1), Berlin 1987, S. 137 ff.

[53] Siehe dazu: Werner 1987 (wie Anm. 52), S. 111 f.

[54] Die Wahl hatte die soeben neu gegründete SPD (48,7 %) vor der CDU (22,2 %), der ebenfalls soeben neu gegründeten SED (19,8 %) und der LDP (9,3 %) gewonnen. Dieses Ereignis teilte Paul Schwebes seiner Frau Käthe brieflich mit: „Unser politischer Freund Scharoun ist durch die Neuwahl des Berliner Stadtparlamentes ebenfalls gestürzt & von Herrn Bonatz abgelöst. Ich bedaure dies, da die Beziehungen & Arbeitsmöglichkeiten die besten waren. Die Herstellung gut funktionierender Verbindungen zu dem neuen Stern wird wieder einige Zeit in Anspruch nehmen. Wie verlautet, will sich Scharoun den neuen Gegebenheiten anpassen & bei der Planung auch weiterhin dabei sein. Ob eine solche Konstruktion möglich ist, wird sich zeigen", Brief Paul Schwebes an Käthe Schwebes, o. D., Privatbesitz

[55] Siehe dazu: Dietmar Arnold / Reiner Janick, *Bunker, Sirenen und gepackte Koffer. Berlin unter Stahlbeton*, Berlin 2017, S. 46 und 198, Anm. 82

[56] Karl Bonatz, „Meine Stellungnahme zu den Planungsarbeiten für Groß-Berlin, die ich bei meinem Amtsantritt vorfand", in: *Neue Bauwelt*, 2. Jg., Nr. 11, 17.3.1947, S. 163

[57] Karl Bonatz, „Der neue Plan von Berlin", in: *Neue Bauwelt*, 2. Jg., Nr. 48, 1.12.1947, S. 755

[58] Moest 1947 (wie Anm. 36), S. 14 f.

[59] Ebd., S. 22

[60] Bonatz 1947 (wie Anm. 57), S. 755 f.

[61] Wettbewerb zur „Erlangung von Ideen-Plänen für die Gestaltung des Berliner Stadtviertels ‚Rund um den Zoo'", LAB C Rep 110/120

[62] Darunter „Lichtbilder" mit dem Blick von der Gedächtniskirche in die Tauentzienstraße sowie auf die Gedächtniskirche vom Bahnhof Zoo aus gesehen und ein Blick auf den Kurfürstendamm

[63] Wettbewerb „Rund um den Zoo" (wie Anm. 61), S. 1. Tatsächlich war die Höhe der Preissummen keineswegs beeindruckend hoch, wie die Summe zunächst nahelegt. Zu kaufen gab es nur wenig und wesentliche Nahrungsmittel mussten auf dem Schwarzmarkt ergattert werden; dort galt wesentlich eine andere „Währung" – die (amerikanische) Zigarette!

[64] An dem Wettbewerb konnten neben in Berlin ansässigen Architekten und Architektinnen auch solche teilnehmen, die zwei Jahre in der Stadt gemeldet gewesen waren und hier gearbeitet hatten. 1930/31 war das Gelände in Pfronstetten von dem Berliner Bankier Robert von Mendelssohn erworben worden.

[65] Wettbewerb „Rund um den Zoo" (wie Anm. 61), S. 5

[66] Häufig wurde in späteren Darstellungen fälschlicherweise der Entwurf von Paul Schwebes als alleiniger Siegerentwurf und als erster

Preis benannt. Es handelte sich um einen der zweiten Preise, ein erster wurde nicht vergeben (siehe S. 359 im vorliegenden Band).

67 Wettbewerb „Rund um den Zoo" (wie Anm. 61), S. 4

68 Paul Schwebes, in: *bildende kunst. Zeitschrift für Malerei, Graphik, Plastik und Architektur*, 2. Jg., Nr. 9, 1948, S. 18. „Die auf diesen Seiten gezeigten Entwürfe sind von den Architekten selbst durch kurze Erklärungen erläutert." Ebd., S. 17. Hier haben wir eines der wenigen schriftlichen Selbstzeugnisse des Architekten Paul Schwebes. Die Besprechungen der Entwürfe und Auszüge aus Entwurfskonzeptionen der Architekten durch: Hermann Henselmann, „Die sittlichen Grundlagen der modernen Baukunst. Um die künftige Gestaltung Berlins", in: ebd., S. 17–19

69 Reichle 1948 (wie Anm. 35), S. 580, aus dem Urteil des Preisgerichts

70 Die Wettbewerbsausschreibung hatte es den Verfassern und Verfasserinnen überlassen, wie mit der Gedächtnisruine verfahren werden sollte, ob man sie abreißen, verlegen oder erhalten wissen wollte.

71 Der Berliner Volksmund kürzt den Straßennamen auf diese Weise ab.

72 Edwin Redslob, „Rund um den Zoo", in: *Der Tagesspiegel*, 15.8.1948, PSA

73 Max Taut, *Berlin im Aufbau. Betrachtungen und Bilder des Architekten Max Taut*, Berlin 1946, o. S.

74 „Der Weltstadtplatz ist eine dauernd gefüllte Verkehrsschleuse […]. Der Weltstadtplatz verlangt […] eine *Differenzierung der Verkehrswege* für den Schienenverkehr (Straßenbahn), Radverkehr (Autos) und den Fußgängerverkehr. Das Ideal eines Verkehrsplatzes ist eine Anlage, die die drei Arten des Verkehrs ohne jede Kreuzung und Niveauschneidung über den Platz führt. (Rundverkehr in verschiedener Höhenlage.)" Martin Wagner, „Städtebauliche Probleme der Großstadt", in: Ludovica Scarpa et al., *Martin Wagner 1885–1957. Wohnungsbau und Weltstadtplanung. Die Rationalisierung des Glücks*, Berlin 1986, S. 106

75 Schwebes 1948 (wie Anm. 68), S. 18

76 Karl Bonatz, „Rund um den Zoo. Die Bauverwaltung des Magistrats zur Kritik der Architekten an den amtlichen Plänen", in: *Neue Bauwelt*, 4. Jg., Nr. 41, 10.10.1949, S. 639

77 Wettbewerb „Rund um den Zoo" (wie Anm. 61), S. 4

78 Reichle 1948 (wie Anm. 35), S. 581

79 Henselmann 1948 (wie Anm. 68), S. 17

80 Ebd.

81 Reichle 1948 (wie Anm. 35), S. 585

82 Ebd.

83 Diethelm Prowe, *Weltstadt in Krisen. Berlin 1949–1958* (Veröffentlichungen der Historischen Kommission zu Berlin, Bd. 42), Berlin / New York 1973, S. 49 f.

84 Ebd., S. 52

85 Zur Geschichte der „Arisierung" des Unternehmens M. Kempinski & Co. GmbH und dessen Übernahme durch die Aschinger's AG siehe: Elfi Pracht, *M. Kempinski & Co.*, hg. von der Historischen Kommission zu Berlin, Berlin 1994. Im Jahre 1926 hatte die Firma in diesem „Gebäudekomplex" an der Ecke Kurfürstendamm, Fasanenstraße 21–22 ein „Delikatessengeschäft" sowie ein elegantes Restaurant eröffnet. Ebd., S. 172. Die Jüdische Gemeinde der Fasanenstraßen-Synagoge hatte den technisch möglichen Wiederaufbau aus damals nachvollziehbaren Gründen abgelehnt. Nachdem man den Abriss beschlossen hatte, lobte man einen Wettbewerb für ein Haus der Jüdischen Gemeinde an dieser Stelle im Oktober 1957 aus. Zu diesem Wettbewerb war u. a. der aus der Emigration zurückgekehrte Hermann Herrey geladen worden, zu dem das Büro Schwebes und Schoszberger kollegiale Beziehungen pflegte. Zeitgleich entwarf Schwebes offenbar in Erwartung der Erweiterungen des Kempinski-Hotels für diesen Ort ein großräumiges Parkhaus (PSA, Abb. S. 310).

86 Zu diesen Wunschpotenzialen haben Werner Durth und Niels Gutschow die umfassende Darstellung *Träume in Trümmern. Planungen zum Wiederaufbau zerstörter Städte im Westen Deutschlands 1940–1950*, 2 Bde. (Schriften des Deutschen Architekturmuseums zur Architekturgeschichte und Architekturtheorie), Braunschweig 1988, vorgelegt.

87 „Das Hotel der 220 Betten. Kempinski eröffnet / Architektonischer ‚Paukenschlag' am Kurfürstendamm", in: *Telegraf*, 29.7.1952, PSA 1.34

88 „Das Zuhause für Berliner Gäste. Heute wird Hotel Kempinski am Kurfürstendamm eröffnet", in: *nacht-depesche*, 29.7.1952, PSA 1.34

89 „Das gläserne Wunder am Kurfürstendamm. Kempinski – Europas modernstes Hotel", in: *Frankfurter Neue Presse*, 6.8.1952, PSA 1.34. Schwebes hat sich schriftlich kaum zu seinen Entwürfen und Planungen geäußert. Eines der wenigen Zeugnisse ist seine kurzzeilige, sachlich-technische Beschreibung: „‚Haus Kempinski' am Kürfürstendamm, Berlin", in: Rolf Schwedler, Senatsverwaltung für Bau- und Wohnungswesen Berlin (Hg.), *Berliner Baubuch*, Berlin 1953, S. 273

90 „‚Siedlungen' ohne Kanalisation-Hotels mit Schalldämpfung", in: *Berliner Zeitung*, mit Hinweis auf die im britischen Sektor gegründete Zeitung *Telegraf* vom 4. Januar 1952 und Verweisen auf „kommende Hotelbauten, die Neubauten der Freien Universität, die amerikanische Gedenkpolitik und ein Amerikahaus", PSA 1.34

91 Paul Hertz, Die Wirtschaftslage West Berlins (von Dr. Paul Hertz, Senator für Kreditwesen), 14.5.1952, LAB B Rep 010 Nr. 2393

92 Brief Shep Shepard Stone an Dr. Hans E. Hirschfeld, Leiter des Presseamtes des Senats von Berlin, 26.2.1953, LAB B Rep 010 Nr. 2393

93 Prowe 1973 (wie Anm. 83), S. 190

94 Lucie Lobes, „Stadtplanung mit der freien Wirtschaft. Das Beispiel Pittsburgh", in: *Bauwelt*, 10. Jg., Nr. 2, 10.1.1955, S. 31

95 Paul Scherrer, „Rückblick auf die internationale Konferenz für Atomenergie in Genf", in: *Der Architekt*, 5. Jg., Jan./Feb. 1956, S. 80 f.

96 Paul Hertz, „Senator Dr. Paul Hertz über ‚Aktuelle Wirtschaftsprobleme Berlins'", in: *Mitteilungen Verein Berliner Kaufleute und Industrieller e. V.*, Ausgabe Nr. 5, Juni 1951, o. S.

[97] M. C. Behling, „Die vom Hausvogteiplatz“, in: Walther G. Oschilewski / Oscar Scholz, *Berlin kommt wieder. Ein Buch vom wirtschaftlichen und kulturellen Aufbau der Hauptstadt Deutschlands*, Berlin 1950, S. 128 (Dr. Behling war Vorsitzender der Gesamtvereinigung der Berliner Bekleidungsindustrie). Zur Geschichte der Berliner Konfektion, siehe: Uwe Westphal, *Berliner Konfektion und Mode 1936–1939. Die Zerstörung einer Tradition* (Deutsche Vergangenheit. Stätten der Geschichte Berlins, Bd. 14), 2. Aufl., Berlin 1992

[98] Sch. [vmtl. Hans Schoszberger], „Das neue DOB-Zentrum“, in: *Die Berliner Wirtschaft*, 5. Jg., 1955, S. 1431, PSA. Eine wesentliche Rolle spielte dabei der New Yorker Damenoberbekleidungsunternehmer Paul Hershcopf. Eine grundlegende erste Darstellung zur Baugeschichte dieses Komplexes hat Peter Lemburg vorgelegt: Peter Lemburg, *Bikini Berlin und seine Story. Stationen – Bauten – Visionen*, Petersberg 2015

[99] In einer der vielfältigen Debatten zu den „Plänen der Bauverwaltung des Magistrats“ von 1949 hatte der einstige Dessauer Bauhaus-Schüler und damalige Leiter des Planungsentwurfsamtes West-Berlin und ab 1959 an die Technische Universität Graz berufene Stadtplaner Hubert Hoffmann 1949 in der *Bauwelt* angemerkt, dass der Schwebes-Entwurf den „Schwierigkeiten des Umbaus am Kurfürstendamm und den Seitenstraßen aus dem Weg“ gegangen sei, in: *Neue Bauwelt*, 4. Jg., Nr. 33, 1949, S. 517. Das änderte sich mit den Neuplanungen einer City West im Umfeld des Breitscheidplatzes.

[100] Ernst Randzio, „Gegenwartsfragen des unterirdischen Bauraumes“, in: *Neue Bauwelt*, 1. Jg., Nr. 12, 1946, S. 3 ff. Randzios in der Scharoun-Ausstellung gezeigte Analyse „U-Berlin“ hatte tabellarisch von der Stadtentwässerung über Probleme der Stromversorgung und schließlich Abdeckungen der Straßen und Plätze ohne Bodenwerte präsentiert; Ernst Randzio, *Unterirdischer Städtebau, besonders mit Beispielen aus Groß-Berlin* (Veröffentlichung der Akademie für Raumforschung und Landesplanung, Bd. 20), Bremen 1951

[101] Sch. 1955 (wie Anm. 98), S. 1431, PSA

[102] Siehe dazu: Henriette Heischkel, *Bauen in West-Berlin 1949–1963. Die Rolle der Bauverwaltung im Spannungsfeld von Kunst und Politik*, Berlin 2018

[103] Müller-Reppen hat 1958 die bebilderte und kurz kommentierte Broschüre „Le Corbusier's Wohneinheit am Heilsberger Dreieck ‚Typ Berlin‘“ herausgegeben. Er hatte diese vertikale Stadt Le Corbusiers im Rahmen der *Internationalen Bauausstellung 1957* finanziell betreut.

[104] Besprechung beim Senator für Bau- und Wohnungswesen am 26.9.1955, ZAZ Ordner 259, Architekt I, 28.3.1955 bis 31.12.1956 (Übergabe durch P. Lemburg an PSA)

[105] Schon im November 1956 hatten die Architekten den „Senatsrat Stephan“ darüber informiert, dass die „Farbgebung der Fassaden“, die mit „Professor Scheper entworfen“ wurden, zusammen mit der Farbgestaltung der Kinofassade „Herrn Professor Bartning“ zur endgültigen Genehmigung vorgelegt werden sollte. Brief Schwebes und Schoszberger, 19.11.1956, ebd., PSA. Man darf annehmen, dass die Lust an der Farbe auch durch die Arbeiten Le Corbusiers vermittelt worden ist. Immerhin haben Schsozberger und Schwebes ihre Planung am Breitscheidplatz immer auch als einen Teil der *Interbau 57* verstanden wissen wollen. Die präzise Rekonstruktion der fünf Farben des Langbaus hat Dionys Ottl vorgelegt: „2 Farben Gelb (Elfenbein und Beige), Lichtgrau, Tiefschwarz, Signalweiß“ hinzukommt die Naturfarbe des Sichtbetons. Der Beton war mit altem Ziegelschutt vermischt; zudem lackierte, ungedämmte Stahlprofile. Ich danke Herrn Ottl vom Büro Hild und K Architekten (München/Berlin) für die Führung und Nachricht vom Mai 2023.

[106] Brief P. Schwebes an Senator f. Bau- und Wohnungswesen Schwedler, 1.12.1955, ebd.

[107] Zu welchen Überformungen es dabei kommen konnte, war in Frankfurt am Main zu beobachten gewesen (Abb. S. 148). Ein Berliner Kaufhaus nach diesem Muster aus den Vorkriegsjahren, das Paul Schwebes natürlich kannte, war das nach US-amerikanischem Vorbild entwickelte Geschäfts- und Wohnhaus Leinenhaus Grünfeld am Kurfürstendamm, Ecke Joachimsthaler Straße. Im Umfeld der Gedächtniskirche war hier um 1930 eine markante „Glas- und Majolikafassade“, entstanden, auf der das Lichtspiel der Werbung attraktiv in Szene gesetzt worden war.

[108] Theodor Heuss besuchte West-Berlin am 28. Mai 1956, um die Übergabe des Instituts für Wirtschaftsforschung zu begleiten. Offensichtlich aus diesem Anlass ist Heuss auf dem Weg nach Dahlem an dieser Baustelle vorbeigekommen. Der Vertrag zwischen Schwebes und Schoszberger galt vom 1. Oktober 1956 und enthielt u. a. folgende Regelungen: „Zur Ausübung der gemeinsamen Tätigkeit dient das Büro Hardenbergstrasse 29c […]. Sollte ein Auftraggeber einen Auftrag nur einem der Sozien erteilen wollen, so ist dieser berechtigt, dem Dritten gegenüber den Auftrag allein zu übernehmen“, PSA Privatkorrespondenz

[109] Einige Nachweise zu Schoszberger hat dankenswerterweise der in Prag lebende Architekt und Mitglied der AdK Berlin, Vladimír Šlapeta, für K. W. recherchiert. Hier sind einige Meldezettel Schoszbergers aus seiner Studienzeit in Brünn und den späteren Aufenthalten dort erhalten. Auf diesen Meldezetteln zu „Religion und Stand“ des Gemeldeten ist für die Jahre 1925 und 1932 „mosaisch, ledig“ vermerkt. In den Jahren 1937 und 1938 lautet der Vermerk „konfessionslos und ledig“, PSA (K. Wilhelm). Zu Camillo Sitte siehe: Karin Wilhelm / Detlef Jessen-Klingenberg (Hg.), *Formationen der Stadt. Camillo Sitte weitergelesen*, Basel/Gütersloh/Berlin 2006, S. 167 ff. Sitte hatte sich damals in besonderem Maße mit den anwachsenden Verkehrsfragen beschäftigt.

[110] Hans Schoszberger, *Bautechnischer Luftschutz. Grundsätze des bautechnischen Schutzes gegen Fliegerbomben bei der Landesplanung, beim Aufbau der Gebäude und beim Schutzraumbau*, Berlin 1934. Bereits in dem zweiten Kapitel seiner Arbeit befasste er sich im „Jahre der Abrüstungskonferenz“ (in Genf 1933) mit Fragestellungen eines „Zukunftskrieges“ und folgerte: „Ihre tatsächlichen Auswirkungen [der Abrüstungsdebatten] sind dagegen bisher nur sehr gering. […] In dieser Arbeit wird der Krieg auch ideologisch

beurteilt"; Schoszberger setzt ihn in seiner Untersuchung als „gegebenes Naturereignis" voraus. „Die Wirkung dieser Gewalt und der Schutz gegen sie werden behandelt", ebd., S. 18. Über die Thematik des Zukunftskrieges soll Schoszberger mit Le Corbusier korrespondiert haben (Hinweis von Volkwin Marg).

111 Ebd., S. 4. Schoszberger selbst wird 1933 die Aufnahme in die Architektenliste der Reichskammer der bildenden Künste verwehrt. Dietrich Worbs, „Offenheit und Transparenz. Vier Bauten der 50er Jahre im Zentrum von Berlin (West)", in: Norbert Huse (Hg.), *Verloren, gefährdet, geschützt. Baudenkmale in Berlin* (Ausst.-Kat. ehemaliges Arbeitsschutzmuseum Berlin-Charlottenburg, 7.12.1988–5.3.1989), Berlin 1989, S. 147

112 Hans Schoßberger [sic!], „Der Luftschutz beim Wettbewerb der Reichsbank", in: *Bauwelt*, 24. Jg., Nr. 33, 1933, S. 893 ff.

113 Hans Schoszberger, „Bautechnischer Luftschutz. 4. Raumbedarf in Schutzräumen, Bauwelttafelreihe", in: *Bauwelt*, 28. Jg., Nr. 17, 1937, S. 394

114 Hans Schoszberger, *Luftschutz durch Stahl. Eine Untersuchung über die Anwendung von Stahl im bautechnischen Luftschutz*, Düsseldorf 1936

115 Seit Dezember 1938 war Neufert freier Mitarbeiter in der Dienststelle von Albert Speer, ab Januar 1942 als Beauftragter des Generalbauinspektors für die Reichshauptstadt für Normenfragen. Zu den Aufgaben zählen „wissenschaftliche Arbeiten zur Verbesserung der Wohnungsbautechnik, insbesondere der Normfragen" sowie eine „Buchveröffentlichung über werksmäßigen Wohnungsbau". Honorar von 3000 Reichsmark monatlich plus Autorenhonorar der Buchveröffentlichung, Kosten für Büromiete und Mitarbeiter werden erstattet. Brief Albert Speer an Ernst Neufert über die Neuordnung des Arbeitsumfangs Neuferts, Berlin, 4.12.1941, Bauhaus-Universität Weimar, AdM, Nachlass Ernst Neufert, zit. nach Patricia Merkel, *Das Wirken Ernst Neuferts in den Jahren von 1920 bis 1940. Mit einem Werkverzeichnis und einer Werkübersicht in Bildern*, Wiesbaden 2017, S. 155

116 Mitteilung an die Personalabteilung durch die Abteilung Neufert, 5.8.1940, Bundesarchiv R 120/155 fol.1, Kosten für Personaleinsatz bei Luftschutzbauten, Bd. II

117 Hans Schoszberger, „Der Luftschutzraum der zehn Millionen", in: *Bauwelt*, 30. Jg., Nr. 27, 1939, S. 603. Dietrich Worbs hat eines der seltenen Interviews mit Schoszberger machen können und konstatierte: „In die Architektenliste der ‚Reichskammer für Bildende Künste' wird er 1933 nicht aufgenommen. Er hält sich mit kleinen Aufträgen über Wasser." Worbs 1989 (wie Anm. 111), S. 147

118 Hans Schoszberger, „Was sind eigentlich Nissen-Hütten?", in: *Neue Bauwelt*, 1. Jg., Nr. 25, 1946, S. 6

119 Hans Schoszberger, „Gestaltung", in: Hermann Wandersleb (Hg.), *Neuer Wohnbau. Band 1: Neue Wege des Wohnungsbaues als Ergebnis der ECA-Ausschreibung*, Ravensburg 1952, S. 119. Eine kurze Besprechung des Wettbewerbs bei: Michael Mönninger, „Bauen für das Wirtschaftswunder. Die Siedlungen des Marshallplans in Deutschland", in: Jörn Düwel / Michael Mönninger (Hg.), *Zwischen Traum und Trauma. Stadtplanung der Nachkriegsmoderne*, Berlin 2011, S. 71 ff.

120 Schoszberger 1952 (wie Anm. 119), S. 124. Eine Zeitschrift jener Jahre, die diese Verknüpfung der Kunstgattungen repräsentierte, war *baukunst und werkform. vereinigt mit der zeitschrift „die neue stadt"*, begründet von Alfons Leitl, in der um 1957 auch Ulrich Conrads mitarbeitete.

121 Fritz Schumacher, „Atomphysik und Architektur. Der letzte Beitrag Professor Fritz Schumachers", in: Alfons Leitl (Hg.), *Baukunst und Werkform. Eine Folge von Beiträgen zum Bauen II*, Heidelberg 1948. „Im Juni 1955 reiste Schoszberger auf Einladung der türkischen Regierung und mit Zustimmung der Bundesregierung nach Ankara, um das türkische Kriegsministerium in Fragen des Luftschutzes gegen Atombomben zu beraten. Die Türkei wollte ihre Luftschutzbestimmungen auf deutsche Forschungsergebnisse, an denen Schoszberger wesentlich mitgearbeitet hatte, aufbauen. Nach dem Vorbild seines Berliner „Atomhochhauses" sollte er die Planung zweier Neubauten übernehmen. Seit 1957 leitete Schoszberger die Arbeitsgruppe „Bauwesen und Kerntechnik" der „Arbeitsgemeinschaft für Kerntechnik" in Frankfurt am Main, siehe: *Bauwelt*, 48. Jg., Nr. 5, 1957, S. 114. Den Sachverhalt, Schoszberger als Berater in die Türkei zu entsenden, hat Regine Beckmann rekonstruiert! Regine Beckmann, *Das Telefunken-Hochhaus am Ernst-Reuter-Platz. Ein West-Berliner Bau* (Magisterarbeit Technische Universität Berlin), Berlin 1999, S. 80

122 Zu den reichhaltigen Aufsätzen Schoszbergers in der *Bauwelt* siehe S. 438–440 im vorliegenden Band

123 Hans Schoszberger, „Eine Idee zur Internationalen Bauausstellung Berlin 1956", in: *Bauwelt*, 45. Jg., Nr. 11, 1954, S. 202

124 Auch im Umfeld des Berliner Senats wurde seit Dezember 1955 intensiver über die „Bedeutung der Atomenergie" gesprochen. Man diskutierte die „wirtschaftliche Bedeutung der Kernspaltung im Rahmen der Forschung und deren Unterstützung. LAB B Rep 010 Nr. 194. Wesentliche Impulse zur friedlichen Nutzung kamen aus der wirtschaftspolitischen Theorie des in Basel Lehrenden Edgar Salin, der später Vorträge zum Thema im Verein Berliner Kaufleute und Industrieller (VBKI) hielt. In diesem Zusammenhang spielte die israelische Entwicklung eine bedeutende Rolle, wo um 1958 der amerikanische Architekt Philip Johnson den Atomreaktor in Rechovot nach baukünstlerisch-vorderasiatischen Traditionsbindungen entwarf. Siehe dazu: Karin Wilhelm, „„… Träume, die verwirklicht werden …'. Salins Suche nach Urbanität", in: Karin Wilhelm / Kerstin Gust, *Neue Städte für einen neuen Staat. Die städtebauliche Erfindung des modernen Israel und der Wiederaufbau in der BRD. Eine Annäherung*, Bielefeld 2013, S. 64 ff.

125 Schoszberger 1954 (wie Anm. 123), S. 202

126 Siehe dazu: Sandra Wagner-Conzelmann, *Die Interbau 1957 in Berlin. Stadt von Heute – Stadt von Morgen. Städtebau und Gesellschaftskritik der 50er Jahre*, Petersberg 2007

127 Im Novemberheft 1950 der *Neuen Bauwelt* war die Ankündigung erschienen, dass der Mitarbeiter Dr.-Ing. Hans Schoszberger künftig

Vorlesungen zur „Geschichte des ‚Neuen Bauens'" mit dem Schwerpunkt der Auslandsentwicklungen an der Technischen Universität Berlin halten wird. Siehe dazu: *Neue Bauwelt*, 2. Jg., Nr. 47, 1950, S. 758

128 Hans Schoszberger, „Das Hochhaus und die Bombe", in: *Bauwelt*, 47. Jg., Nr. 29, 1956, S. 680 f.

129 Hans Schoszberger, „Interview mit Heinrich Mendelssohn", in: *Neue Bauwelt*, 6. Jg., Nr. 40, 1951, S. 656; siehe dazu: Wolfgang Schäche, „Erbauer des Neuen Berlin. Heinrich Mendelssohn (1881–1959)", in: Wolfgang Schäche / Ralf Schmitz / David Pessier, *Berlin und seine Bauherren. Als die Hauptstadt Weltstadt wurde*, Berlin 2018, S. 183 ff.

130 Hans Schoszberger, „Berlins neuer Baudirektor. Anmerkungen zu Zeichnungen von Hans Stephan", in: *Bauwelt*, 47. Jg., Nr. 50, Dezember 1956, S. 1193. Offenbar hatte Stephan seine Karikaturen als Kritik am NS-Staat im Rahmen seines „Entnazifizierungsverfahrens" als entlastende Argumentation erfolgreich ins Feld führen können, siehe: Burtin 2014 (wie Anm. 28)

131 Hans Schoszberger, *Darmstädter Gespräch. Mensch und Raum*, Darmstadt 1952, S. 63

132 Ebd., S. 65

133 Norbert Elias, *Frühschriften*, Frankfurt am Main / Baden-Baden 2002, S. 157

134 Juliane Roh, zit. nach ebd. S. 67 ff. Interessant ist dabei, dass die Kunstkritikerin Dr. phil. Juliane Roh sich darüber erstaunt zeigte, als „Hausfrau im Programm" zu stehen; recht hatte sie! Zwanzig Jahre später wurde dieses Phänomen Kitsch dann architekturhistorisch anerkannt. Siehe dazu: Heinrich Klotz, *Die röhrenden Hirsche der Architektur. Kitsch in der modernen Baukunst*, Luzern / Frankfurt am Main 1977

135 Siehe dazu die umfassende Baudokumentation von Peter Lemburg, *Verein Berliner Kaufleute und Industrieller (VBKI). Berlin Charlottenburg, Fasanenstraße 83, Baudokumentation*, Berlin 1996; Peter Lemburg / Werner Hildebrandt / Jörg Wewel-Blake, *Aufbruch im Wandel. Der Weg zum Ludwig Erhard Haus. VBKI, IHK, Börse. Drei Berliner Institutionen, ihre Geschichte und ihre Bauten*, hg. von der Industrie- und Handelskammer zu Berlin, Berlin 1998. Grundlegend abermals: Peter Lemburg, *Baudokumentation Verein Berliner Kaufleute und Industrieller (VBKI) Berlin-Charlottenburg*, Berlin 1996. Das Projekt VBKI-Haus startete im März 1953. Schwebes' Skizzen für die IHK zeigen im Hintergrund seinen überarbeiteten Entwurf für das VBKI-Haus mit dem großen Flugdach. Der IHK-Wettbewerb muss also im Spätsommer/Herbst 1953 stattgefunden haben.

136 Sch. 1955 (wie Anm. 98), S. 1431. Auch Paul Hertz, „Neues graphisches Zentrum", in: *Mitteilungen des Wirtschaftsverbandes Graphisches Gewerbe e. V.*, Nr. 79, Berlin 1957, PSA 1.16.4

137 „Das Graphische Zentrum", in: *Berliner Morgenpost*, 5.10.1957, PSA

138 „Gewerbezentrum mit ‚Aussichtsturm'. Richtfest des 18.geschössigen [sic!] Gebäudes – Graphische Betriebe hielten sich zurück", in: *Der Tag*, 5.7.1961, PSA

139 Ebd. Dabei spielten die zeitlich konzentrierten Planungsphasen zwischen 1956/57 und 1958 eine wesentlich verzögernde Rolle. Zudem waren die Ansprüche der Ullstein-Erben auf das zu restituierende ehemalige Ullstein-Gelände zu wenig koordiniert vorgetragen worden. Die Grundsteinlegung war am 5. Oktober 1957 noch in Anwesenheit von Paul Hertz, Eleanor Dulles und Willy Brandt durch den ehemaligen Besitzer Rudolf Ullstein erfolgt. Teile des restituierten Unternehmens waren inzwischen in den Besitz des Verlags Axel Springer übergegangen.

140 Siehe dazu: Gernot Weckherlin, *BEL. Zur Systematik des architektonischen Wissens am Beispiel von Ernst Neuferts „Bauentwurfslehre"*, Tübingen/Berlin 2017, S. 123 (und das Kapitel: „Das aktive Bauatelier", S. 122 ff.)

141 Prowe 1973 (wie Anm. 83), S. 189

142 Paul Hertz, „Was ich in Amerika sah und hörte", in: *Mitteilungen Verein Berliner Kaufleute und Industrieller e. V.*, Berlin 1955, o. S. Ab Anfang Mai 1955 hatte man in der „Besprechung der Abteilungs- und Referatsleiter 2. Mai 1955" der Baubehörde über das Hilton-Projekt in Zusammenhang mit der Planung einer „Bauausstellung 1956" und Fragen der Hypothekenfinanzierung diskutiert. In diesen Gesprächen wurde immer schon die Planung der Kongresshalle einbezogen, LAB B Rep 010 Nr. 194

143 „[E]in Großhotel am Zoo […] ein modernes Wohnviertel [das spätere Hansaviertel] […], eine große, ebenso attraktive Tagungshalle [Kongresshalle] und eine Hochschule für Industrie und Handel im Stil einer amerikanischen ‚Business School', die die Stadt auch zu einem Zentrum moderner Wirtschaftsideen und -planung werden lassen würde." Prowe 1973 (wie Anm. 83), S. 190

144 Conrad Hilton hat in diesem Prozess immer wieder auf die Vorbildfunktion des 1956 fertiggestellten Hilton-Hotel-Projektes in Istanbul hingewiesen. Es war vom New Yorker Büro Skidmore, Owings & Merrill mit dem türkischen Vertragsarchitekten Sedad H. Eldem entstanden. Vieles davon wurde im Entwurf für Berlin übernommen, allerdings fehlte hier die groß angelegte Luxuriosität der Ausstattung, z. B. ein Swimmingpool.

145 Charles Luckman 1952, zit. nach Vanessa R. Schwartz, „LAX Designing for the Jet Age", in: Wim de Wit / Christopher J. Alexander, *Overdrive. L.A. Constructs the Future, 1940–1990*, Los Angeles 2013, S. 169. Dieses Prinzip sollte sich im Bau der Flughäfen künftig durchsetzen; Meinhard von Gerkan hat dieses Konzept 1964 in seiner Diplomarbeit an der Technischen Universität Braunschweig aufgegriffen. Von hier wirkte es auf die Planung des Flughafens Berlin-Tegel. Der Entwurf von Schwebes und Schoszberger folgte ähnlichen Gedanken.

146 Charles Luckman 1952, zit. nach ebd.

147 „Symbol der Freundschaft. Mr. Pereira: Noch nichts Genaues vom Hilton-Hotel", in: *Telegraf*, 30.11.1955, PSA

148 Grundsätze und Bedingungen für die Errichtung des Hilton-Hotels in Berlin, 6.4.1959, LAB B Rep 010 Nr. 844

149 Vortrag Mr. Luckman, LAB B Rep 010, Nr. 843, S. 1. Der englische Text ist hier in deutscher Übersetzung überliefert. Schon

Pereira hatte bei seinem Vortrag im BDA Berlin darauf hingewiesen, dass das geplante Hotelgebäude nicht als Y-Anlage geplant sein würde, „wie das kürzlich in der Presse veröffentlichte Bild es zeige". „Etwas ganz Neues. Pereira sprach über das Hotel Hilton", in: *Die Welt*, 29.11.1955, PSA. Curt (Kurt) Strand war damals General Manager of Berlin Hilton.

150 Protokoll zur 2. Sitzung des Aufsichtsrates [...] im Hause des Senators für Wirtschaft und Kredit, Berlin- Schöneberg, Olexhaus, 12.6.1956, S. 1. An der Sitzung nahm auch Hans Schoszberger teil, LAB Rep 10 ACC 4250 2639, Hilton Hotel IV. Luckmans Aufenthalt dauerte vom 10. bis zum 16. Juni.

151 Brief Curt R. Strand an Hotelbau-Gesellschaft, 29.5.1956, ebd. Im August des Jahres kündigte Strand einen gemeinsamen Besuch in Berlin mit „Miss Inge Bech" und „Mr. Luckman" an. Brief vom 1.8.1956, ebd. *Der Spiegel* veröffentlichte 1964 in der Rückschau die Unternehmungen Hiltons und erwähnte, dass Conrad Hilton den Berliner Senator Paul Hertz „als Freund und Förderer" gewann, siehe: *Der Spiegel*, 4.3.1964, S. 69

152 Brief Schwebes/Schoszberger: An die Hotelbau-Gesellschaft Budapester Straße GmbH, Tauentzienstr. 16, 30.6.1956, LAB Rep 10 ACC.4250 2639

153 Vermerk: Gespräch mit den Geschäftsführern der Hotelbau-Gesellschaft 24.8.56, LAB B Rep 010 Nr. 843/844. In einem *Bauwelt*-Beitrag haben Schwebes und Schoszberger dann einen knappen, allein die Modernität der Nutzungstechnik betonenden Beitrag veröffentlicht, dabei die „Rohrpostverbindungen" zu „Dachgarten, Hotel-Restaurant, Küche, Buchhaltung, Telefonzentrale" hervorhebend sowie die überall möglichen Rundfunkeinrichtungen von „fünf Programmen". Paul Schwebes / Hans Schoszberger: „Technische Einrichtungen im Berliner Hilton-Hotel", in: *Bauwelt*, 50. Jg., Nr. 14, 1959, S. 438 ff.

154 Bot das Hilton-Konzept in der Ausstattung durch Inge Bech vor allem in den Bildmotiven der Restaurants, der Flure und der einzelnen Zimmer jeweils Hinweise auf den Ort am Rande der Tiergehege des Zoologischen Gartens, so belebte das Ambiente – der Unternehmensphilosophie Hiltons gemäß – zugleich volkskundliche Motive. Zu erleben war dieser Impuls in der Ausstattung der Räume für das Galadiner, das erstaunlicherweise Anklänge an Volksfestzelte aufscheinen ließ (vgl. Abb. 37).

155 Herbert Hoffmann, *Gaststätten. Cafés und Restaurants, Ausflugs- und Tanzlokale, Bars, Trink- und Imbißstuben aus Deutschland und dem Ausland*, Stuttgart 1939, S. 5. Dieses Buch befand sich im umfangreichen Bibliotheksnachlass von Paul Schwebes.

156 Das *Spandauer Volksblatt* vermerkte: „Und so wundert sich der Berlinbesucher, daß kurz hinter dem Zoo, in Richtung Osten gesehen, eine Steinöde beginnt, aus der wie Palmen in der Wüste Westberlins modernste Hotels, das ‚Hilton' und das ‚Berlin' hervorragen", „Mekka der Städtebauer", in: *Spandauer Volksblatt*, 15.7.1958, PSA

157 Werbebroschüre Pan Am, Unterlagen im Hamburgischen Architekturarchiv der Hamburgischen Architektenkammer, Übergabe an das Archiv durch Christian Borngräber

158 Pressemitteilung: Hotel Berlin zum 26.4.1958, PSA 1.1.7

159 Ebd.

160 Bernhard Hermkes, „Rede des Herrn Prof. Hermkes TU Berlin, 3.8.1956", in: Nachlass der Akademie der Künste, Sammlung Baukunst, zit. nach Beckmann 1999 (wie Anm. 121), S. 67. Eine erste Umplanung der Bebauung am „Knie" hatte es in diesem Sinne bereits um 1925/26 gegeben. In einem Entwurf hatte der niederländische Architekt Mart Stam eine neue Anordnung aus gereihten, mehrgeschossigen Wohn- und Büroeinheiten geplant. Sein Entwurf blieb Projekt, siehe dazu Stef Jacobs, in: Carsten Krohn, *Das ungebaute Berlin. Stadtkonzepte im 20. Jahrhundert*, Berlin 2010, S. 47 ff.

161 Stephan argumentierte in einem Vortrag aus Anlass der *Interbau*-Wochen am 10. September 1958 in der soeben eröffneten Kongresshalle für eine weiträumige Durchgrünung des Gebietes im Umfeld des Ernst-Reuter-Platzes so, als sei er ein begeisterter Verfechter des modernen Städtebaus gewesen. Den Anspruch, die „Neuordnung des Verkehrsnetzes" mit einem „Grünflächenplan" für die Gesamtstadt zu verbinden, sei, so Stephans Hinweis, schon 1910 im Wettbewerb „Groß-Berlin" prämiert worden. Diese „großzügige Durchgrünung" gelte es prinzipiell aufleben zu lassen. Ein erster Erfolg dieser Planungsideen war im Hansaviertel entstanden. Vortragstext Stephan, in: *Die Interbau wird diskutiert. Die ersten Ergebnisse*, Berlin 1960, S. 65 ff.

162 Einige wesentliche biografische Aspekte Rosensteins und Koppelmanns haben Walter Laqueur und Richard Breitman in ihrem Buch *Der Mann, der das Schweigen brach. Wie die Welt vom Holocaust erfuhr* aufgedeckt, Frankfurt am Main / Berlin 1988

163 „Aus der Berliner Wirtschaft", in: *Die Berliner Wirtschaft*, 21.2.1960, PSA Telefunken. „Paul Hertz, der spätere Wirtschaftssenator Berlins, lernte Rosenstein während seiner Emigrationszeit in den USA kennen und nahm nach dem Krieg, unterstützt von Eleanor Dulles, der Berlinbeauftragten im State Department, den Kontakt wieder auf." Offenbar vertraten beide die Idee, in West-Berlin anzusiedelnde Produktions- und Verwaltungszentren einzurichten „für die Bekleidungsbranche [...], für den Dienstleistungssektor, [...] das Hotel- und Gaststättengewerbe [...], für die Elektroindustrie [...] und für das Druckereigewerbe", Beckmann 1999 (wie Anm. 121), S. 75

164 Siehe dazu Beckmann 1999 (wie Anm. 121): „Um welche Art Schwierigkeiten es sich gehandelt haben könnte, lässt sich nur anhand einiger Zeichnungen im Hermkes-Nachlaß und aus einem Zeitungsartikel erahnen." In einer Zeichnung ist das Hochhaus als „Haus des Films" bezeichnet. Am 28. Februar 1958, nur ein halbes Jahr vor der Grundsteinlegung des Telefunken-Hochhauses, meldete der *Tag*: „Filmwirtschaft will Turmhochhaus bauen", ebd., S. 72

165 „Personalie DR. JACQUES ROSENSTEIN", in: *Der Abend*, 19.11.1970, zum 70. Geburtstag. „Nach dem Kriege [...] entstanden [...] die Deutschlandhalle, die Randbebauung am Zoo, das Telefunken-Hochhaus, das Hotel Berlin und das Graphische Zentrum." Im Rahmen der Grundsteinlegung im September 1958 gehörte Rosenstein zusammen mit Willy Brandt, Eleanor Dulles, Rolf

Schwedler, Paul Hertz und Paul Schwebes zu den Akteuren der drei Hammerschlagszeremonien.

166 „Vergleichende Betrachtung deutscher und ausländischer Beispiele“, in: *baukunst und werkform. vereinigt mit der zeitschrift „die neue stadt“*, 10. Jg., Nr. 4, 1957, S. 204. Zur Entwicklung der „Standardisierung von Modulen“, wie sie dann auch im Pirelli-Hochhaus zum Tragen kam, siehe: François Burkhardt, *Gestalten. Für eine interdisziplinäre, ethische und kulturelle Politik in Design und Architektur*, Berlin 2023, S. 85 f.

167 „Zwischen Brandenburger Tor und Funkturm. Das ‚Telefunken-Hochhaus‘ in Berlin“, in: *Industriespiegel Berlin*, Oktober 1960, S. 36, PSA

168 Immerhin hatte die gemeinsame Eröffnungsfeier jener durch die Nationalsozialisten Vertriebenen mit Akteuren, die die Neugestaltungsambitionen unter Albert Speer direkt oder aus der Ferne begleitet hatten, demonstriert, dass man gewillt war, den Neubeginn als Versöhnungsgeste aufzufassen. Hier traf die Einschätzung des US-amerikanischen Historikers Jeffry M. Diefendorf zur Kontinuität der NS-Eliten: „They maintained their wartime professional friendships but did not hesitate to cooperate with those who opposed Nazism ideologically“, Jeffry M. Diefendorf, *In the Wake of War. The Reconstruction of German Cities after Word War II*, New York /Oxford 1993, S. 188

169 GK [Günter Kühne], „Das ‚Haus der Elektrizität in Berlin‘“, in: *Bauwelt*, 51. Jg., Nr. 13, 28.3.1960, S. 352

170 Gespräch Karin Wilhelm und Johann Sauer mit der ehemaligen Vorsitzenden des Deutschen Werkbunds (Berlin), der Architektin Helga Schmidt-Thomsen 2022. In unmittelbarer Nähe zur Buchhandlung Kiepert hatte Werner Düttman die Sockelzone unterhalb des großen Schaufensters der Buchhandlung Wasmuth in der Hardenbergstraße noch 1956 mit weißen Mosaiksteinchen verkleiden lassen. Die Schaufensterinnenbeleuchtung war zurückhaltend durch eine Reihung kleiner, hängender Lampen geschehen.

171 Jane Jacobs, „Downtown is for People“, in: William H. Whyte et al. (Hg.): *The Exploding Metropolis*, New York 1958, S. 157 ff. Diesen Ansatz Victor Gruens übernahmen Schwebes und Schoszberger für ihre Planungen westdeutscher „Shopping Towns“.

172 Beispiele dessen finden sich in der Möblierung des eigenen Hauses in der Gelfertstraße; einige Teile sind später von der Stiftung Stadtmuseum Berlin übernommen worden.

KOMÖDIE

Komödien am Kurfürstendamm

Die Ku'damm-Theater und ihre wechselvolle Baugeschichte auf den Parzellen Kurfürstendamm 206–209

Johann Sauer

Wenn dann die Lichter verglimmen und der Vorhang sich hebt, überkommt unseren Gast eine sonderbare Spannung, eine Erwartung, wie er sie nie zuvor in einem Theater erlebte. Statt der riesigen Ausmaße des Filmbildes, vor dem er sich zurücklehnen und ausruhen konnte, treten ihm menschliche Wesen in Lebensgröße gegenüber. […] *Anders als im Kino, anders als beim Fernsehen mag er fühlen, einem* Ereignis *beigewohnt zu haben. Denn außerhalb dieses Theaters hat keiner gehört, was er hörte, keiner gesehen, was er an diesem Abend sah.* […] *Und dies ist der Grund, weshalb* [das Theater] *trotz aller Grabgesänge niemals wirklich sterben kann.*
Arthur Miller, 1956[1]

Am 17. März 1965 erschien in der Berliner Tageszeitung *Der Abend* ein Artikel, der für die Berliner Theaterlandschaft am Kurfürstendamm einen gewaltigen Umbruch ankündigte. Zwei traditionsreiche Bühnen, das Theater sowie die Komödie am Kurfürstendamm, drohten aus dem Stadtbild zu verschwinden. Freilich sollten die Theater nicht geschlossen, sondern in „ein[en] moderne[n] Bautenkomplex" zwischen Uhland- und Knesebeckstraße integriert werden. Ein „Millionenprojekt" **(Abb. 1)**. Geplant war eine Mall mit Geschäften und Restaurants, mit Parkplätzen auf den Dachgeschossen sowie ein Hochhaus im rückwärtigen Teil für Gewerbemieter, die Kurfürstendamm-Passage „Basar". Als Architekten waren Paul Schwebes und Hans Schoszberger vorgesehen. Die Planung war so weit fortgeschritten, dass ein Baubeginn kurzfristig angekündigt werden konnte. Jedoch, es ist nicht dazu gekommen. Ein Konkurrenzunternehmen sicherte sich die Immobilie und baute ab 1969 das wegen seiner Unnutzbarkeit berüchtigte Ku'damm-Karree. Im Jahre 2018 machten Abrissbagger diesem unhaltbaren Zustand ein Ende, die in den Komplex integrierten Theater wurden mit abgerissen **(Abb. 2)** und konnten nur mithilfe geharnischter Bürgerproteste und Senatsinterventionen einen Platz in einem zu errichtenden Neubau erhalten. Eine riesige Baugrube entstand zwischen Kurfürstendamm und Lietzenburger Straße, verführerische Simulationen des zu Erwartenden

EIN NEUES GESICHT soll hier jetzt der Kurfürstendamm bekommen. Hinter das Theater kommt ein acht- bis zehnstöckiges Geschäftshaus. Am Freitag sollen Einzelheiten des Projektes festgelegt werden. Foto: Jurisch

„Vorhang auf" für Millionenprojekt

…inter dem „Theater am Kurfürstendamm" — Passage für die Besucher

✳ Neues Millionenprojekt am Kurfürstendamm: Zwischen Uhland- und Knesebeckstraße soll ein moderner Bautenkomplex entstehen, der sich an die „Komödie" und das „Theater am Kurfürstendamm" anschließt und bis an die Lietzenburger Straße heranreicht. Am kommenden Freitag wollen die zur Zeit in Südamerika lebenden Bauherren die bereits aufgestellten Entwürfe in Berlin mit den Architekten Schwebes und Schoszberger besprechen.

Mittelpunkt des Projektes ist das Grundstück Kurfürstendamm 208 mit dem „Theater am Kurfürstendamm". Das eigentliche Baugelände erstreckt sich jedoch bis fast zur Lietzenburger Straße. „Ursprünglich fürchteten wir um unsere Hoffnung auf eine städtebaulich in sich geschlossene Gesamtbebauung", erklärte gestern die zuständige Charlottenburger Baubehörde dem ABEND. Jetzt zeige sich aber, daß der an der Lietzenburger Straße 82 begonnene Hotelneubau eine gute Ergänzung werden kann.

Die endgültigen Entwürfe stehen noch nicht fest. Was sich bisher herauskristallisierte, sieht etwa so aus: Das benachbarte Theater „Komödie" wird in den fünfgeschossigen „Frontbau" am Kurfürstendamm architektonisch einbezogen. Da das „Theater am Kurfürstendamm" ein ganzes Stück hinter der Baufluchtlinie liegt, soll hier eine Passage entstehen, die zu dem Theater führt.

Auf dem rückwärtigen Gelände ist der größte Grundstücksteil völlig unbebaut. Dort wäre dann genügend Platz für das geplante acht- bis zehngeschossige Geschäftshaus. Lagerhallen, die eine Zeitlang Senatsreserven an Getreide enthielten, sollen abgerissen werden. Da es sich um ein sehr großes Grundstück handelt, will die Baubehörde — angesichts der Autozusammenballung in der City — auf Parkplätzen in zwei Ebenen bestehen.

Für die beiden Theater gibt es gegenwärtig keinen eigenen Parkplatz. Das ließ sich bisher zwar nicht ändern, darf aber kein Dauerzustand werden. Das übrige Gebiet des Gesamtareals, schon an der Lietzenburger Straße gelegen, ist bereits die Baustelle für ein neues Hotel.

Das Hotel (Architekt Achim Wilhelm, Berlin) entsteht in siebengeschossiger Bauweise mit 120 Betten in 90 Zimmern und einem Kostenaufwand von rund sieben bis acht Millionen Mark. Konferenz-, Klubräume und ein Restaurant gehören dazu. Eine zweigeschossige Tiefgarage faßt 150 Wagen.

„Wir fördern jede originelle Lösung, möchten aber nicht eine Kleinkopie vom Europa-Center", erklärte man gestern in der Charlottenburger Bauverwaltung. Der Boulevard-Charakter an der Kurfürstendammfront müsse gewahrt bleiben. Zu hoch hinaus dürfe in diesem dichtbebauten Gebiet nicht mehr geplant werden. L. A.

Abb. 1 *Der Abend*, Ausschnitt, 17. März 1965

Oskar Kaufmann, Geschäftshaus vor der Komödie (ab 1924), Ansicht von Norden. Foto (Ausschnitt): unbekannt

Abb. 2 Abriss des Ku'damm-Karree, hier: Reste der Rückwand der Komödie mit ihrem Rundhorizont, 2019. Foto: Johann Sauer

schmückten den Bauzaun und bleiben, so ist zu befürchten – wenigstens zur Zeit der Niederschrift dieses Artikels – doch nur Simulation …?[2]

Auf den folgenden Seiten soll diese Lücke bereits jetzt geschlossen, Archäologie betrieben, berichtet werden von der Kulturgeschichte dieses seit nunmehr hundertfünfzig Jahren besiedelten Ortes, eines Ortes, an dem die Lichter der Großstadt besonders hell leuchteten, ausgelöscht wurden und wieder erstrahlen konnten. Auch wenn die Realisierung dieser Mall dem Atelier Schwebes und Schoszberger letztlich aus den Händen genommen wurde – die Hintergründe können hier nicht aufgeklärt werden –, es bleibt die Tatsache, dass die entwurfliche Grundidee übernommen wurde, sodass man das Ensemble Kurfürstendamm 206–209 in die bedeutende Reihe der Bauten dieser Architekten am Kurfürstendamm aufnehmen kann. Am Beginn der Geschichte des Boulevards freilich herrschen Finsternis, Schlamm und Morast.

1882: Der Kurfürstendamm findet seine Rolle

Ob es der Kurfürst war, der für sich einen Reitdamm zu seinem Jagdrevier im heutigen Grunewald anlegen ließ, mit Holzbohlen auf morastigem Untergrund befestigt, oder ob es nicht doch eine logische Verbindung war zwischen den Revieren des T(h)iergartens sowie der Fasanerie (heute: Zoo) in die Wälder des Westens, sicher ist: Der Ku'damm endete an der heutigen Leibnizstraße, knickte scharf rechtwinklig nach Süden ab und verlor sich in der Waldeinsamkeit **(Abb. 3)**. Dahinter weiter Richtung Westen sumpfige Öde. Als nicht mehr ein Kurfürst und ein König, sondern seit 1871 ein Kaiser in der Residenzstadt Berlin herrschte und sich die Vorstadt Charlottenburg zu einer ernst zu nehmenden Konkurrenzmetropole entwickelte, gewann der alte Knüppeldamm die Aufmerksamkeit des Reichskanzlers Otto von Bismarck. Er machte die Straße zu seiner ganz persönlichen Angelegenheit und ließ sie über ihren bisherigen Endpunkt am heutigen Olivaer Platz hinaus verlängern. Dass diese Verlängerung gewissermaßen einen zweiten Bauabschnitt darstellt, lässt sich auch heute noch ablesen, denn die großen Modelabels, die Auto-Showrooms und die exklusiven Brillenstudios enden mit der Kreuzung zur Leibnizstraße. Ab hier geht es eher nüchtern weiter.

Bismarck hatte darauf bestanden, dass die Straße nicht nur befestigt wurde, sondern einen dem hohen Namensträger, dem Kurfürsten, angemessenen Querschnitt bekam. 53 Meter verlangte er mit zähneknirschender Zustimmung der Grundstückseigentümer, die Teile von ihren hoffnungsvoller Spekulation dienenden, noch weitgehend unbebauten Flächen dem Staat unentgeltlich

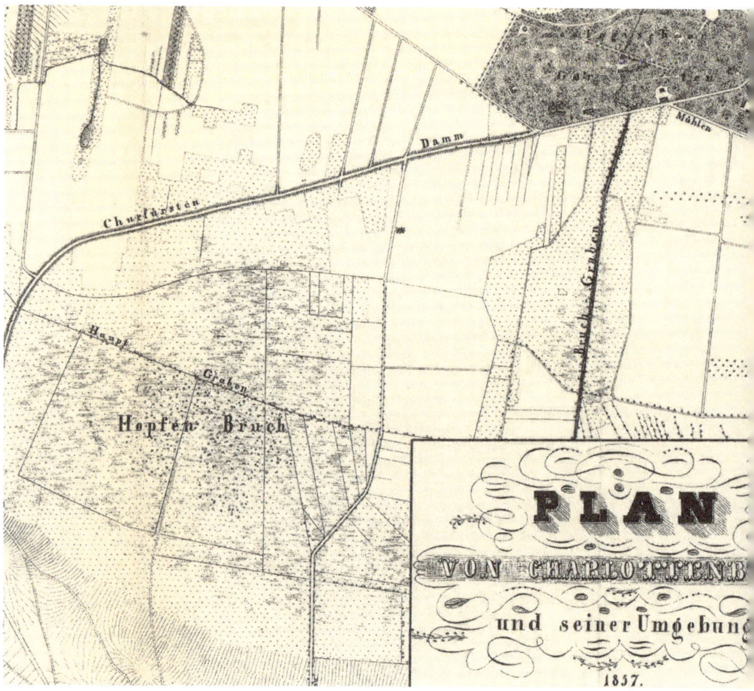

Abb. 3 Der „Churfürsten Damm" auf einem Plan von Charlottenburg und seiner Umgebung, Kartenausschnitt, 1857

Abb. 4 Der Kurfürstendamm am U-Bahnhof Uhlandstraße, 1913. Foto: Max Missmann

überlassen mussten. Doch ein weiteres bewog den Junker Otto von Bismarck, hierhin dem Namensgeber der Straße nacheifernd: Wie dieser frönte jener begeistert dem Reitsport. Und noch bis in die Zeiten, als längst die vollelektrische Alternative zum Fortbewegungsmittel Pferd, und dazu noch eine unter die Erde gelegte, den öffentlichen Verkehr dominierte, fristete die Kurfürstendamm-Mittelreihe ihr idyllisches Dasein als hippologischer, nach Erde und Pferdeäppeln duftender Pfad **(Abb. 4)**. Und es hat zäher Kämpfe bedurft, bis die Hippo-Fraktion ihre Niederlage schließlich eingestehen musste und die Straßenbahn auf dem Mittelstreifen ihr Vorrecht durchsetzen konnte.

Reiter, und dazu noch Reiter in der Großstadt, benötigen eine ihre vierbeinigen Mitstreiter umsorgende Infrastruktur: Unterbringung der Pferde, dazu noch der Ausbildung dienende Flächen, vorzugsweise wettergeschützt, sowie Möglichkeiten, reinem Freizeitvergnügen nachgehen zu können, also auch ungeübten Reitern eine attraktive Beschäftigung zur Verfügung zu stellen. Diese Infrastruktur stellte eine Institution namens Tattersall bereit. In der Grolmanstraße, kurz vor der Eisenbahnbrücke, lebt dieser Name noch in Gestalt der Charlottenburger Kneipeninstitution Diener Tattersall fort. Und auf dem Gelände am Kurfürstendamm gab es dergleichen auch – prächtig ausgestattet, jahrelang in Betrieb, bis andere Lustbarkeiten und die modernen Verkehrsmittel das Pferd, nachdem es als Zugtier bereits ausgedient hatte, nun auch als „Sportgerät" endgültig aus der Stadt vertrieben. Bezeichnenderweise dienten die Baulichkeiten nach Aufgabe des Reitbetriebes als Unterstellplatz für Kraftfahrzeuge **(Abb. 5)**.

Der Tattersall war jedoch nicht das erste Bauvorhaben auf unserem Untersuchungsgebiet. Zuvor hatten in den 1880er Jahren zwei stadtflüchtige Großbürger auf benachbarten Grundstücken, die vom Kurfürstendamm bis zur Lietzenburger Straße reichten, repräsentative Villen auf einem Gebiet errichtet, von dem man noch „die Sonne hinter dem Wilmersdorfer Kirchturm" untergehen sehen konnte.[3] Dem östlichen Villenbau, der Villa Hirschwald, war ein kurzes Leben beschieden, schon 1906, also nach gerade einmal zwanzig Jahren, errichtete die Tattersall am Kurfürstendamm Aktien-Gesellschaft

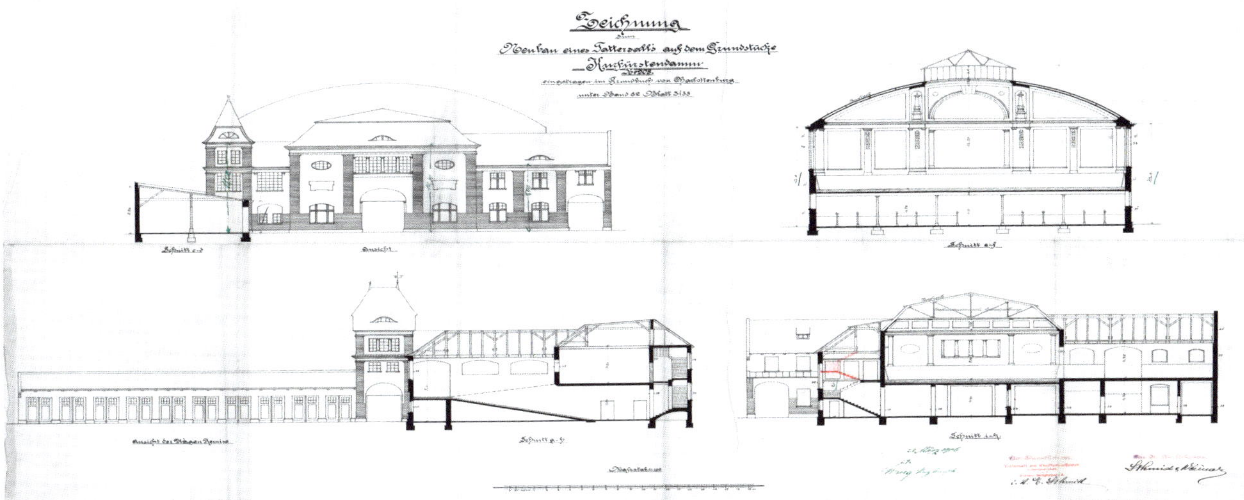

Abb. 5 Schmid und Weimar, Der Tattersall am Kurfürstendamm 208, Ansichtszeichnungen und Schnitte, 1906

hier ihre Reitbahn, Stallungen und eine Abteilung für den Pferdehandel.

Der Kurfürstendamm gewann zunehmend an Attraktivität. Das Wahrzeichen dieser Gegend, die Gedächtniskirche, wurde in den 1890er Jahren gebaut, die U-Bahn bis zur Station Uhlandstraße geführt (bis heute bleibt die geplante Verlängerung nach Halensee ungebaut), das bot allerhand Betrieben der Unterhaltungsindustrie Gelegenheit, sich hier anzusiedeln: kinematografische Theater, Freiluftausstellungen über „exotische Orte in Afrika“, Restaurants und Cafés, wie die Dependance des Kempinski und das Café des Westens, genannt „Café Größenwahn“, sogar eine volksnähere Alternative zum Reitsport, die es ermöglichte, sich anders als per pedes fortzubewegen – am heutigen George-Grosz-Platz entstand eine Übungsanlage für das neuartige Fahrradfahren. Der Kurfürstendamm hatte seine Rolle gefunden als leuchtendes Symbol der „Westverschiebung“[4] der gastronomischen und kulturellen Zentren aus dem alten Osten.

1904: Der Kurfürstendamm wird kunstliebend

Es ist bezeichnend, dass sich diese Verschiebung zur Jahrhundertwende auch auf anderen Gebieten vollzog. L'Art nouveau, der sich in den kanonisierten *Großen Berliner Kunstausstellungen* unterrepräsentiert, wenn nicht gar ignoriert, schließlich durch kaiserliches Machtwort unter devotem Applaus des Akademiepräsidenten Anton von Werner in den „Rinnstein“ verbannt sah, begann sich notgedrungen aus dem offiziösen Ausstellungsbetrieb herauszuschieben: Unter dem Vorsitz von Max Liebermann gründete sich unter tätiger Mithilfe der Münchener die Berliner Secession und bezog am 20. Mai 1899 ein festes Ausstellungshaus in der Kantstraße, Ecke Fasanenstraße. Der Erfolg dieser Ausstellungen, nicht zu vergessen auch finanzieller Natur, war derart groß, dass man es sich bereits fünf Jahre später leisten konnte, ein neues, größeres Ausstellungshaus „mitten zwischen den prunkenden Fassaden der endlosen Prachtstraße“, „im allerschlichtesten Barockstil gehalten“, zu beziehen[5] **(Abb. 6)**.

Abb. 6 Zweites Ausstellungsgebäude der Berliner Secession (ab 1904), Kurfürstendamm 208–209. Foto: Rosa Mai

So gänzlich „allerschlichtest“ hatte man sich das Secessionsgebäude am neuen Standort Kurfürstendamm 208–209 jedoch nicht vorzustellen. Zwar war das Haus selbst einfach gehalten, wie es einem Atelierhaus zukam, jedoch hatte sich Architekt Bruno Jautschus durch das Zurücksetzen des Hauses hinter die Bauflucht eine Cour d'Honneur einfallen lassen, die zum Kurfürstendamm durch einen Portikus geschlossen wurde. Die Secession behauptete dadurch eine Sonderstellung, eine städtebauliche „Secession“ inmitten der gewöhnlichen „prunkenden Fassaden“ der Berliner Großbourgeoisie. Man muss sich allerdings vergegenwärtigen, dass der ganze hehre Kunstbetrieb der Liebermanns, Leistikows etc. im Odeur eines Reitbetriebes mit Misthaufen und Pferdeschweiß zelebriert wurde, in unmittelbarer Nachbarschaft des Tattersalls gleich hinter dem Ausstellungshaus Richtung Lietzenburger Straße.[6]

Die von Wilhelm II. verachtete „Rinnsteinkunst“ konnte sich auch in ihrem neuen Gebäude regen Zuspruches erfreuen, wenn es auch bald zu weiteren Sektionsbestrebungen innerhalb der Secession kam. Kein Wunder, denn die Kunstszene gestaltete sich zur Jahrhundertwende derart disparat, dass ein Streit unter den Künstlerindividuen eine unausweichliche Folge war. Als ein Beispiel für diese Entwicklung mag der Eintrag in einer dem Künstlerbund nicht unbedingt wohlgesonnenen Publikation gelten, einem Reiseführer für Berlin im Jahre 1906: „Secession Kurfürstendamm 208. [...] Klein aber gewählt. International und doch einseitig. Vorherrschaft Liebermanns. [...] Offiziere erscheinen in Zivil.“[7] Der Streit eskalierte schließlich bis zum Zerfall in die Fraktionen Neue Secession 1910 und schließlich Freie Secession 1914. Als „Platzhirsch“ am Kurfürstendamm konnte sich die Freie Secession noch behaupten, unter anderen mit Käthe Kollwitz, Ernst Barlach, Max Beckmann, Georg Kolbe, aber auch Heinrich Zille, alle wieder vereint unter der Führung des zurückgekehrten Max Liebermann.

1921: Der Kurfürstendamm wird theaterliebend

Die Schwierigkeiten der Nachkriegsjahre nach 1918 mit Rechtsputschversuchen und Inflation konnte die Kurfürstendamm-Secession jedoch nicht überleben, neue Interessenten boten sich an, in die Gebäude einzuziehen, ein Angebot, dem die verbliebenen Mitglieder „ohne eine Träne nachzuweinen“[8] gerne nachkamen. Der „Rinnsteinkunst“-Verächter war im Exil, in der Republik waren die Künste nicht mehr in eine

Abb. 7 Oskar Kaufmann, Theater am Kurfürstendamm, Zuschauerraum mit Logen (ab 1921). Foto: unbekannt

Secession gezwungen, denn die führende Persönlichkeit im Bereich der Bildenden Kunst war in den Olymp aufgestiegen. Am 1. Oktober 1920 wurde Max Liebermann Präsident der Akademie der Künste und öffnete ihre Tore weit für „die Jungen, die etwas bieten, was keine Kunst der Tradition zu bieten vermöchte, [...] nämlich etwas von dem Wesen der Tage, die wir durchleben, und die uns mehr angehen als alle anderen Tage".[9]

Die neuen Interessenten an der Immobilie Kurfürstendamm 208–209 werden hier nun eine Tradition begründen, die bis heute die Theatergeschichte Berlins entscheidend geprägt hat und hoffentlich nach Wiederauferstehung und Wiedereinzug am Kurfürstendamm weiter prägen wird.

Schon zu Secessionszeiten hatte der Vorstand die großzügige Ausstellungshalle zur Benutzung als Theater vermietet. In der Wintersaison, wenn der Galeriebetrieb eine Pause nötig hatte, waren diese Mietzahlungen eine willkommene Aufbesserung des Etats. Nun sollte Vollbetrieb herrschen. Dafür musste zuerst einmal aus dem Provisorium ein richtiger Theaterraum mit fester Bühne, Parkett und natürlich intimen Logen errichtet werden. Nach dem Architekten musste man nicht lange suchen. Wie heutzutage für wichtige kulturelle Repräsentationsbauten ein bestimmtes schweizerisches Architektenteam angefragt wird, galt damals für den Theaterbau nur ein Architekt als State of the Art: Oskar Kaufmann. Dietrich Worbs zitiert in seinem Buch über die Kurfürstendamm-Theater aus einer Kritik von Alfred Kerr über die Eröffnungsvorstellung im Oktober 1921, dass nach dem Ende der Premiere vor den Mitwirkenden zuerst der Architekt des Hauses herausgerufen wurde.[10] Weiter unten in der (sehr kurzen) Kritik zitiert Kerr den Direktor des Theaters und seine Spielplanstrategie: „Der Leiter des Hauses, Herr Dr. Robert, plant hier [...] ‚ein Unterhaltungstheater für gute Europäer'. Am ersten Abend unterhielten sich manche. Ich bekam plötzlich die Angst, kein guter Europäer zu sein."[11] Kaufmann hatte einen „spielerisch heitere[n] Theatersaal"[12] unter Beibehaltung der Grundstruktur des Secessionsgebäudes entworfen und eine feste Bühne mit prächtigem Bühnenportal sowie fünfundzwanzig Logen an den Rändern des Zuschauerraumes hinzugefügt **(Abb. 7)**. Am Tag der Premiere war der US-Dollar 131 Mark wert. Langsam, aber stetig begann die Inflation das Geld zu entwerten, bis sie zwei Jahre später ihren Höhepunkt erreichen sollte. Am Tag der Eröffnung des Theaters am Kurfürstendamm verzeichnete die Veranstaltungsseite des *Berliner Tageblatts* die Annoncen von mehr als vierzig Theatern und Varietés, zwei Jahre später finden sich nur noch die Hälfte an Annoncen und die Einzelnummer der Zeitung kostete 50 Millionen Mark.

Das Theater am Kurfürstendamm hatte unter der Direktion von Dr. Robert überlebt. Bald aber tauchte ein Konkurrent am Horizont auf, dem auch ein gewiefter Impresario nicht gewachsen war. Wobei Horizont nicht der richtige Ausdruck ist, denn der Konkurrent erwuchs dem Direktor des Theaters am Kurfürstendamm in direkter Nachbarschaft. Auf der Parzelle Kurfürstendamm 206–207 nebenan, dem Grundstück, auf dem sich immer noch im hinteren Teil die Villa Raußendorf befand, hatte Oskar Kaufmann 1924, nach einem aufgegebenen Kinoprojekt, ein komplett neues Theater mit dem Namen Komödie erbaut. Die Geschäftsidee, die Jahrzehnte später den gesamten Komplex beherrschen sollte, fand hier ihren Anfang. Sie fußte auf zwei ökonomischen Pfeilern. Das Komödie-Theater wurde im rückwärtigen Teil des Komplexes errichtet, in der ersten Reihe entstand ein Geschäftshaus für Gewerbemieter. Im Zentrum des achsensymmetrischen Geschäftshauses jedoch prangte unübersehbar, auch noch von zwei Obelisken flankiert der Eingang zum Komödie-Theater **(Abb. 8, 9)**, welches dadurch keineswegs architektonisch die „zweite Geige" zu spielen gezwungen war. Pächter dieser neuen, kostbar ausgestatteten Bühne war kein geringerer als Max Reinhardt, der hier ein intimes Boulevardtheater reinsten Wassers schuf und damit dem benachbarten Theater am Kurfürstendamm den Todesstoß versetzte. Direktor Robert protestierte vergeblich gegen die Konkurrenz, resignierte, ließ sich durch außerordentliche Kündigung des Pachtvertrages durch den Eigentümer (immer noch die

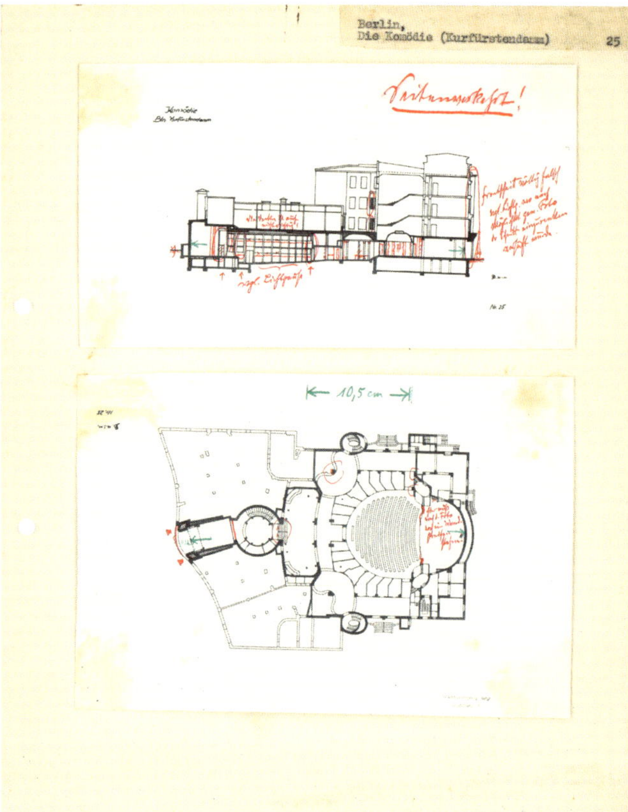

Abb. 8 Oskar Kaufmann, Komödie, Schnitt und Grundriss

Abb. 9 Oskar Kaufmann, Geschäftshaus vor der Komödie (ab 1924), Ansicht von Norden. Foto: unbekannt

Tattersall AG) abfinden und machte 1928 den Weg frei für die zweite Etappe in der Geschichte dieses Hauses. Wieder wurde Oskar Kaufmann gerufen, der das Haus gründlich renovierte, die barocken Formen aus der Secessionszeit durch klare Linien ersetzte – auch er hatte sich unter dem Einfluss der Moderne von dem monumentalen, ehrfurchtgebietenden Stil seiner frühen Bauten, etwa der Volksbühne am (heutigen) Rosa-Luxemburg-Platz und dem Hebbel-Theater in der (heutigen) Stresemannstraße verabschiedet – und die Technik vor allem durch den Aufbau eines Schnürbodens über der Bühne grundlegend verbessert. Auftraggeber war Komödien-Pächter Max Reinhardt, und er hatte damit beide Kurfürstendamm-Theater in der Hand.

Hätten es die ökonomischen Zeitläufte, die Wirtschaftskrise und die Überlastung der Reinhardt-Bühnen, deren Wirtschaftlichkeit durch ihre schiere Größe nur noch auf tönernen Füßen stand, nicht verhindert, so hätte der Kaufmann-Entwurf für das Theater am Kurfürstendamm eine Dimension erhalten, die das Ensemble der Reinhardt-Bühnen in der Schumannstraße, Deutsches Theater und Kammerspiele, bei weitem übertroffen hätte **(Abb. 10)**. So blieb es bei dem abgespeckten Entwurf **(Abb. 11)** unter Beibehaltung der Kolonnade, die später freilich durch das Product-Placement eines Autohauses an Attraktivität nicht gerade gewann **(Abb. 12)**.

Die Zeit der Reinhardt'schen Intendanz am Kurfürstendamm war kurz, aber glanzvoll. Als Beispiel für den publikumswirksamen Stil seiner Inszenierungen mag eine Rezension seiner Inszenierung des Lustspieles *Der Schwierige* von Hugo von Hofmannsthal in der Komödie dienen, eine Aufführung, die laut den Programmankündigungen in den Berliner Zeitungen über mehrere Wochen gezeigt werden konnte: „Diskreteste seelische Kammerspielkunst – und ich wüßte heute keinen Regisseur, der sie so zart und leise und vornehm und so mit menschlicher Unterströmung spielen könnte wie Max Reinhardt. Er – man muß schon sagen: dichtet eine Aufführung, die zu einem wahren Freudenfest für ästhetische Feinschmecker wird."[13]

Mit dem Jahr 1933 fiel der Vorhang, zwar nicht im wörtlichen, jedoch im künstlerischen Sinn **(Dok. 20)**.[14] Reinhardt musste emigrieren. Die Theater wanderten durch wechselnde Hände, Konkurs folgte auf Konkurs,

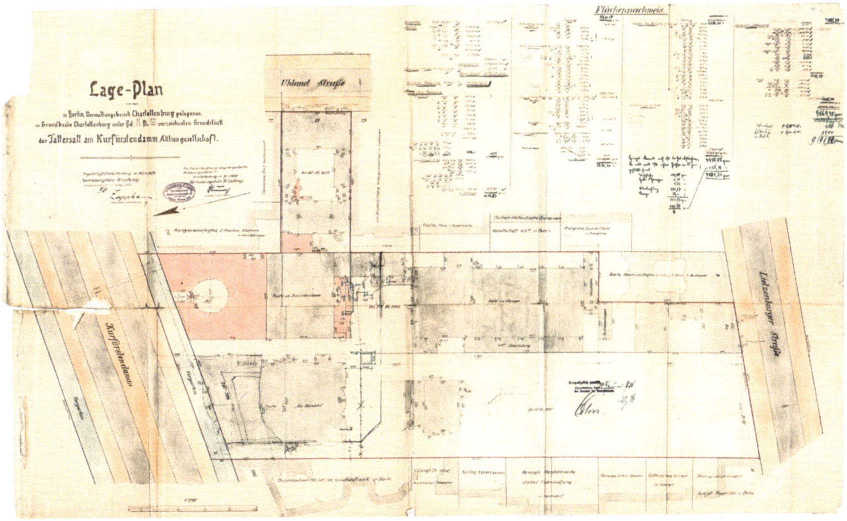

Abb. 10 Oskar Kaufmann, Erweiterung auf dem Vorplatz vor dem Theater am Kurfürstendamm um eine Gastronomie- und Geschäftszone, darunter Komödie und rechts daneben Villa Raußendorf, Lageplan, 1928/29

Abb. 11 Oskar Kaufmann, Umbau des Theaters am Kurfürstendamm für Max Reinhardt, Entwurfszeichnung, 1931

Abb. 12 Theater am Kurfürstendamm mit der Opel-Vertretung und der Komödie mit der Villa Raußendorf im Hintergrund kurz vor der Zerstörung, Gesamtansicht. Foto: unbekannt

und auch der schließlich erfolgreichere Direktor Hans Wölffer, der sich anfänglich mittels Arrangements mit dem Regime zu behaupten wusste,[15] musste nach der „Gleichschaltung“ der Theater unter dem Dach der Berliner Künstlerbühnen GmbH unter einem neuen Direktor ein anderes Betätigungsfeld als Truppenbetreuer suchen. Schließlich, im September 1944, fiel der Vorhang für alle Theater auch im wörtlichen Sinn. Sie wurden geschlossen, die Mitarbeiter, außer den „Gottbegnadeten“, in die Kriegsmaschinerie gezogen. Derartiges mussten die beiden Ku'Damm-Theater nicht mehr erleben. Schon im Jahr zuvor starb zuerst das Theater am Kurfürstendamm, dann die Komödie in den Luftangriffen auf Berlin.

Exkurs

Wenn man ein Beispiel sucht, das die Zerstörungen und die im wahrsten Sinne Ruiniertheiten nicht nur an Gebäuden, sondern auch im gesellschaftlichen Gefüge nach der „Stunde Null“ wiedergibt, so mag man das in den Schicksalen finden, die sich in dem Gebäudeensemble Kurfürstendamm 206–207 abgespielt haben. In das schöne, in konkaven Schwüngen sich lagernde Gebäude Oskar Kaufmanns, dem Vorbau zur Komödie, konnte bereits im Mai 1945 wieder Leben einziehen. Das Haus war wenig zerstört und hatte vor dem Krieg ein Geschäft für Damenmoden, ein weiteres für Jugendmoden, ein Inkassobüro sowie Büroräume der Eduard Winter (damals) A.G. beherbergt. Diese Opel-Vertretung hatte auf dem Nachbargrundstück 208–209 zusätzlich einen Open-Air-Showroom etabliert (vgl. Abb. 12). *Die Besitzerin des Damenmoden-Salons war Ida Stern, von der das Landesarchiv einen Wiedergutmachungsakt besitzt, anhand dessen sich ein Beispiel in nuce für das monströse Verbrechen der „Arisierungen“ in den 1930er Jahren aufzeigen lässt. Nachdem Ida Stern sich nach der Pogromnacht, in der ihre Schaufensterscheiben eingeschmissen worden waren, mit den Gedanken zur Flucht befassen musste, fand sie einen Interessenten, der sich bereit erklärte, den Mietvertrag über die Geschäftsräume bei der Bayerischen Vereinsbank, die mittlerweile Eigentümerin der in Konkurs gegangenen Tattersall AG war, zu übernehmen. Jener, ein gewisser Herr Christoph, verpflichtete sich als Abstand für Inventar etc. 20.000 Reichsmark zu bezahlen. Da kein Geld floss und Ida Stern den Mieterwechsel bereits bei dem Vermieter angekündigt hatte, entfernte sie mit einer Mitarbeiterin in einer Nacht-und-Nebel-Aktion sämtliches Inventar an Kleidern, Mäntel, Hüten und dergleichen aus dem Laden, sodass der Neumieter am nächsten Tag voller Wut ein leeres Geschäft vorfand. Viel genützt hat ihr diese Aktion allerdings nicht, das Geld wurde weiterhin nicht gezahlt und Ida Stern musste – und konnte Gott sei Dank – nach England emigrieren. Der Wiedergutmachungsprozess zog sich mit den üblichen Ausflüchten des Beschuldigten hin, er hätte ja gezahlt und so weiter, bis ein Vergleich über die Zahlung von 5.000 Deutschen Mark zustande kam, zahlbar in Raten à 500 Deutschen Mark. In den Akten finden sich Hinweise von säumigen bis ausbleibenden Zahlungen. Ob es schließlich zur vollständigen Begleichung der Schuld kommen konnte, darüber geben die Akten leider keine Auskunft.*

1946: Dr. Hans Schoszberger, Architekt, wird Bühnenbildner

„Von den vier Besatzungsmächten hatten die Russen das innigste (weil naivste) Verhältnis zum Theater [...]. Sie gebärdeten sich, als hätten sie Berlin und Wien erobert, um dort Theater spielen lassen zu können, am liebsten Tschechow [...].“[16] Das Zitat mag etwas euphemistisch sein, sicher ist, dass laut eines der ersten Befehle des Stadtkommandanten Nikolai Bersarin die sofortige Öffnung der bespielbaren Kinos und Theater zu erfolgen haben sollte, selbstverständlich nur nach Genehmigung jedes einzelnen Projektes sowie Lizensierung einer Spielstätte. Ein Tschechow-Stück war es hingegen nicht, das durch den sowjetischen Kommandanten als erstes Spielgenehmigung bekam, sondern der deutsche Verständigungs- und Wohlfühlklassiker schlechthin, zwölf Jahre von den Bühnen vertrieben: Lessings *Nathan der Weise*. Am (vom ebenso vertriebenen Max Reinhardt gegründeten) Deutschen Theater in der Schumannstraße. Es gab viel nachzuholen auf den Bühnen und für das Publikum wurden, wo irgend möglich, Theater repariert und wieder oder neu aufgemacht. Hans Schoszberger

KOLPORTAGE

Komödie in einem Vorspiel und drei Akten nach zwanzig Jahren
von Georg Kaiser

Regie: Ernst Schröder

Bild: Dr. Hans Schoßberger

Graf James Stjernenhö	Hubert Lejeune	Frau Appeblom	Carsta Löck
Karin, geschiedene Gräfin Stjernenhö, geborene Bratt	Hildegard Clausnizer	Acke, ihr Sohn	Dieter Ranspach
Erik, beider Sohn	Horst Oberländer	Lindström	Rolf Ulrich
Erbgräfin Stjernenhö	Annemarie Steinsieck	Johannsson, Pförtner	Carl Swinburne
Baron Barrenkrona	Otto Stoeckel	Miss Grove	Emilie Altvater
Alice, seine Tochter	Bettina Schön	Ein Lakai	Klaus von Wahl
Knut Bratt	Karl Körner		

Besuchen Sie die
BIER- und WEINSTUBEN
am Südwestkorso 15
2 Minuten vom Theater
ANGENEHMER AUFENTHALT
GEPFLEGTE GETRÄNKE

MODESALON
Marga Strauss
Anfertigung eleganter Damenmoden — Spez.: Modelle
Berlin-Wilmersdorf / Geisenheimer Straße 34

IHR RUNDFUNK-FACHGESCHÄFT
Elektro-Mechan. Werkstätte
ING. E. HOEFT
BERLIN-FRIEDENAU, SÜDWESTKORSO 62
Ankauf, Verkauf und Tausch von Rundfunk- und Elektrogeräten
Röhrentausch
Schnellste Ausführung sämtlicher Reparaturen an Rundfunk- und Elektro-Geräten
Verstärker-Anlagen / Elektro-Anlagen
RÖHREN-PRÜFSTELLE

Abb. 13 Theaterzettel für die Vorstellung des Schauspiels *Kolportage* von Georg Kaiser im Rheingau-Theater in der Bergheimer Straße in Berlin-Wilmersdorf, „Bild: Dr. Hans Schoszberger“, um 1948

Abb. 14 Hans Schoszberger, Foyer der Komödie nach ihrer Wiederherstellung, 1950. Foto: Ilse Buhs

konnte zunächst auf der längst vergessenen Bühne, dem Rheingau-Theater in Wilmersdorf, als Bühnenbildner arbeiten **(Abb. 13)**, willkommene Verdienstmöglichkeit für einen Architekten, für den es nichts zu bauen gab. Wobei „Verdienst" pekuniär eher als marginal zu bewerten ist, wichtiger war die Einstufung als Kulturschaffender in die höchste Lebensmittelkarten-Kategorie. Auch das unzerstörte Renaissance-Theater in der Hardenbergstraße konnte Schoszberger als Bühnenbildner verpflichten.[17] Hier bahnte sich eine Beziehung an, die später für den Architekten wie auch im weiteren Verlauf für seinen Sozius Paul Schwebes große Bedeutung gewinnen sollte.

Hans Wölffer, der nach der Gleichschaltung der Theater unter NS-Staatsaufsicht seine Häuser verloren hatte, war nach Berlin zurückgekehrt und hatte kurzzeitig das Direktorat des Renaissance-Theaters inne. Hier lernten sich der Theatermann und der Architekt aus dem ehemals habsburgischen Oderfurth kennen. Und als Wölffer die notdürftig reparierte, unter einem Kurzzeitdirektor Konkurs gegangene Komödie wieder übernehmen konnte, war Schoszbergers Stunde gekommen. Aus dem *stage architect* – so stand es als Berufsbezeichnung im *work permit* der britischen Besatzungsmacht – wurde ein *theatre architect*. Und aus dem Bunker- und Luftschutzspezialisten ein mit eleganten, gediegenen Linien zeichnender Innenausstatter **(Abb. 14)**.

1949: Ein neuer Pächter für das Theater am Kurfürstendamm

Während jetzt (ab 1950) die Komödie in ruhigem Fahrwasser ihre hervorragende Stellung in der westdeutschen Boulevardtheater-Szene eroberte, wurde das Theater am Kurfürstendamm zum Schauplatz eines Kulturkampfes, der für die geteilte Stadt im Kalten Krieg so typisch war. Auf dem Bülow-, heute Rosa-Luxemburg-Platz stand ab 1914 die von Oskar Kaufmann erbaute Volksbühne, ein Zweitausend-Zuschauer-Haus mit großer Tradition. Der gemeinnützige Verein Freie Volksbühne hatte es sich um die Jahrhundertwende zum Ziel gesetzt, seinen Mitgliedern aus der Arbeiterschaft günstige Karten zu einem Einheitspreis anzubieten. Natürlich wurde diese sozialdemokratische Massenbewegung mit zeitweise bis zu 160.000 Mitgliedern von den Nationalsozialisten sofort noch im Mai 1933 verboten und in eine NS-Organisation unter dem Befehl des Propagandaministers integriert. Der Generalsekretär des Vereins Berliner Volksbühne e.V. Siegfried Nestriepke, gab auf und legte sein Amt nieder. Sofort nach Kriegsende aber versuchte Nestriepke die Volksbühnen-Bewegung mit beharrlichen Eingaben an die sowjetische Kommandantur wieder zum Leben zu erwecken. Doch der anfängliche Elan verlor sich schnell in den ideologischen Grabenkämpfen, die schließlich zur Auflösung des Gesamtberliner Magistrats und zur Teilung der Stadt führten. Die „alte" Volksbühne am Bülow-, heute Rosa-Luxemburg-Platz verschwand hinter der Sektorengrenze. Doch Nestriepke gab nicht auf. Mit Kollegen aus der Vorkriegszeit konnte er 1947 eine neue West-Berliner Freie Volksbühne gründen, die sich zu seiner Befriedigung auch eines großen Mitgliederstammes aus dem Ostsektor erfreuen konnte. Doch sein größter Wunsch blieb vorerst noch unerfüllt: ein eigenes Haus mit selbst entworfenem Spielplan. Am besten noch mit einem fest engagierten Ensemble.[18]

Nestriepke begann die Suche mit dem Versuch, das in Ruinen liegende Schillertheater an der Bismarckstraße in die Hand zu bekommen. Als sich diese Hoffnung zerschlug, konzentrierte sich der Vorstand des Vereins auf die beiden Kurfürstendamm-Theater. Sie waren beide notdürftig wieder hergerichtet worden, erlebten unter der Leitung des Schauspielers Achim von Biel einen kurzen Spielbetrieb, standen jedoch nach Konkurs wegen Währungsreform und Berlin-Blockade leer. Die Bewerbung der Freien Volksbühne für eine Pacht konzentrierte sich auf das Theater am Kurfürstendamm. Es verfügte über eine größere Kapazität an Plätzen als die nebenan liegende Komödie. Dieses Haus konnte dann, wie gesehen, erneut von Hans Wölffer übernommen werden. Im August 1949 konnte die Freie Volksbühne das Theater am Kurfürstendamm übernehmen, allerdings erst nachdem ein inzwischen eingezogenes Kino, das den traditionsreichen Namen Gloria-Palast trug, aus seinem Pachtvertrag entlassen werden konnte. Die Pacht war beträchtlich, doch der Magistrat half mit Subventionen, neidvoll beäugt bis hin zu offener Kampfansage seitens der dem freien Markt unterworfenen Privattheater.

Dieser Kampf wurde in der Berliner Tagespresse mit ökonomischen („Geldverschwendung"!) wie ästhetischen Argumenten („im üblen Sinne teuton in seiner latenten Humorlosigkeit") geführt und fand anfangs auch die nicht zu überhörenden „Stimmen der Kritik" in den Reihen der Gegner. Friedrich Luft mochte das Haus nicht. Eine Aufführung, in der „das Verständnis, das in diesem unglücklich gebauten Haus so böse leidet [...,] nur wiederum [beweist,] dass in diesem Hause, wenn es nicht bald einer angemesseneren Bestimmung zugeführt wird, weiterhin der Wurm sitzt".[19] Jedoch gelang es im weiteren Verlauf durch eine glückliche Wahl der künstlerischen Leitung des Hauses, die Theaterkritik zu versöhnen. Ein Höhepunkt dieser günstigen Entwicklung war schließlich die Uraufführung des wütend diskutierten Skandalstückes *Der Stellvertreter* durch Erwin Piscator, in dem Autor Rolf Hochhuth die Rolle des Papstes Pius XII. während der NS-Zeit kritisch zur Diskussion stellte. Dieser Höhepunkt markierte freilich auch das Ende der Periode Freie Volksbühne im Theater am Kurfürstendamm. Man konnte das „unglücklich gebaute Haus" verlassen und bezog den neu errichteten prächtigen Theaterpalast in der Schaperstraße.

1950: Der neue Pächter des Theaters am Kurfürstendamm ist der alte

Hätte sich Friedrich Luft unter „angemessener Bestimmung" eine Bestimmung vorstellen können, um die nun, da das Theater am Kurfürstendamm im Jahre 1963 leer stand, gerungen wurde? Wohl kaum. Denn für diesen Standort Hausnummer 208–209 am Vorzeigeboulevard der City (West-)Berlins meldeten sich gleich Interessenten, die andere Vorstellungen für die Bebauung hatten als die Neuauflage eines weiteren Boulevardtheaters an ökonomisch höchst reizvoller Stelle. Noch fehlte in diesem Bereich des Kurfürstendamms ein attraktiver Standort für den privaten Konsum in Form eines Warenhauses, und die nebenan liegende Passage an der Knesebeckstraße war noch nicht gebaut. Wie auch immer, die Entscheidung fiel glücklicherweise zugunsten einer Bühne aus, und Hans Wölffer konnte sein Theater am Kurfürstendamm – er hatte es ja, bevor es in der NS-Zeit „gleichgeschaltet" wurde, schon einmal pachten können – erneut als Pächter beziehen. Jedoch war von Anfang an klar, dass dieses „unglücklich gebaute Haus" nicht einfach übernommen werden konnte.

Es war seinerzeit in den quadratischen Grundriss der Ausstellungshalle der Secession hineingebaut worden und hatte daher einen breit hingelagerten Arena-Zuschauerraum. Das Bühnenportal jedoch war vergleichsweise klein, schlecht für die Außenplätze, und die Bühne im Verhältnis relativ tief. Daher ist es verständlich, dass Friedrich Luft Verständnisprobleme bemängeln musste. Die Komödie, von vornherein als Theaterbau konzipiert, konnte mit einer Ausgeglichenheit zwischen Zuschauerraum, Bühnenportal und Bühnentiefe aufwarten. Dazu kommt noch der fest gebaute Rundhorizont im Bühnenhintergrund als Schallbarriere (vgl. Abb. 2). Es lag

Abb. 15 Theater am Kurfürstendamm, Portikus mit Kandelabern. Foto: Walter Köster

daher keine leichte Aufgabe vor dem Architekten. Der ernste, etwas biedere Charakter des Volksbühnen-Hauses musste wieder in die intime Stimmung jenes Boulevardtheaters zurückgeführt werden, das einst Oskar Kaufmann für Max Reinhardt entworfen hatte **(Dok. 21)**. Freilich: Die Selbstinszenierung des Publikums durch ornamentreiche, opulente Gestaltung des Auditoriums war passé, die Orientierung auf das Bühnengeschehen war jetzt geboten, und für das Publikum galt: Bequemlichkeit, optische und vor allem akustische Ausgewogenheit im Zuschauerraum, gute Sicht von allen Plätzen und, was der Komödie nebenan gänzlich fehlte, genug Platz für ein ausreichend großes Orchester im Graben. Natürlich war es Hans Schoszberger, in dessen Hände Wölffer die notwendigen Umgestaltungen vertrauensvoll legen konnte. Jener hatte sich mittlerweile mit Paul Schwebes in einer Bürogemeinschaft zusammengetan, und beide hatten auch bereits für Hans Wölffer kleinere Retuschearbeiten im Zuschauerraum des Theaters des Westens, Wölffers drittem „Standbein", vorgenommen, nachdem dort die Städtische Oper ausgezogen und ihr neues Haus an der Bismarckstraße übernommen hatte.

Jedoch, die schönen Kandelaber am Portikus zum Theatervorplatz **(Abb. 15)** konnten nicht kaschieren, dass das ganze Gelände städtebaulich ein Misston im Galakonzert der Kurfürstendammbebauung blieb (vgl. Abb. 1). Der schmale Durchgang zum rückwärtigen Teil, dort, wo das Tattersallgebäude in veränderter Form als Werkstatt und Kulissendepot immer noch stand, führte an schuppenartigen Behelfsbauten vorbei auf ein Freigelände. Und auch die Rückseite der Komödie lag nach Abräumen der Ruine der dort immer noch vorhandenen Villa Raußendorf brach. Es lag auf der Hand, dass ein Wiederbeleben der Idee aus dem Jahr 1963 in Erwägung gezogen wurde. Für die Umsetzung dieser Idee hatte man mit Schwebes und Schoszberger zwei Architekten zur Hand, die zwischen 1962 und 1966 kurz hintereinander zwei Beispiele einer neuartigen Form des

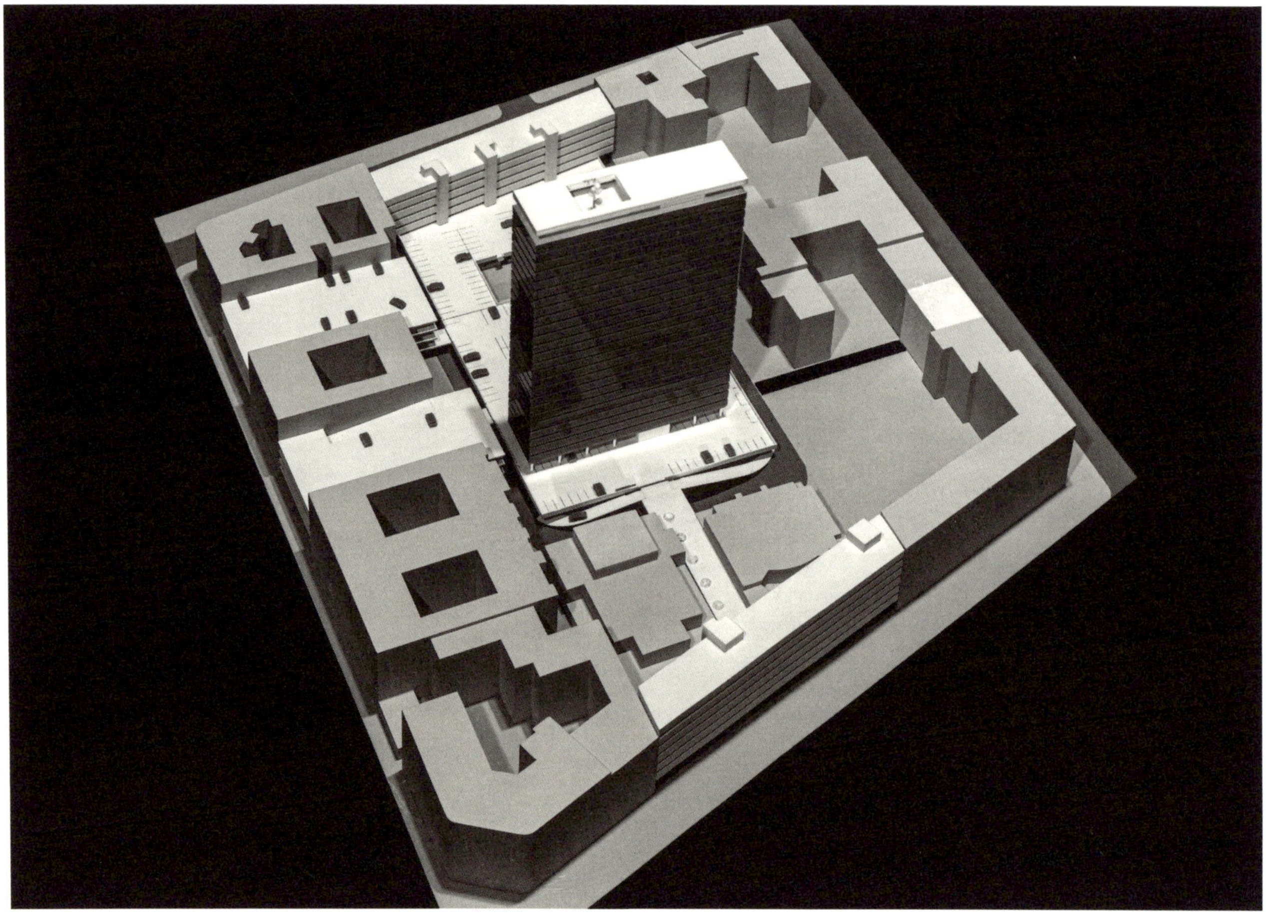

Abb. 16 „Basar“ am Kurfürstendamm mit den integrierten Theatern und noch existierender Planung für die Straßenrandbebauung an der Lietzenburger Straße, Modell, um 1963. Foto: Walter Köster

Einkaufserlebnisses, jenseits der altehrwürdigen Gestalt des Kaufhauses, entworfen hatten: Die Shoppingmall. Eine bei Frankfurt am Main, die andere bei Hamburg. Gleichzeitig entstand „um die Ecke“ an der Knesebeckstraße nach den Plänen desselben Büros der Großbau für Artur Brauner mit Büros, Kinos (den legendären Lupe 1 und Lupe 2) und einer Ladenpassage im Erdgeschoss. Selbstredend waren es also Schwebes und Schoszberger, die nun daran gingen, Pläne für ein zu errichtendes Einkaufszentrum mit den Theatern auf dem Gesamtgelände Kurfürstendamm 206–209 zu entwickeln.

Eine durchgehende Frontbebauung am Kurfürstendamm sollte das unruhige Konglomerat aus der Kolonnade vor dem Theater am Kurfürstendamm, dem daran anschließenden Durchgang in den rückwärtigen Teil des Grundstücks sowie dem Geschäftshaus vor der Komödie in ein einheitliches Gesamtbild fassen (Abb. S. 196 f.). Das Verschwinden dieses Gebäudeteils konnte man verschmerzen, hatte man doch die schön bewegte, heitere Kaufmann-Fassade vor der Komödie nach dem Krieg durch eine weit nüchternere Fassung ersetzt. Hinter dieser Gebäudefront am Kurfürstendamm lagen die beiden Theater nun eingebettet in ein Netz aus Passagen und Verbindungsgängen zu den Seitenstraßen, allesamt überragt von einem Hochhaus für Gewerbemieter. Die durch den zunehmenden Autoverkehr immer strenger gehandhabten Vorgaben zur Parkraumbewirtschaftung konnten dadurch befriedigt werden, dass, wie bei dem Projekt für die Dortmunder Union Brauerei, Parkflächen auf dem Dach des Komplexes geplant wurden **(Abb. 16) (Dok. 22)** (Abb. S. 177). Eine durchgehende Planungsidee bis zur Lietzenburger Straße musste fallen gelassen werden, da dort bereits ein anderes Architekturbüro einen Hotelbau planen sollte.

1965: Der Versuch des Neuanfangs, 1968: Das Scheitern, 2018: Das Ende

Wie aus dem anfangs zitierten Artikel aus *Der Abend* zu ersehen ist, stand das Projekt kurz vor dem Baubeginn. Doch die Genehmigungsbehörde blockierte unverständlicherweise. Es soll hier nicht der Ort sein, über die Interna der Senatsbauverwaltung zu spekulieren, die dazu führten, dass eine Konkurrenzplanung einer euphemistisch sich bezeichnenden Theaterbau AG – die doch nichts anderes war als eine Geschäftshausbau-Gesellschaft, die den Theatern notgedrungen ihren angestammten Platz beließ – den Zuschlag bekam, deren Geschäftsführerin noch für weitere Bauruinen in der Stadt verantwortlich zeichnen würde.[20] Die Theaterbau AG errichtete schließlich, in verdächtiger Anlehnung an die Schwebes-Schoszberger-Planungen, ein uninspiriertes, in dauernden finanziellen Schwierigkeiten dahinvegetierendes Konglomerat, das allenfalls durch den lebhaften Besuch der beiden Bühnen ein wenig Glanz entfalten konnte. Im Jahre 2018 kam der zu erwartende Abriss. Ein trauriger Abschluss einer glanzvollen Geschichte dieses traditionsreichen Ortes „mitten zwischen den prunkenden Fassaden der endlosen Prachtstraße" Kurfürstendamm.

Eine abschließende Spekulation über das Scheitern der beiden Architekten mag erlaubt sein. Zwar sind Schwebes und Schoszberger Kinder einer Moderne, die „im Schlafwagen gezeugt […] und in Automobilen gewiegt"[21] wurden, doch sie sind beide noch in „Kaisers Zeiten" geboren worden. Schwebes unter Wilhelm II. und Schoszberger unter Franz Josef I. Sie erlebten ihren Reifeprozess in den späten 1920er und frühen 1930er Jahren im Angesicht der Bauten von Architekten wie Oskar Kaufmann, Bruno Paul, Hans Poelzig und Erich Mendelsohn, Schwebes als Architekt und Schoszberger, promoviert zum Dr.-Ing., als Fachjournalist und besonders als Spezialist für die Luftschutzarchitektur. Diese Erfahrungen konnten sie nun für die Mammutaufgabe des Wiederaufbaus nutzen, indem sie die Eleganz dieser vergangenen, in der Speer-Stil-Zeit verfemten Architektur wiederaufleben ließen. Die neue Generation von Architekten und Architektinnen jedoch, die jetzt unter der Atombombenbedrohung und im Sound der Mondraketen geboren wurde, wollte diese „bürgerliche Selbstdarstellungsbotschaft" (siehe Karin Wilhelm im vorliegenden Band) des Luxus und der Moden nicht mehr hören. Jetzt sah sich die Architektengemeinschaft zunehmender Kritik gegenüber, besonders auch in der Fachpresse. Und so markiert das Scheitern des Projektes „Basar" am Kurfürstendamm 206–209 das Ende der Planungstätigkeit von Schwebes und Schoszberger am und für diesen Boulevard, den die Architekten durch ihre Bauten so nachhaltig geprägt hatten. Darüber hinaus mag man es auch als Signal interpretieren, als Signal für den nun einsetzenden Erodierungsprozess der Architektengemeinschaft bis zu deren Ende im Jahre 1968, dem Jahr der Bewilligung des Konkurrenzprojektes.

Anmerkungen

1 Arthur Miller, „Das amerikanische Theater", in: *Perspektiven*, Nr. 15, Frankfurt am Main / New York 1956, S. 8 und 21 f.

2 Vgl. *Der Tagesspiegel*, 22.9.2023, S. B6

3 Es handelt sich um den zweiten Wilmersdorfer Kirchenbau, der 1895 durch den heutigen neugotischen ersetzt wurde. Zit. nach Theodor Fontane, *Irrungen, Wirrungen*, Berlin 1915, S. 116

4 Jochen Kleining, *M. Kempinski & Co. Die „Arisierung" eines Berliner Traditionsunternehmens*, Hamburg 2008, S. 43

5 Hans Rosenhagen, „Die zweite Ausstellung des Deutschen Künstlerbundes in Berlin", in: *Die Kunst für Alle*, 20. Jg., 1904/05, S. 491, zit. nach Werner Doede, *Die Berliner Secession. Berlin als Zentrum der deutschen Kunst von der Jahrhundertwende bis zum Ersten Weltkrieg*, Berlin 1977, S. 26

6 Errichtet 1906, geschlossen 1918

7 Zit. nach Rudolf Pfefferkorn, *Die Berliner Secession. Eine Epoche Deutscher Kunstgeschichte*, Berlin 1972, S. 36

8 Doede 1977 (wie Anm. 5), S. 51

9 Max Liebermann, *Gesammelte Schriften*, Berlin 1922, S. 286

10 Dietrich Worbs, *Komödie und Theater am Kurfürstendamm. Das Erbe von Oskar Kaufmann und Max Reinhardt*, München/Berlin 2007, S. 22

11 Alfred Kerr, in: *Berliner Tageblatt*, 9.10.1921

12 Worbs 2007 (wie Anm. 10)

13 Franz Köppen, in: *Berliner Börsen-Zeitung*, 19.9.1930

14 NS-Theaterfragebogen ohne Max Reinhardt, Kaufmann „Jude"

15 Näheres bei Worbs 2007 (wie Anm. 10), S. 48 ff.

16 Hans Daiber, *Deutsches Theater seit 1945*, Stuttgart 1976, S. 33

17 John van Deuten, *Das Lied der Taube*, Regie: Heinz Hilpert. „Ein guter Theaterabend, wie man ihn in Berlin lange nicht gesehen hat", in: *Die Weltbühne*, Juli 1947

18 Im normalen Volksbühnen-Programm erwarb der Verein ein bestimmtes Kontingent an Plätzen für laufende Vorstellungen in den Berliner Schauspiel- und Musiktheater-Bühnen, hatte also keinen Einfluss auf den Spielplan.

19 Sendung vom 1.2.1951, in: Friedrich Luft, *Stimme der Kritik I*, Berlin 1982, S. 151 f.

20 Voranfrage Sigrid Kressmann-Zschach beim Stadtplanungsamt für das Ku'damm-Karree, 7.11.1968; grundsätzliche Befürwortung während eines Koordinierungsgespräches der verschiedenen Abteilungen im Stadtplanungsamt am 21.11.1968

21 Walther Rathenau, *Zur Kritik der Zeit*, Berlin 1922, S. 209

ASCHINGER
ASCH
ASCHINGER
ASCHINGER
ASCHINGER

Seine Brötchen mit Brötchen verdienen

Paul Schwebes und die Aschinger's AG

Johann Sauer

Eine sichere Einkommensquelle fand Paul Schwebes als Vertragsarchitekt bei der Gastronomiefirma Aschinger's AG. Man kann vermuten, dass sich das Baubüro der Firma auf der Suche nach einem bereits im Lebensmittelbereich tätigen jungen Architekten auch an die Kathreiner AG gewandt hatte – und dort fündig geworden war. Schwebes hatte sich als Mitarbeiter von Bruno Paul am Kathreiner-Hochhaus-Projekt und mehr noch bei der Fassadenumgestaltung des benachbarten Geschäftshauses der Firma Frank und Söhne einen Namen gemacht. Umgestalten, nicht so sehr Neuerrichten war auch das Interesse der immer weiter expandierenden Firma Aschinger, besonders in zweierlei Hinsicht: zum einen, koste es, was es wolle, Vergrößerung der Sitzplatzkapazität, besonders an den Standorten mit hohem Publikumsverkehr in Bahnhofsnähe, zum Beispiel Bierquelle Nr. 26 im Hotel Fürstenhof, nahe dem Potsdamer Bahnhof, Nr. 19 in der Königgrätzer Straße, nahe dem Anhalter Bahnhof,[1] Nr. 30 in der Friedrichstraße, Ecke Georgenstraße, direkt am Bahnhof Friedrichstraße, Konditorei Nr. 18 in der Joachimsthaler Straße, gegenüber dem Bahnhof Zoologischer Garten; zum anderen Veränderung der Corporate Identity hin zu einem modernen Erscheinungsbild ohne Frakturschrift und Ornament. Nicht zu vergessen: Die Olympischen Spiele 1936 standen vor der Tür. Schwebes nutzte Hinterhöfe und obere Stockwerke von Mietshäusern als nutzbare Flächen für den Publikumsverkehr **(Abb. 1)**. Nicht nur zur Begeisterung

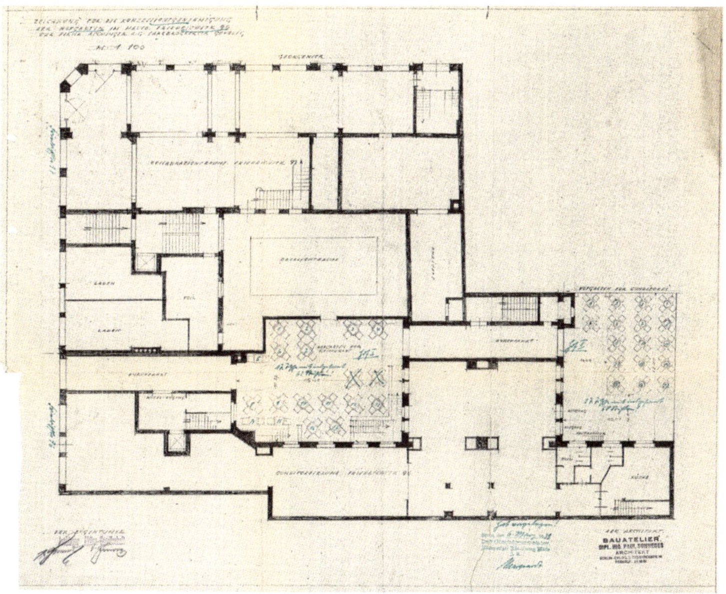

Abb. 1 Paul Schwebes, Erweiterung der Sitzplatzkapazität, Friedrichstraße 96 am Bahnhof Friedrichstraße, Grundriss, 1939

Neue Fassade, Friedrichstraße 97, Ecke Georgenstraße, 1936.
Foto (Ausschnitt): unbekannt

Abb. 2 Aschinger-Restaurant, Friedrichstraße 97, Ecke Georgenstraße, Postkarte (datiert 1932). Foto: unbekannt

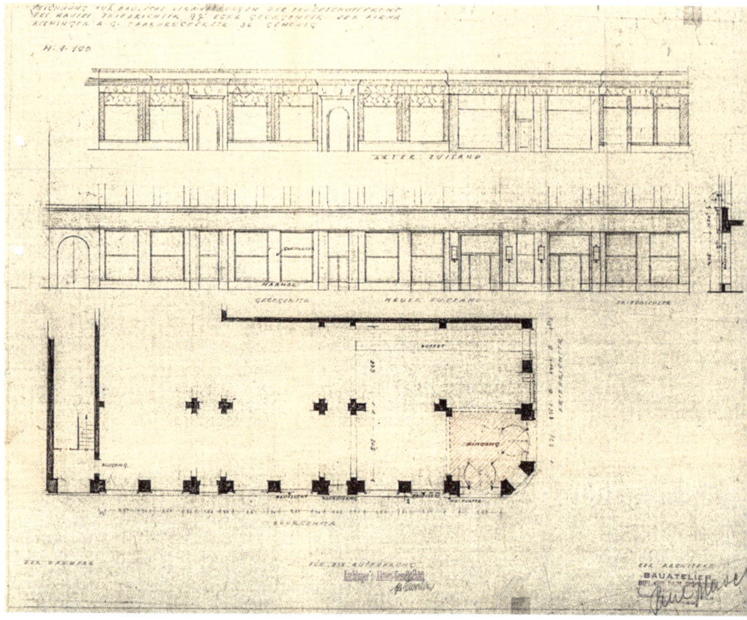

Abb. 3 Paul Schwebes, Änderung der Fassade und Eliminierung des Tabakladens, Friedrichstraße 97, Ecke Georgenstraße, oben: vor 1936, unten: nach 1936, Ansichtszeichnungen und Grundriss

der Bewohner der angrenzenden Mietshäuser. Gegen mehrere Aschinger-Betriebe gab es Klagen und Anzeigen wegen nicht genehmigter Nutzung als Restaurantbetrieb, was man sich angesichts des durch zahllose Gäste verursachten Geräuschpegels im Schacht eines typischen Berliner Hinterhofes gut vorstellen kann. Als schönes Beispiel von Schwebes' Arbeit am Erscheinungsbild der Restaurants besitzt das Landesarchiv eine Zeichnung des Architekten, auf der man mittels einer Vorher-Nachher-Darstellung nachvollziehen kann, was an störendem *old fashioned* Ornamentum eliminiert und was an Neuem hinzugefügt wurde **(Abb. 2, 3)**. Die ebenfalls aus dem Landesarchiv stammende Fotografie zeigt die neue Pracht der riesigen Front des von der Friedrichstraße bis in die Georgenstraße reichenden, über zwei Geschosse betriebenen Restaurantkomplexes. Ein wie ein Pfahl im Fleisch steckender kleiner Tabakladen auf der Ecke konnte schließlich im Zuge der Umgestaltung entfernt werden. So wurde Platz geschaffen für einen repräsentativen Eingang, gekrönt mit dem A-Signet des größten Brötchen- und Erbsensuppen-Produzenten Berlins **(Abb. 4)**.

Bei Kriegsende 1945 lagen nicht nur die Aschinger-Restaurants und die Hotels der Gruppe in Trümmern **(Abb. 5)** (Vorkriegssituation, siehe **Abb. S. 201**), schlimmer

Abb. 4 Neue Fassade, Friedrichstraße 97, Ecke Georgenstraße, 1936. Foto: unbekannt

Abb. 5 Kriegszerstörte Aschinger-Konditorei, Joachimsthaler Straße 2–3, 1945. Foto: Fritz T. Ratej

noch: Die Konzernzentrale mit Produktion und Lager der riesigen Vorräte an Getränken und Grundstoffen für die Fabrikation der Aschinger-Highlights Suppen, Brötchen und Würste lag von der sowjetischen Besatzungsmacht enteignet im Ostteil der Stadt in der Saarbrücker Straße. Vor dieser apokalyptischen Situation resignierte Firmeninhaber Fritz Aschinger. Im August 1949 setzte er seinem Leben von eigener Hand ein Ende. Der Untergang der Firma wäre postwendend erfolgt, wenn nicht ein tatkräftiger, bereits 1933 in den Vorstand der AG berufener Manager des Konzerns das Ruder nach dem Tod des Namensträgers übernommen hätte. Mit Paul Spethmann konnte die Firma Aschinger aus rudimentärstem Beginn – drei Bierquellen, eine Wurstfabrikation – zu einem Weltkonzern aufsteigen, freilich unter anderem Namen, der heute mit dem Namen Kempinski einen festen Platz im Beherbergungsgewerbe beanspruchen kann. An diesem „Wirtschaftswunder" hat Paul Schwebes als gestaltender Architekt erheblichen Anteil.

Den Namen und die Restaurants der Firma Kempinski hatte Aschinger sich durch erzwungene Übernahme jüdischen Eigentums gesichert[2] und die Traditionsmarke, nachdem sie durch die ebenso traditionsreiche, aber „arische" Marke F. W. Borchardt ersetzt worden war, wieder aufleben lassen. Nach dem Verlust aller Hotels durch Zerstörung und Enteignung im Ostsektor war die Errichtung eines neuen West-Berliner Hotels dringend geboten. So gelang es Spethmann – nachdem er mit dem überlebenden Kempinski-Erben Frederic Unger und Werner Steinke, dem Prokuristen der Kempinski OHG, der das Grundstück Kurfürstendamm noch gehörte, eine Einigung zur Finanzierung und zum Neubau eines Kempinski-Hotels erreicht hatte –, seinen ehemaligen Hausarchitekten Schwebes für die Planung des Hotels zu gewinnen. Spethmann konnte sich sicher sein, mit der Berufung dieses Architekten kein Risiko einzugehen, hatte Schwebes doch in den 1930er Jahren mit mehreren Entwürfen für repräsentative Großbauten an der Ost-West-Achse, am Potsdamer Platz und mit einem gleich nach dem Krieg in die Debatte geworfenen Wiederaufbauprojekt des Luxushotels Eden an der Budapester Straße gezeigt, dass er mit derartigen Bauaufgaben vertraut war (Abb. S. 112 f., 138 f., 205). Die Verbindung Schwebes' mit Steinke und Spethmann sollte sich auch bei späteren Projekten auszahlen, denn sowohl bei dem Projekt für das Kaufhaus HELD am Walter-Schreiber-Platz, als auch bei dem Verkauf des Grundstückes für das DEFAKA an der Gedächtniskirche sind die beiden Manager in leitenden Positionen zu finden.

Ein interessantes Beispiel für die verschiedenen Labels, unter denen die „Spethmann-Betriebe" in den Akten auftauchen, ist einer der frühesten Nachkriegsbauten von Paul Schwebes an der Schloßstraße in Steglitz. Es handelt sich, wie bei fast allen realisierten Bauten des Architekten in den unmittelbaren Nachkriegsjahren, um ein aus der Ruine eines kriegszerstörten Hauses in reduzierter Gestalt wiederaufgebautes Gebäude für einen gastronomischen Betrieb. Am 1. September 1949 beantragt Schwebes beim Baupolizeiamt Steglitz die Enttrümmerung des Grundstückes Schloßstraße 35, und zwar für die Firma F. W. Borchardt, jenes Label, unter dem das Kempinski-Restaurant am Kurfürstendamm nach der „Arisierung" durch Aschinger betrieben wurde. Schwebes hatte bereits 1946 das Stammhaus der Firma Borchardt in der Französischen Straße in Ost-Berlin wieder instand gesetzt, jedoch verlor Aschinger das Haus nach der Blockade endgültig durch die Enteignung an die „volkseigene" Handelsorgansisation (HO) in der Sowjetzone. Ein neuer Standort musste gefunden werden. Man fand ihn in hervorragender Lage direkt neben dem Rathaus Steglitz. Es war zu erwarten, dass die Schloßstraße zu *dem* Einkaufsboulevard im Berliner Süden werden würde. Zudem verfügte Steglitz mit dem Titania-Palast über einen der wenigen unzerstörten Veranstaltungssäle in der Stadt. Der eingereichte Plan, noch aus dem Jahr 1949, jedoch zeigt jetzt als Logo auf der Fassade das Aschinger-A **(Abb. 6)** und der fertige Bau den unübersehbaren Schriftzug „Betrieb Kempinski" **(Abb. 7)**.[3]

Man erkennt die noch herrschende Unsicherheit der Betreiber dieses Etablissements, ob man auf Bekanntes, aber Kontaminiertes (Borchardt), auf Traditionelles und für weite Teile der Bevölkerung Unverfängliches (Aschinger) oder auf die *reorientation quality*, einer Wiederetablierung des Verfehmten, an dem man sich freilich mitschuldig gemacht hatte (Kempinski), setzen sollte.

Mit Kempinski war ein traditionsreiches Label in die Gastronomieszene Berlins zurückgekehrt. Doch auch Aschinger sollte wieder etabliert und aus den verbliebenen Rudimenten wieder aufgebaut werden. Ein wichtiger Hotspot war das in Trümmern liegende Restaurant direkt am Interzonenbahnhof Zoologischer Garten, dem neuen Haupt- und gleichzeitig einzigem Schnellzug-Bahnhof West-Berlins.[4] In der Joachimsthaler Straße 2–3 konnte Schwebes im Erdgeschoss des zerstörten Aschinger-Hauses eine erste Notunterkunft errichten, die mit ihren blau-weißen Bayernwappenrauten etwas Farbe in die graue Bahnhofsgegend mit dem Ruinenskelett des Ufa-Palastes am Zoorand und dem Menetekel des unzerstörbaren, in ein Betonbrockengebirge verwandelten Zoo-Bunkers im Hintergrund brachte **(Abb. 8)**. Dieses Provisorium indes sollte noch lange Bestand haben, weil es kurzfristig nicht möglich war, mit dem Eigentümer der Joachimsthaler Straße 1, dem Eckgrundstück zur Hardenbergstraße, eine Einigung für eine gemeinsame Bebauung des Gesamtareals zu erzielen.[5] So vegetierte das von der Presse als „Schandfleck“ geschmähte Konglomerat aus unterschiedlichen einstöckigen Provisorien bis in die 1960er Jahre dahin **(Dok. 19)**, bis ein von Schwebes und Schoszberger erarbeiteter Entwurf erneut eine Chance auf Realisierung bekam **(Abb. S. 202)**. Er sollte das einzig verbliebene Restaurant der Aschinger-Gruppe – die beiden in Neukölln und im Wedding waren längst geschlossen – aufnehmen und auch als Firmenzentrale dienen.

Es gelang jedoch einem besser vernetzten Bauträger, den Auftrag an sich zu ziehen: Der später durch eine geplatzte Senatsbürgschaft berüchtigte Architekt Dietrich Garski errichtete auf dem gesamten Komplex Joachimsthaler Straße 1–3 bis 1973 ein Gebäude, das durch mehrere Konkurse diverse Besitzerwechsel erleben musste und nicht unerheblich (Beate Uhse Erotik-Museum) zum heruntergekommenen Image der Gegend um den Bahnhof Zoo beitrug. In dieses Gebäude konnte zeitweilig ein Aschinger-Restaurant einziehen, jedoch konnte es sich nicht halten, die Geschäftsidee war – am Beginn des Fast-Food-Zeitalters – nicht mehr zeitgemäß. Und so verschwand mit dem schließlich erfolgten Abbruch des Garski-Gebäudes 2015 die letzte Erinnerung an die glorreiche Berliner Zeit der Aschinger's AG.

Nachzutragen ist noch, dass sich Aschinger in der Neuorientierung nach dem Krieg auch als Einzelhändler versucht hat. Im Paul Schwebes Archiv befindet sich ein Blatt, das eine Art Ladenpassage an der Stelle der zerstörten Bierquelle am Moritzplatz zeigt. Das Projekt blieb Projekt. Das Blatt hat einen zusätzlichen dokumentarischen Wert, als es einen Teil der Überführung der geplanten Stadtautobahn zeigt, die hier mitten durch Kreuzberg durchgeschlagen worden wäre **(Abb. S. 204)**.

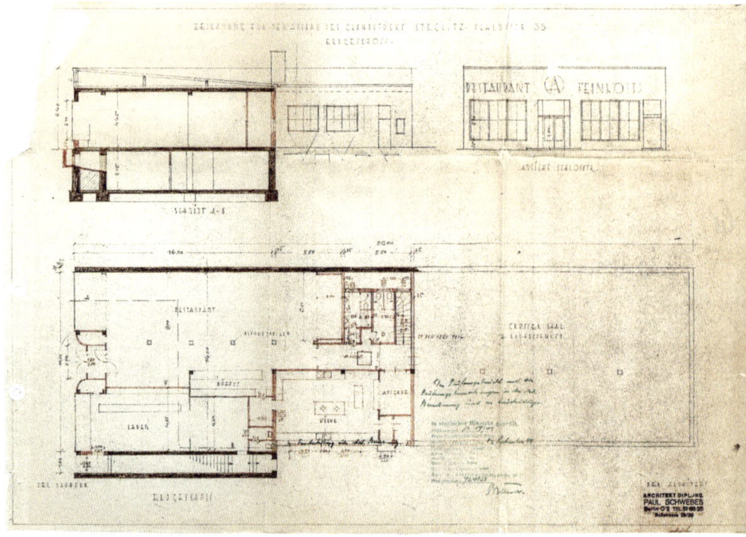

Abb. 6 Paul Schwebes, Betrieb Kempinski in der Schloßstraße 35, Ansichtszeichnung, Schnitt und Grundriss, 1949

Abb. 7 Betrieb Kempinski in der Schloßstraße 35 (1949–1952). Foto: Bert Sass

Abb. 8 Behelfsbau des Aschinger-Restaurants, Joachimsthaler Straße 2–3 am Bahnhof Zoo, 1964. Foto: Rolf Goetze

Anmerkungen

[1] Wie schnell die politischen Entwicklungen die Straßennamen beeinflussen, kann man hier wieder einmal beispielhaft studieren. Der Name der siegreichen Schlacht Preußens gegen die mit Österreich verbündeten süddeutschen Staaten wurde nach dem Tod des Außenministers der Republik geändert. Noch zu Beginn der Nazi-Diktatur konnte Schwebes für sein Umbauprojekt am Anhalter Bahnhof die Adresse Stresemannstraße verwenden, um bei weiteren Plänen nur kurze Zeit später 1935 dem Auslöschen des Namens Stresemann gehorchend den neuen Namen, den Namen des hinzugewonnenen Territoriums des Saarlandes, zu verwenden. 1947 bekam die Straße den Namen des Reichsaußenministers zurück, wobei bedauerlicherweise das Saarland ganz aus dem Straßenregister Berlins herausfiel. Sogar das kleinste Bundesland Bremen darf sich dort eines Eintrages rühmen.

[2] Zur „Arisierung" der Kempinski-Betriebe siehe besonders Elfi Pracht, *M. Kempinski & Co.*, hg. von der Historischen Kommission zu Berlin, Berlin 1994, und Jochen Kleining, *M. Kempinski & Co. Die „Arisierung" eines Berliner Traditionsunternehmens*, Hamburg 2008

[3] Der Markenname Kempinski wirkt nach der Eröffnung des glanzvollen Hauses am Kurfürstendamm an der Fassade des „Schmuddelkindes" in der Schloßstraße nun eher peinlich. Das Haus darf noch die Grundsteinlegungsfeier für das Hotel erleben, dann wird es im Mai 1952 geschlossen.

[4] Berlin-Spandau für die Hamburger Strecke soll natürlich nicht unerwähnt bleiben.

[5] Erster gescheiterter Versuch 1959, siehe *Berliner Wirtschaft*, 8. Jg., Nr. 3, S. 81: „Bau soll in diesem Jahr begonnen werden, dessen Stil dem der Dortmunder Union ähneln wird". Dieser Verweis legt nahe, dass Schwebes und Schoszberger bereits 1959 mit der Planung beauftragt worden waren.

THIS IS BERLIN

DAS IST BERLIN

Gebietsverschiebungen

Die Entwicklung der Budapester Straße zur Hotelstraße Berlins

Nicole Opel

Der Fremdenverkehr sowie der Auf- und Ausbau seiner Infrastruktur spielen für den Wiederaufbau der Wirtschaft in der Inselstadt West-Berlin schon frühzeitig eine gewichtige Rolle. Bereits unmittelbar nach Beendigung der Berlin-Blockade versucht der Magistrat von (West-)Berlin, diesen Wirtschaftszweig wiederzubeleben und Berlin als „Treffpunkt der Welt“ zu bewerben (Abb. 1).[1] Wie schon in der Zwischenkriegszeit stehen dabei schnell internationale und insbesondere amerikanische Reisende und Geschäftsleute im Fokus, denen man das pulsierende Leben der Millionenstadt in Bildern von gut besuchten Restaurants, leuchtenden Schaufenstern, kulinarischen Gaumenfreuden, Vergnügungen des Berliner Nachtlebens und Ausstellungen auf dem neu ausgebauten Messegelände am Berliner Funkturm vor Augen führt. Die Stadt selbst, die nach Währungsreform und Blockade 1950 erst am Anfang ihrer riesigen Wiederaufbauarbeit steht, bleibt in diesen wohlinszenierten Bildern auffallend abwesend.

Mit der Werbung für West-Berlin als (Geschäfts-)Reiseziel und der Hoffnung auf steigende Besucherzahlen gerät zunehmend die Frage einer adäquaten und vor allem zentral gelegenen Unterbringung der an moderne Standards gewöhnten internationalen Gäste in den Blick.[2] Die großen Berliner Hotels, in denen sich vor dem Krieg Gäste aus aller Welt trafen, lagen allesamt in Trümmern, sodass Berlin-Gäste in kleineren Villenhotels in den Randbezirken untergebracht waren. Vor diesem Hintergrund wurden bereits 1950 drei Projekte für Hotelneubauten im zerstörten Zentrum von West-Berlin diskutiert: ein Wiederaufbau des Hotel Eden am alten Standort in der Budapester Straße (Abb. S. 205), ein neues Hotel Kempinski am Kurfürstendamm sowie ein Hotelneubau für die amerikanische Airline Pan American World Airways (Pan Am).[3] Während der Wiederaufbau des Hotel Eden aus stadtplanerischen Gründen nicht umgesetzt werden konnte, scheiterte das Projekt des Pan-Am-Hotels an seiner anteiligen Finanzierung aus deutschen Quellen – aber auch an den Zweifeln der Berliner Verwaltung, welche 1950 in West-Berlin die wirtschaftlichen Voraussetzungen für den rentablen Betrieb eines solchen internationalen Großhotels noch nicht gegeben sah.[4] So wurde von den drei geplanten Projekten einzig das Hotel Kempinski von 1950 bis 1952 als erster Hotelneubau nach dem Krieg nach Plänen des Architekten Paul Schwebes realisiert (Abb. S. 206) (Dok. 8, 12).

Die 1950er Jahre: Ein internationales Großhotel als Impuls für den Wiederaufbau

Als sich mit den 1949 einsetzenden Berlin-Hilfe-Maßnahmen die wirtschaftliche Lage West-Berlins wenige Jahre später langsam verbessert (siehe Karin Wilhelm

Abb. 1 *Berlin. Treffpunkt der Welt*, Werbebroschüre in deutscher und englischer Sprache, Titelblatt der 2. Ausgabe, 1950

im vorliegenden Band), werden in Berlin die Pläne für die Entwicklung eines internationalen Großhotels erneut diskutiert. Einen Impuls dazu gab die Berliner Bekleidungsindustrie, die angesichts der deutlich steigenden Zahl der Berlin-Reisenden über unzureichende Unterbringungsmöglichkeiten ihrer internationalen Gäste während der Mode-Fachmesse „Berliner Durchreise" klagte. Das Hotelvorhaben kann schließlich mit einem Budget von 18 Millionen D-Mark als eines der Wiederaufbauprojekte im „Langfristigen Wiederaufbauplan" der neuen Regierung Otto Suhr verankert werden, der 1955 den Auf- und Ausbau West-Berlins als Kultur- und Kongressstadt (und langfristig zur Hauptstadt) zum politischen Ziel erklärt.[5] Anfänglich hofft man, das Großhotel zusammen mit einem geplanten Berliner Amerikahaus an der Hardenbergstraße, unmittelbar am Fernbahnhof Zoologischer Garten, realisieren zu können. Da jedoch die Größe des vorgesehenen Bauplatzes für beide Vorhaben nicht ausreicht, gerät daraufhin das Areal der zerstörten Zoo-Festsäle im östlichen Bereich des Zoologischen Gartens in den Blick.[6] Hier hatte der Aktien-Verein des Zoologischen Gartens zu Berlin 1912 die gastronomischen Einrichtungen zu einem Großbetrieb mit mehreren Festsälen für „weltstädtische Riesenfeste"[7] erweitern lassen, die bis zu ihrer Zerstörung 1943 als eine beliebte Adresse im Vergnügungsviertel am Zoo galten (Abb. 2, 3).

Nach Kriegsende veranlasste Zoo-Direktorin Dr. Katharina Heinroth Teile der stark zerstörten Zoo-Festsäle im Dreieck zwischen Landwehrkanal und Budapester Straße behelfsmäßig auszubauen und verhandelte mehrere Jahre mit dem Senat über Möglichkeiten für einen Wiederaufbau dieses vormals beliebten Vergnügungsortes.[8] So berichtet Anfang September 1954 *Die Neue Zeitung* über Pläne des Finanzsenators Dr. Friedrich Haas für einen großräumigen Wiederaufbau der Zoo-Festsäle, der sowohl den Philharmonikern als neue Heimstätte dienen, als auch „gleichzeitig die Funktionen einer – Berlin bisher fehlenden – großen Kongresshalle erfüllen" solle.[9] Diese Überlegungen des Senats, die in West-Berlin fehlenden Säle für große Veranstaltungen und Tagungen mit einer weiteren Nutzung zu verbinden, liegen wenig später auch der Standortentscheidung für das geplante Großhotel zugrunde.[10]

Auf der Suche nach einem internationalen Betreiber nehmen die verantwortlichen Senatoren Kontakt mit der Hilton Hotels International Inc. auf (siehe Karin Wilhelm im vorliegenden Band), eine 1948 gegründete hundertprozentige Tochterfirma der Hilton Hotels Corporation, mit der der amerikanische Hotelkonzern seit 1949 weltweit expandierte. Möglich wurde diese Expansion

Abb. 2–3 Hauptrestaurant im Zoologischen Garten mit den Zoo-Festsälen (Pächterin: Hotelbetriebs-Aktiengesellschaft), Postkarten, 1912. Foto: unbekannt

durch ein neuartiges Vertragsmodell, das erstmals für das Caribe Hilton in Puerto Rico[11] Anwendung fand und auch dem Hotelneubau in West-Berlin zugrunde liegen soll.[12] Nach diesem Modell lässt Hilton in ausgewählten Städten von den lokalen Autoritäten Hotelneubauten nach Hilton-Standards errichten und ausstatten, die der Hotelkonzern anschließend von den Eigentümern pachtet und unter der weltweit bekannten Marke Hilton betreibt. Was für Hilton als Betreiber das Risiko für sein Engagement in der Inselstadt Berlin minimiert, verlagert dieses umso mehr auf das Land Berlin als Bauherrin und Eigentümerin des zukünftigen Hotels, die mit diesem Vertragsmodell auf einen erfolgreichen und rentablen Betrieb durch Hilton angewiesen ist. Trotz der unsicheren politischen, wirtschaftlichen und finanziellen Lage der Stadt und gegen alle Bedenken wird das Hotel als eines von drei Projekten, „mit denen die Regierung der USA ihr besonderes Vertrauen zur Zukunft Berlins bekunden will“[13] in die Wege geleitet. Die Strahlkraft der Marke Hilton werde, so die Überzeugung der politischen Entscheidungsträger, weltweit für die Stadt West-Berlin werben und „den finanzkräftigen Teil der Touristen und Geschäftsleute aus dem In- und Ausland zu einer Reise nach Berlin“[14] anregen. Durch den wachsenden Fremdenverkehr und die Kaufkraft der internationalen Gäste werde der Hotelneubau, so Wirtschaftssenator Dr. Paul Hertz, einen wichtigen Beitrag zur Förderung der gesamtwirtschaftlichen Lage und damit dem Aufbau West-Berlins leisten.[15]

Für den Bau des Hotel Hilton wird die Hotelbau-Gesellschaft Budapester Straße mbH gegründet, mit dem Land Berlin und der Industriebank Berlin als den beiden Gesellschaftern. Auf das Stammkapital der Gesellschaft in Höhe von 2,5 Millionen D-Mark leistet die Industriebank Berlin eine Bareinlage von 1 Million D-Mark, die in der Anlaufzeit des Projektes als liquide Mittel zur Verfügung stehen.[16] Das Land Berlin bringt als Sacheinlage das etwa 30.000 Quadratmeter große Baugrundstück an der Südostseite des Zoologischen Gartens im Wert von 4 Millionen D-Mark in die Gesellschaft ein.[17] Über diese Sacheinlage hinaus soll der Berliner Haushalt durch das Projekt nicht belastet werden. Die Finanzierung der äußerst knapp kalkulierten Bau- und Einrichtungskosten des Hotelneubaus in Höhe von 18 Millionen D-Mark erfolgt über eine Darlehenshypothek von 5 Millionen D-Mark auf das einzubringende Grundstück sowie einem von der Bundesregierung bewilligten ERP-Kredit in Höhe von 13 Millionen D-Mark.[18]

Nach diesem Modell bildet das Baugrundstück im Dreieck zwischen Zoologischem Garten, Budapester Straße und Landwehrkanal die Grundlage und Sicherheit

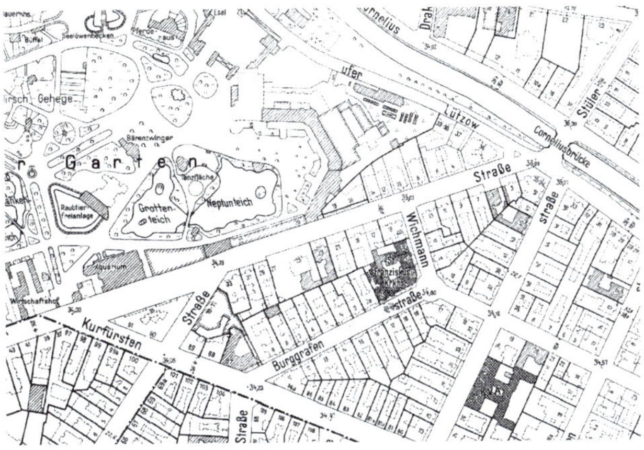

Abb. 4 Budapester Straße, Kartenausschnitt, 1955. Hauptrestaurant mit den Zoo-Festsälen im östlichen Bereich des Zoologischen Gartens, daran angrenzend Privatgrundstücke entlang der Budapester Straße

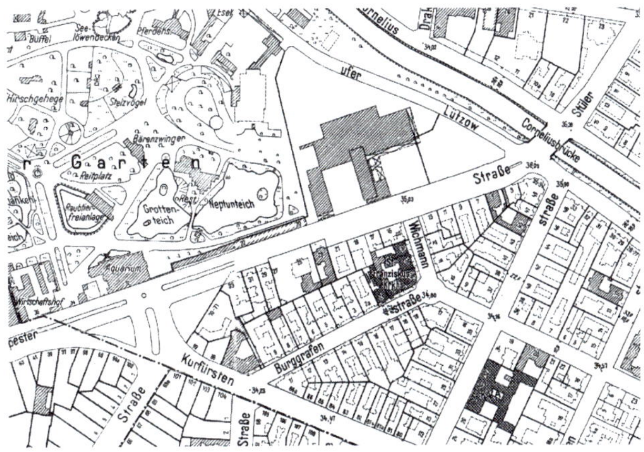

Abb. 5 Budapester Straße, Kartenausschnitt, 1957. Hotel Hilton im Dreieck zwischen Zoologischem Garten, Budapester Straße und Landwehrkanal

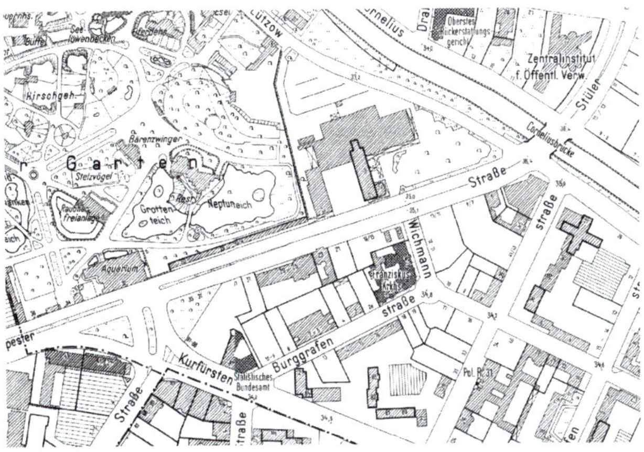

Abb. 6 Budapester Straße, Kartenausschnitt, 1971. Hotel Schweizerhof, Budapester Straße 25–29 mit Bestandsgebäude Budapester Straße 23

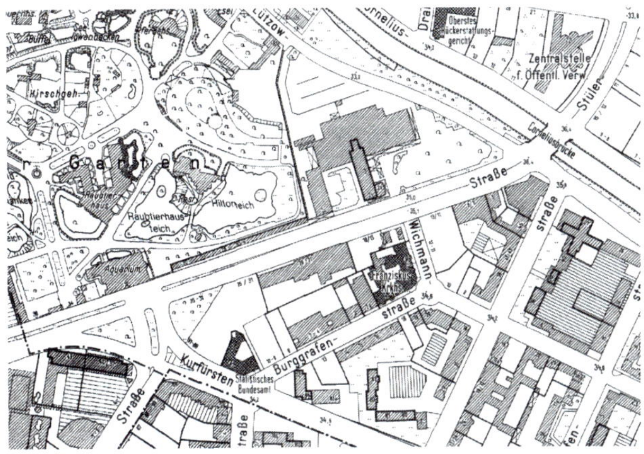

Abb. 7 Budapester Straße, Kartenausschnitt, 1975. Hotel Schweizerhof, Budapester Straße 21–29

für die Finanzierung des Projektes. Doch befindet sich dieses Areal noch nicht im Besitz des Landes Berlin, als der Berliner Senat im Frühjahr 1955 Hilton die Zusage für das gemeinsame Projekt erteilt. Mit dem zeitgleich ausgehandelten Auseinandersetzungsvertrag zwischen dem Aktien-Verein des Zoologischen Gartens und dem Land Berlin gehen zwei Drittel der für den Hotelbau vorgesehenen Fläche an das Land Berlin über.[19] Zusätzlich muss der Senat eine Reihe Trümmergrundstücke entlang der Budapester Straße aus Privatbesitz aufkaufen[20] **(Abb. 4, 5)**. Als eine der Eigentümerinnen den Verkauf ihrer fünf zusammenhängenden Grundstücke an der Budapester Straße, Ecke Lützowufer ablehnt,[21] steht der Senat vor langwierigen Verhandlungen. Gegenüber der Hilton Hotel International Inc. hat er sich verpflichtet, das Gesamtgrundstück in einem Zusatzvertrag endgültig feststellen zu lassen. Ebenso können auch die ERP-Kredite zur Finanzierung des Hotelbaus erst dann in Anspruch genommen werden, wenn die Hotelbau-Gesellschaft eingetragene Eigentümerin sämtlicher Grundstücke ist.[22] Erst im März 1957 willigt die Eigentümerin der fünf Grundstücke ein, ihren 4.574 Quadratmeter großen Grundbesitz im Stadtteil Tiergarten gegen ein 7.889 Quadratmeter großes Areal im Stadtteil Wilmersdorf zu tauschen,[23] sodass die Sacheinlage von 30.000 Quadratmetern landeseigenem Grund und Boden in die Hotelbau-Gesellschaft Budapester Straße mbH erfolgen kann. Nach dieser Verzögerung beginnt der Bau des Hotel Hilton erst im Jahr des Großereignisses der *Interbau 1957*, aus deren Anlass ursprünglich einmal die Fertigstellung und Eröffnung des neuen Hotel Hilton vorgesehen war **(Abb. S. 214)**.

Wunschbild und Wirklichkeit

Als Wirtschaftssenator Paul Hertz am 30. November 1958 den Schlüssel für das Hotel Hilton an Conrad N. Hilton überreicht, bekräftigt er einmal mehr die großen Hoffnungen, die mit diesem Hotelneubau verbunden sind. Als „neuestes Wahrzeichen Berlins“ und „neues Glied einer internationalen Kette einer Hotelorganisation, die den ganzen Globus umspannt“, solle das Hotel zukünftig „im internationalen Fremdenverkehr als Anziehungspunkt wirken“ und gleichzeitig am konkreten Ort, am Rande des Berliner Tiergartens, den

Abb. 8 Budapester Straße mit Bestandsbauten auf der dem Hotel Hilton gegenüberliegenden Straßenseite, Luftbild, 1962. Foto: Rolf Goetze

städtebaulichen und wirtschaftlichen Impuls für ein „neues Viertel weltstädtischen Lebens" setzen.[24] Doch die Eröffnung des Hotels fällt nach Jahren der Stabilisierung in eine Phase der neuen politischen Unsicherheit, die das Chruschtschow-Ultimatum wenige Tage vor den Eröffnungsfeierlichkeiten im Hilton auslöst und die sich Anfang 1960 zeitversetzt in einem Rückgang der Investitionen in der Stadt und in deren Wiederaufbauprojekte widerspiegelt.[25] So bleibt nicht nur der erhoffte amerikanische Besucherstrom weit hinter den optimistischen Kalkulationen zurück. Es bleibt vor allem die weitere Bautätigkeit im Umfeld des Hotelneubaus aus, und das neue Hotel Hilton steht bis weit in die 1960er Jahre hinein statt im Zentrum eines neuen weltstädtischen Viertels am Rande einer Feldlandschaft, wie ein Anwohner die Gegend um die Budapester Straße Anfang der 1960er Jahre beschreibt[26] (Abb. 8).

Mit dem Rückgang der Investitionen scheint die Neugestaltung des wirtschaftlichen Zentrums West-Berlins, die mit dem „Arkadenband der Schaulust" (siehe Karin Wilhelm im vorliegenden Band) am Rande des Zoologischen Gartens allmählich Form annimmt, in einem Zwischenstadium eingefroren. Doch vollziehen sich auf der nicht unmittelbar zutage tretenden Ebene der Eigentumsstrukturen und Bodenpreise grundlegende Veränderungen. Durch den Bau des Hotel Hilton und der Hilton-Kolonnaden erfährt die Budapester Straße eine starke Aufwertung und liegt Ende der 1950er Jahre nun mit im Fokus der Planungen um den Breitscheidplatz, was sich unmittelbar in Nachfrage und Preisentwicklung auf dem Grundstücksmarkt widerspiegelt.[27] Doch erst mit einer Neuausrichtung der Wirtschaftspolitik unter Wirtschaftssenator Karl Schiller, der 1961, kurz nach dem Bau der Berliner Mauer, die Amtsnachfolge des verstorbenen Paul Hertz antritt, erhält die Bautätigkeit in West-Berlin und damit auch die weitere Entwicklung der Budapester Straße einen neuen Impuls. Über weitere Vergünstigungen im Rahmen der Berlin-Hilfe, wie Sonderabschreibungen und Investitionszulagen, lenkt Schiller neue Investitionen in die Stadt und regt darüber auch die Bautätigkeit an. In diesem Zusammenhang gewinnt vor allem das investitionspolitische Instrument der beschleunigten steuerlichen Abschreibung an Bedeutung, das bereits im März 1959 unter Wirtschaftssenator Hertz als Sondermaßnahme eingeführt worden war, um den Auswirkungen auf die wirtschaftliche Lage West-Berlins infolge des Chruschtschow-Ultimatums zu begegnen (Dok. 23).[28] Mit Schillers Novellierung der Berlin-Hilfe 1962 zielen die sich nun gegenseitig ergänzenden und verstärkenden Maßnahmen auf eine stärkere Kapitalorientierung, was neue Akteure als Investoren in die Stadt zieht, um deren Investitionen in West-Berliner Immobilien und Grundstücke mit den gesetzlich legalen Steuersparmodellen aktiv geworben wird. Zusätzlich setzen spezielle Kredit- und Finanzierungsprogramme Anreize, um besonders wachsende Wirtschaftszweige zu fördern. Dazu zählt auch der Berliner Fremdenverkehr, der nach Ansicht des Verkehrsamtes Berlin durch eine intensivierte Berliner Fremdenverkehrswerbung noch weiter steigerungsfähig sei.[29] Zudem wolle man, so Wirtschaftssenator Schiller, für eine weitere Belebung des Fremdenverkehrs zukünftig noch mehr Kongresse und Conventions nach West-Berlin holen.[30] Da jedoch die Zahl der Fremdenbetten seit dem Mauerbau trotz des zunehmenden Fremdenverkehrs kaum erweitert worden sei, mache sich besonders in den Spitzenmonaten ein deutlicher Mangel an Hotelbetten bemerkbar. „Um die gegenwärtigen Hotel-Engpässe zu beseitigen und um auf längere Sicht die Voraussetzungen für einen weiter zunehmenden Fremdenverkehr zu schaffen, ist eine Erhöhung des Bettenangebotes [...] erforderlich."[31] Dabei wäre, laut Ansicht des Verkehrsamtes Berlin, „[n]eben der Erweiterung der vorhandenen Häuser [...] besonders ein neues Hotel mit internationalen Verbindungen erwünscht", da „die Beispiele Hilton-Hotel und Hotel Kempinski in den vergangenen Jahren gezeigt haben, dass derartige Häuser Werbefaktoren von besonderem Rang für den Berliner Fremdenverkehr und damit für das gesamte Berliner Beherbergungsgewerbe sind".[32]

Den erforderlichen Neu- und Ausbau der Berliner Hotels soll ein neues Hotelbauprogramm vorantreiben, das der Senator für Wirtschaft Ende 1963 lanciert und das über die Vergabe zinsgünstiger Kredite aus dem ERP-Sondervermögen insbesondere den Bau von Hotels der gehobenen Kategorie fördern soll. Damit eröffnet sich für die Architekten Paul Schwebes und Hans Schoszberger die Möglichkeit, nach dem Bau des Hotel Kempinski, des Hotel Berlin (Abb. S. 226) und des Hotel Hilton sowie mehrerer Hotelprojekte im Bundesgebiet (Abb. S. 228 ff.), Mitte der 1960er Jahre auch in West-Berlin noch einmal Hotelbauten zu realisieren. Dank ihrer guten Kontakte zu Senat, Bauherrn und Investoren sowie ihrer Erfahrung in den Planungs- und Verhandlungspraktiken mit amerikanischen Auftraggebern besetzen die Architekten nun eine ganz zentrale Position in den Verhandlungen um ein senatseigenes Grundstück an der Budapester Straße, Ecke Kurfürstenstraße. Dort soll Mitte der 1960er Jahre auf Wunsch des Bausenats in unmittelbarer Nachbarschaft des Hotel Hilton ein weiteres internationales Großhotel entstehen.[33]

Die 1960er Jahre: Wettlauf um den Bau eines internationalen Großhotels

Bereits 1957 hatte der Senat begonnen, an dieser städtebaulich zentralen Stelle erste Einzelgrundstücke um den einstigen Standort des Hotel Eden und die Ruine des Staatstheater Kleines Haus aufzukaufen und für zukünftige Wiederaufbauprojekte zu sichern (Abb. 9). Eines dieser Projekte war ein großer Hotelkomplex, der sich von der Budapester Straße, Ecke Kurfürstenstraße auch auf die dahinterliegenden Privatgrundstücke entlang der Budapester Straße erstrecken sollte. Als Betreiber versuchte man an diesem prominenten Standort ein weiteres Mal die amerikanische Airline Pan Am mit ihrer 1946 gegründeten Tochterfirma Intercontinental Hotels Corporation zu gewinnen.[34] Kurz nachdem das Pan-Am-Projekt in der Tagespresse bekannt wird, gelingt es dem Münchner Investor Konsul Johann Holzmüller, das mitten in dem vorgesehenen Pan-Am-Komplex liegende Grundstück Budapester Straße 25–27 von einer jüdischen Erbengemeinschaft zu erwerben und sich über diesen Grundstückskauf für Verhandlungen über den Bau des Hotelkomplexes in Stellung zu bringen.

Abb. 9 Kreuzung Budapester Straße und Kurfürstenstraße mit dem Standort des ehemaligen Hotel Eden (Baugrube im Vordergrund) und der Ruine des Staatstheater Kleines Haus (1963 gesprengt), 1958. Foto: Rolf Goetze

Abb. 10 Schwebes und Schoszberger, Hotelkomplex Budapester Straße, Ecke Kurfürstenstraße, Schaubild, 1964

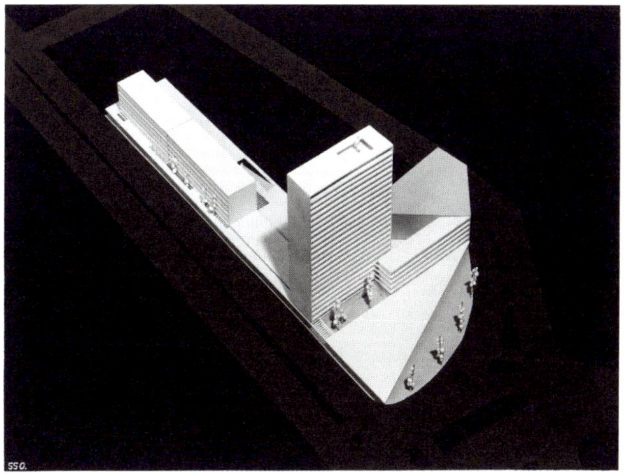

Abb. 11 Schwebes und Schoszberger, Hotelkomplex Budapester Straße, Modell. Foto: Walter Köster

Doch zunächst beantragt die von Holzmüller gegründete Baugesellschaft Berlin mbH & Co KG beim Senator für Wirtschaft einen ERP-Investitionskredit für den Bau eines kleinen Hotel Garni auf dem Grundstück.[35] Laut Baubeschreibung war dieses als ein klassischer Flügelbau mit zurückversetztem Haupthaus und repräsentativer Auffahrt geplant.[36] Wenige Wochen später folgt am 14. April 1964 ein weiterer Kreditantrag für einen Anschlussbau auf den benachbarten Grundstücken Budapester Straße 21–23, mit dem sich Holzmüllers expansive Strategie bereits andeutet. Der Anschlussbau sei, so der Investor, erst für das kommende Jahr vorgesehen, „da das Grundstück z. T. noch genutzt wird und Mietverträge laufen". Die beiden Anträge seien daher getrennt voneinander zu behandeln, da „das Projekt Budapester Straße 25–27 [...] auch ohne den Anschlussbau [...] voll lebensfähig und in seiner Wirtschaftlichkeit nicht beeinträchtigt" sei.[37] Nachdem der Investitionskredit für das Hotel Garni befürwortet[38] und bei der Industriebank Berlin in Bearbeitung ist,[39] informiert Holzmüller den Senator für Wirtschaft, dass beim Bausenat nun Schwierigkeiten mit der Durchführung des Projektes aufgetreten seien. Denn dieser bestehe darauf, das Hotel Garni nur in Verbindung mit einem geplanten Pan-Am-Hotel an der Budapester Straße, Ecke Kurfürstenstraße durchzuführen.[40] Auch wird deutlich, dass Holzmüller nicht nur Gespräche mit dem Bausenat, sondern auch bereits mit der Pan Am geführt hat. Diese habe, wie Holzmüller gegenüber dem Senator für Wirtschaft erklärt, eine Beteiligung an seinem Projekt Hotel Garni eindeutig ausgeschlossen, zeige jedoch großes Interesse an einer Zusammenarbeit für das später auf dem senatseigenen Eckgrundstück geplante Hochhausprojekt.[41] Dem Senator für Wirtschaft scheinen die Pläne des Bausenats für den Pan-Am-Komplex an der Budapester Straße, Ecke Kurfürstenstraße bis dato nicht bekannt zu sein. Erst am 4. August 1964 erreicht ihn ein Schaubild des Gesamtentwurfs aus dem Büro Schwebes und Schoszberger **(Abb. 10)**. In ihrem beiliegenden Schreiben erläutern die Architekten, dass es sich bei dem von Holzmüller geplanten Hotel Garni um den siebengeschossigen Riegel entlang

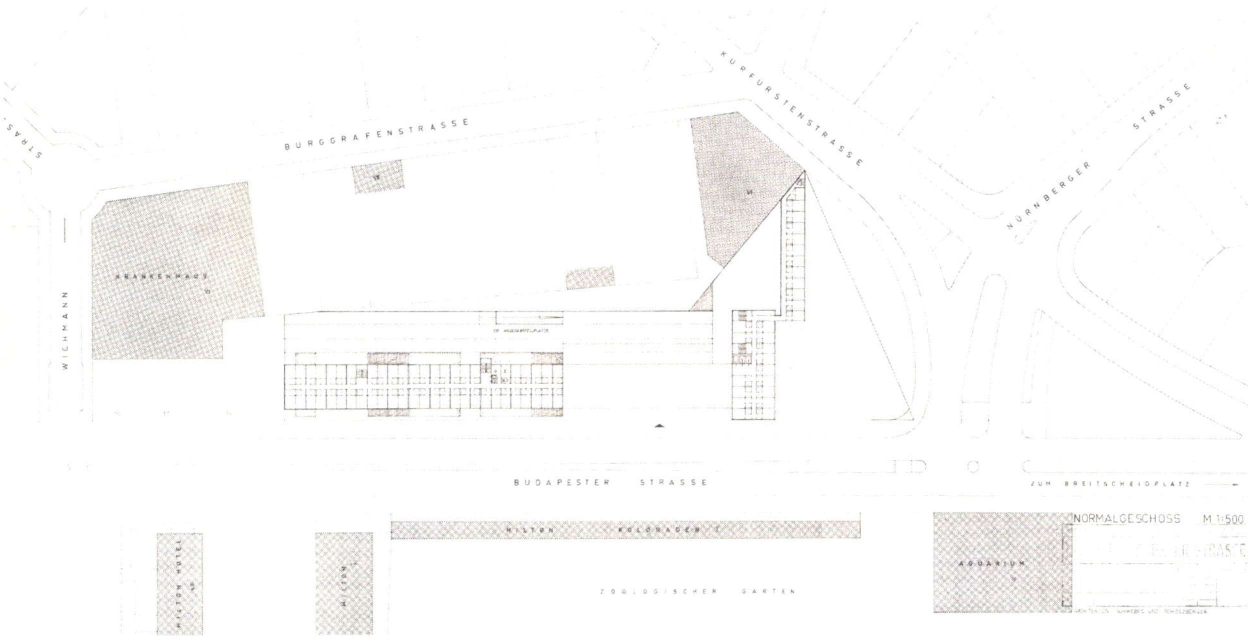

Abb. 12 Schwebes und Schoszberger, Hotelkomplex Budapester Straße, Grundriss Normalgeschoss

der Budapester Straße handele und im Vordergrund eine spätere Planung für ein Luxushotel-Hochhaus dargestellt sei.[42] Ob die Umplanungen des Entwurfs für Holzmüllers Hotel Garni von einem Flügelbau zu einem Hotelriegel auf Wunsch des Bausenats oder auf die Initiative der Architekten zurückgehen, bleibt im Dunkeln. Der neue Entwurf des siebengeschossigen Hotelriegels aus dem Büro Schwebes und Schoszberger legt jedoch vonseiten der Architektur den Grundstein für eine zukünftige Erweiterbarkeit des Hotelbaus. Diese wird Holzmüller in den folgenden Jahren über sukzessive Zukäufe der angrenzenden Grundstücke umsetzen – wenn auch in anderer Form, als von Schwebes und Schoszberger in ihrem Schaubild wirkungsvoll ins Bild gesetzt.

Hotel Corporation of America

Für das im Schaubild dargestellte Luxushotel-Hochhaus an der Budapester Straße, Ecke Kurfürstenstraße bemühen sich Schwebes und Schoszberger ebenfalls bereits aktiv um Investoren und Betreiber. Ein im Paul Schwebes Archiv erhaltener Schriftwechsel mit der amerikanischen Hotelkette Hotel Corporation of America International (HCA) ermöglicht dabei Einblicke in die Vorgehensweise und Rolle der Architekten in den Verhandlungen um die Bebauung des senatseigenen Grundstücks. Parallel zu den Verhandlungen mit der Pan Am nehmen die Architekten Anfang August 1964 Kontakt mit der HCA auf und senden binnen weniger Tage ein Modell, zwei Pläne und ein Schaubild für die weiteren Verhandlungen nach New York.[43] Ihr bereits fertig ausgearbeiteter Vorentwurf zeigt eine Luxushotelanlage mit 470 Betten, die in „bester, aber auch teuerster Lage Berlins" entstehen und „größer als das Hilton-Hotel und [...] auch besser ausgestattet" sein soll. Dabei dürfte es sich um ebenjenen Entwurf handeln, der am Tag zuvor dem Senator für Wirtschaft als Schaubild zugesandt worden war, denn in ihrem begleitenden Schreiben an die HCA weisen die Architekten darauf hin, „daß die beiden 7-geschossigen Bauten an der Budapester Str[aße] eine mögliche Erweiterung des Hotels darstellen"[44] **(Abb. 11, 12)**. Das senatseigene Baugrundstück an der Kreuzung der Budapester Straße mit der Kurfürstenstraße sei für Schwebes und Schoszberger „als Architekten geschützt",[45] sodass ein Bau an dieser Stelle die HCA zu einer Beauftragung des Büros verpflichte. Doch werde „selbstverständlich [...] nach den Wünschen des Pächters und seinem Bauprogramm ein neuer Entwurf angefertigt".[46] Nachdem Donald W. Curtis, seit kurzem Vice President der HCA, das Projekt in Boston mit der Geschäftsleitung diskutieren konnte, wird für den 26. November 1964 ein Treffen mit dem Präsidenten der HCA Roger Sonnabend und

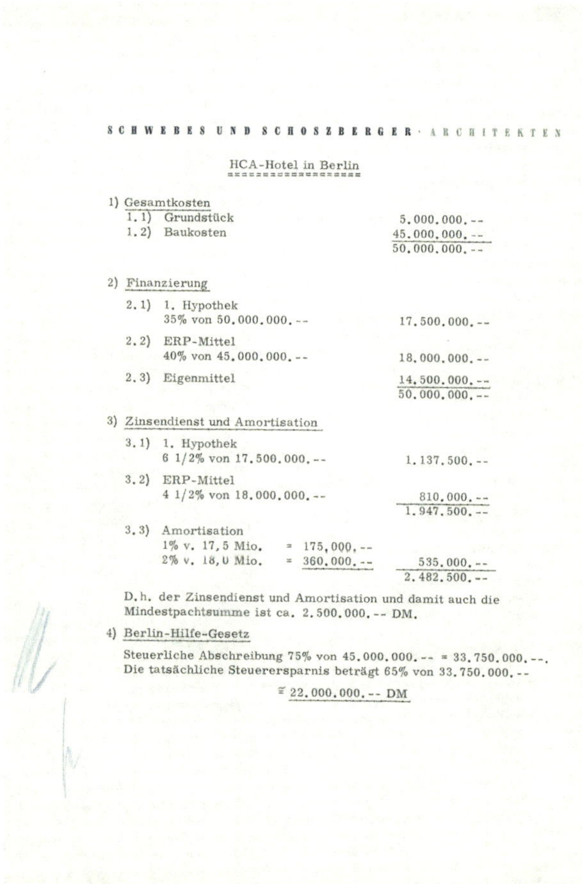

SCHWEBES UND SCHOSZBERGER · ARCHITEKTEN

HCA-Hotel in Berlin

1) Gesamtkosten

1.1)	Grundstück	5.000.000.--
1.2)	Baukosten	45.000.000.--
		50.000.000.--

2) Finanzierung

2.1)	1. Hypothek 35% von 50.000.000.--	17.500.000.--
2.2)	ERP-Mittel 40% von 45.000.000.--	18.000.000.--
2.3)	Eigenmittel	14.500.000.--
		50.000.000.--

3) Zinsendienst und Amortisation

3.1)	1. Hypothek 6 1/2% von 17.500.000.--	1.137.500.--
3.2)	ERP-Mittel 4 1/2% von 18.000.000.--	810.000.--
		1.947.500.--
3.3)	Amortisation 1% v. 17,5 Mio. = 175.000.-- 2% v. 18,0 Mio. = 360.000.--	535.000.--
		2.482.500.--

D.h. der Zinsendienst und Amortisation und damit auch die Mindestpachtsumme ist ca. 2.500.000.-- DM.

4) Berlin-Hilfe-Gesetz

Steuerliche Abschreibung 75% von 45.000.000.-- = 33.750.000.--.
Die tatsächliche Steuerersparnis beträgt 65% von 33.750.000.--

≅ 22.000.000.-- DM

Abb. 13 Schwebes und Schoszberger, vorläufiger Finanzierungsplan für ein HCA-Hotel in Berlin, 1964

den Architekten Schwebes und Schoszberger im Berliner Hotel Hilton vereinbart. Grundlage des Gespräches bildet ein Vorentwurf der Architekten für ein Eintausend-Betten-Hotel. Dieses werde durch einen Bauherrn errichtet und der HCA anschließend für einen Zeitraum von zwanzig Jahren gegen Zahlung einer Mindestpacht in Höhe von etwa 5 Prozent der geschätzten Gesamtbaukosten von 50 Millionen D-Mark überlassen. Darüber hinaus sei der Bauherr zu einem gewissen Prozentsatz auch am Gewinn des Hotels zu beteiligen.[47]

Für die Durchführung des Projektes schlagen Schwebes und Schoszberger der HCA zwei Bauherrn vor, die beide daran interessiert seien, den Hotelbau auf dem senatseigenen Grundstück zu errichten: den Berliner Filmproduzenten Artur Brauner[48] sowie den Münchener Investor Konsul Johann Holzmüller. Aus einem von Schwebes und Schoszberger erstellten vorläufigen Finanzierungsplan **(Abb. 13)** wird deutlich, welche Vorteile sich für die Bauherrn mit der Errichtung des Hotels ergeben.[49] Die Finanzierung des Hotelbaus soll über eine Hypothek in Höhe von 35 Prozent der

Gesamtbaukosten (17,5 Mio. DM), einen Kredit aus Mitteln des ERP-Sondervermögens über 40 Prozent der reinen Baukosten (18 Mio. DM) und 14,5 Millionen D-Mark Eigenkapital erfolgen. Dabei werden die durch den Bauherrn zu zahlenden Zinsen für Hypothek (6,5 Prozent) und ERP-Kredit (4,5 Prozent) über die Mindestpacht der HCA gedeckt. Darüber hinaus kann der Bauherr gemäß § 14 Berlin-Hilfe-Gesetz bis zu 75 Prozent der reinen Baukosten über einen Zeitraum von drei Jahren steuerlich abschreiben, was nach Berechnung der Architekten für ihn eine tatsächliche Steuerersparnis in Höhe von 22 Millionen D-Mark ergibt, denen die 14,5 Millionen D-Mark an investiertem Eigenkapital gegenüberstehen.

Nach dem Treffen mit der HCA im Hotel Hilton teilen die Architekten ihren beiden interessierten Bauherrn in einem nahezu identischen Schreiben mit, dass die durch sie, Schwebes und Schoszberger, mit der HCA ausgehandelten Bedingungen wesentlich günstiger seien, als die von der Pan Am gebotenen.[50] Leider hätten „[d]ie Herren der Hotelgesellschaft […] aber mitgeteilt, daß

Abb. 14 Schwebes und Schoszberger, Hotel Intercontinental, Entwurfszeichnung, 1966

Abb. 15 Schwebes und Schoszberger, Lageplan mit einem mit Bleistift eingezeichneten Großhotel auf dem Eckgrundstück Budapester Straße, Kurfürstenstraße, um 1968

sich noch ein anderer Bauherr um die Errichtung dieses Hotels bemüht und mit ihm verhandelt wird".[51] Offensichtlich wissen beide Bauherrn zu diesem Zeitpunkt nicht von ihrem durch Schwebes und Schoszberger ins Spiel gebrachten jeweiligen Konkurrenten. Am 14. Januar 1965 stellen die Architekten ihren Entwurf für das HCA-Hotel Senatsbaudirektor Prof. Werner Düttmann vor. Als dieser eine deutliche Abgrenzung des geplanten Luxushotels zu dem bereits im Bau befindlichen Hotel Garni des Konsul Holzmüller fordert,[52] zerschlagen sich die Aussichten der Architekten, ihren entworfenen Hotelgroßkomplex gegebenenfalls auch mit zwei verschiedenen Bauherrn oder Betreibern umzusetzen und dem Hotel Hilton damit endlich ein Pendant gegenüberzustellen. Vermutlich scheidet Konsul Holzmüller aus diesem Grund als Bauherr für den HCA-Hotelbau aus, denn die Verhandlungen werden nun mit Artur Brauner weitergeführt.

Bei einem ersten Treffen zwischen Curtis und Brauner in dessen Villa in Berlin-Grunewald präsentieren die Architekten zwei verschiedene Vorentwürfe für ein Sechshundert-Betten-Hotel, die im Anschluss an das Zusammentreffen im Hotel Hilton nach den Vorgaben der HCA ausgearbeitet wurden (Abb. S. 236, 238). Beide Entwürfe seien dem Senat bereits bekannt, der prinzipiell keine Einwendungen gegen das Projekt erhoben habe. Da sich zu diesem Zeitpunkt jedoch bereits „drei verschiedene Hotelgesellschaften um das Grundstück sowie die Möglichkeit des Baues"[53] bewerben, müsse man das Grundstück so bald als möglich mit einer Zusage der HCA für das gemeinsame Vorhaben reservieren[54] und so Brauner die Verhandlungen über den Kauf der senatseigenen Grundstücke ermöglichen.[55] Trotz der gebotenen Eile vergehen weitere zwei Monate, bis Schwebes und Schoszberger am 31. Mai 1965 den Hotelentwurf zusammen mit einem zwischen Brauner und der HCA geschlossenen Vorvertrag beim Senator für Wirtschaft und Kredit zur Prüfung einreichen.[56] Wie sie Curtis kurz darauf mitteilen, lägen nun „insgesamt vier Bewerber für das Hotel auf diesem Grundstück im Rennen".[57] Dennoch habe die HCA gute Chancen, da Brauner in Berlin ein anerkannter Finanzmann sei. Um jedoch die Pan Am als stärksten Konkurrenten auszuschalten, solle die HCA auf Wunsch des Senats auf einen entscheidenden Paragrafen ihres Vorvertrages verzichten, der die amerikanische Hotelgesellschaft im Falle einer sich ändernden politischen Lage von weiteren Mietzahlungen für das Hotel entbinden würde.[58] Im Juli 1965 treffen Brauner und Sonnabend in Paris für Vertragsverhandlungen zusammen, bei denen sie jedoch zu keiner abschließenden Übereinkunft kommen. Als Mitte Oktober 1965 noch immer keine Entscheidung getroffen ist, wendet sich Heinz Kohlenbach, als von Artur Brauner Bevollmächtigter, eindringlich an die HCA: *„Inzwischen liegen beim Senat Berlin vier ernstzunehmende Entwürfe einschließlich Rentabilität, Entwurf eines Pachtvertrages usw. vor. Nicht nur die Intercontinentale* [Pan Am], *auch eine große japanische Fluggesellschaft* [Imperial] *mit einer Berliner Bankengruppe stehen gegen uns in Konkurrenz. Der Senat drängt, mit Rücksicht auf die dringende Notwendigkeit, ein Luxushotel zu errichten, zu einer Entscheidung. Sie wissen, daß wir mit den drei Senatsdirektoren in ständigem Kontakt stehen. Leider kommen wir nicht weiter, weil immer noch die Vertragssache zwischen Ihrer Gesellschaft und dem Bauherrn, Herrn Brauner, nicht zum Abschluss kommt. Durch diese Verzögerung ist nicht nur das Grundstück im Preis gestiegen, auch die allgemeine Lage am Kapitalmarkt läßt befürchten, daß die Finanzierung schwieriger und teurer wird."*[59] Am 7. Dezember 1965 teilt Brauner der HCA schließlich mit, dass beim Senat die Pan Am ein Vorrecht habe und man dort versuchen wolle, zunächst diese als Pächterin für das Luxushotel zu gewinnen.[60] Dafür habe der Senat der Pan Am eine letzte Frist bis Ende Januar 1966 eingeräumt. Für das gemeinsame Projekt mit der HCA sehe Brauner nunmehr wenig Chancen, fragt als umtriebiger Geschäftsmann jedoch an, ob die HCA *„vielleicht Interesse hätt*[e], *das gegenwärtig im Bau befindliche Objekt am Kurfürstendamm / Ecke Knesebeckstraße – 50 m vom Theater am Kurfürstendamm und der Komödie entfernt und ungefähr 250 m vom Hotel-Kempinski – als Hotel zu prüfen, umso mehr als meine Gespräche mit den Architekten ergab* [sic!], *daß man rd 300 Zimmer, und wenn wir noch am Kurfürstendamm das Nachbargrundstück dazukaufen, vielleicht sogar 330 Zimmer = rd 500 Betten erreichen könnten. Immerhin ist es unzweifelhaft einer der besten Plätze der City. Eine Entscheidung ist jedoch eilig, da wir sonst mit der Vermietung von Geschäften und Apartments demnächst beginnen müssen"*[61] (Abb. S. 192). Auch Schwebes und Schoszberger bedauern in ihrem Schreiben an Curtis, dass leider „die PAN AM die besten Aussichten in Berlin" habe und man „an zwei sehr maßgebenden Stellen des Senats Berlin ganz deutlich gesagt [habe], daß man auf diesem Grundstück die Intercontinental [Pan Am] wünscht".[62] Falls sich die HCA jedoch entschließe, in Berlin an anderer Stelle ein Hotel zu bauen, käme neben dem bereits von Brauner angebotenen Grundstück Knesebeckstraße, Ecke Kurfürstendamm auch noch das der HCA bereits bekannte Grundstück am Kurfürstendamm hinter den Theatern infrage[63] (Abb. S. 196) (siehe Johann Sauer im vorliegenden Band). Als für Brauner, Schwebes und Schoszberger mit dem Projekt der HCA die Chancen auf eine erfolgreiche

Abb. 16 Baustelle Budapester Straße nach dem Abriss des Hotel Schweizerhof, Luftbild, 1998. Foto: ullstein-bild

Bewerbung um die Bebauung des senatseigenen Eckgrundstückes an der Budapester Straße schwinden, werden die Verhandlungen mit der chancenreicheren Pan Am wieder intensiviert. Anfang 1966 arbeiten Schwebes und Schoszberger einen Entwurf für ein Luxushotel der Pan Am aus, den sie Ende Januar 1966, kurz vor Ablauf der gesetzten Frist, gemeinsam mit Brauner als Bauherr beim Senator für Wirtschaft zur Prüfung einreichen[64] (Abb. 14). Obwohl sich Anfang 1966 fünf Bewerber um das senatseigene Grundstück an der Budapester Straße und den Hotelneubau bemühen,[65] kommt letztlich keines der Projekte zur Ausführung und das prominent gelegene Eckgrundstück bleibt bis in die 1980er Jahre hinein unbebaut.[66]

Vom Hotel Garni zum Großhotel: Das Hotel Schweizerhof

Die Einführung des Hotelbauprogramms Ende 1963 und der für ein weiteres Wachstum des Fremdenverkehrs notwendige Ausbau der Hotelkapazitäten lösen in West-Berlin einen Bauboom im Hotelbausektor aus. Neben den öffentlich geförderten Projekten entstehen auch im privaten Sektor zahlreiche neue Hotelbauten, sodass sich der in der Tagespresse vielfach kritisierte Bettenmangel bald in ein Bettenüberangebot umkehrt. Schon im Frühjahr 1965 werden auf Anregung des Senats Kredite für die Finanzierung von Hotelvorhaben der Luxus- und der ersten Klasse zurückgestellt[67] und ein Jahr später die ERP-Mittel für Hotelneubauten in Berlin stark eingeschränkt.[68] Diese Kehrtwende in der Förderpolitik für den Hotel-Neubausektor trifft auch das Vorhaben des Luxushotels an der Budapester Straße, Ecke Kurfürstenstraße, für das sich die Hotel Corporation of America und die Pan Am bewerben. Während keines dieser beiden Projekte zur Ausführung kommt, kann Konsul Johann Holzmüller den vorläufigen Finanzierungsstopp für Hotelneubauten umgehen. Als ein bereits genehmigtes und begonnenes Projekt unterliegt sein Hotel Garni, das seit der Umplanung durch Schwebes und Schoszberger unter dem Namen Schweizerhof firmiert, diesen Einschränkungen nicht, sodass Holzmüller für den Ausbau und die Erweiterung seines Hotels weitere Finanzierungshilfen in Anspruch nehmen kann.[69] Am 25. Oktober 1965 reicht seine Baugesellschaft Berlin mbH & Co KG einen Antrag auf Gewährung einer Finanzierungshilfe für Investitionen aus Mitteln des ERP-Sondervermögens für einen

Anschlussbau an der Westseite des Hotels auf dem Nachbargrundstück Budapester Straße 29 ein[70] (Abb. S. 234). Im Februar 1969 folgt ein weiterer Investitionskredit für die Erweiterung der Küchen-, Restaurant- und Frühstücksräume sowie die Einrichtung von Konferenzräumen.[71] Noch im selben Monat gibt die Direktion auf einer Pressekonferenz die Erweiterung des Hotel Schweizerhof nach der Ostseite auf das Nachbargrundstück Budapester Straße 23 bekannt.[72] Nach langjährigen Verhandlungen ist es Holzmüller schließlich gelungen, dieses angrenzende Grundstück zu erwerben und den Abriss des einzigen noch bestehenden Gebäudes in der Budapester Straße zu erwirken.[73] Wenige Monate später geht auch das Nachbargrundstück Budapester Straße 21 in seinen Besitz über, und Holzmüller kann damit „die letzte Baustufe der ursprünglichen Konzeption für den Schweizerhof in Angriff [...] nehmen",[74] wie er sie bereits im April 1964 vorgesehen hatte. Seit 1964 ist es Konsul Johann Holzmüller so gelungen, sein ursprünglich als kleines Hotel Garni geplantes und beantragtes Hotelprojekt durch sukzessive Zukäufe der angrenzenden Grundstücke und unter Ausnutzung der öffentlichen Fördermöglichkeiten zu einem Großhotel auszuweiten und damit in einer der teuersten Gegenden Berlins mehrere Einzelgrundstücke zu einer großen, zusammenhängenden Fläche zusammenzuschließen. Nach verschiedenen Eigentümer- und Betreiberwechseln wurde das Hotel Schweizerhof 1997 nach etwas mehr als dreißig Jahren abgerissen und durch den Neubau eines Fünf-Sterne-Konferenzhotels ersetzt[75] (Abb. 16).

Tourismus und die Ökonomisierung der Stadt

Im Rahmen der 1963 lancierten Hotelbauaktion können Schwebes und Schoszberger in West-Berlin noch einmal an ihre Kontakte aus früheren Jahren anknüpfen. Von den zwischen 1963 und 1966 insgesamt vierzehn staatlich geförderten Hotelbauten der gehobenen Kategorie realisieren die Architekten eine Erweiterung des Hotel Kempinski um ein Hochhaus (Abb. S. 210) sowie den Neubau des Hotel Schweizerhof (Abb. S. 234). Ebenso wird eine bereits 1957 angekündigte Erweiterung des Hotel Berlin am Lützowplatz um einen Hotelturm wieder aufgegriffen, angesichts des sich abzeichnenden Überangebots an Hotelzimmern jedoch nicht umgesetzt (Abb. S. 227).

Obwohl Ende des Jahres 1965 die Tagespresse von einem harten Konkurrenzkampf unter den Hotels und Gaststätten[76] und von leer stehenden Hotelzimmern berichtet, wird von politischer Seite weiterhin an den Plänen für die Errichtung eines internationalen Großhotels an der Budapester Straße festgehalten, um das die Pan Am und die japanische Airline Imperial weiterhin konkurrieren.[77] Noch im Februar 1967 berichtet *Die Welt* über Verhandlungen des Senats mit der Imperial-Gesellschaft für ein Sechshundert-Betten-Hotel[78] und auch die Architekten Schwebes und Schoszberger scheinen noch 1968 einen Hotelbau auf dem senatseigenen Grundstück zu planen (Abb. 15). Eine wirtschaftliche Auslastung sehen Hotellerie-Fachleute selbst bei einem verstärkten Touristenstrom als nicht gegeben, was die Leitung des Großhotels in eine ähnliche Situation bringen würde, wie seinerzeit die Hilton-Geschäftsleitung. Auch damals habe man, so der Vorsitzende der Berliner Hotel- und Gastwirte-Innung, Heinz Zellermayer, der Stadt Berlin durch den Hotelbau einen verstärkten amerikanischen Touristenstrom versprochen – doch nahm die Entwicklung einen anderen Verlauf.[79]

Die Hotelbauten der Architekten Schwebes und Schoszberger in der Budapester Straße sind ein Beispiel dafür, wie sich die wirtschaftspolitischen Maßnahmen der Berlin-Hilfe im städtischen Raum und in den Produktionsbedingungen kommerzieller Architektur manifestieren. Der Wiederaufbau oder besser die Erneuerung der West-Berliner City um den Zoo und den Breitscheidplatz als ein auf Konsum ausgerichtetes weltstädtisches Zentrum zeigt sich dabei als ein komplexer Aushandlungsprozess zwischen den unterschiedlichsten Akteuren und Interessen – Architekten, Stadtplaner, Politiker, Besatzungsmächte, Banken, Investoren, Firmen, Grundstückseigentümer etc. –, der in die Architektur und in den Stadtraum eingeschrieben ist.

Der Tourismus und die vielfältigen politischen Bemühungen, um eine kaufkräftige internationale Klientel nach West-Berlin zu holen und die Stadt als attraktiven Standort zu behaupten, sind für die Wirtschaft und das Überleben der Inselstadt eine wichtige Säule. Die Förderpolitik im Hotelneubau zeigt, wie dafür die Menge und Qualität des Angebots auf die Bedürfnisse und gewohnten Standards der erhofften internationalen Gäste ausgerichtet ist und sich über die Standortwahl und städtebauliche Figur in der Stadt verräumlicht. Der Hotelbausektor ist dafür nur ein Beispiel der kommerziellen Architektur und der hinter ihr stehenden Geschäfts- und Vertragsmodelle, die eine Ökonomisierung der Stadt stetig vorantreiben. Ohne die Anreize der Berlin-Hilfe wären viele der Bauten, die bis heute das Bild der City West prägen, undenkbar gewesen. Doch hatte die Berlin-Hilfe mit Planungen, die an den tatsächlichen Bedarfen vorbeigehen, einer Umstrukturierung der Bewohner- und Eigentumsstruktur in der Innenstadt und legalen Steuersparmodellen, die Immobilienspekulationen begünstigten, auch ihre bekannten Schattenseiten, die sich bis heute auf den städtebaulichen Handlungsspielraum der Stadt Berlin auswirken (Dok. 24).

Anmerkungen

[1] Mit einem Budget von 30.000 D-Mark wurde Fräulein Ilse Wolff wenige Tage nach dem Ende der Berlin-Blockade von Ernst Reuter mit der Fremdenverkehrswerbung für Berlin beauftragt. Siehe: Institut für Kommunikationsgeschichte und Angewandte Kulturwissenschaften der Freien Universität Berlin (Hg.), *Berlin wirbt! Metropolenwerbung zwischen Verkehrsreklame und Stadtmarketing 1920–1995*, Berlin 1995, S. 25, auch: Alexander Sedlmaier, „Berlin als doppeltes ‚Schaufenster' im Kalten Krieg", in: Thomas Biskup / Marc Schalenberg (Hg.), *Selling Berlin. Imagebildung und Stadtmarketing von der preußischen Residenz bis zur Bundeshauptstadt*, Stuttgart 2008, S. 229

[2] Der Berliner Fremdenverkehr ist von den Kriegszerstörungen in besonderem Maße betroffen: Nahezu 94 Prozent der Kapazitäten zur Unterbringung der Fremdenverkehrsgäste sind zerstört und von den etwa 25.000 Betten in den rund 870 Hotels, Pensionen und Fremdenverkehrsheimen vor 1945 waren nach Kriegsende lediglich 1.500 Betten verfügbar. Siehe: Alexander Wilde, „Zwischen Zusammenbruch und Währungsreform. Fremdenverkehr in den westlichen Besatzungszonen", in: Hasso Spode (Hg.), *Goldstrand und Teutonengrill. Kultur- und Sozialgeschichte des Tourismus in Deutschland 1945 bis 1989*, Berlin 1996, S. 87

[3] Carlton S. van Doren, „PAN AM's Legacy to World Tourism", in: *Journal of Travel Research*, 32. Jg., Nr. 1, Juli 1993, S. 9. 1950 wird von amerikanischer Seite der Tourismus als *key industry* für den (Wieder-)Aufbau Europas erkannt und diesem innerhalb des Marshallplans / European Recovery Program (ERP) fortan eine höhere Priorität eingeräumt. Der Bau und die Modernisierung von Hotels nach amerikanischen Standards haben dabei für die Entwicklung des transnationalen Tourismus und den Auf- und Ausbau der Tourismusindustrie eine eminente Bedeutung. Siehe: Robert Groß / Martin Knoll / Katharina Scharf, *Transformative Recovery? The European Recovery Program (ERP) / Marshall Plan in European Tourism*, Innsbruck 2020, S. 19 ff.

[4] Entwicklung des Projektes eines Groß-Hotels in Berlin, 1. September 1955, LAB B Rep 010 Nr. 709

[5] Der „Langfristige Wiederaufbauplan" sah drei Gruppen von Maßnahmen vor: 1. Wirtschaftsausbau durch Investitionen und Auftragsfinanzierung, 2. Kulturprogramm und 3. Kommunalbauten. Siehe: Dr. Suhr, Regierender Bürgermeister von Berlin, in: Stenographische Berichte des Abgeordnetenhauses von Berlin, II. Wahlperiode, Band I, 11. (Ordentliche) Sitzung vom 5. Mai 1955, S. 174 f.

[6] Auf dem 7.000 Quadratmeter großen Grundstück an der Hardenbergstraße 21–24 entsteht von 1956 bis 1957 das Berliner Amerikahaus (Architekt: Bruno Grimmek). Von 1958 bis 1960 errichten Schwebes und Schoszberger auf dem Nachbargrundstück Hardenbergstraße 20 das Büro- und Geschäftshaus „Haus am Zoo" (Abb. S. 166). Entwicklung Groß-Hotel (wie Anm. 4)

[7] In den verschiedenen prunkvoll ausgestatteten Sälen und überdachten Veranden fanden bis zu 10.000 Gäste Platz, deren Zahl sich in den Sommermonaten mit dem Außenbetrieb auf den Terrassen und im Konzertgarten verdoppelte. In Spitzenzeiten stellten bis zu 900 Beschäftigte einen reibungslosen Ablauf des gastronomischen Großbetriebes sicher. Siehe: *Berliner Architekturwelt*, 14. Jg., Nr. 7, 1912, S. 253; *Deutsche Bauzeitung*, 46. Jg., Nr. 3, 10.1.1912, S. 30

[8] Heinz-Georg Klös / Ursula Klös, *Der Berliner Zoo im Spiegel seiner Bauten 1841–1989. Eine baugeschichtliche und denkmalpflegerische Dokumentation über den Zoologischen Garten*, Berlin 1990, S. 228

[9] Otto Mai, „Zoo-Festsäle statt Philharmonie-Neubau. 12-Millionen-Projekt des Finanzsenators. Konzertsaal und Kongreßhalle in einem Gebäude", in: *Die Neue Zeitung. Die Amerikanische Zeitung in Deutschland*, 10. Jg., Nr. 207, 7.9.1954, S. 8

[10] Entwicklung Groß-Hotel (wie Anm. 4), auch: Stenographische Berichte 5. Mai 1955 (wie Anm. 5), S. 176

[11] Im Dezember 1949 eröffnet mit dem Caribe Hilton in San Juan, Puerto Rico, das erste Hilton Hotel außerhalb der Vereinigten Staaten. Im darauffolgenden Jahr folgen nach diesem Modell weitere Verträge für Hotelneubauten in Mexico City, Rom und Istanbul. Siehe: Hilton Hotels Corporation, *Annual Report 1951*, Chicago 1951, S. 11

[12] „Hotels are built and owned by the governments or business interests of the countries, with Hilton Hotel International supplying the working capital and management skill, usually retaining one-third of the operating profit", Hilton Hotels Corporation, *Annual Report 1954*, Chicago 1954, S. 9

[13] Stenographische Berichte 5. Mai 1955 (wie Anm. 5), S. 175. Bei den drei Projekten handelt es sich um eine Kongresshalle, das Hotel Hilton sowie ein Wohnungsbauprojekt für 25 Mio. D-Mark.

[14] Antrag Trägergesellschaft Hilton-Hotel in Gründung, S. 3, LAB B Rep 010 Nr. 709

[15] In den Unterlagen zum Bau des Berliner Hotel Hilton wird verschiedentlich der positive Effekt des internationalen Touristenhotels Caribe Hilton auf die urbane und gesamtwirtschaftliche Entwicklung Puerto Ricos betont, die in der Folge auch Wohnbauten in großer Zahl ermöglicht habe.

[16] Antrag Trägergesellschaft (wie Anm. 14), S. 4

[17] Drucksachen des Abgeordnetenhauses von Berlin, II. Wahlperiode, Nr. 360, ausgegeben am 1.10.1955: Vorlage – zur Beschlussfassung – über Zustimmung zur Gründung der „Hotelbau-Gesellschaft Budapester Straße mit beschränkter Haftung" und zur Errichtung und Verpachtung eines Hotels, S. 2, LAB B Rep 010 Nr. 709

[18] Ebd.

[19] Auseinandersetzungsvertrag des Landes Berlin mit dem Aktien-Verein des Zoologischen Gartens zu Berlin vom 31. Mai 1955, LAB B Rep 010 Nr. 843. Der Auseinandersetzungsvertrag liefert mit der Neuordnung des Grund und Bodens sowie einer Neuregelung der Eigentumsverhältnisse an den darauf befindlichen kriegszerstörten Zoo-Randbauten und Zoo-Festsälen eine wesentliche Voraussetzung für die Neugestaltung des wirtschaftlichen Zentrums von West-Berlin um den Breitscheidplatz und die beiden Initial-Projekte „Zentrum am Zoo" und Hotel Hilton.

[20] Die Grundstücke Budapester Straße 8–18 werden 1955 durch den Senat aus Privatbesitz erworben. Vgl. Auseinandersetzungsvertrag § 7, siehe auch: Schreiben Abteilung Finanzen, Grundstücksamt an die Abt. Bau- und Wohnungswesen, Baulenkung, 5.11.55, LAB B Rep 202 Nr. 6420/1

[21] Der Senator für Finanzen, Senatsvorlage – zur Beschlussfassung – für die Sitzung am Montag, dem 1. April 1957, 19. März 1957, S. 2, LAB B Rep 010 Nr. 843

[22] Hotelbau-Gesellschaft Budapester Strasse mbH an den Senator für Finanzen, Hauptliegenschaftsamt, Regierungsdirektor Schluroff, 30. Oktober 1956, Abschrift, LAB B Rep 010 Nr. 843

[23] Der Senator für Finanzen (wie Anm. 21)

[24] Rede des Vorsitzenden des Aufsichtsrats der Hotelbau-Gesellschaft Budapester Strasse mbH, Herr Senator Dr. Hertz bei der Übergabe des Schlüssels des BERLIN HILTON an Mr. Conrad N. Hilton am 30. November 1958, Firmenarchiv Hotel Intercontinental Berlin

[25] Helmi Ruschemeier, „Wirtschaftliche und wirtschaftspolitische Entwicklung Berlins seit 1945", in: Arbeitsgruppe Berlinförderung / Christoph Albrecht, *Wirtschaftspolitik in Berlin. Vom Notopfer zur Milliardensubvention*, Frankfurt am Main 1979, S. 21

[26] Dr. A. Becker an den Senat von Berlin, Baupolizei Tiergarten vom 11. März 1960, LAB B Rep. 202 Nr. 4821

[27] Von diesen Entwicklungen auf dem Grundstücksmarkt ist zunächst vor allem das Land Berlin selbst betroffen, das für den Ausbau der Budapester Straße von privaten Grundstückseigentümern Bauland zu stark steigenden Preisen kaufen muss. In den Verhandlungen verweist eine Eigentümerin auf die „seit März 1959 auf dem Grundstücksmarkt in ganz Berlin und insbesondere auch in der Budapester Straße stark gestiegenen [Baulandpreise, die] nun wesentlich höher lägen, als durch den Sachverständigen [...] angegeben", Gutachten Dr. Ing. Ernst Runge in Enteignungssache Teilstück des Grundstückes Budapester Straße 23, 16.3.1959, LAB B Rep 009 Nr. 660

[28] Anstelle der laut § 7 Einkommensteuergesetz üblichen 3 Prozent Abschreibung gewährt die Neufassung des § 14 im *Fünften Gesetz zur Änderung des Gesetzes zur Förderung der Wirtschaft von Berlin (West)* vom 25. März 1959 eine steuerliche Abschreibung von bis zu 75 Prozent der Bau- und Ausrüstungsinvestitionen über einen Zeitraum von nur drei Jahren. Siehe: Bundesgesetzblatt, Jg. 1959, Teil I, Nr. 12 vom 26.3.1959, S. 160

[29] Stellungnahme des Verkehrsamtes Berlin zur Frage der West-Berliner Hotel-Situation, 3.10.1963, S. 3, LAB B Rep 010 Nr. 814

[30] Karl Schiller, *Berliner Wirtschaft und deutsche Politik. Reden und Aufsätze 1961 bis 1964*, Stuttgart-Degerloh 1964, S. 32

[31] „Zur Unterbringung der Berlin-Gäste standen in den ersten Jahren nach der Blockade rd. 5.000 Fremdenbetten zur Verfügung. Dieser Bettenbestand stieg bis zum Jahre 1952 auf rd. 5.400 und bis zum Jahre 1956 auf rd. 6.200; er wurde 1956/57 aus Anlaß der Internationalen Bau-Ausstellung auf 7.800 erweitert. Seit diesem Zeitpunkt ist er auf rd. 9.400 angestiegen, wobei zu berücksichtigen ist, dass seit dem 13. August 1961 trotz der Zunahme des Fremdenverkehrs der Fremdenbettenbestand nicht wesentlich erweitert worden ist." Stellungnahme des Verkehrsamtes Berlin (wie Anm. 29), S. 1

[32] Ebd., S. 4 f. Der für die Stadt Berlin als Eigentümerin hochproblematische unwirtschaftliche Betrieb des Hotel Hilton und verschiedene Überlegungen, den Pachtvertrag mit Hilton aufzulösen, finden in dieser Betrachtung keine Berücksichtigung.

[33] „Der Besitzer dieses Grundstückes (ca. 8.400 m²) ist der Senat von Berlin. Dieser verkauft das Grundstück nur an eine Gesellschaft, die sich verpflichtet, ein internationales Luxushotel an dieser Stelle zu errichten." Schwebes & Schoszberger, Überarbeitete Projektbeschreibung und vorläufige Kostenschätzung, 25.11.1964, PSA 1.65

[34] „Die Kapazität der Hotels wird stufenweise erweitert. Senat sichert finanzielle Hilfe zu. Wieder Quartiermangel durch Gästestrom", in: *Die Welt*, 5.10.1963, LAB B Rep 010 Nr. 708

[35] Baugesellschaft Berlin mbH & Co KG an den Senator für Wirtschaft, Baubeschreibung, Anlage zum Antrag auf Gewährung einer Finanzierungshilfe für Investitionen aus Mitteln des ERP-Sondervermögens, 31.1.1964, LAB B Rep 010 Nr. 704

[36] Ebd. Die Autorenschaft dieses Entwurfs ist in den Akten nicht überliefert.

[37] Baugesellschaft Berlin mbH & Co KG an den Senator für Wirtschaft, 8.5.1964, LAB B Rep 010 Nr. 704

[38] Senator für Wirtschaft an die Baugesellschaft Berlin mbH & Co KG, 29.6.1964, LAB B Rep 010 Nr. 704

[39] Baugesellschaft Berlin mbH & Co KG an den Senator für Wirtschaft, 29.7.1964, LAB B Rep 010 Nr. 704

[40] Ebd.

[41] Ebd.

[42] Schwebes und Schoszberger Architekten an den Senator für Wirtschaft, 3.8.1964, LAB B Rep 010 Nr. 704. Dargestellt ist der siebengeschossige Riegel des Hotel Garni einschließlich des vorgesehenen Anschlussbaus auf dem Grundstück Budapester Straße 21–23.

[43] Der Kontakt geht zurück auf ein Treffen zwischen Franz Ott, Mitarbeiter im Büro Schwebes und Schoszberger, und Mr. Donald W. Curtis, Vice President der Hotel Corporation of America International (HCA) in Frankfurt am Main Ende Juli / Anfang August 1964. Schwebes & Schoszberger an Donald W. Curtis, 4.8.1964, PSA 1.65

[44] Anlage zu dem Schreiben an Mr. Curtis vom 4. August 1964, PSA 1.65

[45] Diese Äußerung lässt vermuten, dass Schwebes und Schoszberger bereits mit einem Vorentwurf eine Anfrage auf Vorbescheid für die Bebauung des Grundstückes gestellt hatten. Diese Vorgehensweise wurde auch bei anderen Projekten, wie dem Hochhaus am Potsdamer Platz **(Abb. S. 136)** und später dem Klubhaus für den Verein der Berliner Kaufleute und Industrieller e. V. (VBKI) **(Abb. S. 296)** praktiziert, um ein Grundstück für die Bebauung zu reservieren und die Parameter für seine Bebauung zu eruieren. Schwebes & Schoszberger an Donald W. Curtis, 4.8.1964, PSA 1.65. Eine ähnliche Vermutung äußert Peter Lemburg in *Aufbruch im Wandel*, Berlin 1998, S. 63

[46] Schwebes & Schoszberger, Projektbeschreibung „HCA-Hotel in Berlin", 25.11.1964, PSA 1.65

[47] Ebd.

[48] Zur Person Artur Brauner siehe Karin Wilhelm im vorliegenden Band

[49] Dieser Finanzierungsplan liegt den im PSA archivierten Unterlagen bei, dürfte jedoch im November 1964 im Hotel Hilton nicht Gegenstand des Gesprächs mit der HCA gewesen sein.

[50] Schwebes & Schoszberger an Konsul J. Holzmüller, 8.12.1964, und Schwebes & Schoszberger an Artur Brauner, 8.12.1964, PSA 1.65

[51] Donald W. Curtis an Schwebes & Schoszberger, 22.12.1964, PSA 1.65

[52] Am 14. Januar 1965 hatten Schwebes und Schoszberger die acht- bzw. neungeschossige Entwurfsvariante für einen Hotelbau der HCA dem Senatsbaudirektor Werner Düttmann vom Hauptplanungsamt vorgelegt. Im Falle einer Ausführung dieses Projektes sei Düttmann bereit, einer „Erhöhung des Hotelneubaues Holzmüller um ein Geschoss zuzustimmen". Aktennotiz Hotel Corporation of America, Besprechung am 13. März 1965, PSA 1.65

[53] Ebd.

[54] Erklärung der HCA über Pacht eines Luxushotels in Berlin, Entwurf, 6. Mai 1965, PSA 1.65

[55] Für den Kauf sind die Grundstücke Budapester Straße 31, 33, 35, Kurfürstenstraße 88–91 sowie Burggrafenstraße 9–10 vorgesehen. Donald W. Curtis (wie Anm. 51)

[56] Schwebes & Schoszberger an Senator für Wirtschaft und Kredit, 31.5.1965, PSA 1.65

[57] „Es sind dies die Intercontinentale, Dr. Bleich, Konsul Holzmüller München, die HCA mit Brauner und ein uns noch nicht bekannter Bewerber." Schwebes & Schoszberger an Donald W. Curtis, 2.6.1965, PSA 1.65

[58] Ebd., „HCAI shall not be required to pay rent for any period in which tourist travel to Berlin is restricted or under circumstances of confiscation, natural disaster and soforth." Head of Agreement zwischen HCAI und Artur Brauner, Kopie, 20.5.1965, PSA 1.65. Dieser Bitte des Senats wird nach einem Telefonat zwischen Curtis und Senator Dr. Haas vonseiten der HCA nachgekommen. Schwebes & Schoszberger an Donald W. Curtis, 8.6.1965, PSA 1.65

[59] Heinz Kohlenbach an Donald W. Curtis, 18.10.1965, PSA 1.65. Daraufhin erhöht Brauner die von der HCA zu zahlende Mindestpacht von 5 auf 7 Prozent.

[60] Central-Cinema-Group Filmgesellschaft mbH an Donald W. Curtis, Kopie, 7.12.1965, PSA 1.65

[61] Ebd. Das Schreiben basiert zu großen Teilen auf einem Briefentwurf aus dem Büro Schwebes und Schoszberger, das Brauner ergänzt.

[62] Schwebes & Schoszberger an Donald W. Curtis, 15.12.1965, PSA 1.65

[63] Ebd. Über das Grundstück Ku'damm hinter den Theatern verhandelten Schwebes und Schoszberger im August 1965 auch mit der amerikanischen Hotelkette Sheraton Hotels & Motors Inn. Schwebes & Schoszberger an Donald W. Curtis, 13.8.1965, PSA 1.65

[64] Heinz Kohlenbach an den Senator für Wirtschaft, 15.2.1966, PSA 1.65

[65] „Finanzsenator verzögert City-Projekt. Seit Monaten liegen Pläne für japanischen Hotel-Wolkenkratzer vor", undatierter Zeitungsausschnitt, PSA

[66] Zwischen 1983 bis 1985 entstand auf dem Grundstück Budapester Straße 35 die Firmenzentrale der Grundkreditbank, später Berliner Volksbank (Architekten: Pysall, Stahrenberg und Grundei). Nach deren Abriss 2017 wurde von 2018 bis 2020 das Bürohochhaus The Westlight (Architekten: Grüntuch Ernst Architekten) errichtet.

[67] Auszug aus der Niederschrift über die 93. Arbeitstagung des Berliner Investitionsausschusses am 25. März 1965, LAB B Rep 010 Nr. 814

[68] „Bundestagsausschüsse berieten über Etathilfe und ERP-Mittel in Berlin. Beschränkung der öffentlichen Mittel für Büro- und Hotelneubauten", in: *Der Tagesspiegel*, 28.4.1966, LAB B Rep 010 Nr. 708

[69] Nach Ansicht von Ministerialrat Dr. Hans Dieter Rüdt, ERP-Ministerium Bad Godesberg, sollten Erweiterungen von laufenden Hotelvorhaben dem vorläufigen Finanzierungsstopp von Hotelbauten nicht unterliegen. Vermerk betr. Baugesellschaft Berlin mbH & Co KG, Abschrift, 18.5.1965, LAB B Rep 010 Nr. 704

[70] Baugesellschaft Berlin mbH & Co KG an den Senator für Wirtschaft, Antrag auf Gewährung einer Finanzierungshilfe für Investitionen aus Mitteln des ERP-Sondervermögens, 25.10.1965, LAB B Rep 010 Nr. 704

[71] Auszug aus dem Protokoll des Kredit-(Bürgschafts-)Einplanungsausschusses, 10.2.1969, LAB B Rep 010 Nr. 704

[72] Pressemitteilung „Schweizerhof ist optimistisch. Schweizerhof beschließt Erweiterung. Ufa-Brandruine durch erfolgreichen Schweizerhof erworben", 28.2.1968, LAB B Rep 010 Nr. 704

[73] Paul Schwebes, Antrag auf Genehmigung für den Abbruch des Hauses Budapester Straße 23, 30.4.69, LAB B Rep 202 Nr. 4825

[74] Vermerk betr. Hotel Schweizerhof, 12.11.1969, LAB B Rep 010 Nr. 704

[75] Bis 1989 verblieb das Hotel Schweizerhof in Besitz von Konsul Holzmüller und der deutsch-schweizerischen Gesellschaft; ab 1979 wurde das Hotel durch die Intercontinental-Gruppe betrieben. Siehe: *Raum & mehr. Das Immobilienmagazin von Union Investment*, 1/2019, S. 32 f.

[76] „Nun zu viele Hotels und Gaststätten? Scharfer Konkurrenzkampf. Preisvergleiche werden jetzt noch entscheidender" in: *Die Welt*, 31.12.1965, LAB B Rep 010 Nr. 708

[77] „Gäste bitte mitbringen. Senatsbedingungen für geplantes Großhotel in der Budapester Straße", in: *Der Tagesspiegel*, 24.3.1966, LAB B Rep 010 Nr. 708

[78] „Am Europa-Center fallen bald die letzten Bauzäune. Hotel im August fertig. Pepper: Lohnende Ausnutzung schon gesichert", in: *Die Welt*, 24.2.1967, LAB B Rep 010 Nr. 708

[79] Ebd.

Bauten und Projekte

Verwaltungsbauten

Verwaltungsgebäude Kathreiner Malzkaffee-Fabrik GmbH (Mitarbeit im Büro Bruno Paul)

Potsdamer Straße, Berlin-Schöneberg
1929–1930
Baudenkmal

Ansichtszeichnung Potsdamer Straße

Ansicht Kleistpark. Foto: unbekannt

Verwaltungsgebäude Heinrich Franck Söhne GmbH

Kat. S. 354

Potsdamer Straße, Berlin-Schöneberg
1932–1940
verschiedene Umbauten, Baudenkmal

Ansicht Potsdamer Straße nach Fassadenumgestaltung, um 1934. Foto: Ernst H. Börner

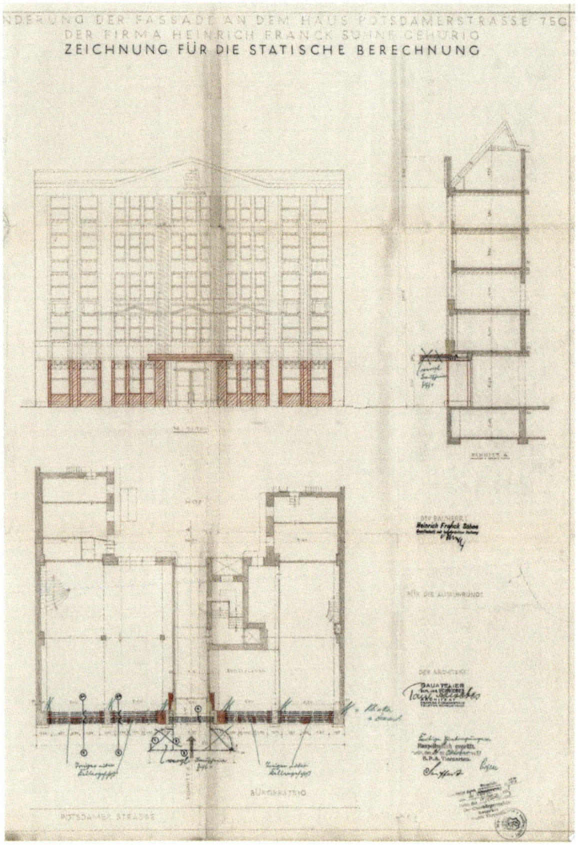

Fassadenumgestaltung Schwebes, Ansicht, Grundriss und Schnitt, 1933

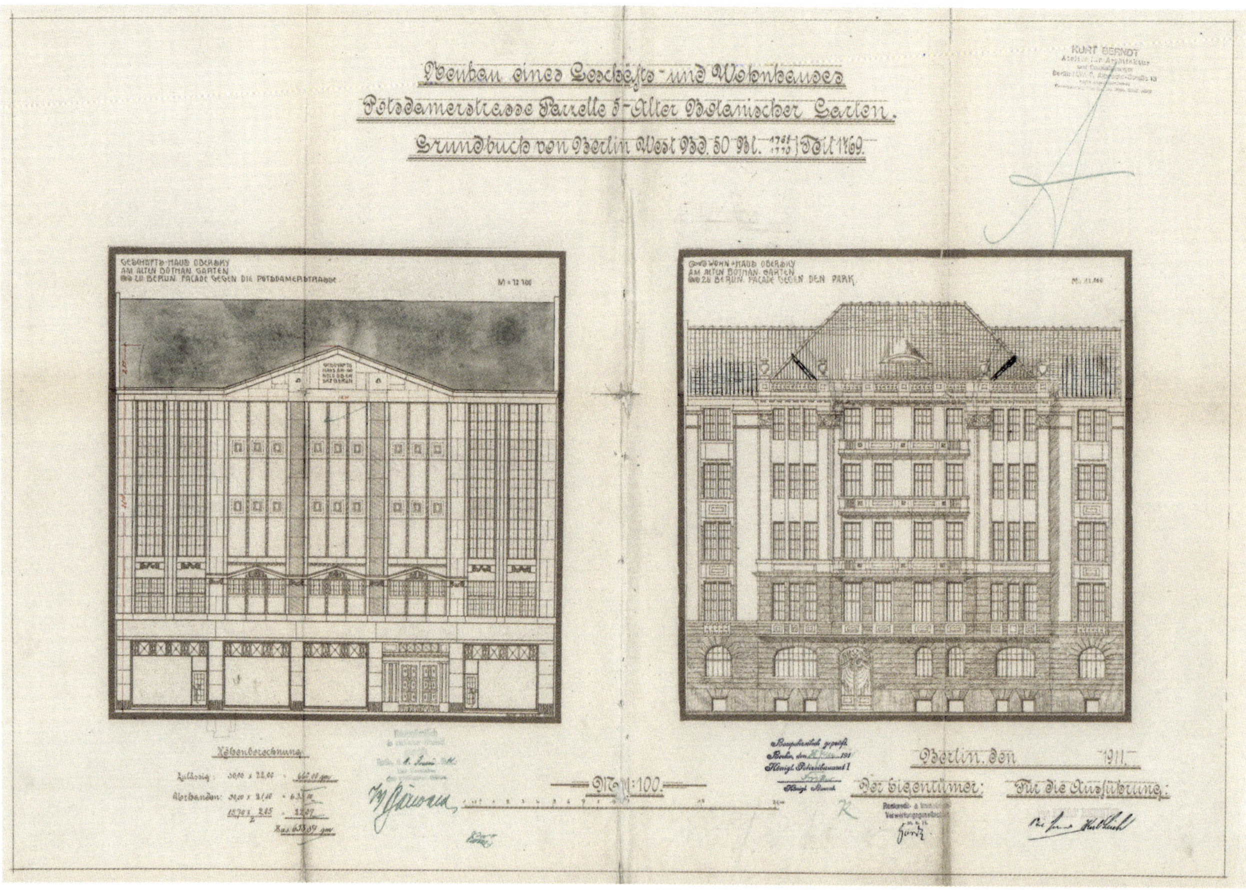

Ursprungsbau Geschäfts- und Wohnhaus Arnold Obersky (1911–1912, Architekt: Kurt Berndt), Ansichtszeichnungen Potsdamer Straße und Alter Botanischer Garten (heute: Kleistpark)

Neubau einer Reichsführerschule

Neu-Grünwald bei München

1933–1934

Ideenwettbewerb

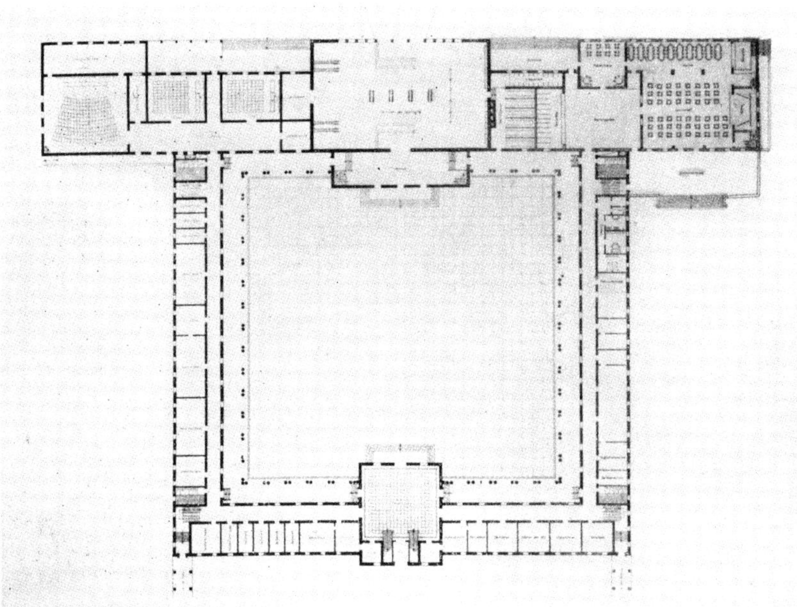

Grundriss Erdgeschoss

Entwurfszeichnung

Industrie- und Handelskammer Berlin

S. 356

Kaiser-Wilhelm-Straße, Burgstraße, Spandauerstraße, Berlin-Mitte
1936–1937 und 1938–1939
Entwurf, nicht fertiggestellt

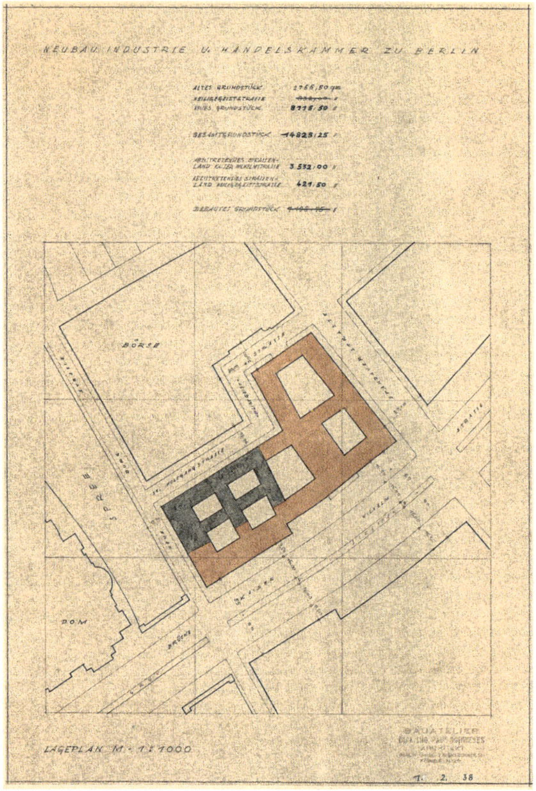

Lageplan

Entwurfszeichnung Kaiser-Wilhelm-Straße mit Dom

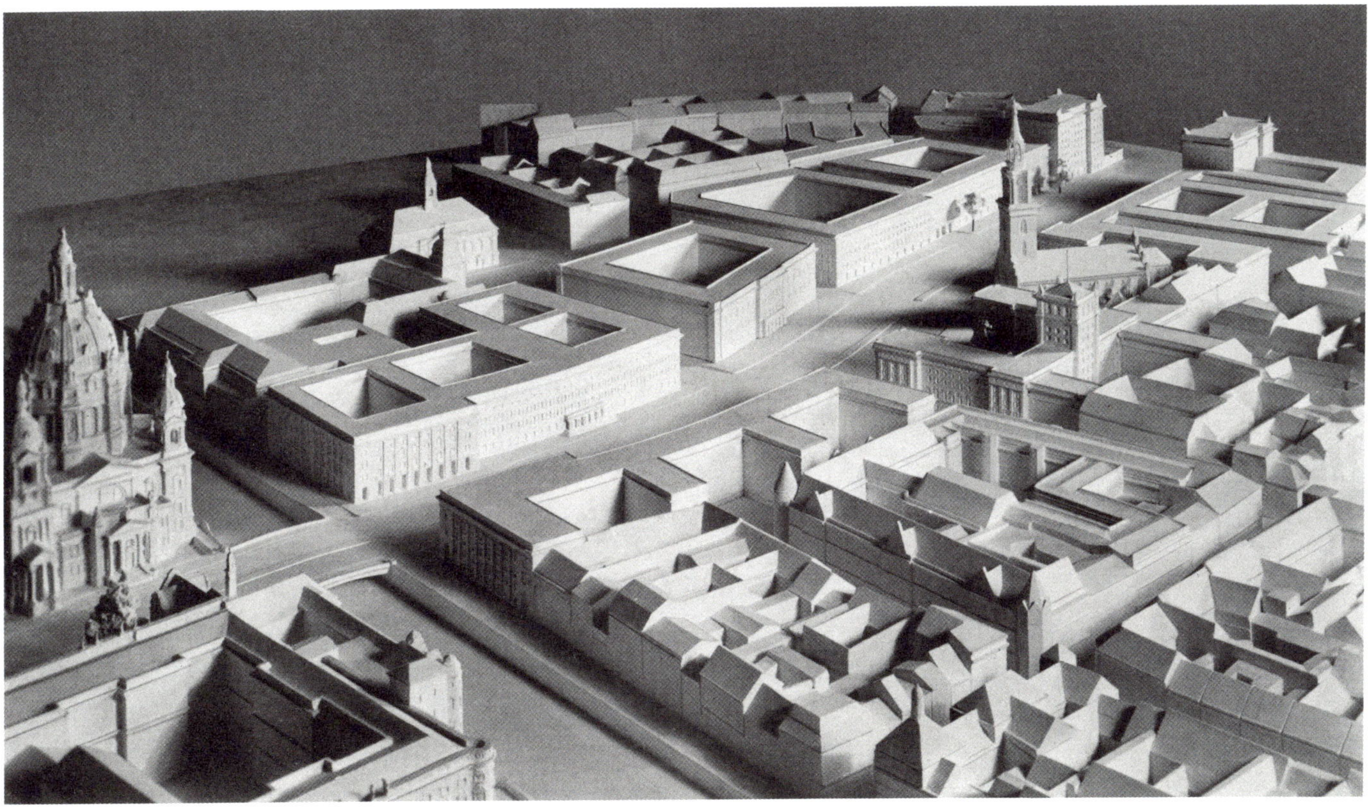

Modell Ost-West-Achse. Foto: Ernst H. Börner

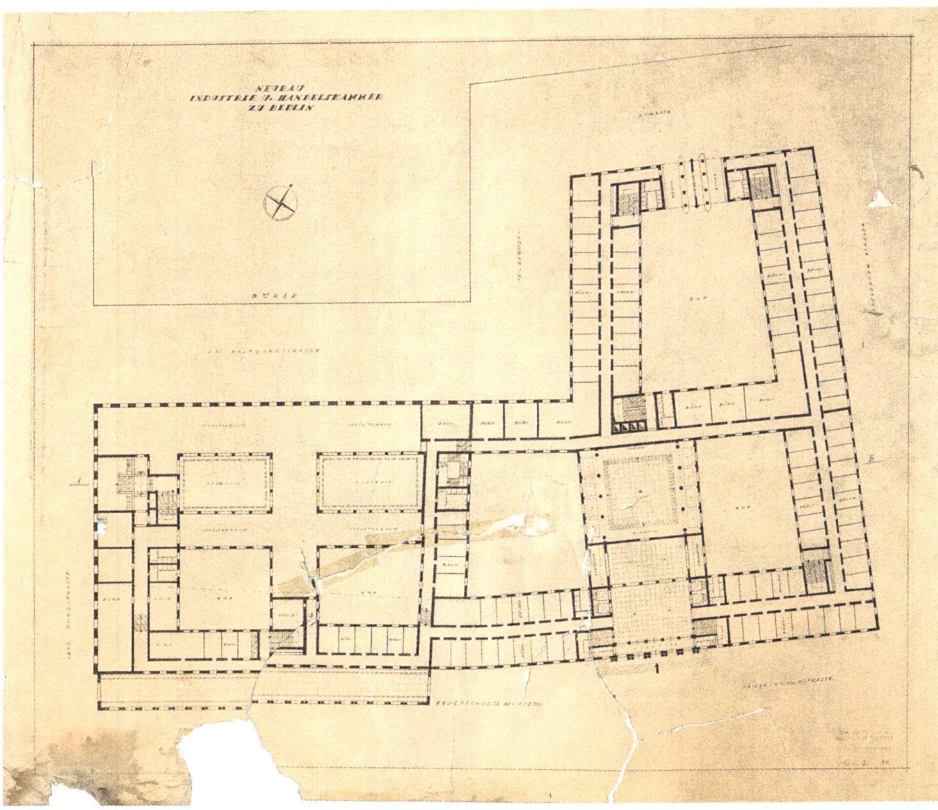

Grundriss Erdgeschoss

Modell mit Kaiser-Wilhelm-Brücke, hinten: IHK, vorne: Verwaltungsgebäude (Entwurf: Karl Reichle). Foto: Ernst H. Börner

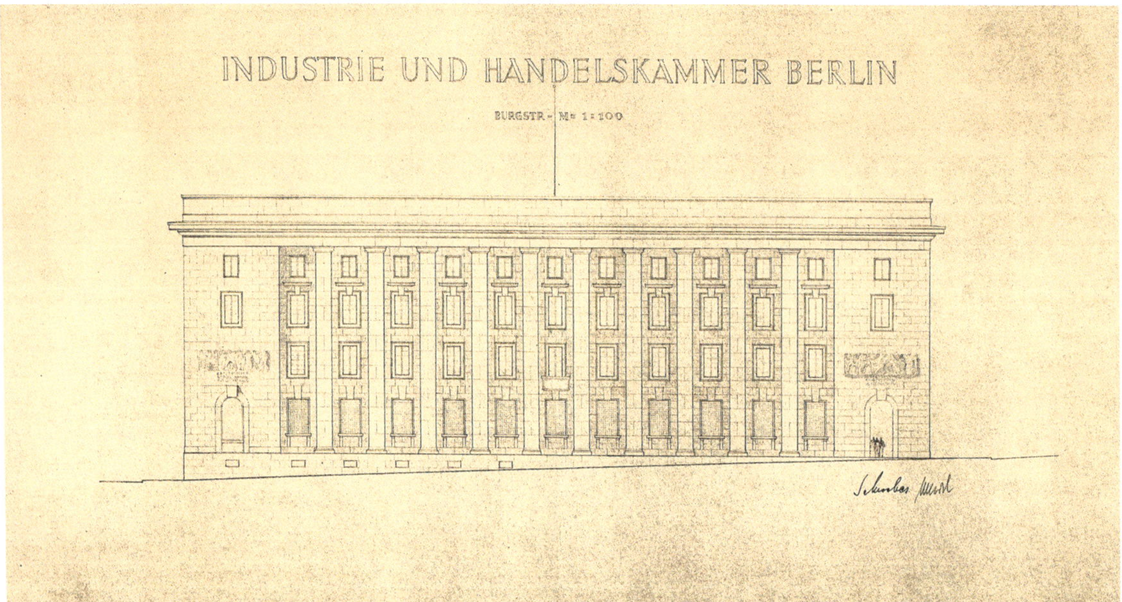

Ansichtszeichnung Burgstraße

Entwurfszeichnung Festsaal, 1. Obergeschoss

Entwurfszeichnung Ansicht Kaiser-Wilhelm-Straße

Haus der Reichs-Apotheker-Kammer

Argentinische Allee, Berlin-Zehlendorf
1938–1939
Entwurf, nicht fertiggestellt

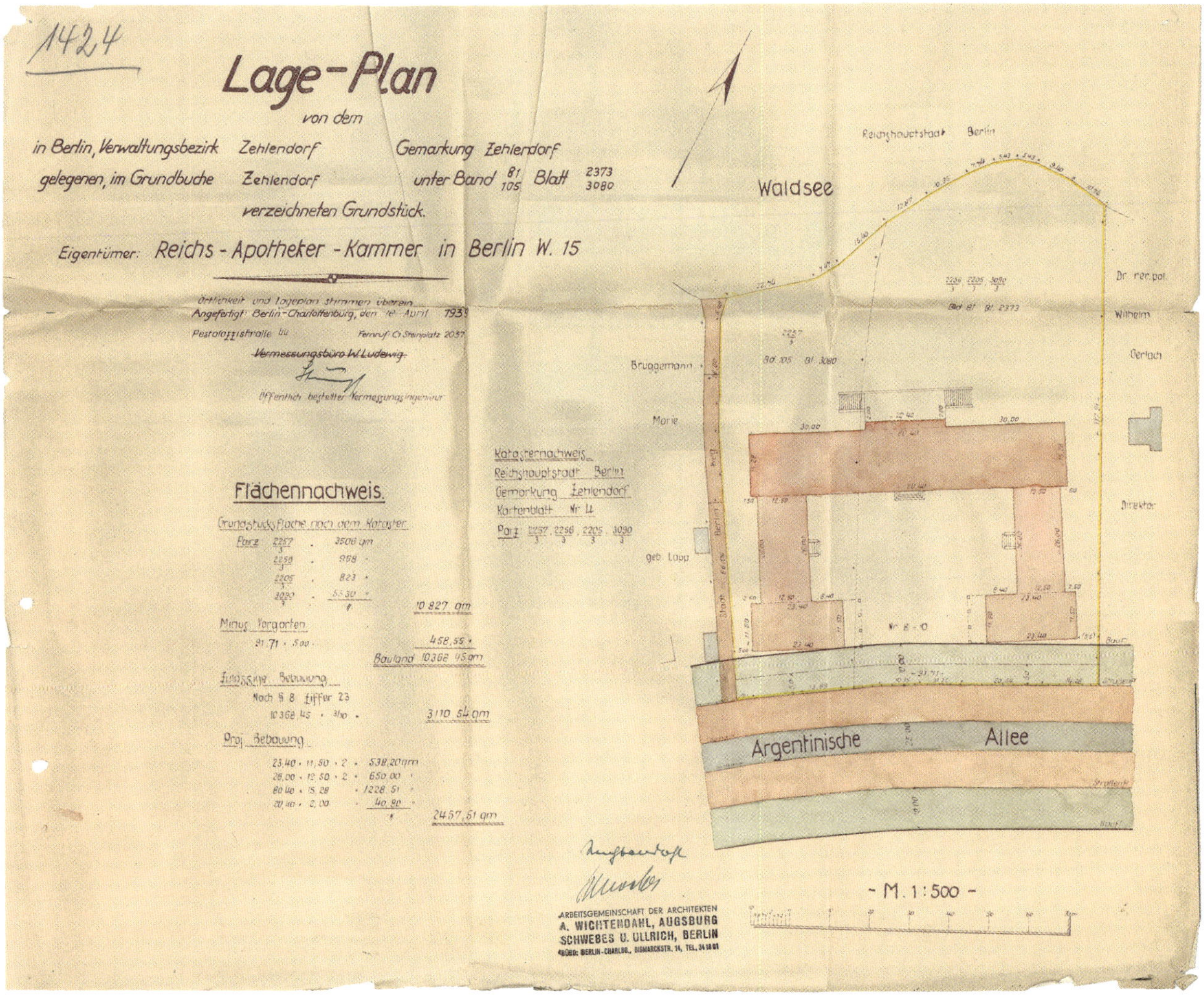

Lageplan

Verwaltungsgebäude der Berliner Disconto Bank AG

Kat. S. 362

Potsdamer Straße, Bülowstraße, Berlin-Schöneberg
1950–1951 und 1955–1957
Baudenkmal

Ansicht Potsdamer Straße, Ecke Bülowstraße. Foto: unbekannt

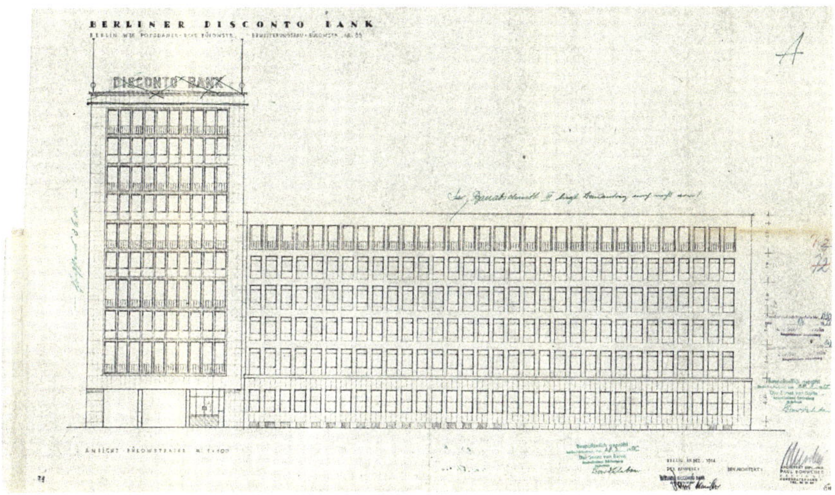

Ansichtszeichnung Bülowstraße mit Erweiterungsbau

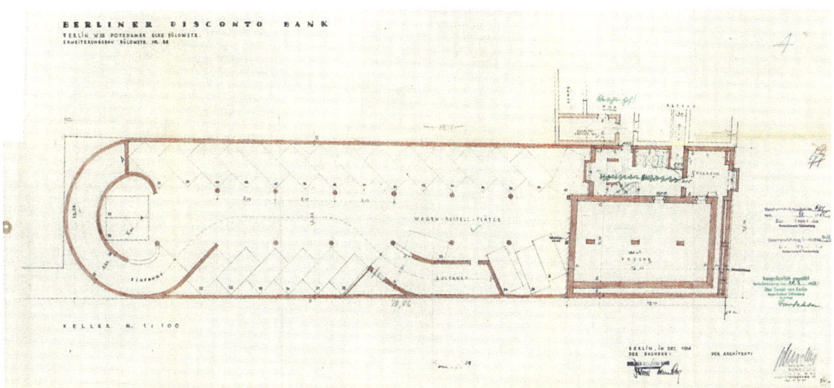

Grundriss Kellergeschoss, Erweiterungsbau mit Wagen-Abstellplätzen

Verwaltungsgebäude der Berliner Bank AG

Kat. S. 364

Hardenbergstraße, Berlin-Charlottenburg
1951
beschränkt offener Wettbewerb, einer von vier 2. Preisen

Modell, Ansicht Hardenbergstraße. Foto: Albert Vennemann

Verwaltungsgebäude der Landeszentralbank Berlin

Leibnizstraße, Bismarckstraße, Berlin-Charlottenburg
vor 1952
Entwurf, nicht ausgeführt

Entwurfszeichnung Bismarckstraße, Ecke Leibnizstraße. Foto: Albert Vennemann

Modell. Foto: Max Krajewsky

Industrie- und Handelskammer mit Börse

Kat. S. 366

Hardenbergstraße, Fasanenstraße, Berlin-Charlottenburg
1953
eingeladener Wettbewerb

Entwurfszeichnung

Entwurfszeichnung, hinten: Klubhaus für den Verein Berliner Kaufleute und Industrieller e. V. (VBKI)

Verwaltungsgebäude der Landesversicherungsanstalt Berlin

Kat. S. 366

Kaiserdamm, Messedamm, Bredtschneiderstraße, Berlin-Charlottenburg
1953
eingeladener Wettbewerb (Ankauf)

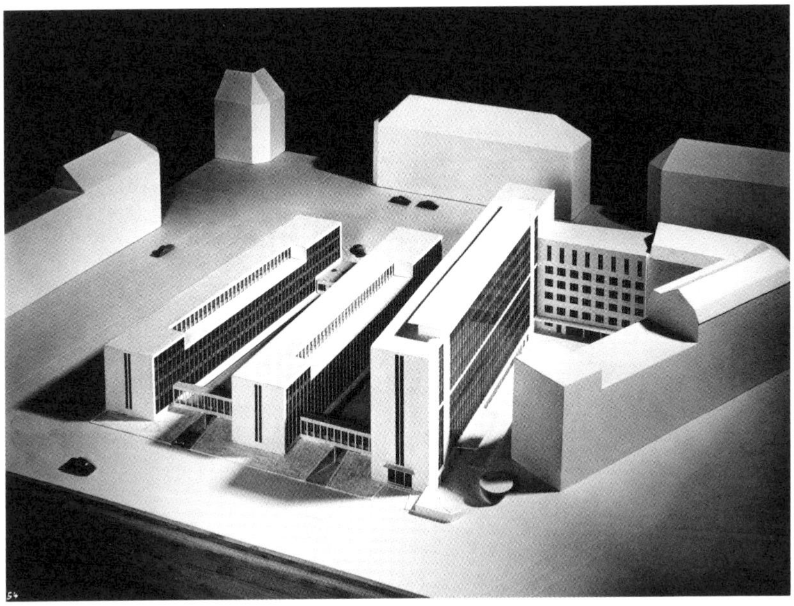

Modell. Foto: Arthur Köster

Modell, Ansicht vom Kaiserdamm. Foto: Arthur Köster

Archivgebäude der Allianz-Versicherungs AG

Kat. S. 367

Fasanenstraße, Berlin-Charlottenburg

1954

Entwurf, nicht ausgeführt

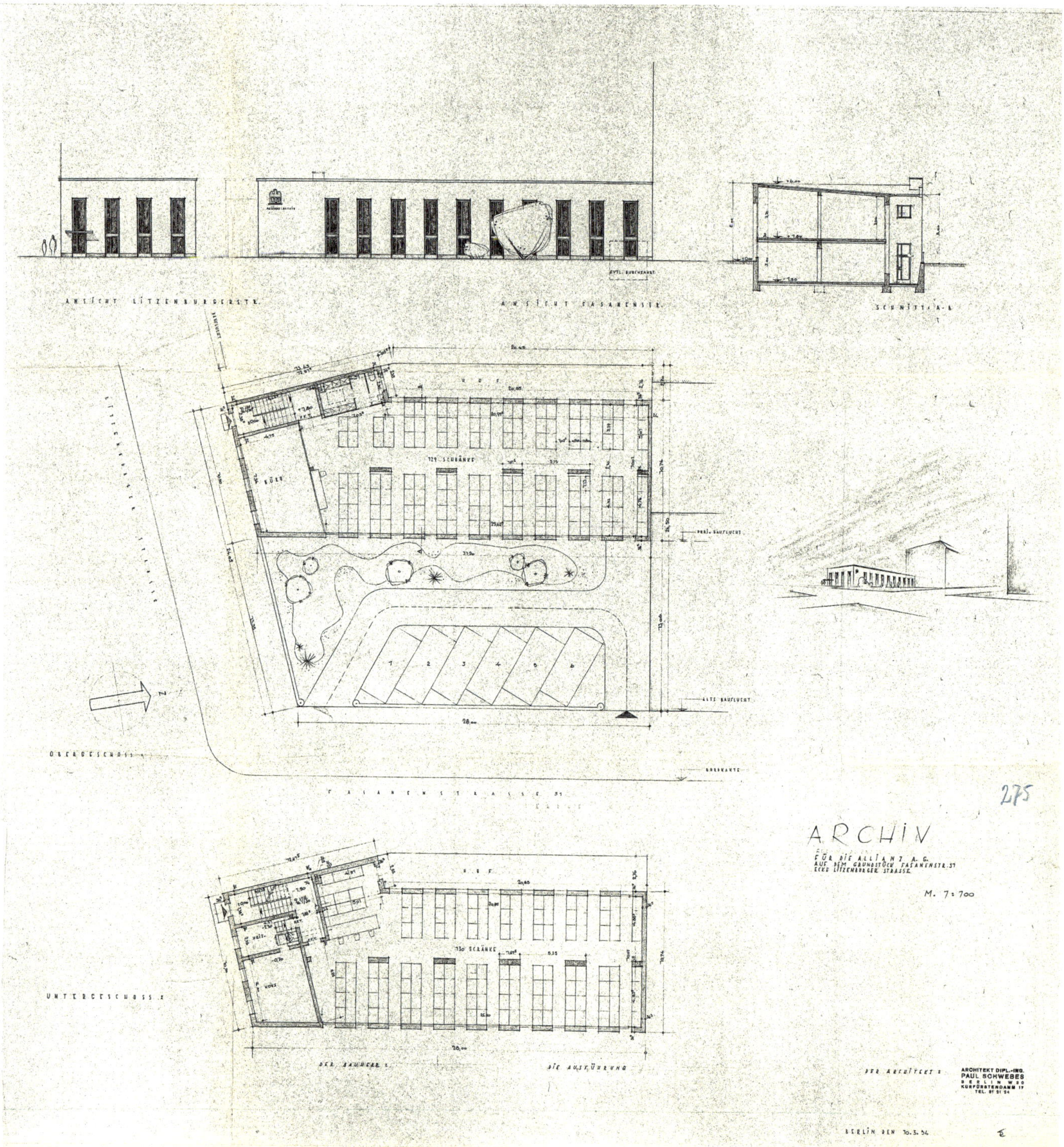

Ansichtszeichnungen Lietzenburger Straße und Fasanenstraße, Grundrisse, Schnitt und Perspektive

Erweiterungsbau Verwaltungsgebäude der Deutschen Forschungsgemeinschaft

Kat. S. 374

Grunewaldstraße, Berlin-Steglitz
1956
verändert

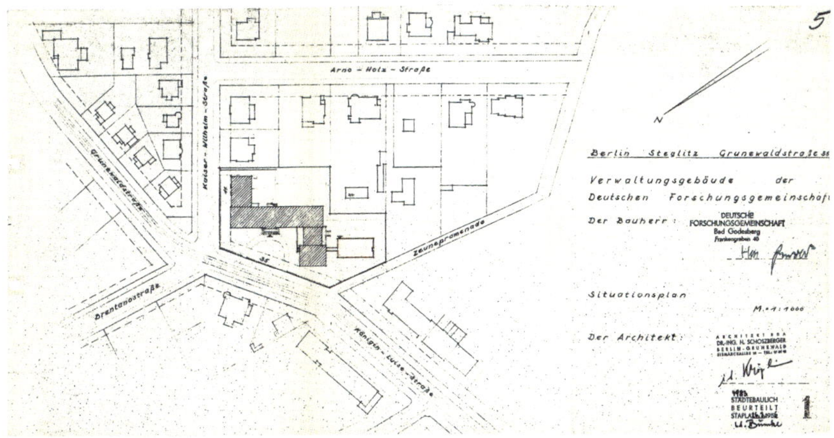

Lageplan

Ansicht Zeunepromenade. Foto: Arthur Köster

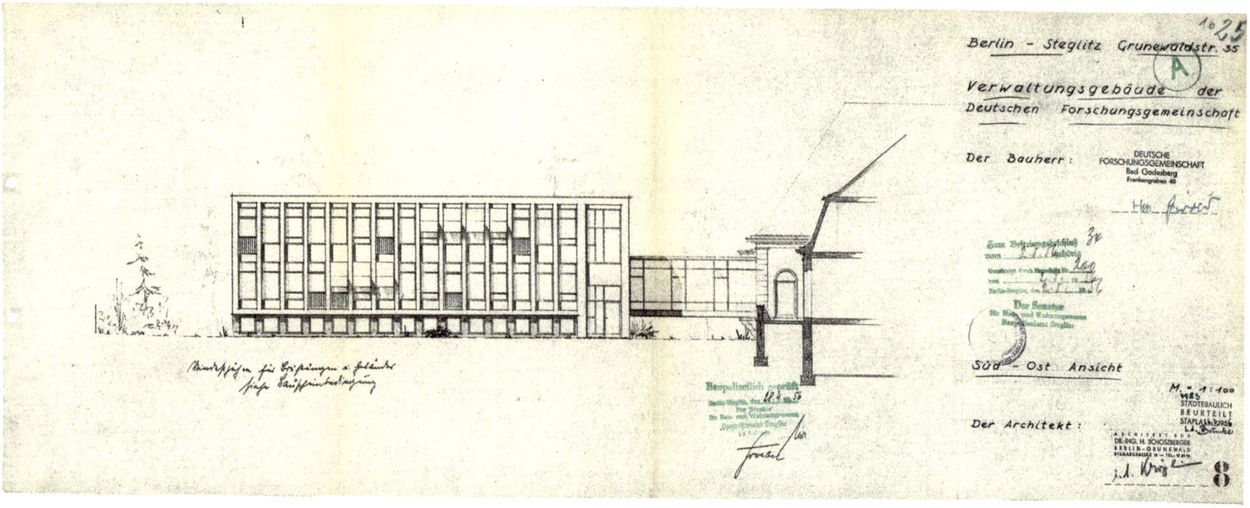

Ansichtszeichnung Hofseite

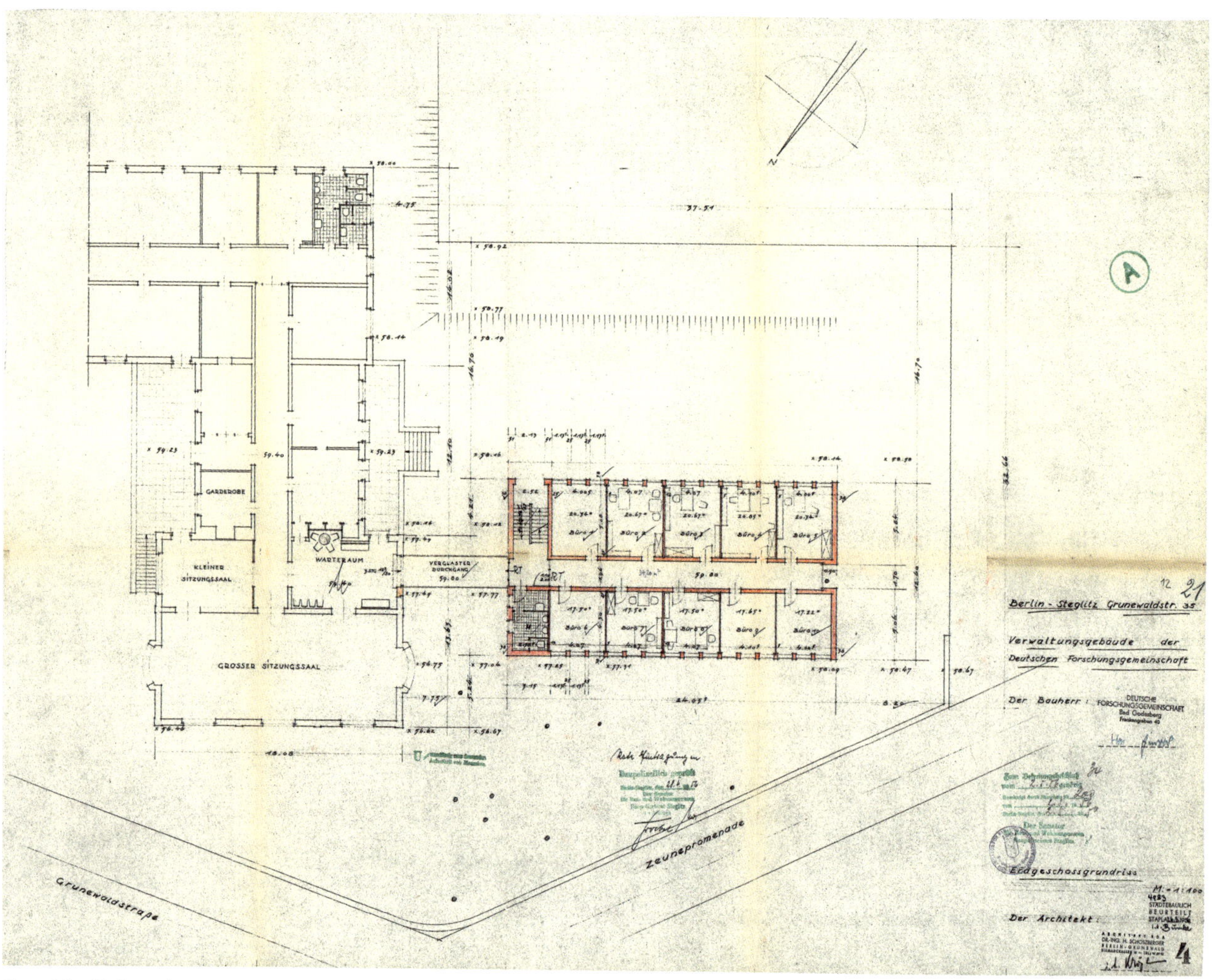

Grundriss Erdgeschoss

Verwaltungsgebäude Hermann Meyer AG

Kat. S. 375

Wattstraße, Voltastraße, Berlin-Wedding
1956–1957
Baudenkmal, geringfügig verändert

Ansicht Voltastraße, Ecke Wattstraße. Foto: unbekannt

Verwaltungsgebäude Zoologischer Garten

Kat. S. 376

Hardenbergplatz, Berlin-Charlottenburg
1956–1957
verändert

Ansicht mit Empfangspavillon. Foto: Horst Urbschat

Empfangspavillon. Foto: Horst Urbschat und Hans Joachim Fischer

Entwurfszeichnungen

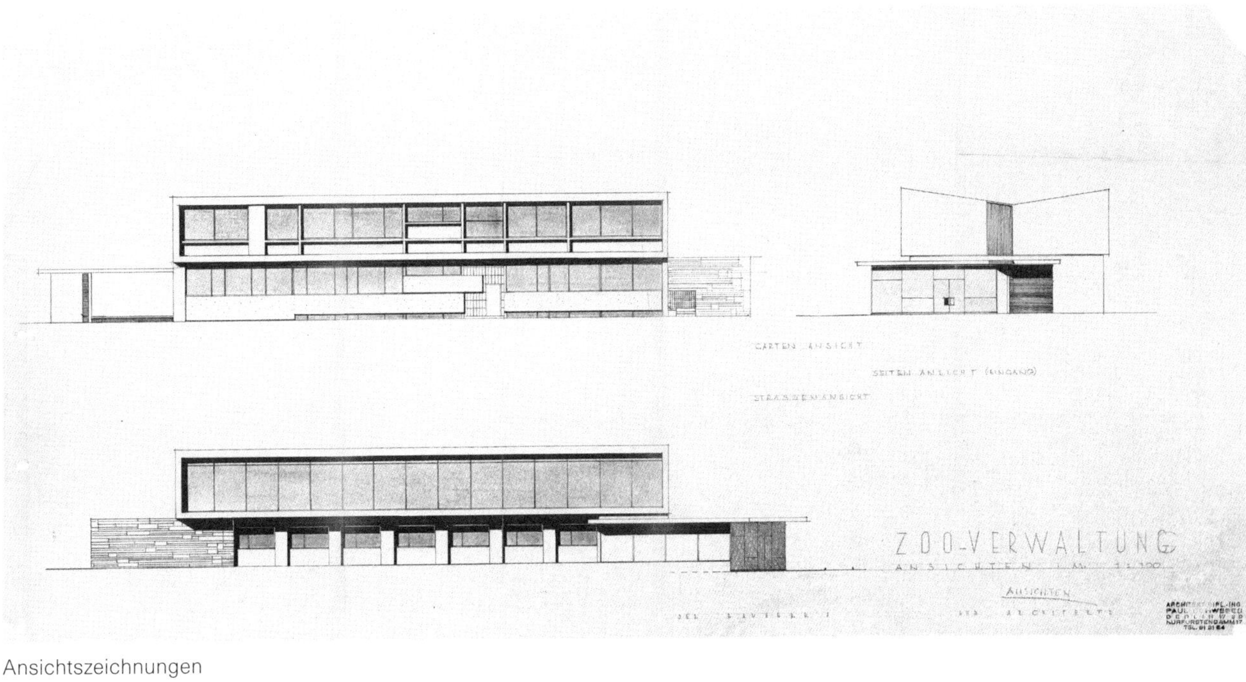

Ansichtszeichnungen

Verwaltungsgebäude Hermann Schäler Bauunternehmen

Kat. S. 380

Mecklenburgische Straße, Berlin-Schmargendorf
1957–1958
geringfügig verändert

Ansicht Mecklenburgische Straße. Foto: Rolf Koehler

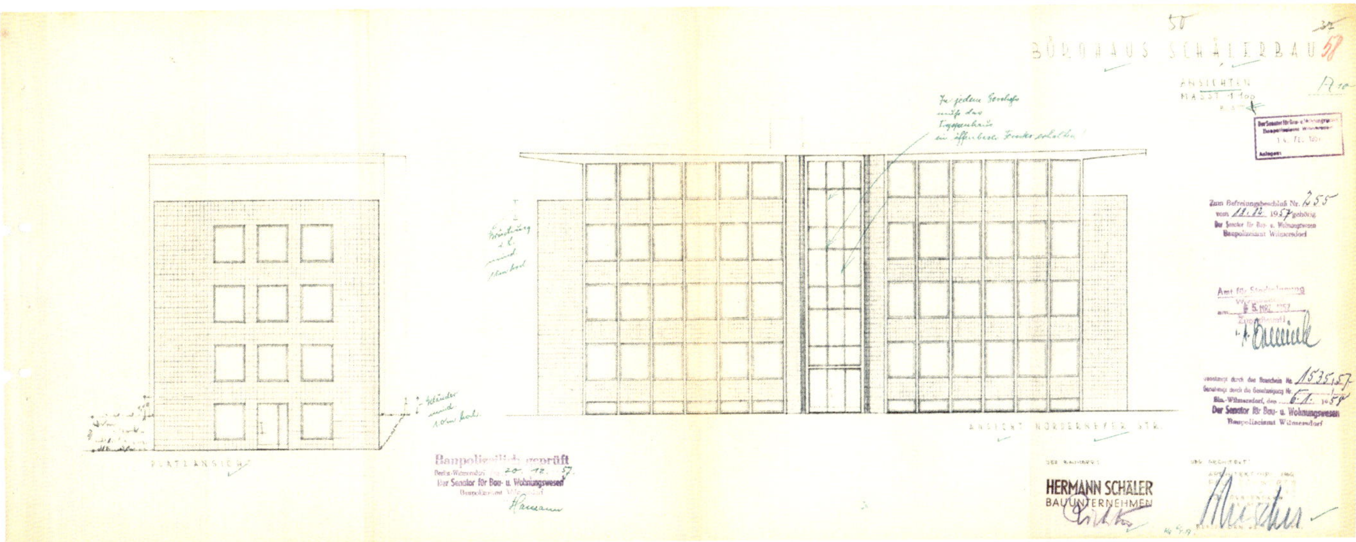

Ansichtszeichnungen Platzansicht und Norderneyer Straße (heute: Franz-Cornelsen-Weg)

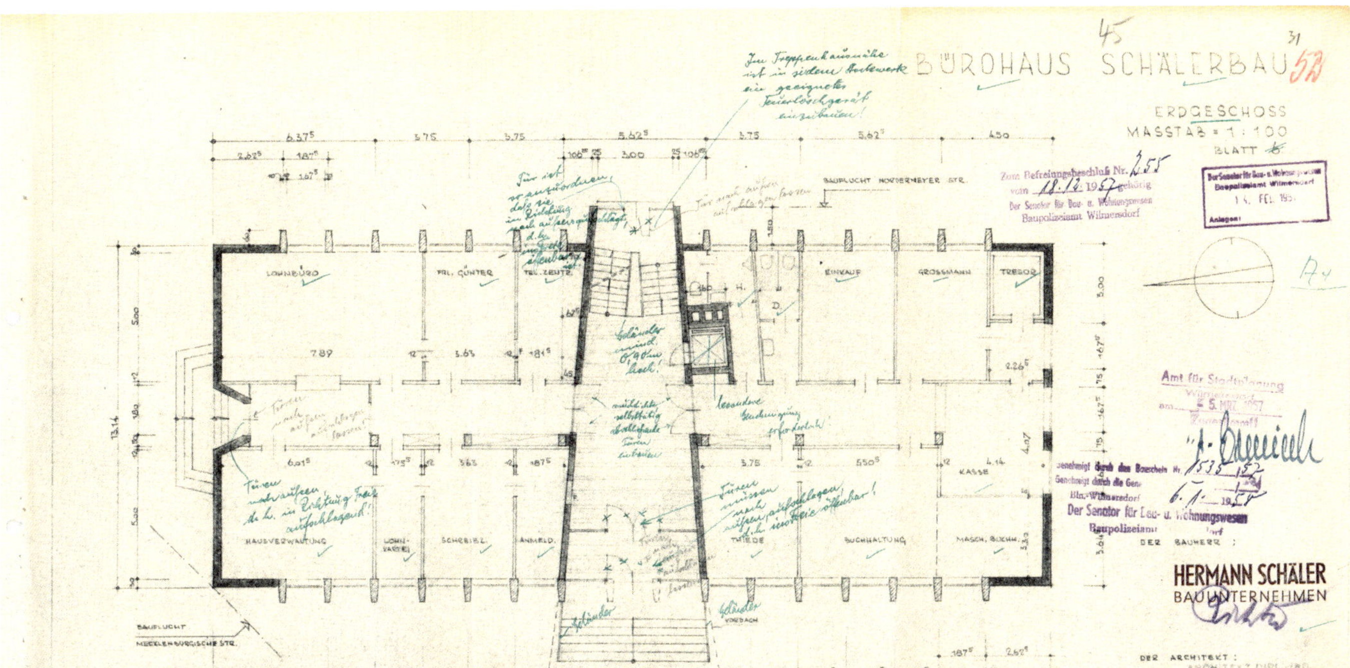

Grundriss Erdgeschoss

Verwaltungsgebäude der Sparkasse der Stadt Berlin West

Kat. S. 383

Bundesallee, Berlin-Wilmersdorf
1960
Wettbewerb

Entwurfszeichnung

Ansichtszeichnung Bundesallee

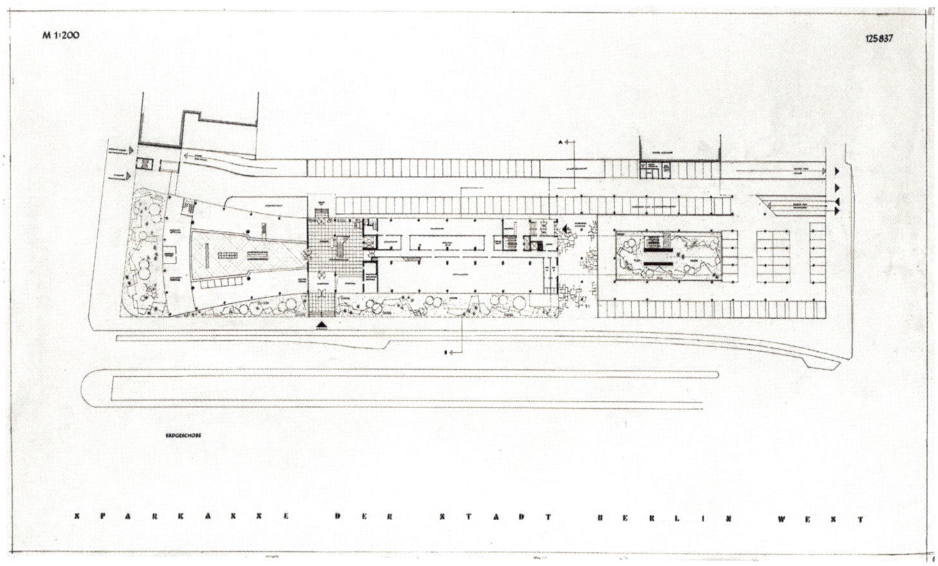

Grundriss Erdgeschoss

Verwaltungsgebäude und Zentrallager Leiser

Neuköllnische Allee, Ecke Grenzallee, Berlin-Neukölln
1960–1961
verändert

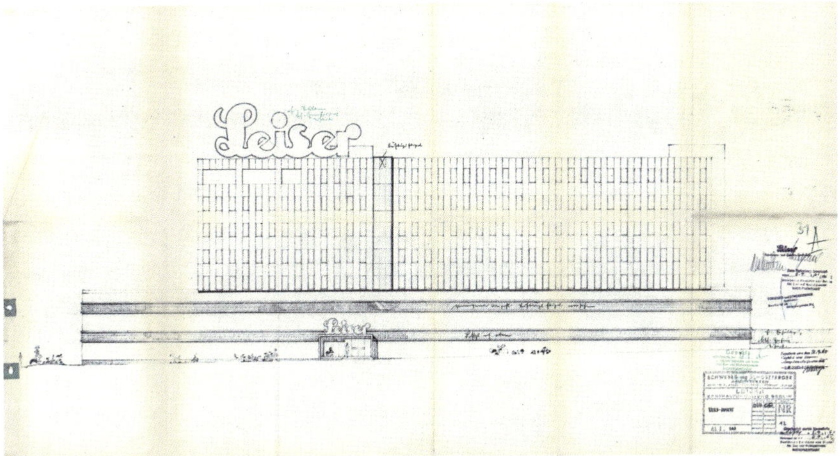

Ansichtszeichnung Grenzallee (ausgeführt)

Modell, Variante mit Hochhaus. Foto: Walter Köster

Verwaltungsgebäude der Berliner Disconto Bank

Kat. S. 394

Otto-Suhr-Allee, Berlin-Charlottenburg
1966
Wettbewerb, nicht ausgeführt

Modell. Foto: Walter Köster

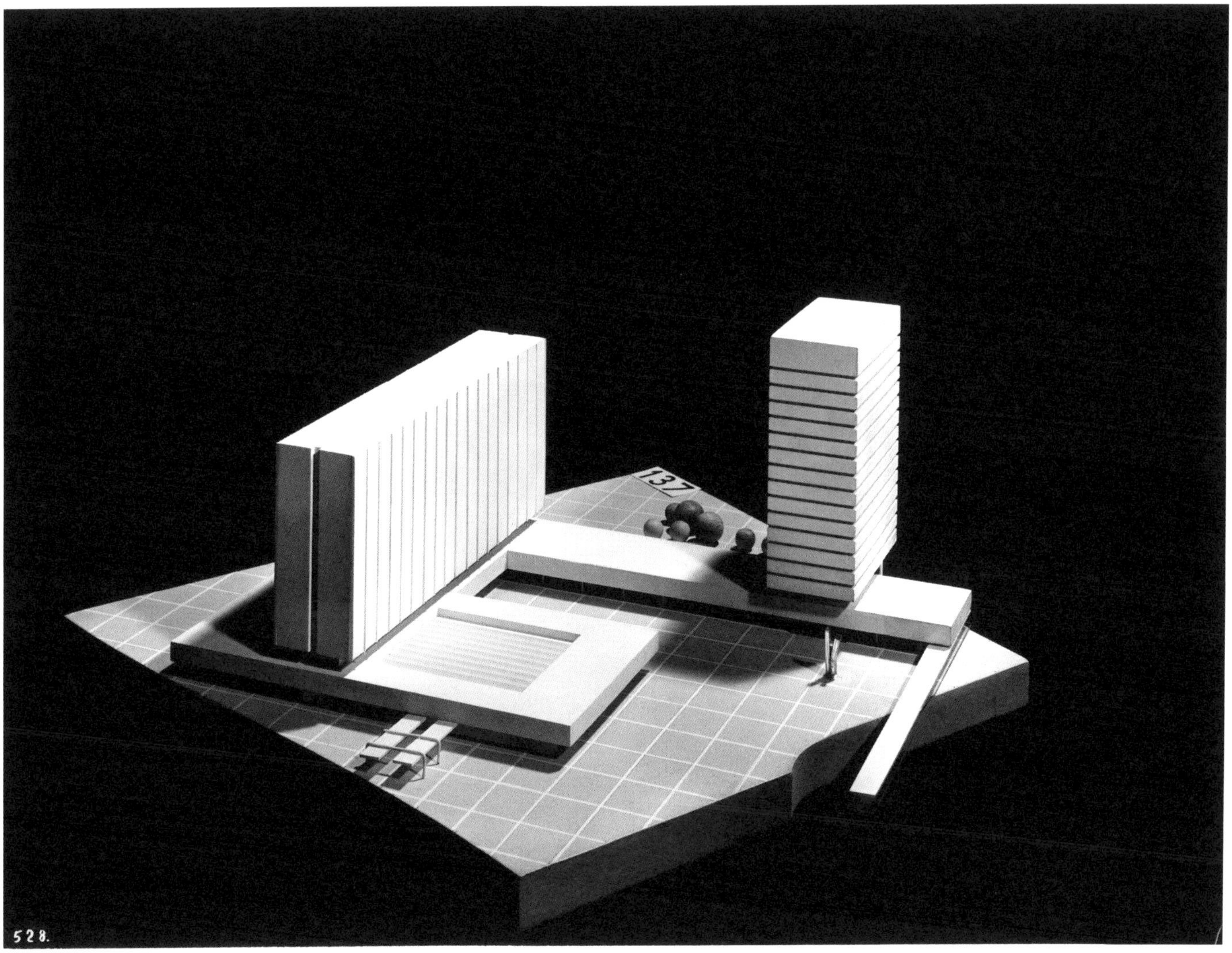

Modell mit Erweiterung. Foto: Walter Köster

Büro- und Geschäftsbauten

Hochhaus am Potsdamer Platz

Kat. S. 356

Bellevuestraße, Potsdamer Platz, Potsdamer Straße, Berlin-Mitte
1936 und 1938–1939
Entwurf, nicht ausgeführt

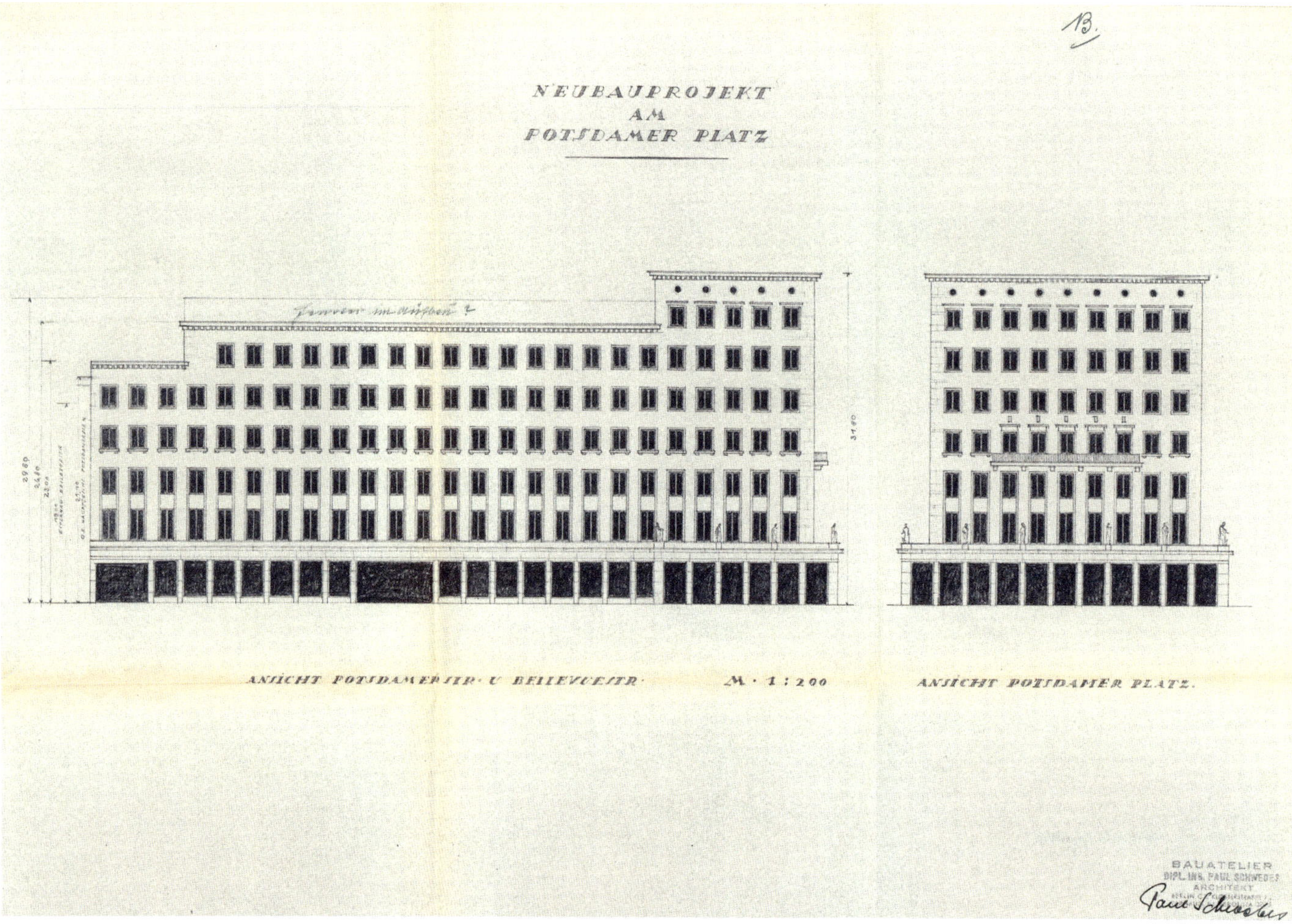

Ansichtszeichnung Potsdamer Straße, Bellevuestraße und Potsdamer Platz, 1. Projekt

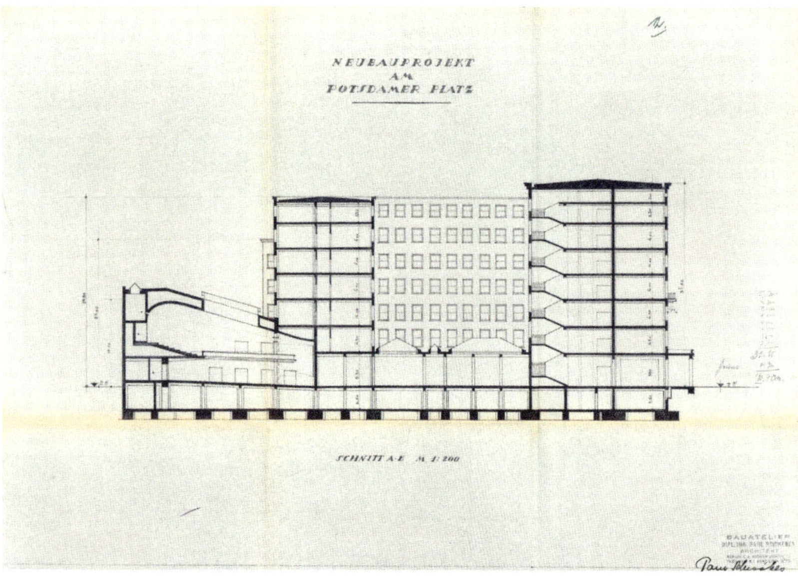

Schnitt, 1. Projekt

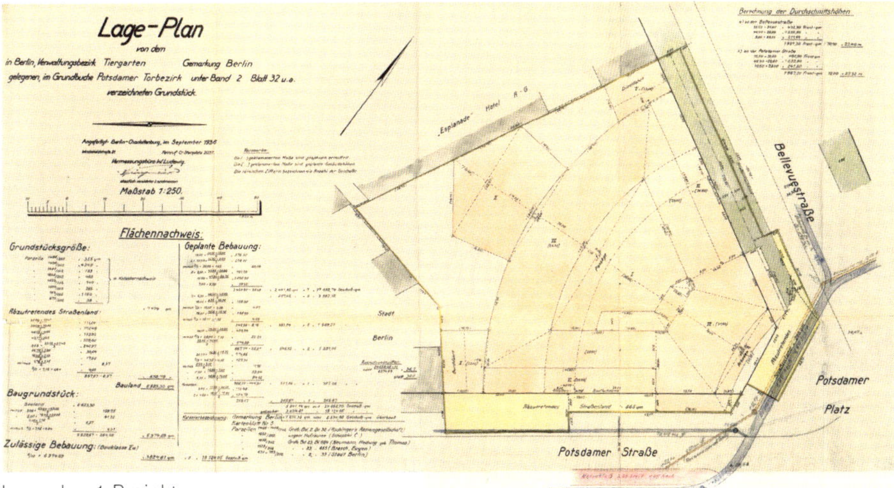

Lageplan, 1. Projekt

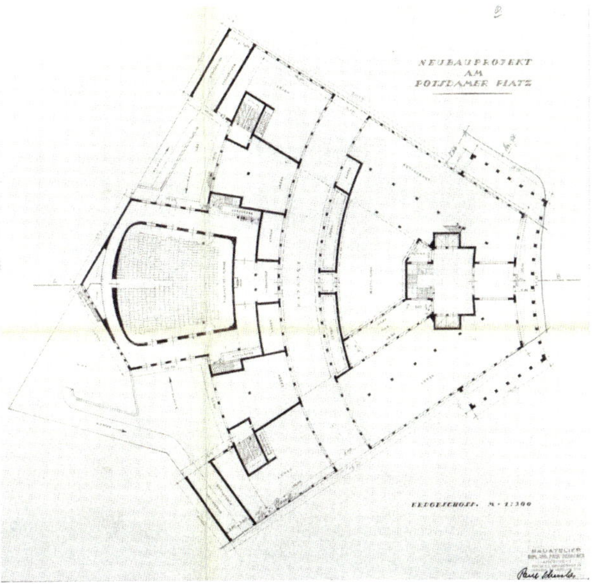

Grundriss Erdgeschoss mit Passage und Kino, 1. Projekt

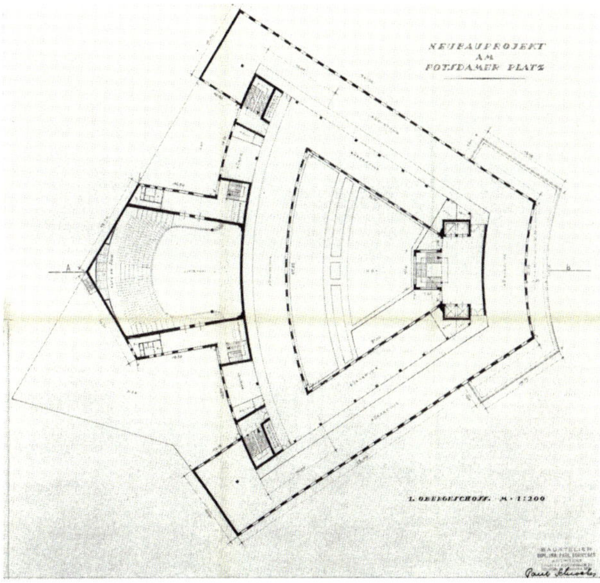

Grundriss 1. Obergeschoss, 1. Projekt

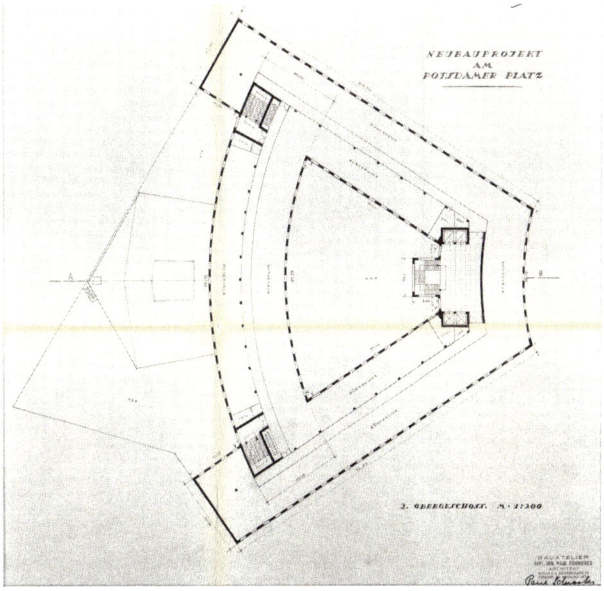

Grundriss 2. Obergeschoss, 1. Projekt

Modell, 2. Projekt, Variante 1, Blick vom Leipziger Platz, links daneben: Hotel Fürstenhof, rechts daneben: Columbushaus (1930–1932, Architekt: Erich Mendelsohn). Foto: Ernst H. Börner

Modell, 2. Projekt, Variante 1, Ansicht Bellevuestraße, rechts: Hotel Esplanade (1907–1908, Architekt: Otto Rehnig). Foto: Ernst H. Börner

Modell, 2. Projekt, Variante 2, Blick aus Leipziger Straße, rechts: Kaufhaus Wertheim (1897–1906, Architekt: Alfred Messel). Foto: Ernst H. Börner

Modell, 2. Projekt, Variante 2, Blick vom Leipziger Platz. Foto: Ernst H. Börner

Büro- und Geschäftshaus Franz Bergmann

Kat. S. 357

Luisenstraße, Schumannstraße, Berlin-Mitte
1937
verändert

Ansichtszeichnung Luisenstraße

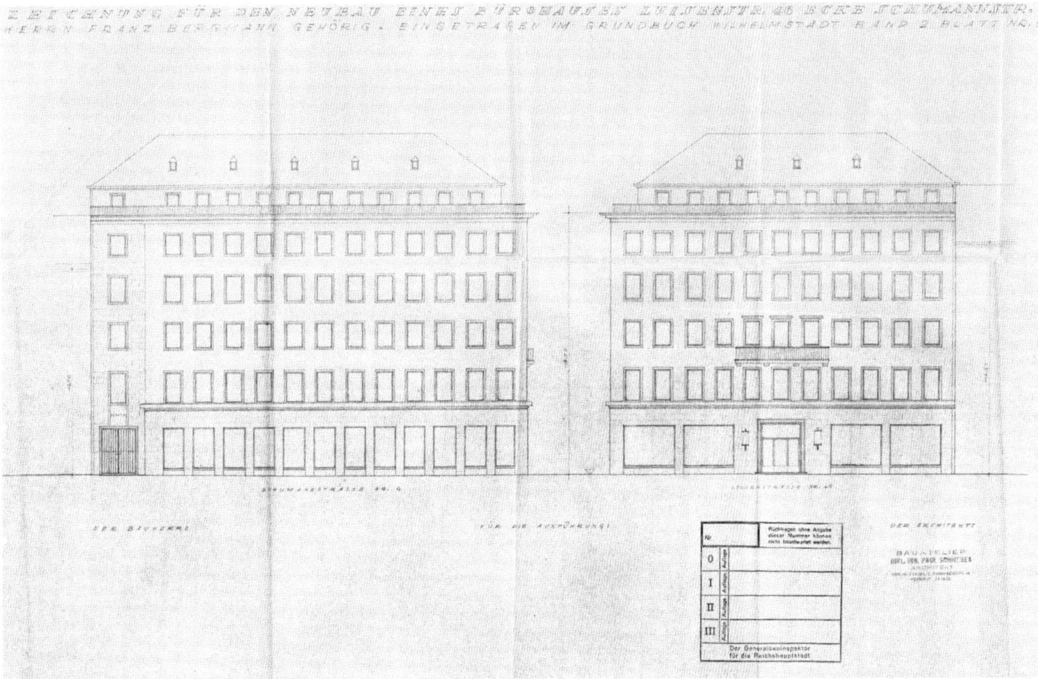

Ansichtszeichnungen Schumannstraße und Luisenstraße

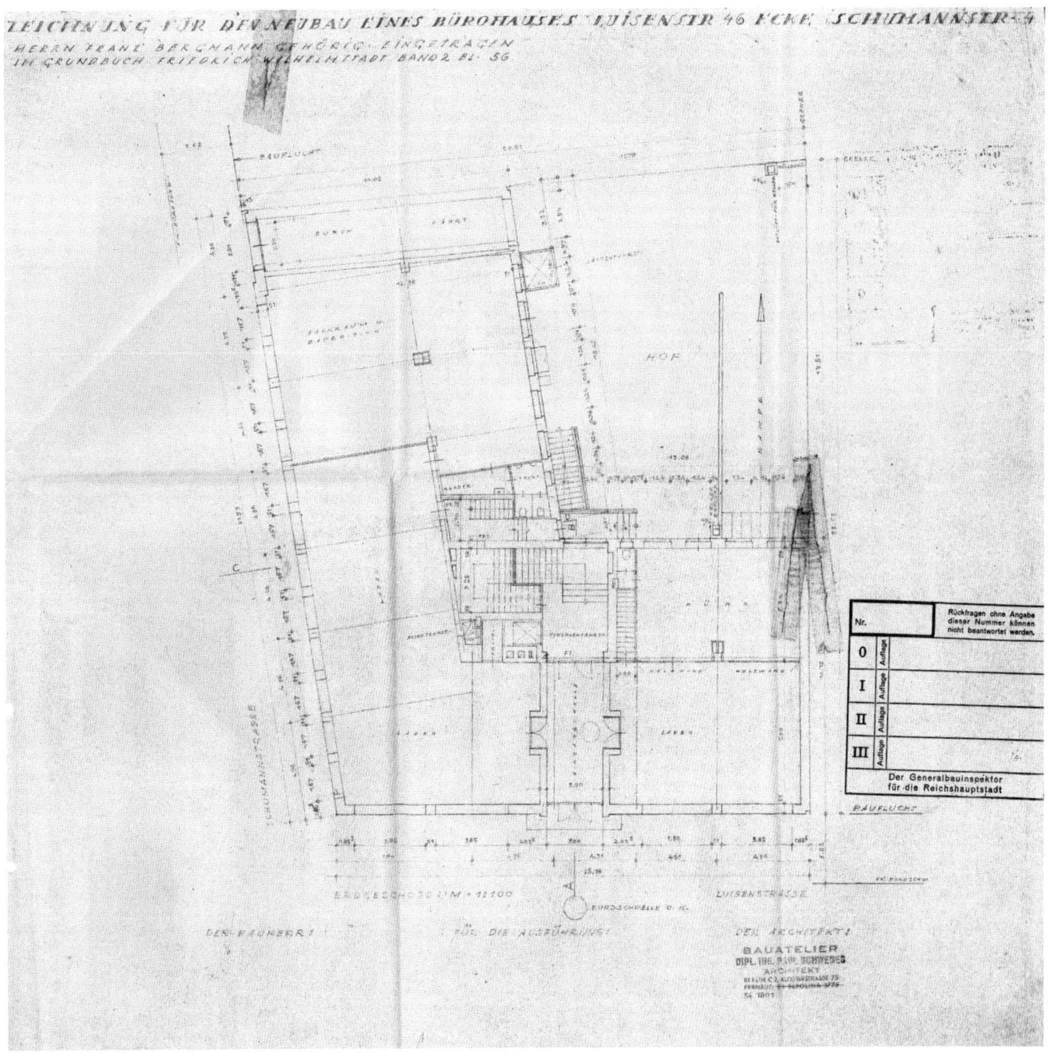

Grundriss Erdgeschoss

Büro- und Geschäftshaus Deutsche Zündholzfabriken AG

Kat. S. 361

Hardenbergstraße, Kantstraße, Joachimsthaler Straße, Berlin-Charlottenburg
1950
Entwurf, nicht ausgeführt

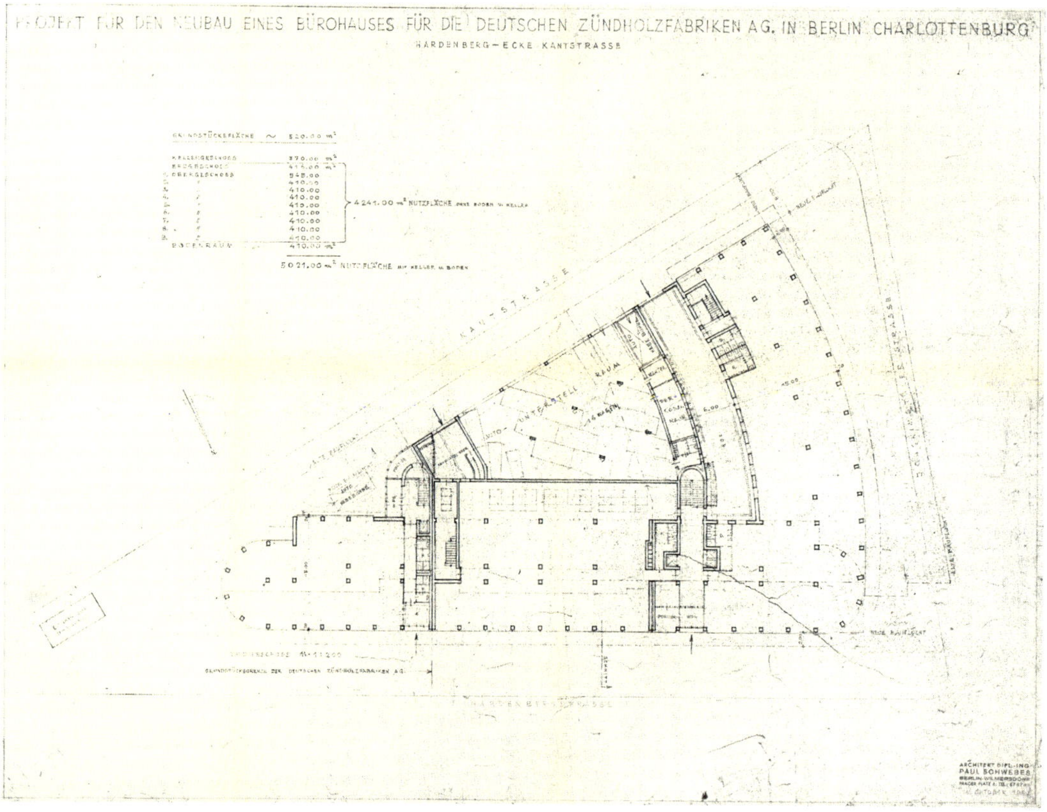

Grundriss Erdgeschoss

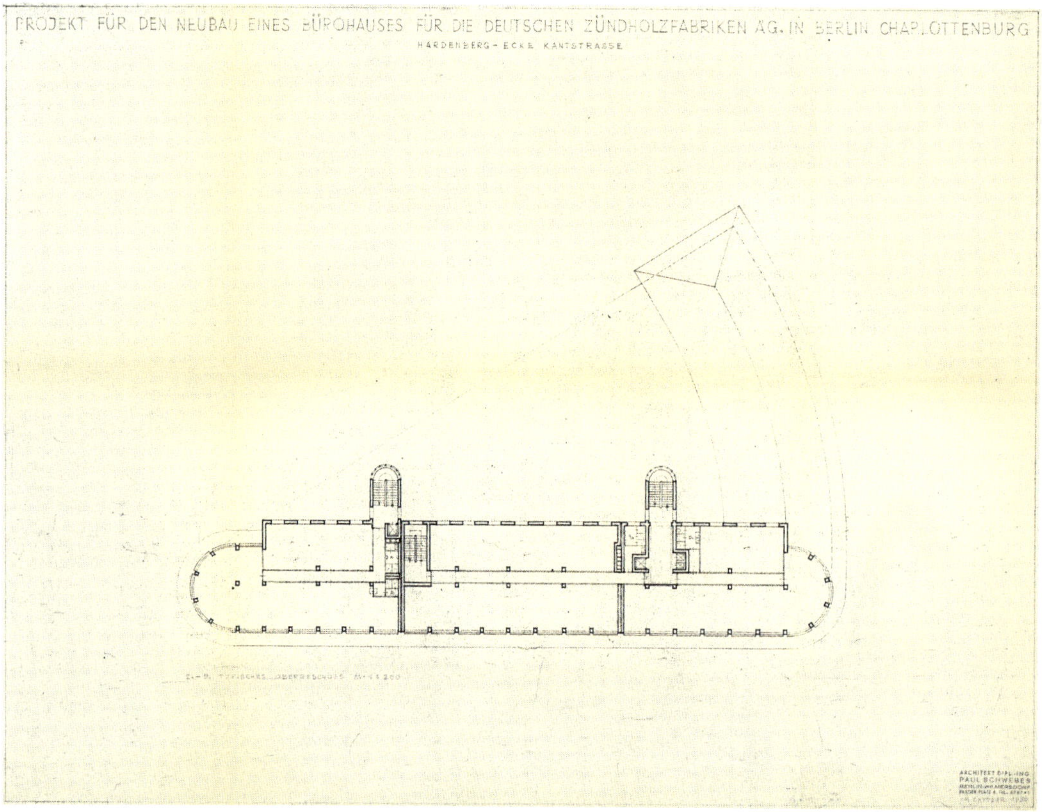

Grundriss 2.–9. Obergeschoss

Büro- und Geschäftshaus Tauentzienstraße

Tauentzienstraße, Berlin-Schöneberg
1952–1954
Entwurf, nicht ausgeführt

Ansicht Tauentzienpalast (1912–1913, Architekt: Johann Emil Schaudt). Foto: unbekannt

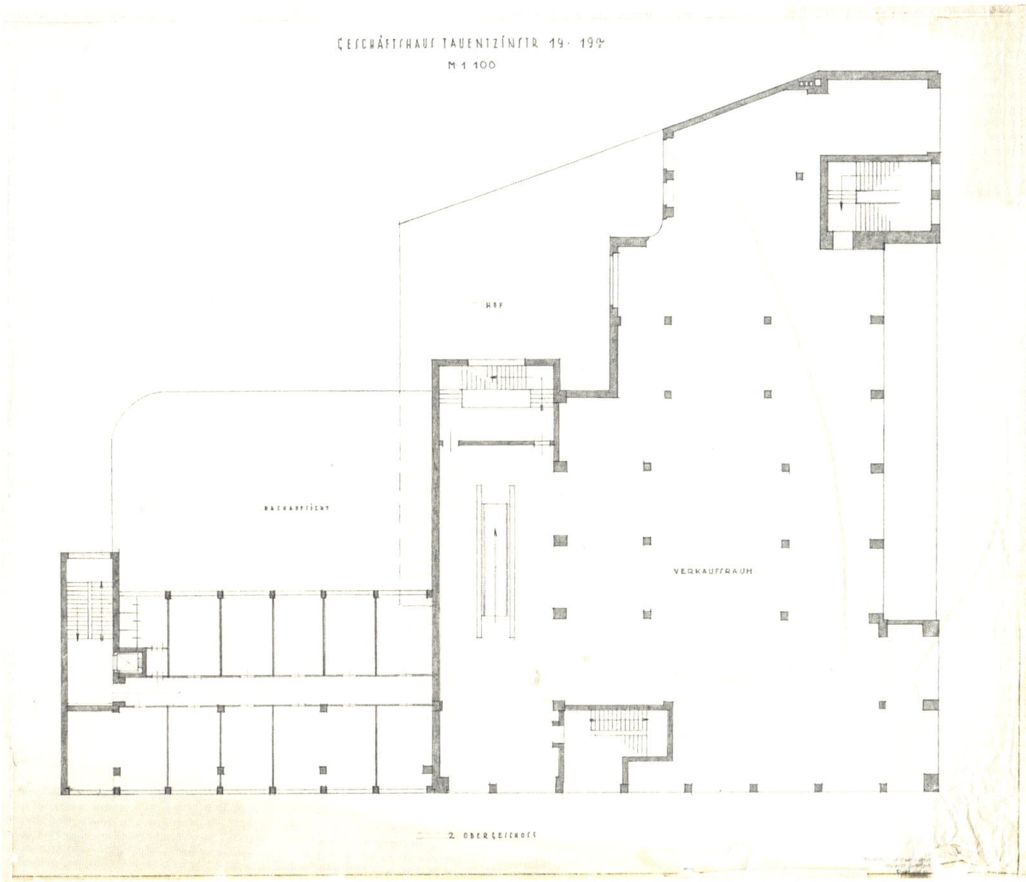

Neubau Geschäftshaus und Umbau Tauentzienpalast zu einem Warenhaus, 3. Projekt (um 1954), Grundriss 2. Obergeschoss

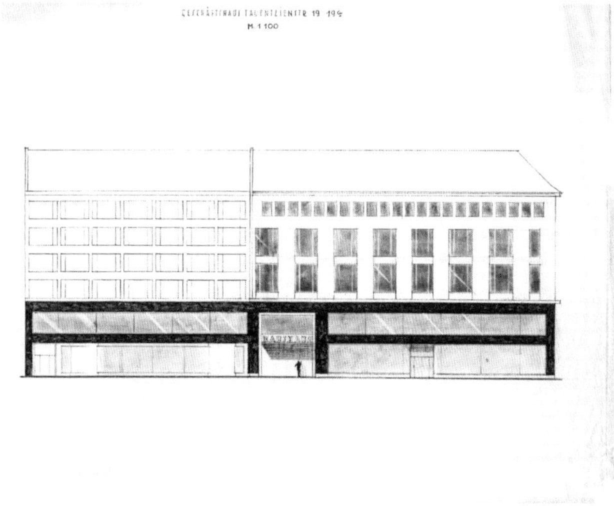

Neubau Geschäftshaus und Umbau Tauentzienpalast zu einem Warenhaus, 3. Projekt (um 1954), Ansichtszeichnung, Variante 1

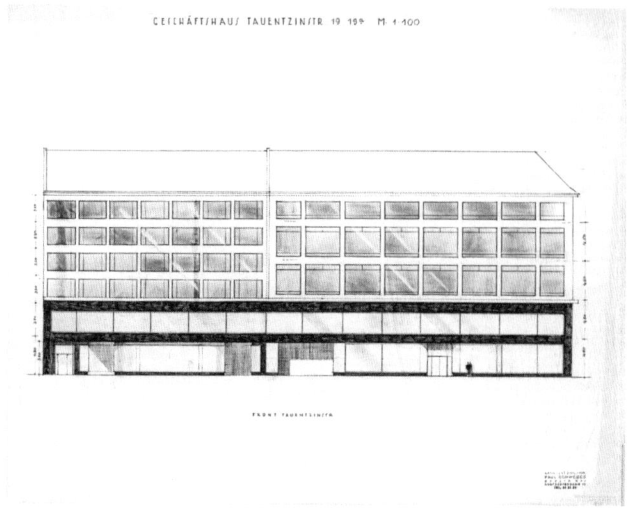

Neubau Geschäftshaus und Umbau Tauentzienpalast zu einem Warenhaus, 3. Projekt (um 1954), Ansichtszeichnung, Variante 2

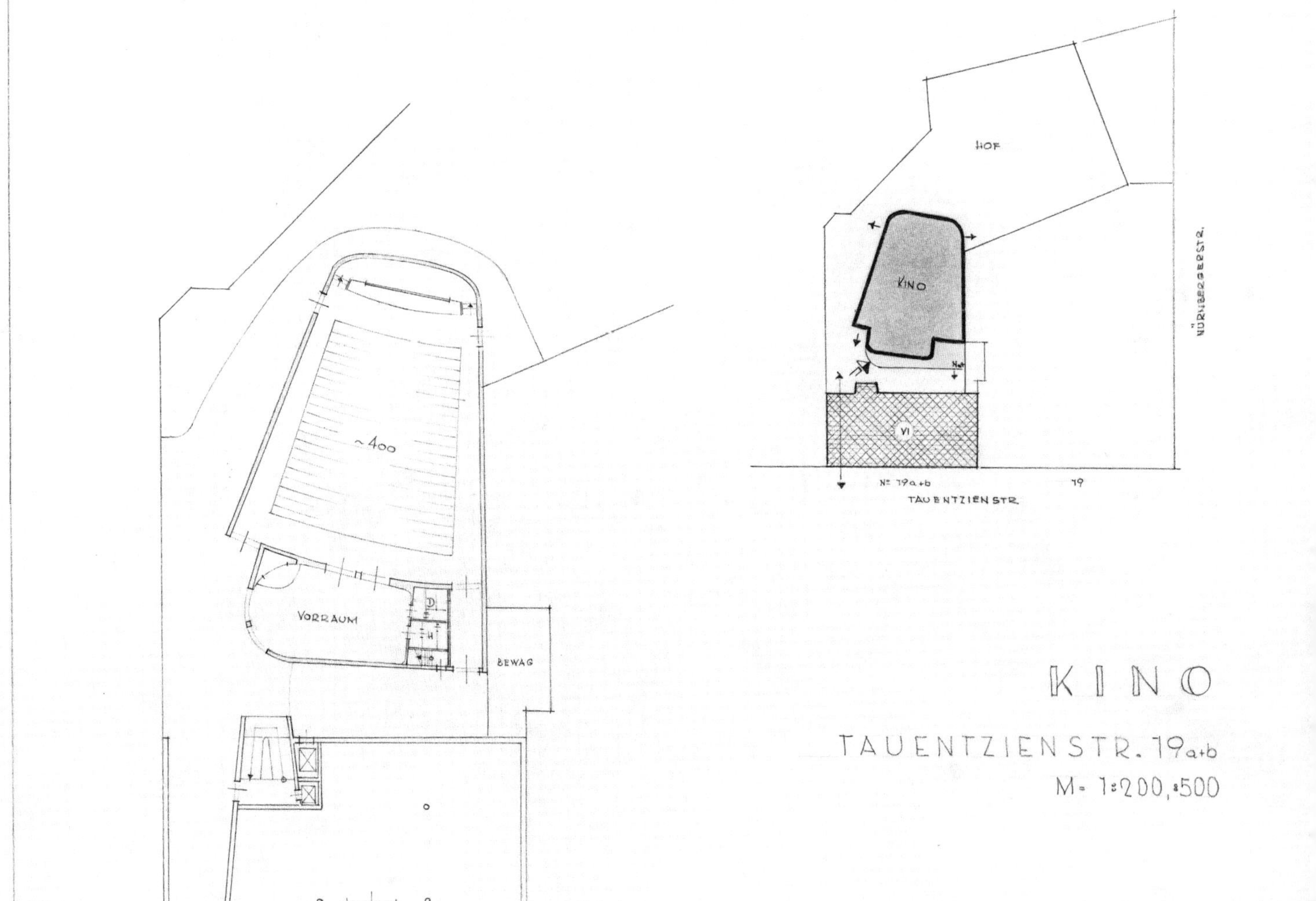

Neubau Büro- und Geschäftshaus mit rückwärtigem Kino, 2. Projekt (1954), Grundriss und Lageplan

Büro- und Geschäftshaus der Allianz-Versicherungs AG

Kat. S. 364

Joachimsthaler Straße, Berlin-Charlottenburg
1952
eingeladener Wettbewerb, 2. Preis

Entwurfszeichnung, Variante A. Foto: Albert Vennemann

Entwurfszeichnung, Variante B. Foto: Albert Vennemann

Kat. S. 365

Büro- und Geschäftshaus der Allianz-Versicherungs AG

(Alfred Gunzenhauser und Paul Schwebes)
Joachimsthaler Straße, Berlin-Charlottenburg
1952–1955
Baudenkmal

Ansicht Joachimsthaler Straße. Foto: Arthur Köster

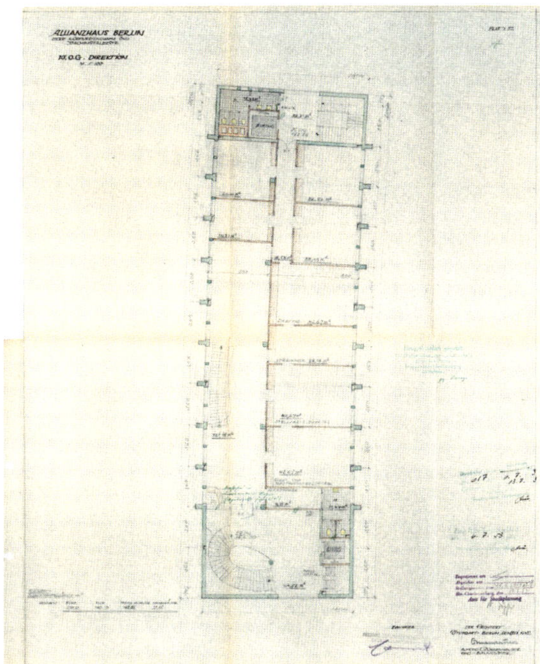

Grundriss 10. Obergeschoss, Direktion

Maggi-Haus Frankfurt am Main

Kat. S. 367

An der Hauptwache, Ecke Biebergasse, Frankfurt am Main
1954
1973 abgerissen

Ansicht Hauptwache. Foto: unbekannt

Ansicht Hauptwache, Ecke Biebergasse mit Kranzler-Eck. Foto: Wilfried Woscidlo

Haus Königstadt Kat. S. 367

Kurfürstendamm, Grolmannstraße, Berlin-Charlottenburg
1954–1955
verändert

Ansicht Kurfürstendamm, Ecke Grolmannstraße. Foto: Arthur Köster

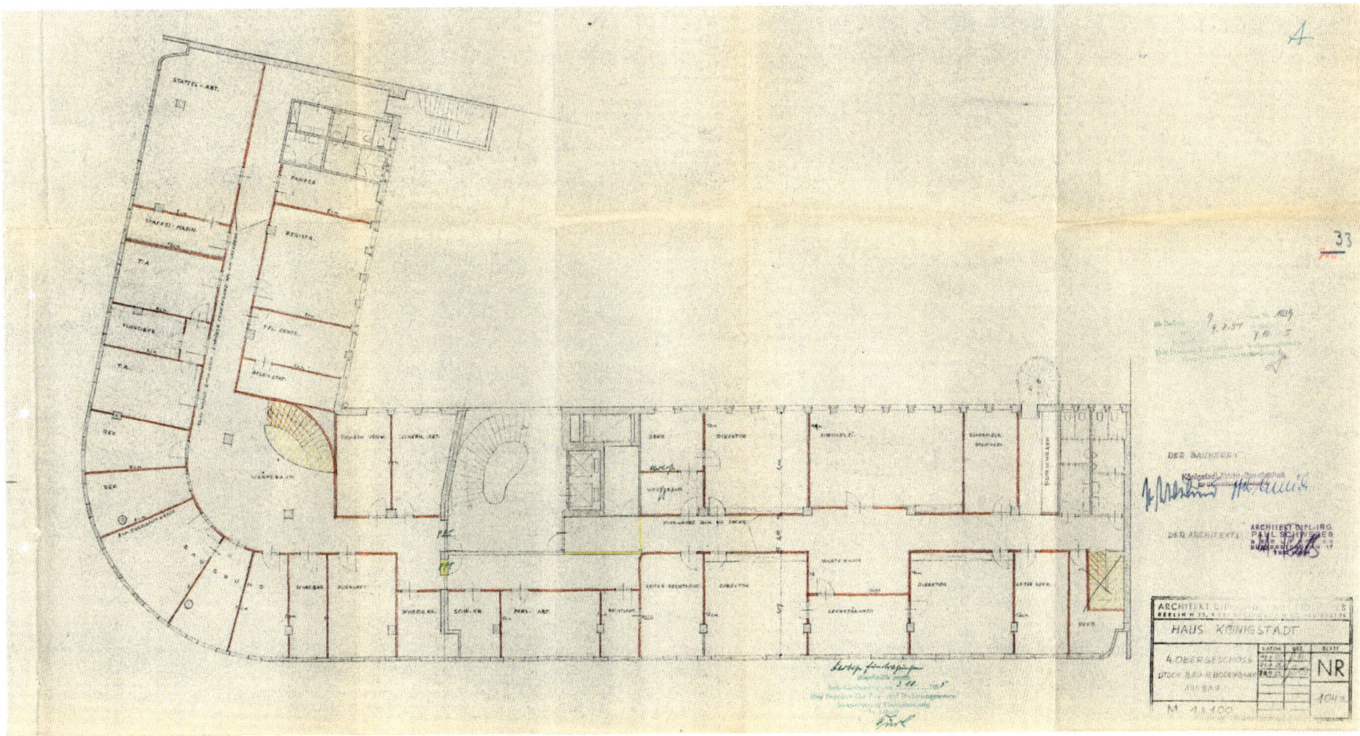

Grundriss 4. Obergeschoss, Direktion

Schultheiss, Büro- und Geschäftshaus am Kurfürstendamm

Kat. S. 367

Kurfürstendamm, Meinekestraße, Berlin-Charlottenburg
1954–1955
Wiederaufbau mit Gaststätte, stark verändert

Ansicht Kurfürstendamm. Foto: unbekannt

Ansichtszeichnung Kurfürstendamm, Fassade als Werbeträger

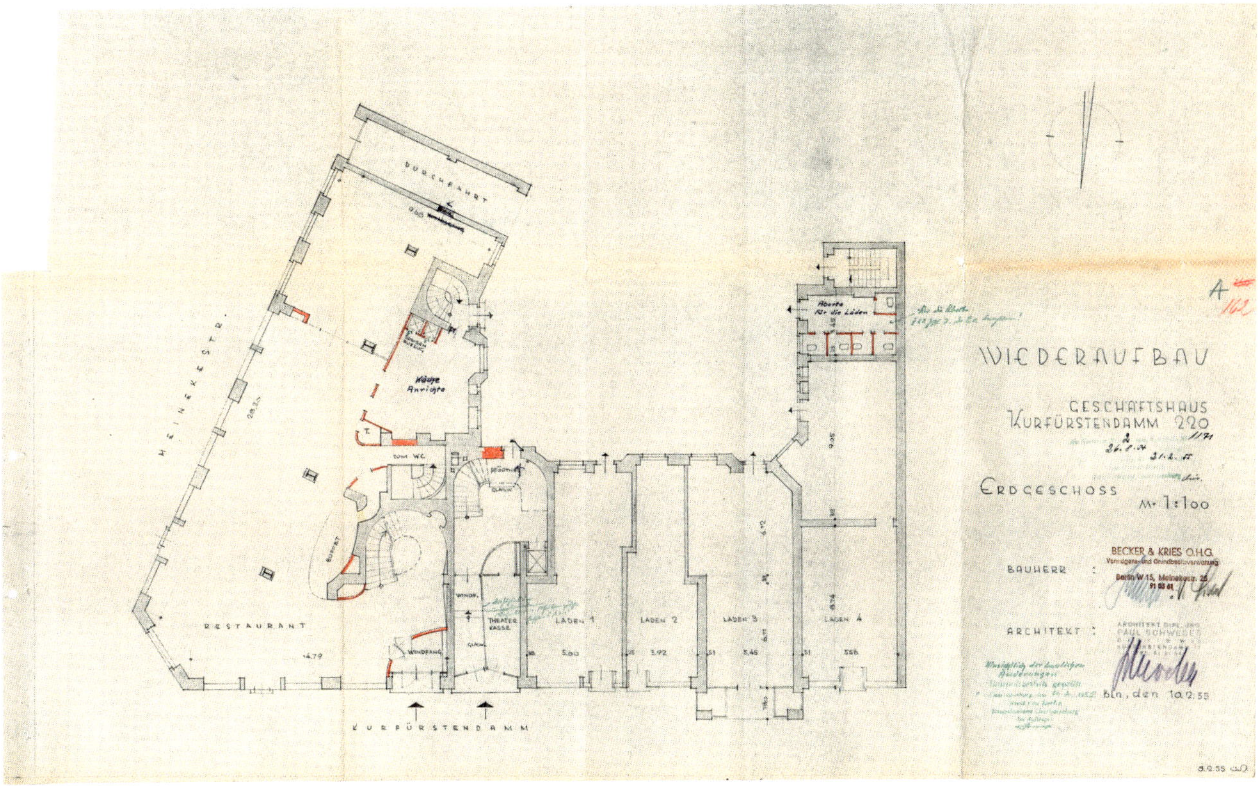

Wiederaufbau Schultheiss-Restaurant, Grundriss Erdgeschoss

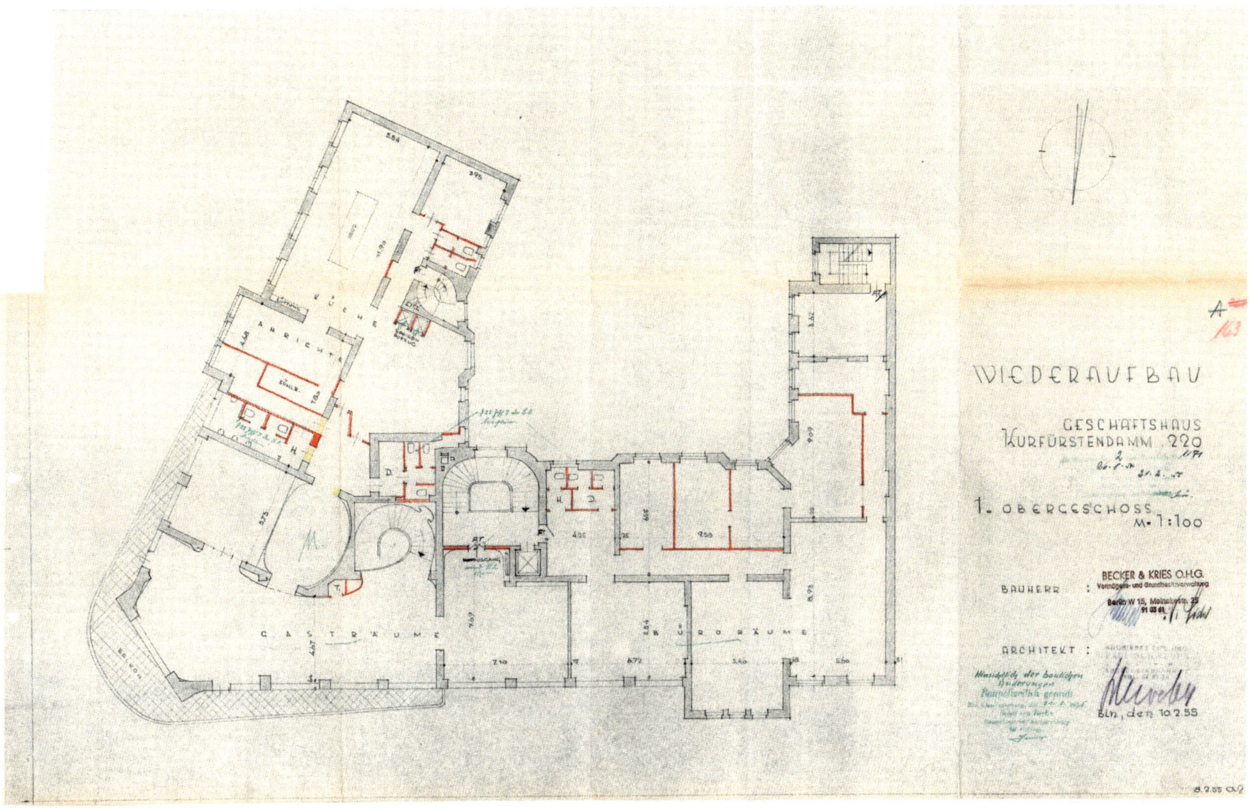

Wiederaufbau Schultheiss-Restaurant, Grundriss 1. Obergeschoss

Kat. S. 368

Haus Hardenberg

Hardenbergstraße, Knesebeckstraße, Schillerstraße, Berlin-Charlottenburg
1954–1956
Baudenkmal

Ansicht Knesebeckstraße, Ecke Hardenbergstraße. Foto: Arthur Köster

Ansicht Hardenbergstraße, Ecke Knesebeckstraße. Foto: Rolf Koehler

Ansicht Hardenbergstraße, Ecke Knesebeckstraße. Foto: Rolf Koehler

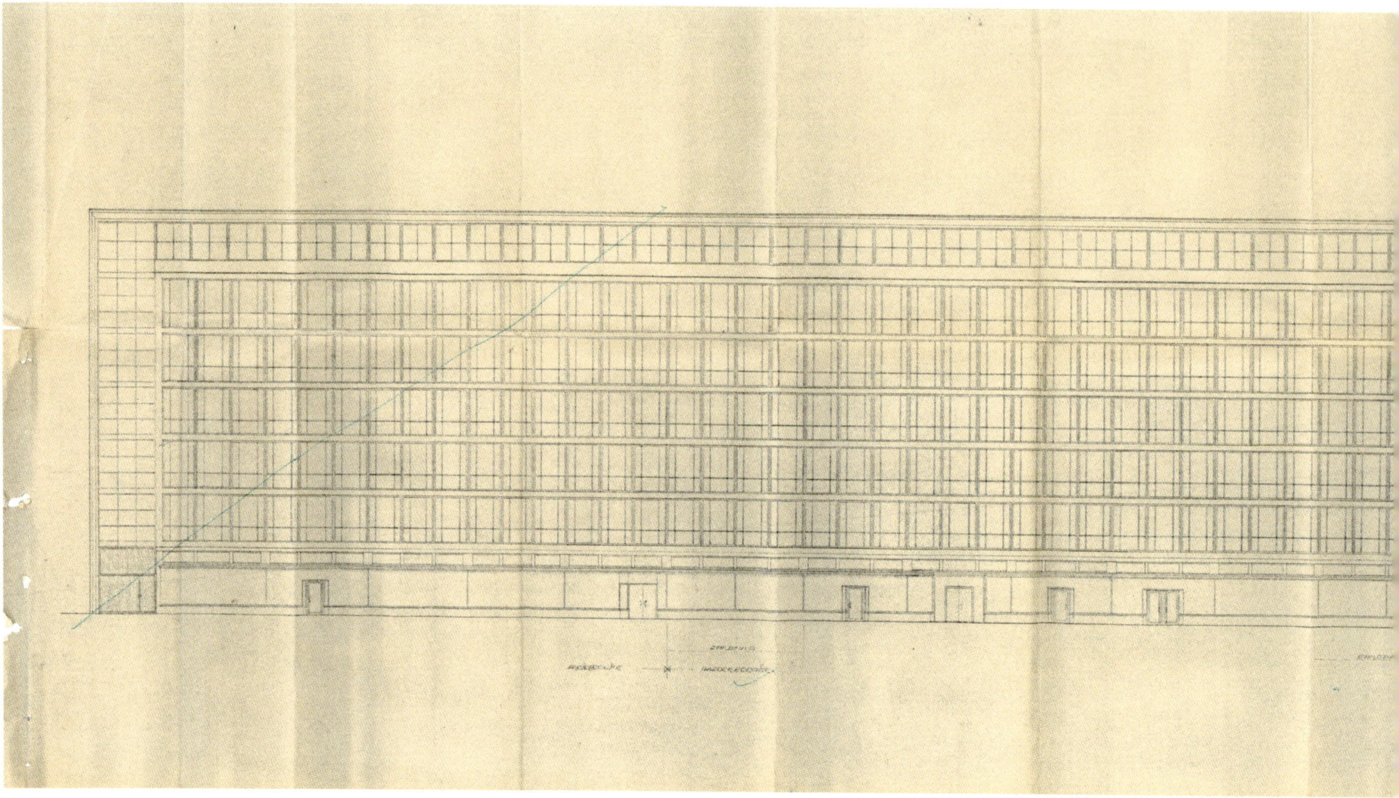

Fassadenabwicklung Knesebeckstraße, Hardenbergstraße, Schillerstraße

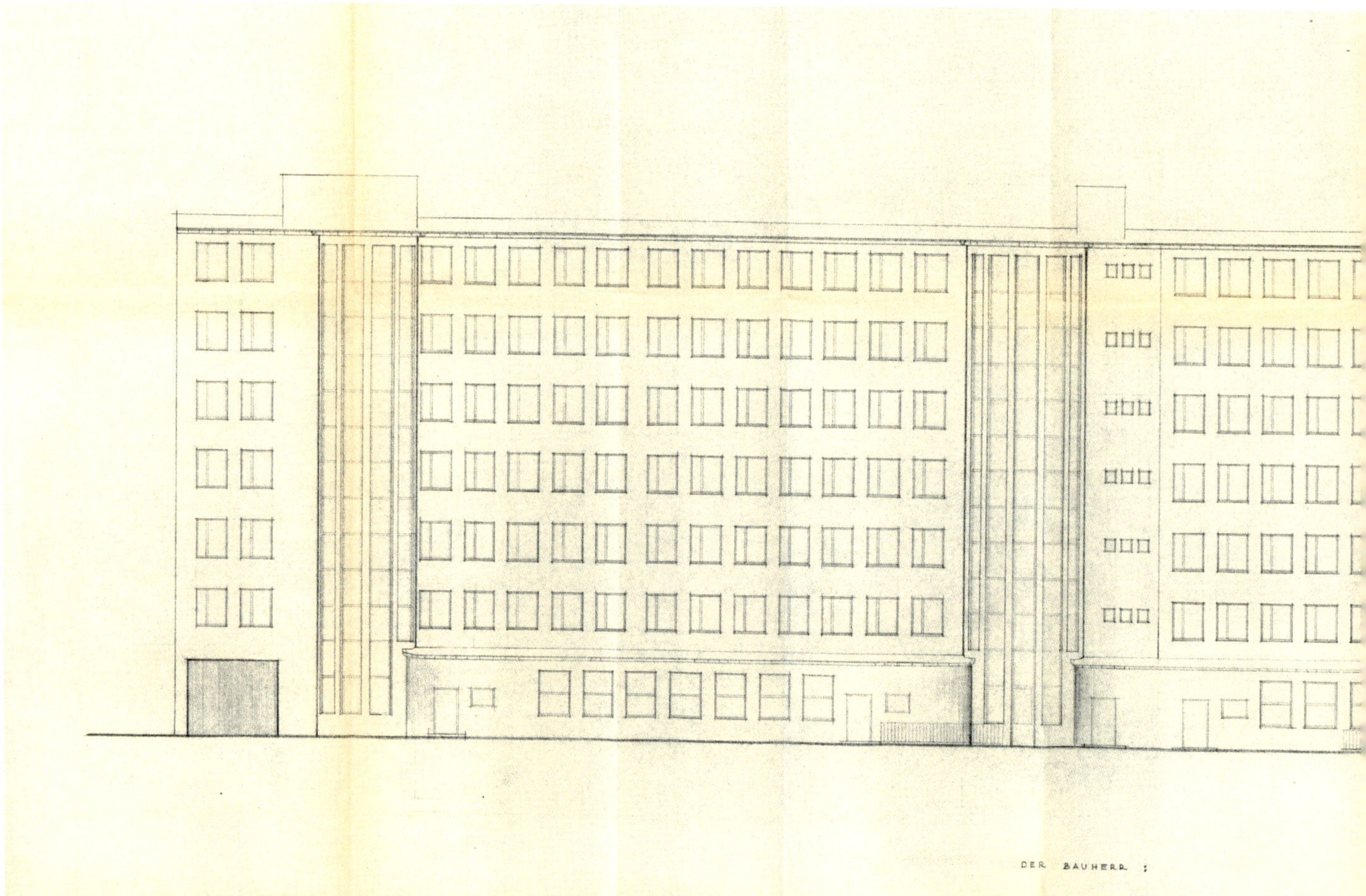

Ansichtszeichnung Hofansicht

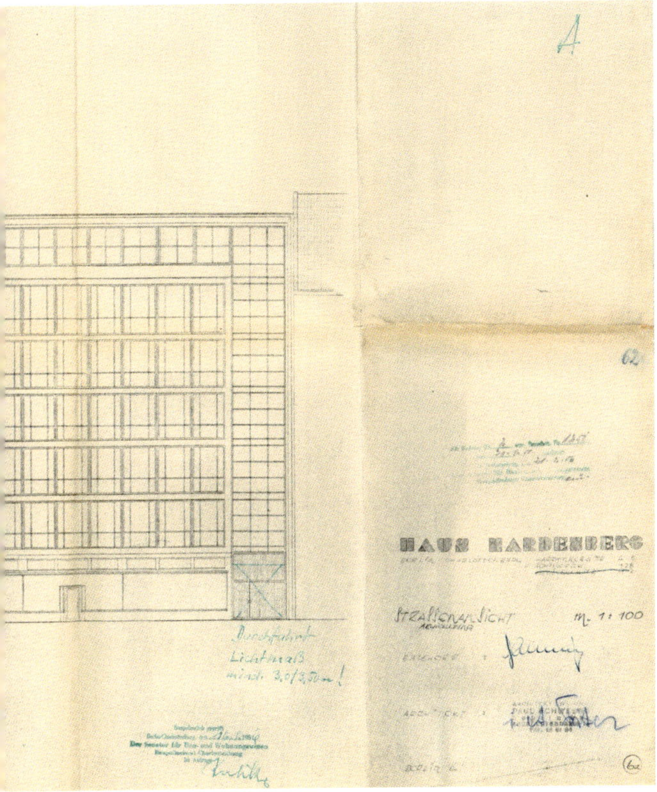
HAUS HARDENBERG
STRASSENANSICHT
M. 1:100

HAUS HARDENBERG
HOFFASSADE
(ABWICKLUNG)
M 1:100
NR
7
Zugestimmt am
Abgelehnt am
Amt für Stadtplanung
DER ARCHITEKT :

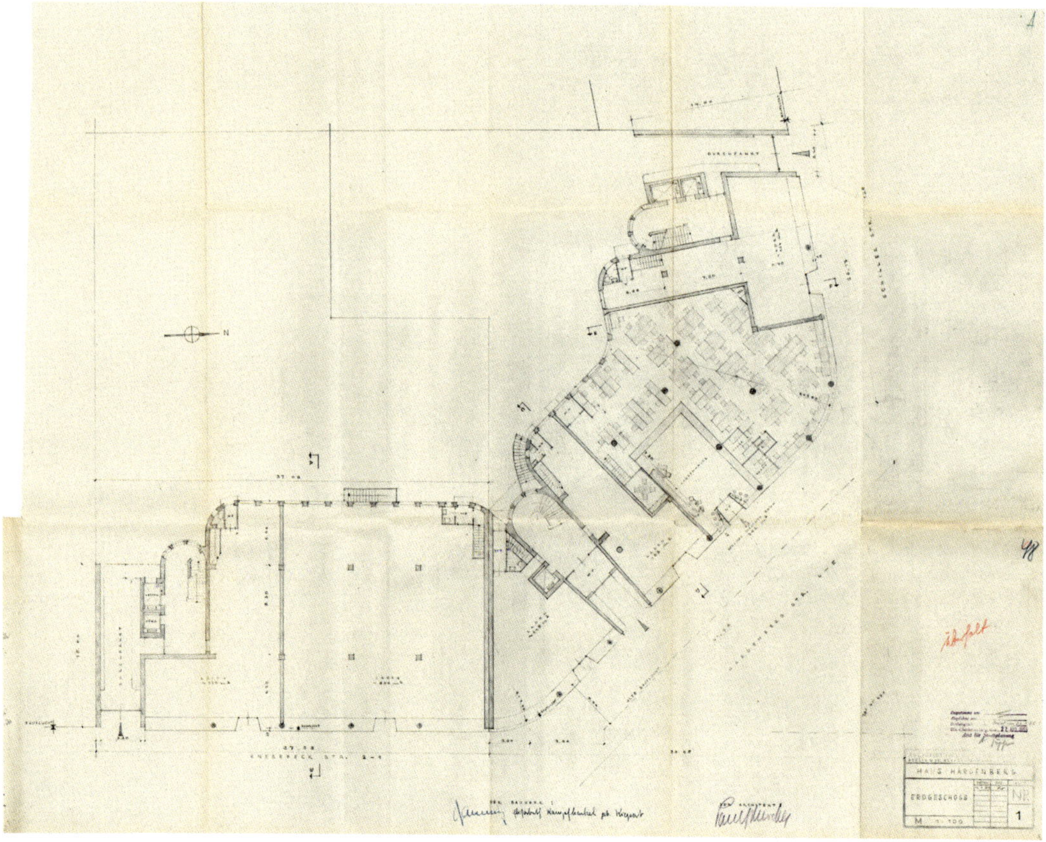

Grundriss Erdgeschoss

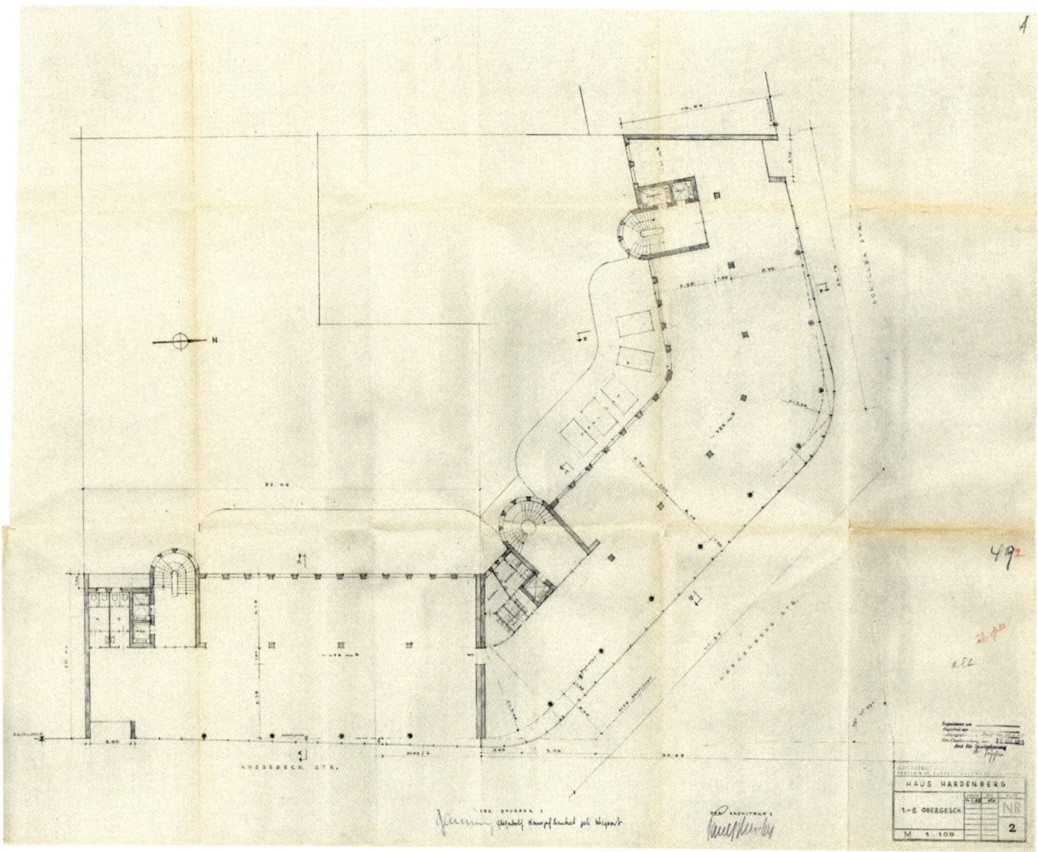

Grundriss 1.–5. Obergeschoss

Buchhandlung Kiepert, Verkaufsraum. Foto: Günter Horn

Büro- und Geschäftshaus Kurfürstendamm 182–183, Filiale der Berliner Disconto Bank AG

Kat. S. 369

Kurfürstendamm, Berlin-Wilmersdorf
1955 und 1958–1959
stark verändert

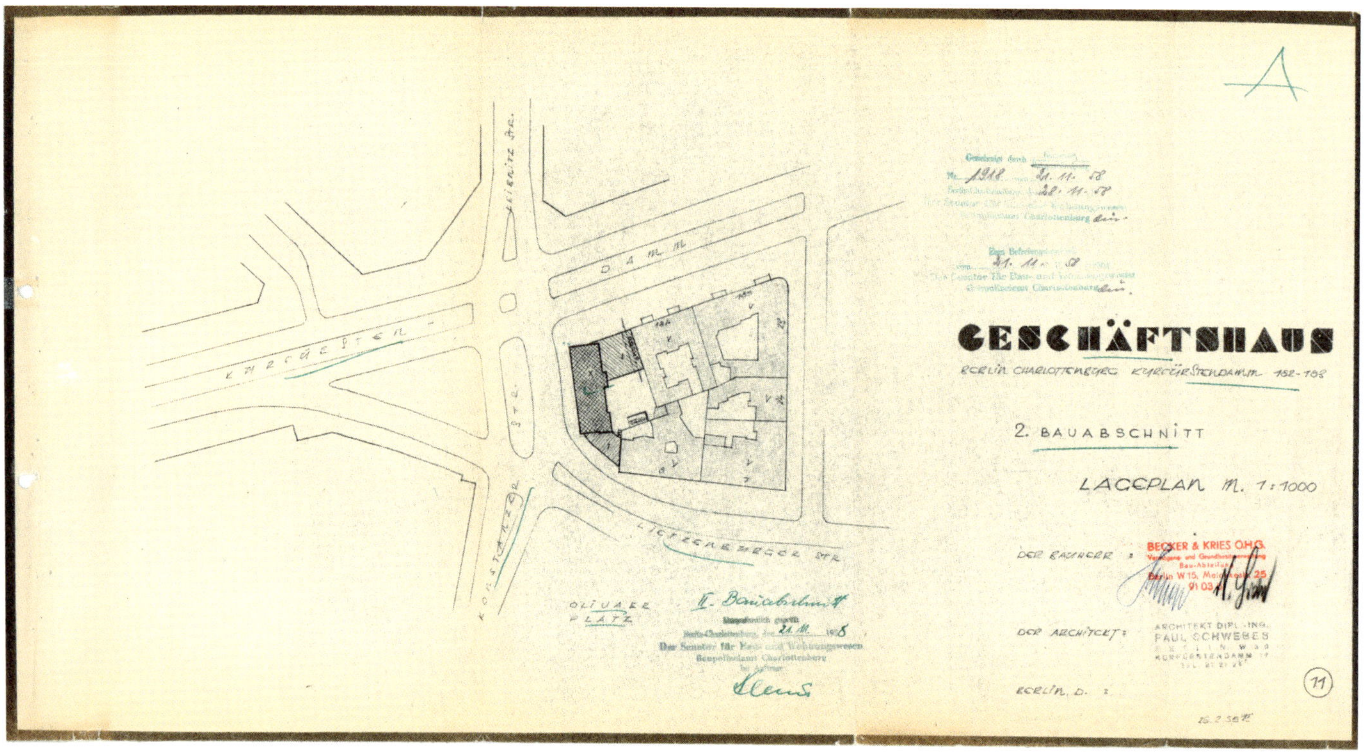

Lageplan

Ansicht Kurfürstendamm, Ecke Olivaer Platz. Foto: Walter Köster

...nimm doch PHILIPS
JERSEY
BAE Werbung
Gerüstbau
A. Dippe
DISCONTO BANK
BERLINER DISCONTO BANK

Büro- und Geschäftshaus der Agrippina Lebensversicherungs-AG

Kat. S. 370

Rankestraße, Berlin-Charlottenburg
1955–1956
Baudenkmal

Ansicht Rankestraße. Foto: Rolf Koehler

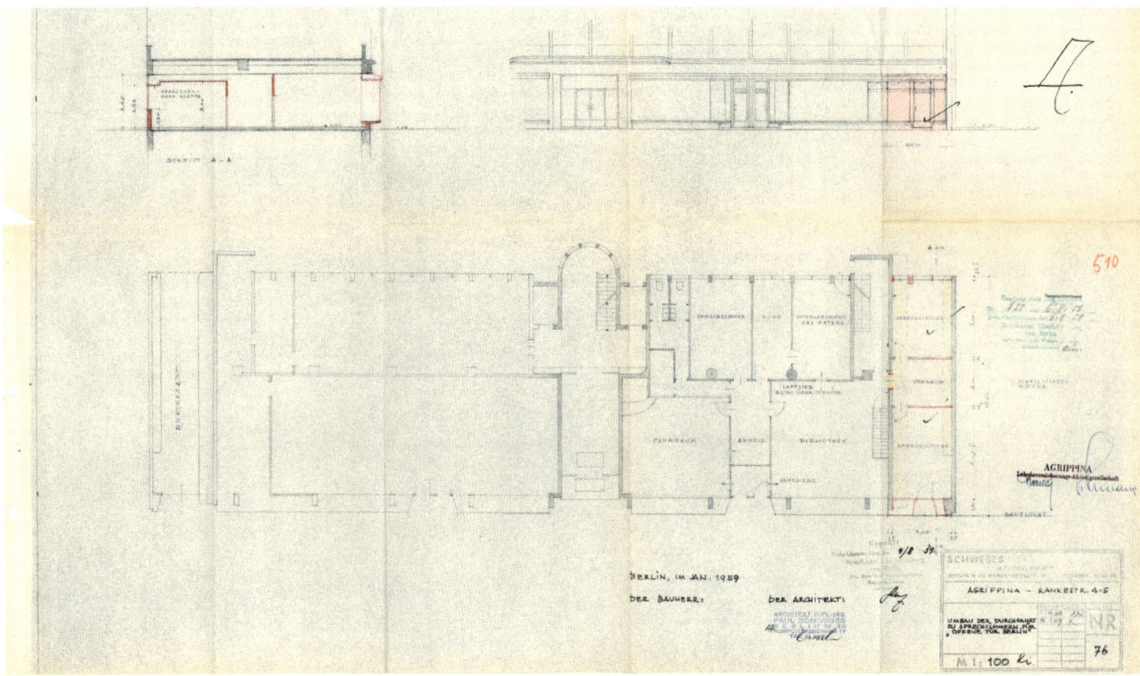

Grundriss Erdgeschoss, Schnitt und Ansichtszeichnung Eingangsfront

Büro- und Geschäftshaus der Vorsorge-Lebensversicherungs-AG

Tauentzienstraße, Berlin-Schöneberg
1955–1956
abgerissen

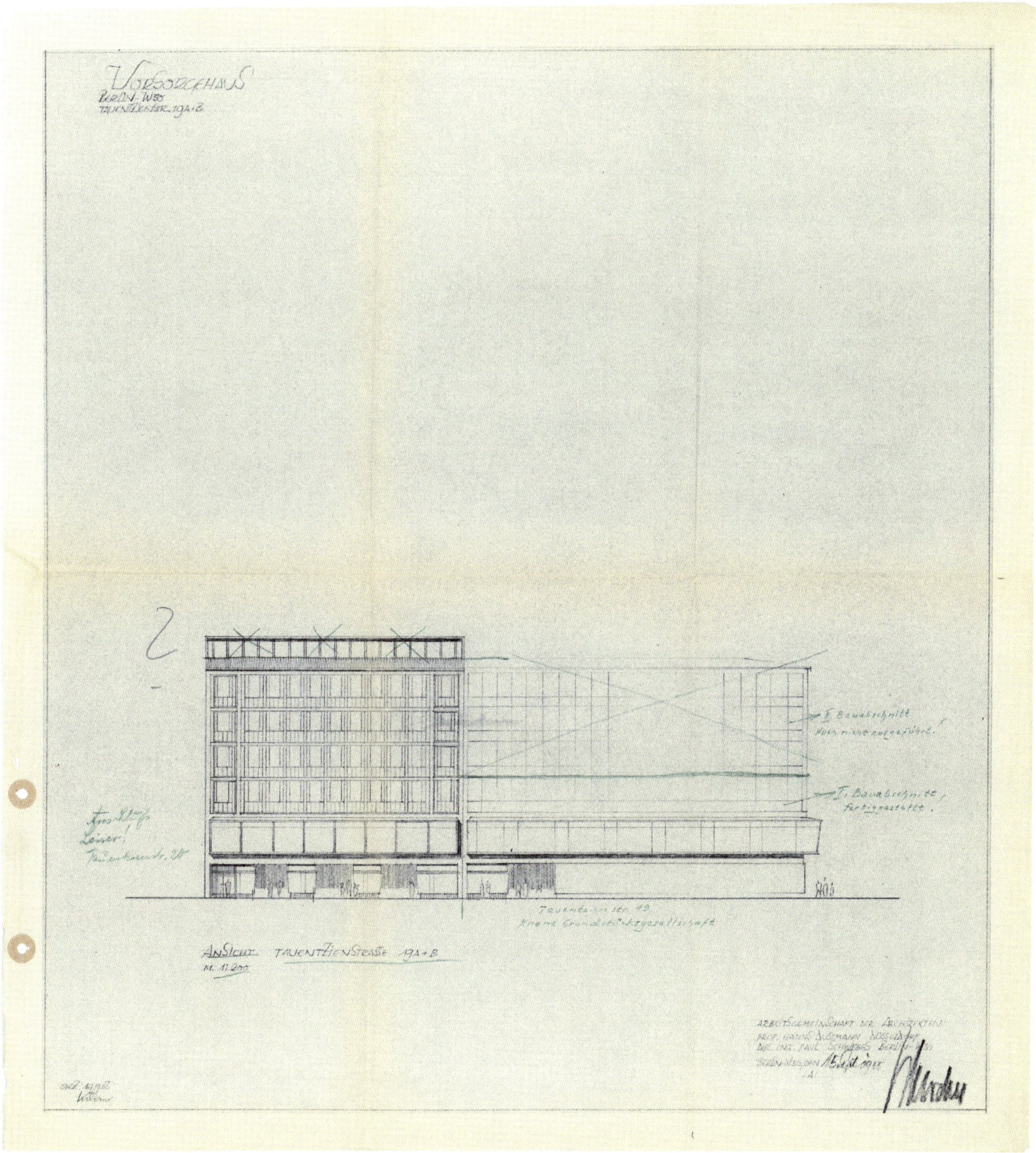

Ansichtszeichnung, Entwurf Hanns Dustmann und Paul Schwebes mit geplanter Bebauung auf dem Grundstück des ehemaligen Tauentzienpalast

Ansicht Tauentzienstraße im Bau, hinten: Ruine der Gedächtniskirche. Foto: unbekannt

Ansicht Tauentzienstraße. Foto: E. & H. Fischer

Büro- und Geschäftshaus Beamtenversicherungsverein des Deutschen Bank- und Bankiergewerbes a. G.

Kat. S. 374

Kurfürstendamm, Berlin-Charlottenburg
1956–1957
verändert

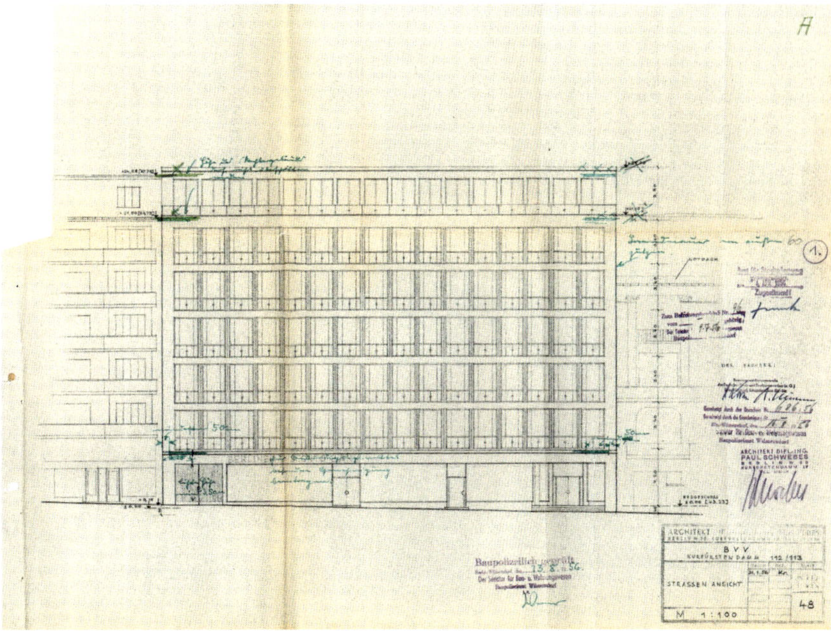

Ansichtszeichnung Kurfürstendamm

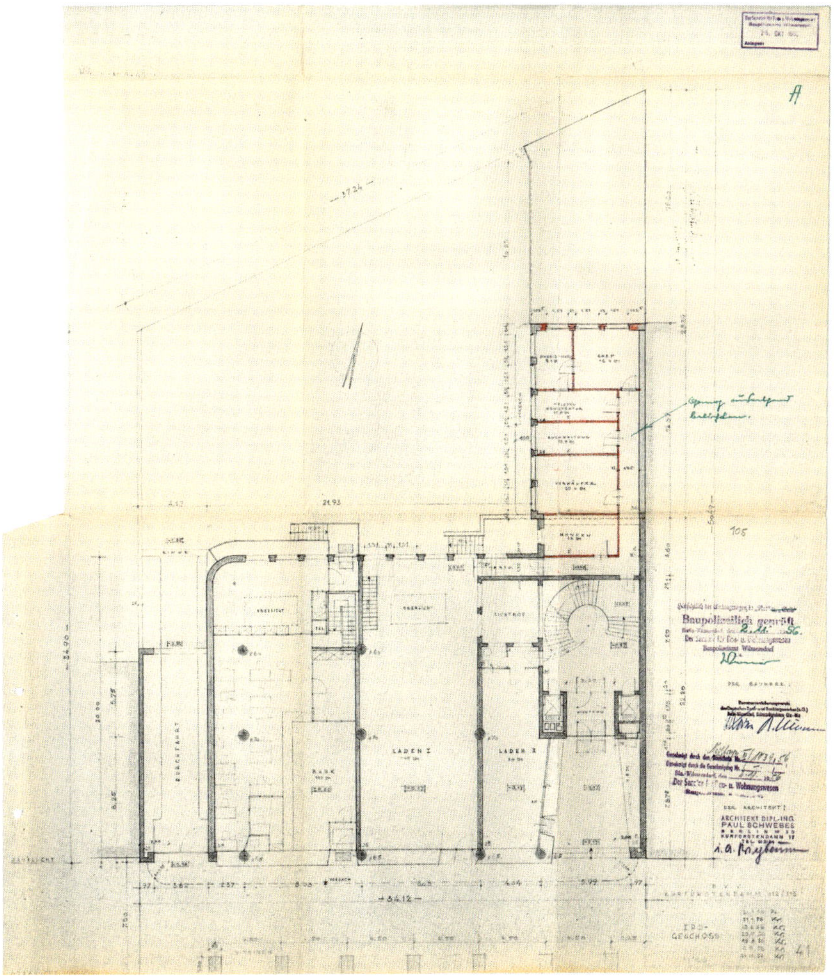

Grundriss Erdgeschoss

Büro- und Geschäftshaus „Haus am Zoo“

Kat. S. 376

Hardenbergstraße, Berlin-Charlottenburg
1956–1960
Baudenkmal

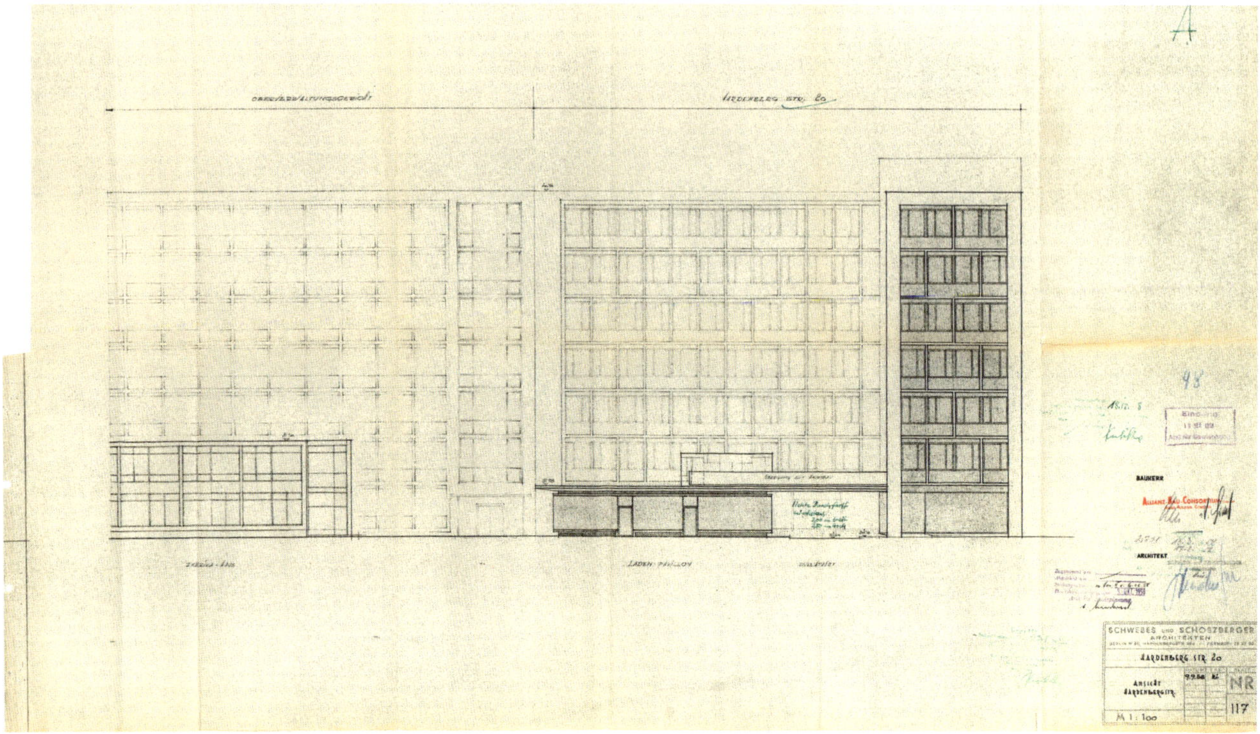

Ansichtszeichnung Hardenbergstraße

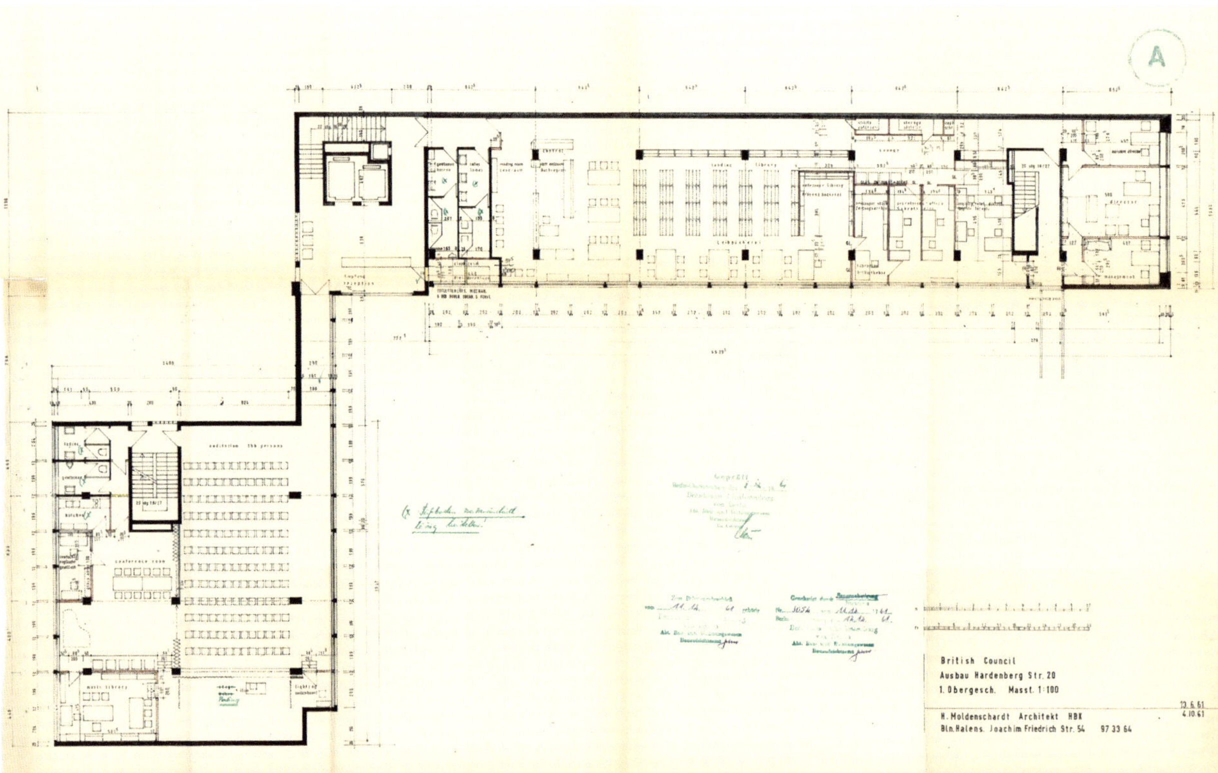

Grundriss 1. Obergeschoss mit Ausbau für British Council

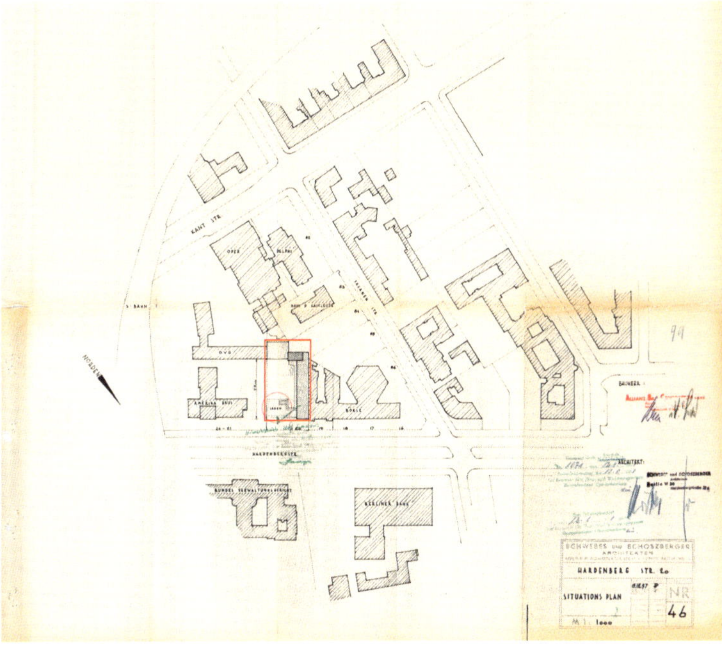

Lageplan mit Querriegel „Haus am Zoo“ (Hervorhebung)

Luftbild Breitscheidplatz mit Blick auf „Haus am Zoo“ (oben rechts, hinter Eisenbahnüberführung). Foto: Gert Schütz

Schloßgartenbau, Geschäftshausbebauung mit Kino auf dem ehemaligen Marstallgelände, Stuttgart

Kat. S. 378

Königstraße, Stuttgart
1957
Vorentwurf

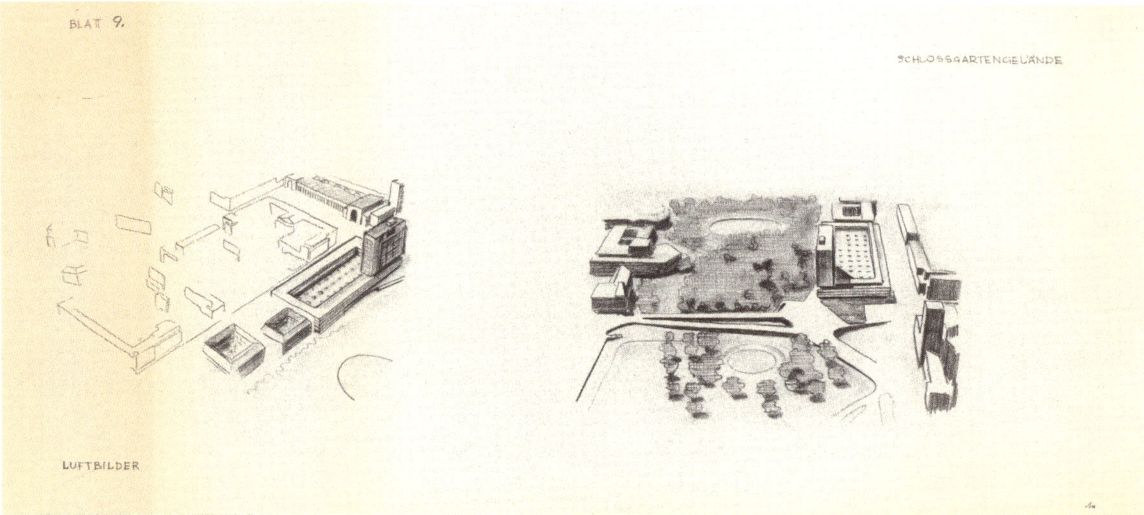

Entwurfszeichnungen mit Hauptbahnhof Stuttgart (1922, Architekt: Paul Bonatz) und Schloßgarten

Modell. Foto: Arthur Köster

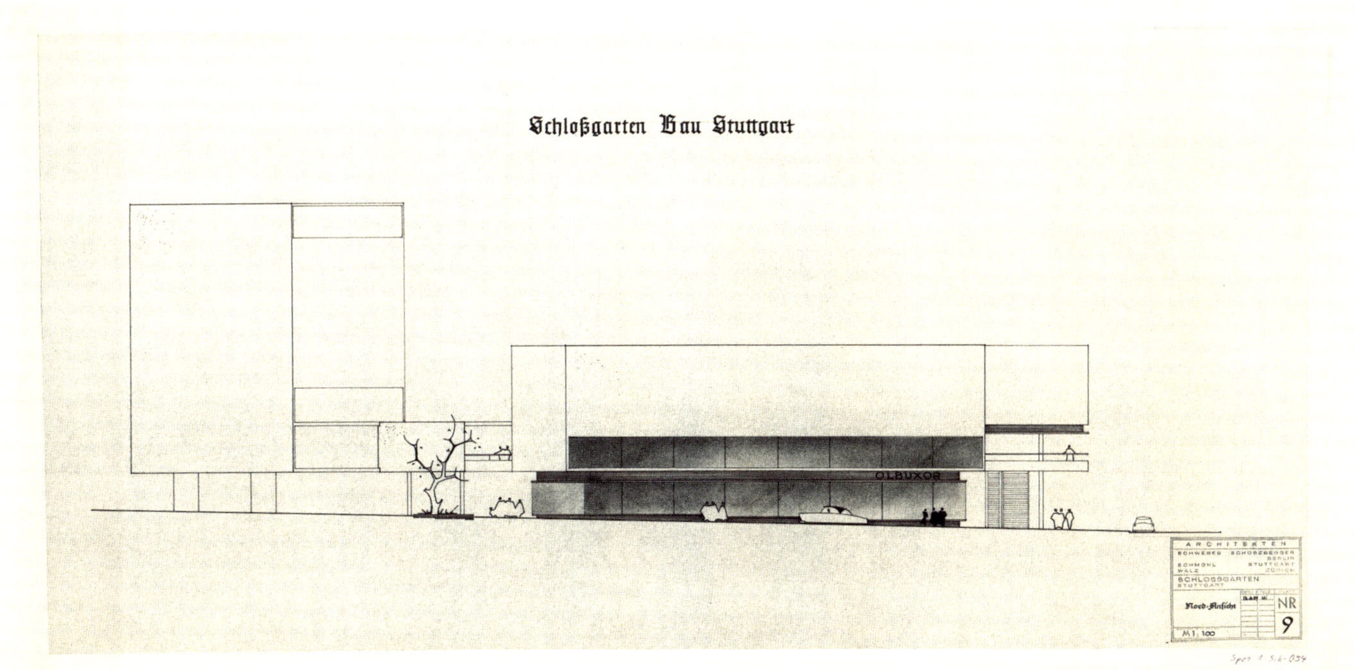

Entwurfszeichnung Nordansicht

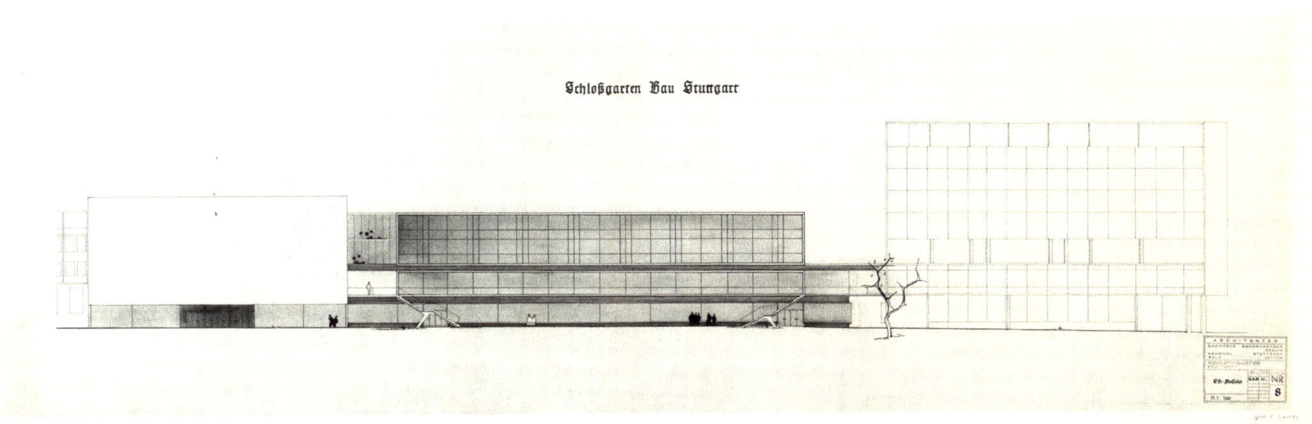

Entwurfszeichnung Ostansicht

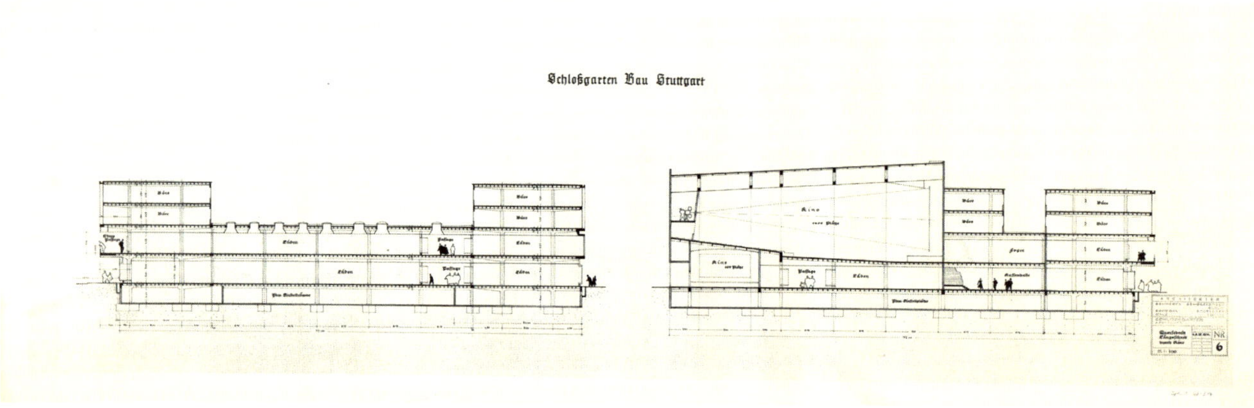

Querschnitte

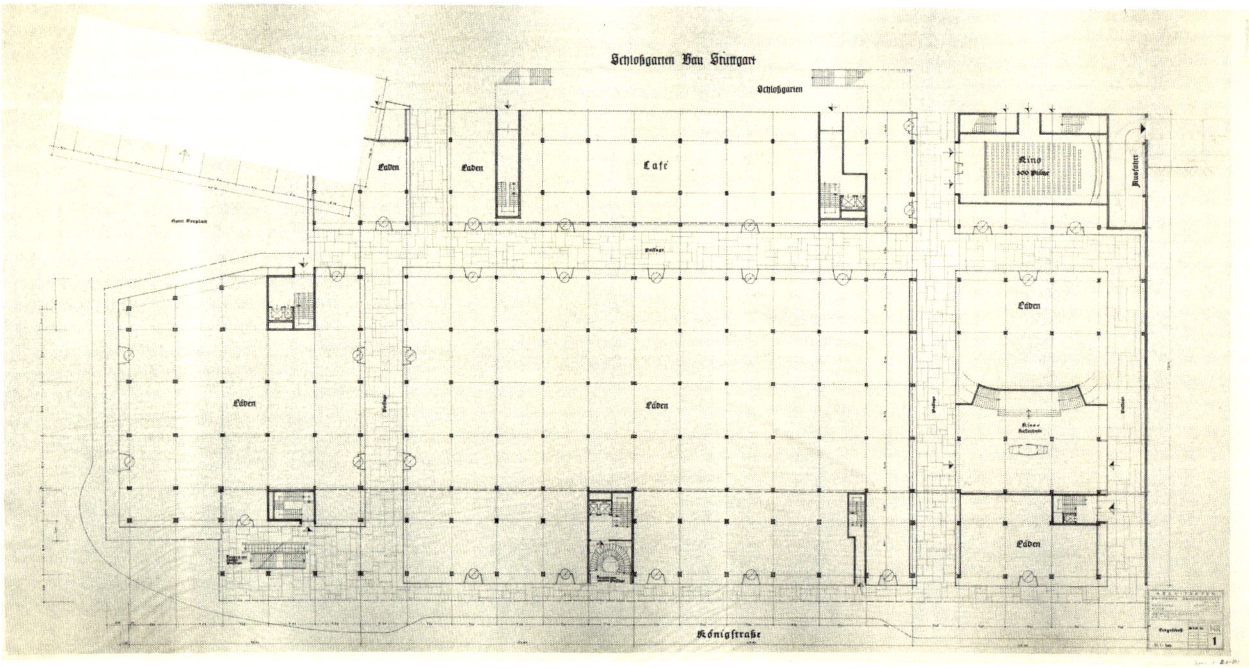

Grundriss Erdgeschoss

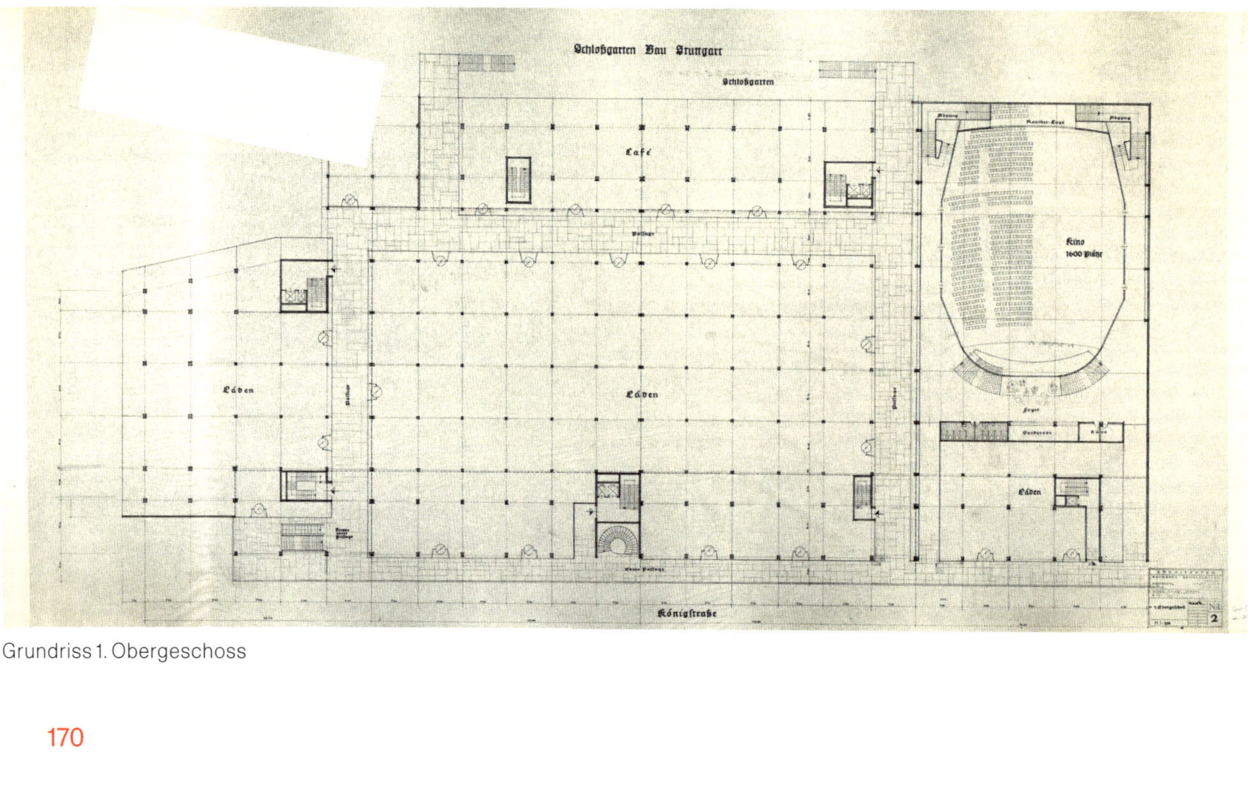

Grundriss 1. Obergeschoss

Büro- und Geschäftshaus „Alte Volksfürsorge“

Kat. S. 380

Bismarckstraße, Berlin-Charlottenburg
1957–1960
stark verändert

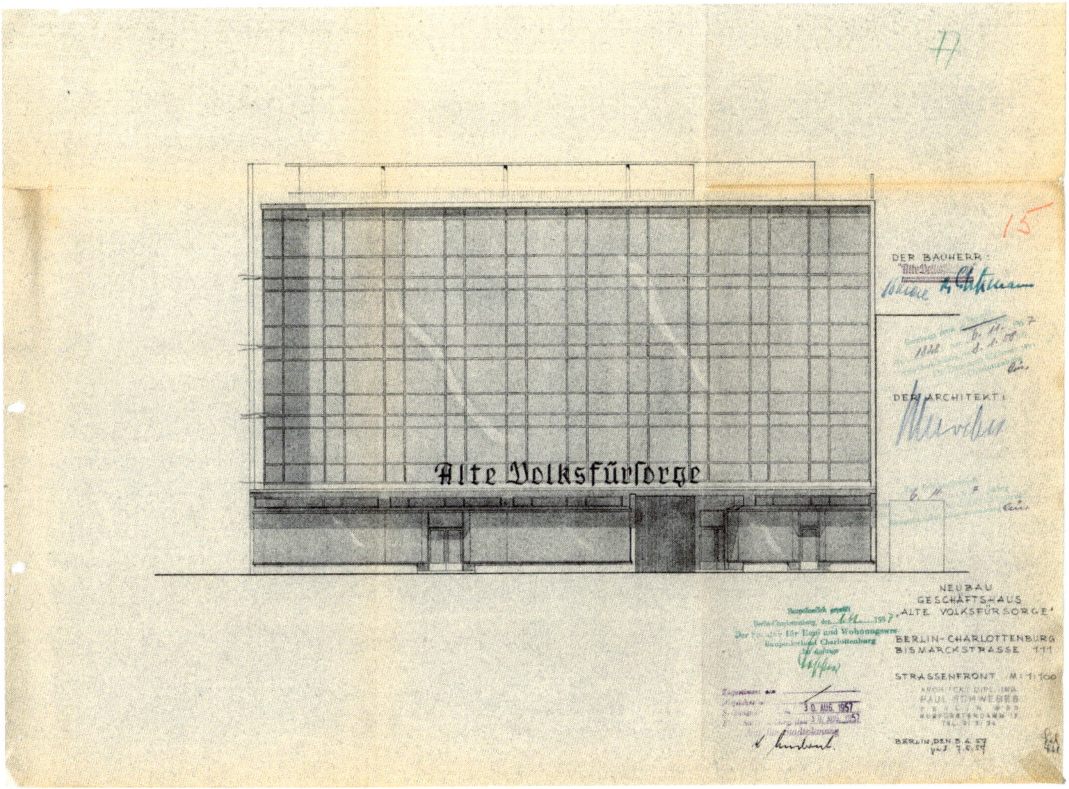

Ansichtszeichnung Bismarckstraße

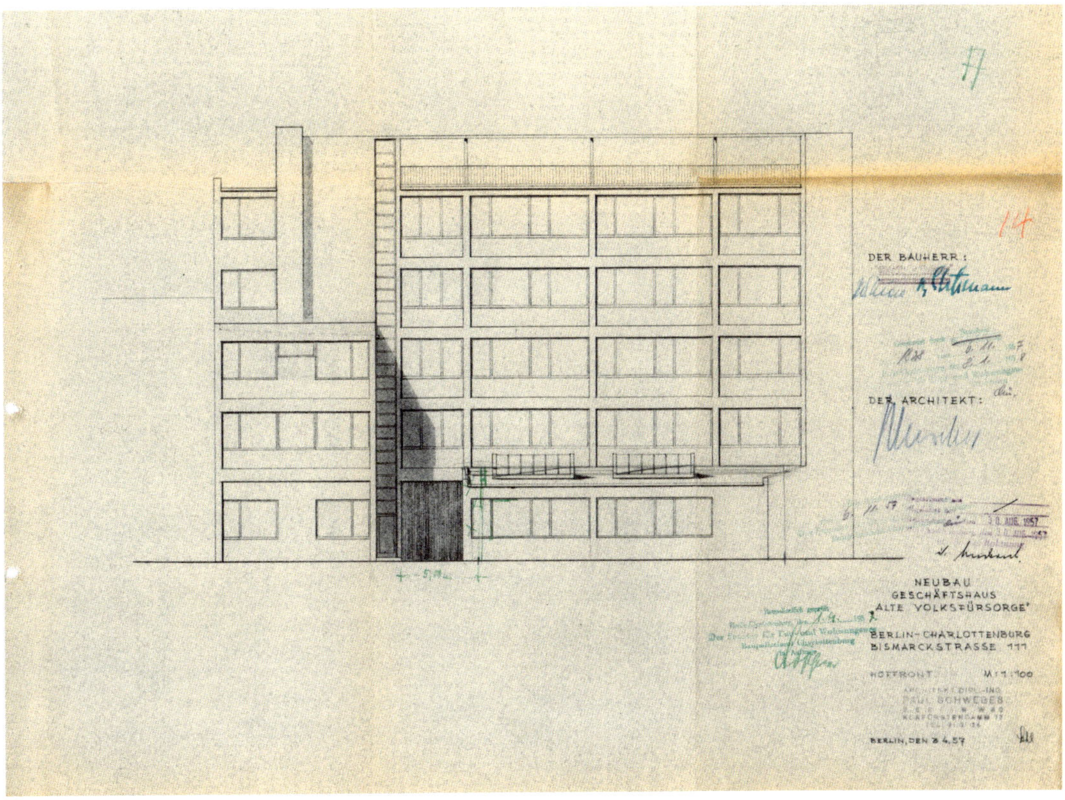

Ansichtszeichnung Hofseite

Büro- und Geschäftshaus Knesebeckstraße (urspr. Erweiterungsbau Haus Hardenberg)

Knesebeckstraße, Berlin-Charlottenburg
1957–1966
erhalten

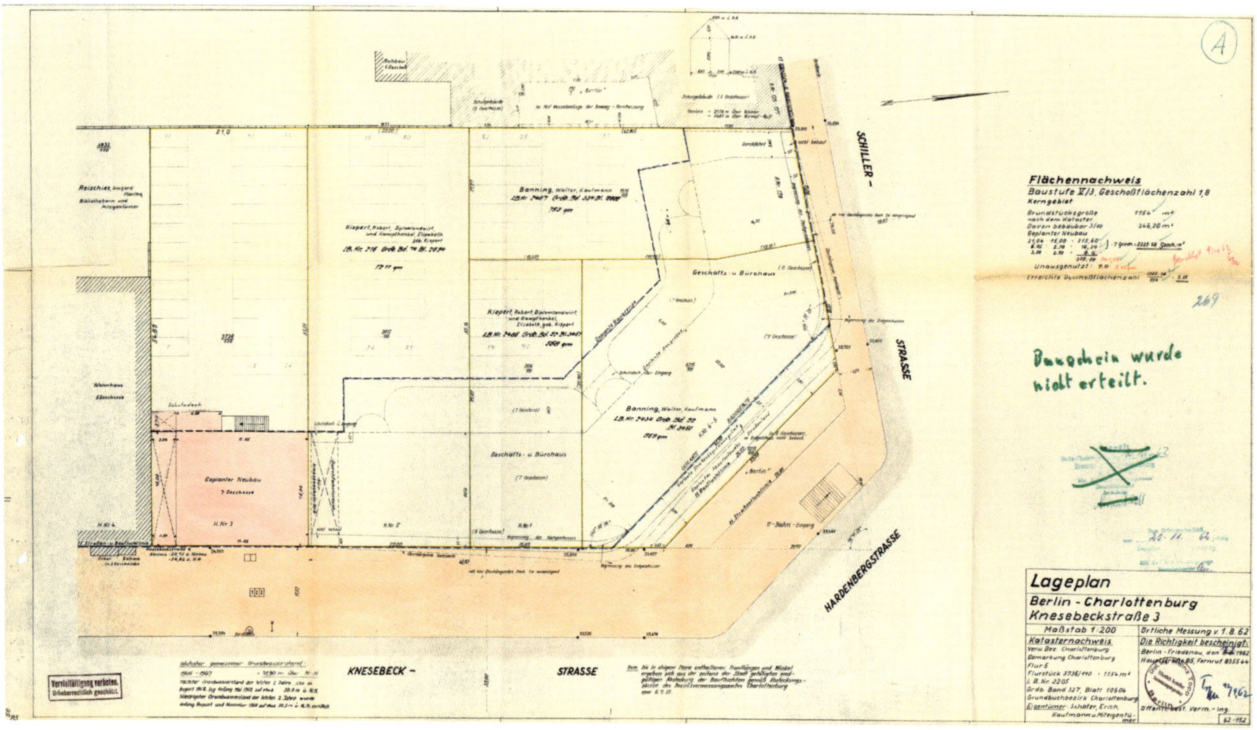

Lageplan mit Haus Hardenberg

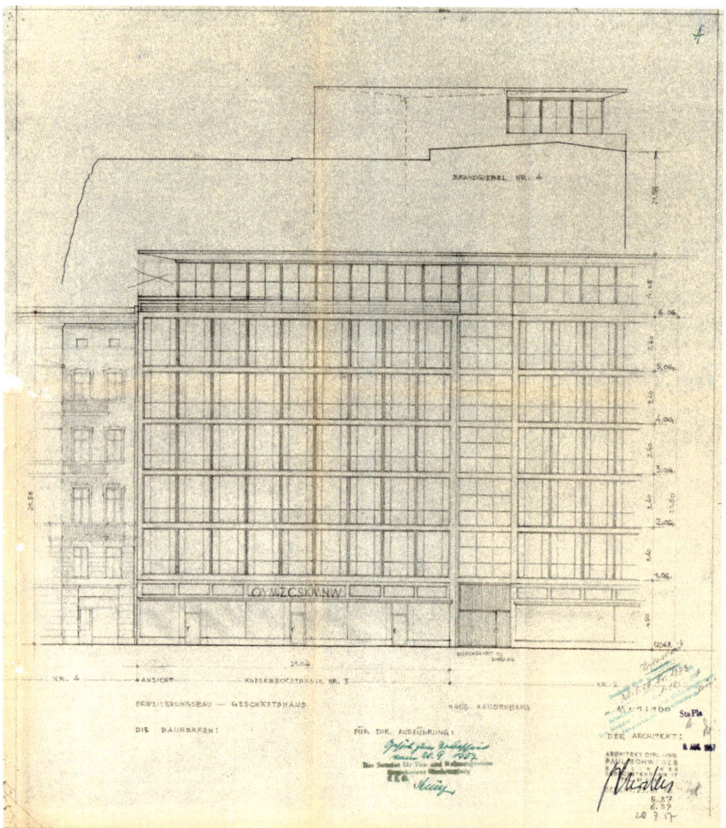

Entwurfszeichnung Erweiterung Haus Hardenberg (1957, nicht ausgeführt)

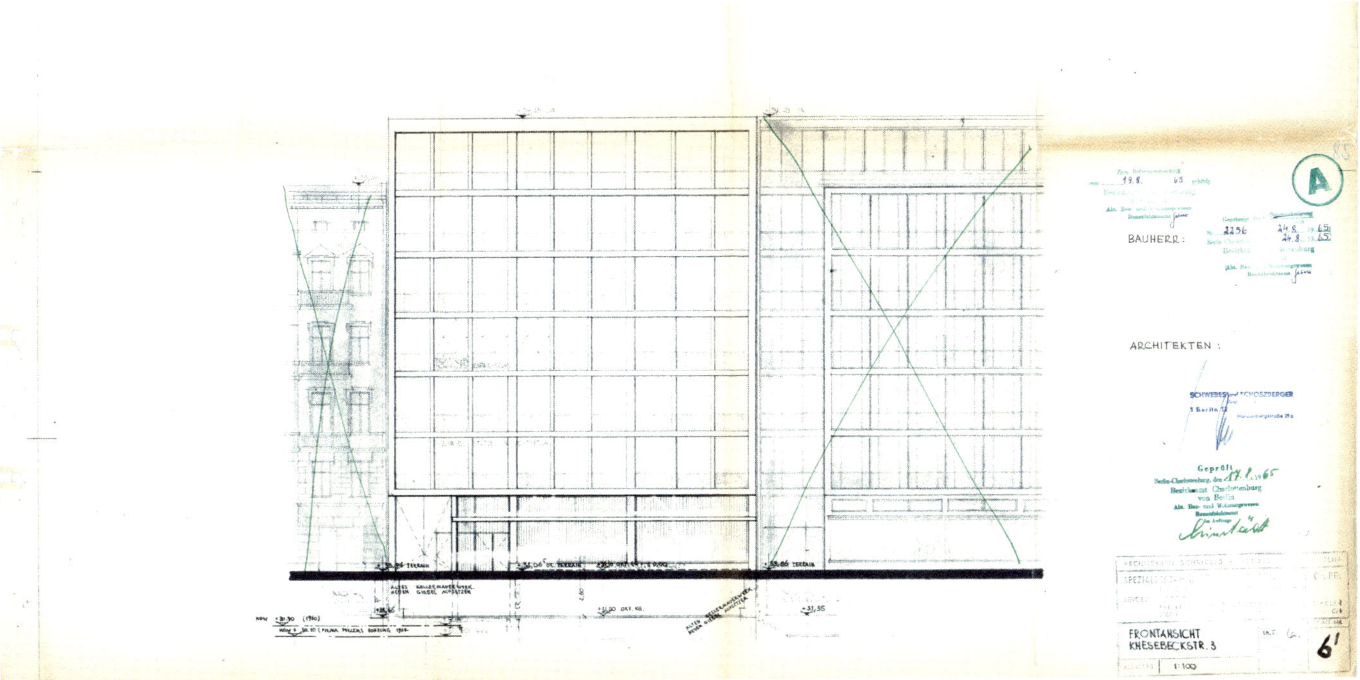

Ansichtszeichnung Knesebeckstraße

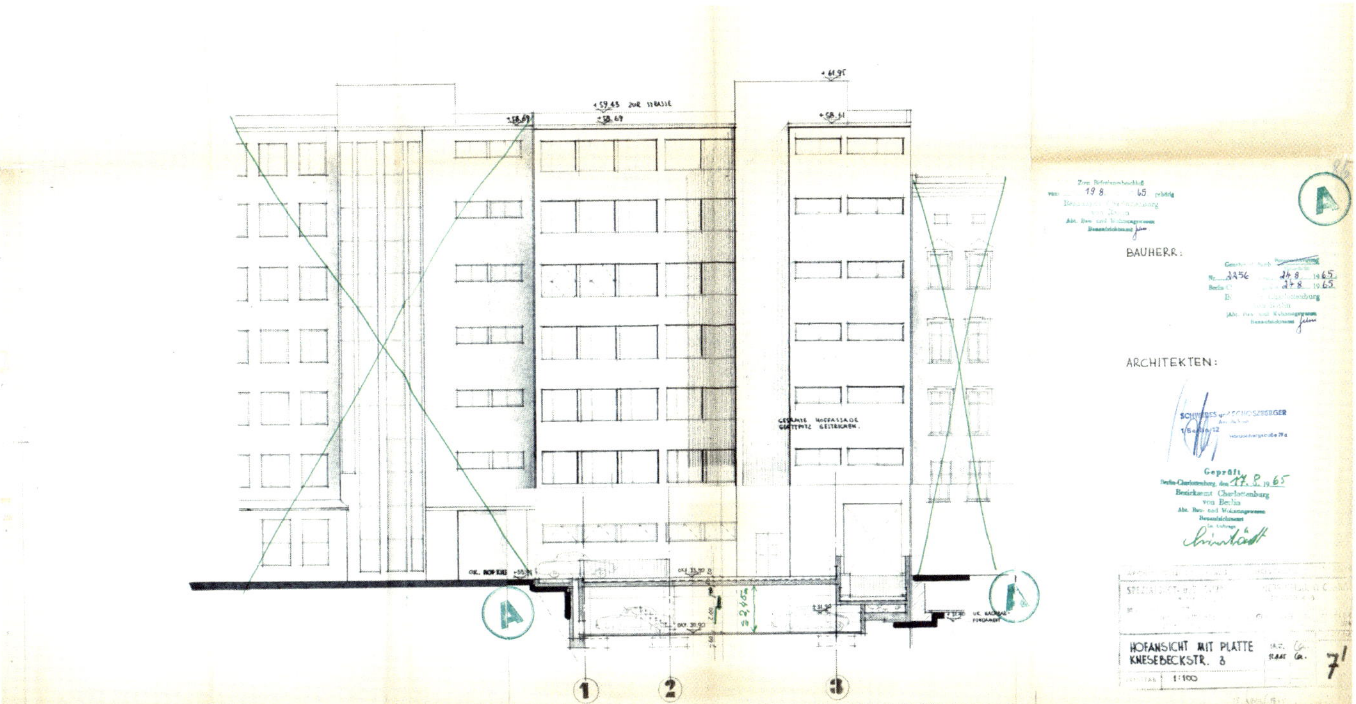

Ansichtszeichnung Hofseite

Büro- und Geschäftshaus Deutsche Beamten Versicherung

Kat. S. 381

Tauentzienstraße, Berlin-Schöneberg
1958–1959
verändert

Ansicht Tauentzienstraße. Foto: unbekannt

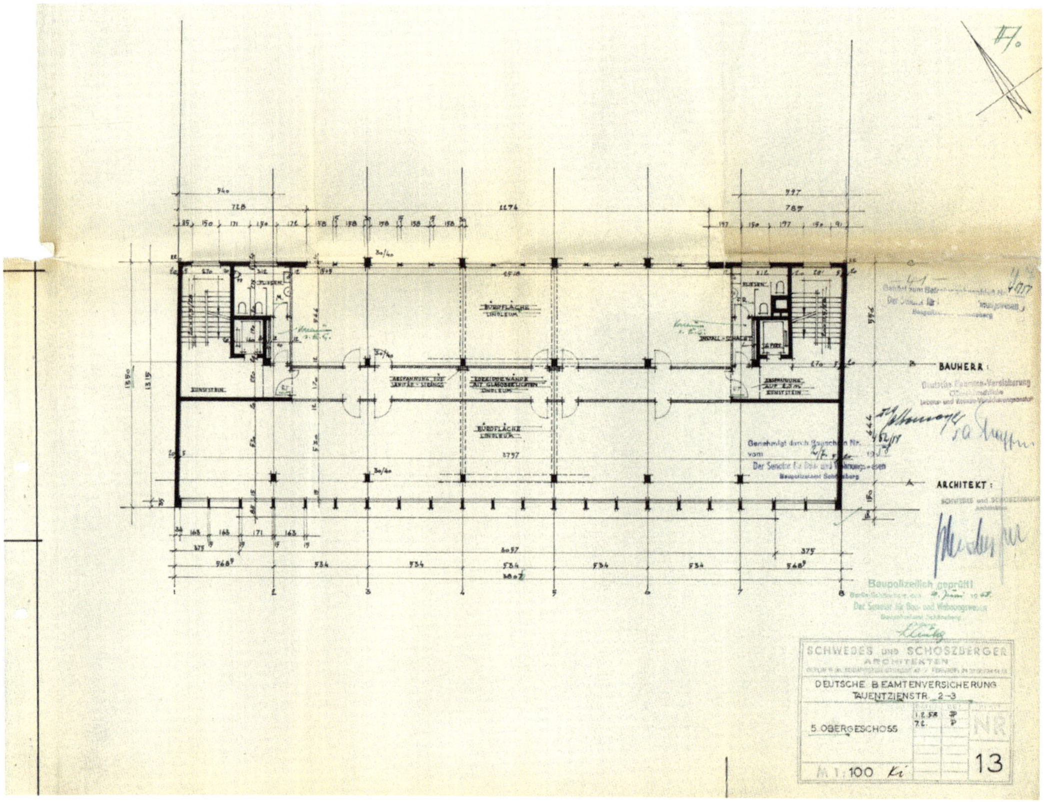

Grundriss 5. Obergeschoss

Büro- und Geschäftshaus Dortmunder Union, „Kibek-Haus“ **Kat. S. 381**

Joachimsthaler Straße, Hardenbergstraße, Kantstraße, Berlin-Charlottenburg
1958–1960
2001 abgerissen

Ansicht Kantstraße, Ecke Joachimsthaler Straße, rechts: Schimmelpfeng-Haus (1952–1955, Architekten: Sobotka und Müller). Foto: Bert Sass

Ansicht Hardenbergstraße mit Luftgeschoss. Foto: unbekannt

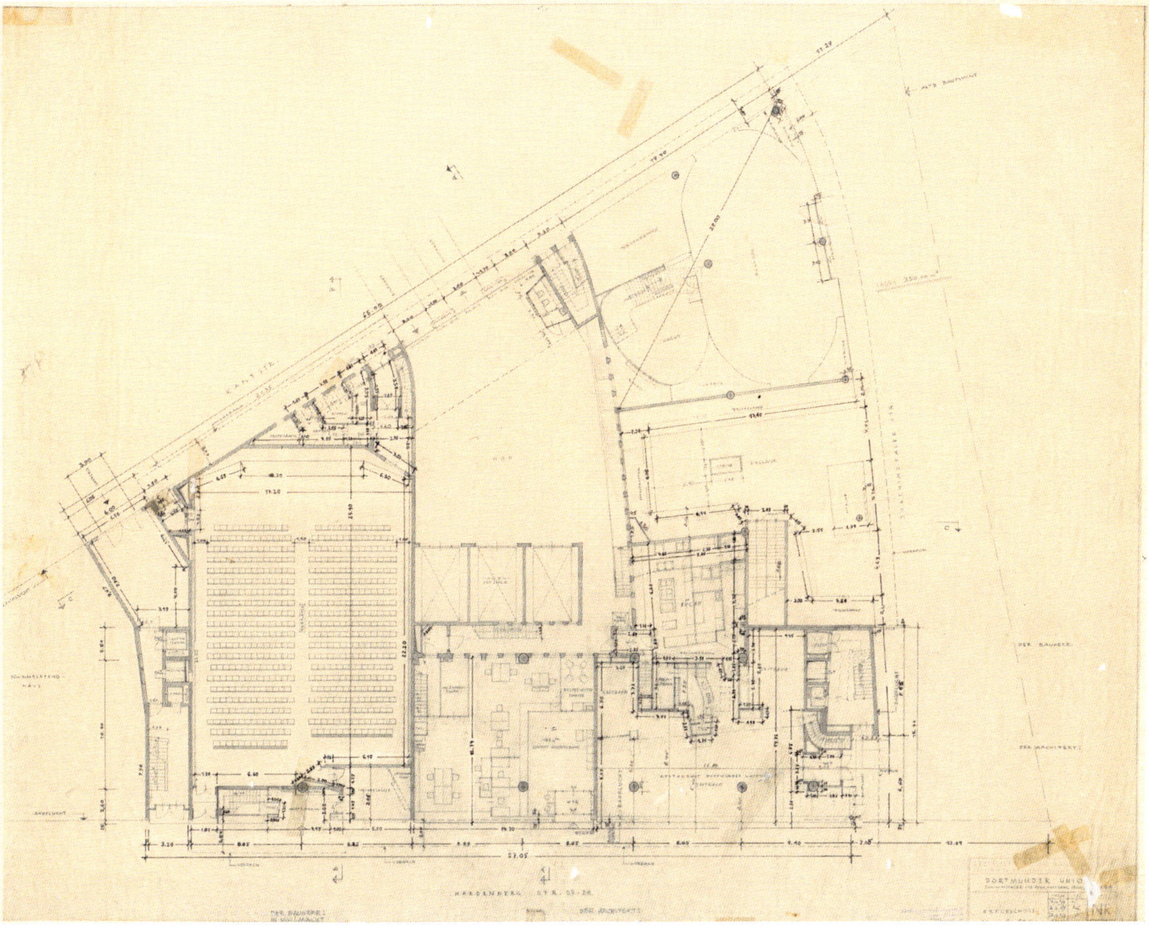

Grundriss Erdgeschoss mit Aktualitätenkino „AKI“

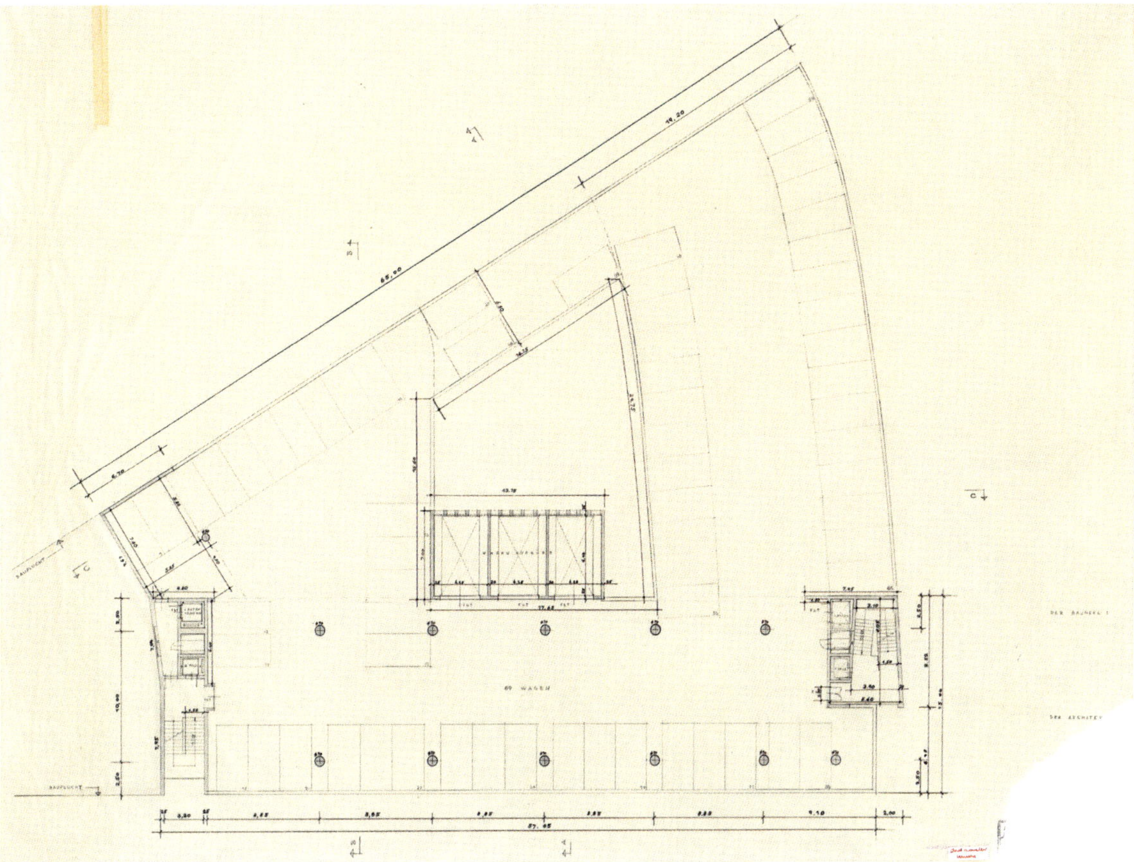

Grundriss Luftgeschoss mit Wagen-Abstellplätzen

Haus der Elektrizität (Telefunken-Hochhaus)

Kat. S. 382

Ernst-Reuter-Platz, Berlin-Charlottenburg
1958–1960
Baudenkmal

Luftbild Ernst-Reuter-Platz mit Platzgestaltung Werner Düttmann. Foto: unbekannt

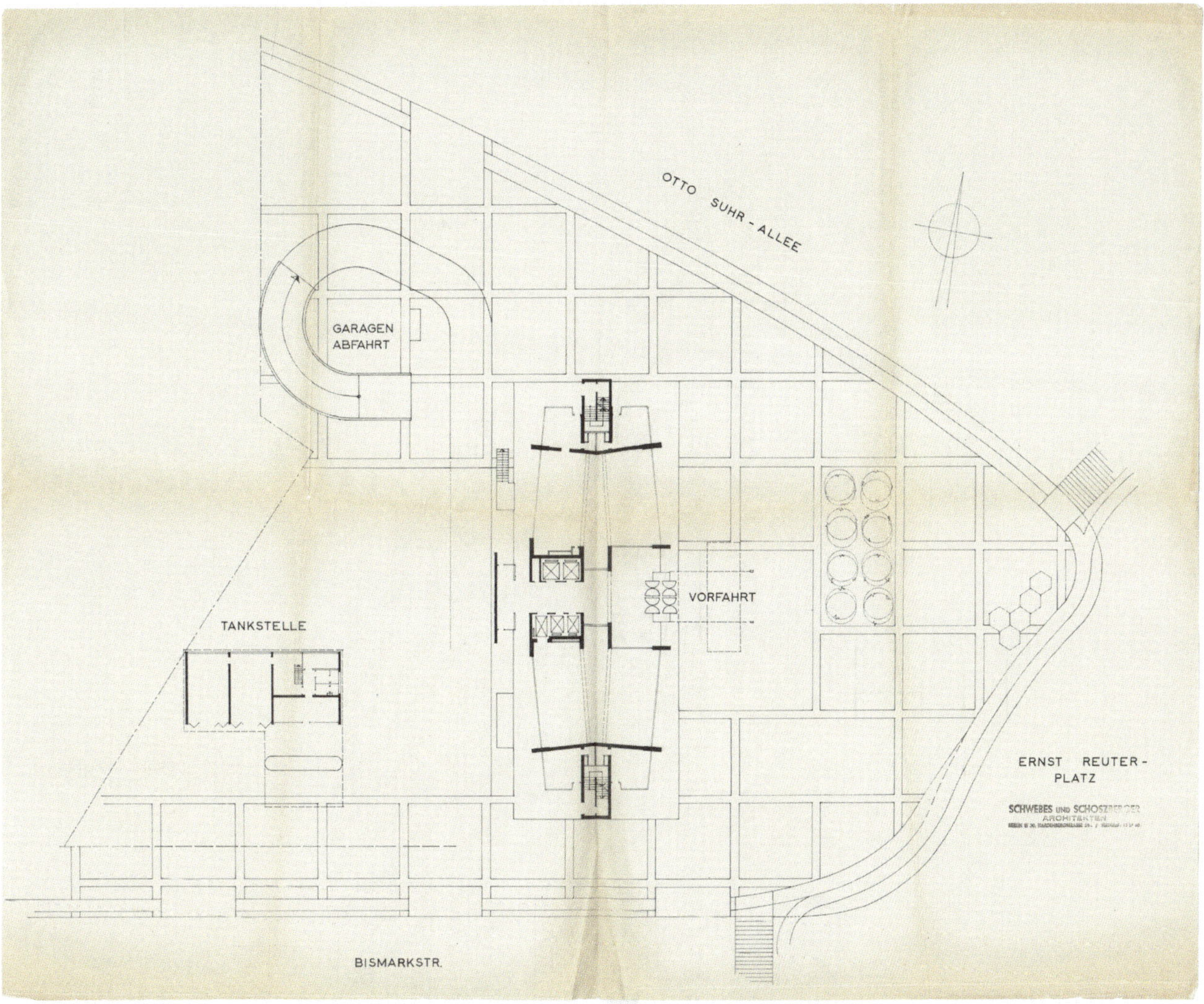

Lageplan

Modell, Variante A mit Pavillon. Foto: Walter Köster

Modell, Variante B. Foto: Arthur Köster

Ansicht Ernst-Reuter-Platz. Foto: Walter Köster

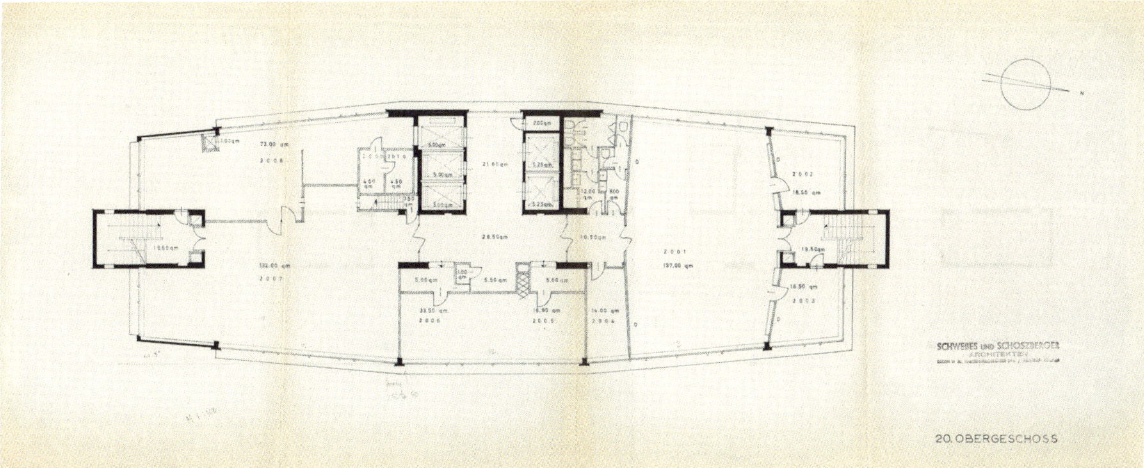

Grundriss 20. Obergeschoss

Ausstellungsraum, 1. Obergeschoss. Foto: Walter Köster

Büro- und Geschäftshaus IBM

Kat. S. 382

Ernst-Reuter-Platz, Berlin-Charlottenburg
1959
Wettbewerb, nicht ausgeführt

Fotomontage Hardenbergstraße, links: Haus Hardenberg, rechts: Haus der Elektrizität am Ernst-Reuter-Platz. Foto: Walter Köster

Fotomontage Hardenbergstraße, links: Haus Hardenberg. Foto: Walter Köster

Modell. Foto: Walter Köster

Büro- und Geschäftshaus am Breitscheidplatz

Kat. S. 384

Tauentzienstraße, Budapester Straße, Berlin-Charlottenburg
vmtl. 1961
Entwurf, nicht ausgeführt

Entwurfszeichnung, Variante A. Foto: Walter Köster

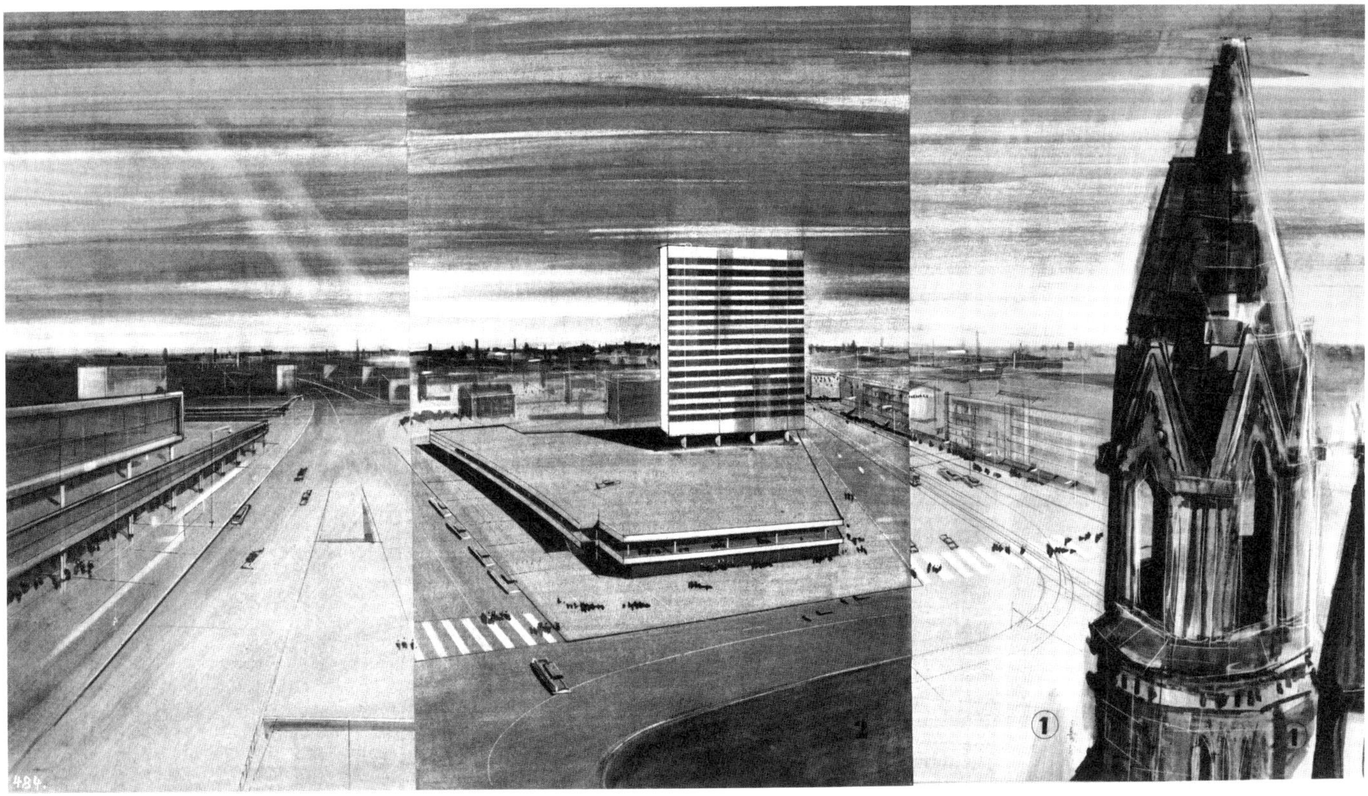

Entwurfszeichnung, Variante B. Foto: Walter Köster

Büro- und Geschäftshaus der Philips GmbH

Kat. S. 386

Martin-Luther-Straße, Fuggerstraße, Berlin-Schöneberg
1961–1966
stark verändert

Ansicht Bauplatz Kleiststraße, Ecke Martin-Luther-Straße, rechts: KaDeWe-Möbelhaus (1955–1956, Architekt: Hans Soll). Foto: Walter Köster

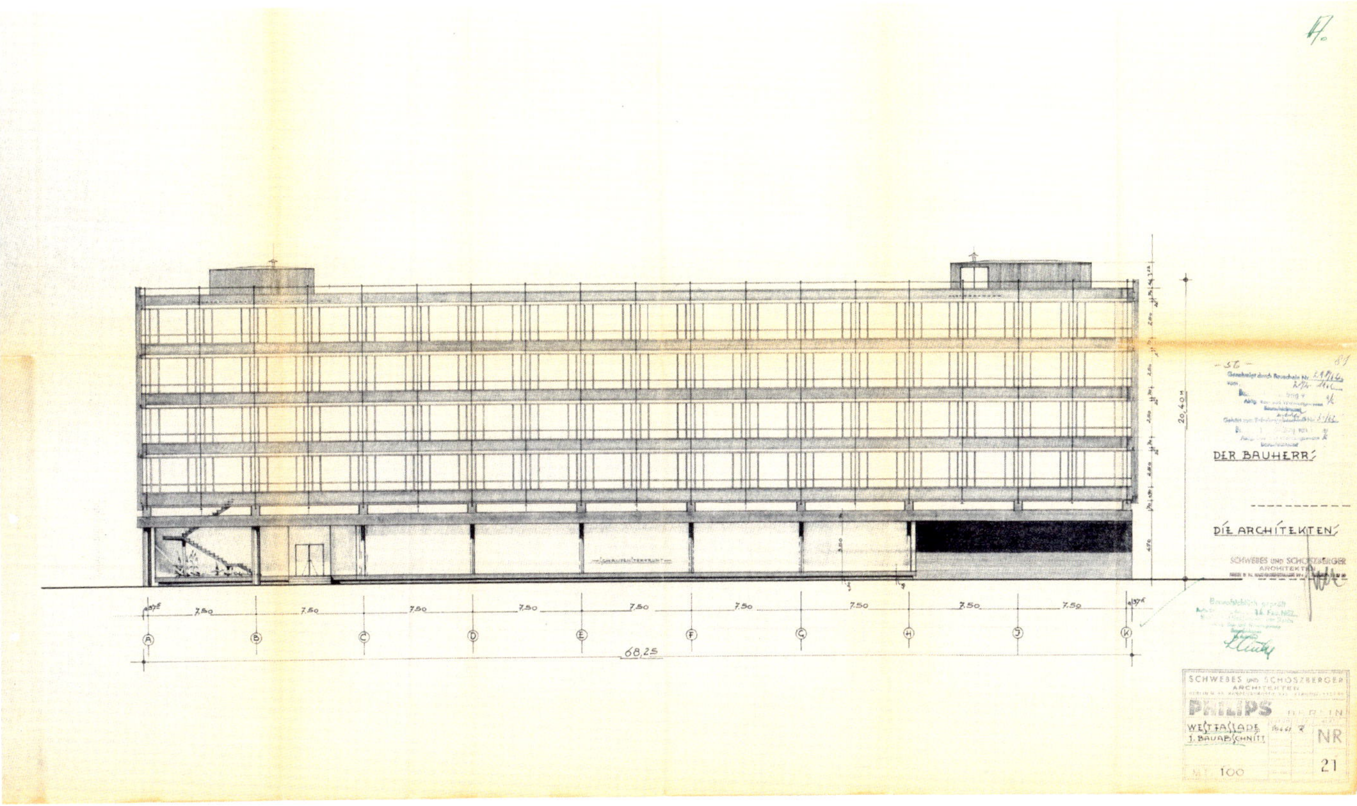

Ansichtszeichnung Martin-Luther-Straße, 1. Bauphase

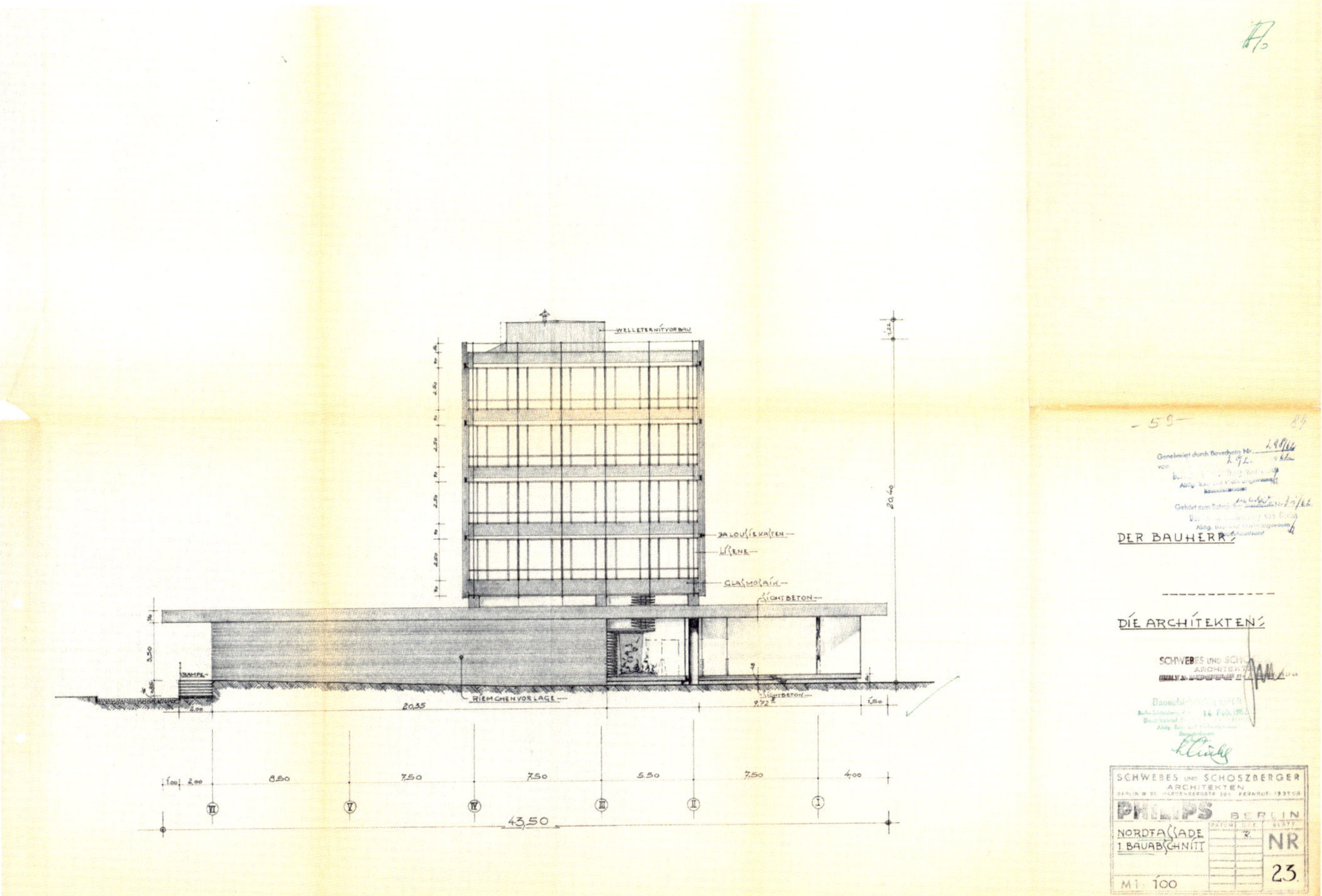

Ansichtszeichnung Kleiststraße, 1. Bauphase

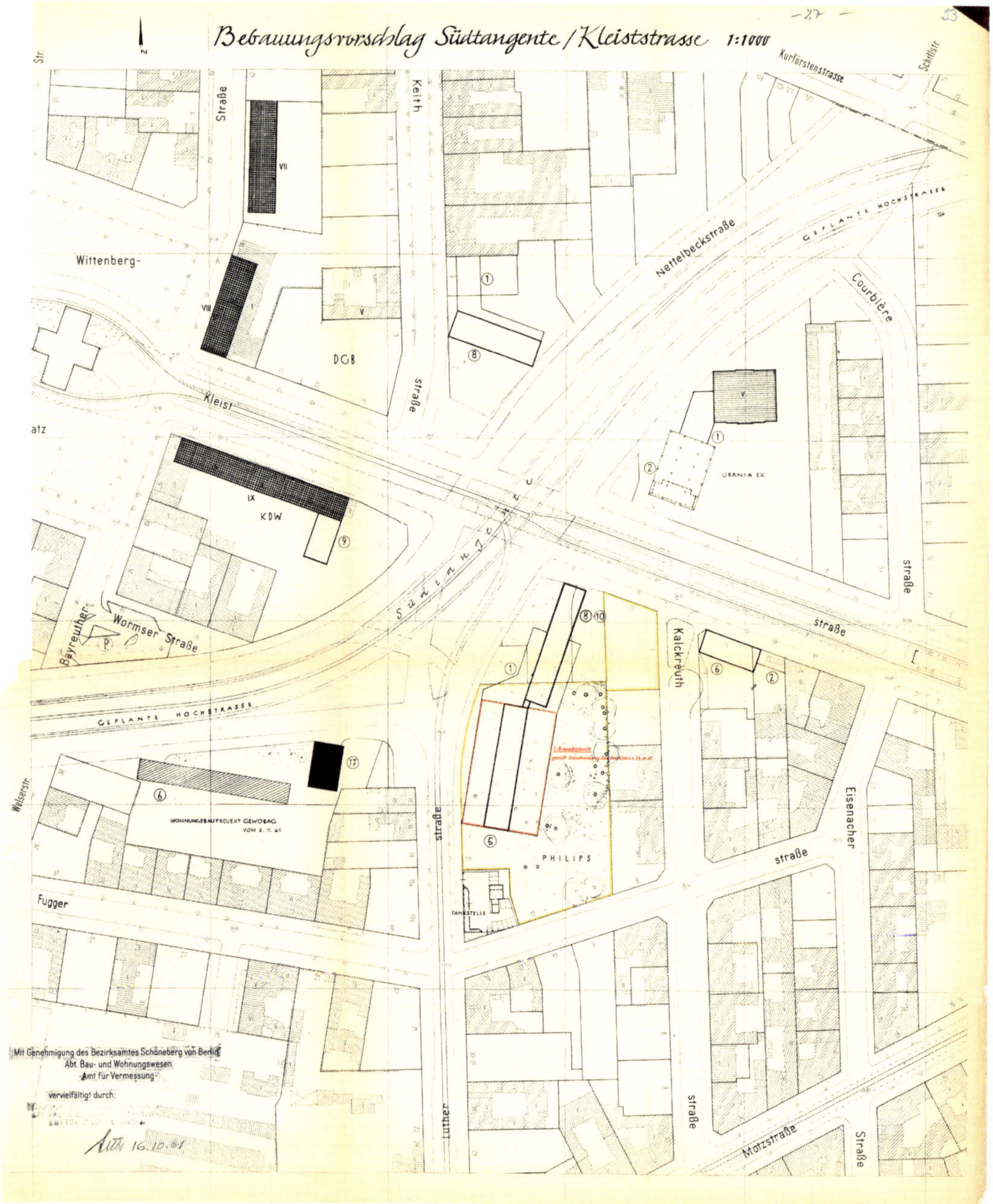

Lageplan, 1. Bauphase mit Erweiterung

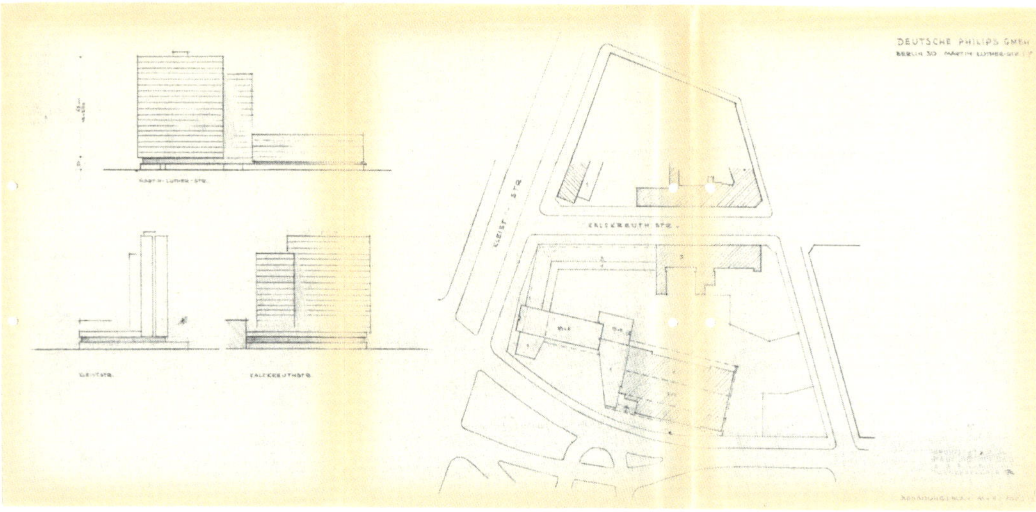

Entwurfszeichnungen, Ansichten und Lageplan, 2. Bauphase (nicht ausgeführt)

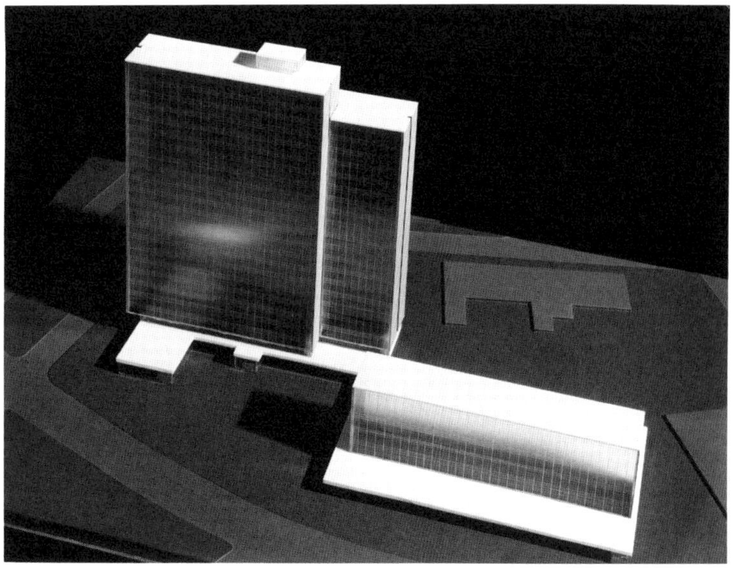

Modell, Variante A, 2. Bauphase. Foto: Walter Köster

Modell, Variante B, 2. Bauphase. Foto: Walter Köster

Modell, Variante C, 2. Bauphase. Foto: Walter Köster

Büro- und Geschäftshaus „Berlin-Center“ (urspr. Philips-Center)
Martin-Luther-Straße, Kleiststraße, Kalckreuthstraße, Berlin-Schöneberg
1969–1973
stark verändert

Kat. S. 396

Ansicht Kleiststraße. Foto: Filipp Israelson

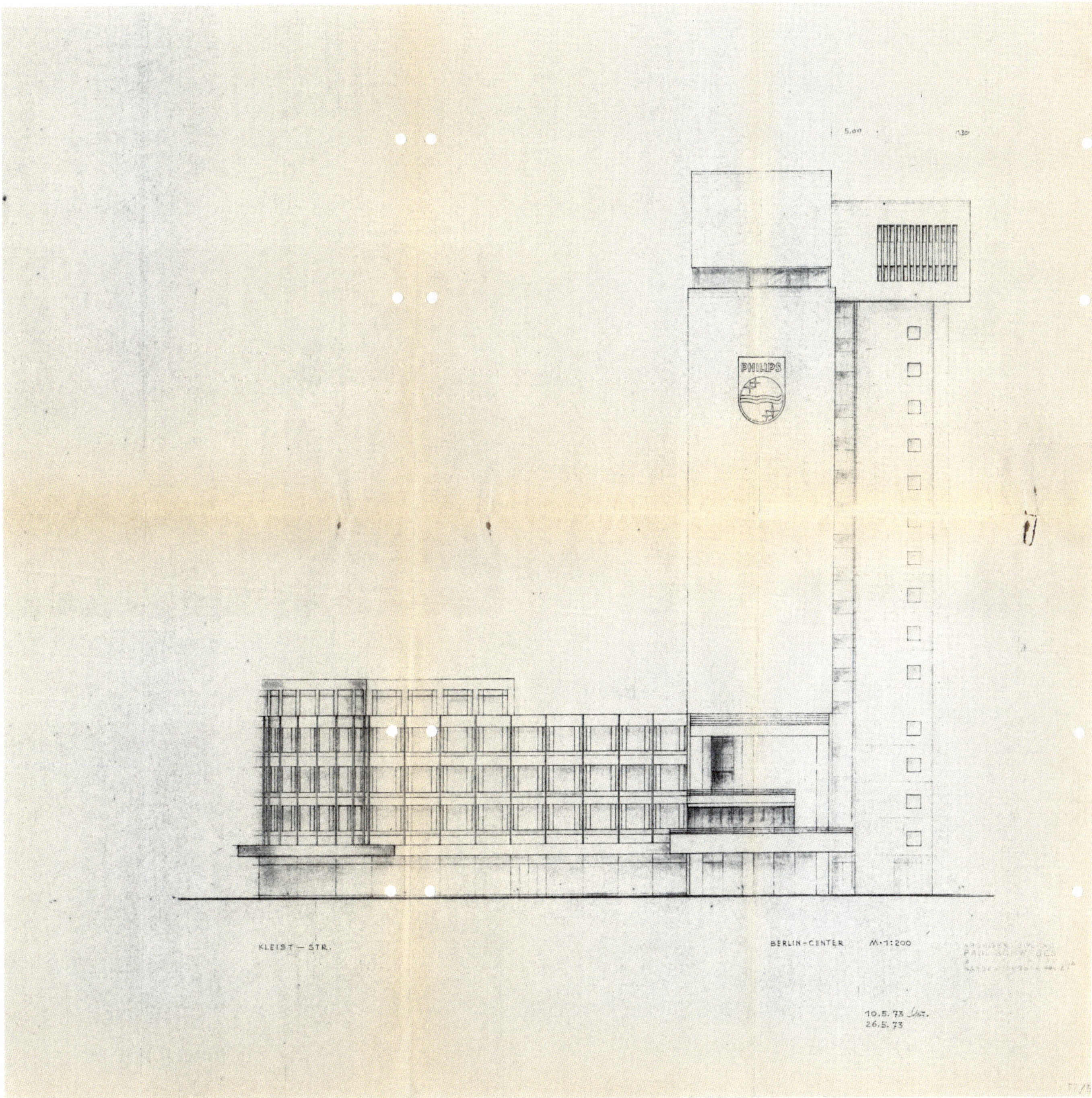

Entwurfszeichnung Ansicht Kleiststraße

Büro- und Geschäftshaus CCC Kurfürstendamm „Passage 202“ (Artur Brauner) mit Kino Lupe 1 und Lupe 2

Kat. S. 392

Kurfürstendamm, Knesebeckstraße, Berlin-Charlottenburg
1964–1968
verändert

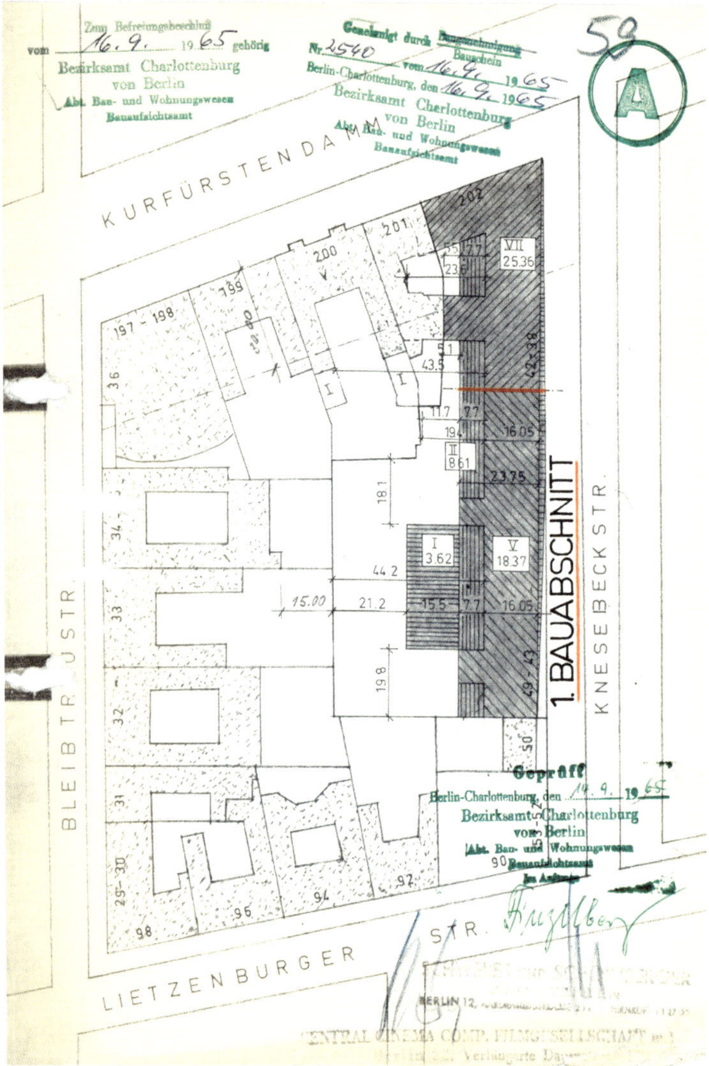

Lageplan

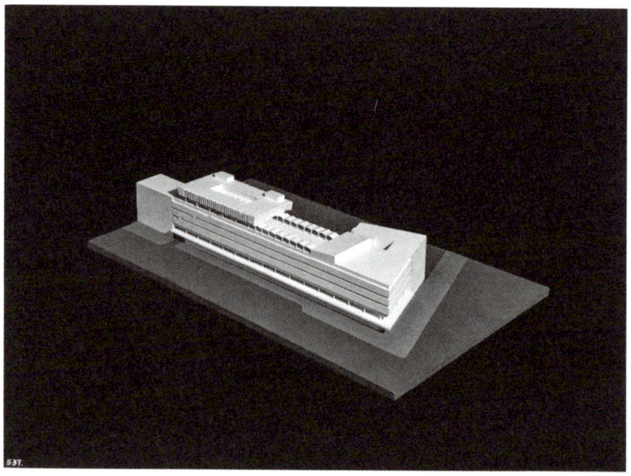

Modell, Variante A. Foto: Walter Köster

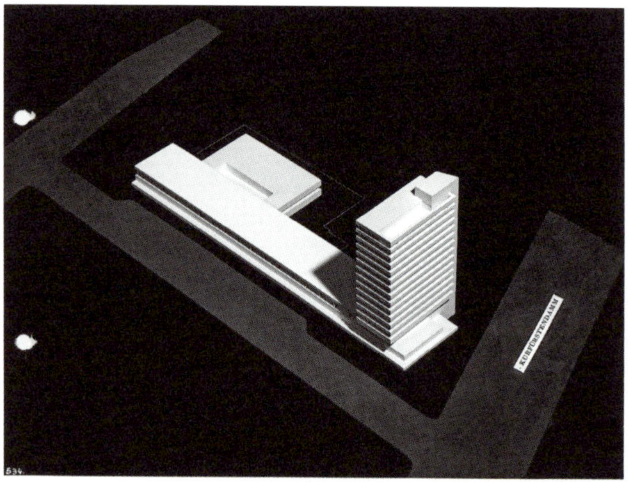

Modell, Variante B. Foto: Walter Köster

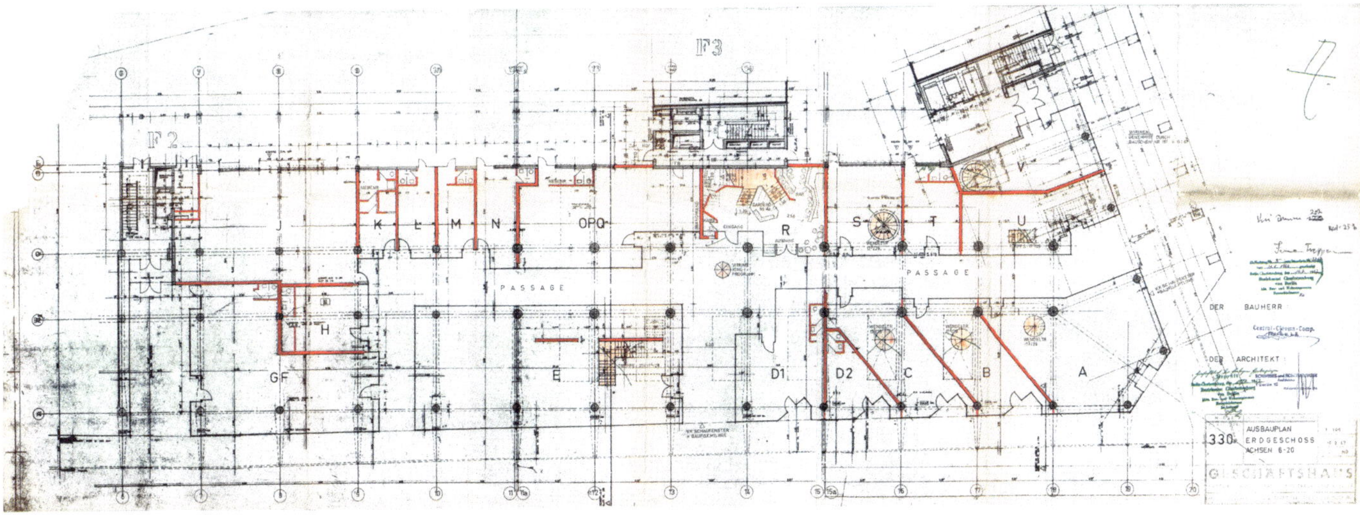

Grundriss Erdgeschoss mit Passage

Ansicht Knesebeckstraße mit Tankstelle (Bestand). Foto: Rolf Koehler

CCC-FIL

Entwurfszeichnung Knesebeckstraße,
Ecke Kurfürstendamm

Büro- und Geschäftshaus Kurfürstendamm-Passage „Basar“

Kat. S. 392

Kurfürstendamm, Lietzenburger Straße, Uhlandstraße, Berlin-Charlottenburg
1964–1968/69
Entwurf, nicht ausgeführt

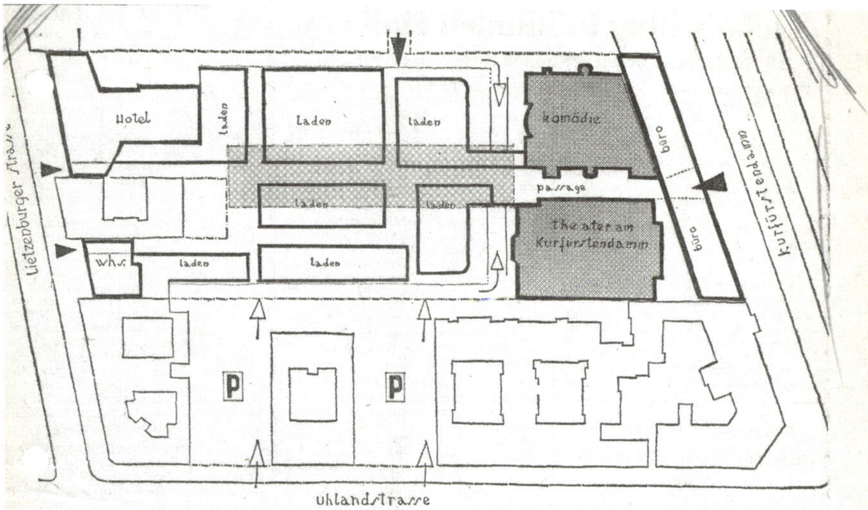

Lageplan mit Passage und Hochhaus

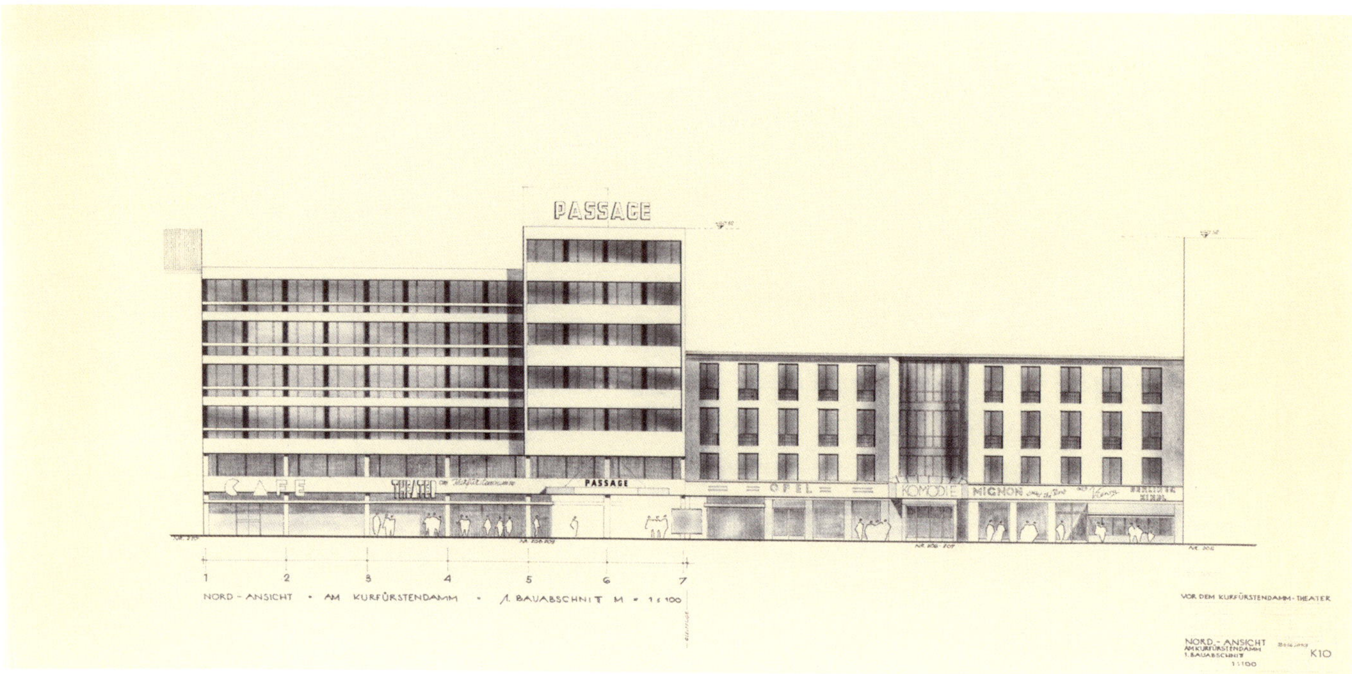

Ansichtszeichnung Kurfürstendamm, Variante A mit Komödie (Bestand)

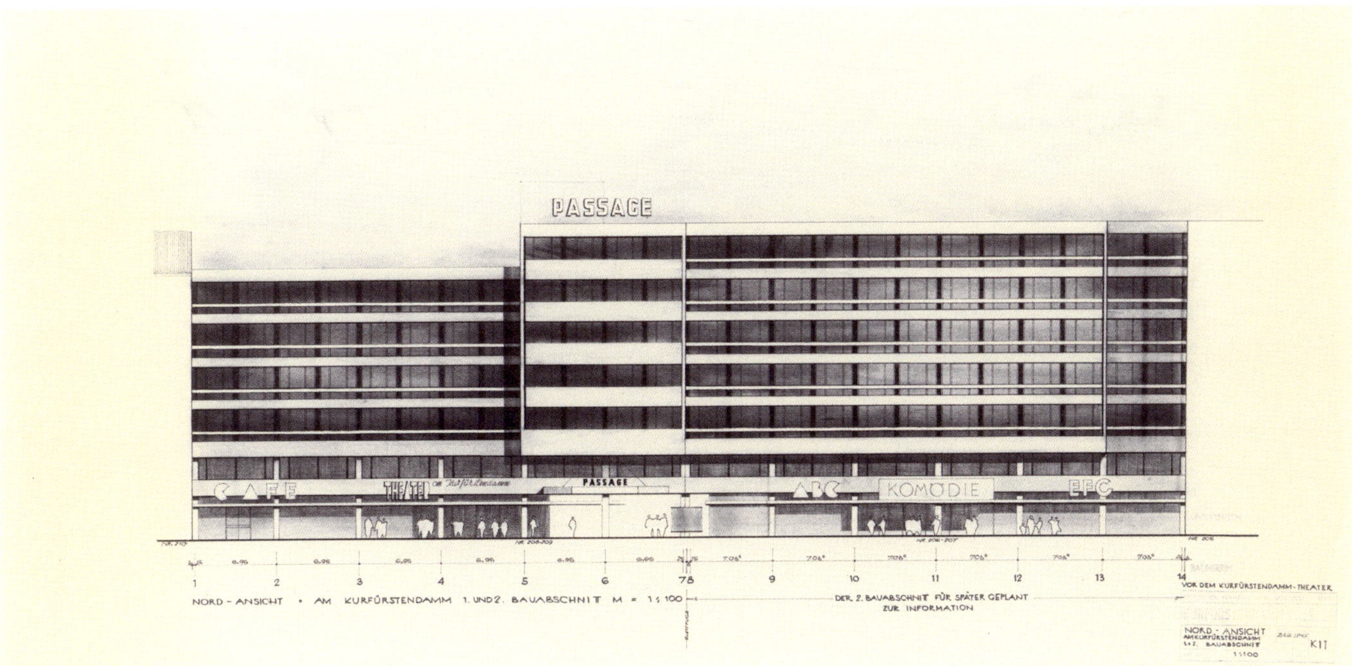

Ansichtszeichnung Kurfürstendamm, Variante B mit Komödie (Neubau)

Hotelbauten und Gastronomie

Aschinger's Aktiengesellschaft

verschiedene Projekte
1934–1945

Kat. S. 355, 357, 361

Restaurant mit Tanzdiele und Konditorei, Friedrichstraße, Ecke Georgenstraße, Umbau 1934–1935. Foto: unbekannt

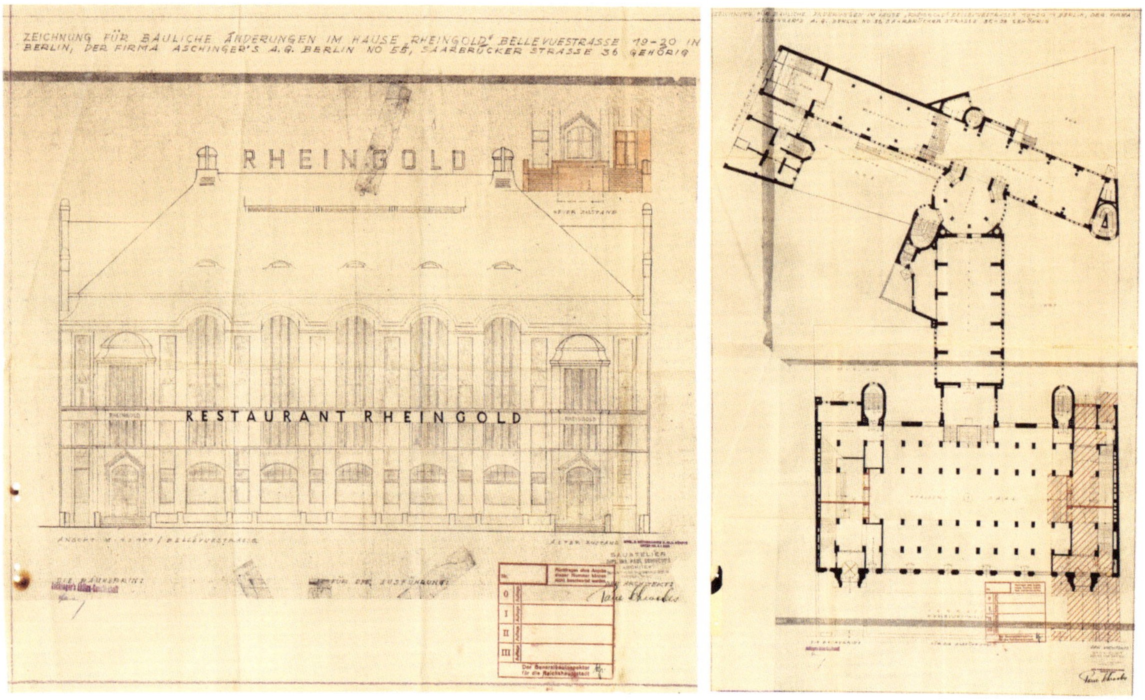

Weinhaus Rheingold, Bellevuestraße, Ansichtszeichnung und Grundriss, Umbau 1937 (nicht ausgeführt)

Aschinger am (Bahnhof) Zoo, Joachimsthaler Straße 2–3, vor 1945. Foto: Fritz Klinke

Aschinger am (Bahnhof) Zoo, Joachimsthaler Straße 2–3, Behelfsbauten, nach 1945. Foto: Jürgen Grothe

Aschinger's Aktiengesellschaft
verschiedene Projekte
ab 1957

Kat. S. 376, 384

ASCHINGER

Verwaltungsgebäude und Restaurant Joachimsthaler Straße 1–3, Entwurfszeichnung, 1961

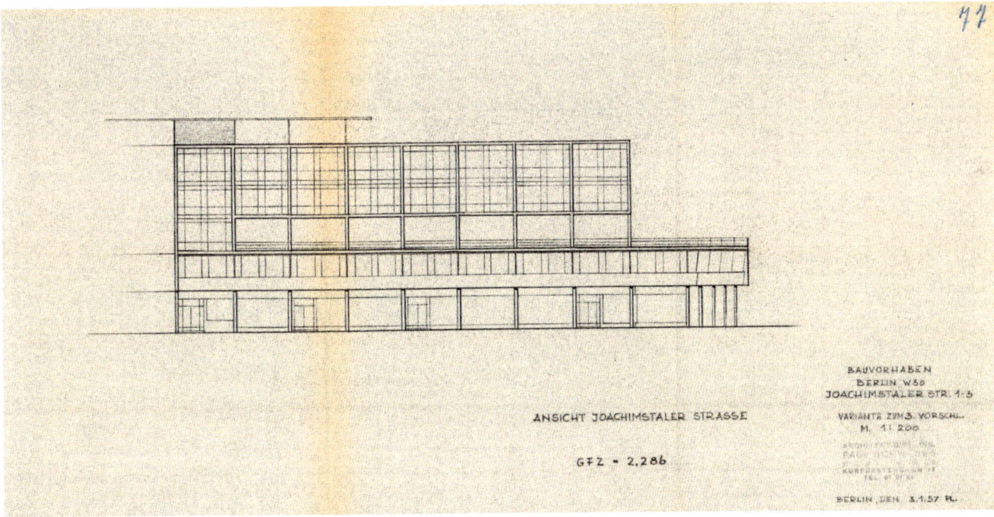

Büro- und Geschäftshaus Joachimsthaler Straße 1–3, Ansichtszeichnung, 1957

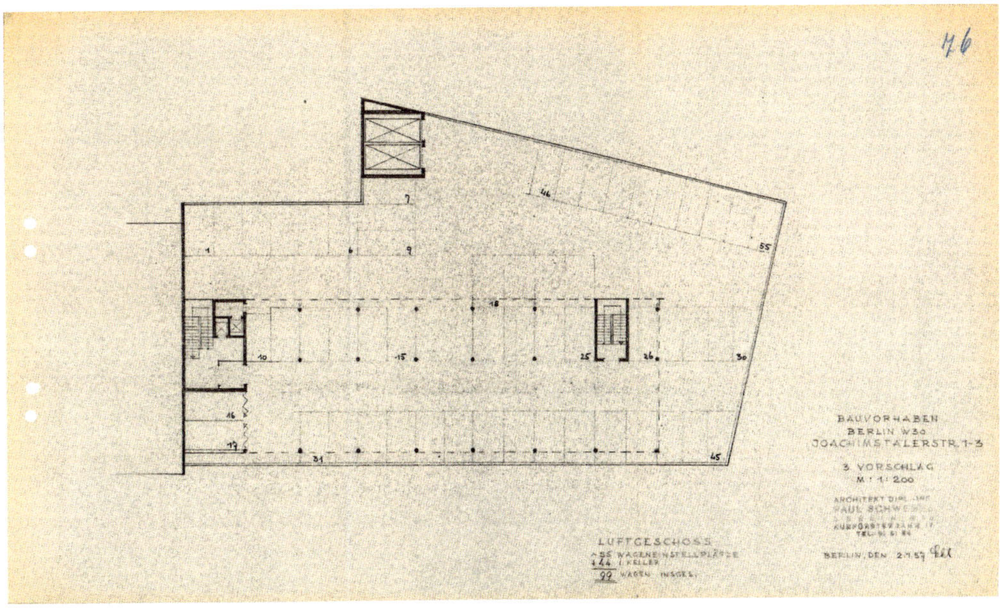

Büro- und Geschäftshaus, Joachimsthaler Straße 1–3, Grundriss Luftgeschoss mit Wagen-Abstellplätzen, 1957

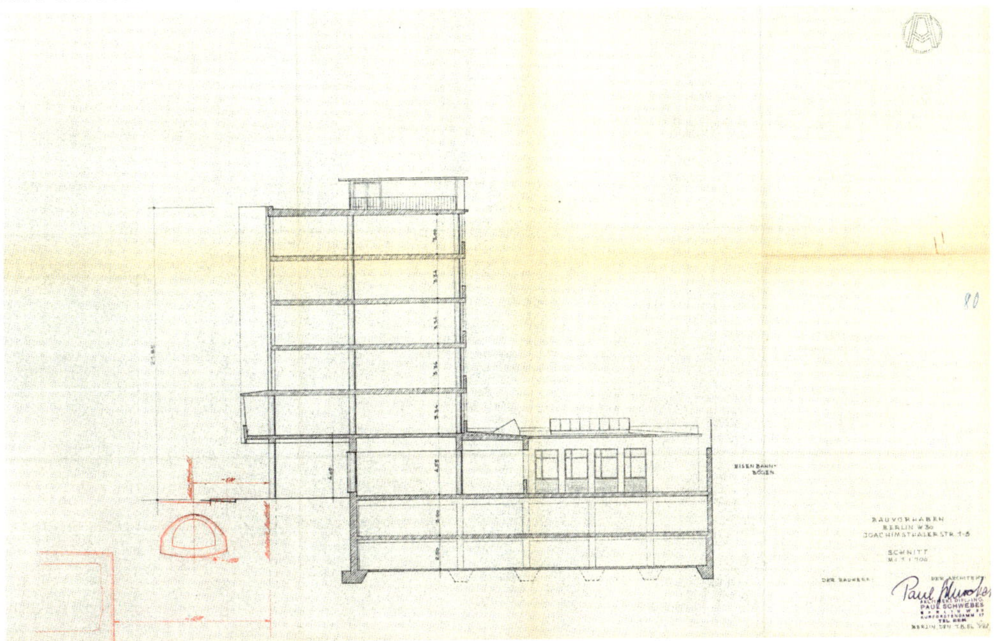

Büro- und Geschäftshaus, Joachimsthaler Straße 1–3, Schnitt, 1957

Aschinger-Supermarkt am Moritzplatz, Entwurfszeichnung, 1961

Aschinger-Supermarkt am Moritzplatz, Entwurfszeichnung Passage, 1961

Hotel Eden

Kat. S. 360

Budapester Straße, Nürnberger Straße, Kurfürstenstraße, Berlin-Charlottenburg
1949
Entwurf, nicht ausgeführt

Entwurfszeichnung Budapester Straße, Ecke Nürnberger Straße

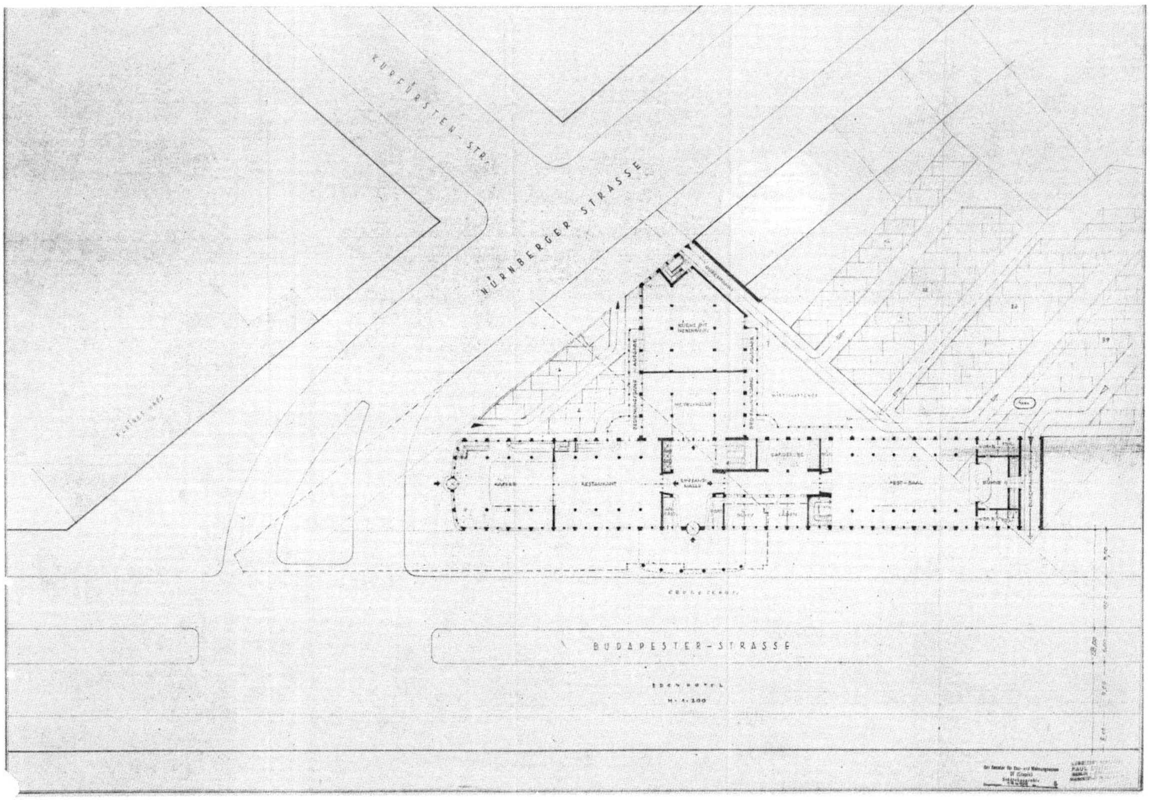

Grundriss Erdgeschoss

Hotel Kempinski (später Bristol Hotel Kempinski)

Kat. S. 362

Kurfürstendamm, Ecke Fasanenstraße, Berlin-Charlottenburg
1950–1952, 1957–1958 und 1964–1967
Baudenkmal

Luftbild Kurfürstendamm mit Blick auf das Hotel Kempinski (1. Bauphase), vorne: Ruine des künftigen Schultheiss-Projektes.
Foto: Gert Schütz

Ansichtszeichnung Fasanenstraße, 1. Bauphase

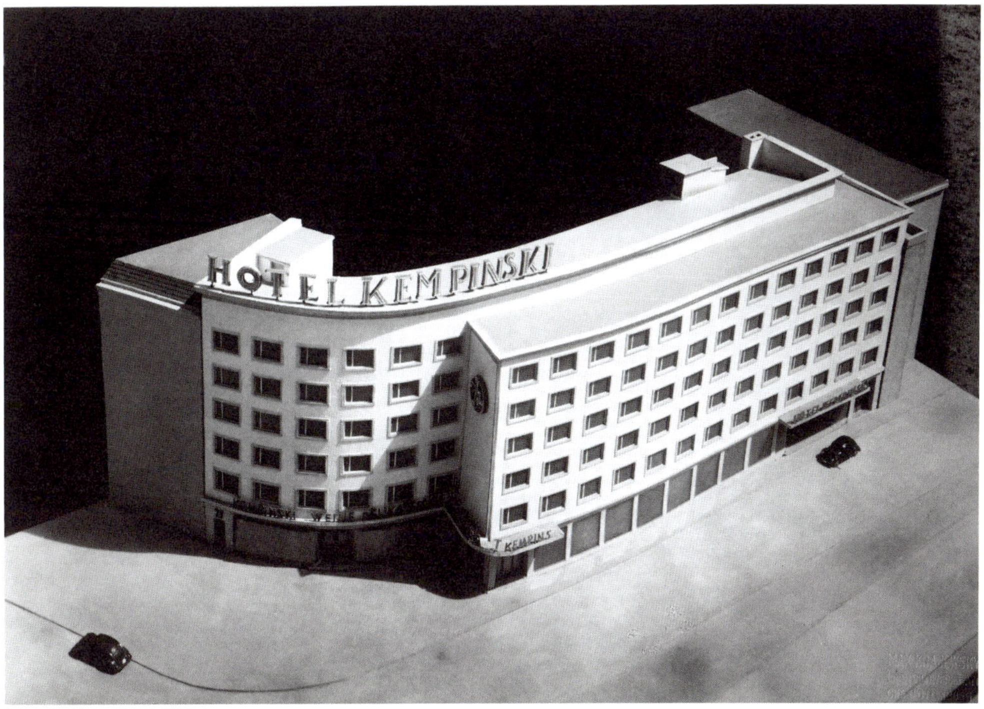

Modell, 1. Bauphase. Foto: Max Krajewsky

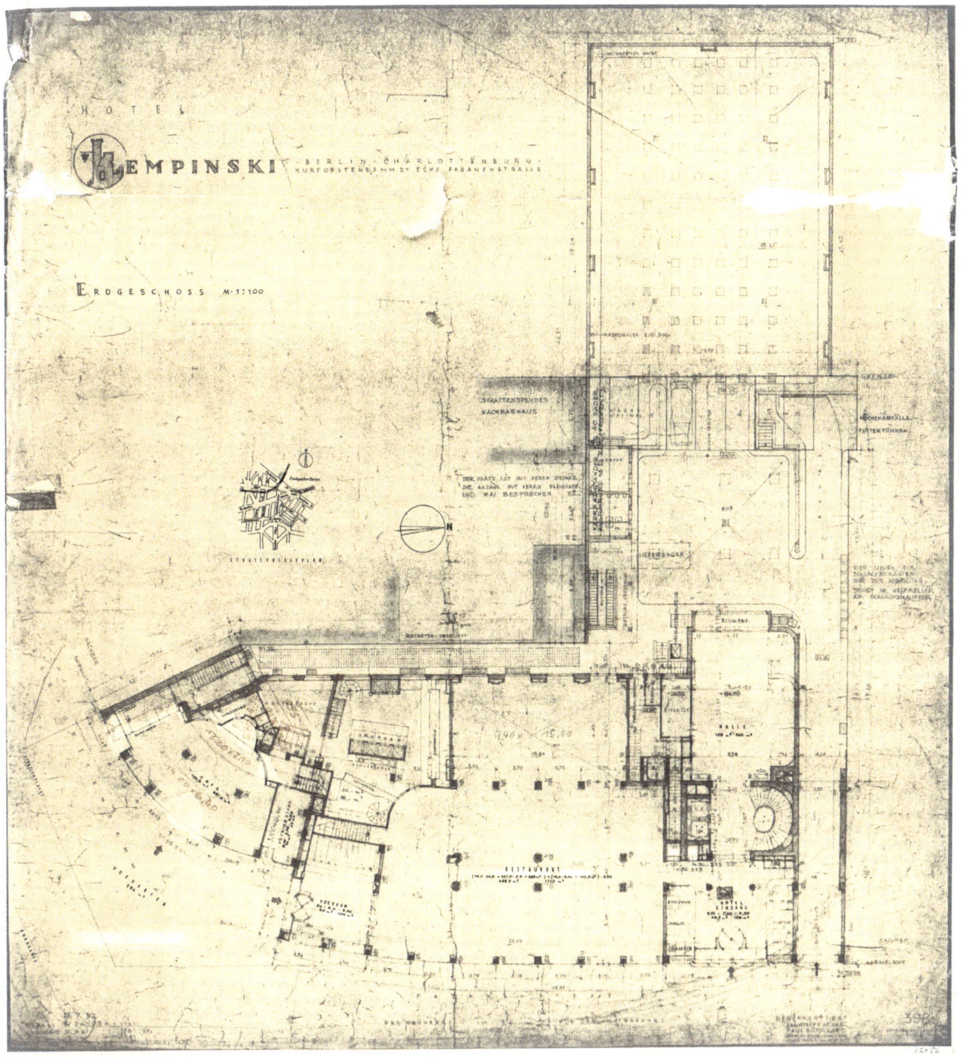

Grundriss Erdgeschoss mit Wendeltreppe, 1. Bauphase

Eingangshalle mit Mosaiksäule (Puhl & Wagner), Rezeption. Foto: Horst Urbschat und Hans Joachim Fischer

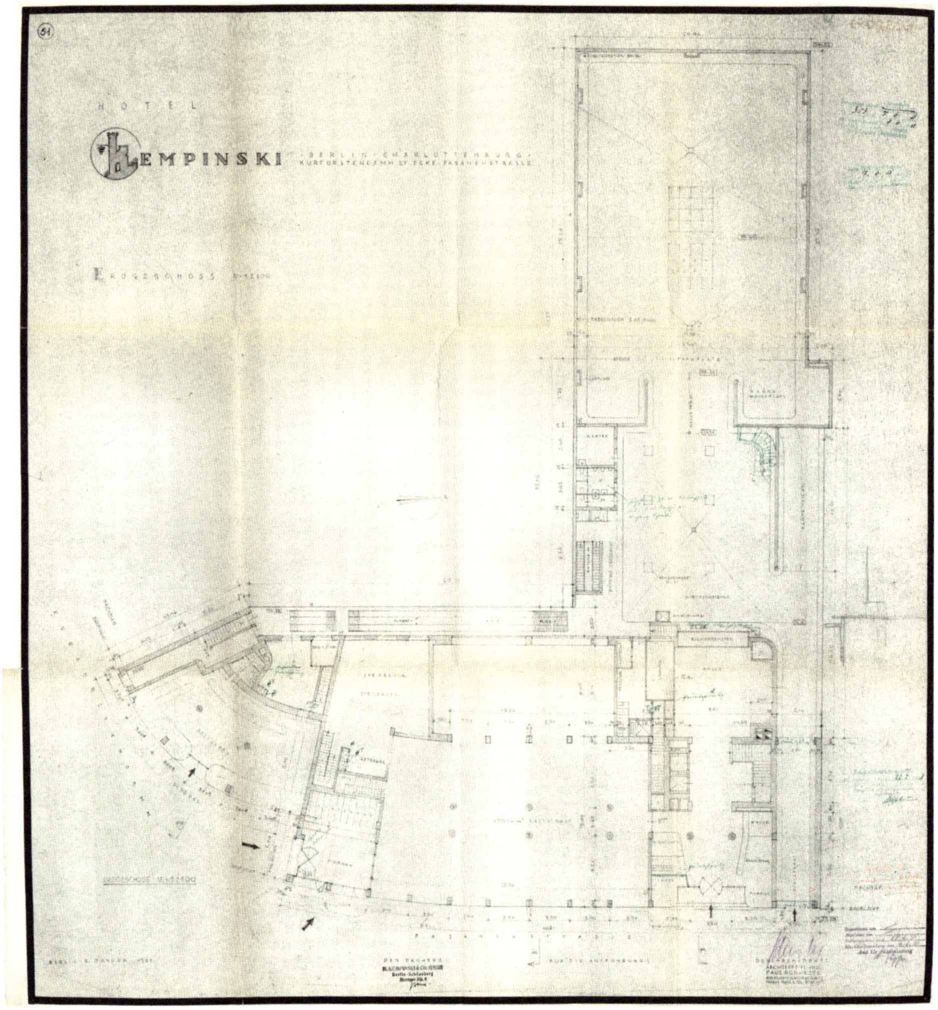

Grundriss Erdgeschoss, 1. Bauphase

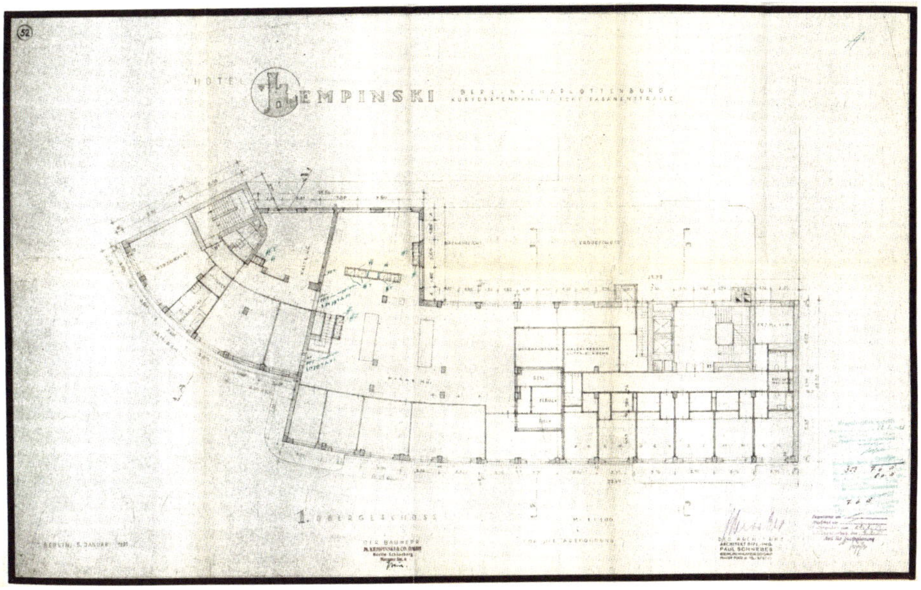

Grundriss 1. Obergeschoss, 1. Bauphase

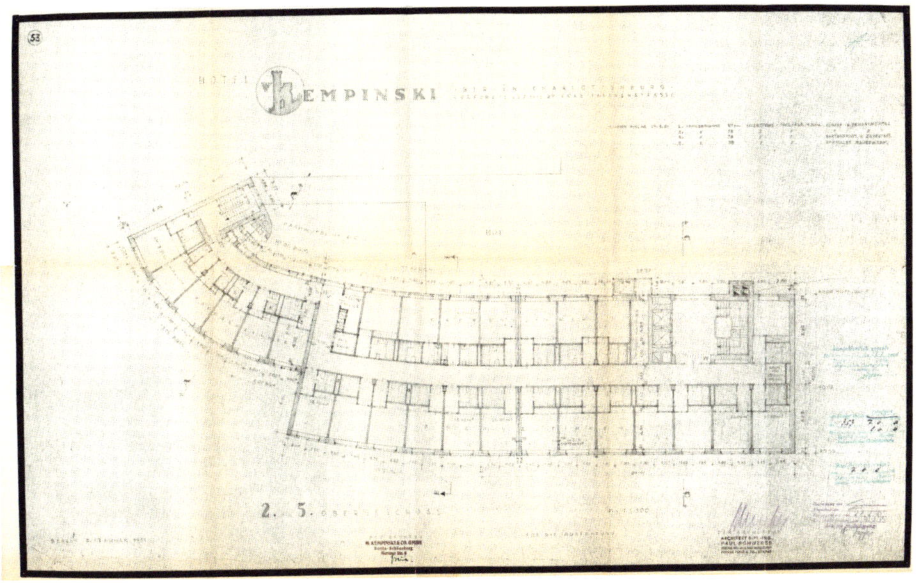

Grundriss 2.–5. Obergeschoss, 1. Bauphase

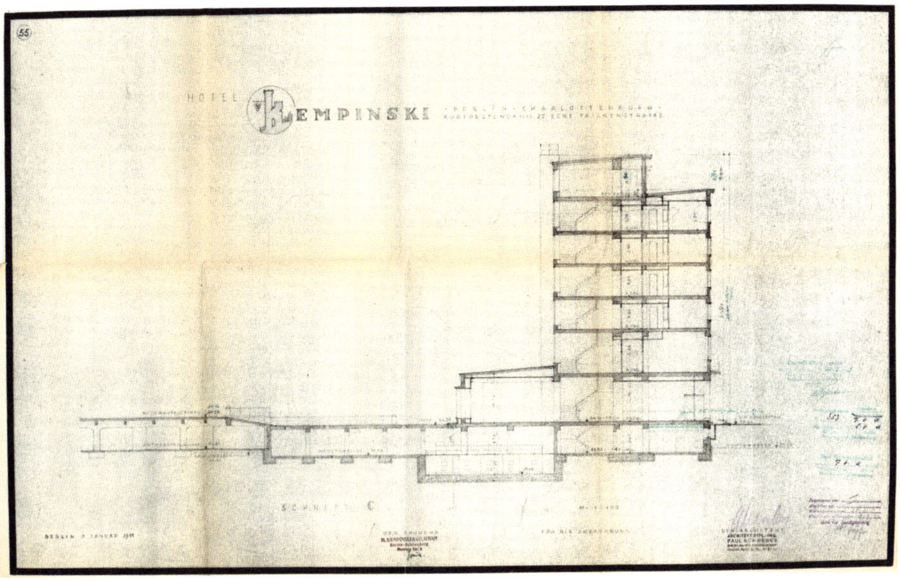

Schnitt, 1. Bauphase

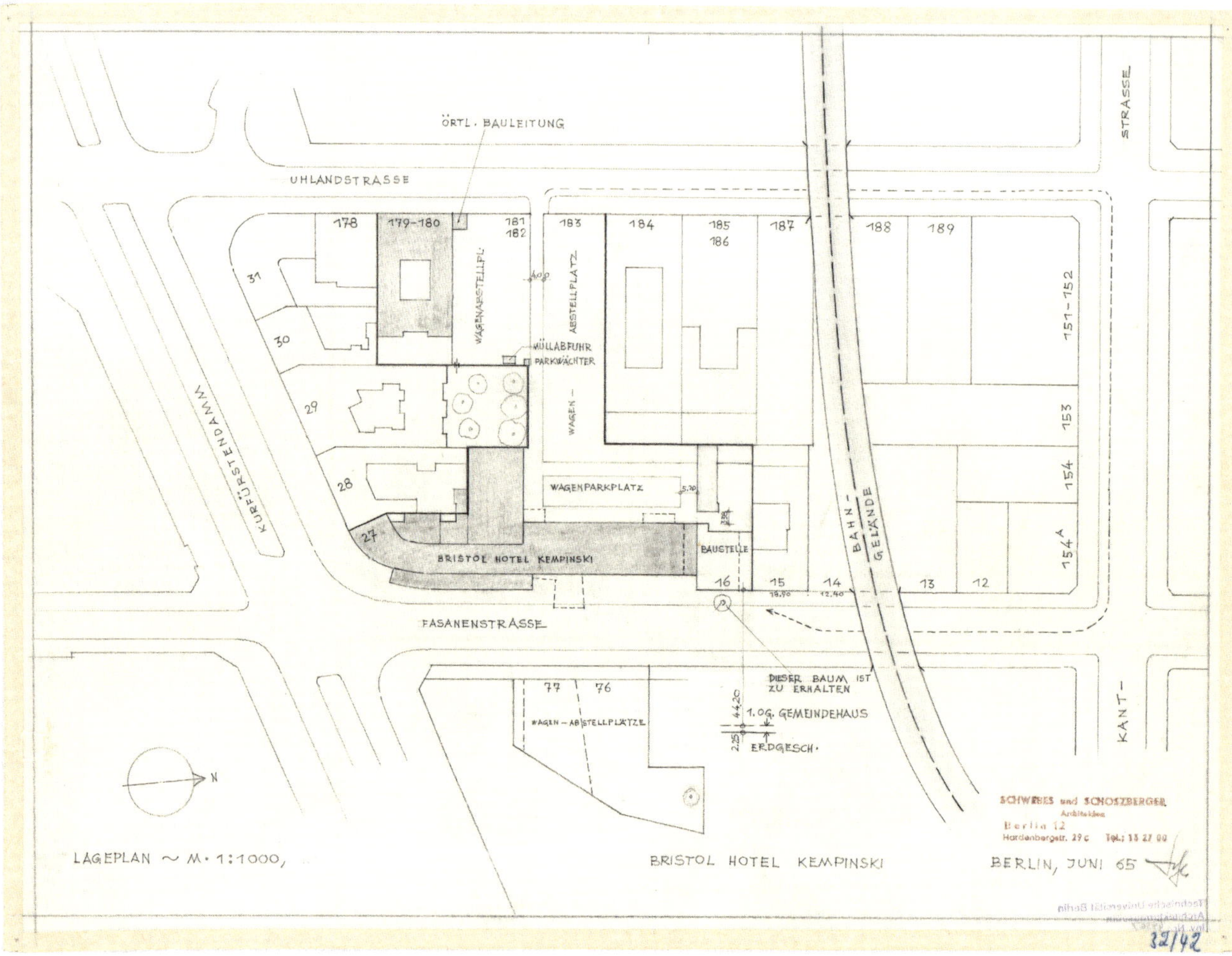

Lageplan mit Baugrundstück für 2. Erweiterung mit Hochhaus

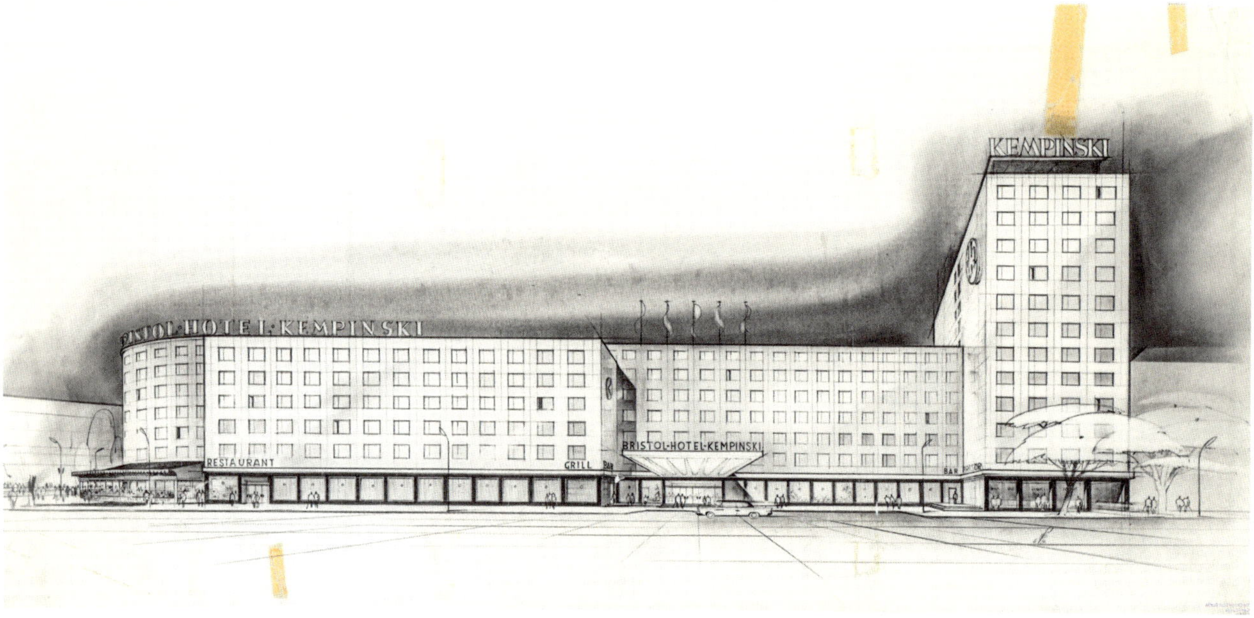

Ansichtszeichnung Fasanenstraße, 2. Erweiterung mit Hochhaus

Café Kranzler Berlin

Kat. S. 363

Kurfürstendamm, Joachimsthaler Straße, Berlin-Charlottenburg

1951

Behelfsbau, 1957 abgerissen

Luftbild Kurfürstendamm, Ecke Joachimsthaler Straße, links: Café Kranzler und Sarotti-Pavillon und Atelier Schwebes im Eckgebäude gegenüber. Foto: Gert Schütz

Ansicht Kurfürstendamm, Ecke Joachimsthaler Straße. Foto: Jürgen Wagner

Innenraum. Foto: Albert Vennemann

Sarotti-Pavillon

Kat. S. 361

Kurfürstendamm, Joachimsthaler Straße, Berlin-Charlottenburg
Ende 1940er Jahre
Behelfsbau

Ansicht Kurfürstendamm, Ecke Joachimsthaler Straße.
Foto: Albert Vennemann

Innenraum. Foto: Albert Vennemann

Hotel Hilton

Kat. S. 373

Budapester Straße, Berlin-Tiergarten
1955–1958
Baudenkmal, verändert

Ansicht Budapester Straße mit Kolonnade. Foto: Joachim Diederichs

Entwurfszeichnung Kolonnade, Entwurf Schwebes und Schoszberger

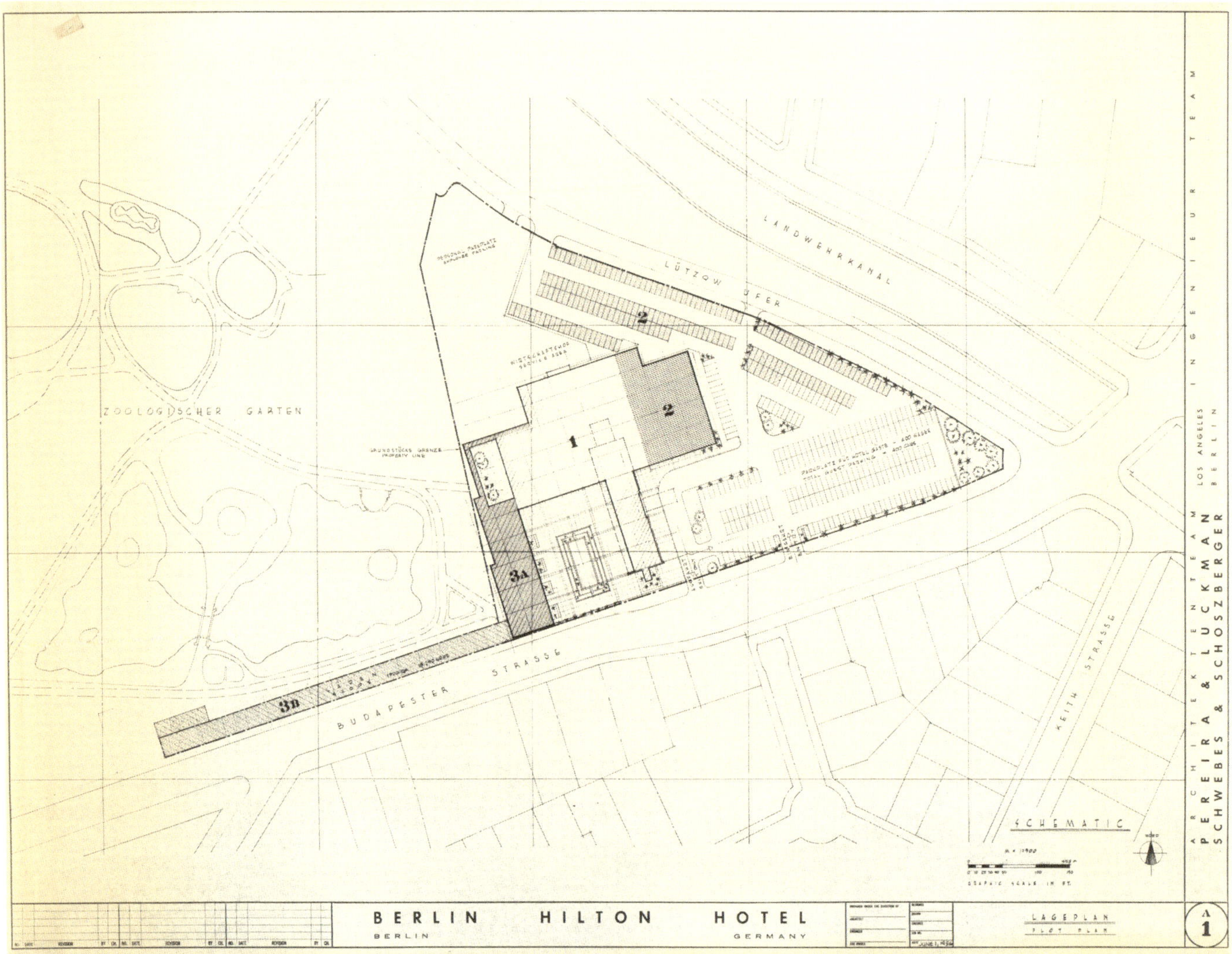

Lageplan mit projektierter Kolonnade

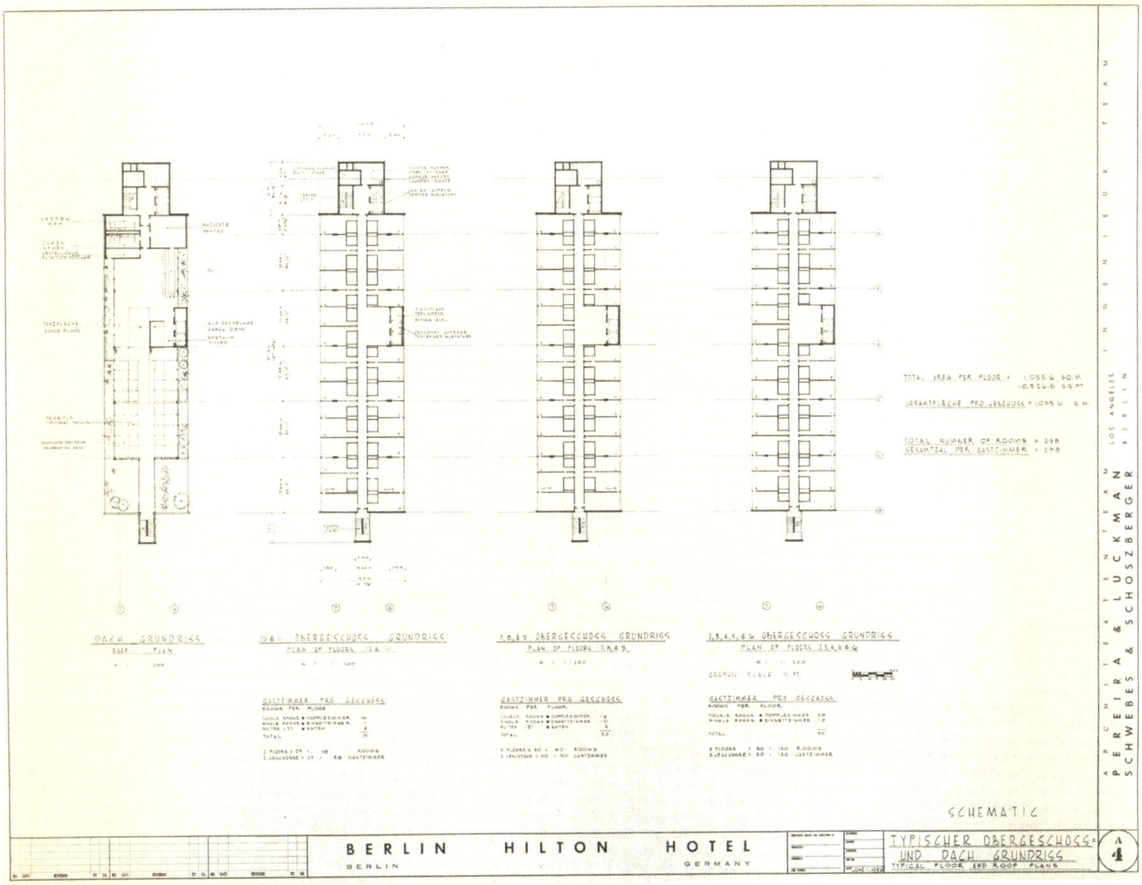

Schematischer Grundriss Normalgeschosse und Dachgeschoss

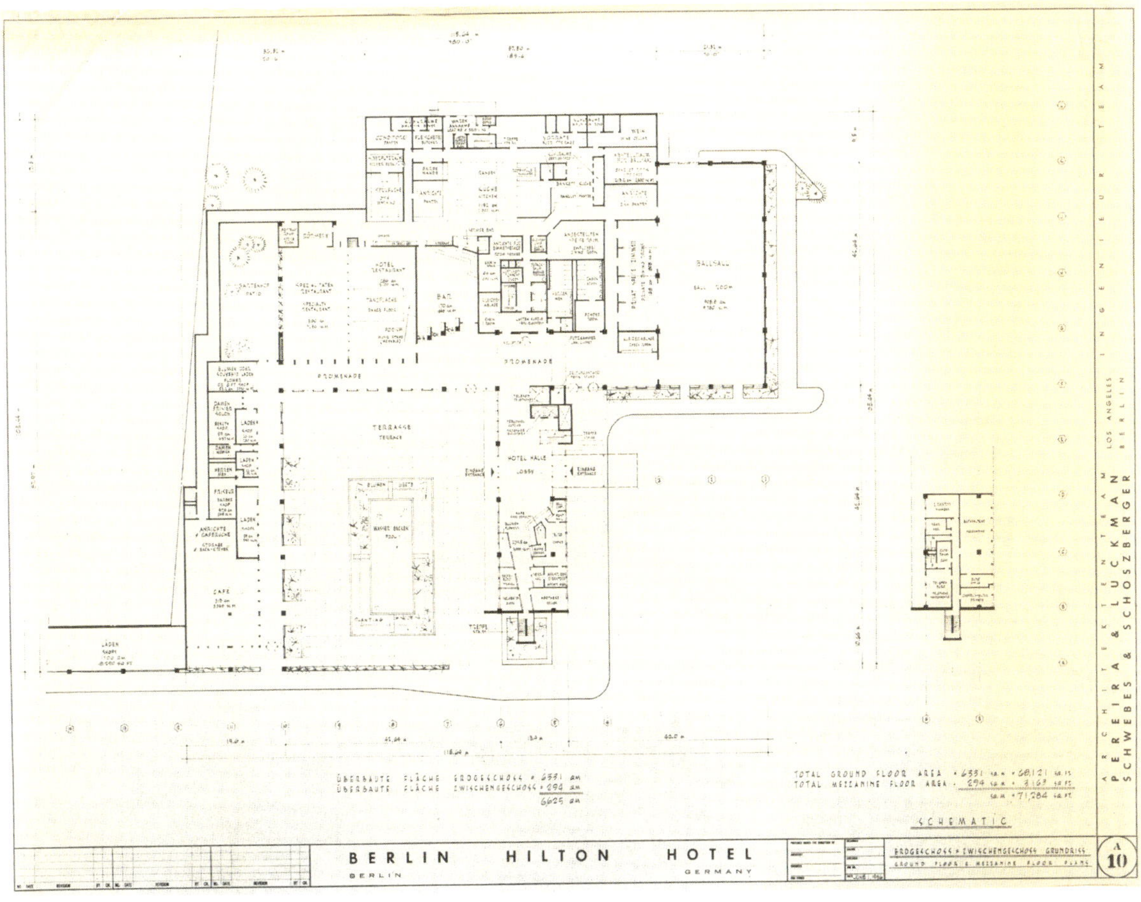

Schematischer Grundriss Erdgeschoss und Zwischengeschoss

Modell. Foto: Leon Müller

Modell. Foto: unbekannt

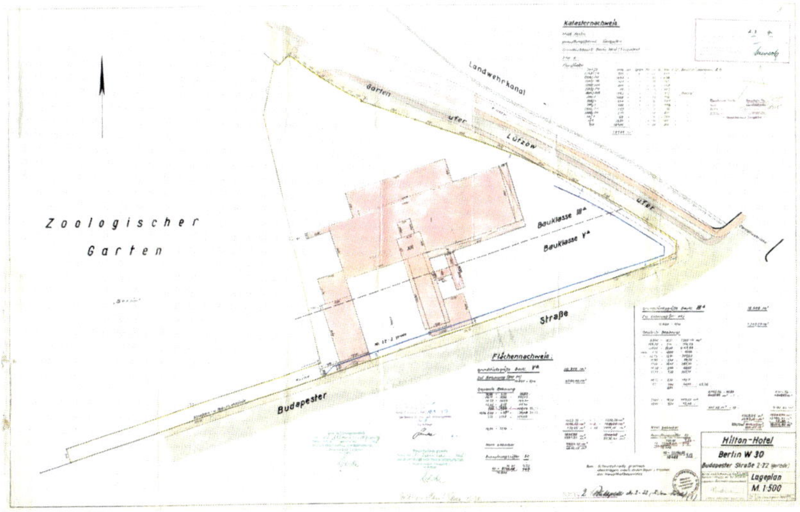

Lageplan

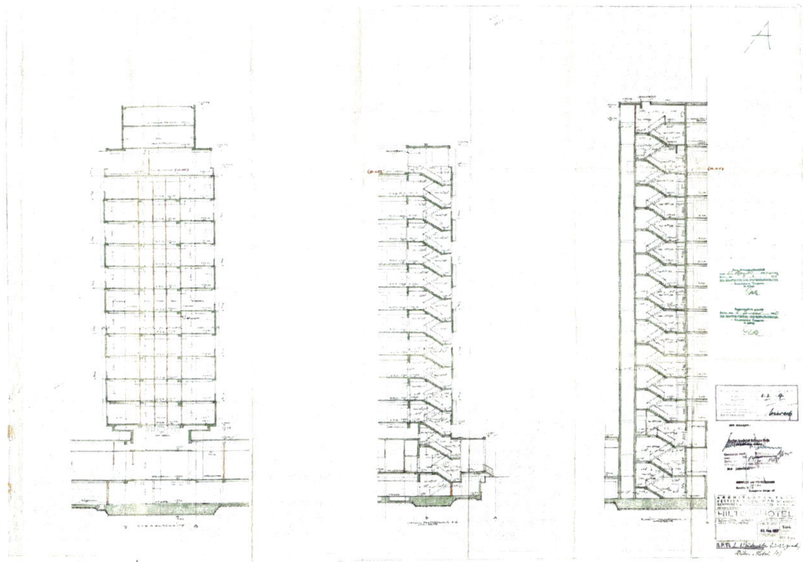
Schnitte

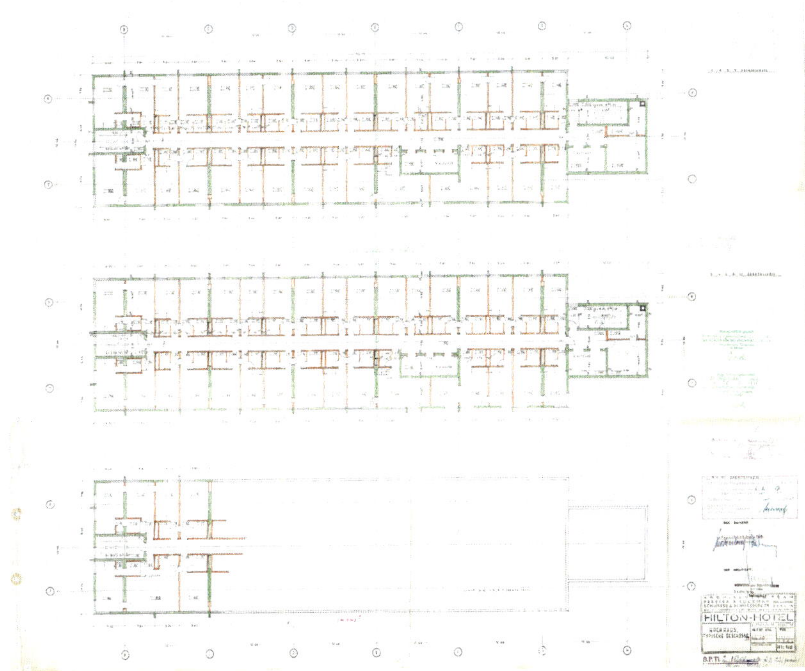

Grundrisse

Ansicht Budapester Straße, Ostansicht. Foto: Arthur Köster

Blick vom Landwehrkanal. Foto: Walter Köster

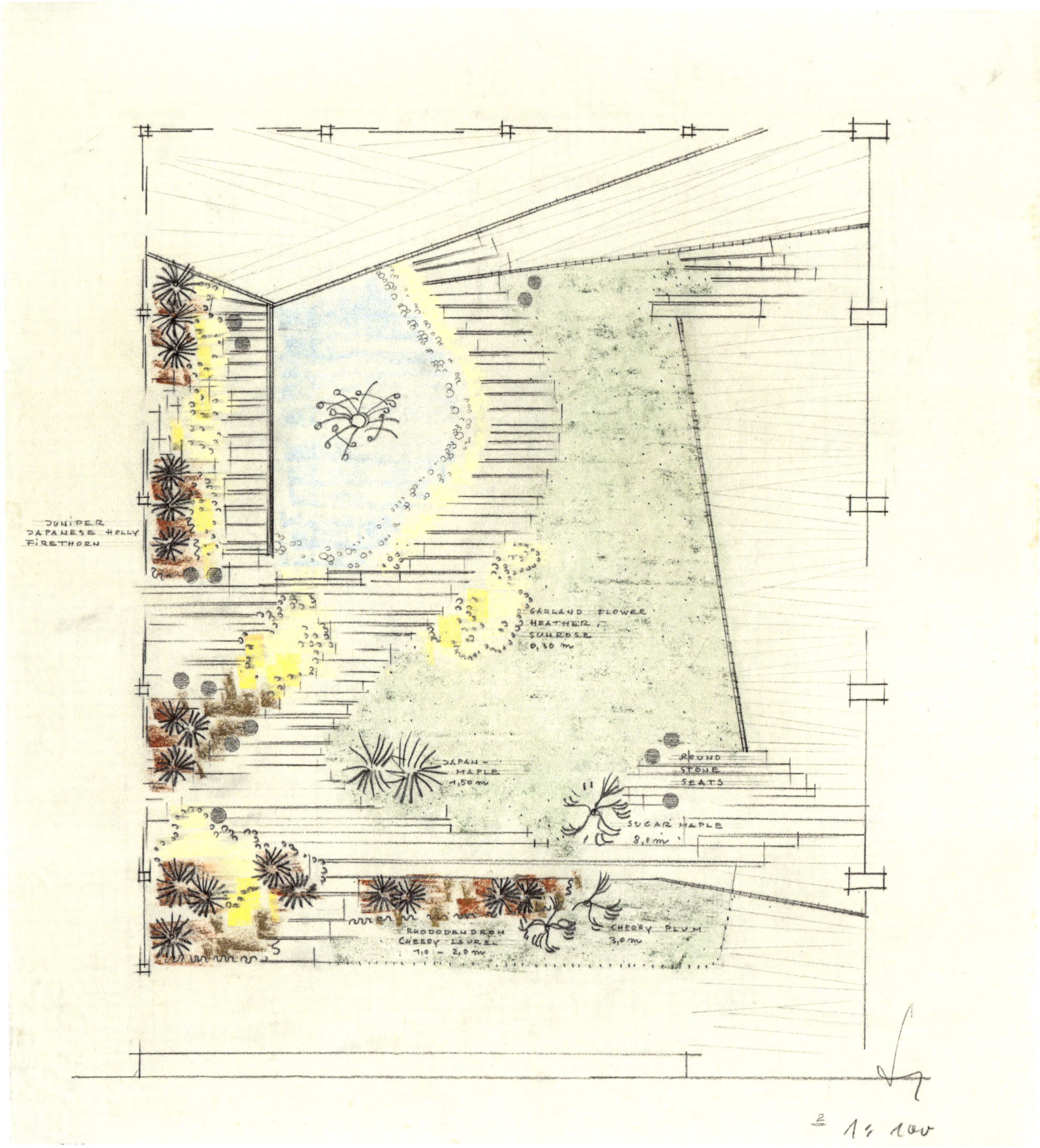

Entwurfszeichnung Herta Hammerbacher, Gartengestaltung, Plaza mit Brunnenplastik

Plaza mit Brunnenplastik Prof. Alexander Gonda. Foto: unbekannt

Pergola. Foto: unbekannt

Rezeption. Foto: Horst Urbschat und Hans Joachim Fischer

Promenade. Foto: Horst Urbschat und Hans Joachim Fischer

Hotelflur. Foto: Karl und Helma Toelle

Frühstücksraum. Foto: Karl und Helma Toelle

Hotel Berlin am Lützowplatz

Kurfürstenstraße, Berlin-Tiergarten
1957–1958 und 1964–1965
stark verändert

Kat. S. 378

Ansicht Kurfürstenstraße. Foto: Arthur Köster

Haupteingang. Foto: Rolf Koehler

Modell mit Hochhaus, Erweiterung (nicht ausgeführt). Foto: Arthur Köster

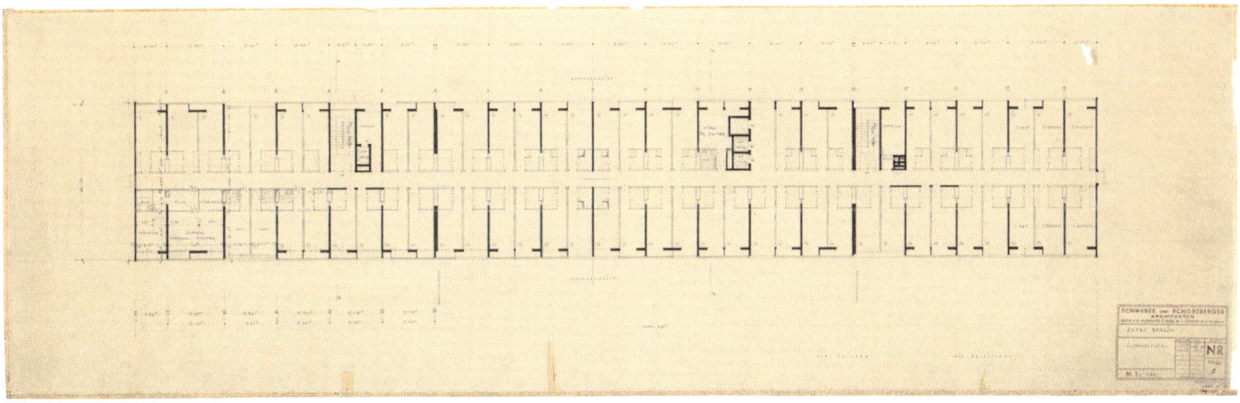

Grundriss 2. Obergeschoss

Hotel Conti-Hansa am Schloßgarten

Kat. S. 385

Schloßgarten, Kiel
1961–1963
stark verändert

Modell, Ansicht vom Schloßgarten. Foto: Walter Köster

Blick vom Oslo-Kai. Foto: H. W. Taubitz

Luftbild Hotel mit gegenüberliegender Fähranlegestelle. Foto: Friedrich Magnussen

Hotel Mondial am Dom

Kat. S. 386

Bechergasse, Bischofsgartenstraße, Große Neugasse, Köln
1961–1963
verändert

Modell mit Parkplätzen im Zwischengeschoss. Foto: Walter Köster

Parkhotel Karlsruhe

Kat. S. 389

Ettlinger Straße, Karlsruhe
1963–1964
verändert

Entwurfszeichnung mit Ladenpassage (nicht ausgeführt)

Entwurfszeichnung Ladenpassage (nicht ausgeführt)

Entwurfszeichnung Ladenpassage (nicht ausgeführt)

Schwarzwaldhotel Karlsruhe

Ettlinger Allee, Karlsruhe
1964–1965
1971 abgerissen

Ansicht Ettlinger Allee. Foto: Horst Schlesiger

Abbruch 1971. Foto: Horst Schlesiger

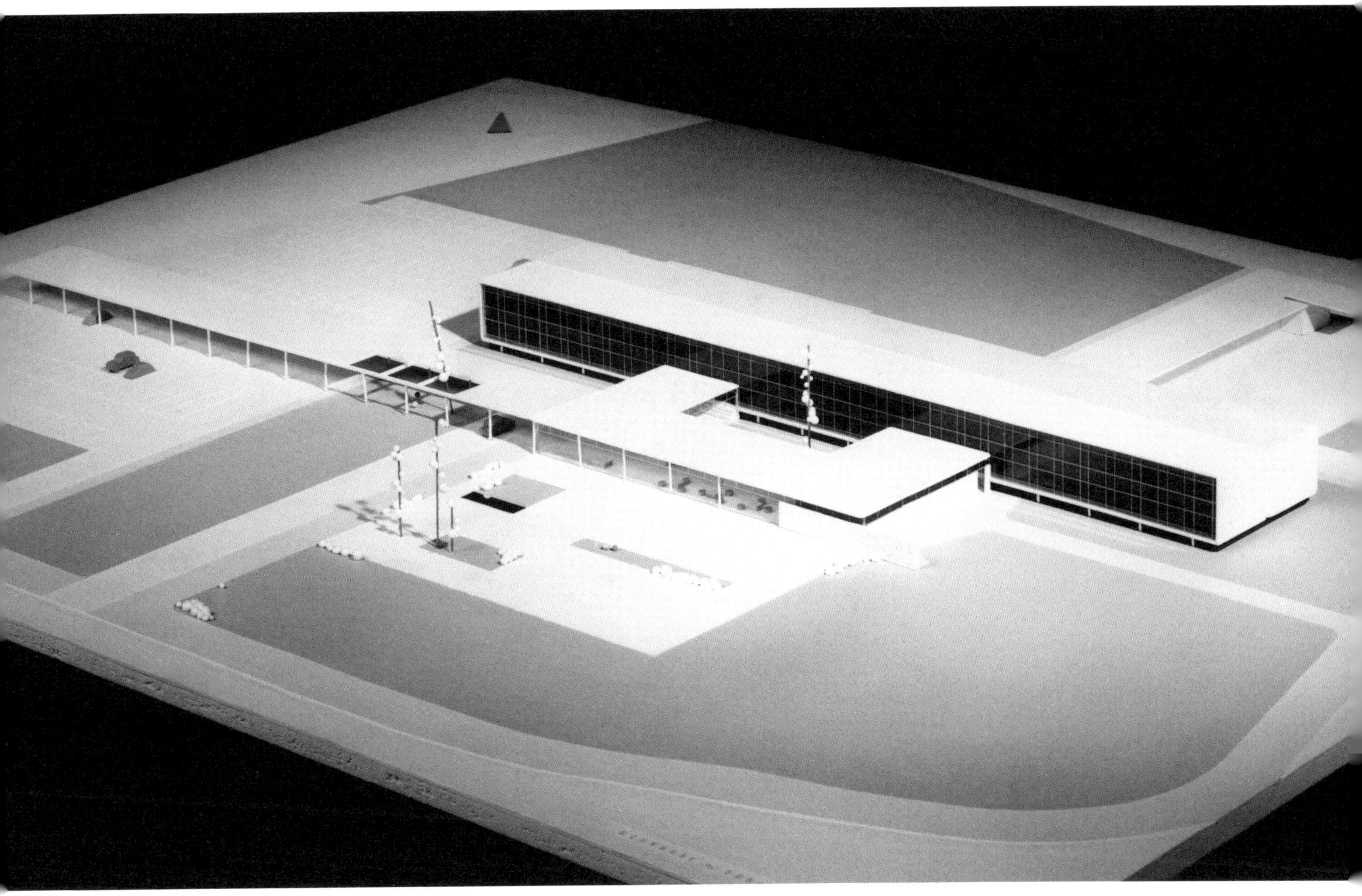
Modell. Foto: Förster

Hotel Schweizerhof

Kat. S. 389

Budapester Straße, Burggrafenstraße, Berlin-Tiergarten
1964–1965, 1965, 1967 und 1969–1972
1997 abgerissen

Ansicht Budapester Straße mit angrenzender Bestandsbebauung. Foto: unbekannt

Ansichtszeichnung Budapester Straße mit 1. Erweiterung (1965)

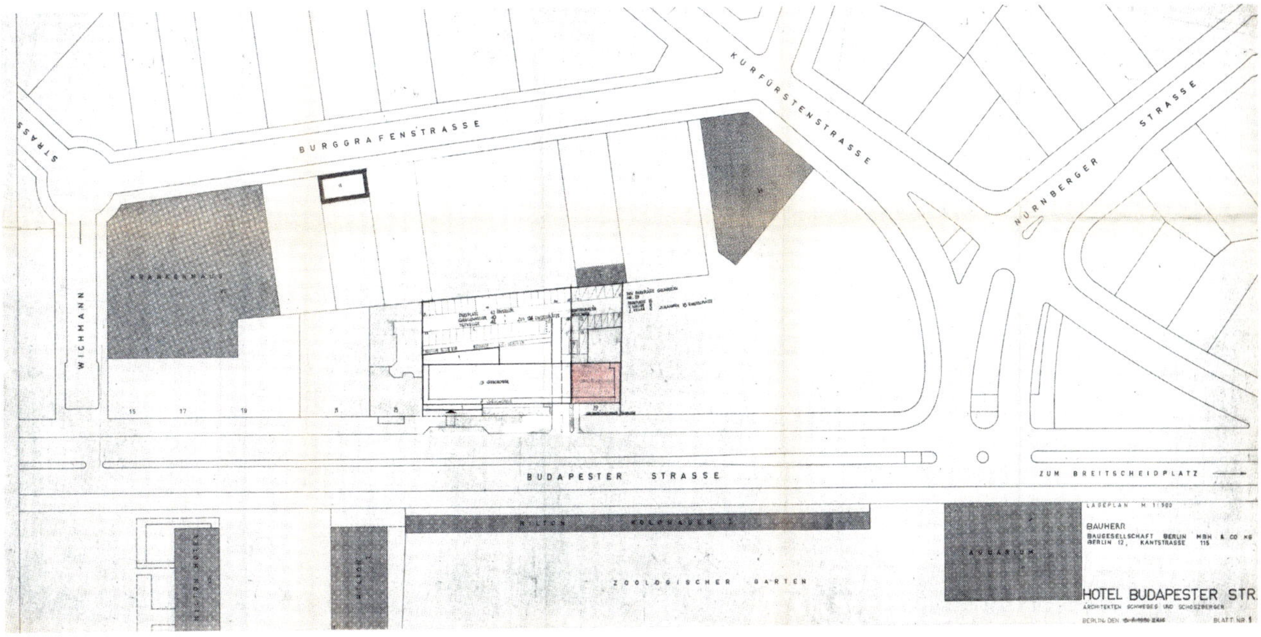

Lageplan, 1. Erweiterung Budapester Straße 29 (1965)

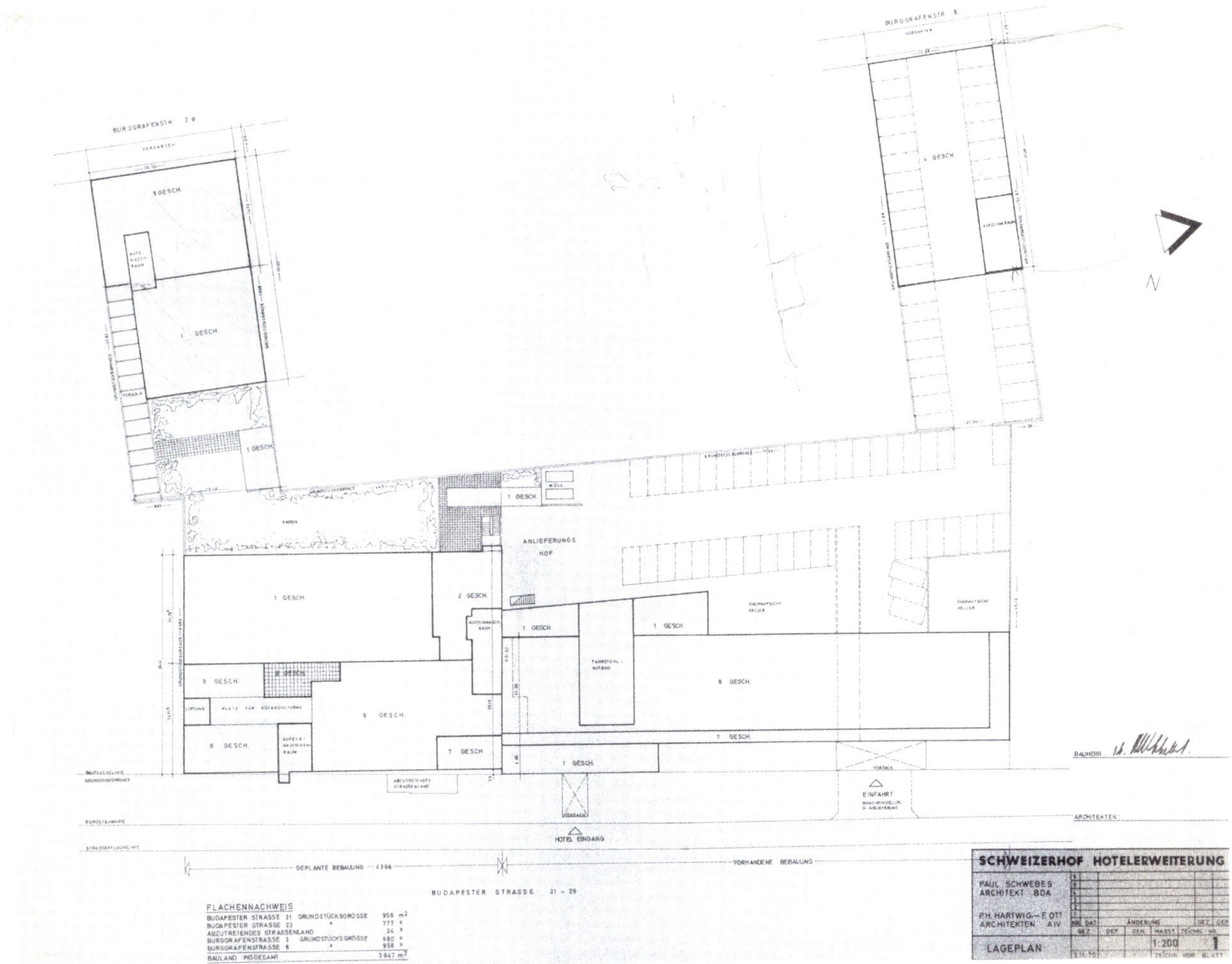

Lageplan, 2. Erweiterung Budapester Straße 21–23 und Burggrafenstraße 2a und 8 (1969–1972)

Hotel Corporation of America

Kat. S. 391

Budapester Straße, Kurfürstenstraße, Burggrafenstraße, Berlin-Tiergarten
1964–1966
Entwurf, nicht ausgeführt

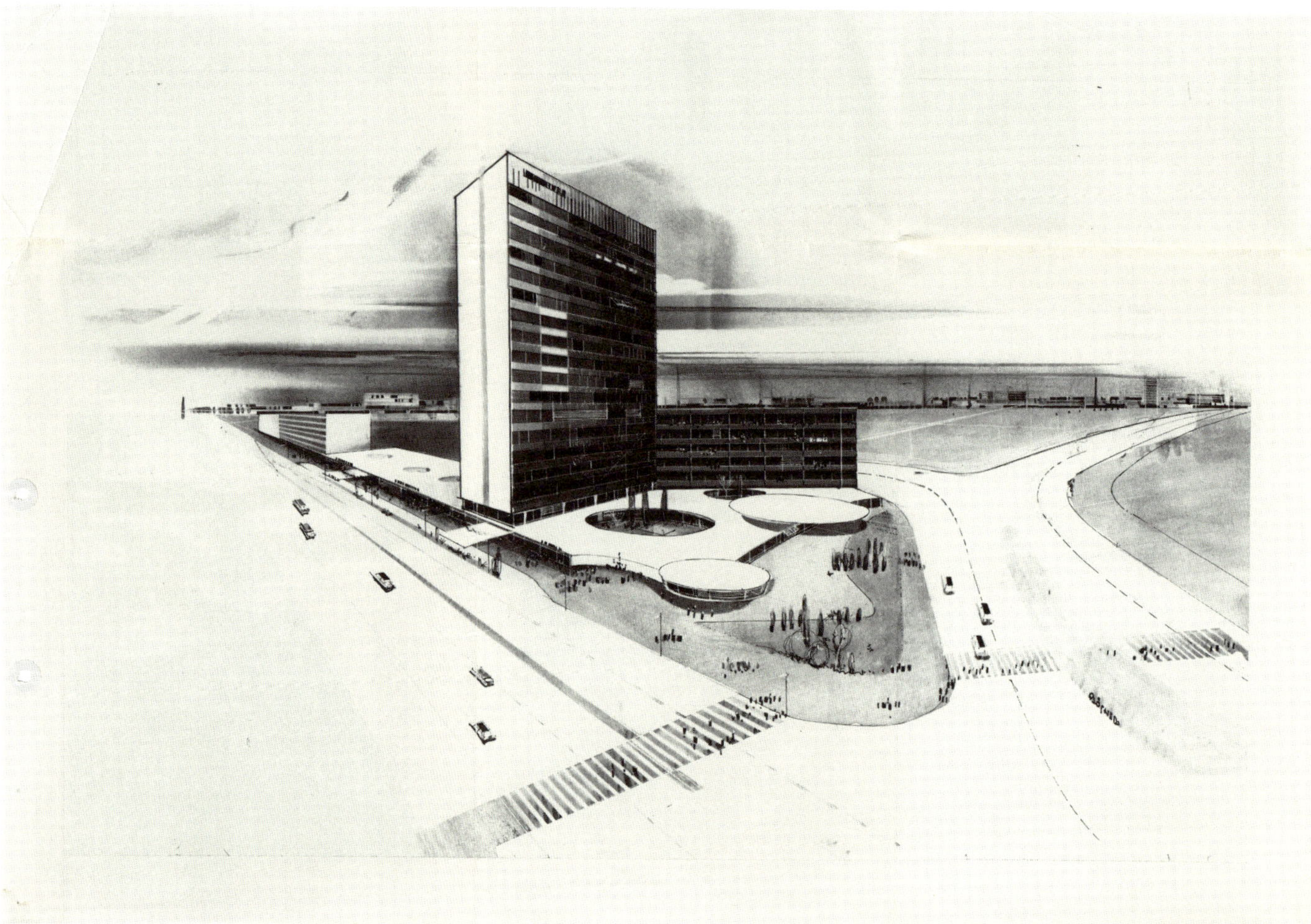

Entwurfszeichnung Budapester Straße, Ecke Nürnberger Straße

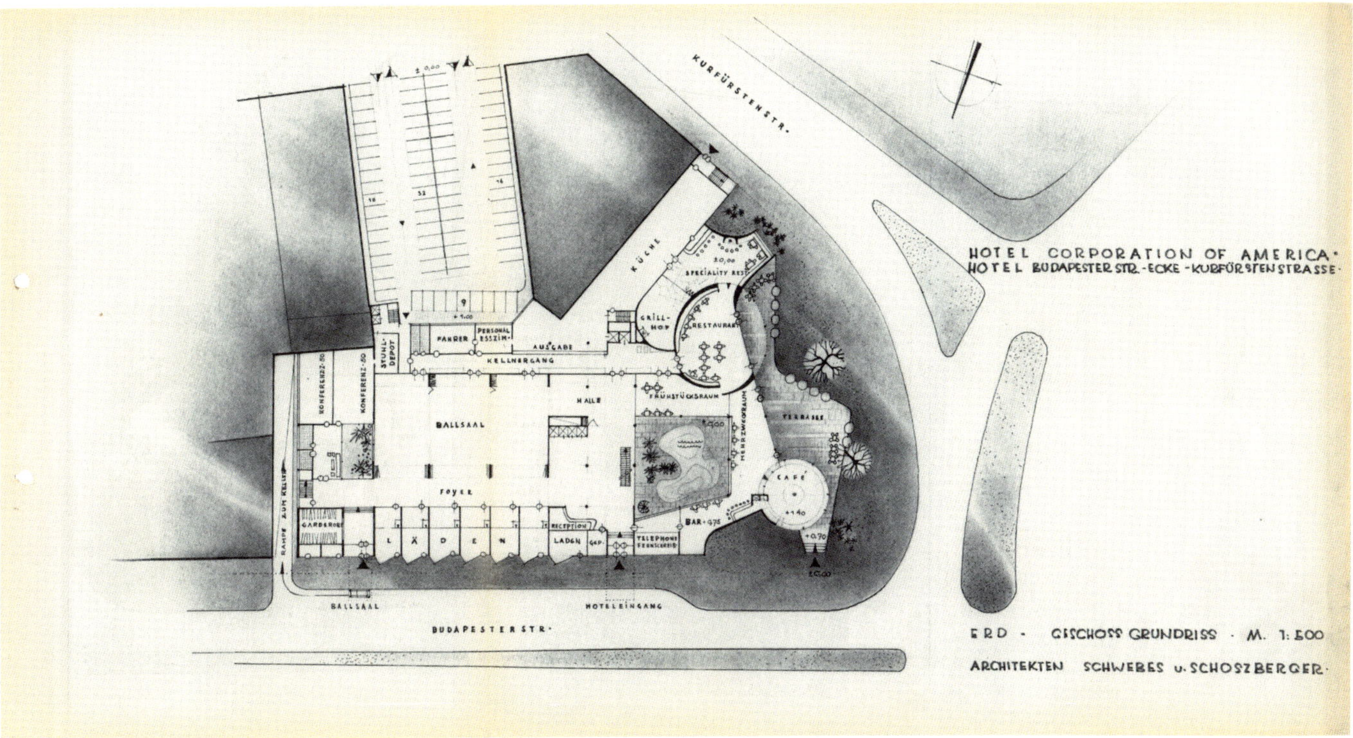

Grundriss Erdgeschoss

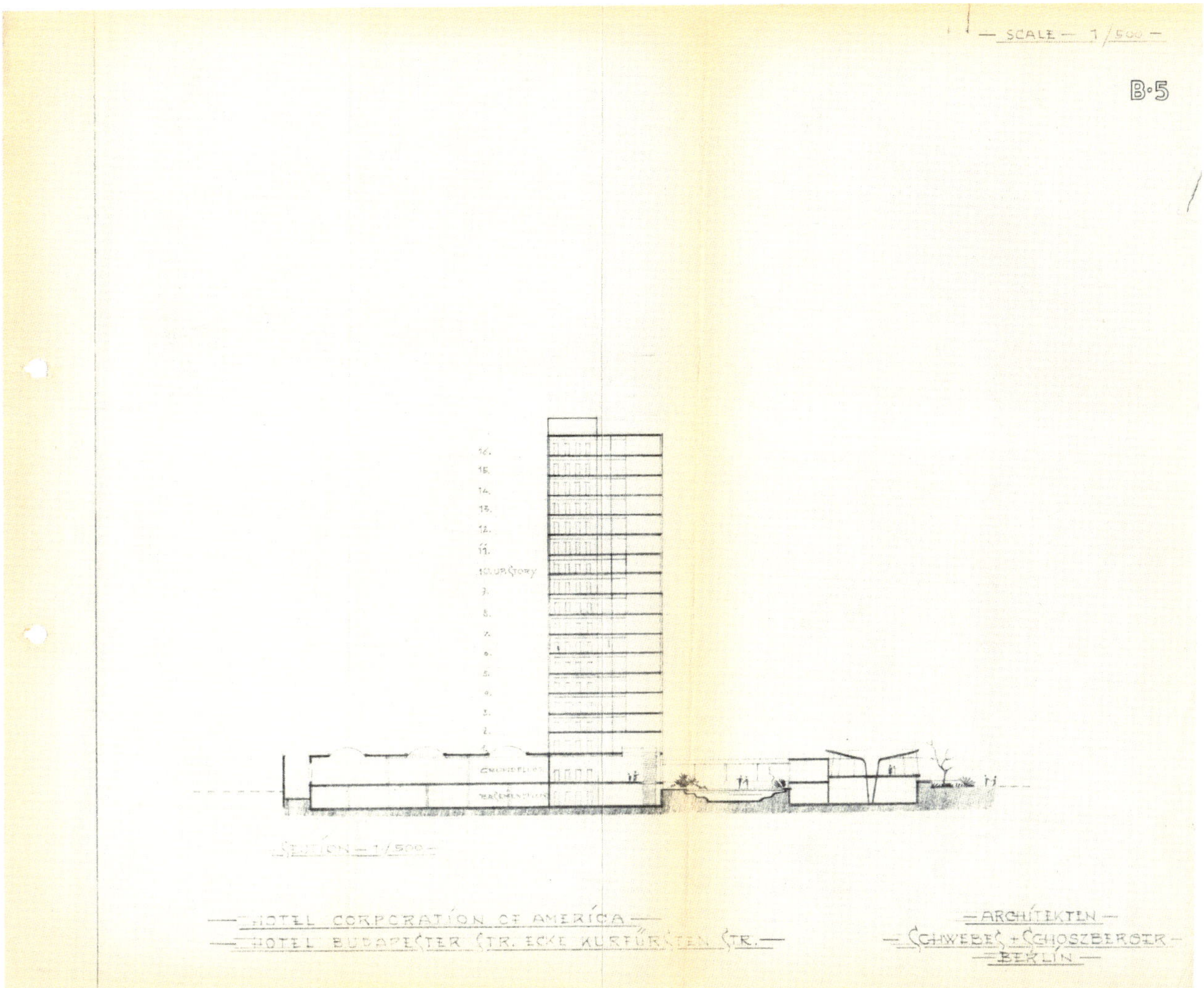

Schnitt

Entwurfszeichnung, Variante A

Flughafenhotel Stuttgart

Leinfelden-Echterdingen bei Stuttgart
1967–1969
abgerissen

Kat. S. 395

Entwurfszeichnung

Ansichtszeichnungen

Hotel Intercontinental Düsseldorf

Kat. S. 395

Karl-Arnold-Platz, Düsseldorf
1967–1969
stark verändert

Entwurfszeichnung

Hotel CCC

Kat. S. 398

Torremolinos, Spanien
1970
Entwurf, nicht ausgeführt

Entwurfszeichnung

Produktionsbauten

Zentrum am Zoo

Kat. S. 372

Hardenbergplatz, Hardenbergstraße, Budapester Straße, Joachimsthaler Straße, Berlin-Charlottenburg
1955–1957
Baudenkmal, verändert

Gesamtansicht Breitscheidplatz im Bau. Foto: Arthur Köster

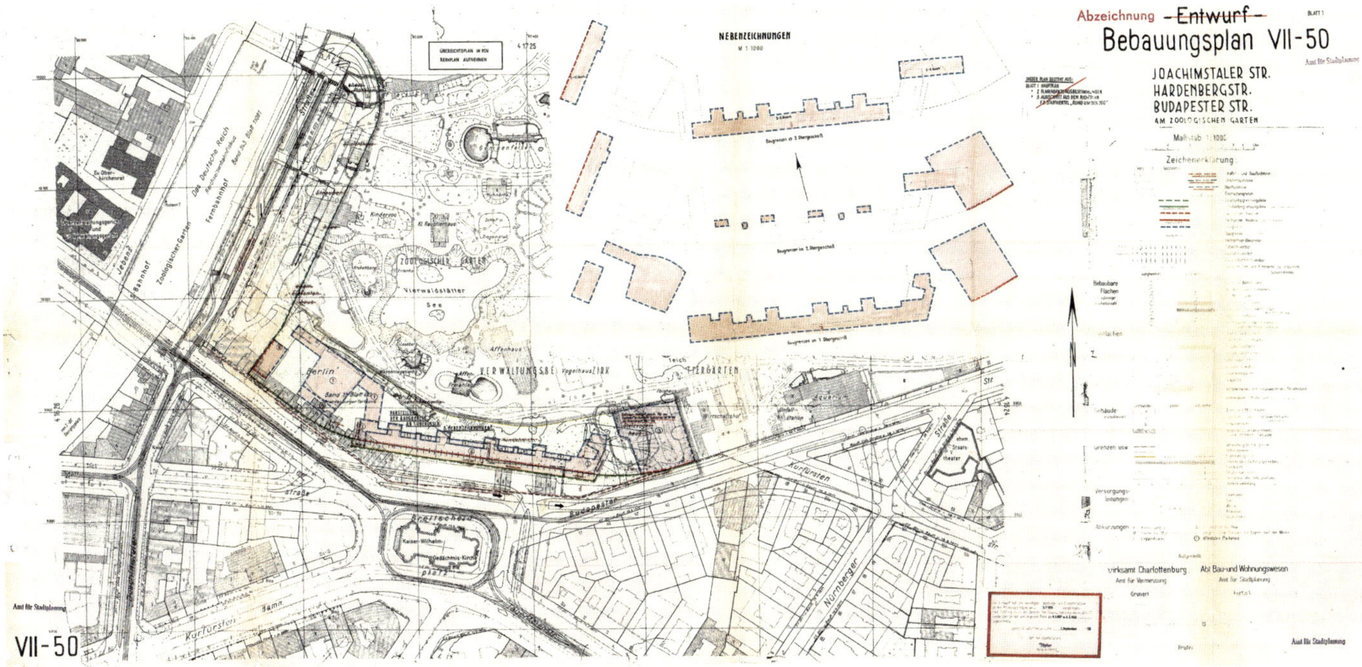

Bebauungsplan Joachimsthaler Straße, Hardenbergstraße, Budapester Straße (Entwurf)

Entwurfszeichnung Breitscheidplatz: Großes Hochhaus, Kino Zoo-Palast, Langbau (Damenoberbekleidung DOB, „Bikini"), Kleines Hochhaus (v. l. n. r.). Foto: Arthur Köster

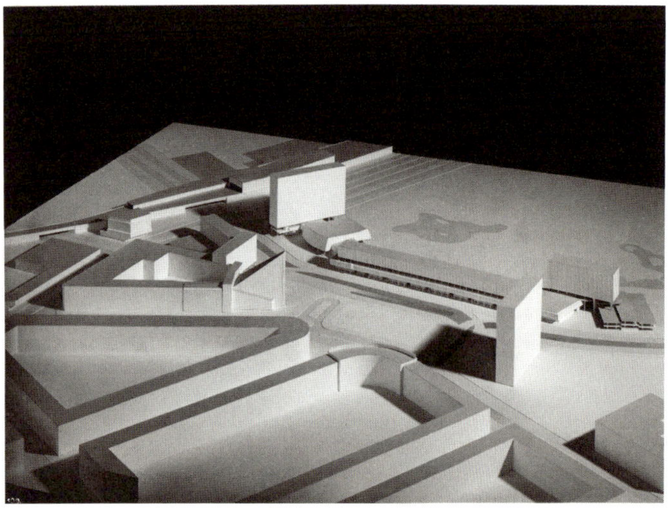

Modell Gesamtkomplex, Blick zum Zoo ohne Gedächtniskirche. Foto: Arthur Köster

Modell Gesamtkomplex, Blick vom Zoo auf Breitscheidplatz mit Gedächtniskirche. Foto: Arthur Köster

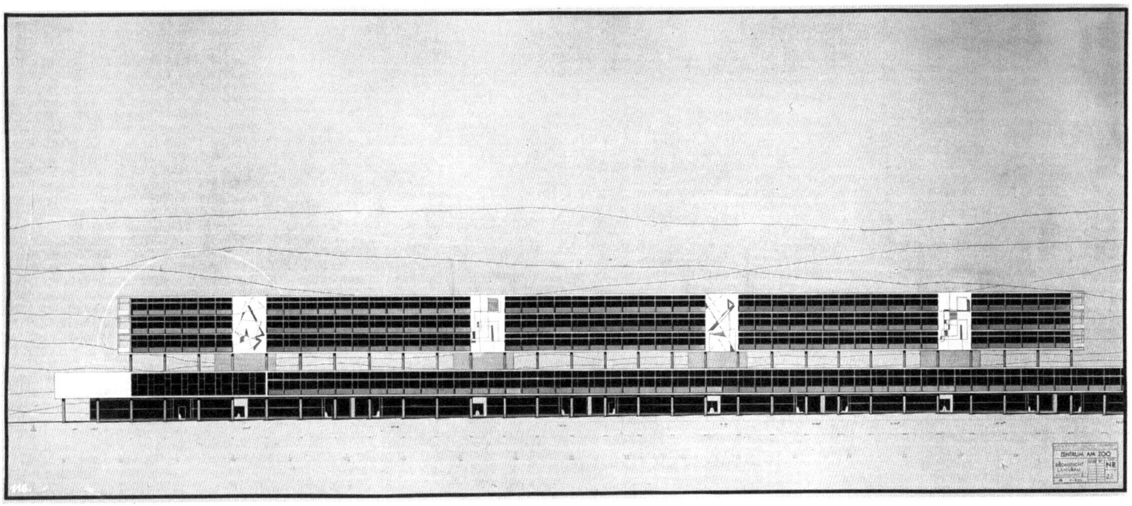

Langbau, Entwurfszeichnung Ansicht Breitscheidplatz. Foto: Arthur Köster

Kleines Hochhaus, Entwurfszeichnung mit Parkhaus. Foto: Arthur Köster

Langbau und Großes Hochhaus, Ansicht. Foto: Otto Hagemann

Langbau und Kleines Hochhaus, Ansicht. Foto: Otto Hagemann

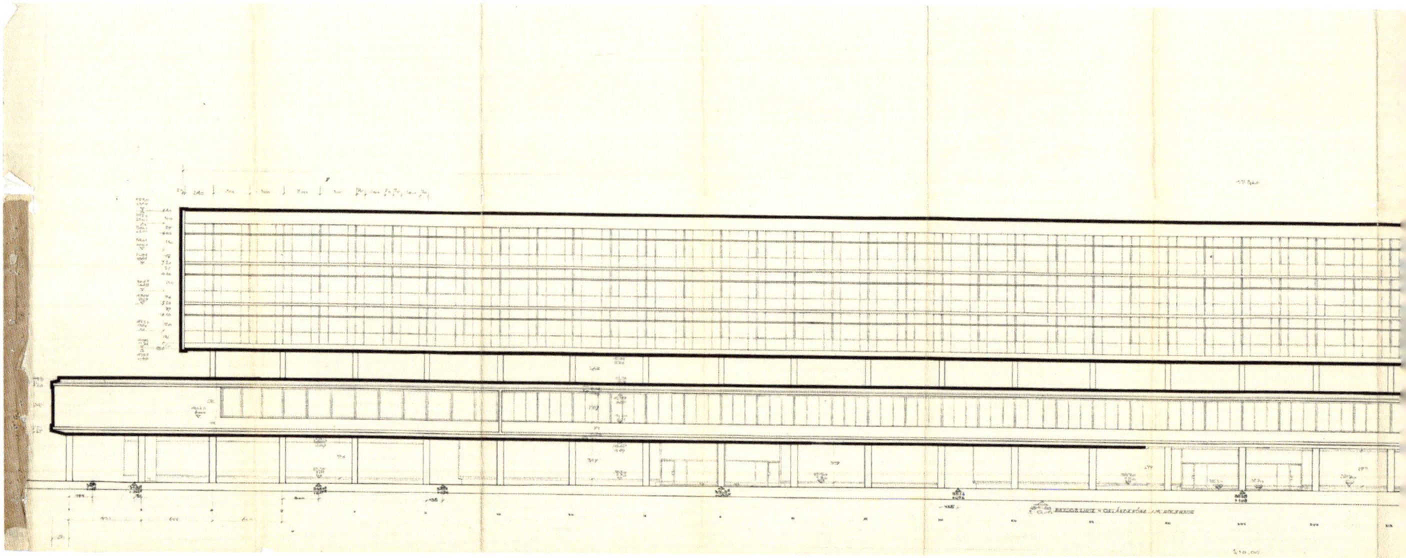

Langbau, Ansichtszeichnung

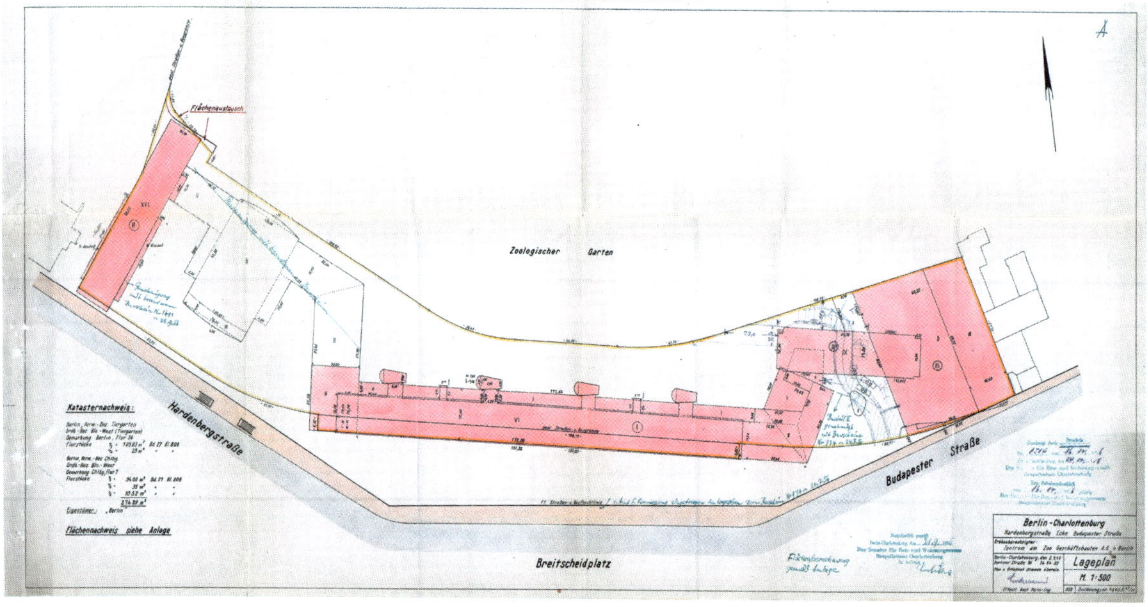

Gesamtkomplex, Lageplan

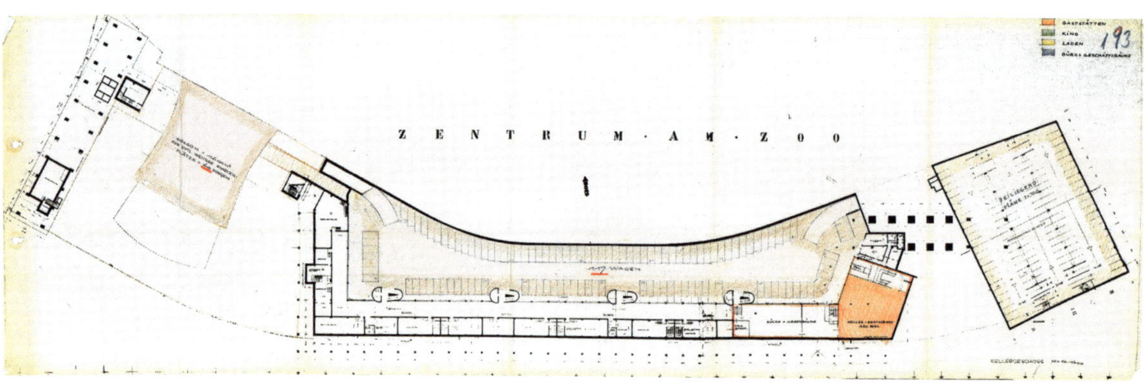

Gesamtkomplex, Grundriss Kellergeschoss

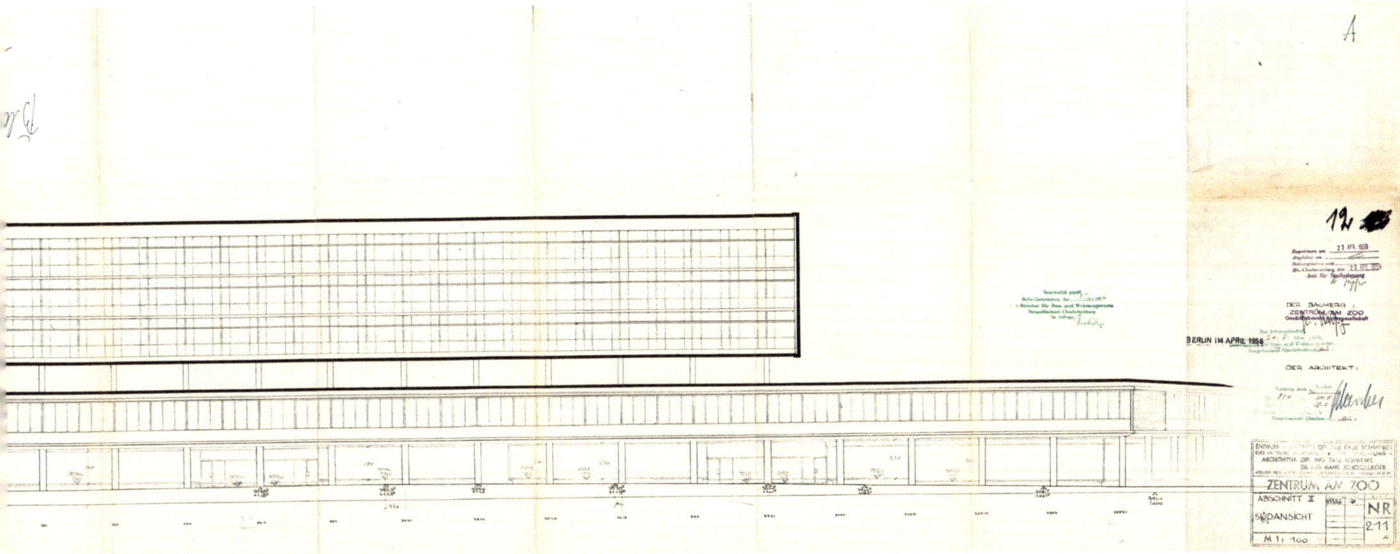

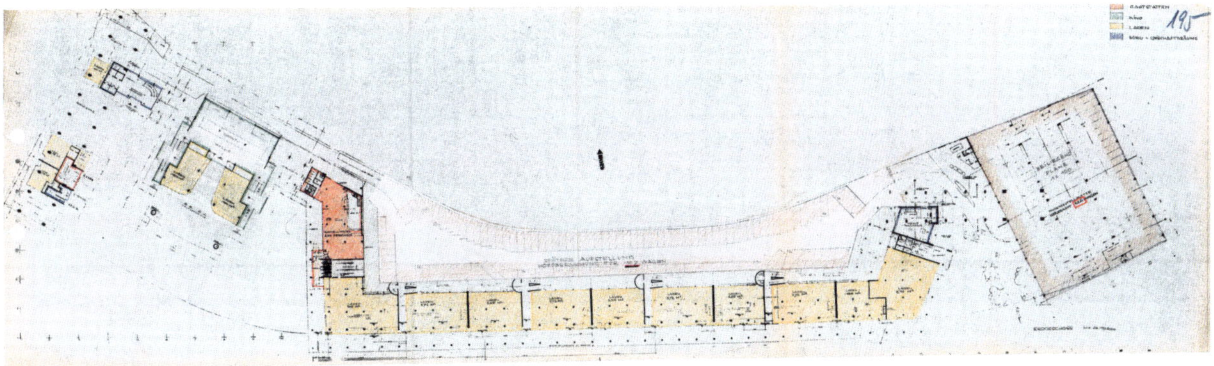

Gesamtkomplex, Grundriss Erdgeschoss mit Kolonnade

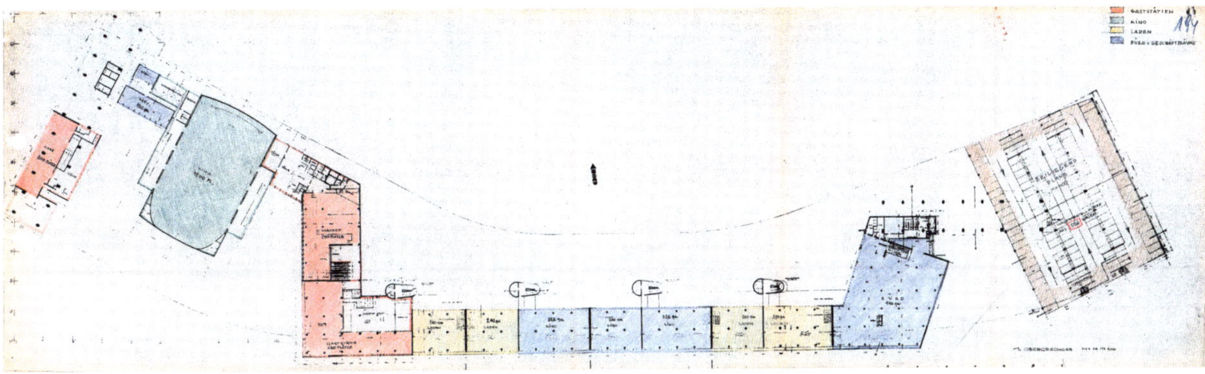

Gesamtkomplex, Grundriss 1. Obergeschoss

Ansicht Breitscheidplatz mit Langbau und Großem Hochhaus im Bau. Foto: Arthur Köster

Ansicht Hardenbergplatz mit Blick auf Großes Hochhaus und Hansaviertel, rechts unten: Ruinennutzung Baublock Dortmunder Union.
Foto: Rolf Koehler

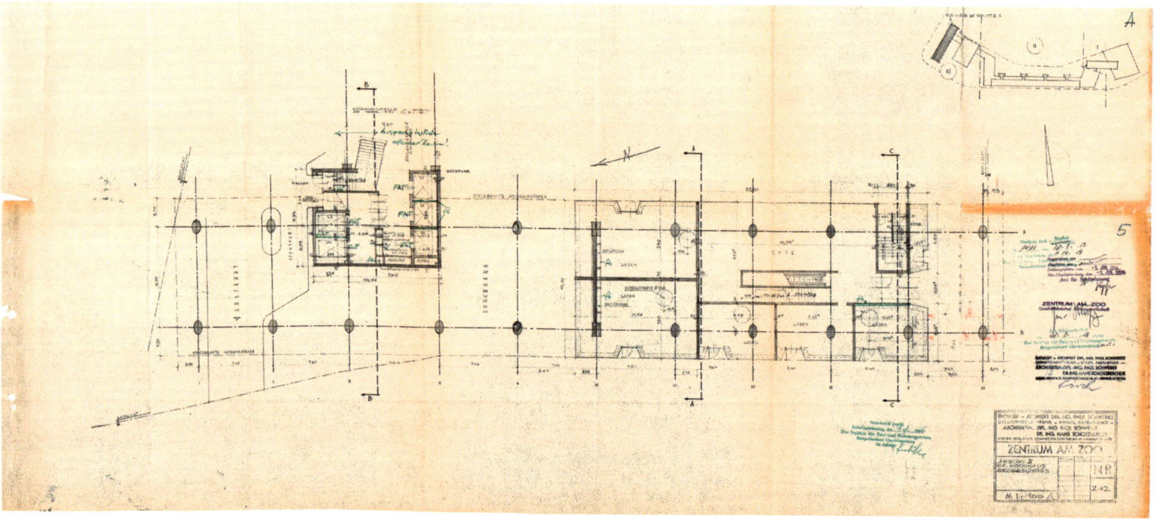

Großes Hochhaus, Grundriss Erdgeschoss mit Zugang Café

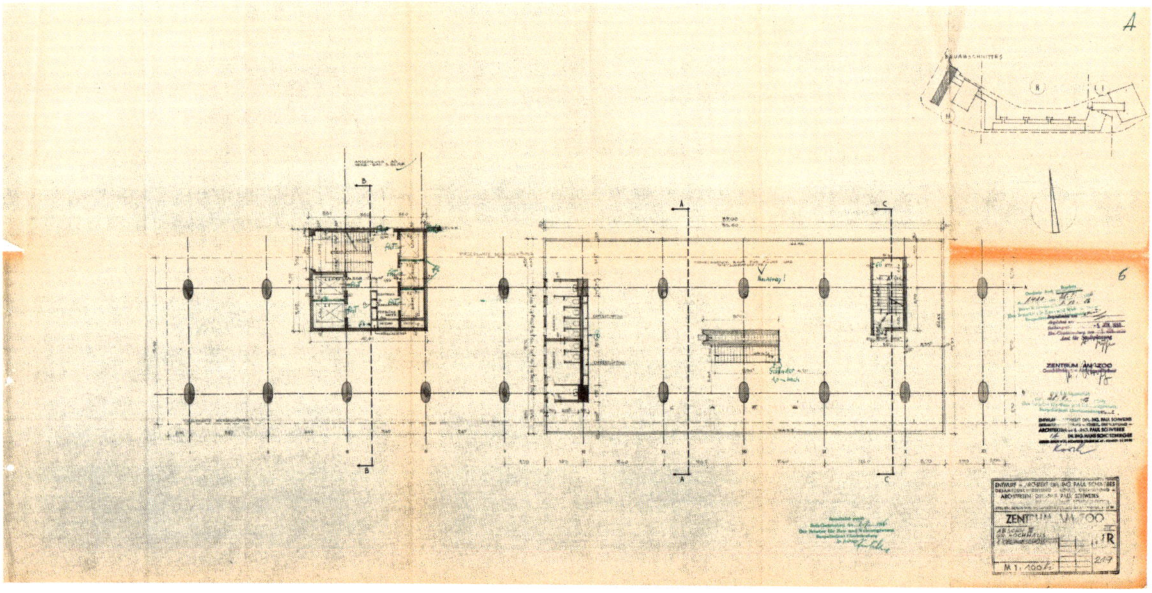

Großes Hochhaus, Grundriss 1. Obergeschoss mit Café

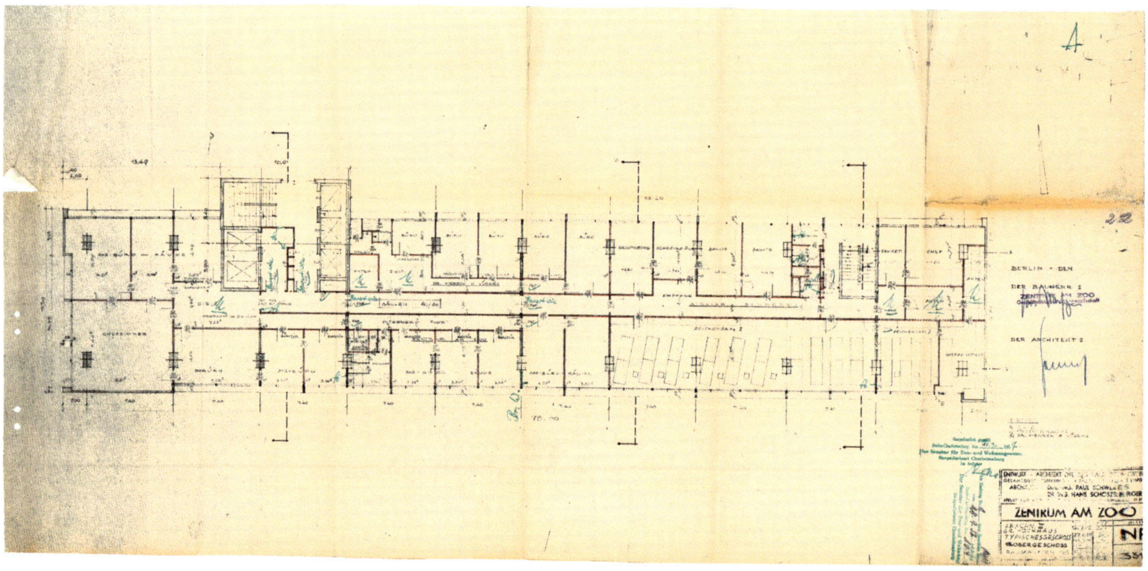

Großes Hochhaus, Grundriss 15. Obergeschoss mit Atelier Schwebes und Schoszberger

Großes Hochhaus, Entwurfszeichnung

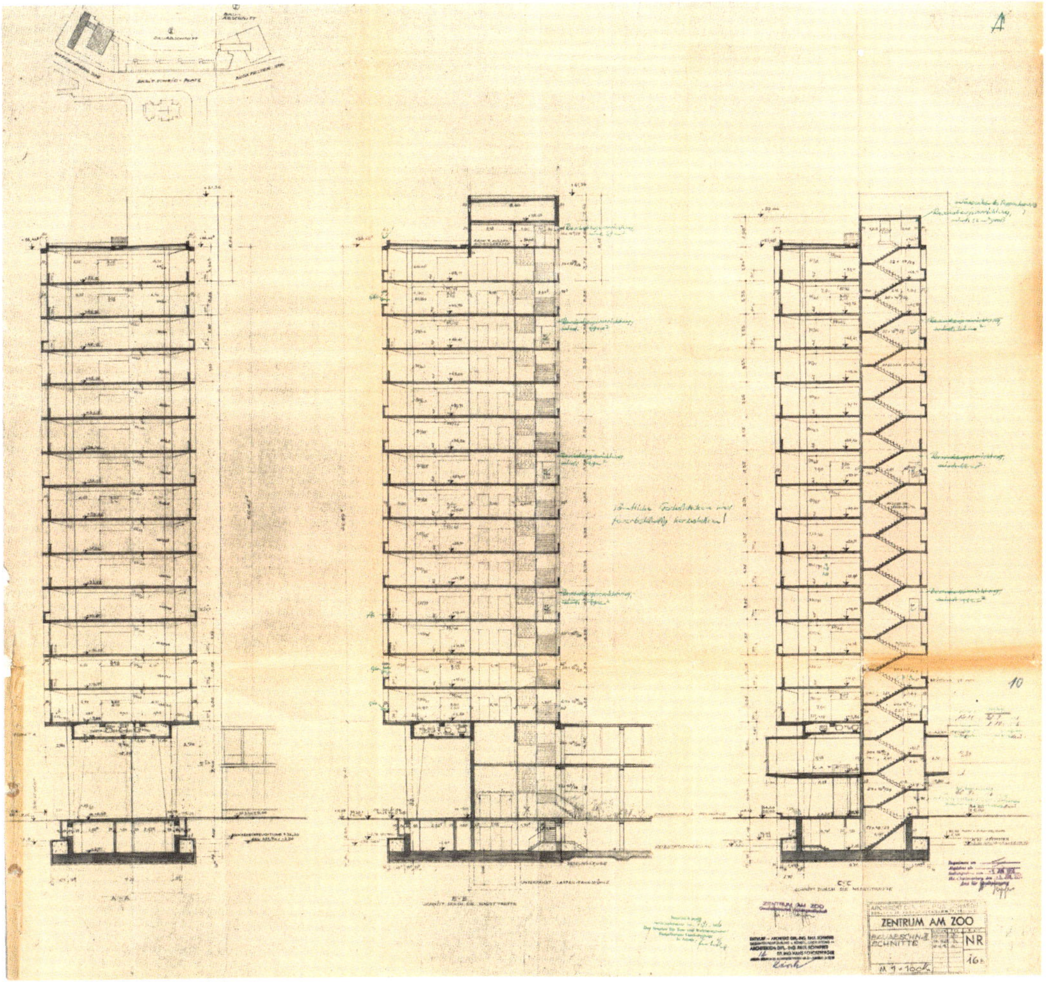

Großes Hochhaus, Schnitte

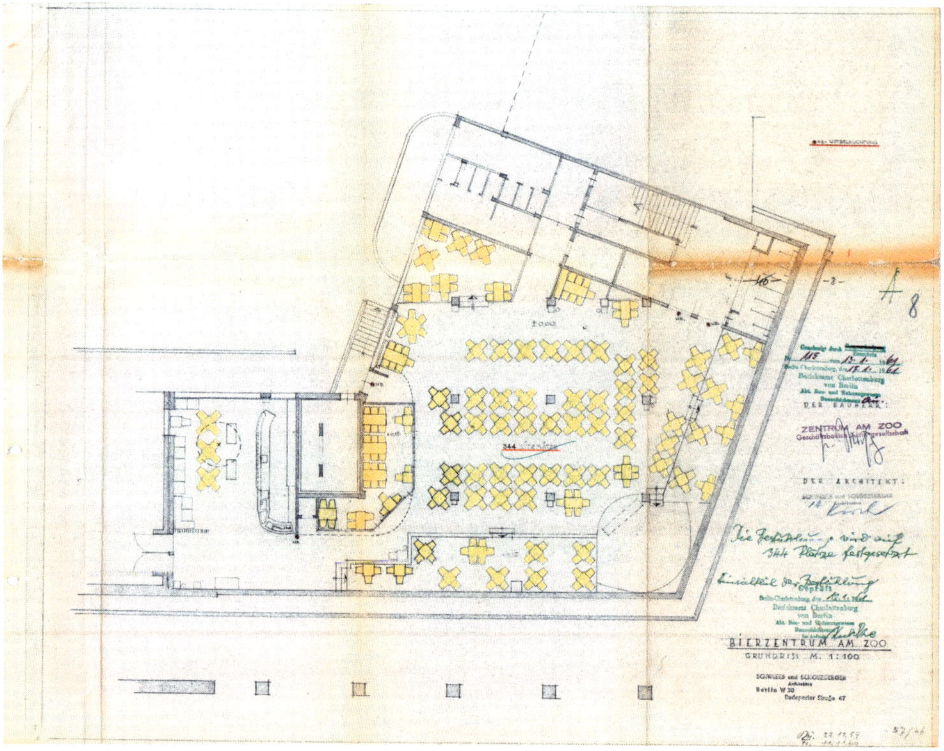

Bierzentrum am Zoo, westliches Ende Langbau mit Übergang zum Kleinen Hochhaus, Grundriss

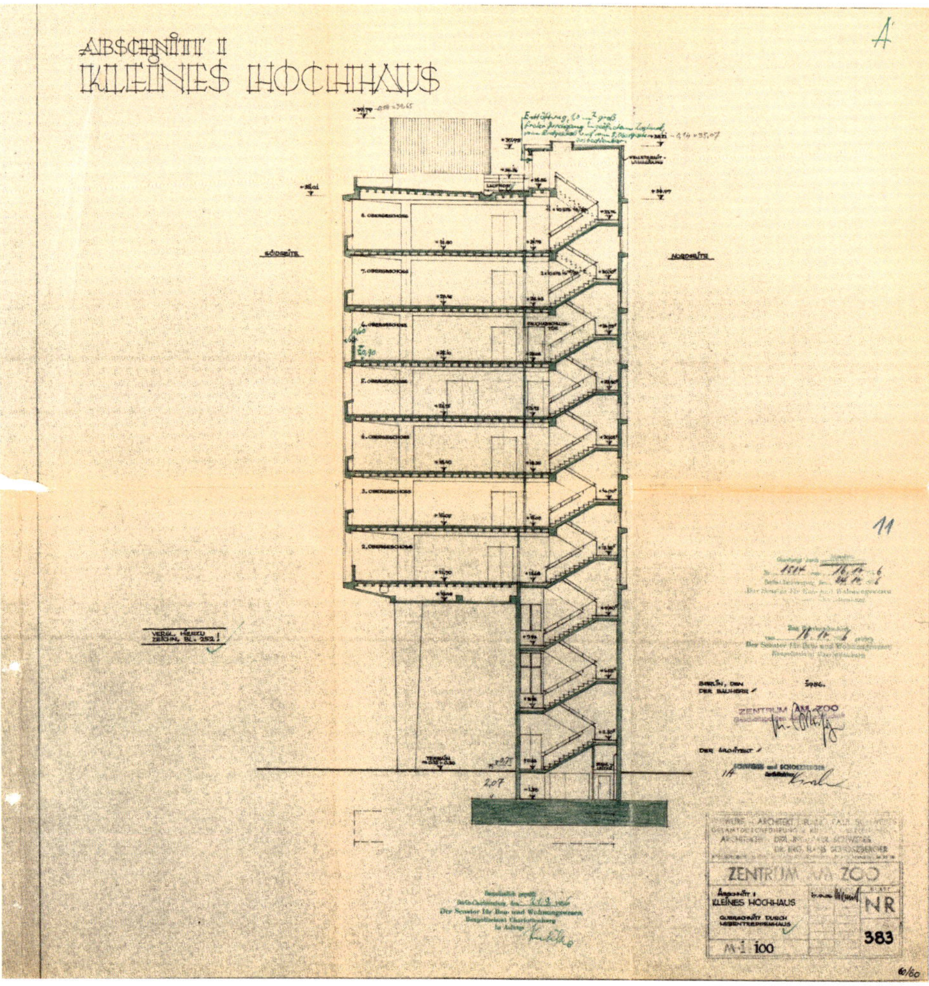

Kleines Hochhaus, Schnitt

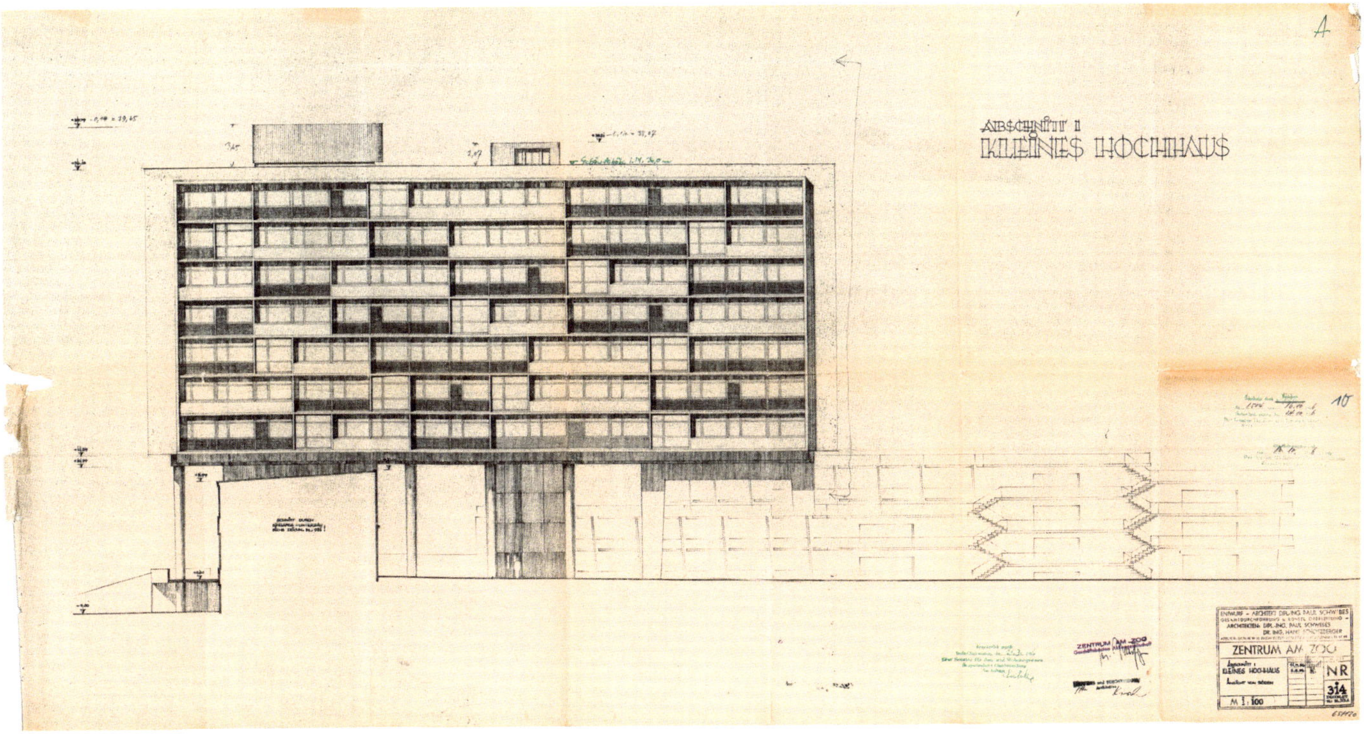

Kleines Hochhaus, Ansichtszeichnung mit Parkhaus

Graphisches und Gewerbe-Zentrum Kreuzberg

Kat. S. 377

Kochstraße, Markgrafenstraße, Charlottenstraße, Besselstraße, Berlin-Kreuzberg
1956–1961
erhalten

Luftbild Vorkriegsbebauung. Foto: unbekannt

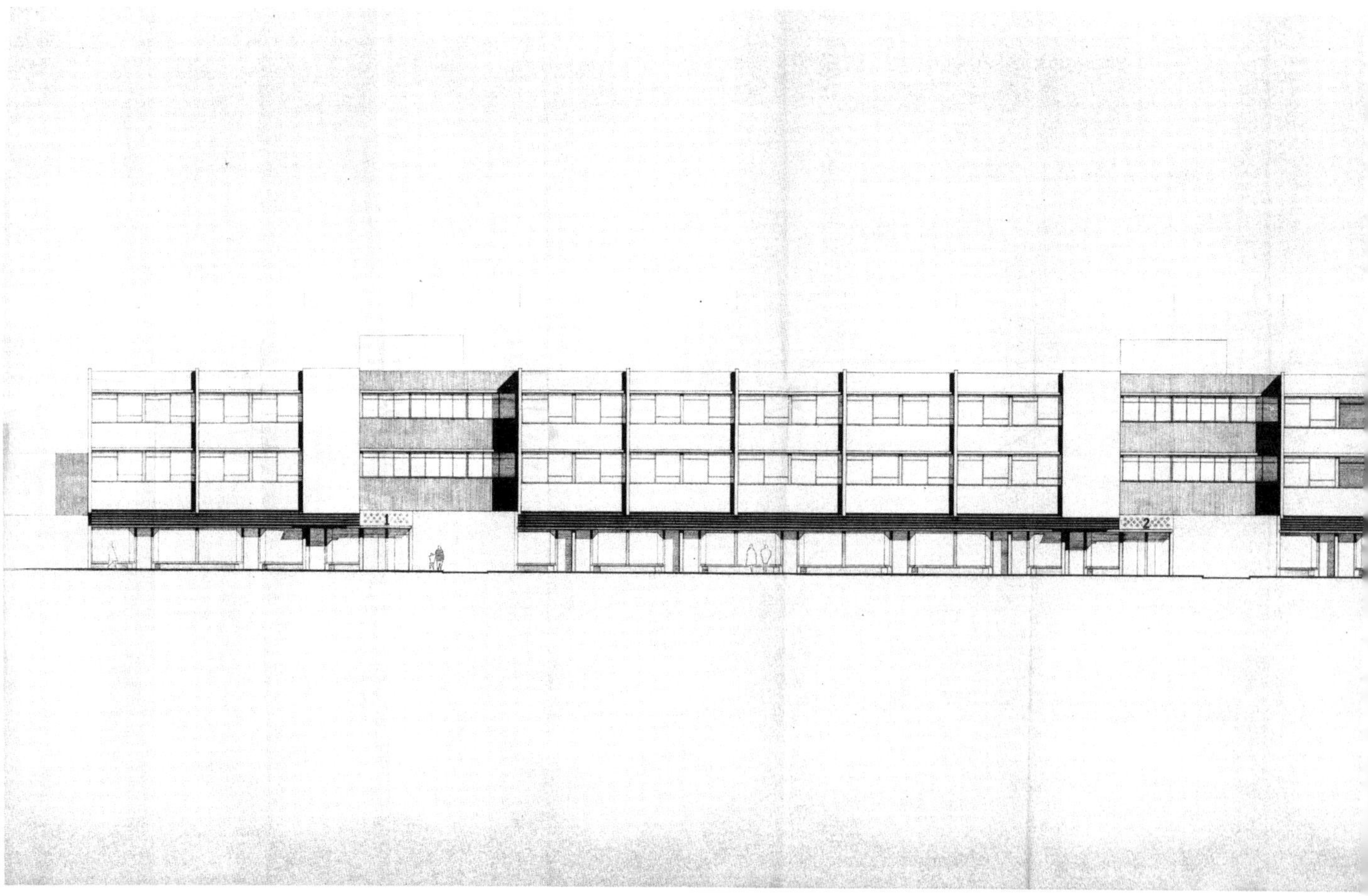

Entwurfszeichnung Flachbau, Ansicht Charlottenstraße

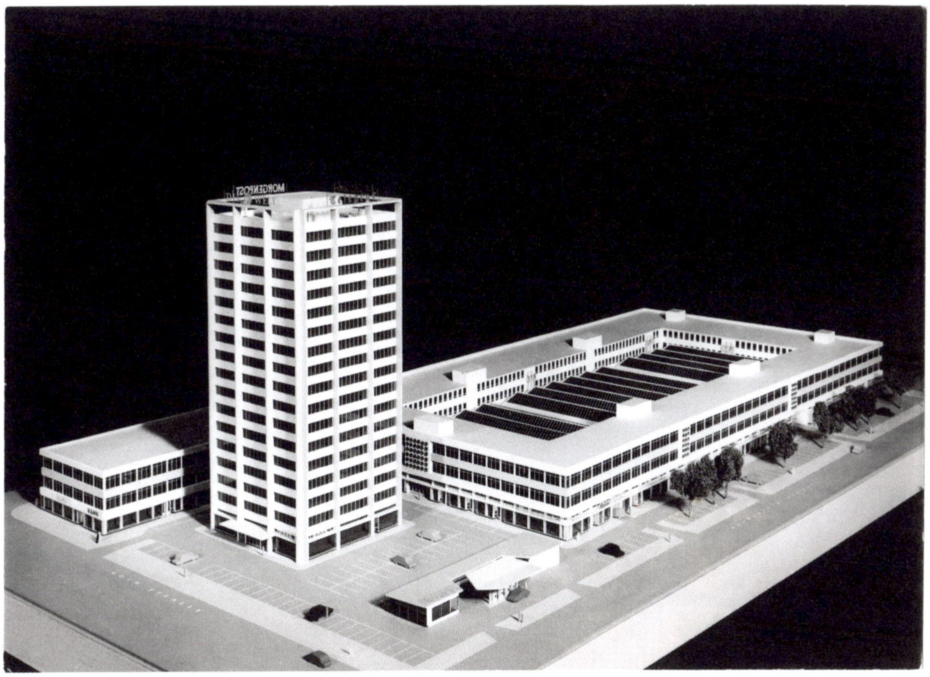

Modell, Variante B mit Punkthochhaus (ausgeführt). Foto: Walter Köster

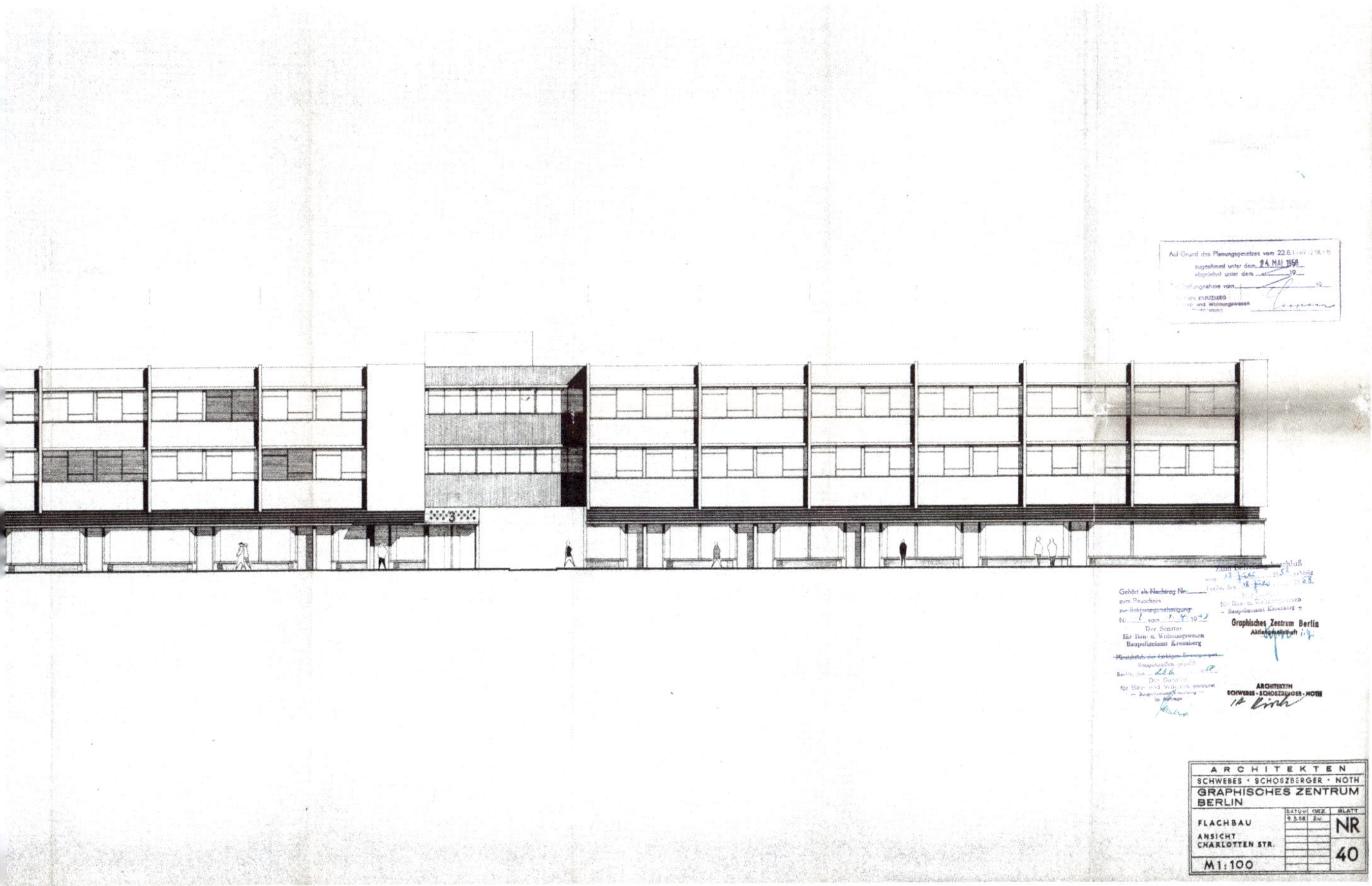

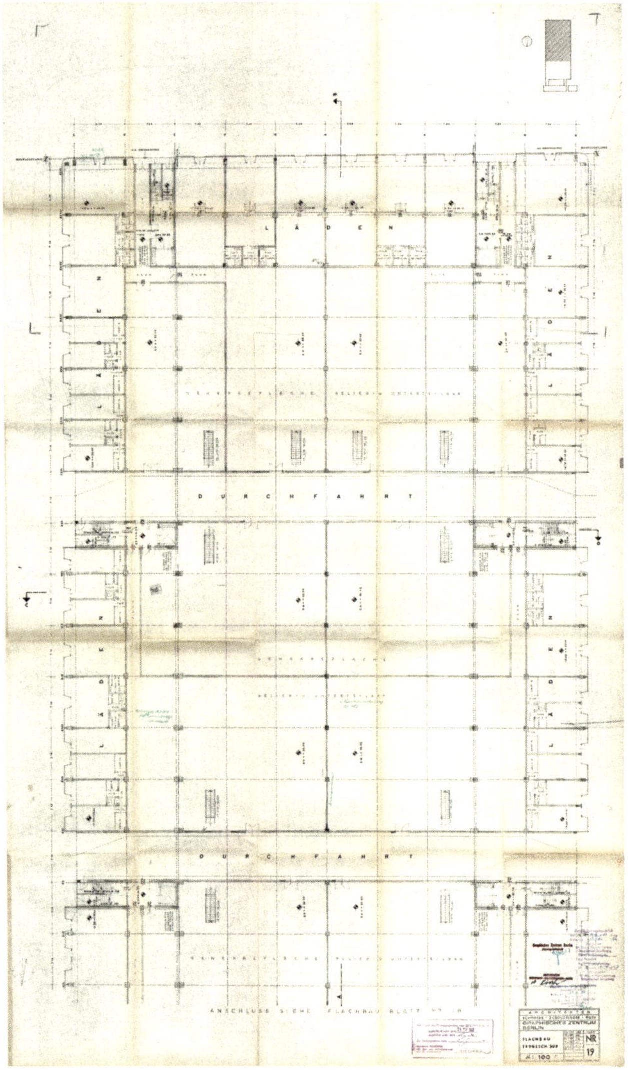

Grundriss Flachbau mit Durchfahrten für Anlieferer

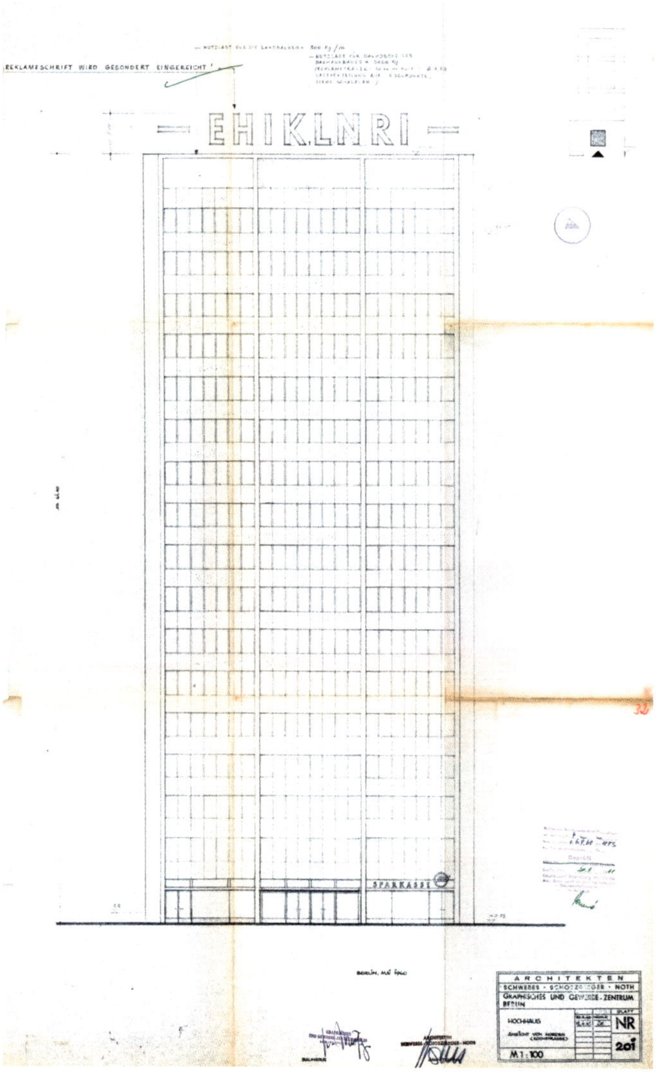

Ansichtszeichnung Kochstraße, Variante B mit Punkthochhaus

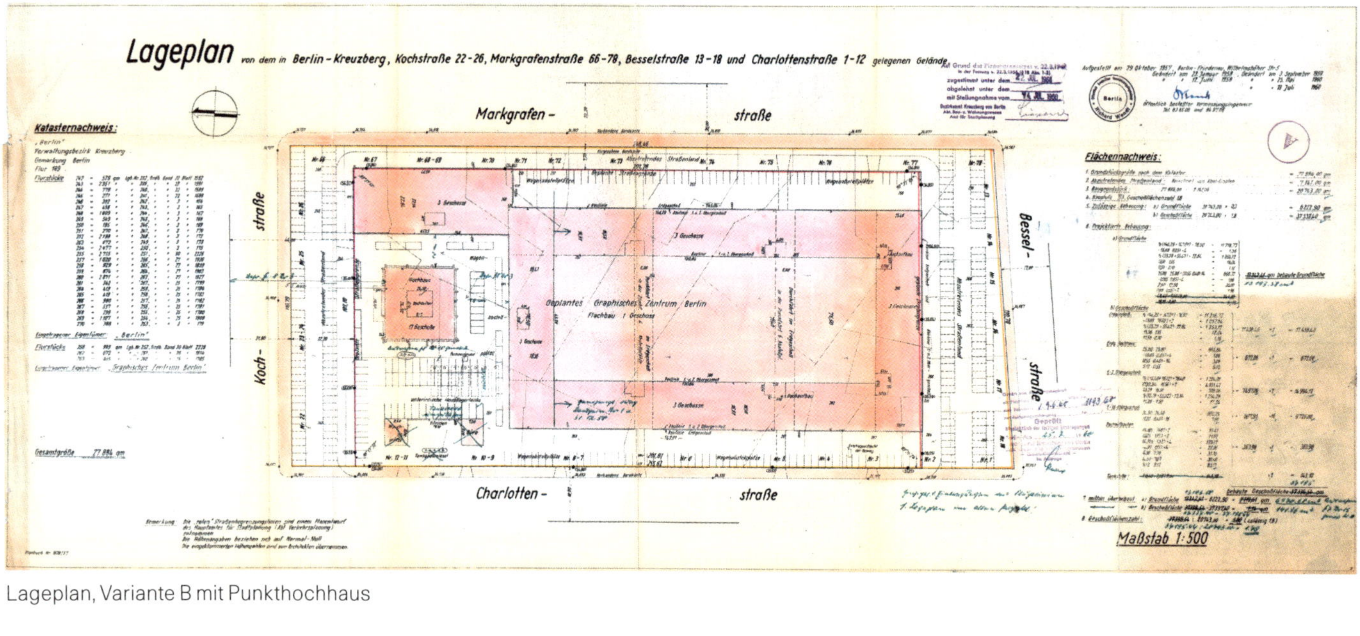

Lageplan, Variante B mit Punkthochhaus

Modell, 1. Entwurf, Variante A mit Scheibenhochhaus und Wagen-Abstellplätzen auf dem Dach (nicht ausgeführt). Foto: Walter Köster

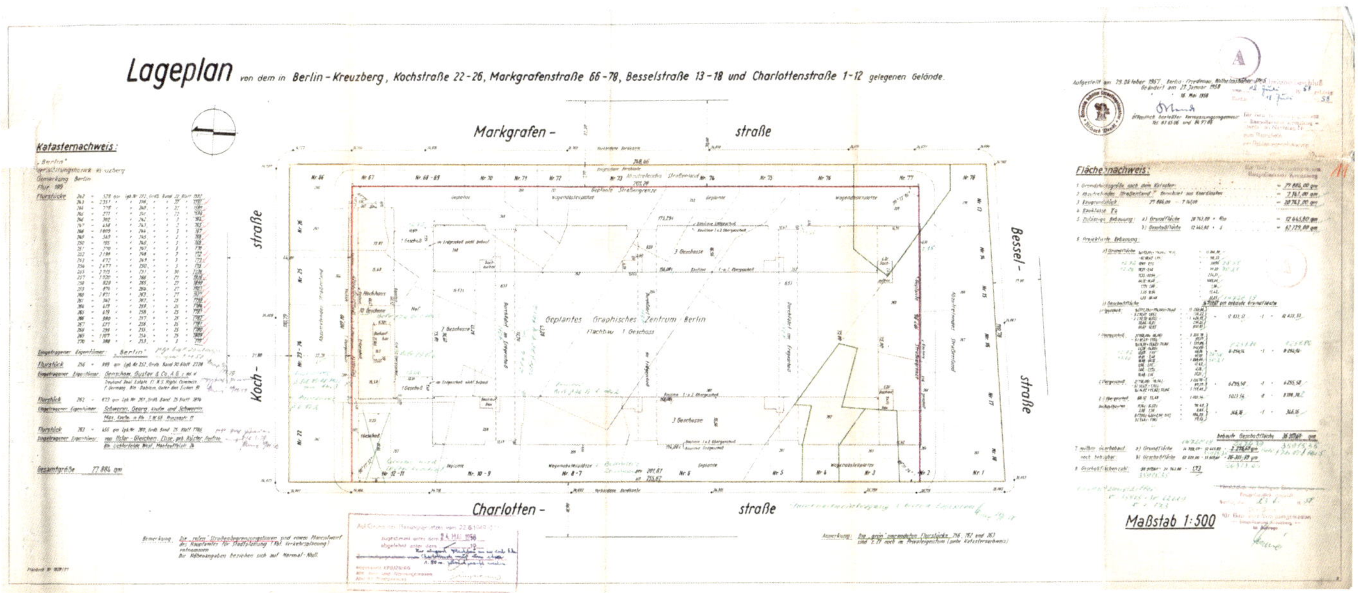

Lageplan, Variante A mit Scheibenhochhaus

Produktions- und Verwaltungsgebäude Schindler GmbH

Kat. S. 379

Großbeerenstraße, Berlin-Mariendorf
1957–1958 und 1964–1966
Baudenkmal

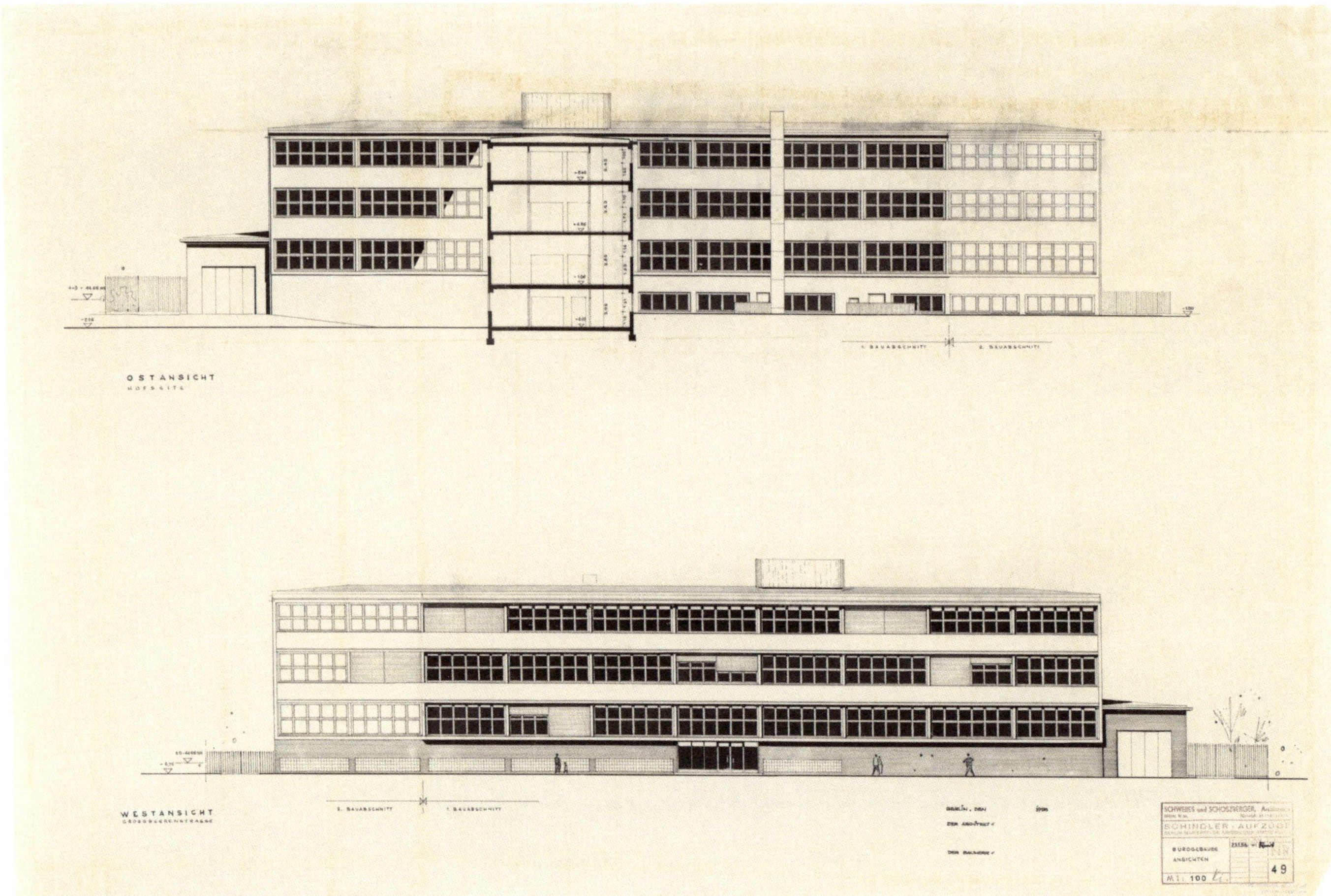

Ansichtszeichnungen Hofseite mit Schnitt Anbau (oben) und Großbeerenstraße (unten)

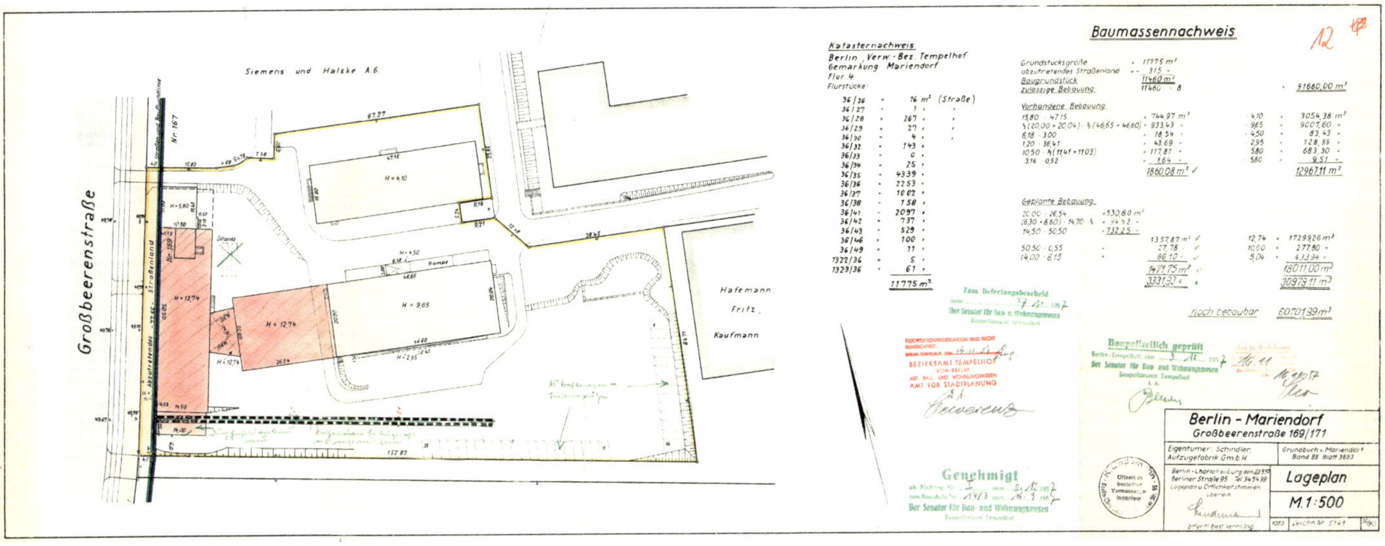
Baumassennachweis
Katasternachweis
Siemens und Halske A.G.
Großbeerenstraße
Hafemann, Fritz, Kaufmann
Berlin - Mariendorf
Großbeerenstraße 169/171
Lageplan
M.1:500
Genehmigt
Baupolizeilich geprüft

Lageplan

Kaufhäuser und Einkaufszentren

Bekleidungshaus Leineweber

Kat. S. 362

Schloßstraße, Feuerbachstraße, Berlin-Steglitz
1950 und 1952
stark verändert

Ansicht Schloßstraße, Ecke Feuerbachstraße. Foto: unbekannt

Kat. S. 363

Ruinennutzung Baublock Dortmunder Union

Joachimsthaler Straße, Hardenbergstraße, Kantstraße, Berlin-Charlottenburg
1950–1955
Behelfsbau, 1958 abgerissen

Ansicht Joachimsthaler Straße, Ecke Kantstraße, rechts: Ruinennutzung. Foto: ullstein bild – Quade

Nachtansicht Hardenbergstraße, Ecke Joachimsthaler Straße. Foto: Rolf Koehler

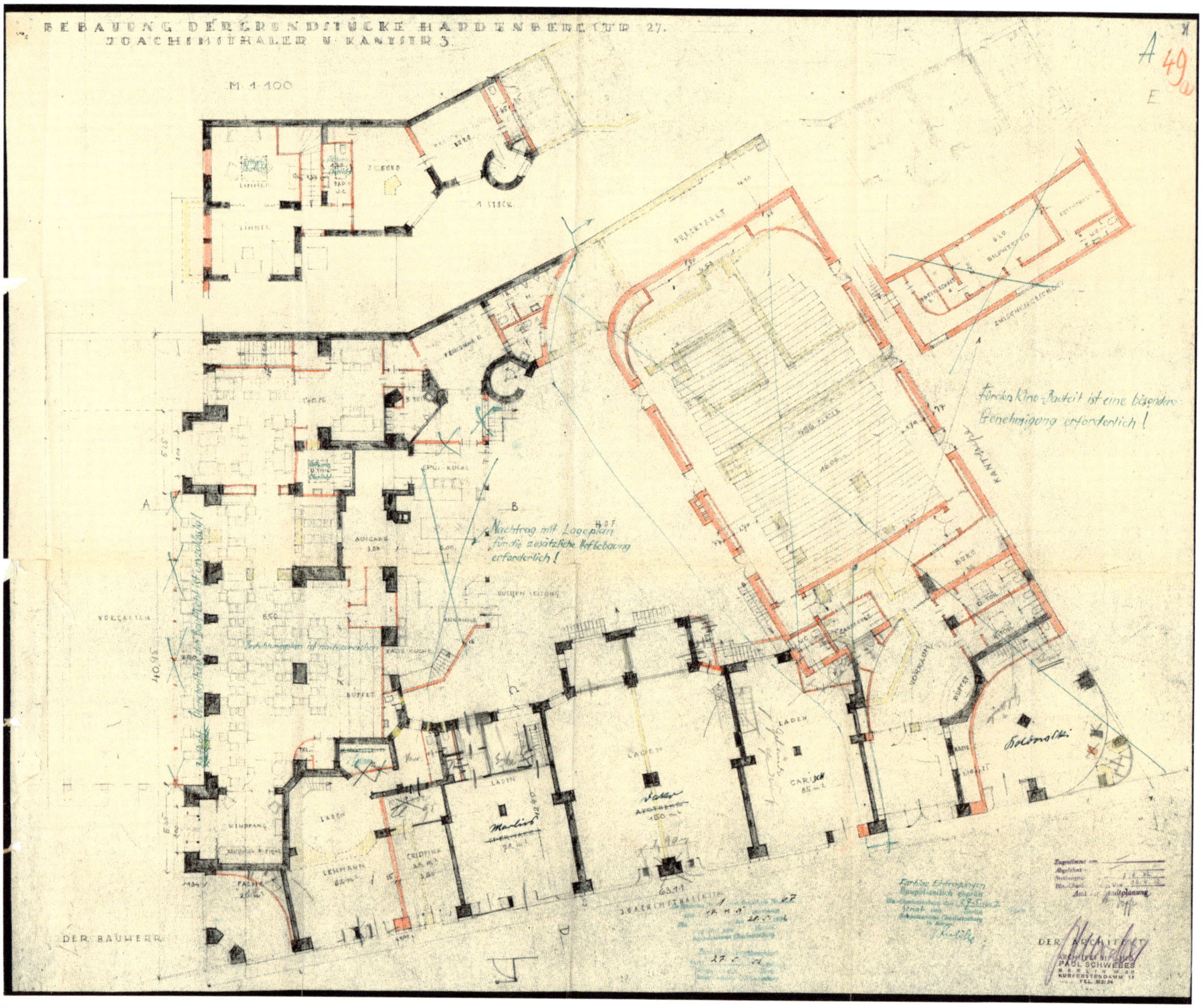

Grundriss mit Wiederherstellung und Neunutzung (Aktualitätenkino „AKI“)

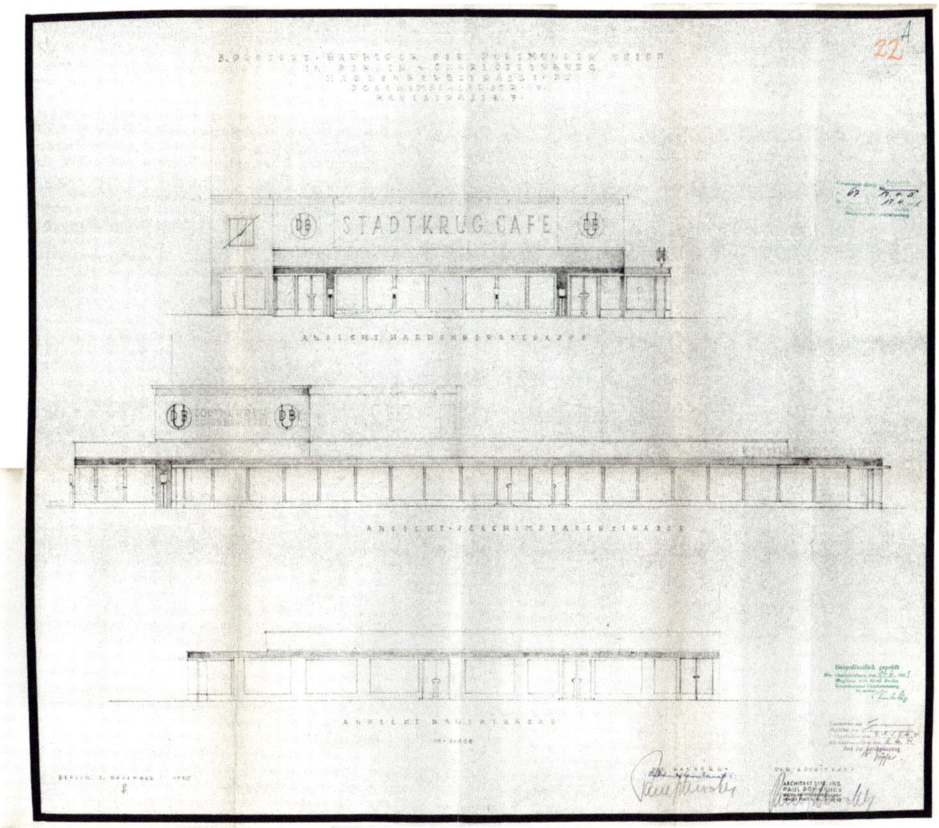

Entwurfszeichnung Straßenansichten

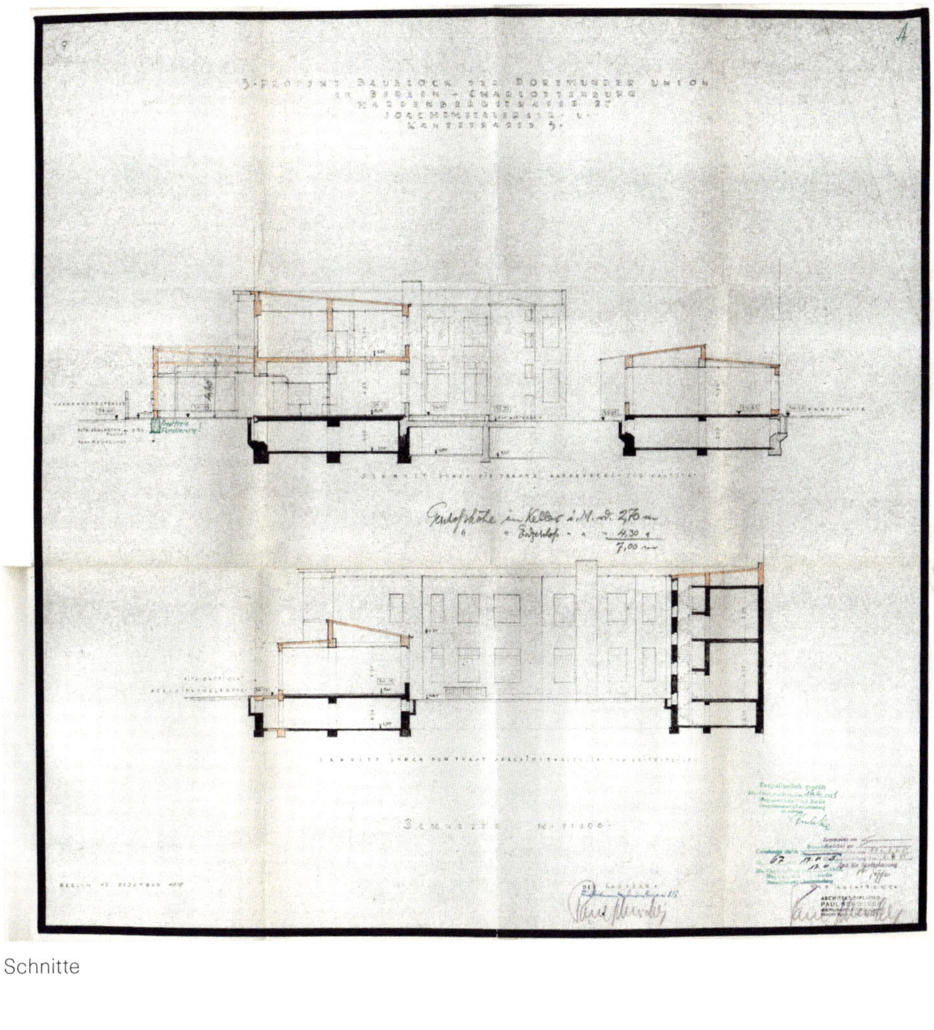

Schnitte

Kaufhaus HELD

Kat. S. 364

Bundesallee, Bornstraße, Berlin-Friedenau
1952–1953, 1959–1960 und 1965–1966
2005 abgerissen

Ansicht Bundesallee, 1. Bauphase. Foto: Max Krajewsky

Ansicht Bundesallee, 1. Bauphase. Foto: Max Krajewsky

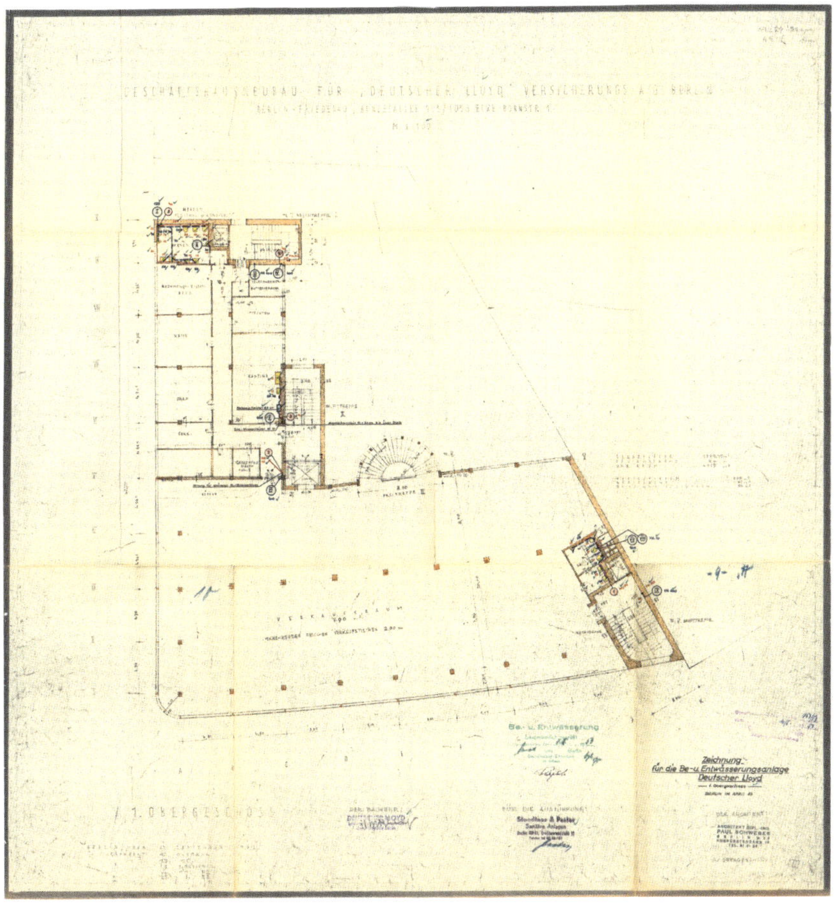

Grundriss 1. Obergeschoss, 1. Bauphase

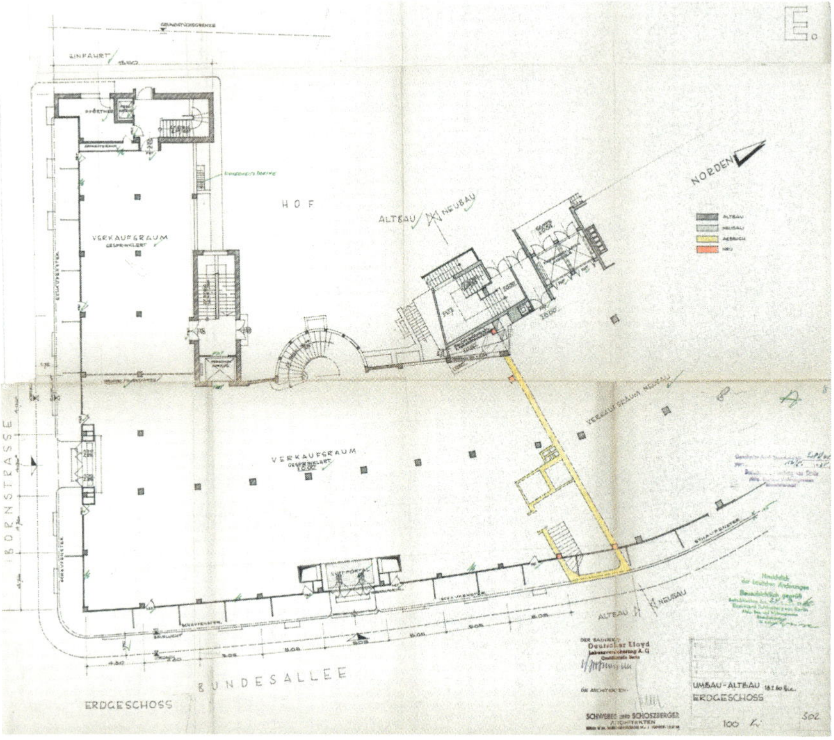

Grundriss Erdgeschoss, 1. Erweiterung

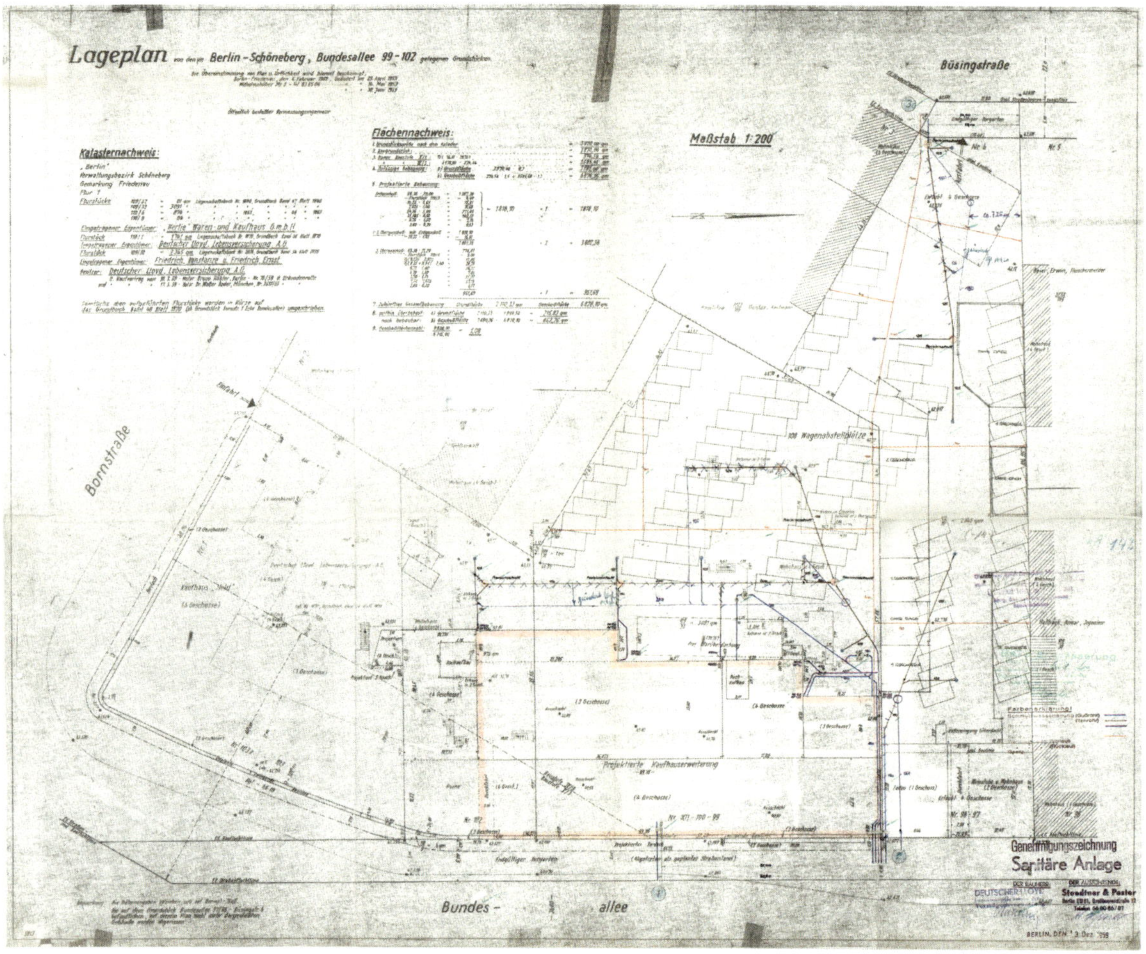

Lageplan, 1. Erweiterung mit Grundstück für 2. Erweiterung

Ansicht Bundesallee nach 1. Erweiterung. Foto: Walter Köster

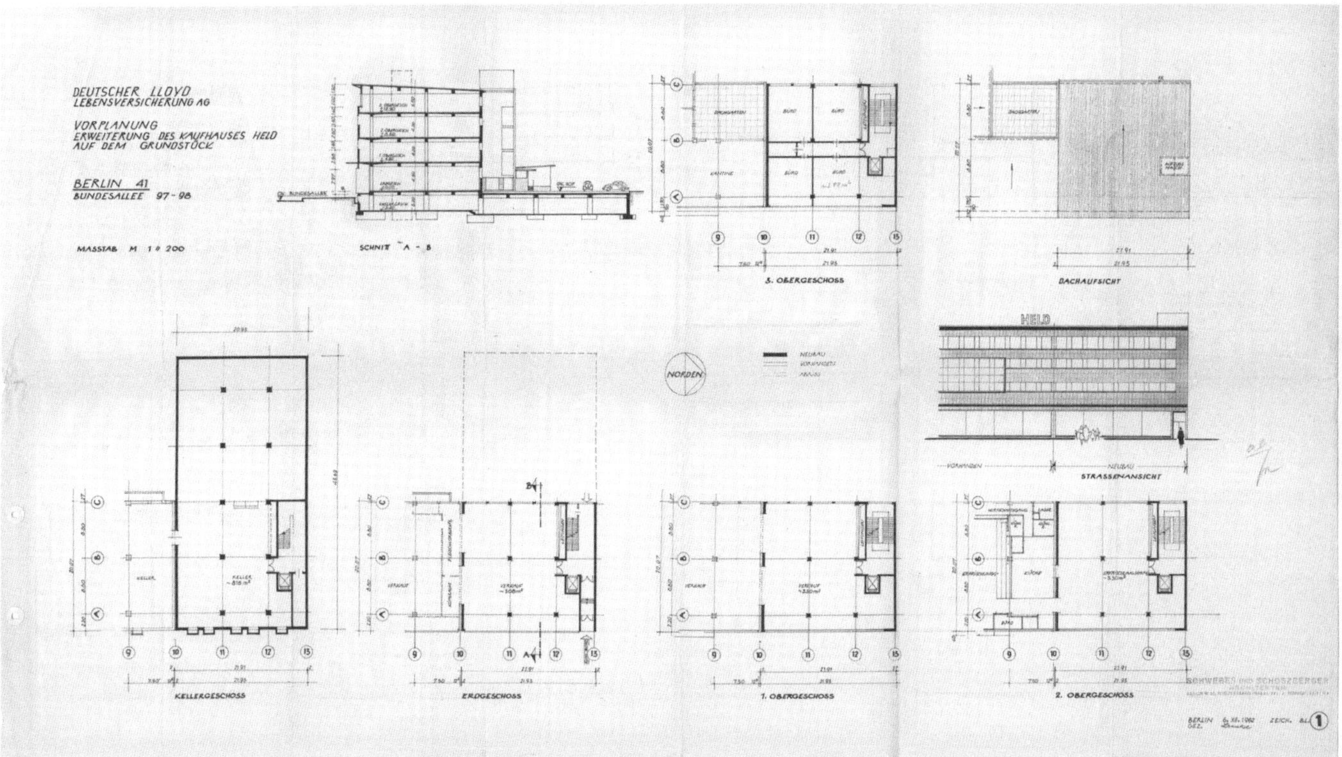

Grundrisse und Schnitte, 2. Erweiterung

DEFAKA – Deutsches Familien Kaufhaus

Kat. S. 370

Tauentzienstraße, Rankestraße, Berlin-Charlottenburg
1955
Baudenkmal, verändert

Ansicht Breitscheidplatz. Foto: Rolf Koehler

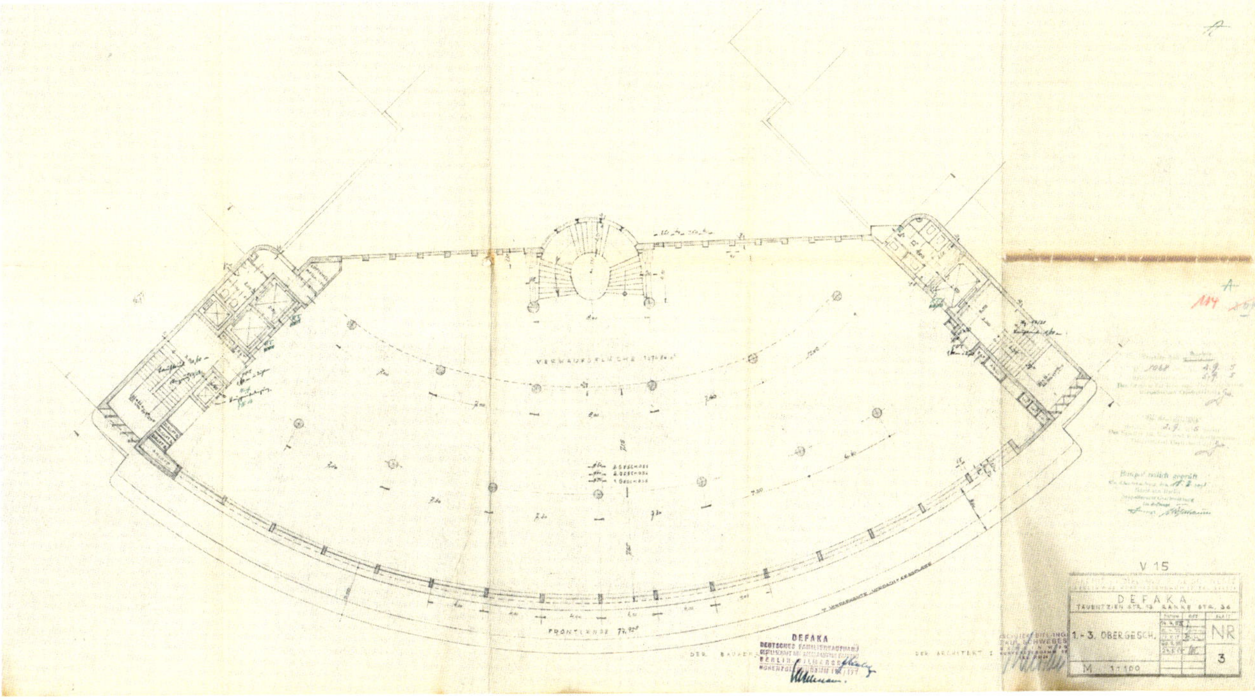

Grundriss 1.–3. Obergeschoss

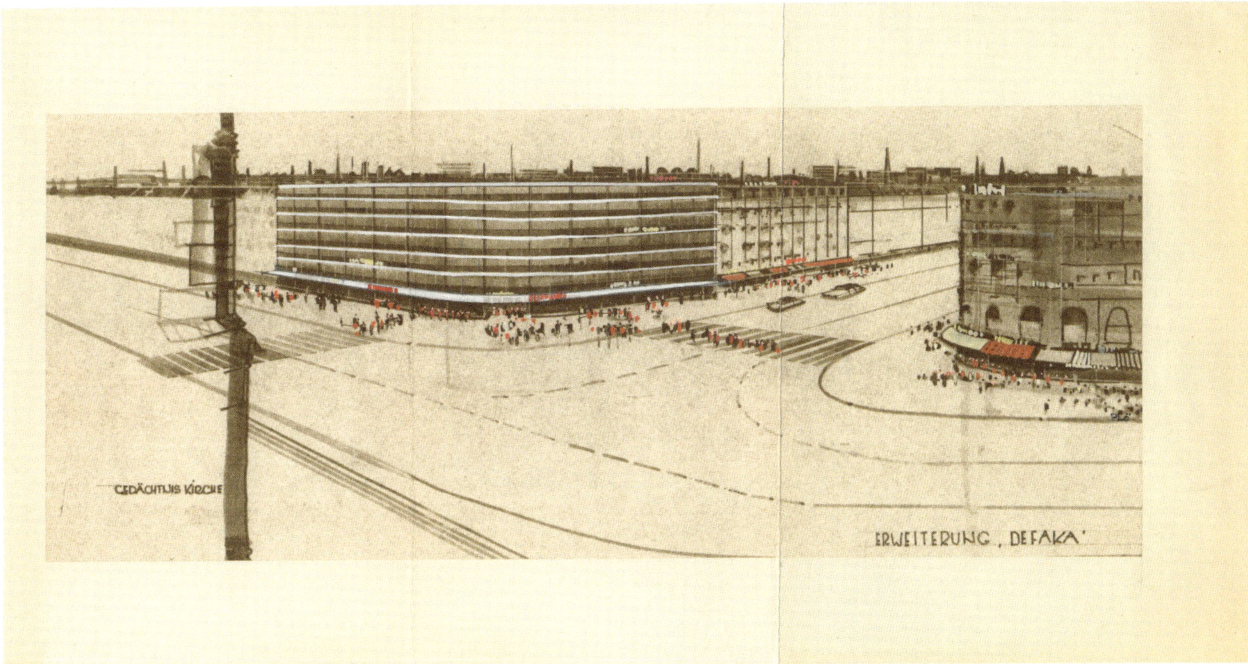

Entwurfszeichnung Breitscheidplatz, Ecke Rankestraße, Erweiterung (nicht ausgeführt)

Kaufhaus Neckermann

Kat. S. 380

Kantstraße, Wilmersdorfer Straße, Berlin-Charlottenburg
1957–1964
stark verändert

Ansicht Kantstraße, Ecke Wilmersdorfer Straße. Foto: ullstein bild – Berlin Bild

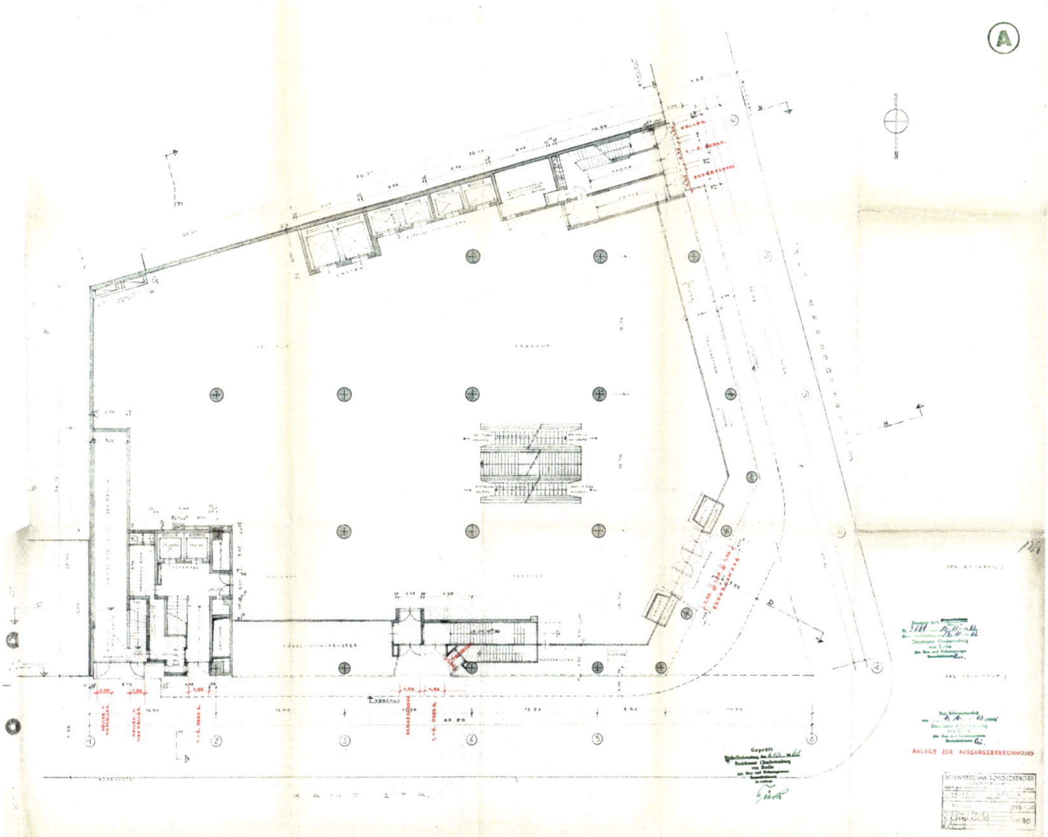

Grundriss Erdgeschoss

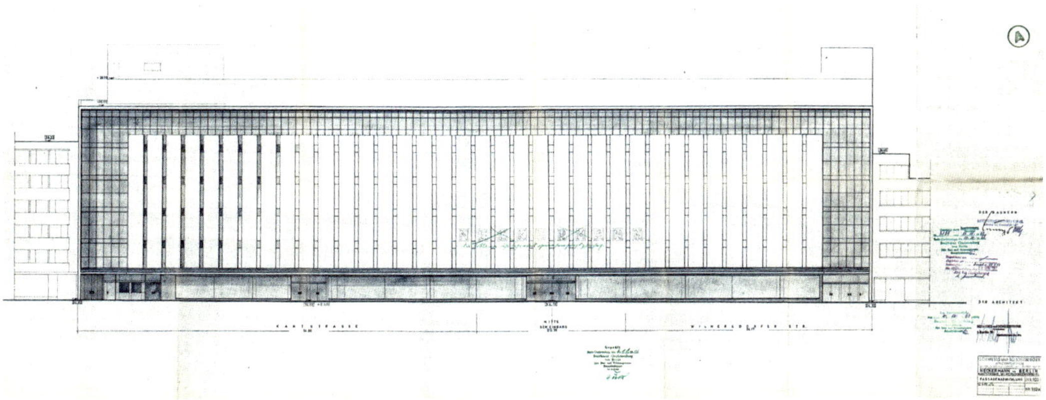

Fassadenabwicklung Kantstraße, Wilmersdorfer Straße

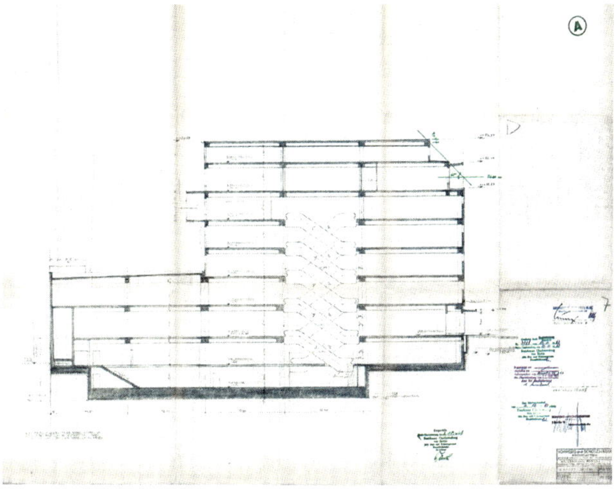

Schnitt

Entwurfszeichnung, Variante (nicht ausgeführt). Foto: Walter Köster

Neckermann
Neckermann

Kaufhaus Neckermann und Verwaltungszentrale der Deutsche Lloyd Versicherung

Kat. S. 383

Königsplatz, Mauerstraße, Kassel
1960–1963
1999 abgerissen/verändert

Ansicht Königsplatz. Foto: unbekannt

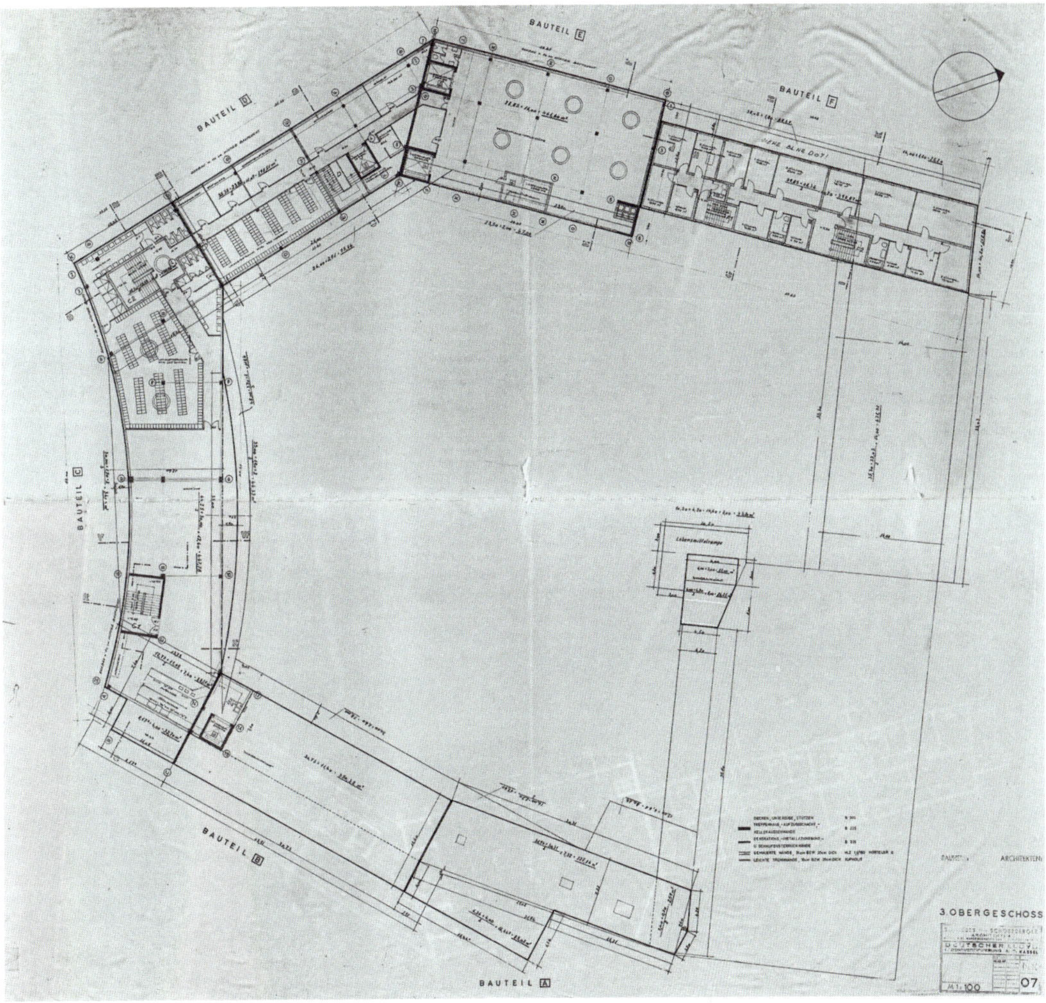

Grundriss Gesamtkomplex mit Verwaltungszentrale der Deutsche Lloyd Versicherung (Bauteil F)

Verwaltungszentrale der Deutsche Lloyd Versicherung, Ansicht Mauerstraße. Foto: unbekannt

Main Taunus Zentrum

Main-Taunus-Zentrum, Sulzbach (Taunus)
1961–1964
2001 und 2005 erweitert und modernisiert

Kat. S. 386

Entwurfszeichnung Gesamtkomplex mit Straßenführungen. Foto: unbekannt

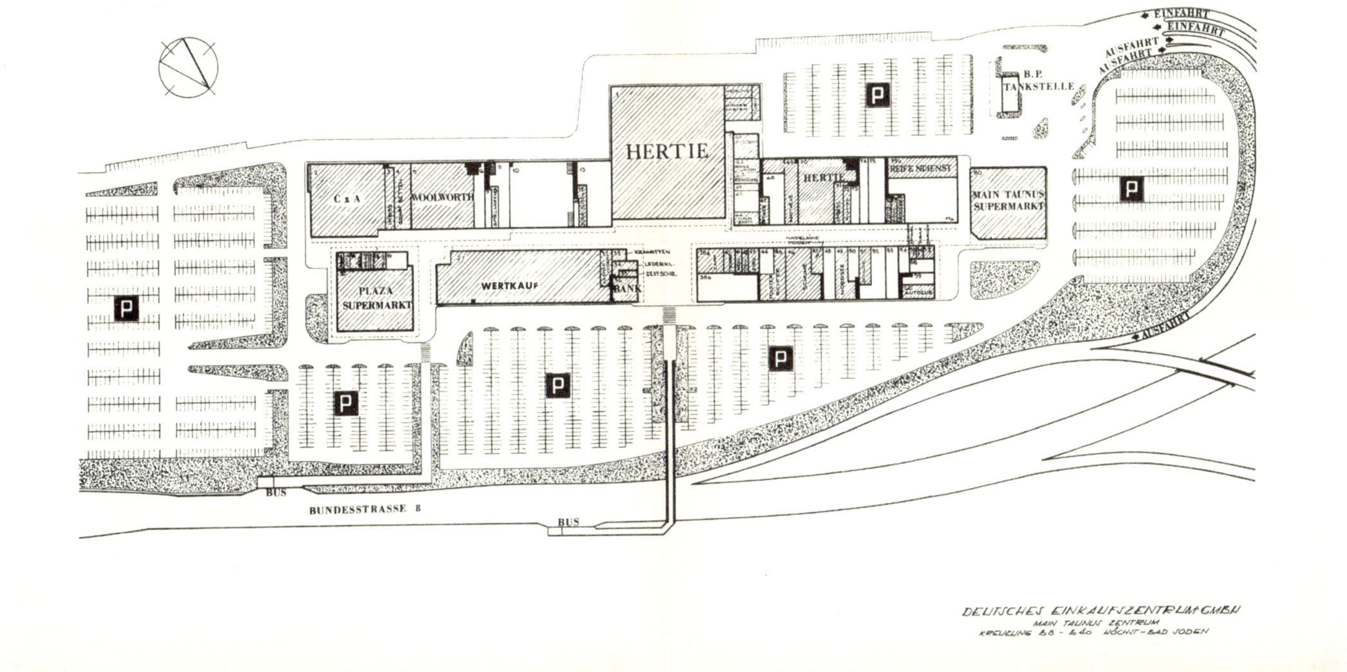

Lageplan Gesamtkomplex mit Parkplätzen

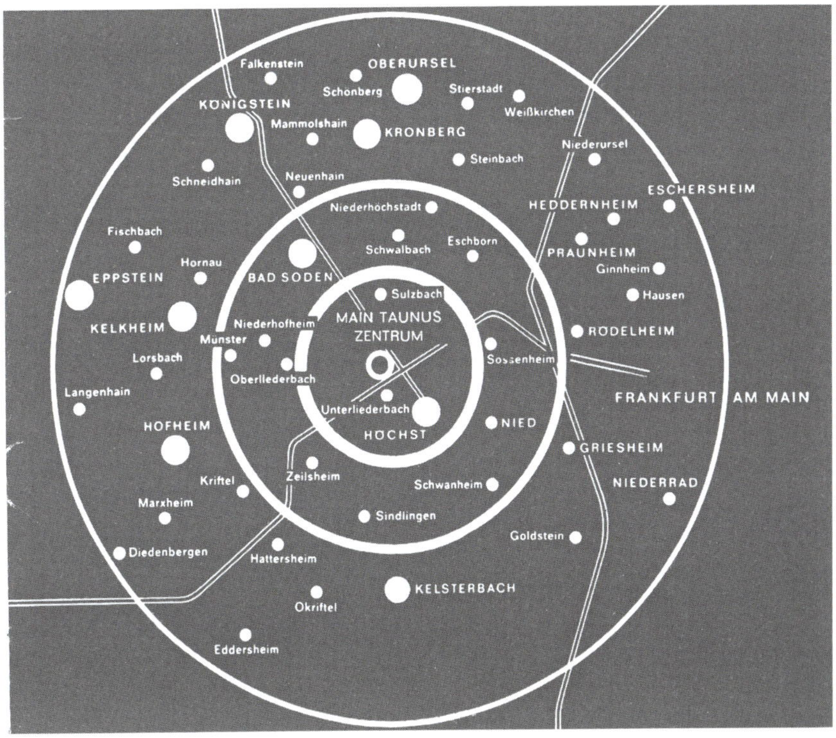

Einzugsgebiet Rhein-Main

Werbeprospekt. Foto: unbekannt

Ladenstraße. Foto: Fritz Fischmann

Ladenstraße. Foto: Fritz Fischmann

Elbe Einkaufszentrum

Kat. S. 387

Osdorfer Landstraße, Hamburg
1962–1966
stark verändert, 1992/93 Teilabriss

Modell Gesamtkomplex. Foto: unbekannt

Luftbild Gesamtkomplex im Bau. Foto: Hamburger Aero Lloyd GmbH

Luftbild nach Fertigstellung. Foto: Neue Heimat

Kaufhaus Karstadt Schloßstraße

Kat. S. 393

Schloßstraße, Markelstraße, Treitschkestraße (heute: Schildhornstraße), Berlin-Steglitz
1965–1967
stark verändert, 2007 Teilabriss

Entwurfszeichnung, Variante A

Entwurfszeichnung, Variante B

Modell mit Auffahrtrampe zum Parkdeck. Foto: Walter Köster

Ansicht Schloßstraße, Ecke Markelstraße. Foto: Walter Köster

Kaufhaus Hamburg-Altona

Kat. S. 393

Jessenstraße, Funkstraße, Große Bergstraße (heute: Mörkenstraße), Hamburg

1966

Entwurf, nicht ausgeführt

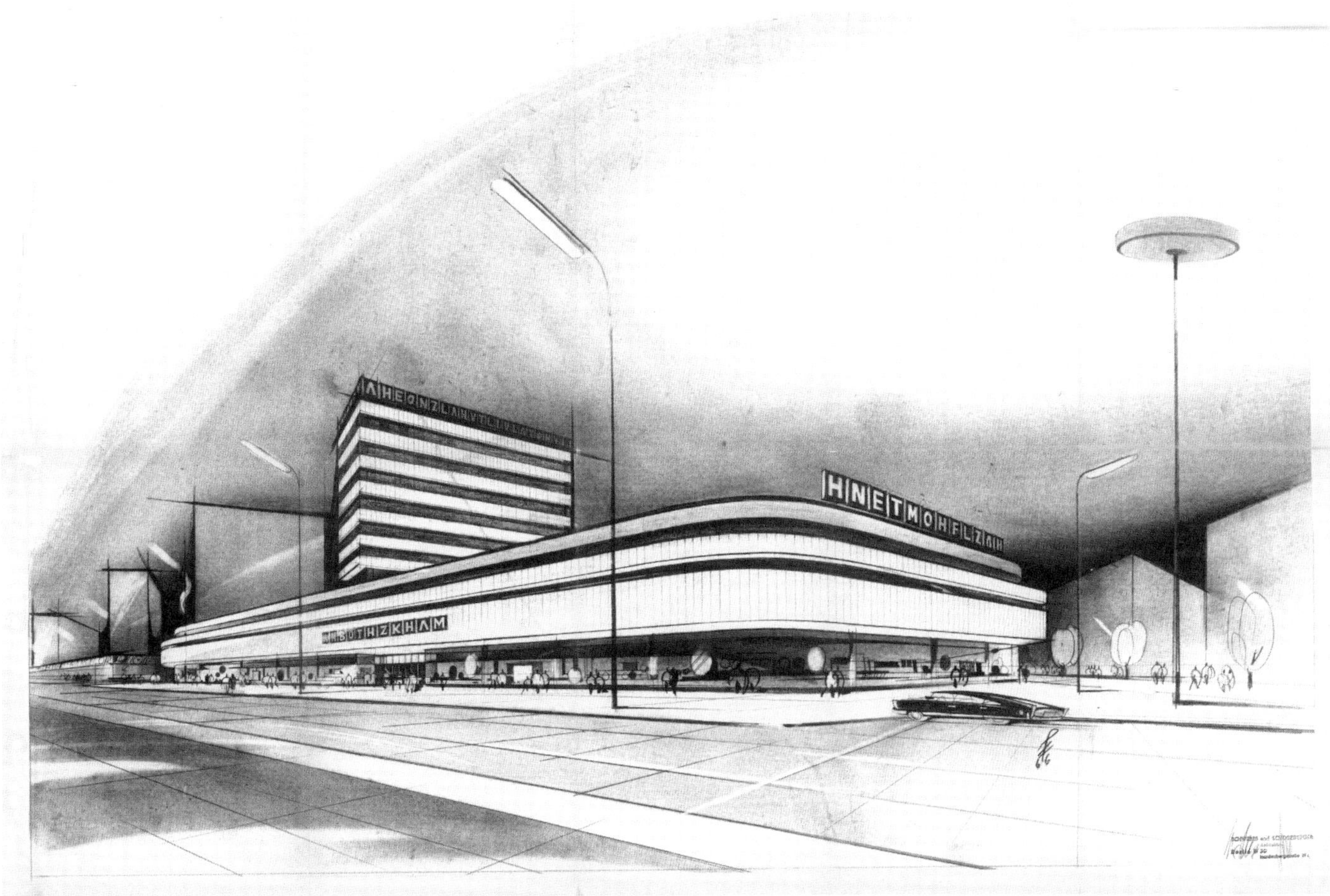

Entwurfszeichnung

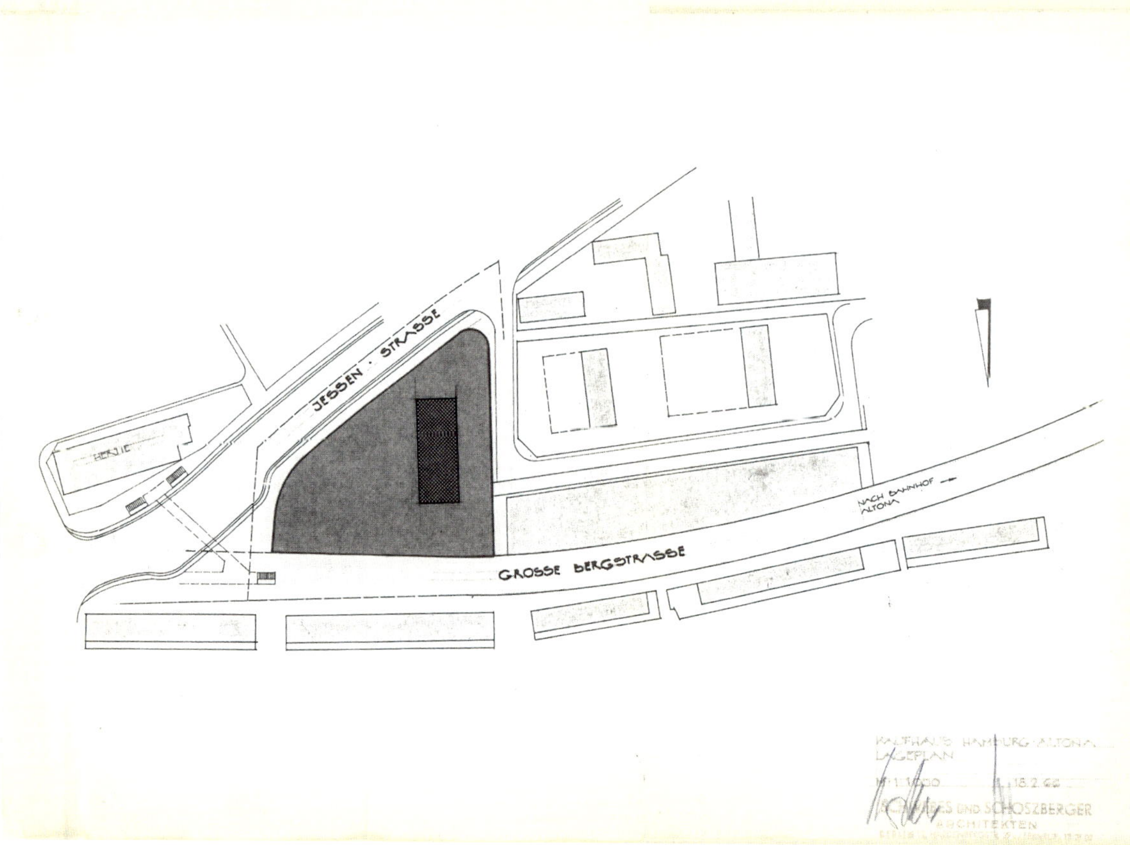

Lageplan

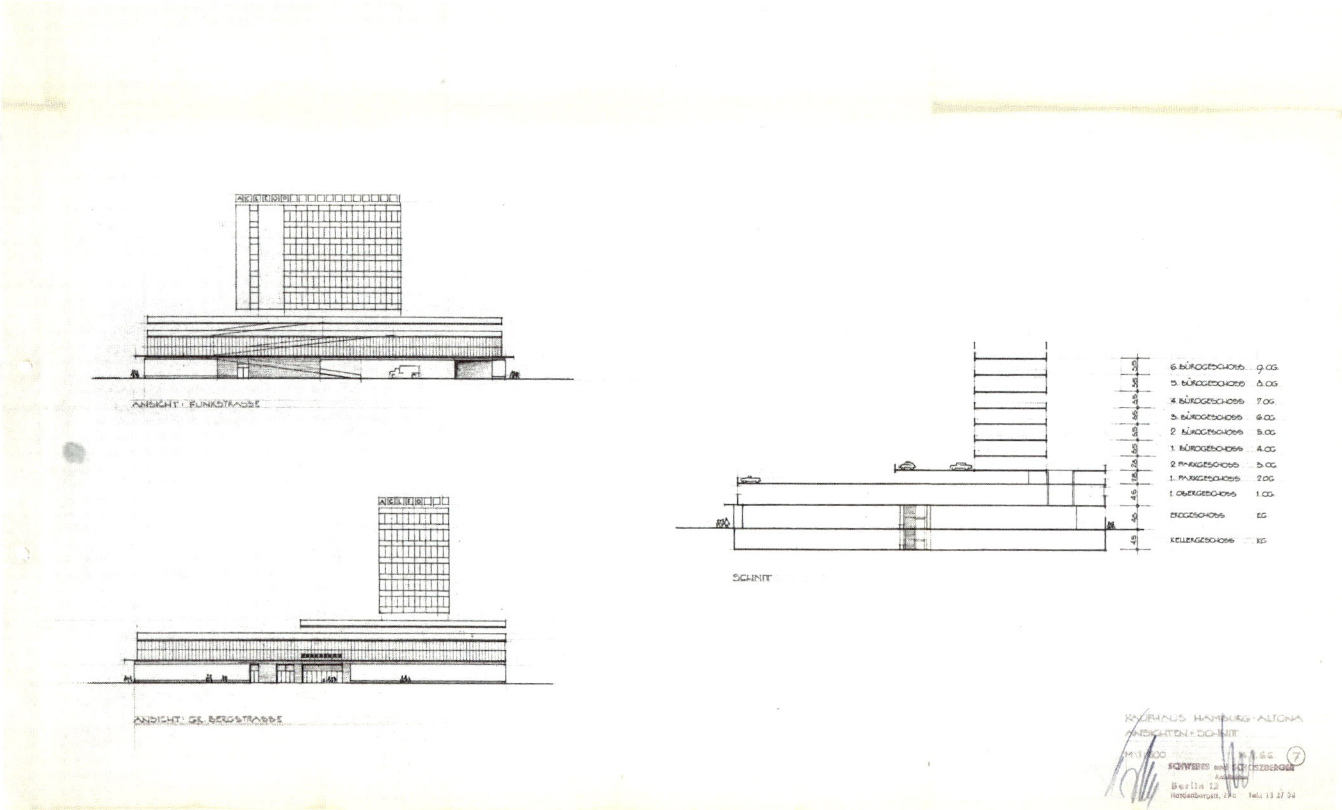

Ansichtszeichnungen und Schnitt

Kaufhaus Karstadt Bundesallee

Kat. S. 398

Badensche Straße, Berliner Straße, Bundesallee, Berlin-Wilmersdorf
o. D.
Entwurf, nicht ausgeführt

Lageplan, Ansichtszeichnungen und Grundriss

Kultur- und Sportbauten

Klubhaus für den Verein Berliner Kaufleute und Industrieller e. V. (VBKI)

Kat. S. 366

Fasanenstraße, Berlin-Charlottenburg
1953–1954
Baudenkmal, 1993/94 abgerissen

Ansicht Eingangsfront Fasanenstraße. Foto: Max Krajewsky

Ansicht von Süden. Foto: Max Krajewsky

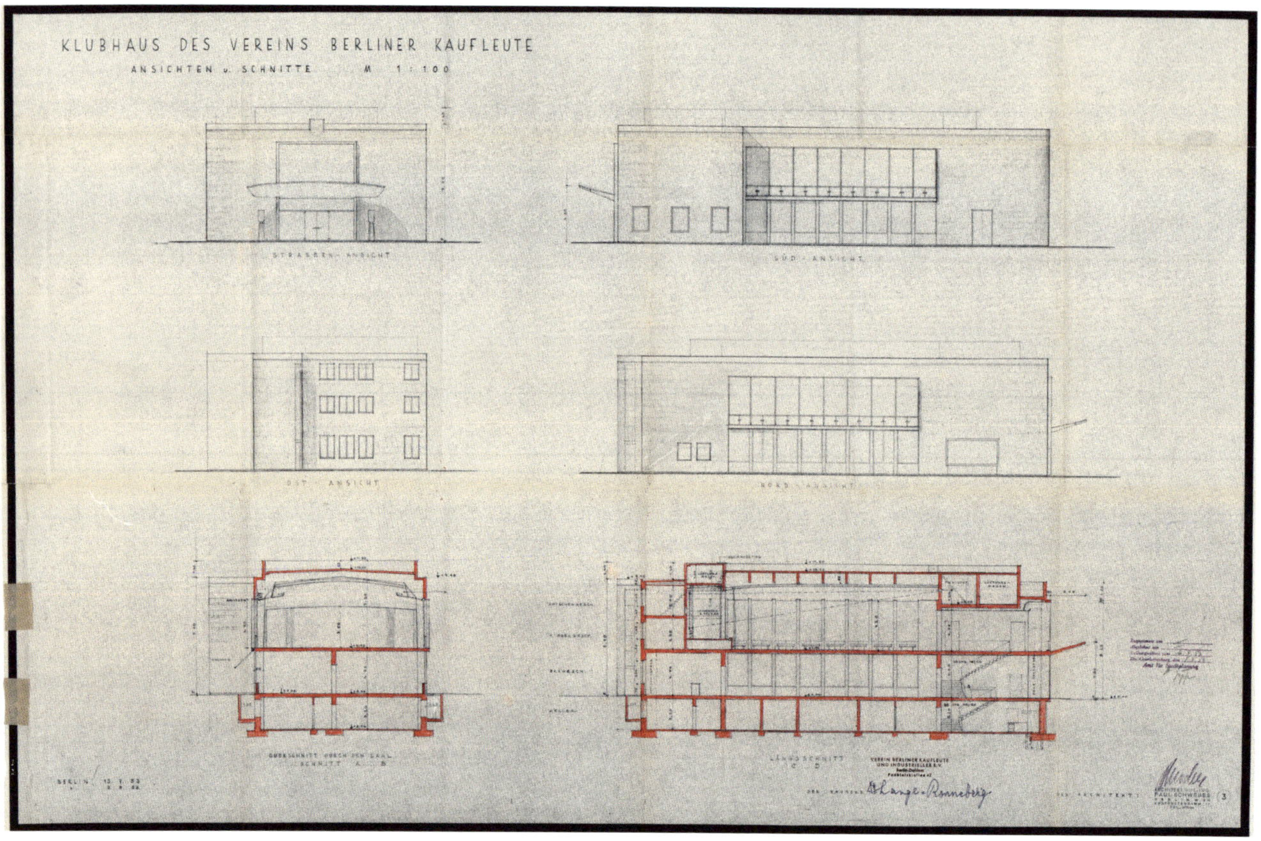

Ansichtszeichnungen und Schnitte

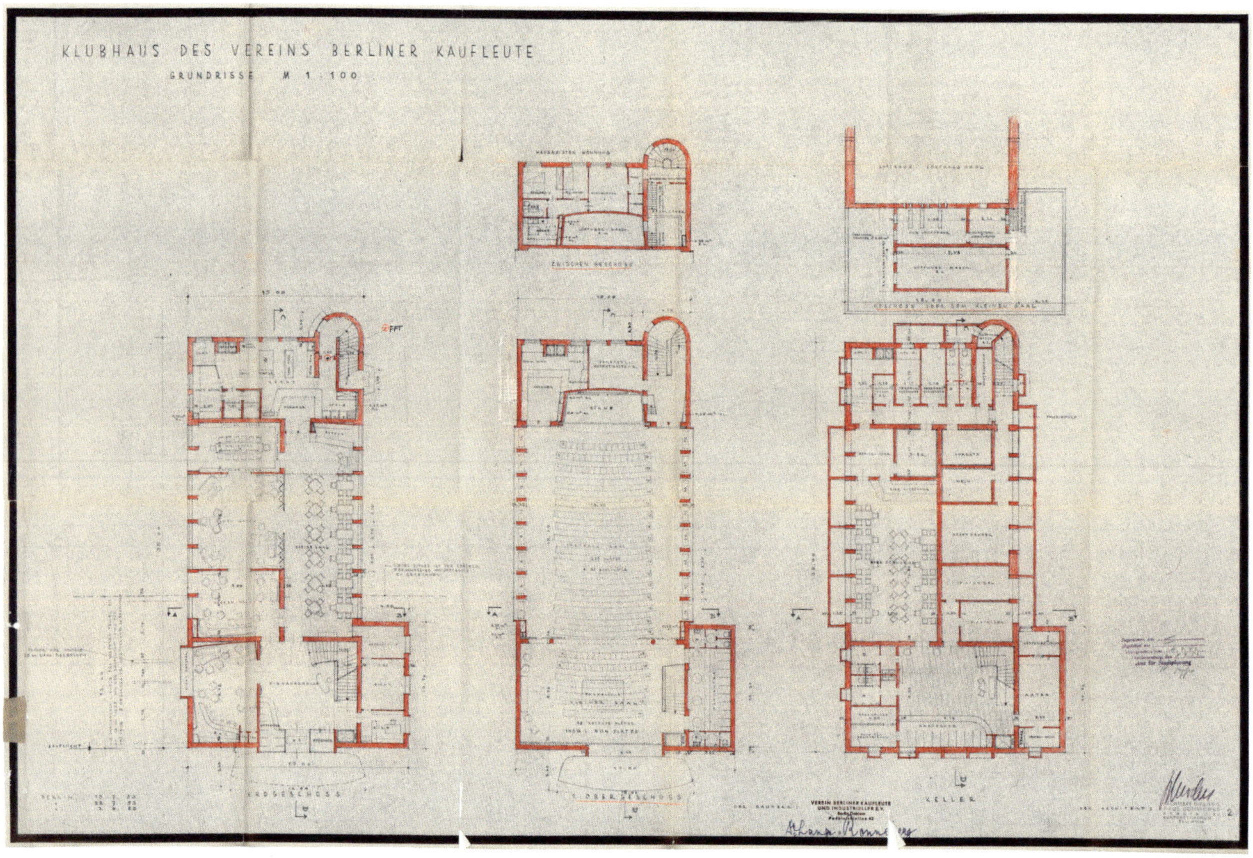

Grundrisse

Deutschlandhalle (Wiederaufbau)

Kat. S. 375

Am Messedamm, Berlin-Charlottenburg
1956–1957
Baudenkmal, 2011 abgerissen

Ansicht Messedamm. Foto: Walter Köster

Entwurfszeichnung Variante A (ausgeführt). Foto: unbekannt

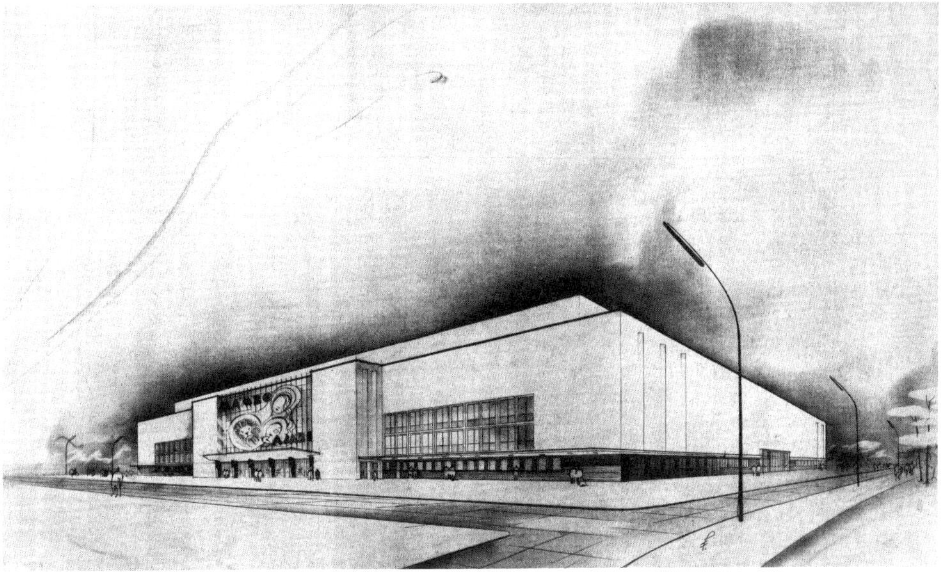

Entwurfszeichnung Variante B. Foto: Arthur Köster

Entwurfszeichnung Variante C. Foto: Arthur Köster

Luftbild Deutschlandhalle (1935, Architekten: Fritz Wiemer und Hans Ohrtmann). Foto: unbekannt

Luftbild AVUS, oben rechts: zerstörte Deutschlandhalle, 1952. Foto: Bert Sass

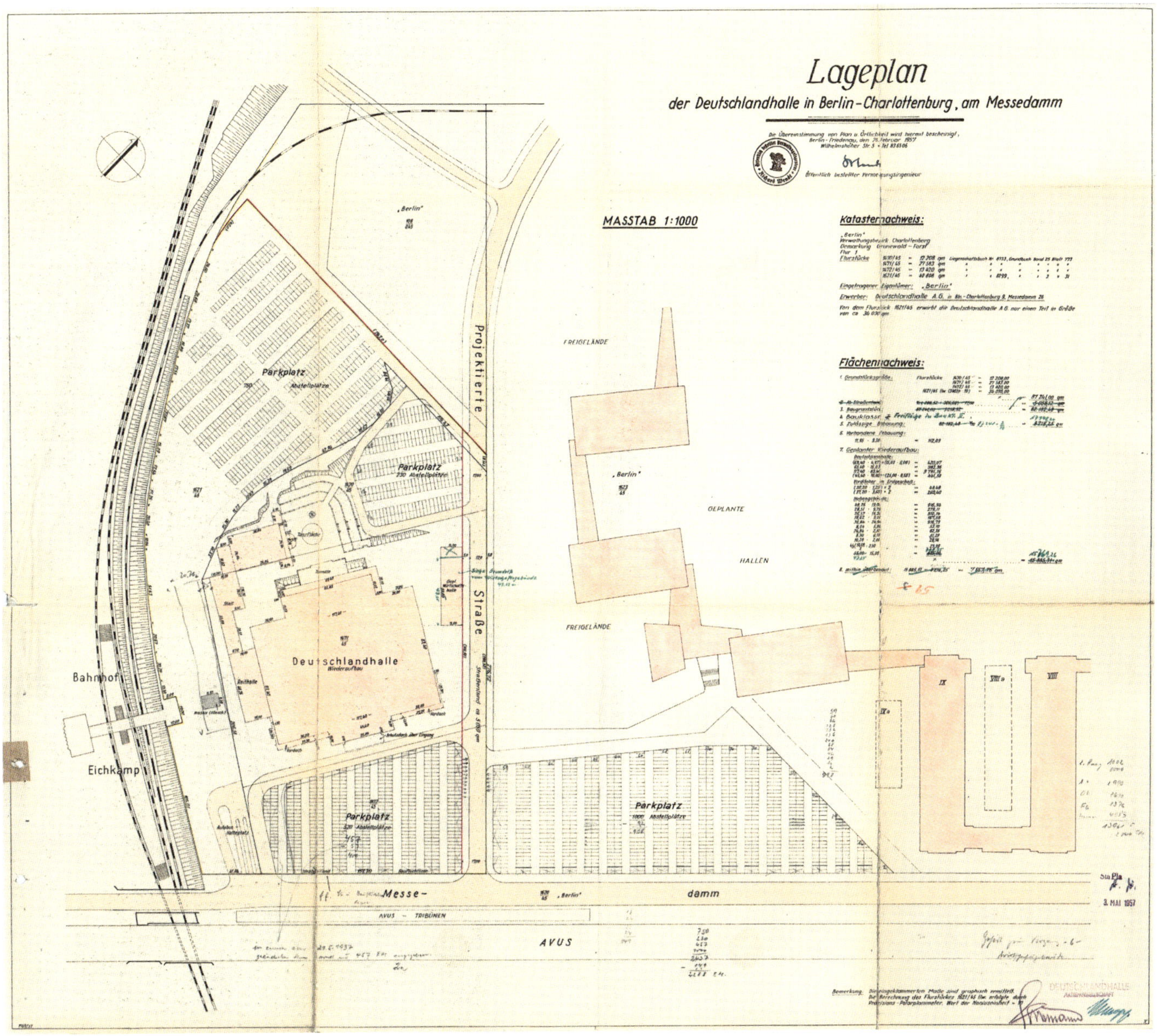

Lageplan mit projektierter Reithalle und geplanten Messehallen

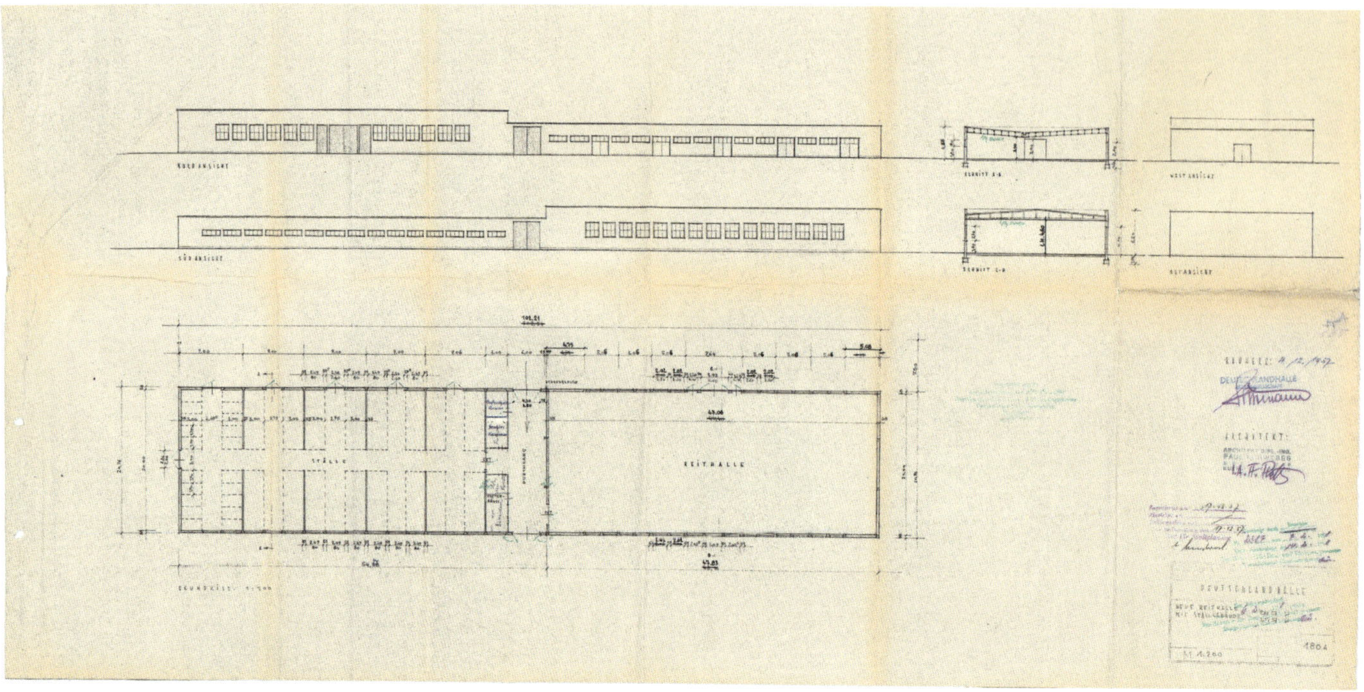

Projektierte Reithalle und Ställe, Ansichtszeichnungen, Schnitte, Grundriss

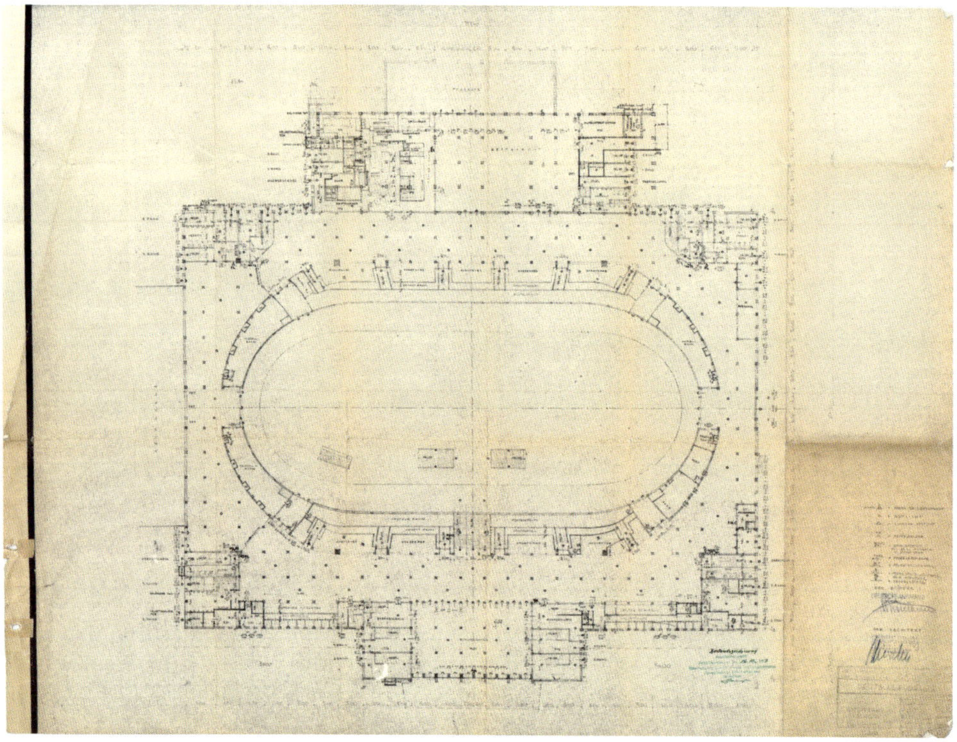

Arena, Grundriss

Haupteingang Zoologischer Garten

Hardenbergplatz, Berlin-Charlottenburg
1956–1957
abgerissen

Kat. S. 375

Modell, Ansicht Hardenbergplatz (nicht ausgeführt). Foto: Arthur Köster

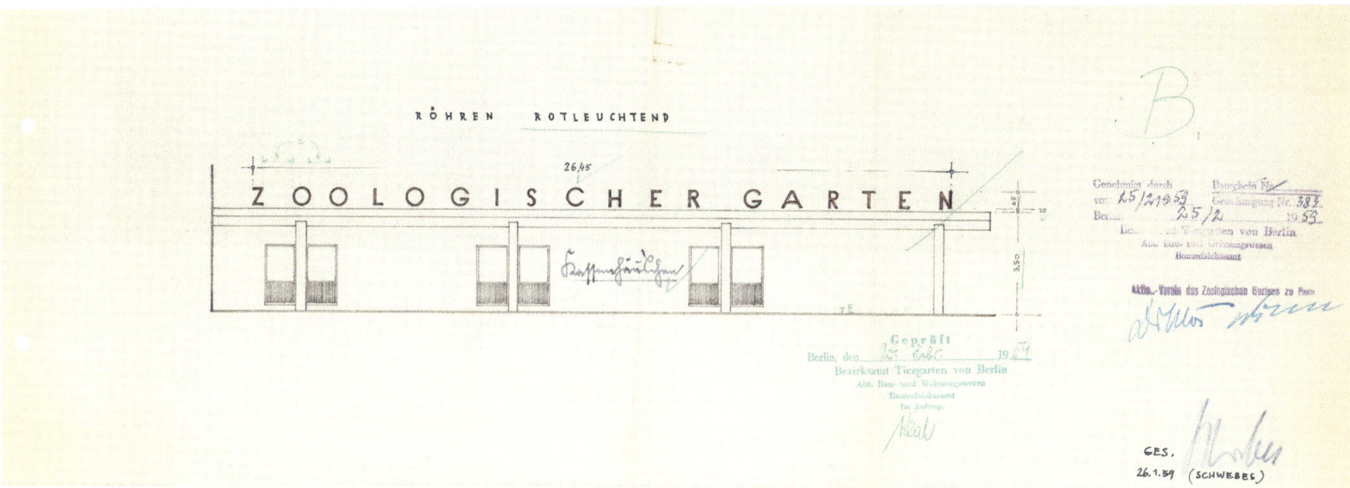

Ansichtszeichnung Hardenbergplatz (ausgeführter Entwurf)

Brunswick Bowling-Halle

Kat. S. 385

Kleiststraße, Berlin-Schöneberg
1961–1962
Entwurf, nicht ausgeführt

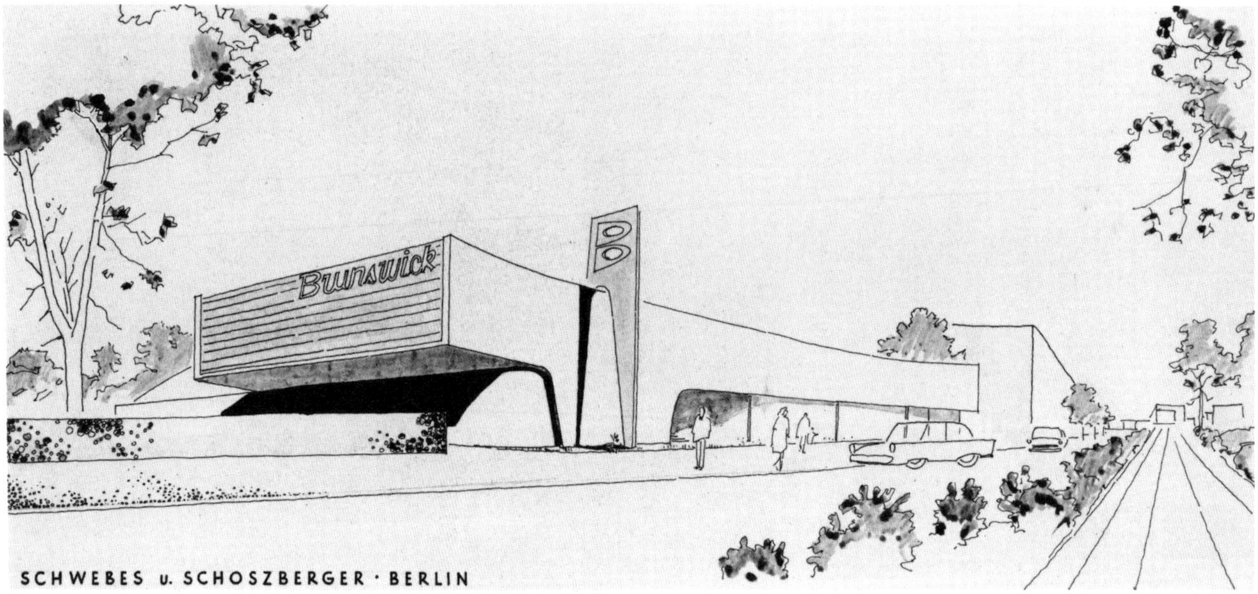

Entwurfszeichnung

Modell. Foto: Walter Köster

Lanke-Werft Marina

Kat. S. 394

Scharfe Lanke, Berlin-Spandau
1966–1968
verändert

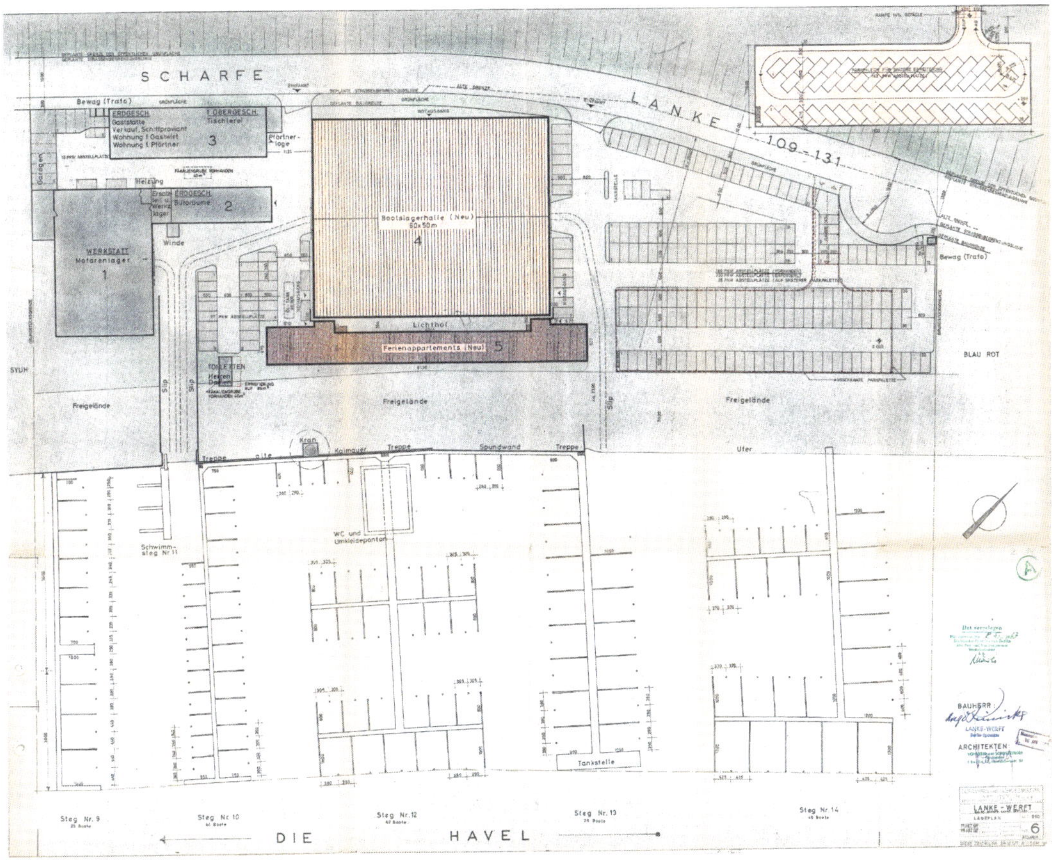

Lageplan

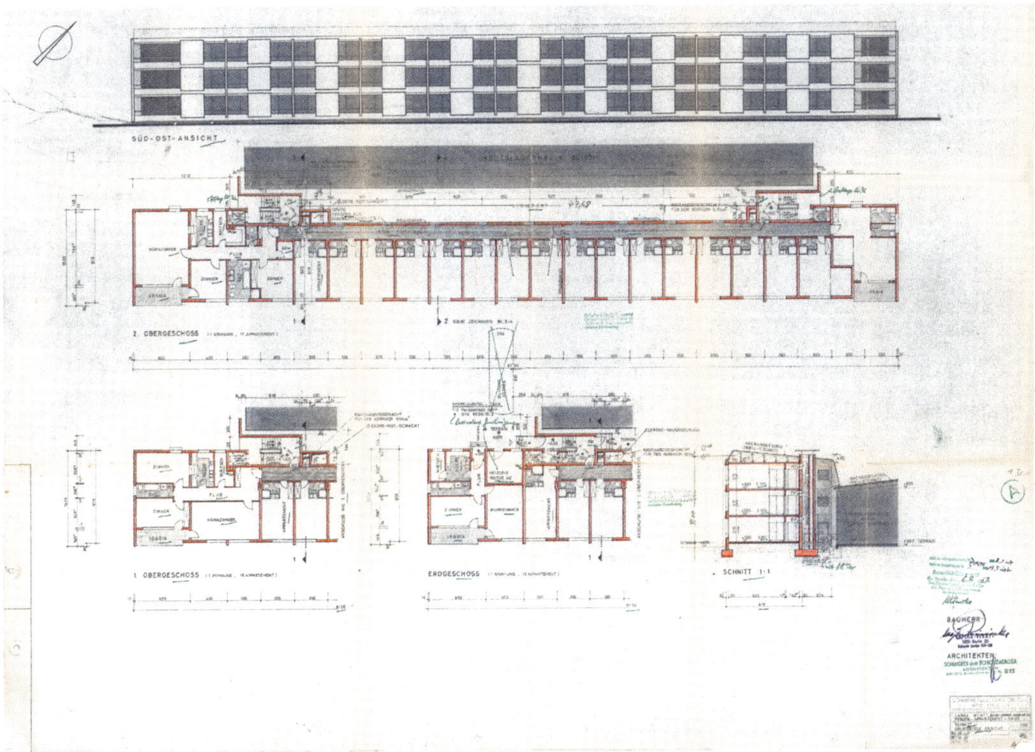

Ferienapartments, Ansichtszeichnung, Grundrisse und Schnitt (nicht ausgeführt)

Verkehrsbauten

Großgarage Fasanenstraße

Kat. S. 378

Fasanenstraße, Berlin-Charlottenburg
1957–1958
Entwurf, nicht ausgeführt

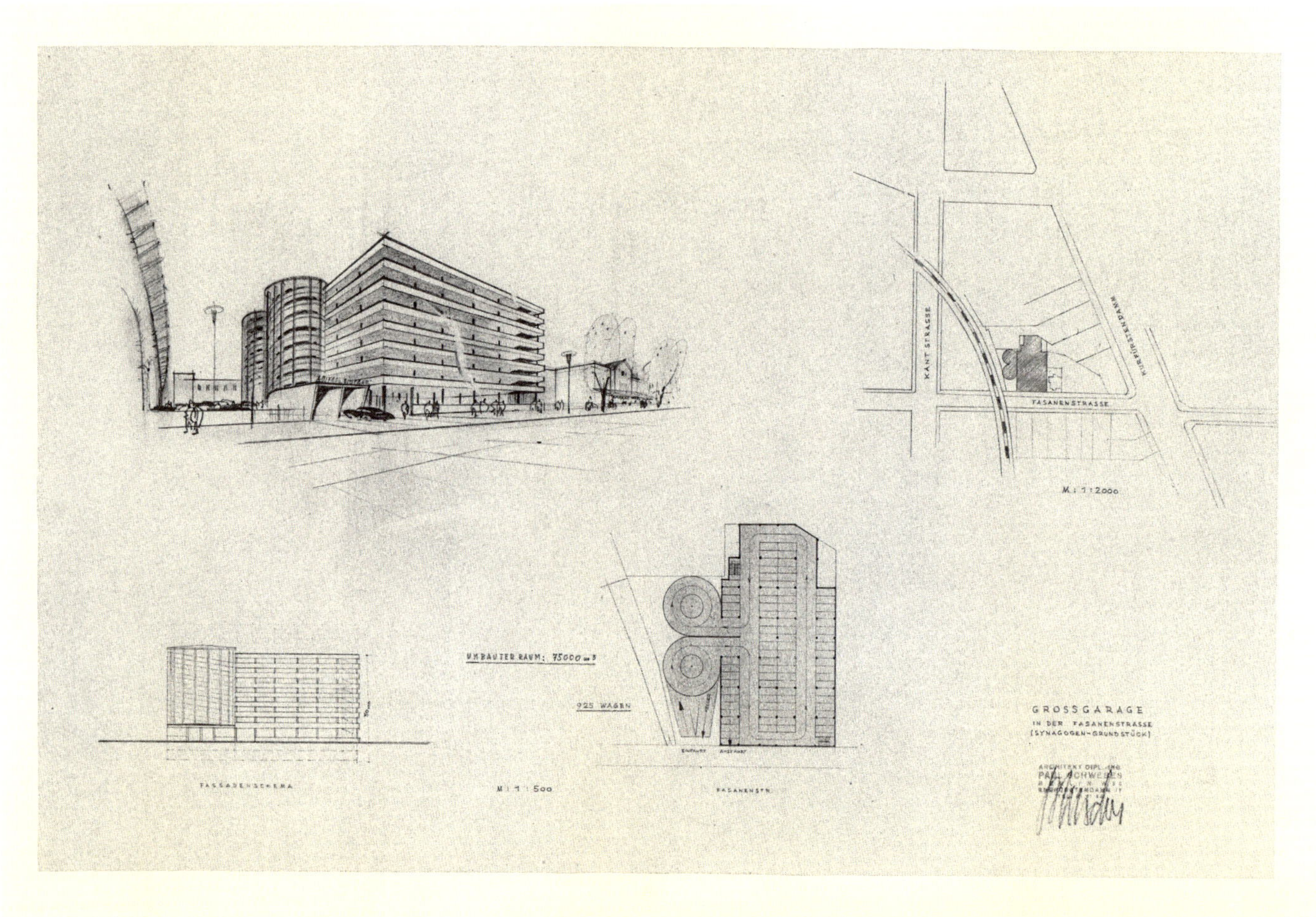

Entwurfszeichnung, Lageplan, Fassadenschema und Grundriss für das Grundstück Synagoge Fasanenstraße

Ansicht Ruine der Synagoge Fasanenstraße (diskutierter Abriss 1957), links: Allianz-Gebäude im Bau. Foto: Willi Nitschke

Westeuropäischer Ideen-Wettbewerb Flughafen Berlin-Tegel – Bauzone Süd

Berlin-Tegel

1964–1965

Wettbewerb

Kat. S. 390

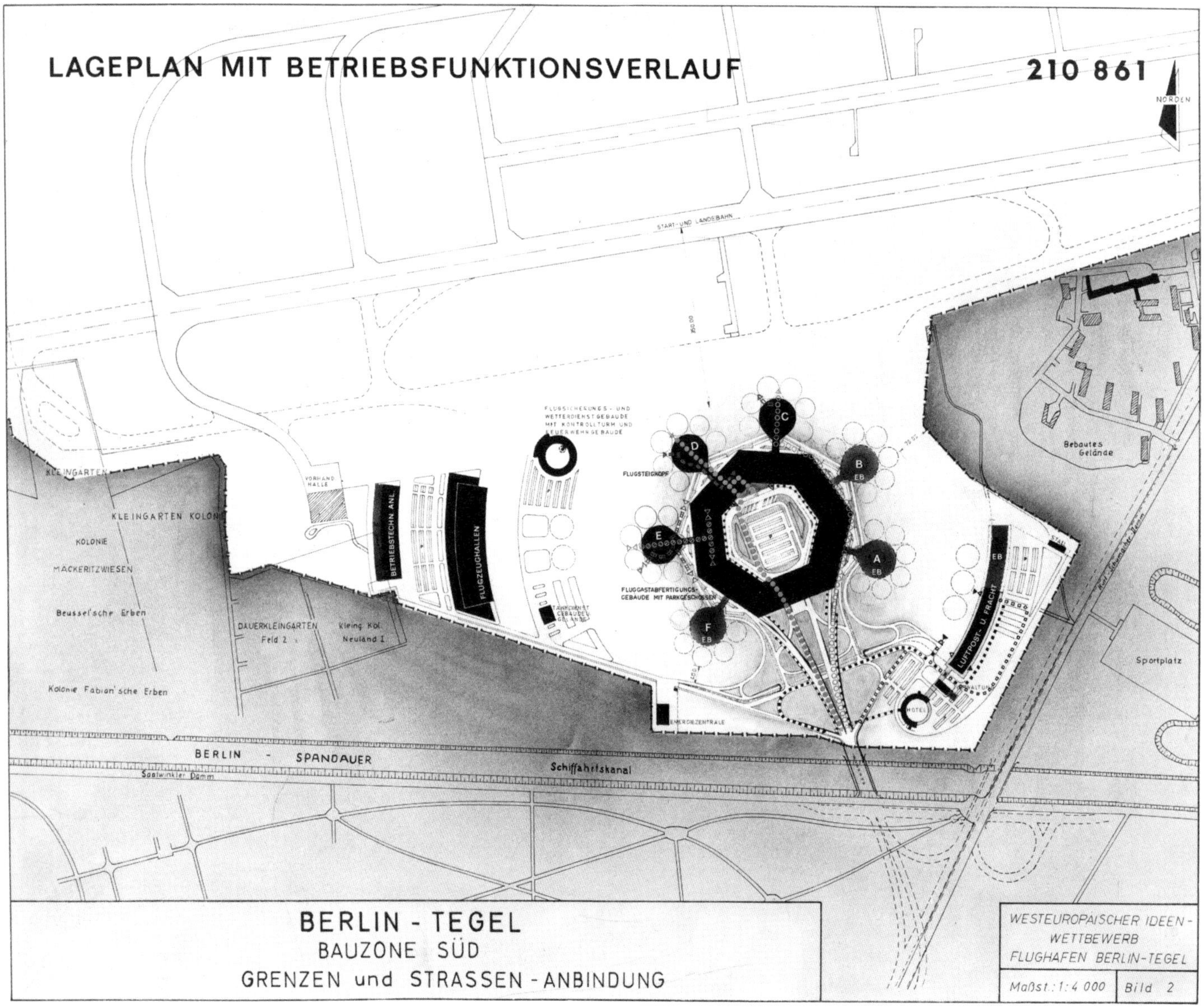

Lageplan

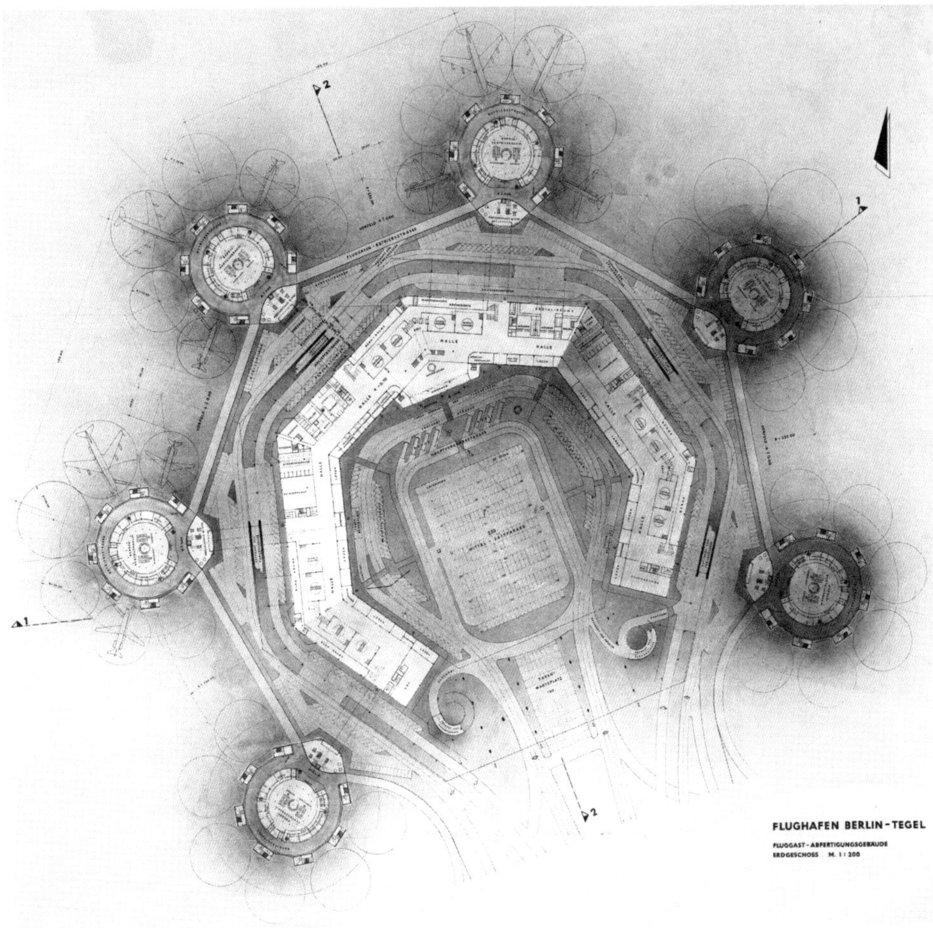

Grundriss Erdgeschoss, Fluggast-Abfertigungsgebäude

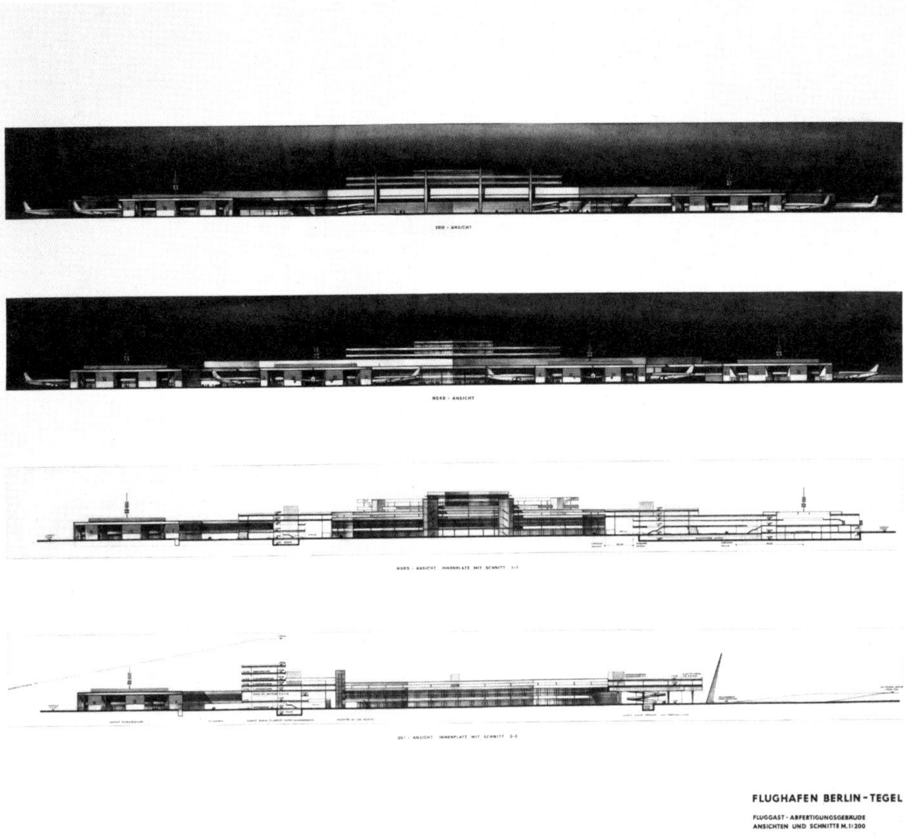

Ansichtszeichnungen und Schnitte, Fluggast-Abfertigungsgebäude

Wohnungs- und Siedlungsbauten

Wohnbauten Thorwaldsenstraße/Rubensstraße

Thorwaldsenstraße, Rubensstraße, Berlin-Schöneberg
1954–1957
erhalten

Ansicht Rubensstraße. Foto: Arthur Köster

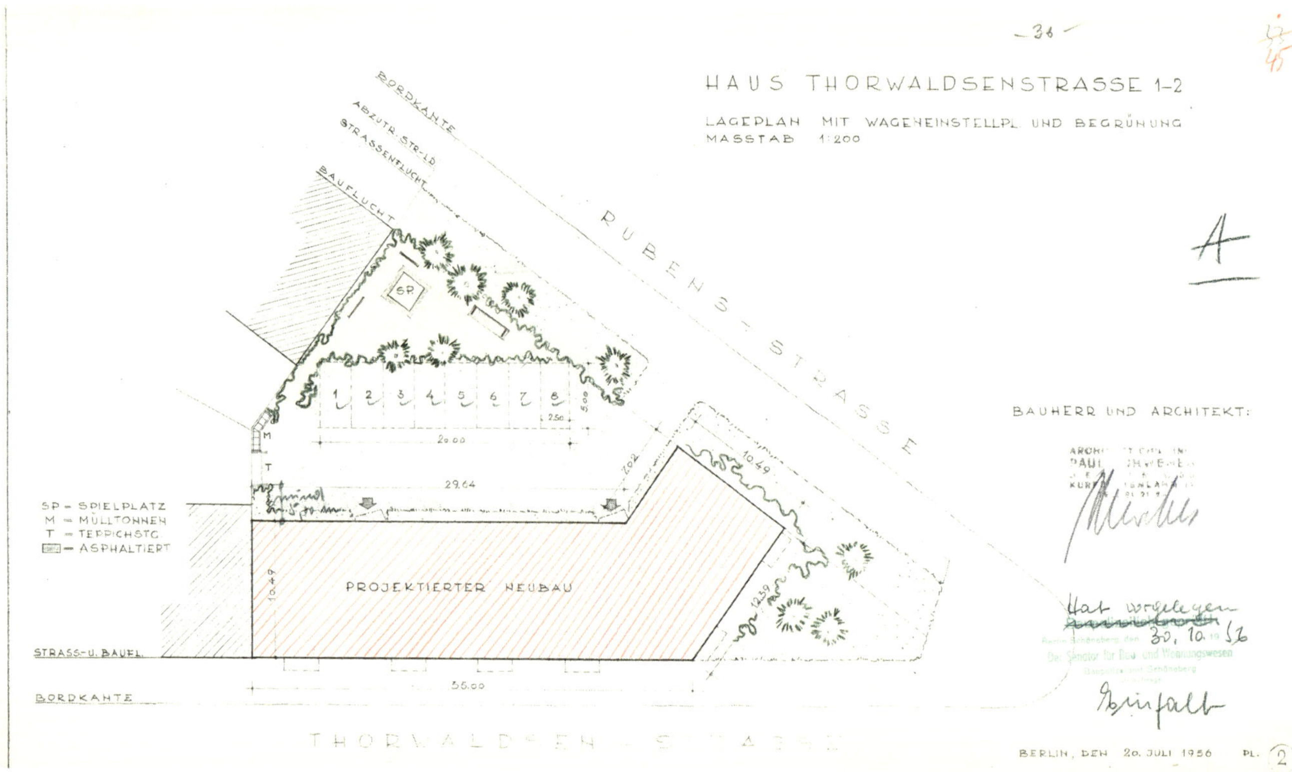

Lageplan

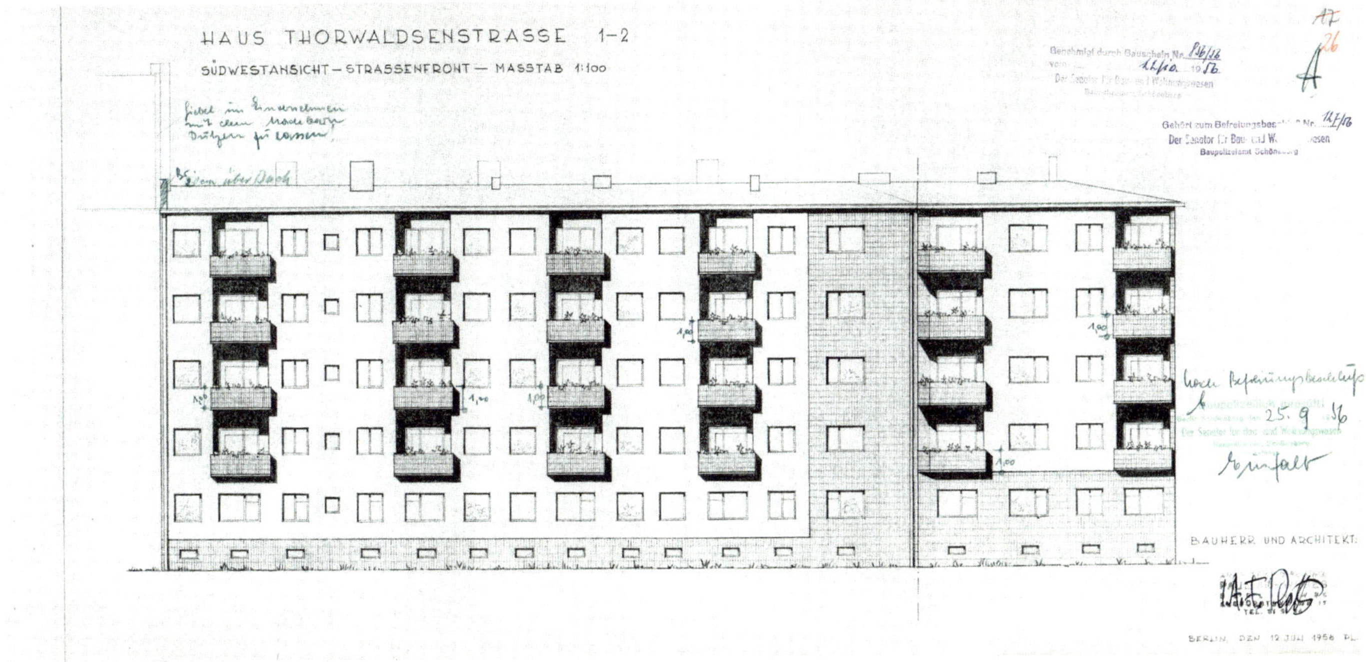

Ansichtszeichnung Thorwaldsenstraße

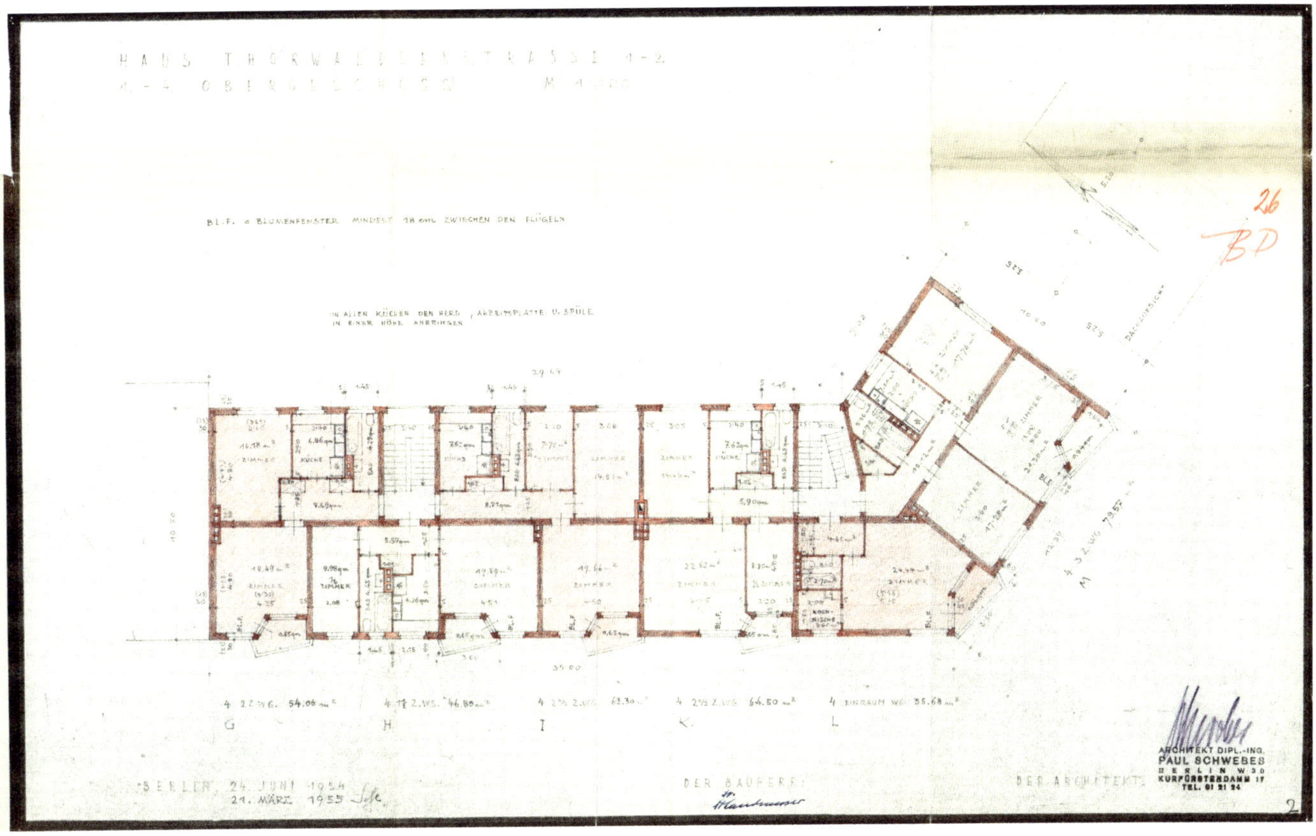

Grundriss 1.–4. Obergeschoss

Wohnbauten Beckerstraße/Cranachstraße

Kat. S. 369

Beckerstraße, Cranachstraße, Berlin-Friedenau
1954–1959
verändert

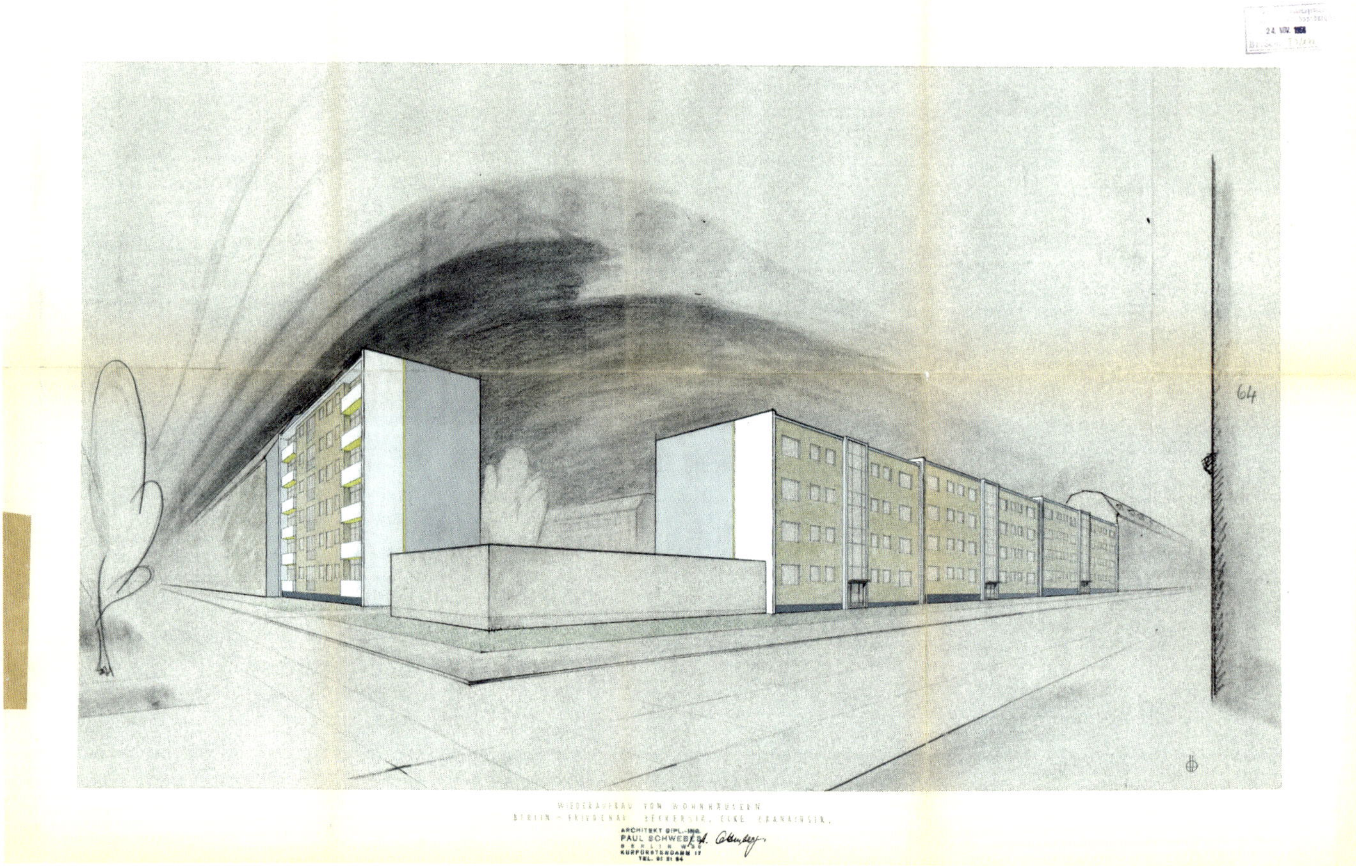

Entwurfszeichnung

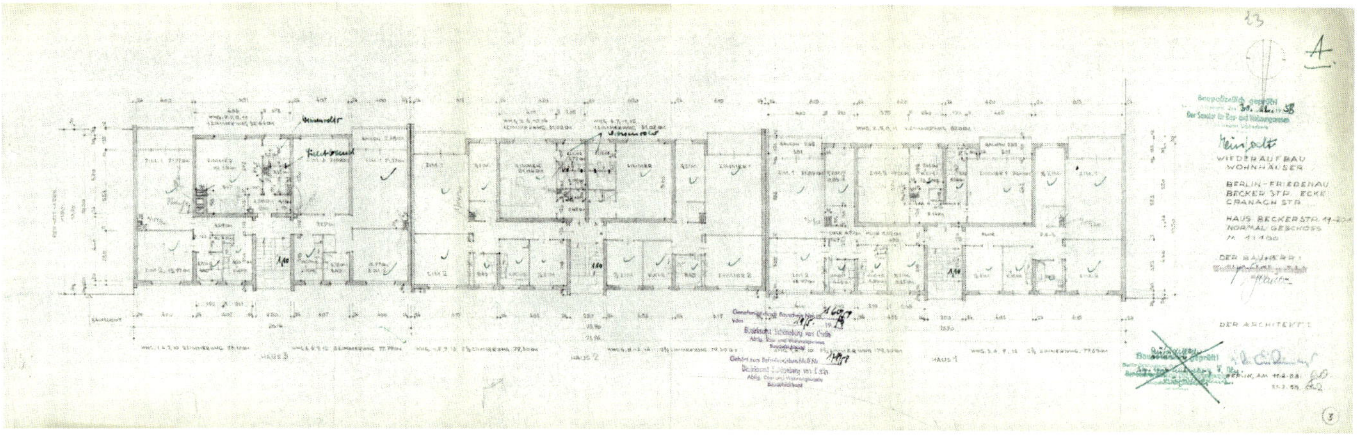

Grundriss Normalgeschoss, Bauteil Beckerstraße 19–20

Wohnung Aschaffenburger Straße

Aschaffenburger Straße, Berlin-Schöneberg
1955

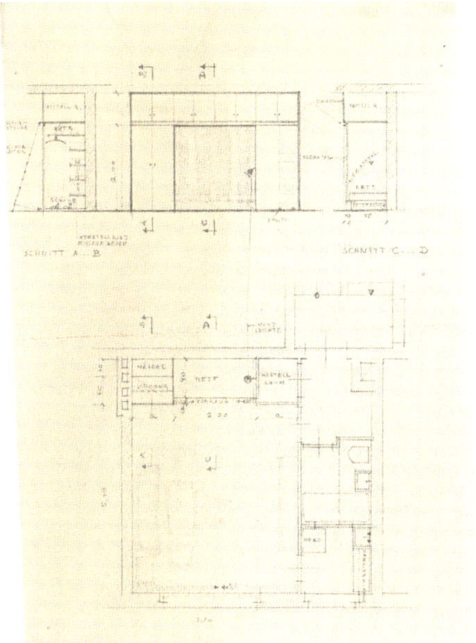

Einzimmerwohnung, Möblierung mit Bettnische (ausklappbar), Grundriss, Ansichten, Schnitte

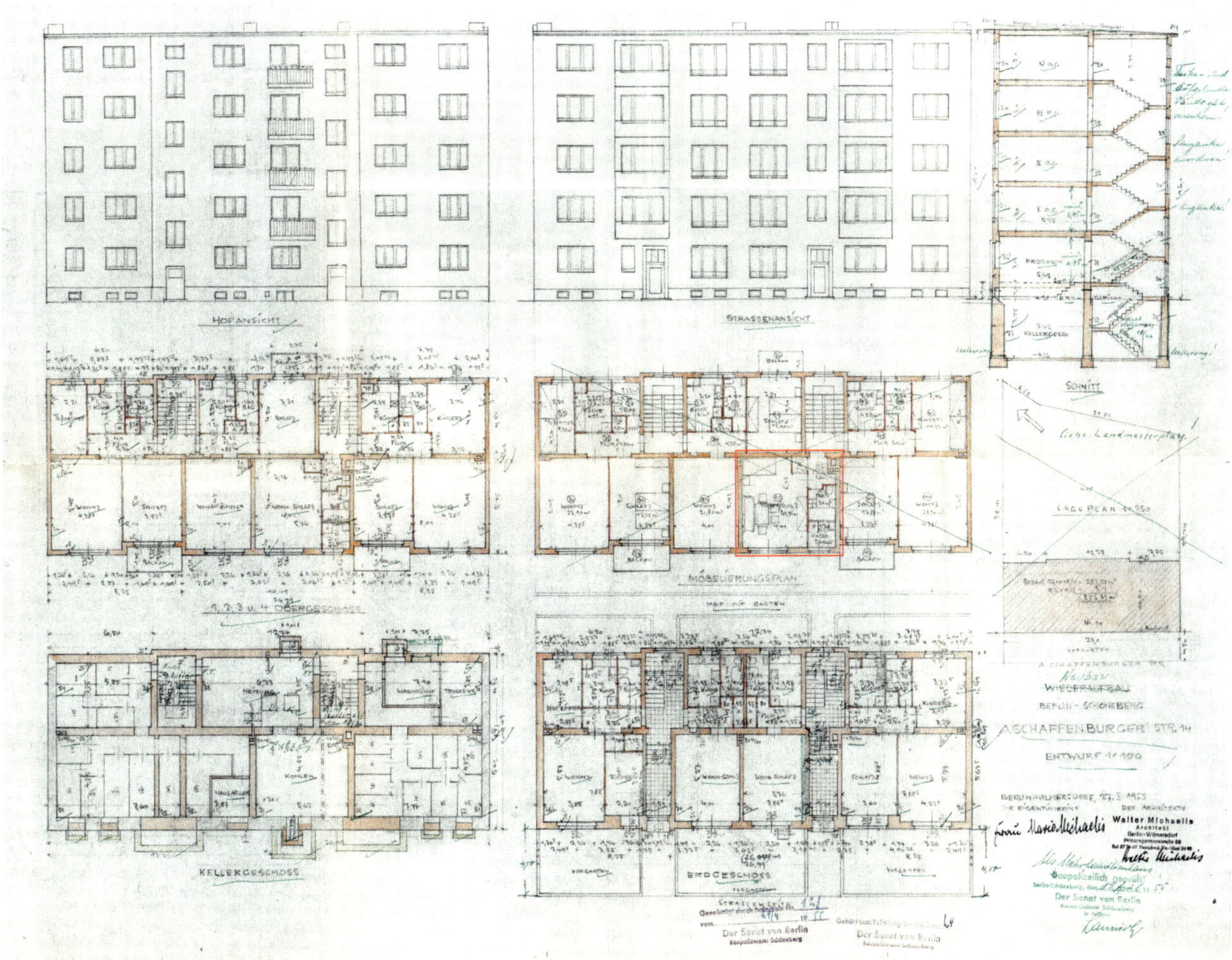

Wohnblock (1955, Architekt: Walter Michaelis), Ansichten, Schnitt und Grundrisse mit Einzimmerwohnung (Hervorhebung: Entwurf Schwebes)

Wohn- und Geschäftshaus „Atomhochhaus“

Kat. S. 371

Hauptstraße, Ecke Rubensstraße, Traegerstraße, Berlin-Schöneberg
1955–1957
Baudenkmal

Ansicht Hauptstraße, Ecke Traegerstraße. Foto: Arthur Köster

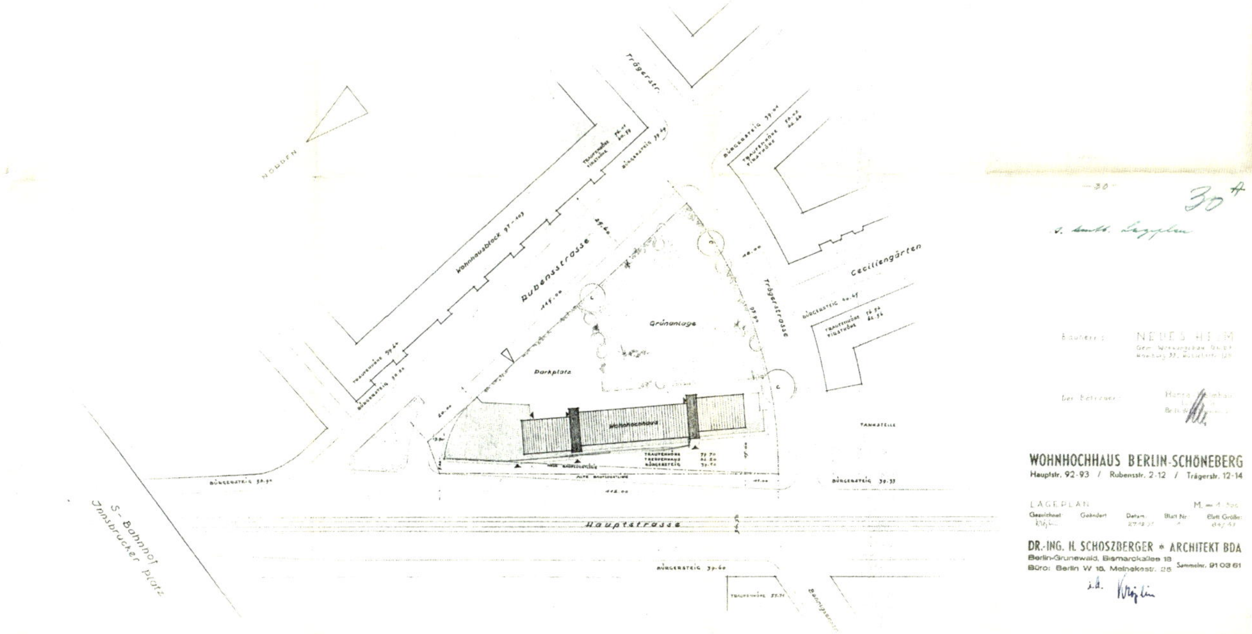

Lageplan

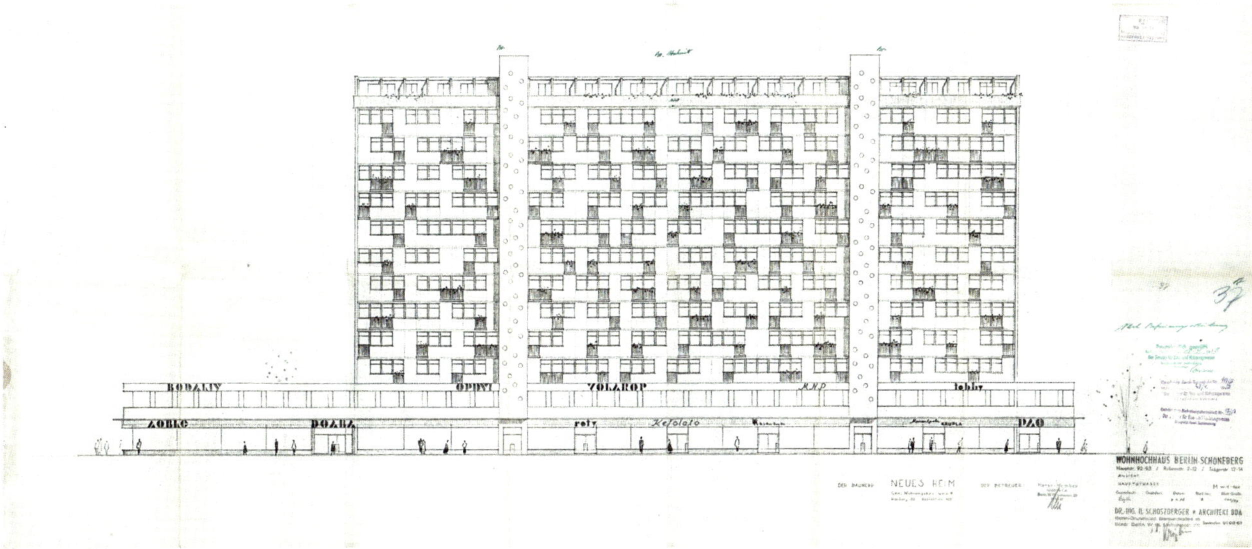

Ansichtszeichnung Hauptstraße

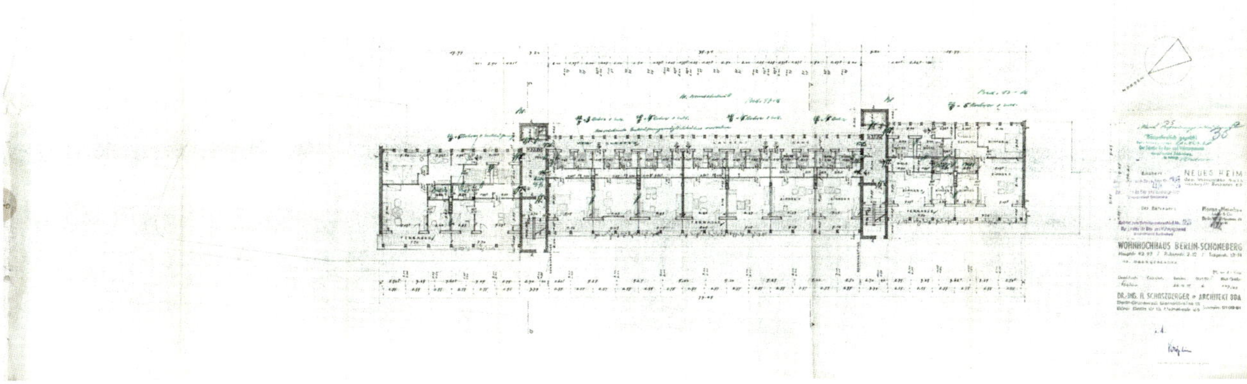

Grundriss 12. Obergeschoss mit Laubengang

Wohnsiedlung Berlin-Lankwitz

Kat. S. 374

Wunsiedeler Weg, Berlin-Lankwitz
nach 1955
verschiedene Studien

Entwurfszeichnung

Gagfah Siedlung Scharnweberstraße

Scharnweberstraße, General-Woyna-Straße, Berlin-Reinickendorf
1956–1957
erhalten

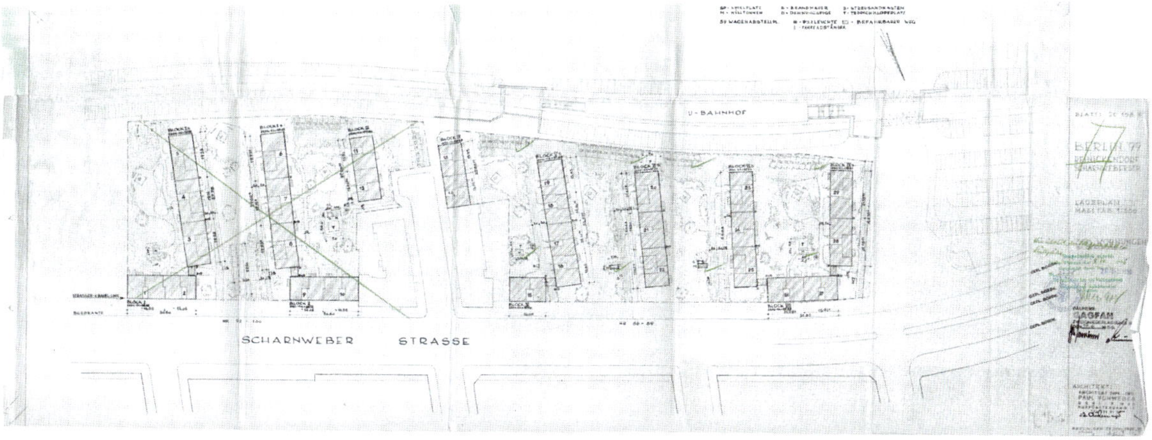

Lageplan

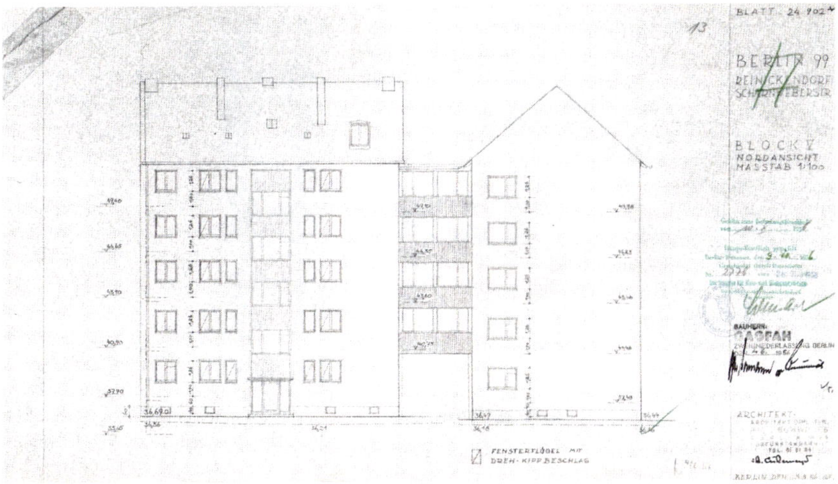

Ansichtszeichnung Block V

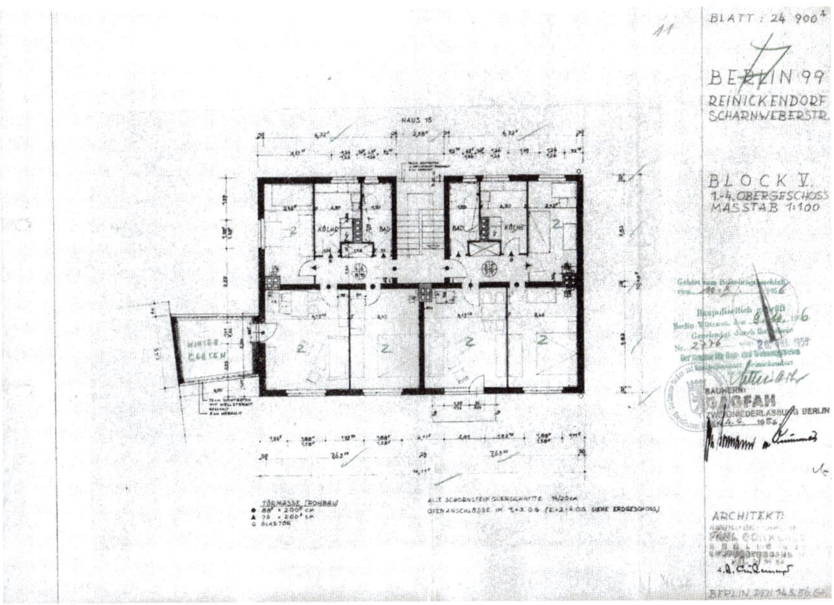

Grundriss 1.–4. Obergeschoss, Block V

Apartmenthaus Damaschkestraße

Damaschkestraße, Ecke Nestorstraße, Berlin-Wilmersdorf
1959–1960
erhalten

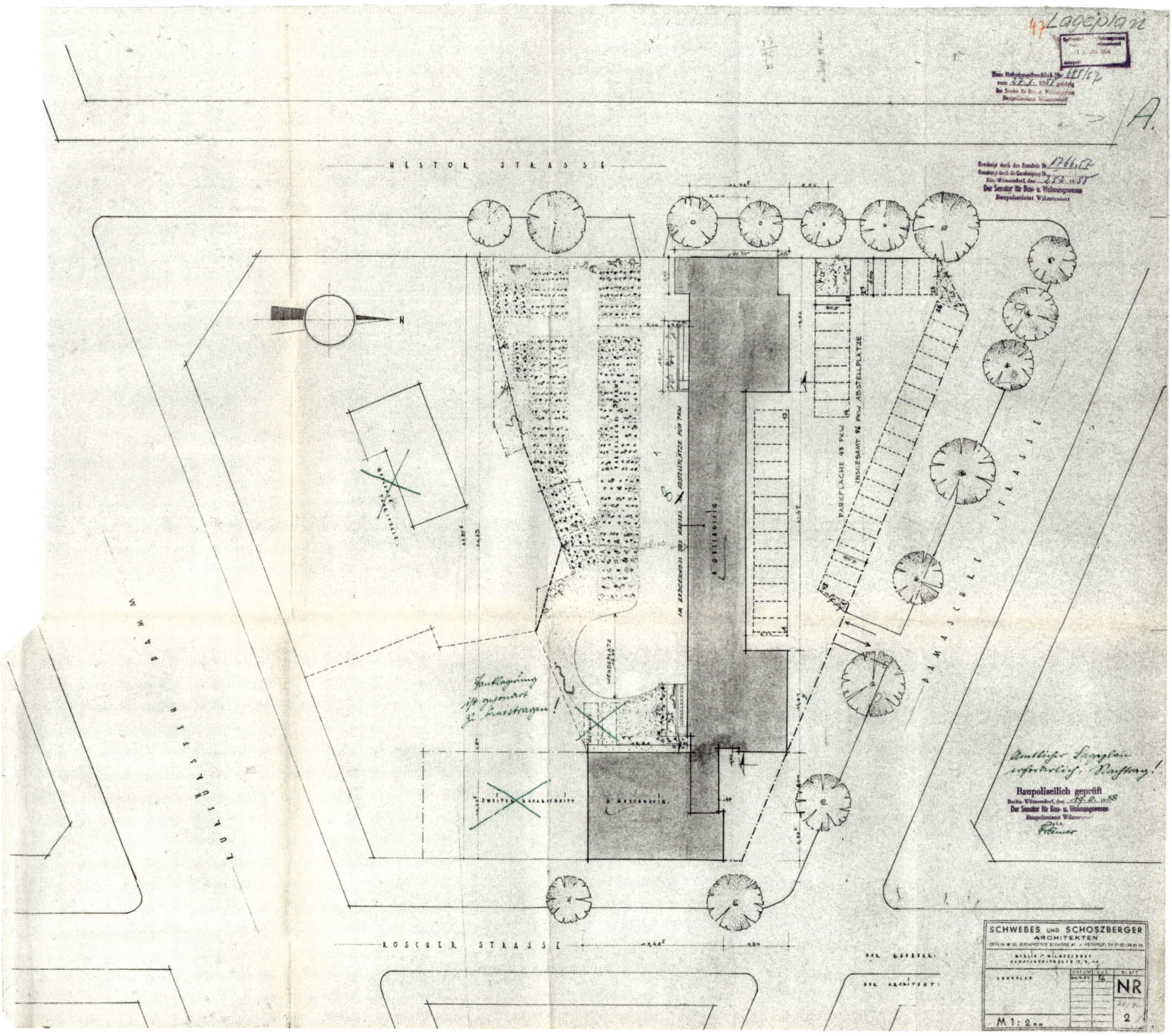

Lageplan

Ansichtszeichnung Damaschkestraße

Ansichtszeichnung Nestorstraße

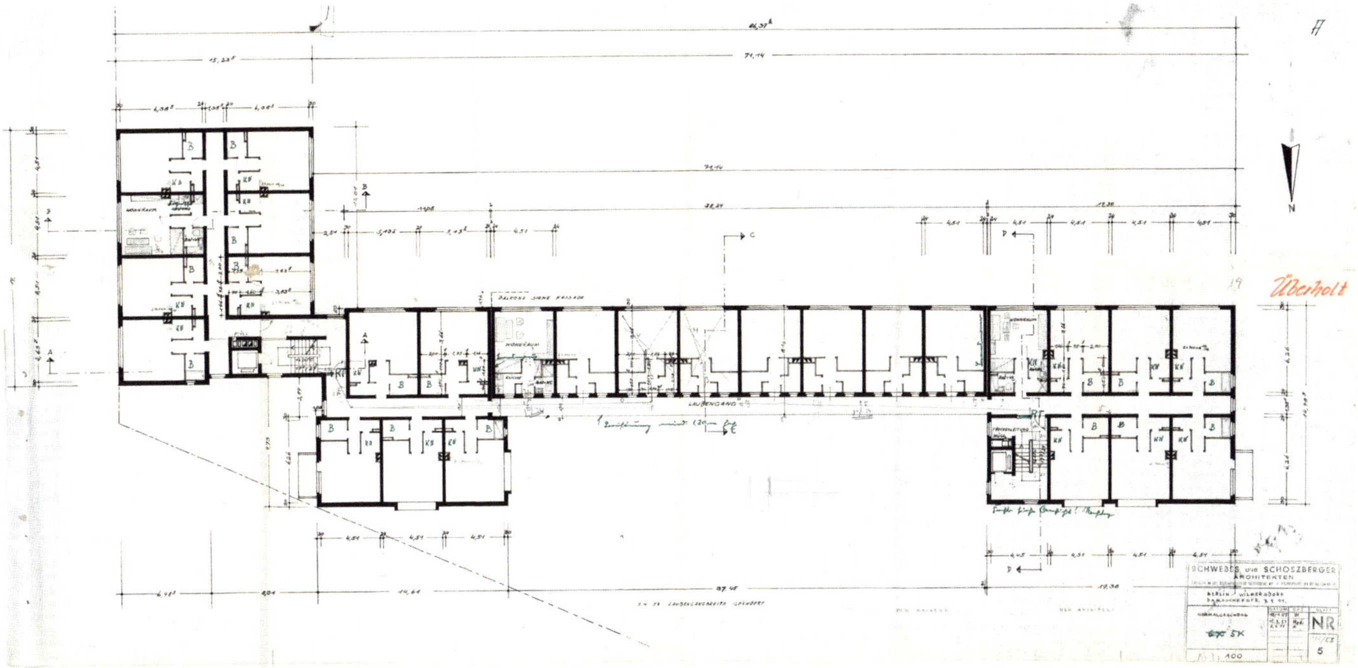

Grundriss Normalgeschoss

Großsiedlung Falkenhagener Feld

Kat. S. 386

Siegener Straße, Salchendorfer Weg, Spekteweg, Eiserfelder Ring, Freudenberger Weg, Wittgensteiner Weg, Berlin-Spandau
1961–1969
verändert

Lageplan

Ansichtszeichnung Langbau, Ostansicht

Ansichtszeichnung Langbau, Westansicht

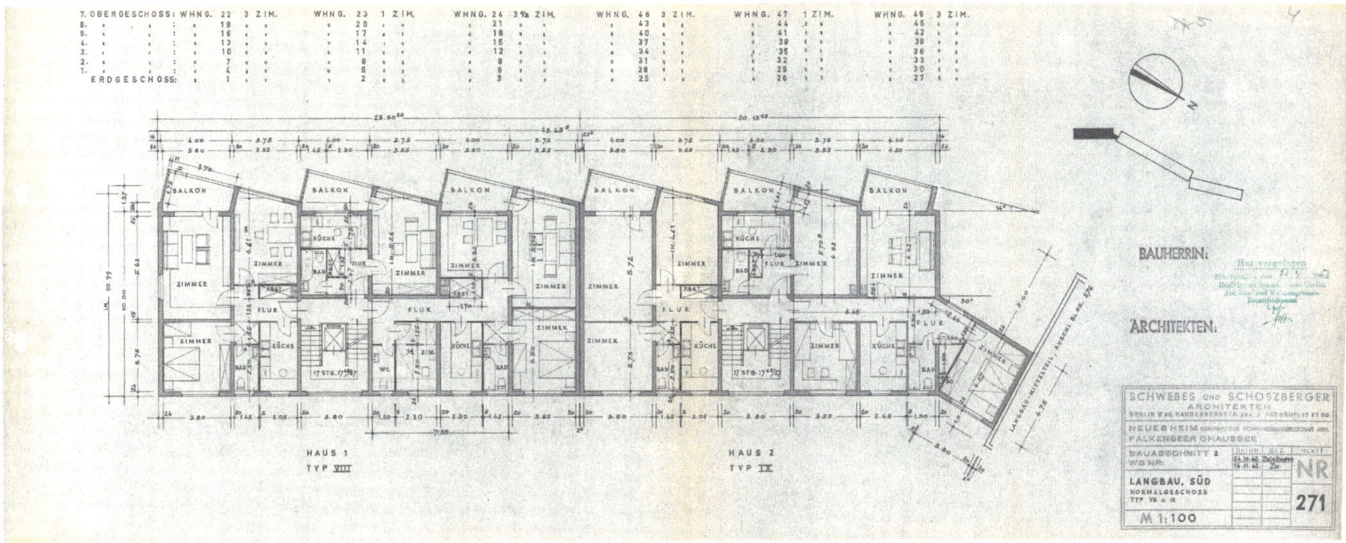

Grundriss Normalgeschoss, Langbau

Wohn- und Geschäftshaus Bülowstraße 10

Kat. S. 394

Bülowstraße, Berlin-Schöneberg
1966–1968
verändert

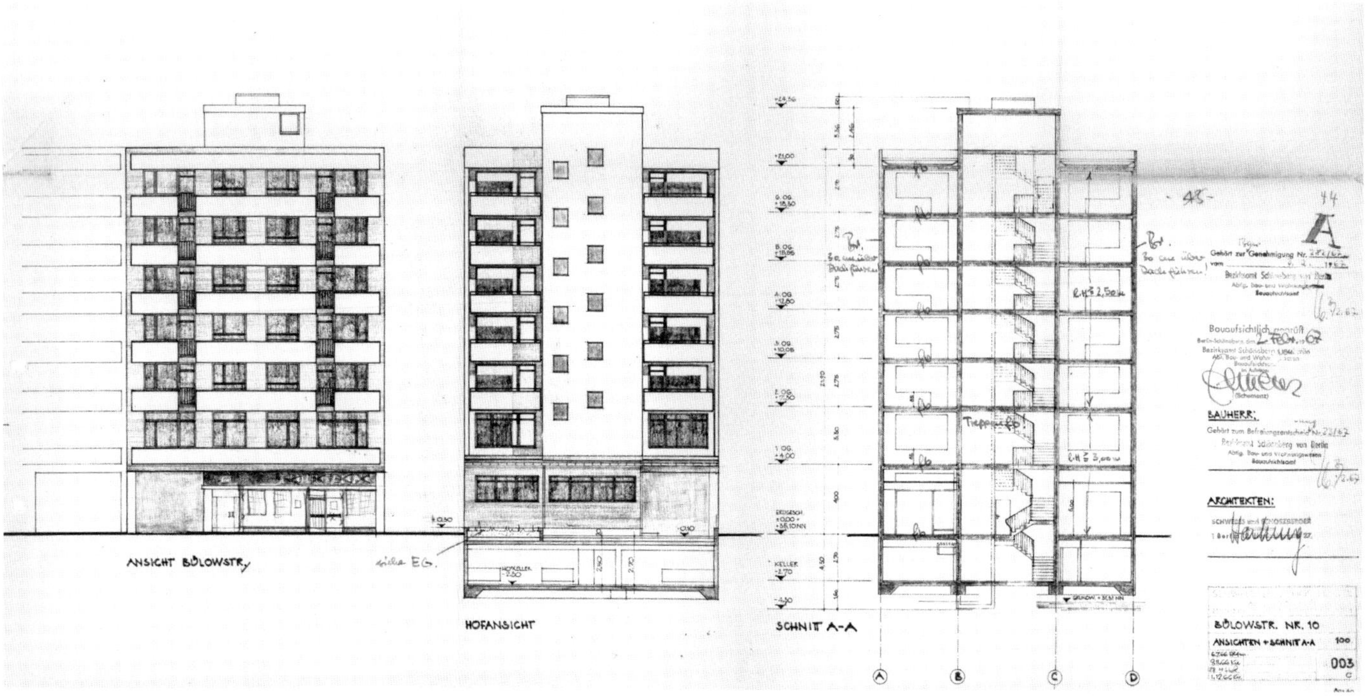

Ansichtszeichnungen Bülowstraße und Hofansicht, Schnitt

Wohnstift „Otto Dibelius“

Kat. S. 394

Hausstockweg, Berlin-Mariendorf
1966–1971
geringfügig verändert

Ansicht Hundsteinweg. Foto: unbekannt

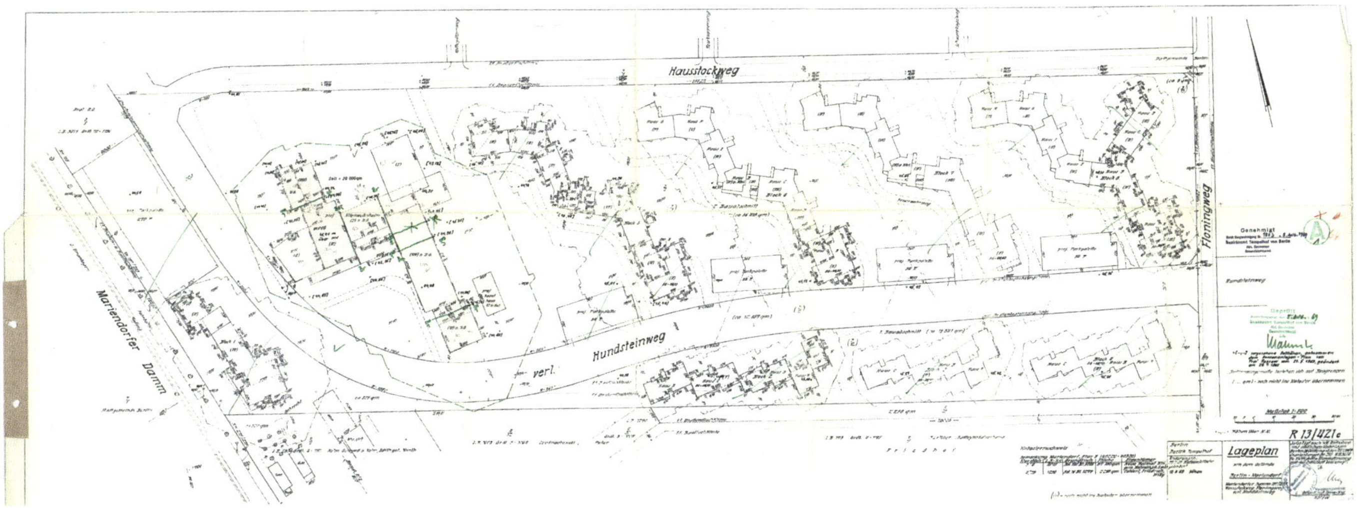

Lageplan

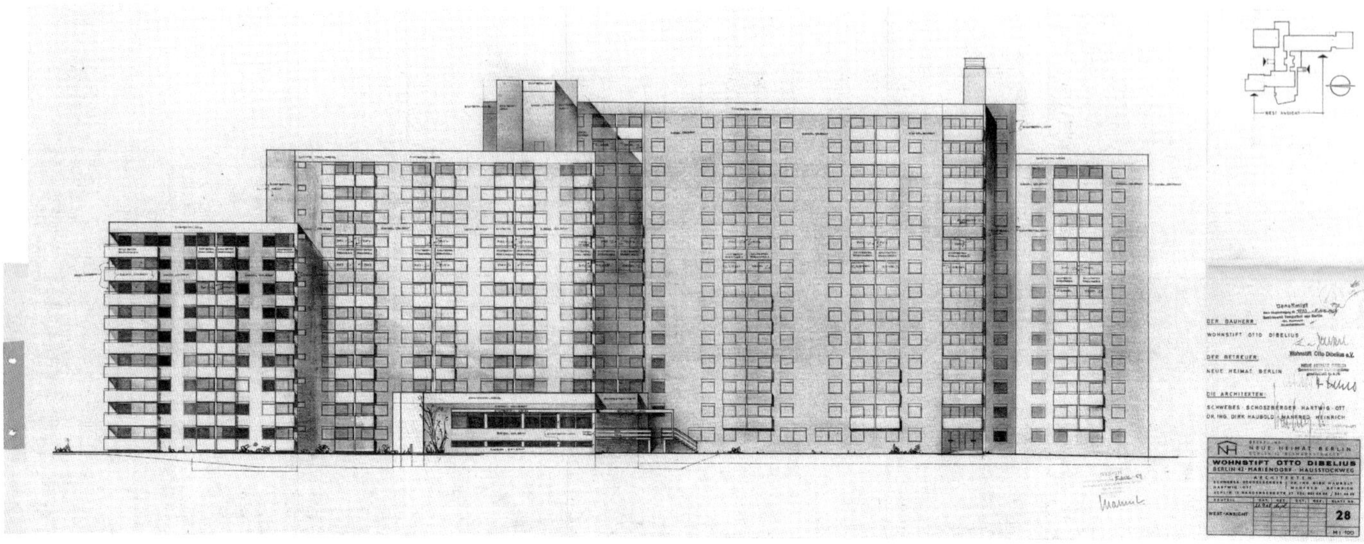
Ansichtszeichnung Westansicht

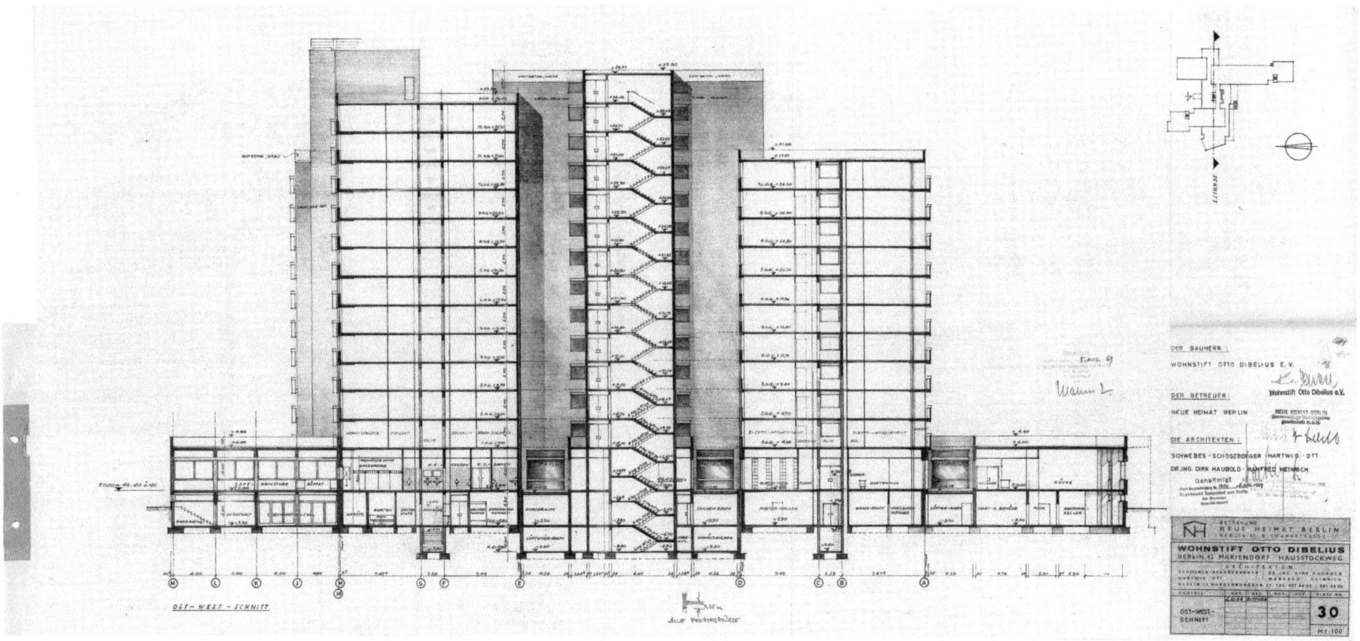
Schnitt

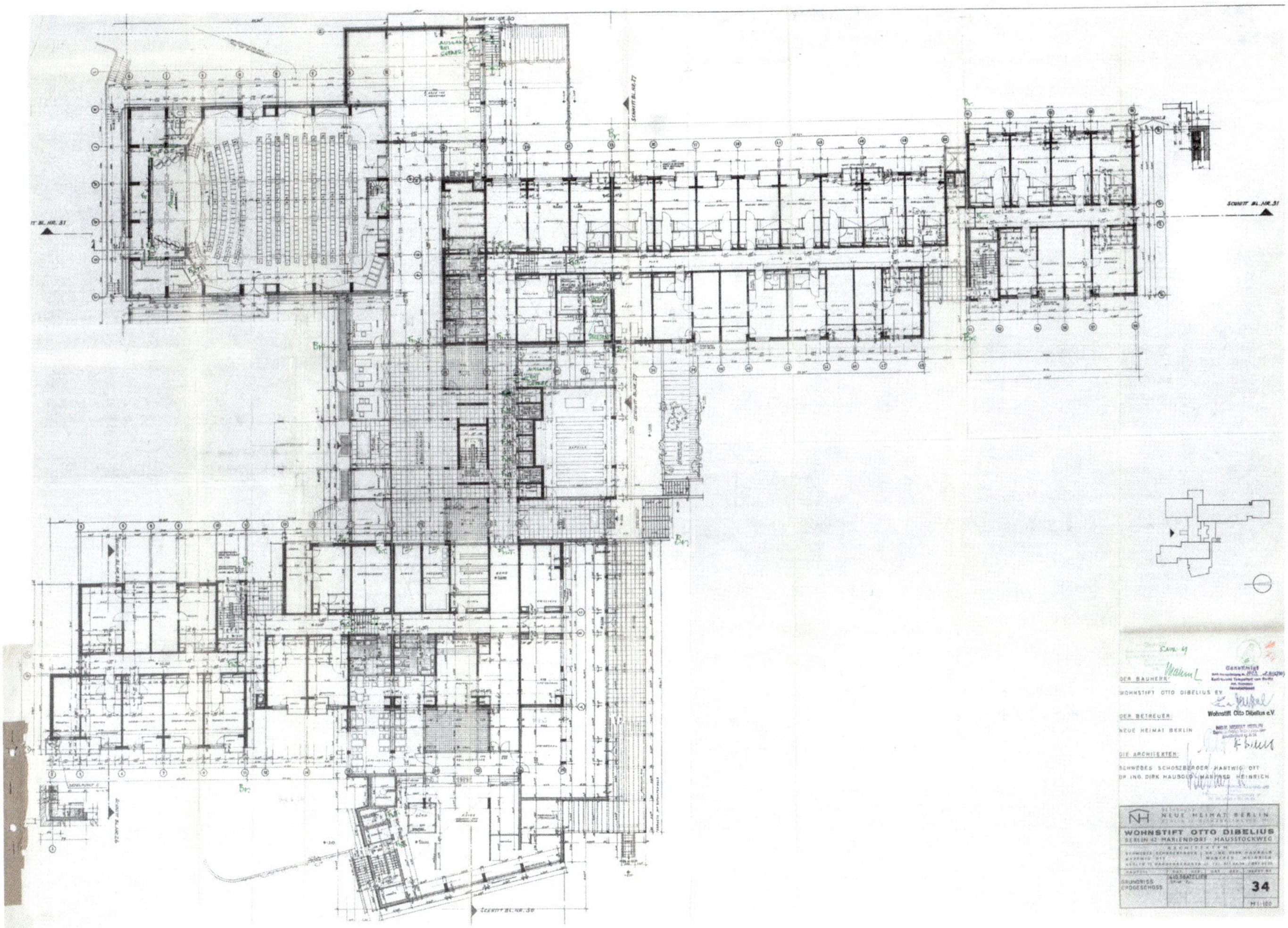

Grundriss Erdgeschoss

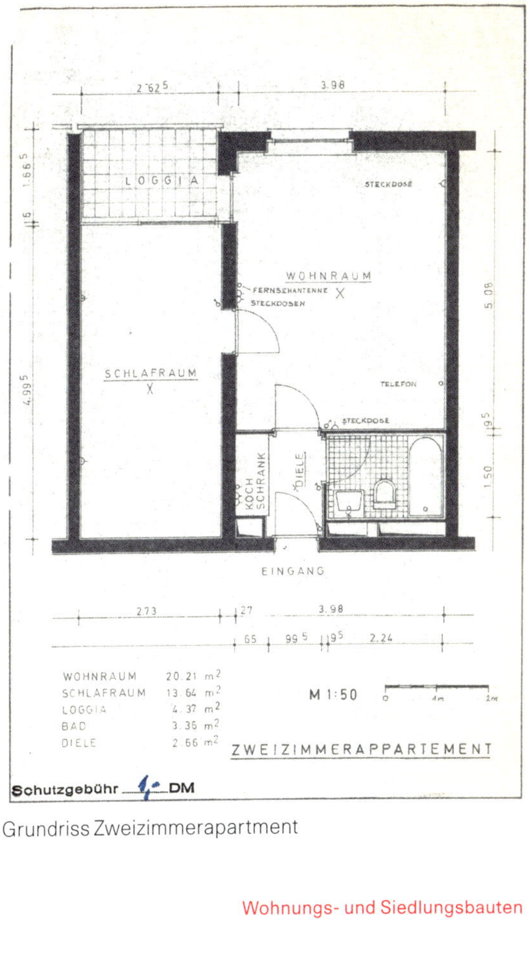

Grundriss Zweizimmerapartment

Eingangshalle. Foto: unbekannt

Speisesaal. Foto: unbekannt

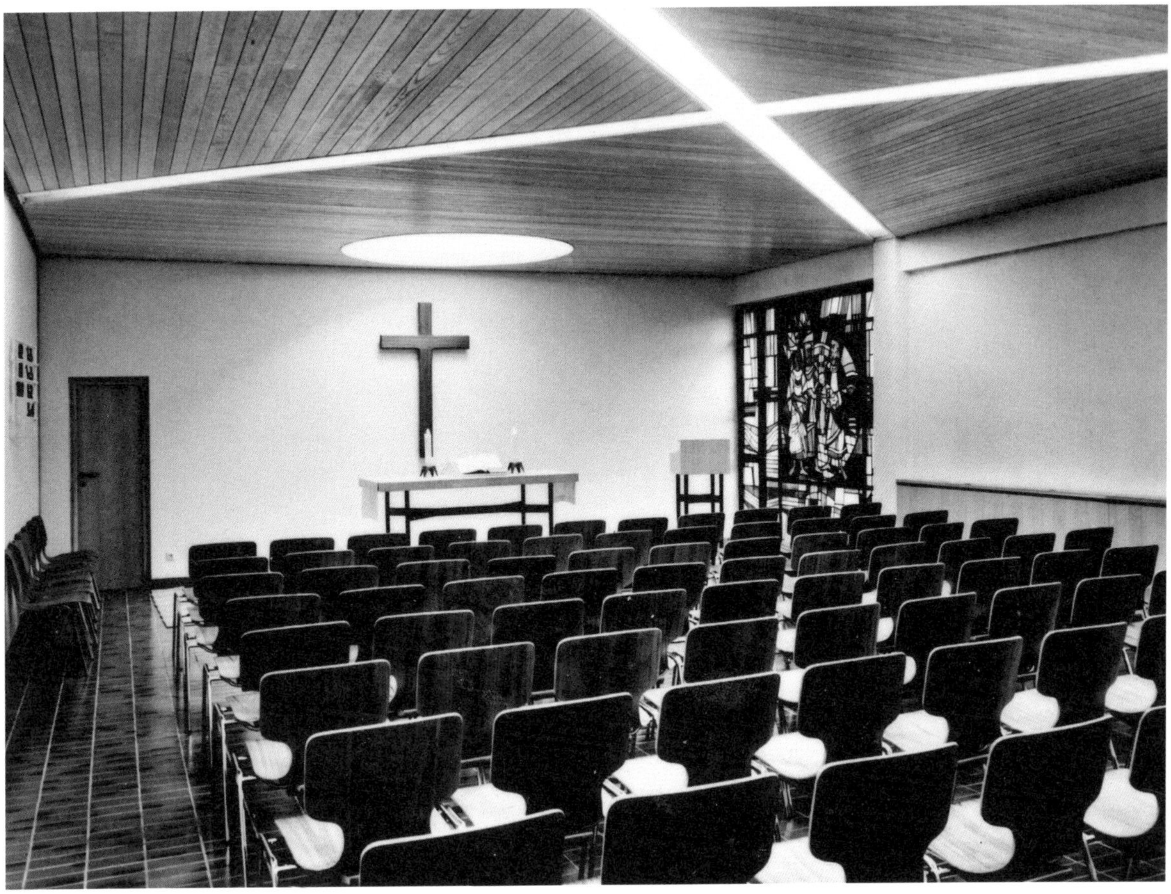

Kapelle. Foto: unbekannt

Schwimmbad. Foto: unbekannt

Einfamilienhäuser und Villenbauten

Wohnhaus Dr. Franz Witting

Bogenstraße, Berlin-Zehlendorf
1930
Baudenkmal

Ansicht Bogenstraße. Foto: O. K. Vogelsang

Gartenansicht. Foto: O. K. Vogelsang

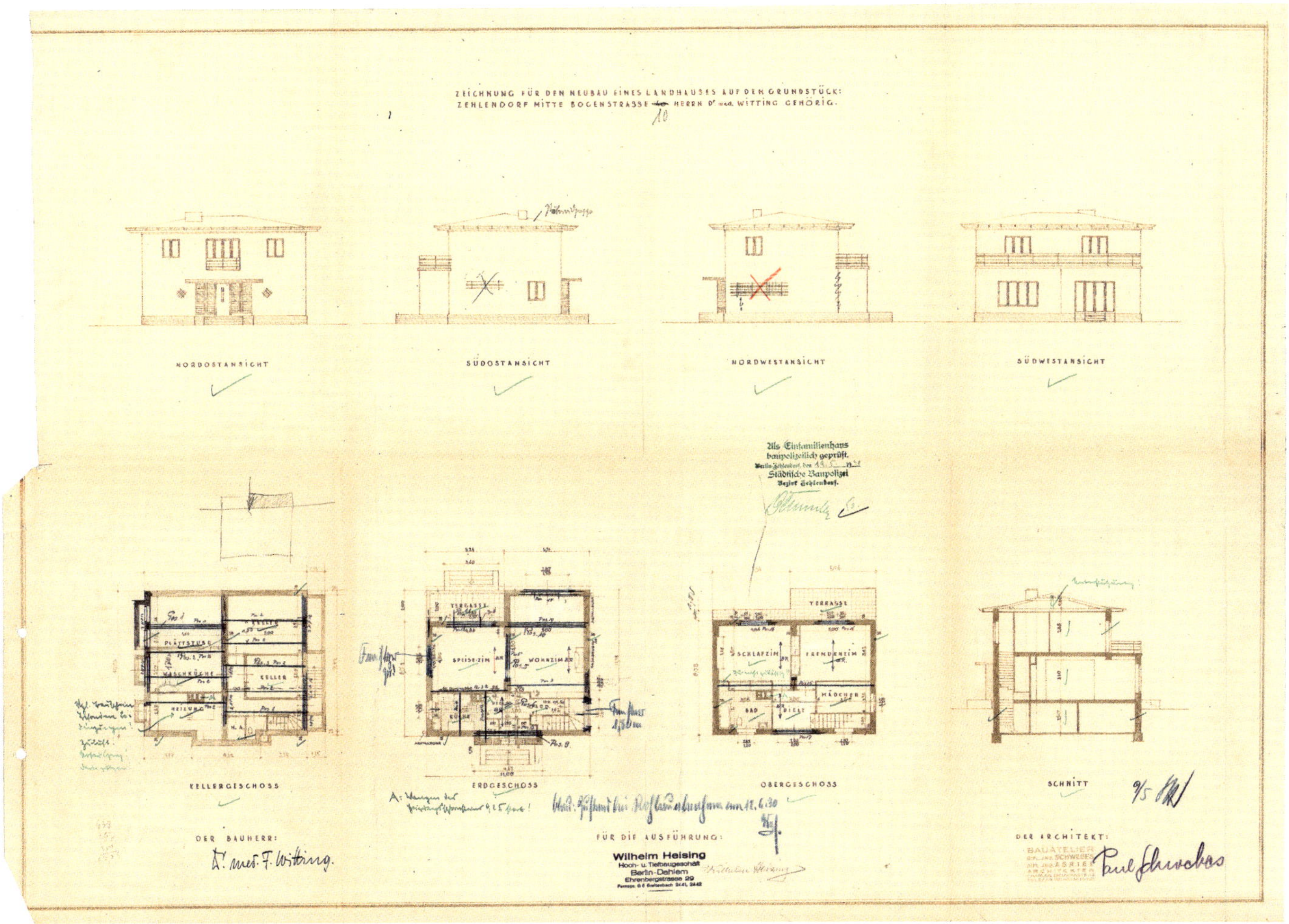

Ansichtszeichnungen, Grundrisse und Schnitt

Haus Schwebes

Kat. S. 371

Gelfertstraße, Berlin-Dahlem
1955–1957
Baudenkmal

Ansicht Gelfertstraße nach Umbau. Foto: unbekannt

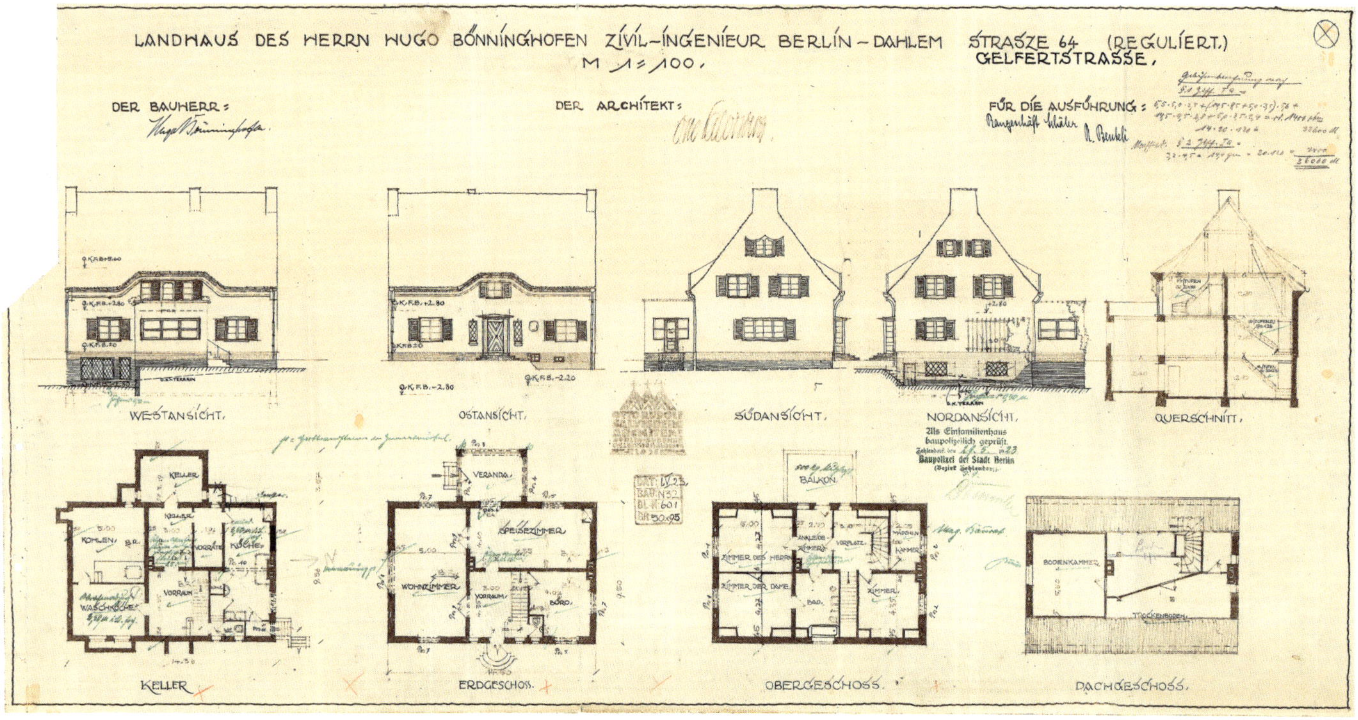

Ursprungsbau Landhaus Hugo von Bönninghofen (1923, Architekt: Otto Rudolf Salvisberg), Ansichtszeichnungen, Schnitt und Grundrisse

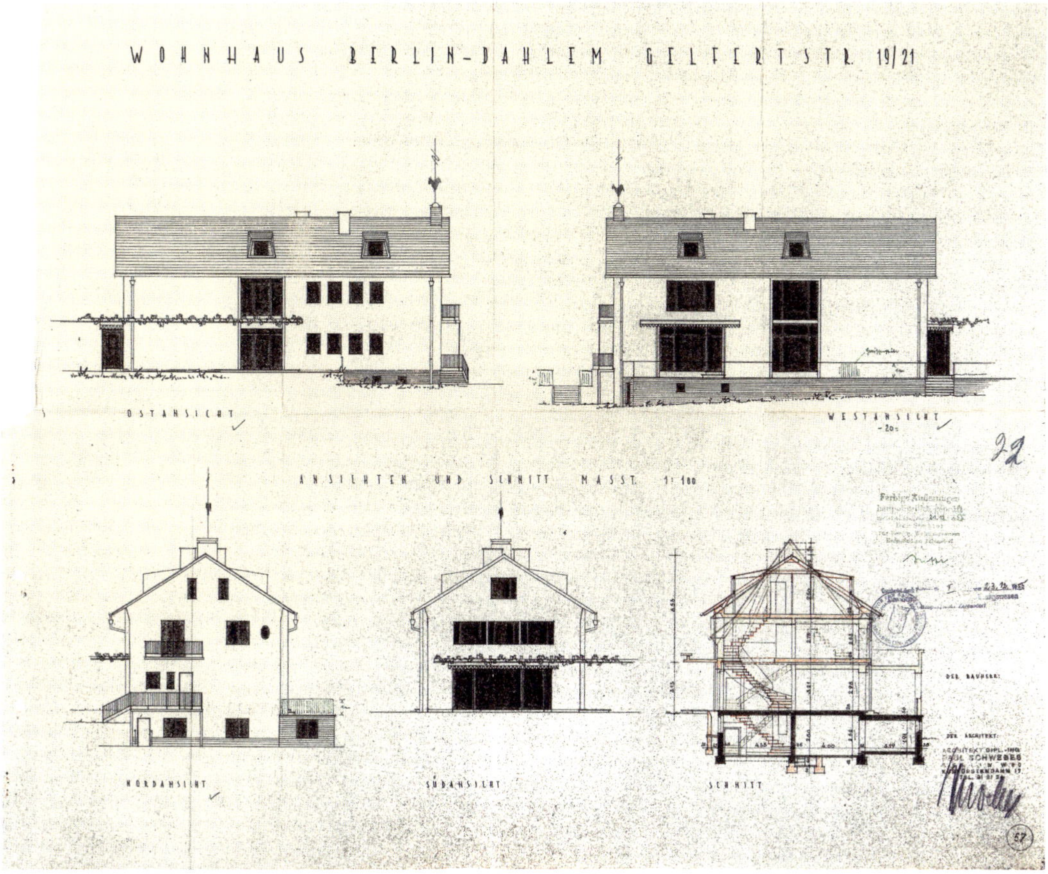

Ansichtszeichnungen und Schnitt

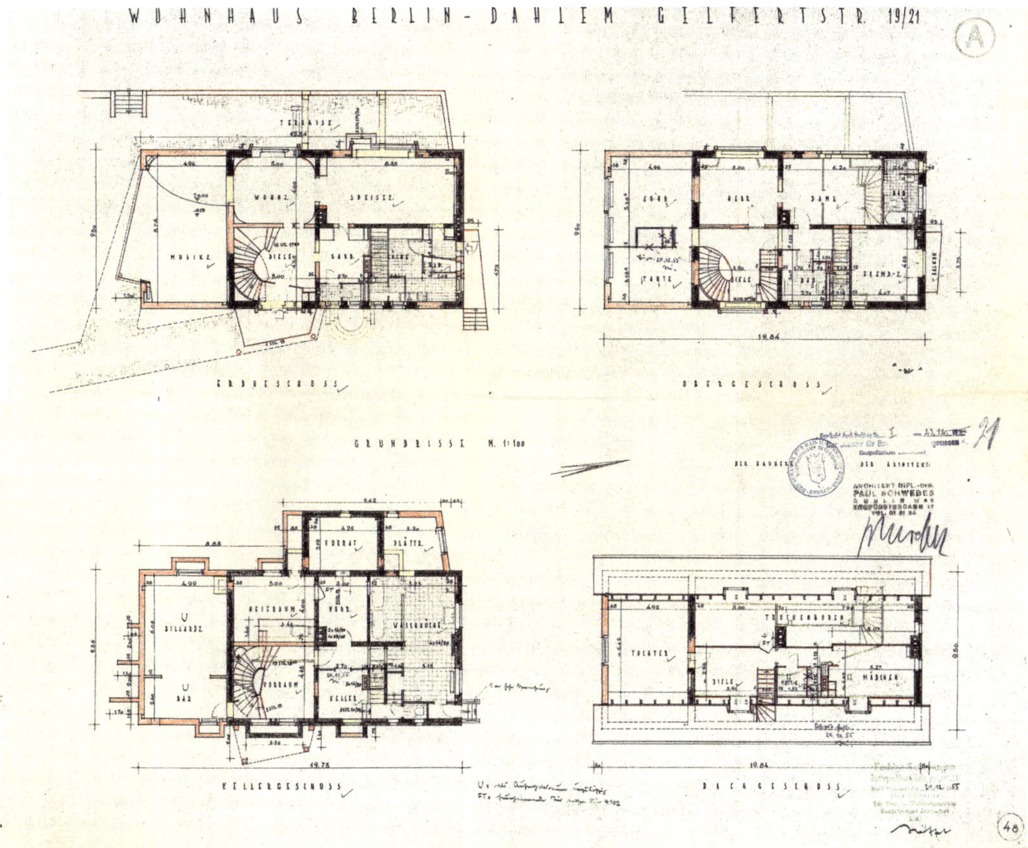

Grundrisse

Gartenansicht. Foto: unbekannt

Entwurfszeichnung Herta Hammerbacher, Gartengestaltung

Wohnbereich. Foto: unbekannt

Diele. Foto: unbekannt

Speisezimmer. Foto: unbekannt

Aquarell Wohnbereich mit Pflanzbeet

Aquarell Kleiner Salon mit Spiegelwand

Wohnbereich mit Pflanzbeet. Foto: unbekannt

Kleiner Salon mit Spiegelwand. Foto: unbekannt

Haus Bartelmeier

Wildpfad, Berlin-Dahlem
1956
Entwurf

Kat. S. 374

Entwurfszeichnung

Entwurfszeichnung Studio

Villa Käutner

Kat. S. 380

Königsallee, Berlin-Grunewald
1957–1958
erhalten

Ansicht Königsallee. Foto: Werner I. Bauerfeld

Gartenansicht. Foto: Werner I. Bauerfeld

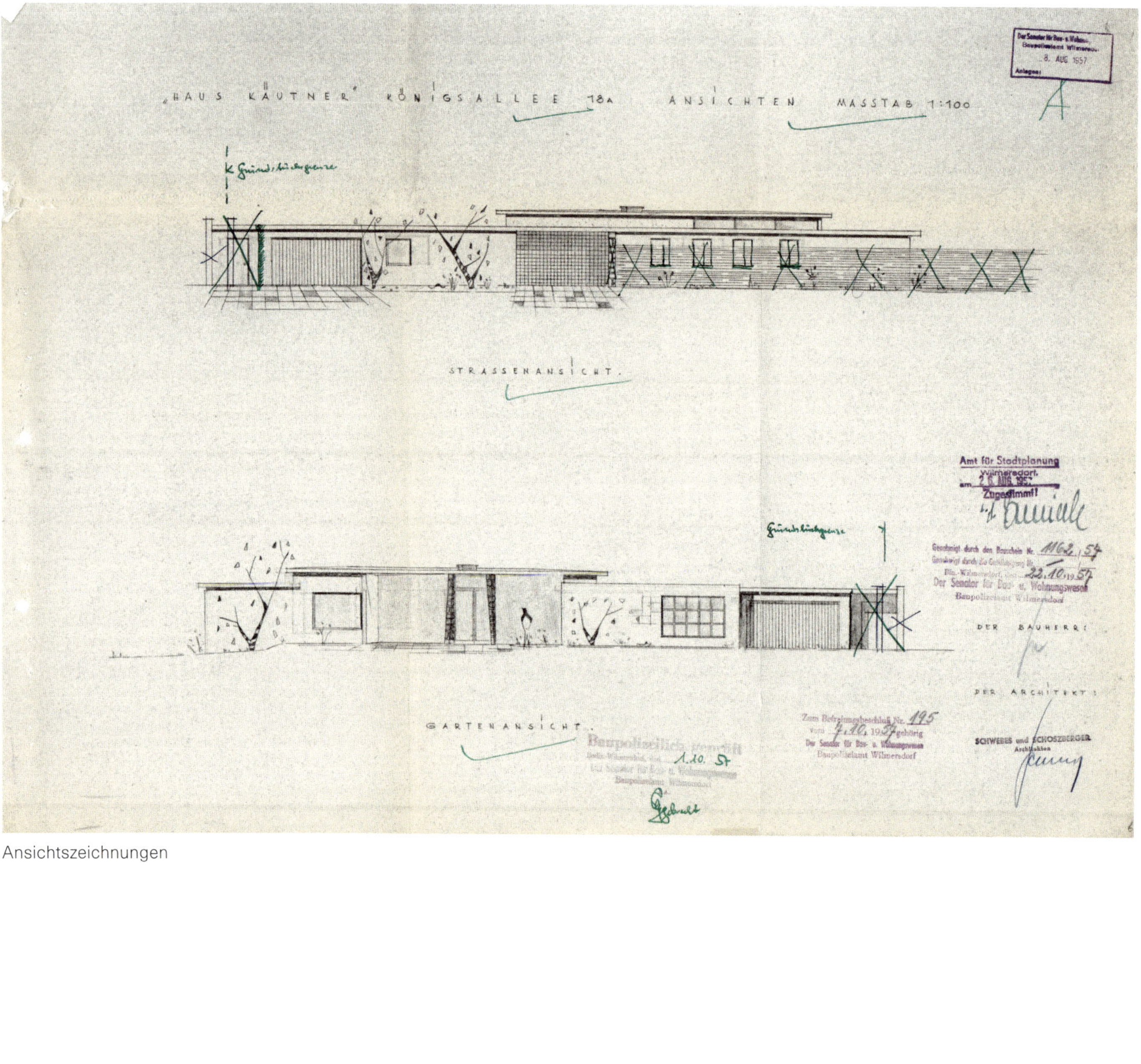

Ansichtszeichnungen

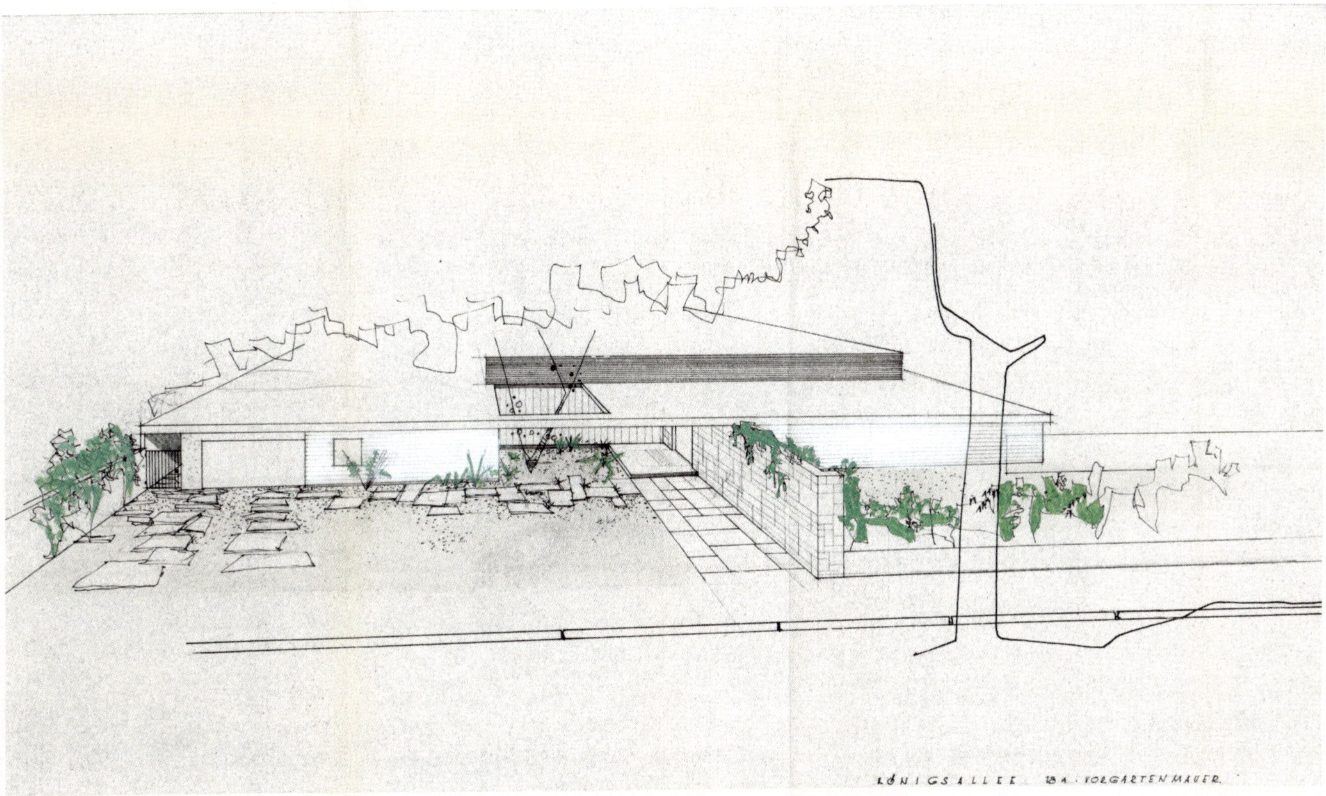

Entwurfszeichnung Königsallee

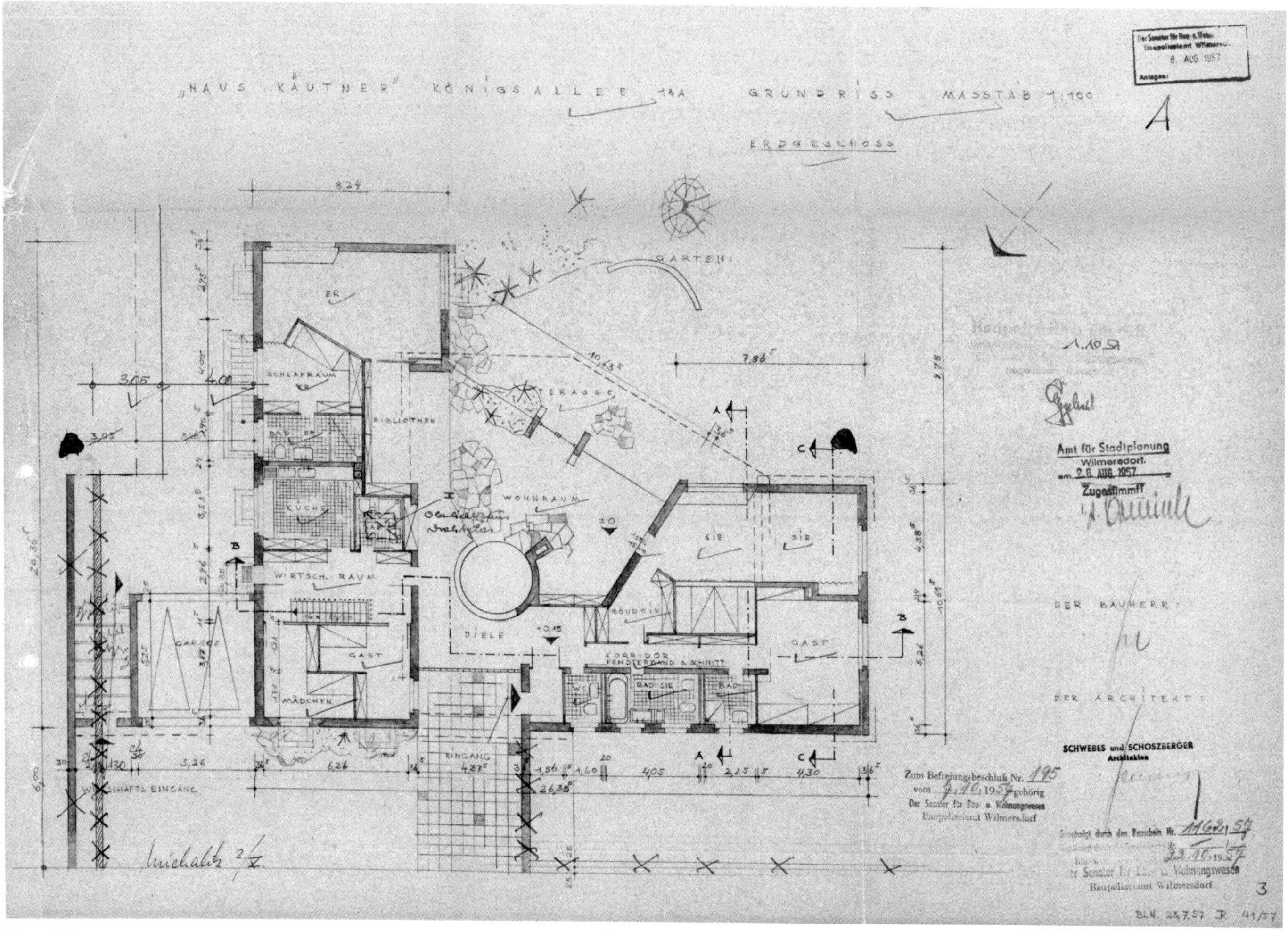
"HAUS KÄUTNER" KÖNIGSALLEE 1&A GRUNDRISS MASSTAB 1:100
ERDGESCHOSS
GARTEN
SCHLAFRAUM
BIBLIOTHEK
TERASSE
KÜCHE
WOHNRAUM
WIRTSCH. RAUM
GARAGE
GAST
MÄDCHEN
DIELE
KORRIDOR
SIE
GAST
EINGANG
Amt für Stadtplanung
Wilmersdorf
am 26. AUG. 1957
Zugestimmt
DER BAUHERR:
DER ARCHITEKT:
SCHWEBES und SCHOSZBERGER
Architekten
Zum Befreiungsbeschluß Nr. 195
Der Senator für Bau- u. Wohnungswesen
Bauplolizeiamt Wilmersdorf
Grundriss

Wohnraum und Diele. Foto: Karl und Helma Toelle

Wohnraum und Bibliothek. Foto: Karl und Helma Toelle

Herrenzimmer mit Arbeitsplatz. Foto: Karl und Helma Toelle

Ferienhäuser Schwebes und Dr. Platz

Chemin des Lombardes, Versoix, Schweiz
1960

Haus Schwebes, Ansichtszeichnungen

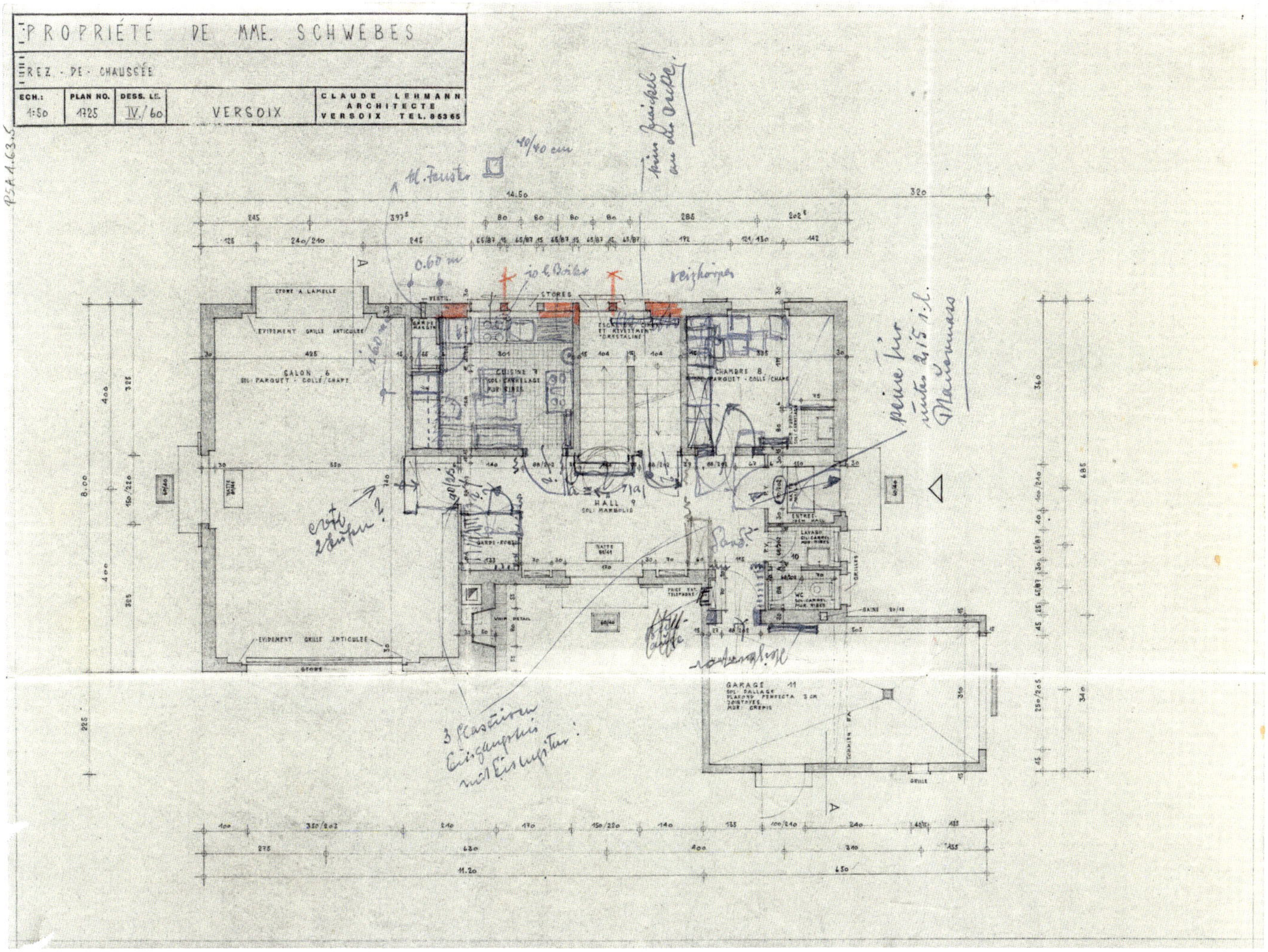

Haus Schwebes, Grundriss Erdgeschoss

Werkkatalog

Die vorliegenden Daten dieses Werkkataloges beruhen auf der Auswertung der erhaltenen Unterlagen in den verschiedenen Archiven, Fachzeitschriften und Broschüren; dabei sind hier ausschließlich die Archive im Zusammenhang mit den jeweiligen Projekten aufgeführt. Ungenannt bleibt hingegen die große Anzahl der Artikel, die in der Fach- und Tagespresse erschienen sind. Die verwendeten Baubeschreibungen der Architekten können gegebenenfalls von den ausgeführten Bauten abweichen. Die berücksichtigten einschlägigen Standardwerke und Hinweise auf weiterführende Literatur finden sich in der Literaturliste und bei den jeweiligen Aufsätzen.

PROJEKTE 1930–1945

1930
Wohnhaus Dr. Franz Witting
Bogenstraße 10, Berlin-Zehlendorf
Baudenkmal

LAGE: westliche Randbebauung der Bogenstraße in einer Einfamilienhaussiedlung
GEBÄUDE: 2-geschossiges Landhaus, unterkellert, mit flachem Walmdach, Fassade mit Klinkerverblendung, repräsentative symmetrische Straßenfassade, Eingang betont durch Vordach, Pfeiler/Wandvorsprünge und steile Freitreppe; Grundstück: 675,92 m²; Baufläche: 112,91 m²; umbauter Raum: 854,17 m³
BAUVERLAUF: 9.4.1930 Antrag auf Baugenehmigung (eingereicht durch Wilhelm Heising, Hoch- und Tiefbaugeschäft); 22.5.1930 Genehmigung der Städtischen Baupolizei Berlin-Zehlendorf mit Bauschein Nr. 31
ARCHITEKTEN: Bauatelier Dipl.-Ing. Schwebes und Dipl.-Ing. Asriel
AUFTRAGGEBER: Dr. med. Franz Witting
AUSFÜHRUNG: Wilhelm Heising, Hoch- und Tiefbaugeschäft
QUELLE: Bauaktenarchiv Steglitz-Zehlendorf

1932–1940
Verwaltungsgebäude Heinrich Franck Söhne GmbH
Potsdamer Straße 75c (heute: Potsdamer Straße 184), Berlin-Schöneberg
verschiedene Umbauten, Baudenkmal

LAGE: ehemaliges Geschäfts- und Wohnhaus Arnold Obersky, Corset-Fabrik, am Heinrich-von-Kleist-Park, neben dem Kathreiner-Haus (1929–1930, Architekt: Bruno Paul)
GEBÄUDE: 5-geschossiges Bürogebäude mit Lagerräumen und großem Innenhof; Umbau der Straßenfassade; Umbau des Eingangsbereiches an der rückwärtigen Fassade zum Kleistpark: Verlegung des Gebäudezugangs ins Souterrain, Einziehen einer Geschossdecke im Hauseingangsbereich für zusätzlichen Büroraum im EG; Übergang zum angrenzenden Kathreiner-Haus (Potsdamer Straße 75d) im 3. OG
BAUVERLAUF: 11.3.1932 Antrag auf Baugenehmigung für Durchbruch zum 5. OG des Kathreiner-Hauses Potsdamer Straße 75d; 9.9.1933 Antrag auf Baugenehmigung für Umbau Portierloge; 18.9.1933 Antrag auf Baugenehmigung für Umbau der Fassade Potsdamer Straße; 27.9.1933 Antrag auf Baugenehmigung für Umbau Hofeingang; Mai 1937 Umbau; 17.9.1937 Antrag auf Baugenehmigung für Ausbau von Luftschutzräumen im Keller, Genehmigung mit Bauschein Nr. 5 vom 11.1.1938; 9.2.1940 Antrag auf Bau-

genehmigung für Ausbau DG (im Rahmen der 9. Anordnung des Generalbevollmächtigten für die Regelung der Bauwirtschaft vom 16.2.1940 nicht genehmigungsfähig)
Architekt: Paul Schwebes; ab 1940: Architekten Schwebes und Ullrich
Auftraggeber: Heinrich Franck Söhne GmbH
Ausführung: Wiemer & Trachte (1933)
Quellen: Bundesarchiv Berlin-Lichterfelde, Bauaktenarchiv Tempelhof-Schöneberg

1933–1934
Neubau einer Reichsführerschule
Neu-Grünwald bei München
Ideenwettbewerb

Lage: 115.000 m² großes Grundstück, etwa 2 km entfernt vom Ortszentrum Grünwald
Wettbewerbsaufgabe: Bauprogramm „1. Diensträume. Eingangshalle (Ehrenhof), Wachräume für zehn Mann, Zimmer für den SA-Führer vom Dienst. Empfangsraum mit Wartezimmer, Dienstzimmer des Führers der RFS, des Adjutanten, des Stabführers und der ständigen Referenten. Räume für die Kanzlei, Registratur, Buchhaltung usw. 2. Unterrichts- und Aufenthaltsräume. Haupthörsaal für 200 Hörer. 2 Lehrsäle für je 100 Mann, Bibliothekszimmer, Lesezimmer, Radiozimmer, Musikzimmer, Spielzimmer, Schreib- und Arbeitszimmer. 3. Schlafräume. 20–25 Schlafräume zu je 8–10 Mann, zugehörige Bade- und Waschräume. 4. Wirtschaftsräume. Großer Speisesaal, zugleich Aula, mit kleiner Bühne, großer Erfrischungsraum, Küche mit Zubehör, Wohnräume für das ständige Küchen- und Hauspersonal. Krankenräume, Zentralheizung, Wohnung für den Heizer. 5. Wohngebäude. Wohnungen für den Führer der RFS, für Mitarbeiter, Referenten, Hausinspektor usw. 6. Sporthalle (800 m² groß) mit zugehörigen Nebenräumen, Ankleideräumen und Bädern. Appellplatz."
Wettbewerbsbeitrag: symmetrische Anlage im Heimatstil; quadratischer Appellhof mit Arkaden und betontem Hauptbau, Hauptachse durch Ehrenhalle und Appellhof bis zur Exerzier- und Sporthalle (Turnhalle), Haupteingang mit Ehrenhalle, Wach- und Referentenräumen (links), Empfangshalle und Führerräumen (rechts); linker Seitentrakt mit Schreib-, Arbeits- und Lesezimmern; rechter Seitentrakt mit Verwaltungsräumen; Hauptbau mit zentraler Turnhalle, Hörsälen (links) und Speiseräumen (rechts)
Planungsverlauf: Okt. 1933 Ausschreibung des Wettbewerbs für freischaffende Architekten der NSDAP und Mitglieder des Kampfbundes Deutscher Architekten und Ingenieure (KDAI); 1934 Vorprüfung der 1.000 Einreichungen; Mrz. 1934 Entscheidung des Preisgerichts; Ausstellung sämtlicher Entwürfe in München
Architekten: Rudolf Ullrich und Paul Schwebes
Auslober: Reichsleitung der NSDAP
Preisgericht: Adolf Hitler (anstelle des verstorbenen Prof. Paul Ludwig Troost) und andere
Quellen: Baugilde 1934, Bauwelt 1934, Zentralblatt der Bauverwaltung 1934

1934–1935
Aschinger Bierquelle Nr. 19
Stresemannstraße 84, Berlin-Mitte
Umbau und Erweiterung

Lage: Askanischer Platz gegenüber Anhalter Bahnhof, in unmittelbarer Nachbarschaft des Hotel Excelsior (1906–1908, Architekt: Otto Rehnig) und des Europa-Hauses (1926–1931, Architekten: Bielenberg und Moser)
Gebäude: Umbauten im EG und 1. OG: Erweiterung des Gastraumes im EG durch Verlegung der Küche in das 1. OG; Verlegung des Hauseingangs und Hinzunahme eines Teiles des angrenzenden Kranzler-Ladens
Architekt: Paul Schwebes
Auftraggeber: Aschinger's Aktiengesellschaft
Quelle: Landesarchiv Berlin

1934–1935
Aschinger Bierquelle Nr. 30
Friedrichstraße 96–97, Berlin-Mitte
Umbau und Erweiterung

Lage: Friedrichstraße, Ecke Georgenstraße, südlich des Bahnhofs Friedrichstraße, gegenüber dem Central-Hotel
Gebäude: Umbauten im EG und 1. OG: Erweiterung des Gastraumes im EG durch Verlegung der Küche in das 1. OG; Umgestaltung und Verlegung des Eingangs
Architekt: Paul Schwebes
Auftraggeber: Aschinger's Aktiengesellschaft
Quelle: Landesarchiv Berlin

1935
Aschinger Bierquelle Nr. 8, Konditorei Nr. 18
Joachimsthaler Straße 3, Berlin-Charlottenburg
Umbau und Erweiterung

Lage: Bahnhof Zoologischer Garten, zwischen Kantstraße und Hardenbergstraße
Gebäude: Erweiterung des Gastraumes im EG um Räumlichkeiten im hinteren Bereich des Nachbargebäudes Joachimsthaler Straße 2
Architekt: Paul Schwebes
Auftraggeber: Aschinger's Aktiengesellschaft
Quelle: Landesarchiv Berlin

1935

Fabrikations- und Verwaltungsbau Adrema Maschinenbau GmbH

Gotzkowskystraße 20, Berlin-Moabit

Umbau

Ansicht Spreeufer. Foto: unbekannt

Architekt: Paul Schwebes
Auftraggeber: Adrema Maschinenbau GmbH
Quelle: Paul Schwebes Archiv

1935

Hotel Fürstenhof

Stresemannstraße 130, Berlin-Mitte

Umbau

Lage: Potsdamer Platz, Eckgrundstück zur Stresemannstraße und zum Leipziger Platz
Gebäude: Hotelgebäude (1906–1907, Architekten: Bielenberg und Moser), Umbau des gesamten EG
Architekt: Paul Schwebes
Auftraggeber: Aschinger's Aktiengesellschaft
Quelle: Haben 2018

1936 und 1938–1939

Hochhaus am Potsdamer Platz

Bellevuestraße 19–22, Potsdamer Platz 2, Potsdamer Straße 2–8, Berlin-Mitte

Entwurf, nicht ausgeführt

Lage: Eckgrundstück am Potsdamer Platz in der Hauptachse der Leipziger Straße, Standort des ehemaligen Café Josty und des dahinterliegenden Weinhaus Rheingold (1906–1908, Architekt: Bruno Schmitz), gegenüber dem Columbushaus (1930–1932, Architekt: Erich Mendelsohn)

1. Projekt 1936
Gebäude: 5-, 6- und 7-geschossiges Bürohaus mit Lichtspieltheater für 986 Besucher; Passage im EG mit Ladengeschäften und Restaurant; Luftschutzräume für 2.000 Personen; Kolonnade zum Potsdamer Platz
Planungsverlauf: 11.9.1936 Antrag an die Baupolizei Tiergarten auf Erteilung eines Vorbescheides

2. Projekt 1938–1939
Gebäude: Variante 1: 10-geschossiges Eckgebäude, 2 letzte Geschosse als Staffelgeschosse zurückversetzt; Ladengeschäfte im EG. Variante 2: 11-geschossiges Eckgebäude mit 15-geschossigem Kopfbau, letztes Geschoss zurückversetzt; Ladengeschäfte im EG und 1. OG

Architekt: Paul Schwebes
Quellen: Paul Schwebes Archiv, Landesarchiv Berlin

1936–1937 und 1938–1939

Industrie- und Handelskammer Berlin

Entwurf, nicht fertiggestellt

1. Projekt 1936–1937
Lage: Burgstraße 26–30, Neue Friedrichstraße 47–50, in der Nähe der Börse gegenüber der Museumsinsel
Planungsverlauf: 1936 Kauf der Grundstücke; 4.12.1936 Präsentation Vorentwurf Schwebes; bis Anfang Jan. 1937 Kündigung der 284 bestehenden Mietverträge und Freimachung der Mietshäuser für geplanten Abriss; 3.2.1937 Übersendung Entwurf Ausschreibung Wettbewerb Neubau IHK an Generalbauinspekteur Albert Speer (GBI); 8.2.1937 Freigabe des Bauplatzes durch GBI; 13.4.1937 Schreiben des IHK-Präsidenten an GBI bzgl. Umsetzung der Baupläne; 20.5.1937 Schreiben des GBI an IHK mit Bauverbot und Entscheidung Hitlers, „dass der bereits von der Kammer erworbene Grundstücksblock für einen Museumsbau freizuhalten ist" sowie Wunsch Hitlers, den Neubau an der Kaiser-Wilhelm-Straße anzusiedeln (vorgeschlagener Block: Kaiser-Wilhelm-Straße, Burgstraße, Spandauer Straße), „[e]in Abreißen der jetzigen Bebauung ist zu untersagen"; Erstattung der Kosten für die Grundstückskäufe (Verkauf der Grundstücke an das Deutsche Reich); Entschädigung für zusätzliche Aufwendungen (u. a. Abfindungszahlungen an ehemalige Mieter) und Beginn Neuplanungen für den Bauplatz Kaiser-Wilhelm-Straße, Burgstraße, Spandauerstraße
Architekt: Paul Schwebes
Auftraggeber: Industrie- und Handelskammer Berlin

2. Projekt 1938–1939
Lage: Kaiser-Wilhelm-Straße 43–49, Burgstraße 23–24, Heiliggeist Straße 41–52 und 5–9, Heiliggeist Gasse 6–8, Spandauerstraße 3–13; Block an der Ost-West-Achse an der Museumsinsel, neben dem Berliner Dom und der Berliner Börse

Gebäude: 4-geschossiges Verwaltungsgebäude; Kopfbau mit Kolonnaden auf 50 m Länge; Haupteingang von Kaiser-Wilhelm-Straße mit Kassenhalle; Empfangshalle im EG mit repräsentativer Treppe ins OG mit Festsaal, Plenarsaal und Präsidentenzimmer; übrige Geschosse Büroräume für 700 Angestellte; Kasino mit vorgelagerter offener Terrasse im 4. OG; 100 Abstellplätze für Kraftwagen im KG; Kopfbau, Sockel und Architekturteile in Werkstein, übrige Fassade in Putz; Frontlänge Spandauerstraße: 159 m (94 m); Frontlänge zur Domseite/Burgstraße: 66 m; Grundstück: 11.150 m²; Nutzfläche: 21.800 m²
Bauverlauf: 21.1.1938 Anfrage der IHK an den GBI um „Einbeziehung des Gebietes in den Enteignungsbereich" nach dem Gesetz für die Neugestaltung deutscher Städte vom 4.10.1937; 1.2.1938 Erklärung des Baugebietes zum „Bereich"; 8.7.1938 Schwebes' Vorlage der Pläne für Neubau; 15.7.–25.11.1938 Abriss der bestehenden Gebäude; 14.7.1938 Präsentation Projektstand Schwebes und Ullrich bei GBI (Speer, Stephan, Kayser) zur Überarbeitung; bis 1.11.1938 Bereitstellung eines Modells für die 2. Deutsche Architektur- und Kunst-Ausstellung in München; 6.12.1938 Pressemitteilung GBI zum „Durchbruch nach Osten" mit einer „Reihe von Bauten, von denen die Kammer die erste sei"; 4.1.1939 Vorlage der Skizzen zur Gestaltung des Platzes für die Grundsteinlegung durch Schwebes und Ullrich; 19.1.1939 Präsentation Projektstand Schwebes bei GBI (Speer, Kube) zur Überarbeitung; 26.1.1939 IHK spricht Einladung zur Grundsteinlegung an Hitler aus; 2.3.1939 Grundsteinlegung mit Ansprachen von Staatsrat Reinhardt und Wirtschaftsminister Funk; 13.7.1939 Besichtigung 1:1-Modell auf der Baustelle; 2.9.1939 Beschluss über beschleunigte Fertigstellung der Luftschutzräume; 8.9.1939 Anordnung des GBI zur sofortigen Fertigstellung von Luftschutzräumen für öffentliche Zwecke (650–700 Personen)
Architekten: Paul Schwebes und Rudolf Ullrich
Auftraggeber: Industrie- und Handelskammer Berlin

Quellen: Paul Schwebes Archiv, Architekturmuseum der TU Berlin, Bundesarchiv Berlin-Lichterfelde

1937
Büro- und Geschäftshaus Franz Bergmann
Luisenstraße 46, Schumannstraße 4, Berlin-Mitte
verändert

Lage: am südlichen Ende des Charité-Geländes
Gebäude: 6-geschossiges Bürogebäude mit Ladengeschäften im EG, davon letztes Geschoss als zurückversetztes Staffelgeschoss ausgebildet
Architekt: Paul Schwebes
Auftraggeber: Franz Bergmann
Quelle: Bundesarchiv Berlin-Lichterfelde

1937
Läden der Protzen'sche Erbengemeinschaft
Königstraße 22–26, Klosterstraße 29, Berlin-Mitte
Umbau und Neugestaltung

Lage: Königstraße (heute: Rathausstraße), Ecke Klosterstraße; Nähe Berliner Rathaus
Architekt: Paul Schwebes
Auftraggeber: Protzen'sche Erbengemeinschaft
Quelle: Haben 2018

1937
Weinhaus Rheingold
Bellevuestraße 19–20, Berlin-Mitte
Umbau, nicht ausgeführt

Lage: Potsdamer Platz, Grundstück begrenzt von der Bellevuestraße und der Potsdamer Straße, hinter dem ehemaligen Café Josty, neben dem Hotel Esplanade (1907–1908, Architekt: Otto Rehnig) und gegenüber dem Columbushaus (1930–1932, Architekt: Erich Mendelsohn)
Gebäude: Umgestaltung des Eingangs, der Treppen und der Beleuchtung des Weinhaus Rheingold (1906–1908, Architekt: Bruno Schmitz)
Planungsverlauf: 1937 Antrag auf Baugenehmigung für Umbau zur Benutzung der Räume für öffentliche Veranstaltungen und Weiterleitung zur Vorlage beim GBI durch das Stadtplanungsamt; 1.12.1937 Mitteilung an das Stadtplanungsamt, „dass der Führer keinerlei Veränderungen im Hause Rheingold wünscht"
Architekt: Paul Schwebes
Auftraggeber: Aschinger's Aktiengesellschaft
Quelle: Bundesarchiv Berlin-Lichterfelde

1938
Einfamilienhaus Willy Kupsch
Fürstendamm, Berlin-Frohnau

Architekt: Paul Schwebes
Auftraggeber: Willy Kupsch, Notar
Quelle: Paul Schwebes Archiv

1938–1939
Haus der Reichs-Apotheker-Kammer
Argentinische Allee 8–10, Berlin-Zehlendorf
Entwurf, nicht fertiggestellt

Lage: Grundstück am Waldsee in Zehlendorf in einem Wohngebiet
Gebäude: 2-geschossiger Mittelbau, 2 seitliche 1-geschossige Flügelbauten

Planungsverlauf: 28.4.1938 Antrag der Reichs-Apothekerschaft auf Zuweisung eines Bauplatzes von 4.000 m^2 an der Nord-Süd-Achse für Neubau eines Verwaltungsgebäudes; 28.7.1938 Entwurf Regierungsbaumeister W. Wichtendahl für Neubau Verwaltungsgebäude des Reichs-Apotheker-Führers in der Argentinischen Allee; 25.8.1938 GBI versagt Bauvorhaben gemäß §4 Gesetz für die Neugestaltung deutscher Städte vom 4.10.1937; 24.11.1938 Einreichung Vorentwurf Schwebes mit Bitte um Freigabe des Bauplatzes durch GBI; 29.11.1938 GBI stimmt Bauplatz zu, wenn „die Gebäude reinen Villencharakter tragen"; 15.2.1939 Grundsteinlegung (geladene Gäste u. a. Rudolf Wolters und Hans Stephan); 13.7.1939 Freigabebesprechung bei GBI; 27.7.1939 GBI versagt Baugenehmigung, da Entwurf verändert
Architekten: Arbeitsgemeinschaft A. Wichtendahl, Augsburg, Paul Schwebes und Rudolf Ullrich, Berlin
Quelle: Bundesarchiv Berlin-Lichterfelde

1939
Aschinger's AG Zentrale
Saarbrücker Straße 36–38, Berlin-Prenzlauer Berg
Umbau Kesselhaus

Architekten: Paul Schwebes und Rudolf Ullrich
Auftraggeber: Aschinger's Aktiengesellschaft
Quelle: Bauaktenarchiv Pankow

1942
Finanzdirektion Lemberg
Karl-Ludwig-Straße, heute: Svoboda Prospekt, Lemberg/Lwiw, Ukraine
Instandsetzung für Deutsche Dienstpost, nicht ausgeführt

Ansicht Bestandsgebäude vor Umbau. Foto: unbekannt

Architekt: Paul Schwebes
Quellen: Landesarchiv Berlin, Paul Schwebes Archiv, Center for Urban History, Lwiw, Ukraine

vor 1945
unbekanntes Hotelhochhaus

Entwurfszeichnung Festsaal. Foto: unbekannt

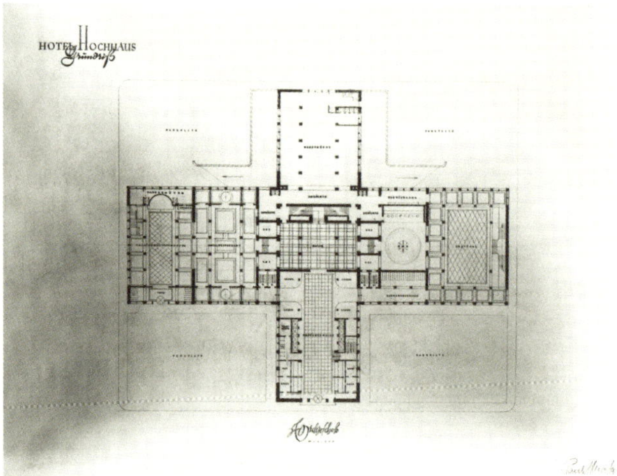

Grundriss Erdgeschoss. Foto: unbekannt

Architekt: Paul Schwebes
Quelle: Paul Schwebes Archiv

vor 1945
unbekanntes Verwaltungsgebäude

Modell. Foto: unbekannt

Architekt: Paul Schwebes
Quelle: Architekturmuseum der TU Berlin

PROJEKTE 1946–1954

1946

Stammhaus der Firma F. W. Borchardt

Französische Straße 47, Berlin-Mitte
Wiederherstellung Restaurant

ARCHITEKT: Paul Schwebes
QUELLE: Paul Schwebes Archiv

1946 und 1951–1953

Amerika-Haus, NAAFI-Club

Heerstraße 1, Berlin-Charlottenburg
Instandsetzung und Umbau

Ansicht Reichskanzlerplatz. Foto: Hans Hartz

LAGE: Heerstraße, Ecke Pommernallee, am Reichskanzlerplatz (heute: Theodor-Heuss-Platz), neben Deutschlandhaus (1929–1930, Architekt: Heinrich Straumer)
GEBÄUDE: Instandsetzung und Umbau des ehemaligen Büro- und Geschäftshauses mit Kino (1929–1930, Architekt: Heinrich Straumer) zum Summit House der Britischen Militärregierung mit Clubhaus NAAFI (Navy, Army and Air Force Institutes), Kino und Einkaufszentrum
ARCHITEKT: Dr.-Ing. Hans Schoszberger
AUFTRAGGEBER: Heinrich Mendelssohn (1951), Britische Militärregierung
QUELLEN: Bauaktenarchiv Charlottenburg-Wilmersdorf, Landesdenkmalamt Berlin

1947–1948

Wettbewerb zur Erlangung von Ideen-Plänen für die Gestaltung des Berliner Stadtviertels „Rund um den Zoo"

Berlin-Charlottenburg
Wettbewerb, einer von zwei 2. Preisen

LAGE: Gebiet um Tauentzienstraße und Kurfürstendamm, Berlin-Charlottenburg
WETTBEWERBSAUFGABE: (1) Ordnung und Gestaltung der Wohngebiete sowie der Gebiete für die wirtschaftlichen und kulturellen Aufgaben, verbunden mit der Planung des Raumes rund um den Zoo, seinem Zusammenhang zu Gesamt-Berlin entsprechend; (2) Lösung des Verkehrs; (3) Art und Dichte der Bebauung sowie Anzahl der Geschosse; (4) künstlerische Formung der Straßen- und Platzräume
WETTBEWERBSBEITRAG: Lösung des Verkehrs durch neue Nord-Süd-Hauptdurchgangsstraße für Autoverkehr zwischen Bahnhof Zoo und Rankeplatz als Hochstraße kreuzungsfrei über Hardenbergstraße und Kurfürstendamm; Ausbau Stülerstraße–Corneliusbrücke–Keithstraße–Martin-Luther-Straße als parallel verlaufende Hauptverkehrsstraße; Verbindung der beiden Nord-Süd-Straßen auf Höhe der Kurfürstenstraße entlang des Zoologischen Gartens. Gebietsveränderung des Zoologischen Gartens, nun begrenzt von S-Bahn/Nord-Süd-Hauptdurchgangsstraße im Westen und Keithstraße im Osten sowie Landwehrkanal im Norden und Kurfürstenstraße im Süden. Repräsentative, geradlinige Hauptgeschäftsstraße als Verbindung zwischen Hardenbergstraße und Tauentzienstraße mit Büros, Kinos, Hotels etc.; Konzentrationspunkte gegenüber der Kaiser-Wilhelm-Gedächtniskirche und am Wittenbergplatz, dazwischen aufgelockerte Hochhausbebauung, unmittelbar an das grüne Gelände des Zoologischen Gartens grenzend. Neugestaltung des Platzes vor dem Bahnhof Zoologischer Garten als großer rechteckiger Platz, zum Tiergarten gefasst durch Nordflügel, der über die neue Nord-Süd-Hauptdurchgangsstraße hinweggeführt
DATIERUNG: 1947 Ausschreibung des Wettbewerbs für (1) alle in Groß-Berlin registrierten freischaffenden Architekten; (2) alle in Groß-Berlin ansässigen beamteten und angestellten Architekten sowie (3) außerhalb Berlins ansässige Architekten, die 3 Jahre und länger in Groß-Berlin tätig waren; Sep. 1947 Ausgabe der Wettbewerbsunterlagen; 1.3.1948 Abgabefrist der Wettbewerbsarbeiten; 30.4.1948 Abgabefrist nach Verlängerung
ARCHITEKT: Paul Schwebes (neben Prof. Klaus Müller-Rehm einer der zwei 2. Preisträger, ein 1. Preis wurde nicht vergeben)
AUSLOBER: Magistrat von Groß-Berlin, Abteilung für Bau- und Wohnungswesen und Arbeitsgemeinschaft für den Wiederaufbau des Stadtviertels „Rund um den Zoo"
QUELLEN: Paul Schwebes Archiv, Landesarchiv Berlin

1948–1949

Geschäftshaus Tauentzienpalast

Tauentzienstraße 19, Nürnberger Straße 57–59, Berlin-Schöneberg
Entwurf, nicht ausgeführt

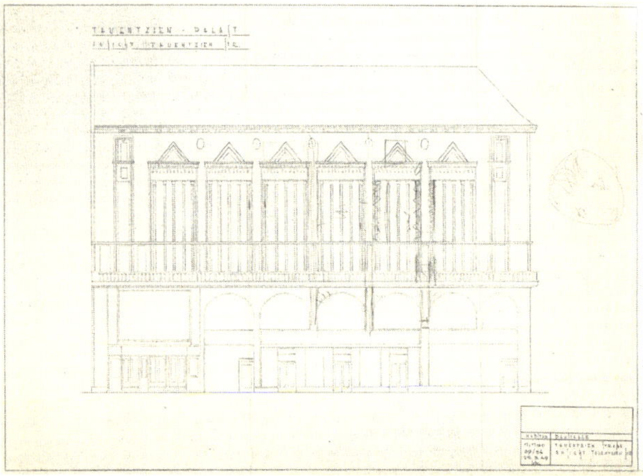

Ansichtszeichnung Tauentzienstraße

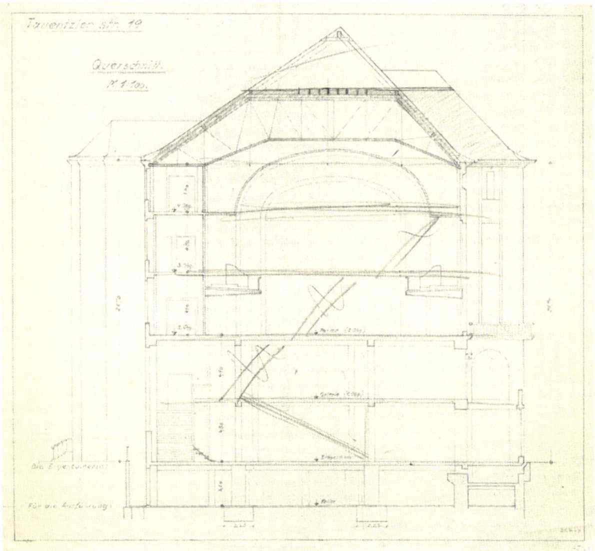

Schnitt

Lage: Tauentzienpalast / Union-Theater Kammerlichtspiele (1912–1913, Architekt: Johann Emil Schaudt), neben dem Femina-Palast (1928–1931, Architekten: Bielenberg und Moser) in unmittelbarer Nachbarschaft des Kaufhaus des Westens (KaDeWe) (1906–1907, Architekt: Johann Emil Schaudt); heute: Standort Bekleidungshaus Peek & Cloppenburg (2005–2008, Architekten: Gottfried und Peter Boehm)
Gebäude: Wiederherstellung und Umbau des kriegszerstörten Kinos zu einem Warenhaus
Architekt: Paul Schwebes
Quelle: Architekturmuseum der TU Berlin

1949

Café Kranzler und Braustübl

Meckenheimer Allee, Bonn
Umbauten

Architekt: Paul Schwebes
Auftraggeber: Internationale Gaststätten-GmbH (Hotel-Betriebs AG)
Quelle: Paul Schwebes Archiv

1949

Hotel Eden

Budapester Straße 35, Nürnberger Straße 1–2, Kurfürstenstraße 90–91 und 98–100, Berlin-Charlottenburg
Entwurf, nicht ausgeführt

Lage: Grundstück des kriegszerstörten Hotel Eden (1911–1912, Architekt: Moritz Ernst Lesser), gegenüber dem Aquarium des Zoologischen Gartens (1911–1913, Architekten: Zaar und Vahl), heute: Olof-Palme-Platz
Gebäude: 12-geschossiges Hotelhochhaus mit 6-geschossigen Anschlussbauten zur Nachbarbebauung; repräsentative Geschäftszone im EG und 1. OG, die sich als 2-geschossiger Pavillon mit Café und Restaurant entlang der Budapester Straße fortsetzt
Architekt: Paul Schwebes
Quelle: Landesarchiv Berlin

1949

Textil- und Wirtschaftsladen der Handels-Organisation (HO)

Prenzlauer Allee 181, Berlin-Prenzlauer Berg
Inneneinrichtung

Architekten: Paul Schwebes (Inneneinrichtung) und Herbert Huck (Schaufensterdekoration)
Auftraggeber: Handels-Organisation HO, Berlin
Quellen: Paul Schwebes Archiv, Architekturmuseum der TU Berlin

1949–1950

Speise- und Seminarraum der Fachschule der Handelsorganisation HO Dreilinden

Kleinmachnow bei Berlin
Entwurf, nicht ausgeführt

Architekt: Paul Schwebes
Auftraggeber: Handels-Organisation HO, Berlin
Quelle: Brandenburgisches Landeshauptarchiv

Ende 1940er Jahre
Sarotti-Pavillon
Kurfürstendamm 18–19, Joachimsthaler Straße 9, Berlin-Charlottenburg
Behelfsbau

Architekt: Paul Schwebes
Quelle: Paul Schwebes Archiv

Ende 1940er Jahre / vor 1950
WMF-Geschäftshaus
Leipziger Straße 112, Ecke Mauerstraße 12, Berlin-Mitte
Baudenkmal

Gebäude: Entwurf für Wiederaufbau und Umbau des Geschäftshauses zu einem Konsum-Kaufhaus
Architekten: Paul Schwebes (Entwurf), Alfred Haase (ausgeführter Entwurf)
Quelle: Paul Schwebes Archiv

1950
Aschinger Bierquelle am Zoo
Joachimsthaler Straße 3, Berlin-Charlottenburg
Behelfsbau

Architekt: Paul Schwebes
Auftraggeber: Aschinger's Aktiengesellschaft
Quellen: Paul Schwebes Archiv, Landesarchiv Berlin

1950
Betrieb Kempinski
Schloßstraße 35, Berlin-Steglitz
Behelfsbau

Ansicht Schloßstraße. Foto: Bert Sass

Lage: neben dem Rathaus Steglitz, heute: Standort Shoppingmall Das Schloss
Architekt: Paul Schwebes
Auftraggeber: M. Kempinski & Co. GmbH, Hotelbetriebs-AG
Ausführung: Richter und Schädel
Innenausstattung: Ludwig und Rolf Adam
Quellen: Paul Schwebes Archiv, Landesarchiv Berlin

1950
Büro- und Geschäftshaus Deutsche Zündholzfabriken AG
Hardenbergstraße 27–29, Kantstraße 1–4, Joachimsthaler Straße 43–44, Berlin-Charlottenburg
Entwurf, nicht ausgeführt

Lage: Block der Dortmunder Union am Bahnhof Zoologischer Garten, heute: Standort Zoofenster mit Hotel Waldorf Astoria (2008–2012, Architekt: Christoph Mäckler)
Gebäude: 10-geschossiges Bürogebäude entlang der Hardenbergstraße mit Geschäftszone im EG und 1. OG, die sich als 2-geschossiger geschwungener Baukörper entlang der Joachimsthaler Straße fortsetzt
Architekt: Paul Schwebes
Quelle: Architekturmuseum der TU Berlin

1950
Kaufhaus Kajot-Kleidung
Karl-Marx-Straße 224–226, Berlin-Neukölln
Wiederherstellung und Erweiterung

Ansicht Karl-Marx-Straße. Foto: Willi Nitschke

Architekt: Paul Schwebes
Auftraggeber: Kajot-Kleidung Wilhelm Jöring
Quellen: Paul Schwebes Archiv, Landesarchiv Berlin

1950 und 1952

Bekleidungshaus Leineweber

Schloßstraße 121–122, Feuerbachstraße 7–9, Berlin-Steglitz
stark verändert

Lage: Schloßstraße, Ecke Feuerbachstraße, gegenüber dem Titania-Palast (1927–1928, Architekten: Schöffler, Schloenbach und Jacobi)
Gebäude: 2-geschossiges Geschäftsgebäude, spitzwinklig zulaufend mit abgestumpfter Ecke; Stahlbetonskelettbau, verputzt; im EG Schaufensterfront mit Passage zwischen Schloßstraße und Feuerbachstraße; zurückversetztes OG; nach Erweiterung: 4-geschossiges Geschäftsgebäude, 2. und 3. OG zurückversetzt
Architekten: Paul Schwebes und Edmund Stelter
Quelle: Museum Steglitz

1950–1951 und 1955–1957

Verwaltungsgebäude der Berliner Disconto Bank AG

Potsdamer Straße 140, Bülowstraße 85–87 (nach Erweiterung: Bülowstraße 85–88), Berlin-Schöneberg
Baudenkmal

Lage: am Hochbahnhof Bülowstraße

Neubau 1950–1951
Gebäude: 5-geschossiges Verwaltungsgebäude (3.300 m² Nutzfläche) mit schmalem 6-geschossigen Anschlussbau an Nachbarbebauung Bülowstraße; 35-Meter-Front zur Potsdamer Straße mit Haupteingang; leicht geschwungener 60-Meter-Flügel entlang der Bülowstraße; Mauerwerksbau mit Putzfassade, Erdgeschosszone mit Natursteinverkleidung; Rasterfassade mit tief sitzenden Fenstern; 25 × 25 m Kassenhalle mit Schaltern im EG; Direktion, Konferenzräume, Sitzungssaal im 1. OG; etwa 100 Büros in den OGs und Bankarchiv im DG
Bauverlauf: 11.11.1950 Baubeginn; 9.6.1951 Richtfest; 15.12.1951 Einweihung

Erweiterung 1955–1957
Gebäude: 9-geschossiger Erweiterungsbau (1.800 m² Nutzfläche) in Stahlbetonbauweise; offenes, aufgeständertes EG mit Durchfahrt zu Hof und Tiefgarage; Rasterfassade mit Travertin verkleidet; Aufstockung des bestehenden Verwaltungsbaus um ein Geschoss, 1-geschossige Erweiterung der Kassenhalle im Hof
Bauverlauf: Jun. 1955 Baubeginn; 6.4.1956 Richtfest

Architekt: Paul Schwebes
Auftraggeber: Berliner Disconto Bank AG
Ausführung: Philipp Holzmann AG

Quellen: Paul Schwebes Archiv, Bauaktenarchiv Tempelhof-Schöneberg

1950–1952, 1957–1958 und 1964–1967

Hotel Kempinski (später Bristol Hotel Kempinski)

Kurfürstendamm 27 und 29, Fasanenstraße 20–21 (nach Erweiterungen: Fasanenstraße 16–21, Uhlandstraße 181–182), Berlin-Charlottenburg
Baudenkmal

Lage: Kurfürstendamm, Ecke Fasanenstraße, anstelle eines kriegszerstörten Mietshauses mit Restaurant und Delikatessengeschäft Kempinski

Neubau 1950–1952
Gebäude: 7-geschossiges Hotelgebäude, abgerundeter Baukörper mit vorspringendem 6-geschossigem Teil; Mauerwerksbau mit Lochfassade; repräsentative Erdgeschosszone mit Schaufensterfront und Verkleidung in schwarzen Opakglasplatten; darüber Fassade aus hellgelben Opakglasplatten; umbauter Raum: 30.000 m³; Frontlänge: 71 m; EG: Hotelempfang, Hotelhalle, Restaurant Kempinski (400 Plätze), Café Schloß Marquardt (110 Plätze) mit Vorgarten (180 Plätze) und Weinhandlung Kempinski; 1. OG: Gesellschaftsräume, Konferenz-, Lese- und Schreibzimmer, Frühstücksraum, Friseursalon und Küchenanlagen; 2. bis 5. OG: Hotelzimmer, 220 Betten, Großteil in „Kombi-Zimmern" (sowohl Einzel- als auch Doppelzimmer), 12 Doppelzimmer, 16 Einzelzimmer mit Duschraum und Privattoilette, 2 Appartements; Zimmer mit Bad und Toilette sowie Telefon, Radio und Weckrufanlage
Bauverlauf: 9.12.1950 Antrag auf Baugenehmigung; 9.1.1951 Genehmigung mit Baufreigabebescheid Nr. VII 8B 7801; 24.2.1951 Grundsteinlegung; 15.4.1951 Baubeginn; 29.7.1952 Wiedereröffnung als erster Hotelneubau in West-Berlin
Architekt: Paul Schwebes
Auftraggeber: M. Kempinski & Co. GmbH
Ausführung: Philipp Holzmann AG, Heilmann & Littmann

1. Erweiterung 1957–1958
Gebäude: 7-geschossige Erweiterung Fasanenstraße 17–19; Stahlbetonskelettbau; neuer Haupteingang mit Flugdach
Bauverlauf: 15.1.1957 Vorlage von 2 Projekten für Erweiterung bei SenBauDir Stephan; 22.2.1957 Antrag auf Baugenehmigung; 25.2.1957 Beginn Abrissarbeiten Fasanenstraße 19; 26.7.1957 Rückzug des Antrages auf Baugenehmigung „wegen grundsätzlicher Entwurfsänderung"; 26.7.1957 Antrag auf Baugenehmigung für Erweiterung Fasanenstraße 17–19; 2.8.1957 Genehmigung mit Bauschein Nr. 1001; 8.1.1958 Baugenehmigung mit Bauschein Nr. 2144 (Kurfürstendamm 27, Fasanenstraße 17–20); 7.2.1958 Richtfest; 6.9.1958 Eröffnung Bristol Kempinski
Architekt: Paul Schwebes
Auftraggeber: M. Kempinski & Co. GmbH
Ausführung: Arbeitsgemeinschaft Wiemer & Trachte – Hermann Schäler

Innenausstattung: August Wagner, Vereinigte Werkstätten für Mosaik und Glasmalerei

1962–1963 Umbauten und Errichtung Saalbau

2. Erweiterung 1964–1967
Gebäude: 12-geschossiges Hochhaus, Erweiterung Fasanenstraße 16; Stahlbetonskelettbau
Bauverlauf: 11.12.1964 Planvorstellung; 9.7.1965 Architektenvertrag; 2.9.1966 Richtfest; Mai 1967 Eröffnung
Architekten: Schwebes und Schoszberger
Auftraggeber: M. Kempinski & Co. GmbH

Quellen: Paul Schwebes Archiv, Architekturmuseum der TU Berlin, Bauaktenarchiv Charlottenburg-Wilmersdorf

1950–1955
Ruinennutzung Baublock Dortmunder Union
Joachimsthaler Straße 43–44, Hardenbergstraße 27–27a, Kantstraße 2–2a und 3–4, Berlin-Charlottenburg
Behelfsbau, 1958 abgerissen

Lage: Block der Dortmunder Union am Bahnhof Zoologischer Garten, heute: Standort Zoofenster mit Hotel Waldorf Astoria (2008–2012, Architekt: Christoph Mäckler)
Gebäude: Behelfsbau im EG einer Ruine, 1-geschossiges provisorisches Laden- und Gaststättengebäude mit Gaststätte Stadtkrug (Camphausen), Läden (ab 1950), Aktualitäten-Lichtspiel-Theater „AKI" (1952) und Filiale der Berliner Disconto Bank AG (1955)
Bauverlauf: 15.12.1950 Antrag auf Baugenehmigung; 20.12.1950 Baufreigabeschein für Restaurant und Café; 17.4.1951 Bauschein Nr. 67 (bis 1957 verschiedene Nachträge); 15.4.1952 Baubeginn; 15.10.1952 Bau nach 70 % Fertigstellung eingestellt; 5.2.1955 Antrag auf Baugenehmigung für Ausbau Filiale Berliner Disconto Bank AG; Ende 1957 Teilabriss und Umbau nach Abtretung von 1.000 m² Bauland für Straßenausbau und U-Bahn-Bau; 1958 Abriss
Architekt: Paul Schwebes
Auftraggeber: Dortmunder Union AG, Dortmund
Ausführung: Wiemer & Trachte
Quelle: Bauaktenarchiv Charlottenburg-Wilmersdorf

1951
Café Kranzler Berlin
Kurfürstendamm 18–19, Joachimsthaler Straße 8–9, Berlin-Charlottenburg
Behelfsbau, 1957 abgerissen

Lage: Kurfürstendamm, Ecke Joachimsthaler Straße, anstelle des ehemaligen Künstlerlokals Café des Westens („Café Größenwahn"); heute: Standort Kranzler-Eck (1957/58, Architekt: Hanns Dustmann)
Gebäude: 1-geschossiger provisorischer Flachbau in den Umfassungsmauern des kriegszerstörten Eckgebäudes
Architekt: Paul Schwebes
Quelle: Architekturmuseum der TU Berlin

1951
Dortmunder Union Klause
Kurfürstendamm 22–23, Berlin-Charlottenburg
Behelfsbau, abgerissen

Architekt: Paul Schwebes
Auftraggeber: Fr. Wilhelm Camphausen
Quelle: Paul Schwebes Archiv

1951
Kaufhaus Peek & Cloppenburg
Tauentzienstraße 13, Berlin-Charlottenburg
Entwurf, nicht ausgeführt

Modell. Foto: unbekannt

Lage: ehemaliges Aschinger-Grundstück (Pschorr-Haus), südöstliche Begrenzung des Breitscheidplatzes, gegenüber Kaiser-Wilhelm-Gedächtniskirche
Gebäude: 7-geschossiges Büro- und Geschäftsgebäude, letztes Geschoss als zurückversetztes Staffelgeschoss ausgebildet; geschwungener Baukörper; EG mit Schaufensterfront und durchlaufendem Vordach; Fassade horizontal gegliedert durch Fensterbänder, Brüstungen und hervortretende Deckenbänder; schmaler, leicht zurückversetzter Anschluss an Nachbarbebauung
Architekt: Paul Schwebes
Quelle: Neue Bauwelt 1951

1951
Komödie am Kurfürstendamm
Kurfürstendamm 206–207, Berlin-Charlottenburg
Umbau und Renovierung

Gebäude: Umbau und Renovierung des Boulevardtheaters (1922–1925, Architekt: Oskar Kaufmann)
Architekt: Dr.-Ing. Hans Schoszberger
Auftraggeber: Hans Wölffer
Quelle: Worbs 2007

1951
Stadtküche und Feinkostgeschäft Rollenhagen
Kurfürstendamm 229, Berlin-Charlottenburg
Umbau und Neueinrichtung

Ansicht Kurfürstendamm. Foto: Gert Schütz

Architekt: Paul Schwebes
Auftraggeber: Hotel-Betriebs AG, Berlin
Quelle: Paul Schwebes Archiv

1951
Verwaltungsgebäude der Berliner Bank AG
Hardenbergstraße 21, Berlin-Charlottenburg
beschränkt offener Wettbewerb, einer von vier 2. Preisen

Lage: Hardenbergstraße, Ecke Fasanenstraße, am Bahnhof Zoologischer Garten, zwischen Oberverwaltungsgericht und Hochschule der Bildenden Künste
Gebäude: 2-geschossiger Flachbau mit Kassenhalle im EG und Arbeitsräumen im OG; darüber mehrgeschossiger Büroriegel
Architekt: Paul Schwebes (Mitarbeit: Fritz Plath)
Auslober: Berliner Bank Aktiengesellschaft
Quelle: Paul Schwebes Archiv

vor 1952
Verwaltungsgebäude der Landeszentralbank Berlin
Leibnizstraße 9–10, Bismarckstraße 14–15, Berlin-Charlottenburg
Entwurf, nicht ausgeführt

Lage: Eckgrundstück neben der ehemaligen Reichsbankstelle Charlottenburg (1905–1907, Architekten: Julius Habicht und Philipp Rappaport; Erweiterung 1924–1926, Architekten: Heinrich Hartwig und Heinrich Wolff)
Gebäude: 6-geschossiges Verwaltungsgebäude, letztes Geschoss als zurückversetztes Staffelgeschoss ausgebildet; zu beiden Seiten schmaler, leicht zurückversetzter 5-geschossiger Anschluss an Nachbarbebauung; Rasterfassade mit stehenden Fenstern; EG mit bodentiefen Fenstern als Geschäftszone
Architekt: Paul Schwebes
Auftraggeber: Deutsche Bundesbank
Quelle: Paul Schwebes Archiv

1952
Büro- und Geschäftshaus der Allianz-Versicherungs AG
Joachimsthaler Straße 10–12, Berlin-Charlottenburg
eingeladener Wettbewerb, 2. Preis

Lage: Areal zwischen Augsburger Straße, Joachimsthaler Straße bis zum Kurfürstendamm
Gebäude: 10- und 6-geschossiges Büro- und Geschäftshaus mit Anschluss an Nachbarbebauung; 2 geschwungene Baukörper in konkaver Gegenbewegung zueinander (2 Entwurfsvarianten), Ladengeschäfte mit Schaufensterfront im EG; Variante mit vorgesetztem 2-geschossigen Pavillonbau
Architekt: Paul Schwebes
Auslober: Allianz-Versicherungs AG und Allianz Lebensversicherungs-AG
Quelle: Paul Schwebes Archiv

1952–1953, 1959–1960 und 1965–1966
Kaufhaus HELD
Bundesallee 103–103a, Bornstraße 1 (nach Erweiterungen: Bundesallee 97–103a, Bornstraße 1, heute: Walther-Schreiber-Platz 1), Berlin-Friedenau
2005 abgerissen

Lage: Walther-Schreiber-Platz, heute: Standort Shoppingmall SSC Schloss-Straßen-Center (2007)

Neubau 1952–1953
Gebäude: 4-geschossiges Geschäftshaus; Stahlbetonskelettbau, abgerundete Gebäudeecke; horizontal gegliederte Fassade mit schmalen liegenden Fenstern und Brüstungsbändern, Verkleidung aus schwarzen und

beigefarbenen Opakglasplatten; letztes OG zurückversetzt, auskragendes Dach; EG mit umlaufender Schaufensterfront; Verkaufsfläche vom EG bis 2. OG über interne Wendeltreppe erschlossen; seitliche Treppenhäuser
Bauverlauf: Dez. 1952 Baubeginn; Apr. 1953 Richtfest
Architekt: Paul Schwebes
Auftraggeber: Deutsche Lloyd Lebensversicherung AG, München

1. Erweiterung 1959–1960
Gebäude: 4-geschossige Erweiterung auf Nachbargrundstück Bundesallee 99–101; Abbruch seitliches Treppenhaus an Bundesallee und Erweiterung des Verkaufsraumes; Anpassung der Fassade an Ursprungsbau
Bauverlauf: 21.1.1959 Architektenvertrag; Herbst 1959 Baubeginn, 7.4.1960 Richtfest; 16.9.1960 Eröffnung
Architekten: Schwebes und Schoszberger
Auftraggeber: Deutsche Lloyd Lebensversicherung AG, München

2. Erweiterung 1965–1966
Gebäude: 4-geschossige Erweiterung auf Nachbargrundstück Bundesallee 97–98; Anpassung der Fassade an Ursprungsbau
Architekten: Schwebes und Schoszberger
Auftraggeber: Deutsche Lloyd Lebensversicherung AG, München
Ausführung: Berlinische Bau-Gesellschaft und Wiemer & Trachte; Heilmann & Littmann

Quellen: Paul Schwebes Archiv, Landesarchiv Berlin

1952–1953
Verwaltungsgebäude der Adrema Maschinenbaugesellschaft mbH
Gotzkowskystraße 20, Berlin-Moabit
Baudenkmal

Lage: Gelände des Industrie-Palast Spree (1911–1912, Architekt: Wilhelm Peters) zwischen Spree, Alt-Moabit und Gotzkowskystraße, anstelle eines kriegszerstörten Mietshauses an der Gotzkowskystraße
Gebäude: 6-geschossiges Verwaltungsgebäude; Stahlskelettbau, Lochfassade mit grauem Werkstein verkleidet; letztes Geschoss als zurückgesetztes Staffelgeschoss, Schaufenster im EG
Architekt: Paul Schwebes
Auftraggeber: Adrema Werke GmbH Berlin
Ausführung: Berlinische Baugesellschaft mbH
Quelle: Paul Schwebes Archiv

1952–1954
Büro- und Geschäftshaus Tauentzienstraße
Tauentzienstraße 19 und 19a–19b, Berlin-Schöneberg
Entwurf, nicht ausgeführt

Lage: Südseite der Tauentzienstraße, neben kriegszerstörtem Tauentzienpalast (1912–1913, Architekt: Johann Emil Schaudt)

1. Projekt Tauentzienstrasse 19a (1952)
Gebäude: 5-geschossiges Büro- und Geschäftshaus; Ladengeschäft im EG und 1.OG, über interne Wendeltreppe verbunden, darüber 4 Bürogeschosse

2. Projekt mit Kino Tauentzienstrasse 19a–19b (1954)
Gebäude: 6-geschossiges Büro- und Geschäftshaus mit Ladengeschäft im EG; im Hof Kino mit 400 Plätzen

3. Projekt Tauentzienstrasse 19 und 19a–19b (um 1954)
Gebäude: 6-geschossiges Büro- und Geschäftshaus unter Einbeziehung des benachbarten Tauentzienpalasts (2 Varianten), durchgehende Ladenzone im EG und 1. OG mit Fassadenverkleidung in schwarzen Opakglasplatten, darüber 4 Bürogeschosse mit Rasterfassade.
Variante 1: Umbau Tauentzienpalast zu Kaufhaus mit Teilerhalt der historischen Fassade. Variante 2: Umbau Tauentzienpalast mit neuer Rasterfassade

Architekt: Paul Schwebes
Quelle: Architekturmuseum der TU Berlin

1952–1955
Büro- und Geschäftshaus der Allianz-Versicherungs AG
Joachimsthaler Straße 10–12, Berlin-Charlottenburg
Baudenkmal

Lage: Areal zwischen Augsburger Straße und Joachimsthaler Straße bis zum Kurfürstendamm
Gebäude: 14-geschossiges Scheibenhochhaus mit Dachterrasse; 6-geschossiger leicht konkav geschwungener Flügelbau mit erhöhtem Kopfbau und Ladengeschäften im EG; Stahlbetonskelettbau, Rasterfassade durch Lisenen vertikal gegliedert, Verkleidung mit Juratravertin, Stahlfenster über niedriger Brüstung; Eingangshalle mit Mosaiksäulen und geschwungener Freitreppe im EG, Glaswand als Abtrennung zum Kassenraum; Direktion mit Büroräumen im 10. OG, interne Freitreppe in das 11. OG mit Schulungsraum und Sitzungssaal; Küche und Speisesaal im 12. und 13. OG; Grundstück: 4.319 m², Baufläche: 2.056 m²; Geschossfläche: 12.840 m²; Traufhöhe 56 m
Bauverlauf: Ende 1952 Beginn der Ausschachtungsarbeiten; 5.4.1955 Einweihung in Anwesenheit zahlreicher Gäste des Senates, der Behörden und der Berliner Wirtschaft

Architekten: Regierungsbaurat Alfred Gunzenhauser, Stuttgart (künstl. Leitung), und Paul Schwebes (künstl. Leitung und Bauausführung)
Auftraggeber: Allianz-Versicherungs AG und Allianz Lebensversicherungs-AG
Ausführung: Arbeitsgemeinschaft Allianz-Haus (Dyckerhoff & Widmann K.G., Berlin / Berlinische Baugesellschaft mbH, Berlin / Philipp Holzmann AG, Berlin / Hermann Schäler, Berlin)
Innenausstattung: Jozsef Bato (Glasmalereifenster, Mosaiksäulen Eingangshalle)
Quellen: Paul Schwebes Archiv, Bauaktenarchiv Charlottenburg-Wilmersdorf

1953

Industrie- und Handelskammer mit Börse

Hardenbergstraße 16–18, Fasanenstraße 86, Berlin-Charlottenburg
eingeladener Wettbewerb

Lage: Eckgrundstück Hardenbergstraße, Fasanenstraße, gegenüber Berliner Bank, Hochschule der Bildenden Künste und Oberverwaltungsgericht, neben Klubhaus für den Verein Berliner Kaufleute und Industrieller e. V. (VBKI)
Gebäude: 5-geschossiges Eckgebäude (2 Entwürfe), Schaufensterfront im EG, Eingang zur Hardenbergstraße mit großem Flugdach, 1-geschossige Verbindung zum benachbarten Klubhaus des VBKI
Architekt: Paul Schwebes
Auslober: Industrie- und Handelskammer Berlin
Quelle: Architekturmuseum der TU Berlin

1953

Verwaltungsgebäude der Landesversicherungsanstalt Berlin

Kaiserdamm 90–94, Messedamm 1–5, Bredtschneiderstraße 1–4, Berlin-Charlottenburg
eingeladener Wettbewerb (Ankauf)

Lage: nördlich des Messegeländes, neben Stadtautobahn und S-Bahn-Ring
Gebäude: Komplex aus 3 fächerförmig angeordneten, 4- und 8-geschossigen Büroriegeln, über 1-geschossigen Flachbau miteinander verbunden
Architekt: Paul Schwebes
Auslober: Landesversicherungsanstalt Berlin
Quellen: Paul Schwebes Archiv, Architekturmuseum der TU Berlin

1953–1954

Klubhaus für den Verein Berliner Kaufleute und Industrieller e. V. (VBKI)

Fasanenstraße 83, Berlin-Charlottenburg
Baudenkmal, 1993/94 abgerissen

Vorentwurfszeichnung, 1953

Lage: neben Industrie- und Handelskammer mit Börse, heute: Standort Ludwig Erhard Haus (1994–1997, Architekten: Nicholas Grimshaw and Partners)
Gebäude: 2-geschossiger kompakter Baukörper; repräsentative symmetrische Hauptfassade zur Fasanenstraße mit geschwungener Freitreppe und weit geschwungenem Vordach; seitliche Fassaden mit geschossübergreifenden Fensterzonen; Rückfassade mit Nebentreppenhaus; an Südseite vorspringender Bürotrakt; Mauerwerksbau mit Stahlbetonrippendecken; Hauptfassade mit grauen Muschelkalkplatten verkleidet, übrige Fassaden mit Perlite-Edelputz, einzelne Details mit Natursteinverblendung, dunkel abgesetzter Sockel, Attika, Stahlrahmenfenster; im EG Eingangshalle mit repräsentativer geschwungener Treppe, Bar, verschiedene Salons, Speisesaal und Küche; im OG großer Saal (300 Personen) mit Bühne, Vorsaal und Vorführraum; im KG Berliner Keller / Bierschwemme, Garderobe, Technik- und Lagerräume
Bauverlauf: Mrz. 1953 Vorentwurf Schwebes; 9.4.1953 Vorbesprechung Vorprojekt II mit Baupolizei und Planungsamt Charlottenburg, anschließend Wettbewerb unter Mitgliedern des VBKI (5 Teilnehmer); Apr. bis Jul. 1953 Beurteilung der Entwürfe durch VBKI-Vereinsmitglieder (1. Platz Paul Schwebes, 2. Platz Karl Friedrich Demmer); 30.7.1953 Antrag auf Baugenehmigung; 14.8.1953 Einreichung Bauantrag; 9.9.1953 Baubeginn; 29.9.1953 Grundsteinlegung; 8.12.1953 Erteilung Bauerlaubnis; 29.12.1953 Richtfest; 24.5.1954 Rohbauabnahme; 23.9.1954 Vorbesichtigung durch Vereinsmitglieder; 25.9.1954 Einweihung (zum 75-jährigen Vereinsjubiläum in Anwesenheit des Bundesministers für Wirtschaft Ludwig Erhard); 1966 Generalüberholung; 1993/94 Abriss, nach Aufhebung des Denkmalschutzes

Architekt: Paul Schwebes (künstl. Oberleitung), Karl Friedrich Demmer (techn. Oberleitung)
Auslober: Verein Berliner Kaufleute und Industrieller e. V., Berlin (VBKI)
Auftraggeber: Verein Berliner Kaufleute und Industrieller e. V., Berlin (VBKI)
Ausführung: Hermann Schäler Bau GmbH
Quellen: Paul Schwebes Archiv, Architekturmuseum der TU Berlin, Bauaktenarchiv Charlottenburg-Wilmersdorf, Lemburg et al. 1998

1953–1954
Parkhotel Düsseldorf
Königsallee 1a, Düsseldorf
erhalten

Lage: Stadtmitte, Corneliusplatz, am Rande des Hofgartens, neben der Oper
Gebäude: Umbau Hotelgebäude (1901–1902, Architekten: Kayser & von Großheim, Wähler); Aufstockung eines 4. OG, als Staffelgeschoss zurückgesetzt, darüber flaches Walmdach; Neugestaltung und Einrichtung der Räume; Grundriss weitgehend unverändert
Architekten: Paul Schwebes, Hentrich, von Breuning, Tritthart, Walker jr.
Quellen: Paul Schwebes Archiv, Landesdenkmalamt Düsseldorf

1954
Archivgebäude der Allianz-Versicherungs AG
Fasanenstraße 31, Berlin-Charlottenburg
Entwurf, nicht ausgeführt

Lage: Fasanenstraße, Ecke Lietzenburger Straße
Gebäude: 2-geschossiges Archivgebäude; von der Straße zurückversetzter Baukörper mit vorgelagerten Parkplätzen; Fassade mit stehenden Fenstern
Architekt: Paul Schwebes
Auftraggeber: Allianz AG
Quelle: Landesarchiv Berlin

1954
Maggi-Haus Frankfurt am Main
An der Hauptwache, Ecke Biebergasse 1, Frankfurt am Main
1973 abgerissen

Lage: Westseite des Platzes an der Hauptwache, Eckgrundstück neben Allianzhaus (1973 abgerissen) mit Café Kranzler
Gebäude: 8-geschossiges Büro- und Geschäftshaus; Stahlskelettbau, zum Platz geschlossene Fassade mit schmalem vertikalen Fensterband; zur Biebergasse leicht geschwungene, ab dem 1. OG leicht auskragende Glasfront, im EG Passage mit Ladengeschäft (Kranzler-Sarotti-Laden), Eingangshalle mit Spiegelglas-Wänden, Marmortreppen und Aufzug
Architekt: Paul Schwebes
Auftraggeber: Pensionskasse der Maggi-GmbH Singen
Quellen: Paul Schwebes Archiv, Institut für Stadtgeschichte Frankfurt a. M.

1954–1955
Haus Königstadt
Kurfürstendamm 33, Grolmannstraße 37, Berlin-Charlottenburg
Baudenkmal (Ladenzone, Vestibül und Treppenhaus), verändert

Lage: Kurfürstendamm, Ecke Uhlandstraße
Gebäude: 6-geschossiges Büro- und Geschäftshaus mit durchgehender Ladenzone im EG, darüber Büroräume; Stahlbetonskelettbau; geschwungener Baukörper mit 100 m Straßenfassade; im EG durchgehende Schaufensterfront, darüber Fassade verkleidet in schwarzem (Brüstungen und Attika) und weißem Opakglas (Wandflächen); umbauter Raum: 36.000 m³; Nutzfläche: 7.355 m²; Gebäudehöhe: 22,35 m
Bauverlauf: 1.6.1954 Antrag auf Baugenehmigung; 9.8.1954 Genehmigung mit Bauschein Nr. 1039/1954; 9.8.1954 Baubeginn; 18.2.1955 Richtfest in Anwesenheit von Senator für Wirtschaft und Kreditwesen Dr. Hertz und Bausenator Schwedler
Architekt: Paul Schwebes
Auftraggeber: Königstadt Aktiengesellschaft für Grundstücke und Industrie, Berlin
Ausführung: Arbeitsgemeinschaft Königstadt AG (Dyckerhoff & Widmann KG und Philipp Holzmann AG)
Quellen: Paul Schwebes Archiv, Bauaktenarchiv Charlottenburg-Wilmersdorf

1954–1955
Schultheiss, Büro- und Geschäftshaus am Kurfürstendamm
Kurfürstendamm 220, Meinekestraße 1, Berlin-Charlottenburg
Wiederaufbau mit Gaststätte, stark verändert

Lage: Kurfürstendamm, Ecke Meinekestraße, schräg gegenüber dem Hotel Kempinski
Gebäude: Wiederaufbau und Instandsetzung eines kriegszerstörten Bürogebäudes; Einziehen von Massivdecken, Entfernen von Erkern, Balkonen, Gesimsen und Stuckteilen; Ausbau des EG und 1. OG als Spezialausschank der Schultheiss Brauerei mit Schankgarten zum

Kurfürstendamm (Pächter: Heinz Zellermeyer)
Bauverlauf: 24.3.1954 Antrag auf Baugenehmigung; 12.6.1954 Beginn Schuttbeseitigung; 2.3.1955 Eröffnung
Architekt: Paul Schwebes
Auftraggeber: Becker & Kries OHG, Vermögens- und Grundbesitzverwaltung
Quellen: Paul Schwebes Archiv, Bauaktenarchiv Charlottenburg-Wilmersdorf

1954–1955
Verwaltungsgebäude Telefunken AG
Sickingenstraße 21, Berlin-Moabit
verändert

Modell. Foto: Arthur Köster

Modell. Foto: Arthur Köster

Lage: Gewerbegebiet, Nähe Westhafen
Gebäude: 4-geschossiger Büroriegel; Rasterfassade
Architekt: Paul Schwebes
Auftraggeber: Telefunken AG
Quelle: Architekturmuseum der TU Berlin

1954–1956
Haus Hardenberg
Hardenbergstraße 4–5, Knesebeckstraße 1–2, Schillerstraße 128, Berlin-Charlottenburg
Baudenkmal

Lage: Eckgrundstück Knesebeckstraße, Hardenbergstraße; am Ernst-Reuter-Platz
Gebäude: 7-geschossiges Büro- und Geschäftshaus mit Ladengeschäften im EG (Kiepert Buchhandlung, Steinway Pianos, Filiale der Berliner Disconto Bank); Stahlbetonskelettbau mit Mauerwerksausfachung; doppelt geschwungene Metall-Glas-Fassade, horizontal gegliedert durch Fensterbänder und Brüstungen aus schwarzen Opakglasplatten; durchgehende Schaufensterfront im EG, darüber 5 Bürogeschosse, abgesetzt durch umlaufenden Betonrahmen und hervortretende Geschossdecken; DG zurückversetzt, weit auskragendes Flachdach; geschosshohe Fensterelemente (Vorbild: Chicago Window); zur Hofseite 3 Treppenhäuser; umbauter Raum: 41.000 m³; Nutzfläche: 7.340 m²
Bauverlauf: 24.5.1954 Genehmigung als Bürogebäude mit 6 Vollgeschossen (Hardenbergstraße 4–5); 28.6.1954 GAROIA-Kreditantrag; 20.10.1954 Antrag auf Baugenehmigung (Hardenbergstraße 4–5, Schillerstraße 128); 26.1.1955 Antrag auf Baugenehmigung; 22.4.1955 Genehmigung als Geschäftshaus Hardenbergstraße 4–5, Knesebeckstraße 1–2, Schillerstraße 128
Architekt: Paul Schwebes
Auftraggeber: Aufbaugemeinschaft Banning/Kiepert/Kampfhenkel
Ausführung: ARGE Haus Hardenberg (Dyckerhoff & Widmann KG und Philipp Holzmann AG)
Quellen: Paul Schwebes Archiv, Bauaktenarchiv Charlottenburg-Wilmersdorf, Berlin Brandenburgisches Wirtschaftsarchiv

1954–1957
Wohnbauten Thorwaldsenstraße/Rubensstraße
Thorwaldsenstraße 1–2, Rubensstraße 132, Berlin-Schöneberg
erhalten

Gebäude: 5-geschossiges Wohneckgebäude mit 30 Wohnungen (1 Zimmer, 1 ½ Zimmer, 2 Zimmer, 2 ½ Zimmer, 3 Zimmer); Grundstück: 1.307 m²; Baufläche: 440,84 m²; umbauter Raum: 7.864 m³
Bauverlauf: 24.6.1954 Einreichung Vorprojekt; 27.7.1956 Bauantrag; 23.10.1956 Baugenehmigung mit Bauschein Nr. 856; 21.2.1957 Baubeginn

Architekt: Paul Schwebes
Auftraggeber: Paul Schwebes
Ausführung: Heinrich Trost KG
Quellen: Paul Schwebes Archiv, Architekturmuseum der TU Berlin, Bauaktenarchiv Tempelhof-Schöneberg

1954–1959
Wohnbauten Beckerstraße/Cranachstraße
Beckerstraße 19–19a und 20–20a, Cranachstraße 14, Berlin-Friedenau
verändert

Gebäude: 4- und 6-geschossige Wohngebäude mit 58 Wohnungen (1 Zimmer, 1 ½ Zimmer, 2 Zimmer, 2 ½ Zimmer, 3 Zimmer)
Bauverlauf: Apr. 1954 Vorprojekt Beckerstraße 19–19a; 12.2.1958 Bauantrag; Mrz. 1958 Enttrümmerung des Grundstückes; 19.5.1959 Baugenehmigung mit Bauschein Nr. 160/59; Dez. 1959 Fertigstellung Rohbau
Architekt: Paul Schwebes
Auftraggeber: Westliche Grundstücksgesellschaft
Ausführung: Hermann Schäler Bauunternehmen
Quellen: Paul Schwebes Archiv, Bauaktenarchiv Tempelhof-Schöneberg

Ku'damm, Olivaer Platz, 1972. Rechts im Anschnitt Berliner Disconto Bank AG. Foto: unbekannt

PROJEKTE 1955–1961

1955
Bebauungsvorschlag für das Victoria-Areal
Kurfürstendamm, Joachimsthaler Straße, Kantstraße, Berlin-Charlottenburg
beschränkter Wettbewerb, eingeladener Teilnehmer

Lage: 22.000 m² großes Areal an Joachimsthaler Straße zwischen Kurfürstendamm und Kantstraße, seit 1957 Standort Bilka-Kaufhaus (heute: Karstadt Sport), Café Kranzler und Victoria-Haus (1955–1963, Architekt: Hanns Dustmann)
Architekt: Paul Schwebes
Auslober: „Victoria zu Berlin“ Allgemeine Versicherungs-Aktien-Gesellschaft
Quelle: Architekturmuseum der TU Berlin

1955
Bilka-Kaufhaus Wedding
Müllerstraße 141, Ecke Brüsseler Straße, Berlin-Wedding
abgerissen

Architekt: Paul Schwebes
Quelle: Paul Schwebes Archiv

1955 und 1958–1959
Büro- und Geschäftshaus Kurfürstendamm 182–183, Filiale der Berliner Disconto Bank AG
Kurfürstendamm 182–183, Berlin-Wilmersdorf
stark verändert

Lage: Kurfürstendamm, Ecke Konstanzer Straße am Olivaer Platz

Neubau 1955
Gebäude: 2-geschossiger Flachbau; unterkellert; mit Ladenzeile, Hauseingang und Filiale der Berliner Disconto Bank AG (Dauernutzungsrecht)

Erweiterung 1958/59
Gebäude: 8-geschossiger Büroturm über ZG; Stahlbetonskelettbau; Aluminiumvorhangfassade, Brüstungen mit bunten Opakplatten, EG mit römischem Travertin verkleidet; Sichtbetongiebel; umbauter Raum: 23.168,11 m³; Nutzfläche Läden: 779 m²; Nutzfläche Büros: 3.740 m²

Architekt: Paul Schwebes
Auftraggeber: Becker und Kries oHG, Vermögens- und Grundbesitzverwaltung, Berlin
Ausführung: Becker Bau, Hoch- und Tiefbau AG
Quellen: Paul Schwebes Archiv, Architekturmuseum der TU Berlin, Bauaktenarchiv Charlottenburg-Wilmersdorf

1955
DEFAKA – Deutsches Familien Kaufhaus
Tauentzienstraße 13, Rankestraße 36, Berlin-Charlottenburg
Baudenkmal, verändert

Lage: ehemaliges Aschinger-Grundstück (Pschorr-Haus) am Breitscheidplatz, gegenüber Kaiser-Wilhelm-Gedächtniskirche
Gebäude: 6-geschossiges Büro- und Geschäftshaus mit Verkaufsräumen auf 4 Geschossen, über interne Wendeltreppe verbunden; darüber 2 Bürogeschosse; geschwungener Baukörper mit seitlichen Treppenhäusern; Stahlbetonskelettbau, offener Grundriss; Rasterfassade, horizontal gegliedert durch geschosshohe Fensterbänder und hervortretende Geschossdecken; seitlich geschlossene Wandflächen mit vertikalen Lamellen, verkleidet mit weißen Opakglasplatten, Attika verkleidet mit schwarzen Opakglasplatten; EG mit durchgehender Schaufensterfront; Eingänge und Haupttreppenhaus mit Marmor verkleidet; Mosaiksäule in Eingangshalle; Grundstück: ca. 10.000 m²; umbauter Raum: 40.300 m³; Nutzfläche: 7.500 m², davon 4.424 m² Verkaufsfläche; Straßenfront: 78 m; Straßenfassade ca. 2.000 m²
Bauverlauf: 15.5.1955 Grundsteinlegung; Aug. 1955 Richtfest; 29.9.1955 Eröffnung
Architekt: Paul Schwebes (Mitarbeit: Fritz Plath)
Auftraggeber: Emil-Köster-Kommanditgesellschaft auf Aktien KgaA (Düsseldorf) / Helmut Horten GmbH
Quellen: Paul Schwebes Archiv, Architekturmuseum der TU Berlin, Bauaktenarchiv Charlottenburg-Wilmersdorf

1955
Wohnung Aschaffenburger Straße
Aschaffenburger Straße 14, Berlin-Schöneberg

Entwurf: Ausbau und Möblierung einer 1-Zimmer-Wohnung in Mehrfamilienhausneubau (1955, Architekt: Walter Michaelis)
Architekt: Paul Schwebes
Quelle: Architekturmuseum der TU Berlin

1955–1956
Büro- und Geschäftshaus der Agrippina Lebensversicherungs-AG
Rankestraße 5–6, Berlin-Charlottenburg
Baudenkmal

Lage: Rankestraße, gegenüber Los-Angeles-Platz
Gebäude: 7-geschossiges Büro- und Geschäftshaus mit Geschäften im EG und Büros in den OGs; letztes Geschoss als zurückversetztes Staffelgeschoss ausgebildet; Stahlbetonskelettbau; Geschäftsfront im EG, darüber 6 Geschosse in quadratischem Sichtbetonraster mit Betonung der Horizontalen; EG: Verkleidung aus Muschelkalkstein, Schaufenster mit Messingprofilen, Eingang außermittig mit Flugdach; OGs: geschoßhohe Fensterelemente mit schmalen Stahlrippen (Vorbild: Chicago Window), im Bereich der Brüstung schwarzes Opakglas, außen liegende Jalousien
Bauverlauf: Aug. 1955 Grundsteinlegung; 24.11.1955 Richtfest in Anwesenheit von Bausenator Rolf Schwedler; Apr. 1956 geplante Fertigstellung
Architekt: Paul Schwebes
Auftraggeber: Agrippina Lebensversicherungs-AG, Köln
Ausführung: Dyckerhoff & Widmann KG und Philipp Holzmann AG
Quellen: Paul Schwebes Archiv, Bauaktenarchiv Charlottenburg-Wilmersdorf

1955–1956
Büro- und Geschäftshaus der Vorsorge-Lebensversicherungs-AG
Tauentzienstraße 19a–19b, Berlin-Schöneberg
abgerissen

Lage: Südseite der Tauentzienstraße, zuvor: Standort des Tauentzienpalasts (1912–1913, Architekt: Johann Emil Schaudt), heute: Standort Bekleidungshaus Peek & Cloppenburg (2005–2008, Architekten: Gottfried und Peter Boehm)
Gebäude: 6-geschossiges Büro- und Geschäftshaus, Passage mit 220 m Schaufensterfront im EG, Verkaufsfläche in KG, EG und 1. OG, darüber Bürogeschosse; Verkaufsfläche durch 3-geschossigen Anbau im Hof erweitert, über interne Wendeltreppe verbunden; Nutzung: Peek & Cloppenburg, Berliner Filialdirektion der Vorsorge-Lebensversicherungs-AG
Bauverlauf: 29.8.1956 Richtfest; 23.11.1956 Eröffnung Peek & Cloppenburg
Architekten: Arbeitsgemeinschaft Hanns Dustmann (Düsseldorf) und Paul Schwebes
Auftraggeber: Vorsorge Lebensversicherungs-AG
Quellen: Paul Schwebes Archiv, Architekturmuseum der TU Berlin, Bauaktenarchiv Tempelhof-Schöneberg

1955–1956

Kaufhaus Neckermann

Zeil 71–83, Frankfurt am Main
stark verändert

Ansicht Zeil. Foto: unbekannt

LAGE: Südseite der Zeil, Areal zwischen Hasengasse und Reineckstraße, neben Bienenkorbhaus (1953–1954, Architekt: Johannes Krahn) an der Konstablerwache; heute: Standort Peek & Cloppenburg Weltstadthaus
GEBÄUDE: 7-geschossiges Waren- und Geschäftshaus; letztes Geschoss als zurückgesetztes Staffelgeschoss ausgebildet; Stahlbetonskelettbau; geschwungener Baukörper mit umlaufender Schaufensterfront im EG, darüber Fassade in hellen Natursteinplatten, horizontal durch Fensterbänder gegliedert, an Giebelseite vertikale Lamellen; Dachgarten und Kantine; Grundfläche: 2.400 m²; Nutzfläche: 15.000 m²: Fassadenlänge: 90 m (Zeil); Schaufensterfront: 220 m
BAUVERLAUF: 2.11.1956 Feierstunde mit Vertretern der Stadt, der Industrie- und Handelskammer, der Banken und Wirtschaft; 3.11.1956 Eröffnung
ARCHITEKTEN: Paul Schwebes, Berlin (Entwurf und künstl. Oberleitung), und Hans Hach, Frankfurt am Main (Bauleitung sowie techn. und geschäftl. Oberleitung)
AUFTRAGGEBER: Neckermann Versand KG
QUELLE: Paul Schwebes Archiv

1955–1957

Haus Schwebes

Gelfertstraße 19–21, Berlin-Dahlem
Baudenkmal

GEBÄUDE: Umbau und Erweiterung eines Wohnhauses (1923, Architekt: Otto Rudolf Salvisberg), Erweiterung und Aufstockung des Wohngebäudes und Vergrößerung des Garagengebäudes
BAUVERLAUF: 17.8.1955 Antrag auf Baugenehmigung; 17.9.1955 Genehmigung mit Bauschein Nr. 1176
ARCHITEKT: Paul Schwebes
AUFTRAGGEBER: Paul Schwebes
GARTENGESTALTUNG: Herta Hammerbacher
QUELLEN: Paul Schwebes Archiv, Architekturmuseum der TU Berlin, Bauaktenarchiv Steglitz-Zehlendorf

1955–1957

Wohn- und Geschäftshaus „Atomhochhaus“

Hauptstraße 92–93, Ecke Rubensstraße 2–12, Traegerstraße 12–14, Berlin-Schöneberg
Baudenkmal

LAGE: Innsbrucker Platz, nördlich der Wohnsiedlung Ceciliengärten, nahe S-Bahn-Ring und Stadtautobahn; zuvor: Planung für Verwaltungsbau mit Bunker, durch Krieg nicht realisiert
GEBÄUDE: 13-geschossiges Wohn- und Geschäftsgebäude mit Ladengeschäften und Büroräumen im 2-geschossigen Sockelbau, darüber Hochhausscheibe mit 121 Wohnungen im 2.–12. OG (77 × 1 Zimmer, 2 × 1 ½ Zimmer, 20 × 2 Zimmer, 22 × 2 ½ Zimmer); Stahlbetonbau mit versteiften Stahlbetondecken; 2 Erschließungstürme aus Stahlbeton; Ladenzone mit Schaufensterfront; darüber Büros mit durchgehendem Fensterband; Fassade zur Hauptstraße mit unregelmäßigem Muster aus Fenstergruppen und Fenstertüren mit Brüstungsgitter; zurückversetztes 12. OG mit vorgelagerten Terrassen; Rückfassade mit Laubengangerschließung der Wohnungen; bebaute Fläche: 1.415,63 m²; umbauter Raum: 41.785,17 m³; umbauter Raum der Wohnteile: 29.852,38 m³; Gesamtwohnfläche: 6.090,90 m²
BAUVERLAUF: Okt. bis 30.12.1955 öffentliche Enttrümmerung auf Antrag des Eigentümers Hansa-Heimbau KG; 7.11.1955 Grundstückskauf Neues Heim Gemeinnützige Wohnungsbaugesellschaft mbH, Hamburg; 2.1.1956 Antrag auf Baugenehmigung; 24.4.1956 Baugenehmigung mit Bauschein Nr. 113/56; 30.3.1957 Rohbauabnahme
ARCHITEKT: Dr.-Ing. Hans Schoszberger
AUFTRAGGEBER: Neues Heim, Gemeinnützige Wohnungsbaugesellschaft mbH
AUSFÜHRUNG: Philipp Holzmann AG
QUELLEN: Architekturmuseum der TU Berlin, Bauaktenarchiv Tempelhof-Schöneberg

1955–1957

Zentrum am Zoo

Hardenbergplatz 2, Hardenbergstraße 29 und 29a–d, Budapester Straße 38–50, Joachimsthaler Straße 45, Berlin-Charlottenburg
Baudenkmal, verändert

LAGE: Randbebauung am Zoologischen Garten vom Bahnhof Zoologischer Garten über Breitscheidplatz bis zum Aquarium, zuvor: Standort der Ausstellungshallen am Zoo (1905–1906, Architekt: Carl Gause) mit Großkino Ufa-Palast am Zoo, Haus Gourmenia (Architekt: Leo Nachtlicht) und Geschäftshaus mit Lichtspieltheater Capitol am Zoo (1925–1926, Architekt: Hans Poelzig)
GEBÄUDE: Gebäudekomplex aus 6 aneinanderstoßenden, teils ineinandergreifenden Baukörpern: (1) Großes Hochhaus mit Arbeits- und Büroräumen für die Damenoberbekleidung (DOB), 16-geschossige Hochhausscheibe, aufgeständert auf 2-reihigen Betonrundstützen, 2-geschossiger Unterbau mit Läden, Treppenhalle und Café Huthmacher, vertikaler, aus der Fassade versetzter Erschließungskern. (2) Zwischenbau zwischen Hochhaus und Langbau mit eingeschobenem Kinogebäude, im EG Treppeneingänge, darüber Luftraum als offener Durchgang; Büroräume im OG. (3) Kino, offenes EG mit Eingangshalle und seitlicher Ladenfront, darüber geschlossener Baukörper mit 2 übereinanderliegenden, keilförmig ineinandergeschobenen Kinosälen und seitlichen Treppenhäusern; Kino Zoo-Palast: 1.204 Plätze, Bildwand 10 × 20 m; Kino Atelier: 550 Plätze, Bildwand 5 × 12 m. (4) Langbau, 6-geschossig, EG und 1. OG mit Ladengeschäften und Restaurationsräumen, im EG Kolonnaden mit Rundstützen vor Ladenfront; 3. OG als Luftgeschoss, darüber 3 Geschosse mit Arbeits- und Büroräumen für die Damenoberbekleidung (DOB), rückseitig 4 vorgesetzte Erschließungstürme; Übergang zum Kleinen Hochhaus mit Eingangsräumen und Aufzügen im EG und Restaurationsräumen im 1. OG. (5) Kleines Hochhaus, 9-geschossig, aufgeständert auf 2-reihigen Betonrundstützen, vertikaler, aus der Fassade versetzter Erschließungskern, 2.–9. OG Arbeits- und Büroräume für die Damenoberbekleidung (DOB). (6) Wagen-Abstellbau mit 2 unterirdischen und 3 oberirdischen offenen Parkebenen. Stahlbetonbauweise mit Stahlbetonrippendecken, Ausfachung und Trennwände u. a. in Ziegelsplittbeton-Hohlsteinen; Kino in Stahlbeton-Massivbauweise; Straßenseite der Gebäude und Hochhäuser in weißem Sichtbeton; Fassaden: Hochhäuser und Langbau: rhythmisches Raster aus vertikal verspringenden Beton-Stegen und horizontal verspringenden flachen Betonbrüstungen sowie unterschiedlich tief in der Fassade sitzenden geschosshohen Glas-Stahl-Feldern mit Brüstungsfeldern aus farbigen Opakglasplatten (elfenbein, beige, lichtgrau, tiefschwarz, signalweiß), Farbkonzept in Zusammenarbeit mit Prof. Hinnerk Scheper und Kunstmaler Theo Werner; Kino: Verkleidung des geschlossenen Baukörpers aus naturfarbenen Tonstein-Stabverblendern, im EG Glas-Stahl-Fassade. Rohbaukosten: 8,5 Mio. DM (Stand 8.11.1955); Baukosten: 20 Mio. DM (Stand 24.7.1956); neubebaute Fläche: 4.872 m²; umbauter Raum 80.500 m³
BAUVERLAUF: 24.3.1955 grundsätzliche Zustimmung der Baupolizei zu Entwurfszeichnungen; 28.3.1955 Übersendung Wirtschaftlichkeitsberechnung an Direktor Müller-Reppen; 11.6.1955 Übersendung 8 Zeichnungen Randbebauung Zoo an Direktor Müller-Reppen; 12.7.1955 Erbbaurechtsvertrag zwischen Land Berlin und Zentrum am Zoo AG; 25.7.1955 Vorlage neues Projekt bei SenBauWohn; 30.7.1955 Besprechung SenBauWohn und Vorstellung des neuen Modells; 6.8.1955 Besprechung des Entwurfs bei SenBauWohn; 16.8.1955 Besprechung des Modells bei SenBauWohn als Grundlage für Entwurfsausarbeitung; 1.9.1955 Abschluss öffentliche Enttrümmerung des Baugrundstückes; 24.9.1955 Architektenvertrag; 26.9.1955 abschließende Stellungnahme SenBauWohn zu Projekt; 8.11.1955 Antrag auf Baugenehmigung; 29.10.1955 Abstimmung Fassaden bei SenBauWohn; 14.11.1955 Antrag auf vorläufige Genehmigung zur Ausführung Fundamente und Kellermauerwerk Bauabschnitt II (Langbau); 13.12.1955 Besprechung des Entwurfs bei SenBauWohn; 15.12.1955 vorläufige Bauerlaubnis Nr. 1843/1955; 11.2.1956 Antrag auf vorläufige Genehmigung zur Ausführung der Erd- und Ausschachtungsarbeiten sowie der Fundament- und Kellermauerwerksausführung Bauabschnitt I (Kleines Hochhaus) und Bauabschnitt III (Großes Hochhaus), genehmigt mit vorläufiger Bauerlaubnis Nr. 1843/1955; 1.3.1956 Einreichung Ersatzzeichnungen für Langbau; 24.7.1956 Baugenehmigung Bauschein Nr. 934/1956; 18.8.1956 Rohbauabnahme; 11.9.1956 Antrag auf Genehmigung Ausbaupläne Langbau; 13.9.1956 Grundsteinlegung Doppelkino; 8.11.1956 Teil-Gebrauchsabnahme Langbau und Teil-Rohbauabnahme Großes Hochhaus; 16.11.1956 Presseempfang im Haus des Verein der Berliner Kaufleute und Industrieller e. V. (VBKI); 17.11.1956 Richtfest; 18.1.1957 Gebrauchsabnahme Kleines Hochhaus; 15.4.1957 Gebrauchsabnahme Großes Hochhaus; 29.5.1957 Eröffnung Doppelkino; 14.8.1957 Schluss-Gebrauchsabnahme Kleines Hochhaus
ARCHITEKT: Paul Schwebes mit Dr.-Ing. Hans Schoszberger und Regierungsdirektor Bruno Grimmek; ab 1956 Gerhard Fritsche (Ausbau Lichtspieltheater)
AUFTRAGGEBER: Zentrum am Zoo Geschäftsbauten Aktiengesellschaft zu Berlin
AUSFÜHRUNG: Arbeitsgemeinschaft Randbau Zoo (Dyckerhoff & Widmann KG, Beton- und Monierbau AG, Lenz-Bau AG, Raebel-Werke, Wayss & Freytag AG)
FARBBERATUNG FASSADE: Prof. Hinnerk Scheper; ab 1957 Prof. Dörries
QUELLEN: Paul Schwebes Archiv, Architekturmuseum der TU Berlin, BWA Charlottenburg-Wilmersdorf, Lemburg 2015, Dorsemagen 2004

1955–1958

Hotel Hilton

Budapester Straße 2, Berlin-Tiergarten
Baudenkmal, verändert

LAGE: Eckgrundstück Budapester Straße und Lützowufer, östliches Ende des Zoologischen Gartens bis zur Corneliusbrücke, zuvor: Standort Hauptrestaurant Zoologischer Garten mit Zoofestsälen und mehreren an den Zoo angrenzenden Wohnhäusern (Budapester Straße 2–18 und Lützowufer 36–39)
GEBÄUDE: 13-geschossiges Hotelhochhaus mit 15-geschossigem Erschließungsturm an Nordfassade; Hochhausscheibe quer zur Straße stehend; Flachbauten mit repräsentativen Nebenräumen (Café, großer Ballsaal, Restaurant, Lobby, Ladengeschäften etc.); Stahlbetonskelettbau; Fassade Hochhaus in schachbrettartigem Muster aus Wandscheiben mit weißem japanischen Mosaik, Fensterflächen mit dunklen Fensterrahmen und Brüstungen aus schwarzem Opakglas, mittig schmal auskragende vertikale Betonblenden, blau gestrichen; Flachbauten zur Straße als überdachte Kolonnade; Grundstück: 30.000 m²; bebaute Fläche: 8.422,28 m²; umbauter Raum: 114.155,57 m³; Nutzfläche: 22.600 m². 350 Zimmer (davon 24 Appartements), 604 Betten. 4 Restaurants: Ambassador (190 Plätze), Café (150 Plätze), Rotisserie mit Patio (150 Plätze), Dachgarten (170 Plätze); 2 Bars: Golden City, Dachgarten Bar; Großer Ballsaal: Bankett (1.109 Plätze), Vorträge (1.584 Plätze), 4 Konferenzsäle (je 55 Personen); 4 private Speiseräume: Charlottenburg, Pfaueninsel, Rheinsberg, Sanssouci, je 38 Plätze (Bankett), 55 Plätze (Konferenzen). Fest-, Speise- und Aufenthaltsräume mit Bildern und Plastiken Berliner Künstler: Prof. Erich F. Reuter (Plastik Dachgarten), Nele Bode (Metall-Plastik Golden City Bar), Paul Ohnesorge mit Fa. Wagner (Glasschliff-Fenster und Mosaikfriese Ballsaal), Götz Loepelmann mit Fa. Wagner (Mosaik-Fabelwesen), Ulrich Knispel (Wandmalerei Korridore); sämtliche Zimmer mit Originalgrafik eines Berliner Künstlers. 6.000 m² Parkplatz für 420 Wagen, Tank- und Pflegedienst; eigene Schiffanlegestelle am Landwehrkanal
BAUVERLAUF: 27.–30.11.1955 Berlin-Besuch William Pereira, u. a. Treffen mit vorgeschlagenen Berliner Architekturbüros; 30.11.1955 Schreiben Pereira & Luckman an Senator für Wirtschaft und Kredit zu Auswahl Büro Schwebes und Schoszberger; 24.2.1956 Unterzeichnung Pachtvertrag (Fassung 30.11.1955) mit Auflage zur Gründung einer amerikanisch-deutschen Architektengemeinschaft; 10.4.1956 Unterzeichnung Architektenvertrag und Arbeitsgemeinschaftsvertrag Pereira & Luckman / Schwebes und Schoszberger (u. a. Regelung der Aufgabenteilung); 11.4.1956 Kreditangebot der Berliner Industriebank AG zur Bereitstellung der ERP-Mittel; 12.6.1956 Aufsichtsratssitzung: Vorlage schematische Entwürfe und Vorentwurf mit Kostenschätzung; 5.9.1956 Voranfragen an Gewerbeaufsichtsamt und Bezirksamt Tiergarten; 5.10.1956 Aufsichtsratssitzung: Vorlage überarbeiteter Entwürfe (mehr Zimmer und repräsentative Nebenräume, Ballraum und Dachgarten); 11.10.1956 Antrag auf Baugenehmigung überarbeiteter Entwurf; 21.2.1957 Baugenehmigung Ausschachtung und Fundamente (Fassade zu überarbeiten); 6.4.1957 Grundsteinlegung; 10.4.1957 Baubeginn; 23.12.1957 Baugenehmigung mit Bauschein Nr. 1640; 15.1.1958 Richtfest; 24.3.1958 Aufsichtsratssitzung: Vorschlag zur Errichtung Ladenzeile/Kolonnaden (Entwurf: Schwebes und Schoszberger); 13.5.1958 Rohbauabnahme; 27.11.1958 Gebrauchsabnahme und Pressekonferenz; 29.11.1958 Ankunft Conrad Hilton und Gäste mit Sonderflugzeug; 30.11.1958 Eröffnung; 2.12.1958 Empfang der ersten Gäste; 16.9.1959 Antrag auf Baugenehmigung Ausbau Dachgarten mit Schiebedach; 2.2.1960 Genehmigung mit Bauschein Nr. 1416/59
ARCHITEKTEN: Pereira & Luckman, Los Angeles (Supervising Architects), Schwebes und Schoszberger, Berlin
AUFTRAGGEBER: Hotelbau-Gesellschaft Budapester Straße mbH
AUSFÜHRUNG: Arbeitsgemeinschaft Hilton-Hotel (Philipp Holzmann AG, Grün & Bilfinger AG, Wayss & Freitag AG)
INNENAUSSTATTUNG: Emmanuel Gran (Director of Architecture and Interior Design Hilton Hotels International), Miss Inge V. Bech (Director of Interior Decoration Hilton Hotels International)
GARTENGESTALTUNG: Prof. Herta Hammerbacher mit Bildhauer Prof. Alexander Gonda
PÄCHTER: Hilton Hotels International Inc., New York
QUELLEN: Paul Schwebes Archiv, Architekturmuseum der TU Berlin, Landesarchiv Berlin, Bauaktenarchiv Mitte

1955–1958

Hilton-Kolonnaden

Budapester Straße 4–30, Berlin-Tiergarten
Baudenkmal

LAGE: Budapester Straße, zwischen Aquarium und Hotel Hilton als Anbindung an Zooviertel, das Einkaufs-, Vergnügungs- und Verkehrszentrum West-Berlins um Kurfürstendamm, Tauentzien- und Joachimsthaler Straße; zuvor: Standort einer seit 1923 verpachteten Zoo-Randbebauung (ehemals: Budapester Straße 20–28)
GEBÄUDE: 2-geschossige Ladenzeile mit Kolonnade als architektonische Einheit mit angrenzendem Hotel Hilton; Stahlbetonrahmen mit Kragplatte; Gehweg aus Natursteinplatten; Reklameflächen mit japanischem Mosaik; 24 Läden mit internen Wendeltreppen ins OG
BAUVERLAUF: 24.2.1956 Pachtvertrag Hotel Hilton mit Kolonnaden als Bestandteil des Pachtobjektes, später im Einvernehmen mit Hilton aus Planung und Errichtung herausgenommen und zurückgestellt; Frühjahr 1958 Initiative Hilton für den Bau Ladenkolonnade; 24.3.1958

Aufsichtsratssitzung zu Errichtung der Ladenzeile; Fertigstellung gleichzeitig mit Eröffnung Hotel Hilton
Architekten: Schwebes und Schoszberger
Auftraggeber: Hotelbau-Gesellschaft Budapester Straße mbH
Ausführung: Arbeitsgemeinschaft Hilton-Hotel (Philipp Holzmann AG, Grün & Bilfinger AG, Wayss & Freytag AG)
Quellen: Paul Schwebes Archiv, Architekturmuseum der TU Berlin, Landesarchiv Berlin

1955–1961
Wohnsiedlung Schillerhöhe
Berlin-Wedding
erhalten

Lage: ehemaliges Kleingartengelände Kolonie Schillerhof, zwischen Seestraße, Schillerpark, Holländerstraße und Markstraße
Architekten: Dr.-Ing. Hans Schoszberger, Gerhard Krebs, Alfred Rahn, Kurt Dübbers
Städtebau: Klaus Müller-Rehm
Auftraggeber: degewo AG
Quelle: Berlinische Galerie

nach 1955
Wohnsiedlung Berlin-Lankwitz
Wunsiedeler Weg 34–36, Berlin-Lankwitz
verschiedene Studien

Gebäude: 2-geschossige Wohnbauten mit Satteldach und Balkonen, verschiedene Varianten für Bebauung in offener und geschlossener Bebauung mit 14 bzw. 16 Wohneinheiten
Architekt: Paul Schwebes
Quelle: Architekturmuseum der TU Berlin

1956
Erweiterungsbau Verwaltungsgebäude der Deutschen Forschungsgemeinschaft
Grunewaldstraße 35, Berlin-Steglitz
verändert

Lage: Grunewaldstraße, Ecke Schmidt-Ott-Straße
Gebäude: 2-geschossiger Anbau an das Verwaltungsgebäude für die Deutsche Forschungsgemeinschaft (1938, Architekt: Hans Th. Lehmann); über verglaste Brücke mit dem Bestandsbau verbunden; Stahlbetonbau; vertikale Fassadengliederung durch Stützpfeiler und blau gerahmte dreiteilige Fenster mit grauen oder rostroten Brüstungsfeldern
Bauverlauf: 20.3.1956 Antrag auf Baugenehmigung; 7.6.1956 Baubeginn; 20.8.1956 Rohbauabnahme
Architekt: Dr.-Ing. Hans Schoszberger
Auftraggeber: Deutsche Forschungsgemeinschaft, Bad Godesberg
Ausführung: Heinrich Trost KG
Quelle: Bauaktenarchiv Steglitz-Zehlendorf

1956
Haus Bartelmeier
Wildpfad 14, Berlin-Dahlem
Entwurf

Gebäude: 2 Varianten für Umbau und Erweiterung Einfamilienhaus (1934–1935, Korschelt und Renker Architekten)
Architekt: Paul Schwebes
Auftraggeber: Bartelmeier
Quelle: Architekturmuseum der TU Berlin

1956–1957
Büro- und Geschäftshaus Beamtenversicherungsverein des Deutschen Bank- und Bankiergewerbes a. G.
Kurfürstendamm 112–113, Berlin-Charlottenburg
verändert

Lage: Ende des Kurfürstendamms, Halensee, Nähe Henriettenplatz
Gebäude: 7-geschossiges Bürogebäude mit Ladengeschäften im EG (u. a. Filiale der Berliner Disconto Bank); letztes Geschoss als zurückversetztes Staffelgeschoss ausgebildet; Stahlbetonskelettbau mit Mauerwerksausfachung; zur Hofseite 1-geschossiger Anbau als Erweiterung der Ladenfläche; Schaufensterfront im EG; darüber Rasterfassade mit Brüstungen aus schwarzem Opakglas; Straßenfassade mit Werksteinen verkleidet, zum Hof verputzt; repräsentatives Treppenhaus mit geschwungener Treppe
Bauverlauf: 1955 Vorentwurf und Kreditantrag durch Architekt Hans Schaefers; 8.11.1955 Beginn öffentliche Enttrümmerung; 10.1.1956 Antrag auf Baugenehmigung (Schwebes); 4.6.1956 Ende der Abräumung des Grundstücks; 15.7.1956 vorläufige Baugenehmigung Nr. 995/56; 24.8.1956 Zusage der Wohnungsbau-Kreditanstalt Berlin für GAROIA-Förderung; 15.12.1956 Fertigstellung Rohbau; Apr. 1957 Bezug; 23.5.1957 Antrag auf Baugenehmigung Ausbau 3. OG
Architekt: Paul Schwebes
Auftraggeber: Beamtenversicherungsverein des Deutschen Bank- und Bankiergewerbes a. G.
Ausführung: Berlinische Bau-Gesellschaft mbH
Quelle: Bauaktenarchiv Charlottenburg-Wilmersdorf

1956–1957
Deutschlandhalle (Wiederaufbau)
Am Messedamm 26, Berlin-Charlottenburg
Baudenkmal, 2011 abgerissen

Lage: Ruine der 1943 durch Brandbomben beschädigten und ausgebrannten Deutschlandhalle (1934–1935, Entwurf: Franz Ohrtmann mit Wiemer & Trachte GmbH), Südeingang Messegelände am Bahnhof Eichkamp / Messe-Süd, gegenüber der AVUS-Nordschleife, heute: Standort CityCube Berlin (2012–2014, Architekten: Code Unique Architekten)
Gebäude: Wiederaufbau der Mehrzweckhalle und Nebengebäude unter Beibehaltung des ursprünglichen Grundrisses (Hallenbau 140 × 120 m, elliptische Arena mit umliegenden Sitzplätzen, Treppenhäuser und Nebenräume in den Grundrissecken); Dachkonstruktion aus Stahlbeton; geänderte Sitzplatzanordnung (12.000 Personen); vergrößerte Vorhalle, Eingang mit großem Flugdach; Fassade mit schmalen Fensterlamellen über Sockelgeschoss mit umlaufendem Vordach
Bauverlauf: 1953 erste Planungen für den Wiederaufbau; Nov. 1956 Beginn Enttrümmerung; 10.12.1956 Nachtrag zum Bauantrag für Wirtschaftsgebäude; 1.6.1957 Genehmigung mit Bauschein Nr. 525/1957; Anfang Jun. 1957 Richtfest; Sep. 1957 Abnahme Radrennbahn; 19.10.1957 Wiedereröffnung; Nov. 1957 Neubau Reithalle mit Stallgebäude; Sep. 1958 Entwurf Nebengebäude
Architekten: Paul Schwebes mit Generaldirektor Franz Ohrtmann; Radrennbahn: Clemens Schürmann, Münster
Auftraggeber: Deutschlandhalle AG
Ausführung: Wiederaufbau Deutschlandhalle (Arbeitsgemeinschaft Wiemer & Trachte, Dyckerhoff & Widmann KG)
Quellen: Paul Schwebes Archiv, Landesarchiv Berlin, Bauaktenarchiv Charlottenburg-Wilmersdorf

1956–1957
Gagfah Siedlung Scharnweberstraße
Scharnweberstraße 86–89 und 92–98, General-Woyna-Straße 68–71, Berlin-Reinickendorf
erhalten

Lage: östlicher Rand des Flughafengeländes Berlin-Tegel, U-Bahnhof Scharnweberstraße
Gebäude: Wohnsiedlung aus 29 Mehrfamilienwohnhäusern mit 350 Wohnungen, 5-geschossig mit Satteldächern
Bauverlauf: 14.5.1956 Bewilligung der Wohnungsbau-Kreditanstalt Berlin für Darlehen aus öffentlichen Mitteln des Wohnungsbauprogramms 1956; 14.6.1956 Antrag auf Baugenehmigung; 1.8.1956 Antrag auf vorläufige Baugenehmigung; 13.8.1956 Baubeginn; 23.10.1956 Baugenehmigung mit Bauschein Nr. 2776; 22.3.1957 Rohbauabnahme
Architekt: Paul Schwebes
Auftraggeber: Gagfah Gemeinnützige Aktiengesellschaft für Angestellten-Heimstätten, Zweigniederlassung Berlin
Ausführung: Schwiegershausen & Schenk Bauausführungen, Berlin-Schöneberg
Quelle: Bauaktenarchiv Reinickendorf

1956–1957
Haupteingang Zoologischer Garten
Hardenbergplatz, Berlin-Charlottenburg
abgerissen

Lage: Westgelände des Zoologischen Gartens, gegenüber Bahnhof Zoologischer Garten, Hardenbergplatz, heute: Standort historisches Löwentor
Entwurf: geschwungenes Spannbetondach auf dünnen Säulen über 7 Kassen- und Kontrollhäuschen; zur Stadtbahn skulpturaler Abschluss mit Tierplastik
Ausgeführt: rechteckiges Spannbetondach auf dünnen Säulen über 3 Kassen- und Kontrollhäuschen; Grenzeinfriedung zwischen Verwaltungsgebäude und Haupteingang
Bauverlauf: Aug. 1956 Baubeginn; Frühjahr 1988 Abriss; 1988 Rekonstruktion des historischen Löwentores
Architekt: Paul Schwebes
Auftraggeber: Aktien-Verein des Zoologischen Gartens zu Berlin
Ausführung: Hermann Schäler Bauunternehmen
Quellen: Architekturmuseum der TU Berlin, Archiv Zoologischer Garten Berlin

1956–1957
Verwaltungsgebäude Hermann Meyer AG
Wattstraße 11–13, Voltastraße 26–28, Berlin-Wedding
Baudenkmal, geringfügig verändert

Lage: Neubau an Stelle der im Krieg zu 85 % zerstörten Verwaltungsräume, gegenüber AEG-Turbinenhalle (1909, Architekt: Peter Behrens)
Gebäude: Büro- und Verwaltungsgebäude mit Kasino, Kantine, Dachgarten, Unterstellanlage für Lastwagen; 3-geschossiger Flügel entlang der Voltastraße; 4-geschossiger Flügel entlang der Wattstraße; Stahlbetonbau; gelbe Keramikfassade; in OGs vorgezogenes Sichtbetonraster; Fenster mit roten Keramikbrüstungen
Bauverlauf: Ende 1956 Baubeginn; 27.5.1957 Richtfest; 27.11.1957 feierliche Inbetriebnahme in Anwesenheit von Vertretern des Senats, der Wirtschaft, Presse und des Funks
Architekten: Paul Schwebes mit Karl Werner Kunkel
Auftraggeber: Hermann Meyer & Co. AG
Quelle: Berlin Brandenburgisches Wirtschaftsarchiv

1956–1957 und 1959–1960

Verwaltungsgebäude und Restaurant der Aschinger's AG

Joachimsthaler Straße 1–3, Berlin-Charlottenburg
Entwurf, nicht ausgeführt

Lage: Joachimsthaler Straße, Ecke Hardenbergstraße, an der Stadtbahn, zwischen Bahnhof Zoologischer Garten und Haus Leineweber, gegenüber dem Grundstück der Dortmunder Union / „Kibek-Haus“, heute: Standort Einkaufszentrum Zoom Berlin (2014–2018, Architekten: Hascher Jehle Architektur)
Gebäude: 3 Bebauungsvorschläge für 5-geschossiges Büro- und Geschäftshaus mit Schaufensterfront im EG und auskragendem 1. OG, darüber Luftgeschoss; EG und 1. OG mit Geschäfts- und Restaurationsräumen; 3. und 4. OG mit Büro- und Geschäftsräumen; Wagenabstellplätze in Keller, Tiefkeller und Luftgeschoss über Fahrzeugaufzug erschlossen
Bauverlauf: 16.8.1956 Antrag auf Erteilung Vorbescheid; 5.9.1956 Antrag auf Erteilung Vorbescheid für Vorprojekt Bebauung Joachimsthaler Straße 1–3; 20.11.1956 Mitteilung über Änderungen des Projekts; 12.3.1957 Aufforderung des Amtes für Stadtplanung zum Einreichen eines genauen Vorprojektes; 18.10.1960 Antrag auf Erteilung Vorbescheid (nur Joachimsthaler Straße 1); Ende 1965 Verkauf Grundstück Joachimsthaler Straße 1 durch die Hardenberghotel GmbH an die Aschinger's AG
Architekten: Paul Schwebes; 1960: Schwebes und Schoszberger
Auftraggeber: Aschinger's Aktiengesellschaft
Quellen: Architekturmuseum der TU Berlin, Bauaktenarchiv Charlottenburg-Wilmersdorf

1956–1957

Verwaltungsgebäude Zoologischer Garten

Hardenbergplatz 8, Berlin-Charlottenburg
verändert

Lage: Westgelände des Zoologischen Gartens, gegenüber Bahnhof Zoologischer Garten, neben dem Hochhaus am Zoo; Neubau teilweise auf dem Areal des 1943 zerstörten Elefantenhauses errichtet
Gebäude: 2-geschossiges Verwaltungsgebäude; OG auskragend mit durchgehender Fensterfront zum Hardenbergplatz und zum Zoo; vorgelagerte gläserne Eingangshalle mit Pflanzbeeten, Dach mit Zinkstehfalzdeckung
Bauverlauf: 9.10.1956 Baugenehmigung Bauschein Nr. 689/1956; 9.1.1957 Rohbauabnahme; 2.5.1957 Gebrauchsabnahme
Architekt: Paul Schwebes
Auftraggeber: Aktien-Verein des Zoologischen Gartens zu Berlin
Ausführung: Hermann Schäler Bauunternehmen
Quellen: Paul Schwebes Archiv, Archiv Zoologischer Garten Berlin

1956–1960

Büro- und Geschäftshaus „Haus am Zoo“

Hardenbergstraße 20, Berlin-Charlottenburg
Baudenkmal

Lage: Bahnhof Zoologischer Garten, neben Amerika-Haus, gegenüber Oberverwaltungsgericht und Berliner Bank
Gebäude: 7-geschossiges Büro- und Geschäftsgebäude mit 1-geschossigem Ladenpavillon, zur Hardenbergstraße Läden im EG; L-förmiger Grundriss; Stahlbetonskelettbau mit Stahlbetonrippendecken, Außenwandflächen und sichtbare Bauglieder in Sichtbeton (teilweise gestrichen); Außentreppen in Sichtbeton; Rasterfassade, aufgelockert durch verspringende Fassadenstützen und verschieden große Fensterflächen; Fensterbrüstungen mit Eternit-Glasal, Keramik oder Opakglas verkleidet
Bauverlauf: 30.8.1956 Antrag auf Baugenehmigung; 23.11.1957 vorläufige Erlaubnis Nr. 1858 für Erd- und Ausschachtungsarbeiten; 29.7.1958 Antrag auf Baugenehmigung für Ladenpavillon; 12.8.1958 Baugenehmigung Ladenpavillon mit Bauschein Nr. 1071; 13.3.1959 Baugenehmigung Neubau Geschäftshaus mit Bauschein Nr. 2701; 22.6.1959 Bewilligung der Wohnungsbau-Kreditanstalt für Darlehen aus öffentlichen Mitteln (GAROIA); 4.11.1959 Richtfest
Architekten: Schwebes und Schoszberger
Auftraggeber: Allied Building Concern, New York
Ausführung: Becker-Bau Hoch- und Tiefbau AG
Eigentümer: Allianz Bau-Consortium GmbH (Becker & Kries)
Nutzer: Deutsche Gewerbe- und Landkreditbank, The British Council
Quelle: Paul Schwebes Archiv, Bauaktenarchiv Charlottenburg-Wilmersdorf

1956–1961

Graphisches und Gewerbe-Zentrum Kreuzberg

Kochstraße 22–26, Markgrafenstraße 66–78, Charlottenstraße 1–12, Besselstraße 13–18, Berlin-Kreuzberg
erhalten

Entwurfszeichnung, 1957

Lage: ehemaliges Berliner Zeitungsviertel, anstelle des kriegszerstörten und 1955 abgebrochenen Verlagshaus Ullstein (1901–1902, Architekten: Gustav Hart und Moritz Ernst Lesser), in unmittelbarer Nähe der Sektorengrenze (ab 13.8.1961 Berliner Mauer); gegenüber Axel-Springer-Hochhaus, nahe der Bundesdruckerei

1. Entwurf 1957
Gebäude: geschlossener Baublock mit 3-geschossiger Randbebauung und Produktionshallen im Innenteil; darüber entlang der Kochstraße aufgeständert 5-geschossiger Büroriegel; EG durchgehend als offene Verkehrsfläche für Parken und Belieferung; Nutzfläche: 30.000 m²

2. Entwurf 1958
Gebäude: 10-geschossiges Hochhaus an Kochstraße, dahinter geschlossener Baublock mit 3-geschossiger Randbebauung und 1-geschossigem Innenteil; Hof zwischen Hochhaus und Flachbau; Verbindung über 2 Brücken im 1. OG; Wagenabstellplätze auf dem Dach der Randbauten des Flachbaus, über 2 Rampen erschlossen; Hochhaus im EG mit Verkaufsräumen; im 1. OG Großrestaurant, darüber Büroräume; Flachbau für Gewerbebetriebe, 4 Durchfahrten mit seitlichen Laderampen, Sheddach, Gewerbefläche beliebig aufteilbar; im EG umlaufende Ladenzone, an Charlotten- und Markgrafenstraße zusätzlich 1-geschossige Ladenpavillons geplant; Baugelände: 20.300 m²; Nutzfläche: 35.000 m²; Nutzfläche Keller: 13.000 m². Variante: 10-geschossiger Riegel zur Kochstraße; dahinter 2-geschossige Bebauung mit Wagenabstellplätzen auf dem Dach, über 2 Rampen erschlossen; Gewerbeteil mit Sheddach und 3 Durchfahrten

3. Entwurf 1960
Gebäude: 18-geschossiges Punkthochhaus an Kochstraße, dahinter geschlossener Baublock mit 3-geschossiger Randbebauung und 1-geschossigem Innenteil; Hochhaus im EG mit Verkaufsräumen; im 1. OG Großrestaurant, darüber Büroräume, DG als Dachgarten nutzbar; Flachbau für Gewerbebetriebe, 2 Durchfahrten mit seitlichen Laderampen, Sheddach, beliebig teilbare Gewerbefläche; daran angrenzend 3-geschossiger Riegel Markgrafenstraße, Ecke Kochstraße; Stahlbetonskelettbau; Fassade Sichtbeton, Farbanstrich; Baugelände: 20.300 m²; Nutzfläche: 32.000 m²; Nutzfläche Keller: 10.000 m²

Bauverlauf: 18.9.1957 Grundsteinlegung; Okt. 1958 zweite Grundsteinlegung (nach Zukauf 3 fehlender Parzellen); 30.12.1958 Bauschein Nr. 1/59 (nördlicher Bauteil); 1.9.1959 Baubeginn; 6.9.1960 Bauschein Nr. 1093 (Hochhaus); Dez. 1960 Eröffnung Langbau; 7.7.1961 Richtfest Hochhaus; 17.10.1961 Gebrauchsabnahme Hochhaus; 30.11.1962 Verkauf Hochhaus an GSW und Grundstücksteilung
Architekten: Schwebes und Schoszberger mit Herbert Noth
Auftraggeber: Graphisches und Gewerbe-Zentrum Berlin AG
Ausführung: Arbeitsgemeinschaft Graphisches- und Gewerbe-Zentrum (Beton- und Monierbau AG, Lenz-Bau AG)
Quellen: Paul Schwebes Archiv, Bauaktenarchiv Kreuzberg

vor 1957

Siedlung Bremer Platz

Frankfurt am Main
erhalten

Architekt: Paul Schwebes
Quelle: Berliner Baubuch 1957

1957

Schloßgartenbau, Geschäftshausbebauung mit Kino auf dem ehemaligen Marstallgelände, Stuttgart

Königstraße 1, Stuttgart

Vorentwurf

Lage: gegenüber dem Stuttgarter Hauptbahnhof, auf dem Gelände des ehemaligen Marstallgebäudes am Oberen Schloßgarten; Block begrenzt von Schillerstraße, Königstraße, unterer Königstraße und den Theateranlagen
Gebäude: Büro- und Geschäftsgebäude mit Filmtheater Palast-Lichtspiele, Restaurant und Hotelhochhaus; Ladenfronten zur Königstraße, Schillerstraße und den Theateranlagen; Büros in den OGs, 4 Durchgänge zu den Theateranlagen
Architekten: Schwebes und Schoszberger, Berlin, Hans Paul Schmohl, Stuttgart (Preisträger im Ideenwettbewerb Bebauung Marstallgelände, 1947), Walz, Zürich
Auftraggeber: Schloßgartenbau AG, Berliner Rosenstein-Finanzgruppe
Quellen: Paul Schwebes Archiv, Architekturmuseum der TU Berlin, Stadtarchiv Stuttgart

1957

Paulsborner Brücke

Paulsborner Straße, Berlin-Charlottenburg

erhalten

Ansicht. Foto: Johann Willa

Lage: Brücke über S-Bahn-Ring und Stadtautobahn A100
Bauverlauf: 14.3.1957 Beauftragung durch Dyckerhoff & Widmann (architektonische Beratung und perspektivische Zeichnung „der gesamten Brückenlage und des Aussehens der Brücke")
Architekt: Paul Schwebes
Auftraggeber: Dyckerhoff & Widmann KG
Ausführung: Dyckerhoff & Widmann KG
Quelle: Paul Schwebes Archiv

1957–1958

Großgarage Fasanenstraße

Fasanenstraße 79, Berlin-Charlottenburg

Entwurf, nicht ausgeführt

Lage: Grundstück der kriegszerstörten Synagoge Fasanenstraße (1910, Architekt: Ehrenfried Hessel)
Gebäude: Großgarage mit 9 offenen Parkebenen
Architekt: Paul Schwebes
Quelle: Architekturmuseum der TU Berlin

1957–1958

Haus Direktor Hennig

Miquelstraße 19, Berlin-Dahlem

Architekt: Paul Schwebes
Quelle: Paul Schwebes Archiv

1957–1958

Haus Dr. Dichter

Waldmeisterstraße 4–6, Berlin-Dahlem

Architekt: Paul Schwebes
Auftraggeber: vmtl. Dr. Jakob Dichter
Quelle: Paul Schwebes Archiv

1957–1958 und 1964–1965

Hotel Berlin am Lützowplatz

Kurfürstenstraße 62–69, Berlin-Tiergarten

stark verändert

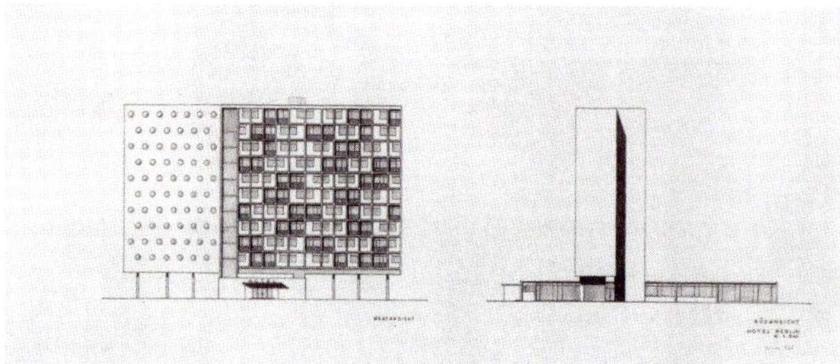

Ansichtszeichnungen Entwurfsvariante

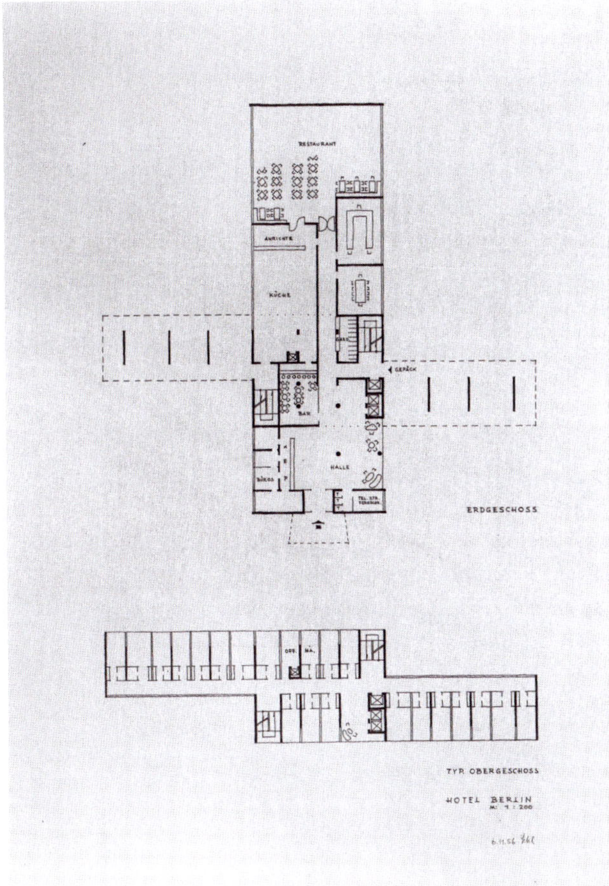

Grundrisse Entwurfsvariante

Lage: am Lützowplatz, auf dem Grundstück des ehemaligen Ingenieur-Dienstgebäudes (später Heeresunterkunftsamt, 1872–1875, Architekten: Carl Voigtel und Christian Heinrich Gödeking)

Neubau 1957–1958

Gebäude: 5-geschossiges Hotelgebäude (257 Zimmer mit 287 Betten) mit Restaurant (120 Plätze) und Bar; Parken für 150 Wagen; Stahlbetonskelettbau; Riegel auf Betonschotten aufgeständert; ZG über dem EG für Installationen, in Fassade als graues Band sichtbar; unregelmäßige Fassadengestaltung aus horizontalen Brüstungsfeldern in weißem Sichtbeton, vertikalen Sichtbetonflächen mit gelbem Anstrich sowie geschosshohen Glasflächen, die in der Fassade teils nach vorne verspringen; im EG Empfangsraum, Hotelhalle, Telefonzentrale; Grundstück: 10.392,36 m²; Baufläche: 1.681,13 m²; umbauter Raum: 33.729,96 m³; Frontlänge: 104,1 m
Bauverlauf: 15.5.1957 Baubeginn; 26.4.1958 Eröffnung in Anwesenheit von Mrs. Eleanor Dulles, Verkehrssenator Theuner, Wirtschaftssenator Dr. Hertz und Finanzsenator Dr. Haas; 1958 Anbauten für Küche und Restaurant
Architekten: Schwebes und Schoszberger
Auftraggeber: Hotel Berlin AG
Innenausstattung: Paul Döhler (nach Entwürfen der Architekten)

Erweiterung 1964–1965 (nicht ausgeführt)

Gebäude: 21-geschossiger Hotelturm, davon 18 Hotelgeschosse mit je 15 Zimmern und 270 Betten; EG mit Frisiersalon und Saal (unterteilbar); 1. OG mit Konferenzzimmern für 200 Personen; im obersten Geschoss zwei Restaurants (Bar und Grill); 1964 erhöht auf 26 Geschosse, davon 22 Hotelgeschosse mit 315 Zimmern und 380 Betten; Mai 1965 reduziert auf 18 Geschosse mit 200 Betten; Jul. 1965 veränderte Planung als Hotelriegel mit 230 Betten parallel zu bestehendem Hotel; Grundstück: 800 m²; umbauter Raum: 46.500 m³ / 67.000 m³
Bauverlauf: 29.1.1964 Antrag ERP-Kredit (21 Geschosse); 2.6.1964 Änderungsantrag ERP-Kredit (26 Geschosse); 25.9.1964 Bewilligung ERP-Kredit; Anfang 1965 geplanter Baubeginn; Mai 1965 Ankündigung Änderung des Projekts auf 18 Geschosse; 19.7.1965 Ankündigung Änderung des Projekts auf Bettenriegel; 23.9.1965 Bauvorhaben und Planungen abgebrochen; 2.2.1966 Antrag ERP-Kredit für Ausbau der Restaurations- und Wirtschaftsräume; 1970 Umbauten Grill und Bar im EG
Architekten: Schwebes und Schoszberger
Auftraggeber: Hotel Berlin GmbH & Co KG / Turmhotel-Berlin GmbH & Co KG (zu gründen)
Quellen: Paul Schwebes Archiv, Architekturmuseum der TU Berlin, Landesarchiv Berlin

1957–1958 und 1964–1966

Produktions- und Verwaltungsgebäude Schindler GmbH

Großbeerenstraße 169–171, Berlin-Mariendorf
Baudenkmal

Lage: Gewerbegebiet entlang der Großbeerenstraße; Grundstück südlich des ehemaligen Siemens-Geländes

Neubau 1957–1958

Gebäude: 3-geschossiges Bürogebäude entlang der Großbeerenstraße, hofseitig 4-geschossiges Werkgebäude als Verbindungstrakt zu bestehendem Werkgebäude (1936, Architekt: Hans Hertlein); Stahlbetonskelettbau mit Stahlbetonrippendecken, Sockel mit Backstein verkleidet, darüber Wechsel aus zurückversetzten Fensterbändern und durchlaufenden, weiß verputzten Brüstungsstreifen; Zwischentrakt mit Treppenhaus, als Verbindung zwischen Büro- und Werkstattflügel
Bauverlauf: 28.10.1952 Antrag auf Abbruch (eingereicht von Paul Lemmel, Architekt); 13.4.1957 Antrag auf Baugenehmigung Neubau Werkstatt- und Verwaltungsgebäude (Schwebes und Schoszberger)

Erweiterung 1964–1966

Gebäude: Aufstockung des Büro- und Werkstattflügels um ein zusätzliches Geschoss
Bauverlauf: 25.6.1964 Antrag auf Baugenehmigung; 22.10.1964 Baugenehmigung Bauschein Nr. 2367/64

Architekten: Schwebes und Schoszberger
Auftraggeber: Schindler Aufzügefabrik GmbH
Ausführung: Dyckerhoff & Widmann
Quellen: Paul Schwebes Archiv, Bauaktenarchiv Tempelhof-Schöneberg

1957–1958
Verwaltungsgebäude Hermann Schäler Bauunternehmen
Mecklenburgische Straße 54–56, Berlin-Schmargendorf
geringfügig verändert

Lage: zwischen Mecklenburgische Straße und (ehemalige) Norderneyer Straße (heute: Franz-Cornelsen-Weg)
Gebäude: 5-geschossiges Bürogebäude; Stahlbetonskelettbau; Fassade mit Keramikriemchen verkleidet
Architekt: Paul Schwebes
Auftraggeber: Hermann Schäler Bauunternehmen
Ausführung: Hermann Schäler Bauunternehmen
Quellen: Paul Schwebes Archiv, Bauaktenarchiv Charlottenburg-Wilmersdorf

1957–1958
Villa Käutner
Königsallee 18a, Berlin-Grunewald
erhalten

Gebäude: 1-geschossiges Einfamilienwohnhaus; 2 Flügel (Herr und Dame) um zentrale offene Wohnhalle, die sich zum Garten öffnet; geschlossene Straßenfassade mit zurückgesetztem Haupteingang, zur Diele hin mit durchgehender Glasbausteinwand akzentuiert; im Innenraum geschwungene Wandscheibe als Trennung zwischen Entree und Wohnhalle, Kamin mit Glasmosaik, in den Wohnraum hineinreichendes Pflanzenbecken; Boden im Wohnraum aus Solnhofener Bruchsteinplatten; Wohnhalle als Drehort für den Film *Die Zürcher Verlobung* (1957, Regie: Helmut Käutner); neu bebaute Fläche: 413,39 m²; umbauter Raum: 1.600 m³
Bauverlauf: 5.8.1957 Antrag auf Baugenehmigung; 30.8.1957 Antrag auf Abräumungserlaubnis; 22.10.1957 Genehmigung mit Bauschein Nr. 1162/57; 21.4.1958 Richtfest; Dez. 1958 „Einweihung“
Architekten: Schwebes und Schoszberger
Auftraggeber: Regisseur Helmut Käutner und Familie
Ausführung: Heinrich Trost KG
Quellen: Paul Schwebes Archiv, Bauaktenarchiv Charlottenburg-Wilmersdorf

1957–1960
Büro- und Geschäftshaus „Alte Volksfürsorge“
Bismarckstraße 111, Berlin-Charlottenburg
stark verändert

Lage: Nähe Ernst-Reuter-Platz, neben Schillertheater, gegenüber Telefunken-Hochhaus
Gebäude: 5-geschossiges Büro- und Geschäftshaus mit Ladenzone im EG; darüber eingerückt Bürogeschosse; Dachgarten mit Flugdach; zur Hofseite 1-geschossiger Anbau als Erweiterung der Verkaufsfläche sowie 3-geschossiger Flügel mit Büroräumen; Stahlbetonskelettbau; Vorhangfassade, Schaufensterfront mit durchgehendem Vordach
Bauverlauf: 6.11.1957 Erteilung Bauschein Nr. 1928
Architekt: Paul Schwebes
Auftraggeber: Alte Volksfürsorge Gewerkschaftliche Lebensversicherungs-AG, Hamburg
Quelle: Bauaktenarchiv Charlottenburg-Wilmersdorf

1957–1964
Kaufhaus Neckermann
Kantstraße 112–114, Wilmersdorfer Straße 109–111, Berlin-Charlottenburg
stark verändert

Lage: südliches Ende der Fußgängerzone Wilmersdorfer Straße, Ecke Kantstraße, heute: Standort Kant-Center
Gebäude: 7-geschossiges Waren- und Geschäftshaus; oberste 2 Geschosse als Staffelgeschosse zurückversetzt; Stahlbetonskelettbau; Ausfachung in Mauerwerk; abgerundete Fassadenecke mit Eingang; Vordach über durchgehender Schaufensterfront im EG, seitlich und im DG als umlaufende Fassadenrahmung fortgeführt; vertikal gegliederte Fassade aus emaillierten Aluminiumplatten, flankiert von rahmender Glasfassade; Verkaufsfläche im EG, 1. und 2. OG; darüber Büro- und Personalräume; Rolltreppen vom KG bis 4. OG; Lebensmittelmarkt im KG; Baufläche: ca. 2.800 m²; Verkaufsfläche 8.426,87 m²
Bauverlauf: 3.6.1957 Antrag auf Erteilung Bauschein Neubau Kaufhaus Neckermann (abgelehnt); 28.12.1959 Antrag auf Baugenehmigung Neubau Neckermann Versand AG; 26.11.1962 Antrag auf Enttrümmerung; 20.12.1962 Architektenvertrag; 24.1.1963 Antrag auf Baugenehmigung; 4.10.1963 Baugenehmigung Bauschein Nr. 3169; 12.5.1964 Richtfest; 7.10.1964 Eröffnung in Anwesenheit des Regierenden Bürgermeisters Willy Brandt, Senatoren Schwedler und Schiller
Architekten: Schwebes und Schoszberger
Auftraggeber: Neckermann Grundstücks KG, Frankfurt a. M.
Bauträger: Baugesellschaft Berlin mbH & Co KG (Konsul Johann Holzmüller, München)

Ausführung: Arbeitsgemeinschaft Kantstraße: Beton- und Monierbau AG, Heilmann & Littmann Bau AG, Hermann Schäler Bauunternehmen, Wiemer & Trachte
Quellen: Paul Schwebes Archiv, Architekturmuseum der TU Berlin, Bauaktenarchiv Charlottenburg-Wilmersdorf

1957–1966
Büro- und Geschäftshaus Knesebeckstraße (urspr. Erweiterungsbau Haus Hardenberg)
Knesebeckstraße 3, Berlin-Charlottenburg
erhalten

Lage: neben Haus Hardenberg, ursprünglich als dessen Erweiterung geplant
Gebäude: 7-geschossiges Büro- und Geschäftshaus; Ladengeschäfte im EG, darüber Büro- und Geschäftsräume; Stahlbetonskelettbau; Fassade aus horizontalen Sichtbetonbändern und vertikaler Stützenteilung, eingefasst von Sichtbetonrahmen, Brüstungen aus Opakglasverkleidung; im EG Schaufensterfront
Bauverlauf: 2.9.1952 Antrag auf Enttrümmerung (Selbstabräumung) durch Eigentümer Union Immobilien-Aktienverwertungs-Gesellschaft i. L.; 22.5.1957 Antrag auf Baugenehmigung (Vorprojekt für Vorbescheid); 20.9.1957 Vorbescheid Nr. 1373; 25.8.1958 Antrag auf Verlängerung der Gültigkeit des Vorbescheides; 27.7.1962 Antrag auf Baugenehmigung (Auftraggeber: Treubau Kries & Co. KG); 25.11.1963 Rücktritt von der vorläufigen Baugenehmigung (da neuer Bauherr); 2.7.1964 Antrag auf Baugenehmigung (neuer Auftraggeber: Erich Schäfer); 2.2.1965 Rücktritt von laufendem Baugenehmigungsverfahren; 14.4.1965 Wiederaufnahme des Baugenehmigungsverfahrens (neuer Auftraggeber: Spezialbrot- und Backwaren-Vertriebsges. mbH & Co KG; 24.8.1965 Baugenehmigung Bauschein Nr. 2256; 26.10.1966 Gebrauchsabnahme
Architekten: 1957: Paul Schwebes; 1962: Schwebes und Schoszberger
Auftraggeber: Treubau Kries & Co. KG (1962), Erich Schäfer (1964), Spezialbrot- und Backwaren-Vertriebsges. mbH & Co KG (1965)
Quellen: Paul Schwebes Archiv, Bauaktenarchiv Charlottenburg-Wilmersdorf

1958
OKAL-Fabrik
Miraustraße, Ecke Innungsstraße, Berlin-Reinickendorf

Architekt: Paul Schwebes
Quelle: Paul Schwebes Archiv

1958–1959
Büro- und Geschäftshaus Deutsche Beamten Versicherung
Tauentzienstraße 2–3, Berlin-Schöneberg
verändert

Lage: Wittenbergplatz, gegenüber Kaufhaus des Westens (KaDeWe)
Gebäude: 6-geschossiges Büro- und Geschäftsgebäude mit 1-geschossigem Anbau zur Hofseite; im EG Ladenfläche mit Schaufensterfront; darüber Bürogeschosse; Stahlbetonskelettbau, seitliche Vertikalerschließung; Straßenfassade als Rasterfassade, betont durch Rahmung aus herausgezogenen Deckenbändern und Lisenen; Grundstück: 1.998 m²; Ladenfläche: 716,91 m²; Bürofläche: 1.733,68 m²
Bauverlauf: 10.2.1958 Antrag auf Baugenehmigung; 11.11.1958 Richtfest
Architekten: Schwebes und Schoszberger
Auftraggeber: Deutsche Beamten Versicherung
Quelle: Paul Schwebes Archiv, Bauaktenarchiv Tempelhof-Schöneberg

1958–1960
Büro- und Geschäftshaus Dortmunder Union, „Kibek-Haus"
Joachimsthaler Straße 43–44, Hardenbergstraße 27–27a, Kantstraße 2–2a und 3–4, Berlin-Charlottenburg
2001 abgerissen

Lage: Bahnhof Zoologischer Garten, gegenüber Hochhaus am Zoo und Zoo-Palast, neben Schimmelpfeng-Haus (1957–1960, Architekten: Sobotka und Müller; 2009 abgerissen); heute: Standort Zoofenster mit Hotel Waldorf Astoria (2008–2012, Architekt: Christoph Mäckler)
Gebäude: Büro- und Geschäftshaus mit 2-geschossigem Flachbau mit Aktualitätenkino „AKI", Filiale der Berliner Disconto Bank, Gaststätte der Dortmunder Union sowie Passage mit Ladengeschäften (Teppich-Kibek); 2.OG als Luftgeschoss mit Wagen-Abstellplätzen und Wagen-Aufzügen; darüber aufgeständerter, 3-geschossiger Büroriegel parallel zur Hardenbergstraße; Stahlbetonskelettbau mit Ziegelmauerwerk-Ausfachung
Bauverlauf: 18.6.1958 Antrag Baugenehmigung; 9.9.1959 Richtfest; 3.9.1960 Eröffnung Teppich-Kibek; 5.1.1961 Eröffnung der Gaststätte Dortmunder Union Brauerei
Architekt: Paul Schwebes
Auftraggeber: Dortmunder Union AG, Dortmund
Ausführung: Arbeitsgemeinschaft Hermann Schäler Bauunternehmen, Wiemer & Trachte
Quellen: Paul Schwebes Archiv, Architekturmuseum der TU Berlin, Bauaktenarchiv Charlottenburg-Wilmersdorf

1958–1960

Haus der Elektrizität (Telefunken-Hochhaus)

Ernst-Reuter-Platz 7, Berlin-Charlottenburg
Baudenkmal

Lage: Ernst-Reuter-Platz, zwischen Bismarckallee und Otto-Suhr-Allee, anstelle des ehemaligen Hotels Fürst Bismarck („Knie")
Gebäude: 21-geschossiges Büro-, Geschäfts-und Ausstellungshaus, Höhe: 80 m, Länge: 52 m, Breite 16 m; 3 tragende, windaussteifende Stahlbetonkörper an der Nord-, Süd- und Westseite (2 massive Treppenhäuser mit aussteifenden Querwänden und Aufzugsturm) definieren den „brikettförmigen" Grundriss der 2-bündigen Anlage; 4 sich verjüngende Stahlbetonstützen in der West- und Ostfront gründen in der tief gelegten Betonwanne; Fassadengliederung durch horizontal herausgezogene Deckenbänder; Betonbrüstungen mit grünem Glasmosaik verkleidet, ansonsten weiß oder betongrau; 1. OG durch Rahmung in der Außenfassade herausgehoben; Einbau hochmoderner Hochdruck-Klimaanlage, modernste nachrichtentechnische Innenausstattung; bebaute Fläche: 763,94 m²; umbauter Raum: 55.684,24 m³
Bauverlauf: 1.7.1958 Vorbesprechung Hauptamt für Planung; 8.7.1958 Antrag Baugenehmigung; 27.9.1958 Grundsteinlegung durch Regierenden Bürgermeister Willy Brandt; 31.10.1958 Baugenehmigung Bauschein Nr. 1700/1958; 7.8.1959 Richtfest; 22.7.1959 Rohbauabnahme; Dez. 1959 Gebrauchsabnahme; 11.2.1960 Einweihung; 14.11.1960 Baugenehmigung Tiefgarage Bauschein Nr. 2133/1960
Architekten: Schwebes und Schoszberger (Mitarbeit: Kurt Kröplin und Fritz Plath)
Auftraggeber: Haus der Elektrizität GmbH
Ausführung: Dyckerhoff & Widmann KG
Nutzer: Hauptmieter TELEFUNKEN G.M.B.H. mit Vorstand, Hauptverwaltung und Geschäftsstelle
Quellen: Paul Schwebes Archiv, Architekturmuseum der TU Berlin, Bauaktenarchiv Charlottenburg-Wilmersdorf, Deutsches Technikmuseum Berlin

1959

Büro- und Geschäftshaus IBM

Ernst-Reuter-Platz 2, Berlin-Charlottenburg
Wettbewerb, nicht ausgeführt

Lage: Ernst-Reuter-Platz, Ecke Schillerstraße, zwischen Haus Hardenberg und Haus der Elektrizität (Telefunken-Hochhaus)
Gebäude: 9-geschossiges Bürogebäude; EG als transparente Ausstellungshalle; darüber aufgeständert Büroriegel; Haupteingang zum Ernst-Reuter-Platz mit weit auskragendem Flugdach; 2 Fassadenvarianten (horizontal bzw. vertikal gegliedert). Wettbewerb 1. Preis und Ausführung: Rolf Gutbrod
Architekten: Schwebes und Schoszberger
Auftraggeber: IBM-Deutschland
Quellen: Paul Schwebes Archiv, Architekturmuseum der TU Berlin

um 1959

Wohnbauten Landgrafenstraße

Landgrafenstraße 17–18a, Berlin-Tiergarten
erhalten

Lage: Nähe Lützowplatz, Hotel Berlin und Urania
Gebäude: zwei 5-geschossige Wohngebäude als Anschluss zur Nachbarbebauung, dazwischen zurückversetzt 7-geschossiger Wohnriegel
Architekten: Schwebes und Schoszberger
Quelle: Paul Schwebes Archiv

1959–1960

Apartmenthaus Damaschkestraße

Damaschkestraße 7, Ecke Nestorstraße, Berlin-Wilmersdorf
erhalten

Lage: Lehniner Platz, Nähe Kurfürstendamm
Gebäude: 6- und 8-geschossiges Wohngebäude, „Junggesellenwohnhaus" mit 186 Einzimmer-Komfortwohnungen mit Zentralheizung, Koch- und Schlafnischen sowie Einbaumöbeln, zum Teil mit Balkonen; zum Lehniner Platz 6-geschossiger Kopfbau mit Ladengeschäften und Schaufensterfront im EG; daran anschließend 8-geschossiges Wohngebäude, C-förmiger Grundriss, Erschließung der Wohnungen teilweise über offenen Laubengang
Datierung: 27.5.1959 Richtfest; Herbst 1959 geplante Fertigstellung
Architekten: Schwebes und Schoszberger
Auftraggeber: Neues Heim – Gemeinnützige Wohnungsbaugesellschaft mbH
Quellen: Paul Schwebes Archiv, Bauaktenarchiv Charlottenburg-Wilmersdorf

Ende 1950er Jahre / Anfang 1960er Jahre
Hauptverwaltung Dresdner Bank
Gallusanlage 8, Frankfurt am Main
Entwurf, nicht ausgeführt

Modell. Foto: Walter Köster

Lage: Block an der Gallusanlage zwischen Neckarstraße und Taunusstraße, neben dem Zinßerturm, dem alten Vorstandsgebäude der Dresdner Bank (1951, Architekten: Brösicke/Drevermann; abgerissen), heute: Dresdner-Bank-Block mit Silberturm (1975–1978, Architekten: ABB Architekten)
Gebäude: 20- bzw. 21-geschossiges Hochhaus (3 verschiedene Fassadenvarianten)
Architekten: Schwebes und Schoszberger
Quellen: Paul Schwebes Archiv, Architekturmuseum der TU Berlin

1960
Ferienhäuser Schwebes und Dr. Platz
Chemin des Lombardes 11 und 13, Versoix, Schweiz

Architekten: Paul Schwebes, Claude Lehmann, Versoix
Quellen: Paul Schwebes Archiv, Architekturmuseum der TU Berlin

1960
Verwaltungsgebäude der Sparkasse der Stadt Berlin West
Bundesallee 171, Berlin-Wilmersdorf
Wettbewerb

Lage: Bundesallee zwischen Badensche Straße und Waghäuseler Straße, nördlich des Volksparks Wilmersdorf
Gebäude: 9-geschossige aufgeständerte Hochhausscheibe über lang gestrecktem, 2-geschossigen transparenten Flachbau, Kassenhalle mit geschwungenem Dach, Eingang mit Flugdach; aufgeständerte Parkpalette; Büroriegel mit Rasterfassade, versetzt angeordnete Fenster, Kasino/Kantine im 9. OG
Datierung: Mrz. 1960 Auslobung des Wettbewerbs
Architekten: Schwebes und Schoszberger
Auslober: Sparkasse der Stadt Berlin-West
Quellen: Paul Schwebes Archiv, Architekturmuseum der TU Berlin, Historisches Archiv der Berliner Sparkasse

1960–1961
Verwaltungsgebäude und Zentrallager Leiser
Neuköllnische Allee 35–50, Ecke Grenzallee 1–11, Berlin-Neukölln
verändert

Lage: Gewerbegebiet an der Grenzallee, Nähe Stadtautobahn A100 und Sektorengrenze (ab 1961 Berliner Mauer)
Gebäude: 7-geschossiges Verwaltungs- und Lagergebäude; EG und 1. OG als 2-geschossige Lagerhalle, darüber 5-geschossiger Büroriegel mit Schulungsräumen im 5. OG, Kantine mit Dachterrasse im 6. OG; Fassade Lagerhalle mit umlaufenden Oberlichtbändern, darüber Rasterfassade. Entwurfsvariante: 2-geschossige Lagerhalle und 12-geschossiges Punkthochhaus, über Flachbau verbunden, Eingang mit Flugdach, DG als zurückversetztes Staffelgeschoss, darüber weit auskragendes Dach, Fassade horizontal gegliedert durch umlaufende Brüstungsfelder
Bauverlauf: 12.7.1960 Antrag auf Baugenehmigung; 5.9.1960 Genehmigung mit Bauschein Nr. 16748; Sep. 1960 Baubeginn; 27.2.1961 Zusage Förderung aus Mitteln des ERP-Sondervermögens; 25.4.1961 Richtfest; Dez. 1961 Fertigstellung
Architekten: Schwebes und Schoszberger
Auftraggeber: Leiser Fabrikations- und Handelsgesellschaft KG, Augsburg (Bevollmächtigter: Becker & Kries OHG)
Ausführung: Becker-Bau, Hoch- und Tiefbau AG
Quellen: Paul Schwebes Archiv, Architekturmuseum der TU Berlin, Bauaktenarchiv Neukölln

1960–1963
Kaufhaus Neckermann und Verwaltungszentrale der Deutsche Lloyd Versicherung
Königsplatz 61, Mauerstraße 1, Kassel
1999 abgerissen/verändert

Lage: Grundstück am Königsplatz zwischen Untere Königstraße, Poststraße und Mauerstraße; anstelle der kriegszerstörten Alten Hauptpost, heute: Standort Einkaufszentrum City-Point (Eröffnung 2002)
Gebäude: 3- und 4-geschossiges Warenhaus; daran angrenzend in Mauerstraße 4-geschossiger Büroriegel Deutsche Lloyd Versicherung; EG mit umlaufender

Schaufensterfront zur Straße; Nutzfläche: 18.000 m²; Verkaufsfläche: 10.000 m²
Bauverlauf: Okt./Nov. 1960 geplanter Baubeginn; 22./26.7.1961 Vertrag; Okt. 1961 Enttrümmerung des Grundstückes; 25.6.1962 Baubeginn; Okt. 1962 Richtfest; 8.5.1963 Eröffnung Kaufhaus Neckermann; 1999 Auszug Karstadt und Abriss
Architekten: Schwebes und Schoszberger
Auftraggeber: Deutscher Lloyd Lebensversicherung AG, München
Quellen: Paul Schwebes Archiv, Architekturmuseum der TU Berlin

PROJEKTE nach 1961

1961
Aschinger-Supermarkt am Moritzplatz
Oranienstraße, Ecke Prinzenstraße, Berlin-Kreuzberg
Entwurf, nicht ausgeführt

Lage: ehemaliger Standort einer Aschinger-Bierquelle mit Konzerthalle und Buggenhagener Theater neben dem Kaufhaus Wertheim, heute: Standort Aufbau-Haus (2013–2015, Architekten: Barkow Leibinger)
Architekten: Schwebes und Schoszberger
Quelle: Paul Schwebes Archiv

vmtl. 1961
Büro- und Geschäftshaus am Breitscheidplatz
Tauentzienstraße 9–12b, Budapester Straße 41–53, Berlin-Charlottenburg
Entwurf, nicht ausgeführt

Lage: östlicher Abschluss des Breitscheidplatzes, ehemaliger Standort Romanisches Café (1943 zerstört); heute: Standort Europa-Center (1963–1965, Architekten: Hentrich und Petschnigg)
Gebäude: 2-geschossiger Flachbau; darüber 16-geschossige aufgeständerte Hochhausscheibe. Variante: zweigeschossiger Flachbau, darüber 7-geschossiger aufgeständerter Büroriegel; Parkplätze auf dem Dach des Flachbaus
Architekten: Schwebes und Schoszberger
Quellen: Paul Schwebes Archiv, Architekturmuseum der TU Berlin

1961

Büro- und Verwaltungskomplex der VARTA Accumulatoren-Fabrik AG

Rheingauallee 80, Frankfurt am Main
Entwurf, nicht ausgeführt

Modell. Foto: Walter Köster

LAGE: Grundstück gegenüber der Frankfurter Messe, begrenzt von Rheingauallee, Kuhwaldstraße, Lise-Meitner-Straße und Pfingstbrunnenstraße
GEBÄUDE: 2-geschossiger, lang gestreckter, aufgeständerter Flachbau, zum Teil mit Parkdeck; darüber 16-geschossige Hochhausscheibe über ZG. Variante 1: 2 Hochhausscheiben über lang gestrecktem, aufgeständertem Parkdeck. Variante 2: 2 Hochhausscheiben über lang gestrecktem, aufgeständertem Parkdeck, zentrales Auditorium zwischen den Hochhausscheiben
ARCHITEKTEN: Schwebes und Schoszberger
AUFTRAGGEBER: VARTA Accumulatoren-Fabrik AG
QUELLEN: Paul Schwebes Archiv, Architekturmuseum der TU Berlin

1961

Theater des Westens

Kantstraße 9–12, Berlin-Charlottenburg
Umbau Parkett und Rang

ARCHITEKTEN: Schwebes und Schoszberger
AUFTRAGGEBER: Hans Wölffer
QUELLEN: Paul Schwebes Archiv, Bauaktenarchiv Charlottenburg-Wilmersdorf

1961–1962

Brunswick Bowling-Halle

Kleiststraße 3–5, Berlin-Schöneberg
Entwurf, nicht ausgeführt

LAGE: am Nollendorfplatz, zwischen Courbièrestraße und Einemstraße; heute: Standort Terrassenhaus (1970–1971, Architekt: Fridtjof Schliephacke)
GEBÄUDE: 2-geschossige Bowling-Halle für 500 Personen (2 Entwürfe) auf 6.400 m² Gesamtfläche; EG mit Ladenzeile, Restaurant und überdachten Parkplätzen für 120 Fahrzeuge; Kegelsporthalle und Nebenräume im OG; 32 vollautomatische Bowlingbahnen mit modernsten Aufstellanlagen
BAUVERLAUF: 1961 Baugenehmigung durch das Bezirksamt Schöneberg; für Ende Aug. 1961 Baubeginn und Mai 1962 Eröffnung angekündigt; realisiert wird ein Bau von Horst E. Engel (Grundsteinlegung 18.4.1962)
ARCHITEKTEN: Schwebes und Schoszberger, Hartwig und Ott
AUFTRAGGEBER: Brunswick Corporation Chicago / Brunswick GmbH Frankfurt a. M.
QUELLEN: Paul Schwebes Archiv, Architekturmuseum der TU Berlin

1961–1963

Hotel Conti-Hansa am Schloßgarten

Schloßgarten 7, Kiel
stark verändert

LAGE: Schloßgartenstraße, Ecke Lorentzendamm, zwischen Schloßgarten und Oslo-Kai, gegenüber der Anlegestelle des Fährschiffs Kronprins Harald der norwegischen Reederei Jahre Line
GEBÄUDE: L-förmiger Hotelbau; 3-geschossiger aufgeständerter Riegel parallel zum Schloßgarten und 2-geschossiger Riegel mit Restaurant und Café im EG; vorgelagerte Terrasse zum Schloßgarten; Vorhalle mit Fußboden aus griechischem Marmor, freischwebende Treppe ins OG mit Foyer, Ball- und Konferenzsaal, durch Schiebewände unterteilbar; Hotelzimmer in den OGs; Fassade: Wandscheiben mit türkisfarbenem Glasmosaik und Brüstungen mit Opakglas; 50 Doppel- und 10 Einzelzimmer, 3 Appartements, alle Zimmer mit Toilette, Bad, Dusche, moderner Einrichtung, Vorraum mit Einbauschränken und künstlicher Be- und Entlüftung; Halle mit Plastiken aus Wettbewerb unter Muthesius-Schülern, Empfang mit neuster Nachrichtentechnik; Restaurant (140 Personen), Hotelbar (30 Personen), Café (110 Personen), Saal (mind. 200 Plätze)
BAUVERLAUF: 1.8.1961 Baubeginn; 20.8.1962 Richtfest; 6.6.1963 Eröffnung; 1972 Anbau und Modernisierung (offenes EG geschlossen)
ARCHITEKTEN: Schwebes und Schoszberger

Auftraggeber: Deutsch-Schweizerische Hotel AG
Ausführung: Lenz Bau AG, Niederlassung Kiel
Quellen: Paul Schwebes Archiv, Architekturmuseum der TU Berlin, Stadtarchiv Kiel

1961–1963
Hotel Mondial am Dom
Bechergasse 10 (heute: Kurt-Hackenberg-Platz), Bischofsgartenstraße, Große Neugasse, Köln
verändert

Lage: östlich des Kölner Doms, zwischen Dom und Rheinufer, gegenüber dem Zentralomnibusbahnhof
Gebäude: 5-geschossiger Luxushotelbau mit Halle, Bar, Grillraum, Hotelrestaurant, Caféterrasse, mehreren Konferenzzimmern und Banketträumen; im EG Läden, Restaurant, Konferenzzimmer und Hotelbar; im 1. OG offenes Parkgeschoss für 120 PKW (über 2 hydraulische Aufzüge erreichbar); darüber ZG mit sämtlichen Versorgungsleitungen und 3 Hotelgeschosse; im 5. OG Dachgarten mit Restauration und Blick auf Rhein und Kölner Altstadt; im KG weitere PKW-Abstellplätze; 210 Zimmer mit Bad und Toilette, Telefon und Lichtrufanlage, 6 Appartements; Schallisolierung und Doppelfenster gegen Straßenlärm; Möblierung in Teakholz oder Nussbaum, überlange Betten für besonders große Gäste; besondere Babyzimmer im Anschluss an ein Doppel- und Einzelzimmer als „Baby-Suite"; ein Teil der Zimmer mit Klimaanlage, pneumatischer Rohrpost, drahtlosem Rufsystem; Grundstück: 2.700 m²; umbauter Raum: 52.000 m³
Bauverlauf: Aug. 1961 Baubeginn; Nov. 1961 Beginn Erdarbeiten; Feb. 1962 Baubeginn; 22.8.1962 Richtfest; 29.4.1963 feierliche Eröffnung (ursprünglich geplant für Dez. 1962)
Architekten: Schwebes und Schoszberger
Auftraggeber: Rheinische Hotel AG
Quelle: Paul Schwebes Archiv

1961–1964
Main Taunus Zentrum
Main-Taunus-Zentrum 1, Sulzbach (Taunus)
2001 und 2005 erweitert und modernisiert

Lage: im Westen von Frankfurt am Main, an der Kreuzung der Bundesstraße B40 (Frankfurt–Wiesbaden) und B8 (Höchst–Königstein), heute: Autobahn A66, Abfahrt Frankfurt am Main / Hoechst
Gebäude: erstes deutsches überregionales Einkaufszentrum nach amerikanischem Vorbild, 400 m lange Einkaufsstraße mit 80 vermieteten Ladengeschäften zu beiden Seiten (Knochengrundriss); überdachte Schaufensterfront; zentrale Plaza mit Pinguinbrunnen; Anbindung durch öffentlichen Nahverkehr mit täglich 80 Bussen; 1-, 2- und 4-geschossige Anlage mit Großkaufhaus, 2 Supermärkten mit automatischen Kassenanlagen und „Parcel pick-up" für Einkauf mit dem Auto; Gesamtfläche: 330.000 m²; Verkaufsfläche: 42.000 m²; Baukosten: ca. 45 Mio. DM. Nutzung: Warenhäuser (Hertie, C&A, Woolworth, Horten), Kindergarten, Postamt, Bankfilialen, Restaurants und Imbisse, Tankstelle, 2.600 Parkplätze
Bauverlauf: 27.4.1961 Architektenvertrag über 3 Einkaufszentren in der Bundesrepublik; 22.11.1963 Richtfest; 2.5.1964 Eröffnung; 10.2.1965 Architektenvertrag Ausbau Mövenpick-Restaurant
Architekten: Schwebes und Schoszberger
Auftraggeber: Deutsche Einkaufs-Zentrum GmbH, Frankfurt a. M.
Quelle: Paul Schwebes Archiv

1961–1966
Büro- und Geschäftshaus der Philips GmbH
Martin-Luther-Straße 1–7, Fuggerstraße 10 und 12, Berlin-Schöneberg
stark verändert

Lage: Grundstück gegenüber der Urania
Gebäude: 1-geschossiger Flachbau mit Ausstellungsräumen und Schaufensterfront zur Martin-Luther-Straße; darüber 3-geschossiger Büroriegel; Stahlbetonskelettbau mit vorgehängter Fassade (Peter-Profile mit Opalbauelementen); geplante Erweiterung des Komplexes um ein Hochhaus nicht ausgeführt
Bauverlauf: 1961 Antrag auf Baugenehmigung; 20.2.1962 Baugenehmigung mit Bauschein Nr. 298/62; 20.2.1963 Antrag auf Verlängerung des Bauscheines; 16.1.1964 Antrag auf Verlängerung des Bauscheines; 19.3.1965 Baubeginn; 24.11.1965 Richtfest; 1.12.1966 Einzug
Architekten: Schwebes und Schoszberger
Auftraggeber: Allgemeine Deutsche Philips Industrie GmbH, Hauptniederlassung Hamburg
Ausführung: Dyckerhoff & Widmann
Quellen: Paul Schwebes Archiv, Bauaktenarchiv Tempelhof-Schöneberg

1961–1969
Großsiedlung Falkenhagener Feld
Siegener Straße, Salchendorfer Weg, Spekteweg, Eiserfelder Ring, Freudenberger Weg, Wittgensteiner Weg, Berlin-Spandau
verändert

Lage: Areal südlich der Falkenseer Chaussee im sog. Siegener Viertel, begrenzt durch Salchendorfer Weg, Wittgensteiner Weg, Spekteweg und Siegener Straße
Gebäude: 2.200 Wohnungen von insgesamt 8.600 in der Siedlung geplanten Wohnungen; 1. Bauabschnitt: 616 Wohnungen; 32 4- und 8-geschossige Häuser in 7 Zeilen

sowie ein Altenheim; 2. Bauabschnitt: 128 Wohnungen, 18-geschossiges Punkthochhaus mit je 8 Wohnungen pro Geschoss
Bauverlauf: 16.8.1956 Zusage für Entwurf; 4.5.1962 Grundsteinlegung 1. Bauabschnitt in Anwesenheit von Bausenator Schwedler, Albert Vietor, Finanzdirektor und Vorstandsmitglied der Unternehmensgruppe Neue Heimat und Walter Sickert, Vorsitzender des Landesbezirks des DGB
Architekten: Schwebes und Schoszberger
Städtebau: Hans Stephan
Auftraggeber: NEUES HEIM Gemeinnützige Wohnungsbaugesellschaft mbH, Berlin (Tochtergesellschaft der gewerkschaftseigenen Unternehmensgruppe Neue Heimat Hamburg, später: Neue Heimat Berlin)
Ausführung: Betonwerk Berlin GmbH
Grünanlagen: Prof. Walter Rossow
Quellen: Paul Schwebes Archiv, Architekturmuseum der TU Berlin, Bauaktenarchiv Spandau

1962
Apartmenthochhaus im Schlossgarten
Offenbach
Entwurf, nicht ausgeführt

Entwurfszeichnung

Lage: Schlossgarten des Rumpenheimer Schlosses, an Stelle des kriegszerstörten Schlosses
Gebäude: 25-geschossiges Apartmenthochhaus mit Ladengeschäften und Foyer im EG
Datierung: 9.8.1962 Voranfrage an Bauaufsichtsamt der Stadt Offenbach
Architekten: Schwebes und Schoszberger
Quellen: Architekturmuseum der TU Berlin, Haus der Stadtgeschichte, Archiv, Offenbach

1962
Haus Inge Schwebes
Rinteln (Weserbergland)
Umbauten

Architekt: Paul Schwebes
Quelle: Architekturmuseum der TU Berlin

1962
Verwaltungs- und Forschungszentrum der OSRAM GmbH
Hellabrunner Straße 1, München
Wettbewerb, 6. Platz

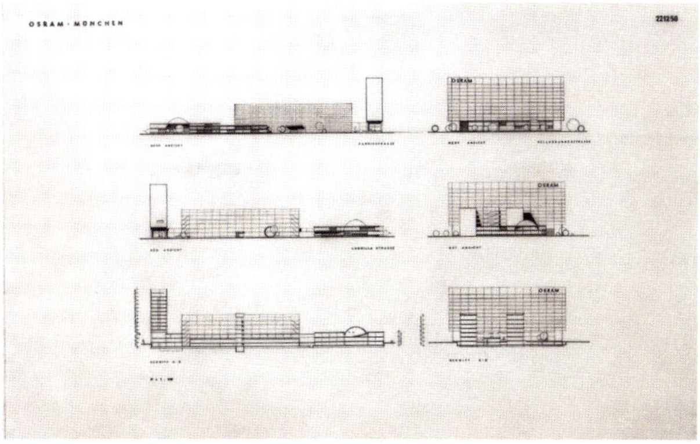

Ansichtszeichnungen

Lage: Stadtteil München-Untergiesing, an den Isar-Auen
Gebäude: 14-geschossiger Büroriegel parallel zur Hellabrunner Straße; dahinter 6-geschossiges Forschungszentrum (2. Bauabschnitt) und 2-geschossiger Flachbau mit Halle/Museum, Verwaltung und Auditorium mit Kuppeldach
Architekten: Schwebes und Schoszberger
Auslober: OSRAM GmbH, München
Quelle: Paul Schwebes Archiv

1962–1966
Elbe Einkaufszentrum
Osdorfer Landstraße 109, Hamburg
stark verändert, 1992/93 Teilabriss

Lage: im Westen von Hamburg, an der Hauptachse Hamburg-Altona–Wedel, in einem neu entstehenden Wohngebiet der Neuen Heimat mit Wohnhochhäusern
Gebäude: erstes städtebaulich integriertes deutsches Einkaufszentrum; T-förmige Anlage (1-, 2 und 3-geschossig) mit 4 Großgeschäften als Anker (3 Warenhäuser und 1 Supermarkt), dazwischen Einzelhandelsgeschäfte und 2-geschossige Parkpalette; 1.000 m Schaufensterfront, überdachte Fußgängerpassagen und Grünanlagen: 30-Meter-lange Automatenstraße für Einkauf nach Ladenschluss und am Wochenende; Grundstücksfläche: 70.000 m²; Verkaufsfläche: 33.000 m².

Nutzung: Warenhäuser (Hertie, Quelle, Peek & Cloppenburg), Lebensmittel-Supergroßmarkt, Kindergarten, Postamt, Apotheke, Geldinstitute, Restaurants und Imbisse, Friseure, Bowling-Bahn und Groß-Tankstelle, 2.000 Parkplätze
Bauverlauf: 1.8.1963 Vertragsabschluss; 11.5.1964 öffentliche Bekanntgabe des Projektes; 10.9.1965 Richtfest; 12.5.1966 Eröffnung; 1970er Jahre Erweiterung; 1992/93 Modernisierung und Erweiterung mit Teilabriss der alten Gebäude
Architekten: Schwebes und Schoszberger (Mitarbeit: Hartwig, Lemke)
Auftraggeber: Immobilienfond Dr. Görtmüller KG, Düsseldorf (Bevollmächtigte: Neue Heimat Gemeinnützige Wohnungs- und Siedlungsgesellschaft mbH, Hamburg)
Bauträger: Beratungsgesellschaft für Gewerbebau mbH, Hamburg
Quellen: Paul Schwebes Archiv, Hamburgisches Architekturarchiv

1963
Haus Schwebes
Trélex, bei Nyon, Schweiz

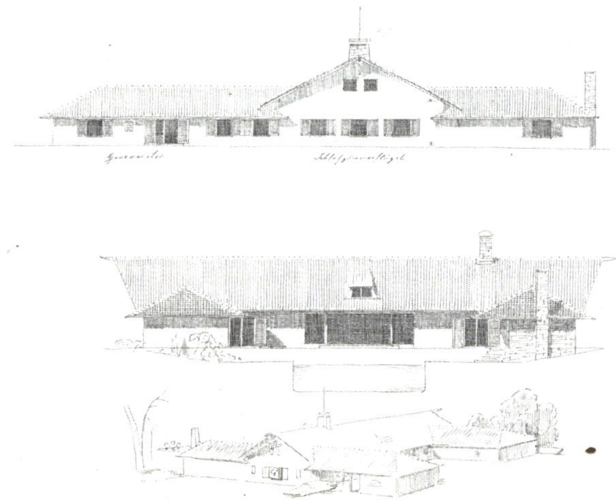

Entwurfszeichnungen

Architekt: Paul Schwebes
Quelle: Architekturmuseum der TU Berlin

1963
Landhaus Baer
Nyon, Schweiz

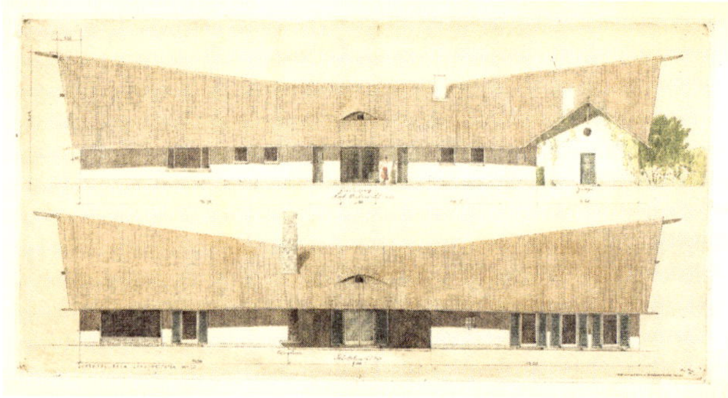

Aquarell Ansichtszeichnungen

Architekt: Paul Schwebes
Quelle: Architekturmuseum der TU Berlin

1963
Theater am Kurfürstendamm
Kurfürstendamm 208–209, Berlin-Charlottenburg
Umbau

Gebäude: Umbau des Theatergebäudes (1921, Architekt: Oskar Kaufmann): Absenkung der Decke im Foyer, Verkleidung von Boden und Wänden in rotem Velours, Einbau kleiner Logen im Zuschauerraum, Verlegung des Orchestergrabens unter die Bühne, Aufstellen neuer Sitze
Bauverlauf: 1.5.1963 Umzug/Auszug der Freien Volksbühne; Aug. 1963 Baubeginn; 1.11.1963 Wiedereröffnung
Architekten: Schwebes und Schoszberger
Auftraggeber: Hans Wölffer
Quellen: Paul Schwebes Archiv, Architekturmuseum der TU Berlin

1963–1964
Büro- und Geschäftshaus Königstadt Turmstraße
Turmstraße 31, Ecke Wilhelmshavener Straße 73, Berlin-Wedding
verändert

Lage: U-Bahnhof Turmstraße, gegenüber dem Kleinen Tiergarten und der Heilandskirche
Gebäude: 5-geschossiges Büro- und Geschäftshaus mit Ladengeschäften im EG
Architekten: Paul Schwebes
Auftraggeber: Königstadt Aktiengesellschaft für Grundstücke und Industrie
Quelle: Paul Schwebes Archiv

1963–1964

Parkhotel Karlsruhe

Ettlinger Straße 23, Karlsruhe
verändert

Lage: am Rande des Stadtparks, gegenüber dem Tullabad (1955, Architekt: Helmuth Stephan), neben dem Mona-Hochhaus (1958–1960, Architekten: Backhaus & Brosinsky)
Gebäude: 11-geschossiges Hotelhochhaus mit Restaurant, Weinstube und Tanzbar; Stahlbetonskelettbau, Vorhangfassade aus Quarzglasmosaik in Taubengrau mit silbrigen Farbtönen, Querbänder auf Höhe der einzelnen Geschosse aus Keramik in gedecktem Weiß, Sockel in dunklem Grau; im EG Aufenthaltsraum, Restaurant und Badische Weinstube, großer Konferenzraum (unterteilbar), Küche, Konditorei und Wirtschaftsräume, ursprünglich 10 vermietbare Läden geplant, neben Rezeption Fahrstühle in die 8 Bettengeschosse, Sonderaufzug zum DG; 1.OG mit Konferenzraum, Frühstücksraum, Büros der Hotelleitung und 12 Hotelzimmer; 2.–9. OG Hotelzimmer; 10. OG Dachgarten-Restaurant mit kreisförmiger Tanzfläche aus Marmor, Tanzbar und Grill-Restaurant; im 11. OG ursprünglich Wohnräume für Hotelpersonal, später für Erhöhung der Bettenzahl aufgegeben; 128 Hotelzimmer mit 158 Betten, im 7. und 8. OG je 2 Appartements; Zimmer mit Bad und Toilette, Einbauschränken, Telefon, im Nachttisch eingebautes Radio; Doppelzimmer mit Schreibtisch
Bauverlauf: 5.7.1963 Spatenstich; 14.11.1963 Presseempfang; 15.5.1964 Richtfest; 29.10.1964 Eröffnung
Architekten: Schwebes und Schoszberger
Auftraggeber: BAHOT Badische Hotel GmbH, Karlsruhe
Quellen: Paul Schwebes Archiv, Architekturmuseum der TU Berlin, Stadtarchiv Karlsruhe

1964

Stadtküche und Feinkostgeschäft Rollenhagen

Kurfürstendamm 229, Berlin-Charlottenburg
Umbau

Architekt: Paul Schwebes
Auftraggeber: Hotel-Betriebs AG, Berlin
Quelle: Paul Schwebes Archiv

1964–1965, 1965, 1967 und 1969–1972

Hotel Schweizerhof

Budapester Straße 25–27, nach Erweiterungen: Budapester Straße 21–29, Burggrafenstraße 2a und 8, Berlin-Tiergarten
1997 abgerissen

Lage: gegenüber Hotel Hilton, Hilton-Kolonnaden und Zoologischer Garten, neben St. Franziskus Krankenhaus; zuvor: Standort einer Villa mit Institut für medizinische Diagnostik (Umbau 1920, Architekt: Bruno Paul)

Neubau 1964–1965 (Budapester Strasse 25–27)
Gebäude: 8-geschossiger Hotelriegel, davon letztes Geschoss als zurückversetztes Staffelgeschoss ausgebildet, 198 Zimmer, Frühstücksraum, Bar im EG, Rezeption, Besprechungs- und Büroräume; im KG Grillroom, Personalräume, Technik, zur Hofseite 2 Treppenhäuser; im Hof 2-geschossige Tiefgarage für 83 PKW d mit 42 Stellplätzen
Grundstück: 2.361 m²; umbauter Raum: 25.255 m³ (Hotel), 4.847 m³ (Park- und Garagenhaus)

Erweiterung 1965 (Budapester Strasse 29)
Gebäude: 8-geschossiger Anschlussbau, davon letztes Geschoss als zurückversetztes Staffelgeschoss ausgebildet, 78 Zimmer mit 83 Betten; Grundstück (Neubau und Erweiterung): 3.101 m²; bebaute Fläche: 2.737 m²; umbauter Raum: 32.856 m³ (Hotel), 6.403 m³ (Tiefgarage)

Umbauten in Parterre und Tiefgeschoss 1967
Gebäude: zusätzliche Küchen-, Restaurant- und Frühstücksräume, 6 kleine Konferenzräume und Einbau einer Wäscherei

Erweiterung 1969–1972 (Budapester Strasse 21–23)
Gebäude: 8-geschossiger Anschlussbau mit Schwimmbad, Wellness im 8. OG und Appartements im 8. OG; Vergrößerung der Halle, Erweiterung der Restauration und Errichtung eines Veranstaltungssaales

Bauverlauf: Jan. 1965 Baubeginn; 25.10.1965 Antrag auf Investitionskredit aus Mitteln des ERP-Sondervermögens für Erweiterungsbau Budapester Straße 29; 3.1.1966 Bewilligung Investitionskredit; 21.4.1966 Eröffnung; 23.4.1966 Aufnahme des Gastbetriebes; 26.2.1969 Pressekonferenz zur geplanten Hotelerweiterung Budapester Straße 23; 8.7.1969 Architektenvertrag für Erweiterung Budapester Straße 23; 2.9.1969 Einreichung Gesamtprojekt bei Bauaufsichtsamt; 14.1.1970 Architektenvertrag für Erweiterung Budapester Straße 21–23, Burggrafenstraße 2a und 8; 16.6.1970 Grundsteinlegung Erweiterungsbau mit Empfang der Schweizer Pferdepostkutsche Nr. 801 Basel–Berlin; 1971 Richtfest; Frühjahr 1972 Eröffnung
Architekten: Schwebes und Schoszberger; 1969: Paul Schwebes mit Peter H. Hartwig und Franz Ott

Auftraggeber: Baugesellschaft Berlin mbH & Co KG, Berlin (Konsul Johann Holzmüller, München)
Ausführung: Heilmann & Littmann
Innenausstattung: Walter von Breunig, München
Betreiber: Hotel Schweizerhof Berlin, Rodolphe W. Schelbert (Direktor)
Quellen: Paul Schwebes Archiv, Architekturmuseum der TU Berlin, Landesarchiv Berlin

1964–1965
Produktionsgebäude Julius-Bötzow-Brauerei
Bessemerstraße 84, Eythstraße 66, Berlin-Schöneberg
abgerissen

Lage: Grundstück zwischen Bessemer Straße und S-Bahn, am südlichen Ende eines Industriegebietes, Nähe Alboinplatz; Vorkriegsbebauung: Lagerhalle Hermann Tietz
Gebäude: 1- und 2-geschossige Abfüllhalle; Stahlskelettbau und Mauerwerk; Bürogebäude; 1-geschossiges Wohngebäude mit 3 Wohnungen für das Aufsichtspersonal; Einfamilienhaus-Bungalow in Stahlbauweise (Hoesch) sowie Doppelgarage; Grundstück: 24.552 m²; umbauter Raum Halle: 6.930,31 m³, Bürogebäude: 1.281,85 m³, Wohngebäude: 1.241,66 m³
Bauverlauf: 1961 Kauf des Grundstückes durch Dortmunder Union AG; 18.6.1964 Antrag auf Baugenehmigung für Einfamilienhaus (Hoesch-Bungalow Typ 109 K); 15.7.1964 Antrag auf Baugenehmigung für Neubau einer Abfüllanlage mit Bürogebäude und ein Wohngebäude (3 Wohnungen) für das Aufsichtspersonal; 3.8.1964 Baugenehmigung, Bauschein Nr. 1311/64 des Baupolizeiamtes Berlin-Schöneberg; 23.2.1965 Antrag auf Baugenehmigung für Doppelgarage (Fa. Kesting Fertiggaragen Berlin GmbH & Co KG); 10.12.1965 Eröffnung
Architekten: Schwebes und Schoszberger
Auftraggeber: Julius Bötzow Brauerei GmbH & Co KG
Quellen: Paul Schwebes Archiv, Architekturmuseum der TU Berlin, Bauaktenarchiv Tempelhof-Schöneberg

1964–1965
Schwarzwaldhotel Karlsruhe
Ettlinger Allee, Karlsruhe
1971 abgerissen

Lage: gegenüber Siedlung Dammerstock, Schloss Rüppurr und Freibad Rüppurr, in der Nähe der Autobahn München–Basel
Gebäude: gehobenes Touristenhotel nach Art amerikanischer Motels, besonders für Autobahnreisende; 2-geschossiger Bettenriegel entlang der Ettlinger Allee, aufgeständert mit Parken im EG, eingeschossiger Restauranttrakt im rechten Winkel dazu, über Eingangshalle miteinander verbunden; großer Parkplatz hinter dem Gebäude, geplant mit Tankstelle und Wartungsstation; 60 Doppel- und 68 Einzelzimmer (in Doppelzimmer verwandelbar), Klub- und Konferenzräume, Weinstube, Restaurant für 180 Personen, Bar; Ausstattung: Beton statt Marmor, Putz statt Stuck, Farben statt Holz, Bäder nicht gekachelt, kein Schrank, sondern mit Vorhang bedeckte Kleiderablage; Baukosten: 5 Mio. DM
Bauverlauf: 27.1.1965 Richtfest; 16.9.1965 Eröffnung
Architekten: Schwebes und Schoszberger
Auftraggeber: BAHOT Badische Hotel GmbH, Karlsruhe
Quellen: Paul Schwebes Archiv, Stadtarchiv Karlsruhe, Landesarchiv Baden-Württemberg

1964–1965
Westeuropäischer Ideen-Wettbewerb Flughafen Berlin-Tegel – Bauzone Süd
Berlin-Tegel
Wettbewerb

Lage: Gelände zwischen südlicher Grenze des Flughafens Berlin-Tegel und dem Berlin-Spandauer Schifffahrtskanal (Hohenzollernkanal)
Wettbewerbsaufgabe: Entwurf eines neuen Abfertigungsbereiches mit (1) Fluggast-Abfertigungsgebäude mit Vorfeld und Anordnung der Flugzeugposition sowie Straßenvorfahrt und Parkplätzen, (2) Fracht- und Postabfertigungsgebäude mit Vorfeld und Straßenvorfahrt, (3) Flughafenverwaltungsgebäude, (4) Flugsicherungs- und Wetterdienstgebäude mit Kontrollturm, (5) flughafenbetriebstechnische Anlagen, (6) Flughafenkantine, (7) Flughafenfeuerwehrgebäude, (8) Tankdienstgebäude, (9) Flugzeughallen und (10) Flughafenhotel; Entwürfe nach festgelegten Größenangaben für einen Grundausbau und Berücksichtigung der Flächen einer Ergänzungsbaustufe
Wettbewerbsbeitrag: Flughafengebäude mit 3 (später 6) Flugsteigköpfen und je 6 Flugzeugpositionen (senkrechte Maschinenaufstellung, „Nose-in"); Verteilerhalle im 1. OG mit Abfertigungsschalterhallen und dahinterliegenden Fluggastaufenthaltsräumen; auf Flugfeldebene Büros und Flugabfertigungsräume, Gepäck-, Ankunfts- und Umsteigeanlagen, Sammelräume für Aufgabegepäck und Vorfahrtshalle für Fluggäste
Datierung: 1957 Gutachten zu Eignung der 3 West-Berliner Luftfahrtgelände (Tempelhof, Tegel, Gatow) für Anlage eines neuen Abfertigungsbereiches; 1962 Beschluss des West-Berliner Senats zum Ausbau des Feldflugplatzes in Tegel zum Düsenhafen; 1963 Einwilligung durch die französischen Besatzer; 1964 Ausschreibung des Wettbewerbs für alle freischaffenden Architekten und Bauingenieure, die seit 1.1.1965 in West-Berlin, der Bundesrepublik Deutschland sowie den EWG und EFTA angeschlossenen Staaten ansässig waren oder ein Büro unterhielten (125 Anforderungen der Wettbewerbsunterlagen); 15.11.1965 Abgabefrist (68 Einreichungen); Mrz. 1966 Tagung des Preisgerichts (6 Preise und 3 Ankäufe; 1. Preis: Meinhard von Gerkan und Volkwin Marg)

Architekten: Architektengemeinschaft Schwebes und Schoszberger, Berlin, Prof. Dr.-Ing. Heinrich Steinmann, Wilhelm Lethgau, Köln
Auslober: Berliner Flughafen Gesellschaft mbH
Quelle: Paul Schwebes Archiv

1964–1966
Fertigungs- und Bürogebäude OPTI-Werke Berlin
Seesener Straße 10–13, Berlin-Wilmersdorf
verändert

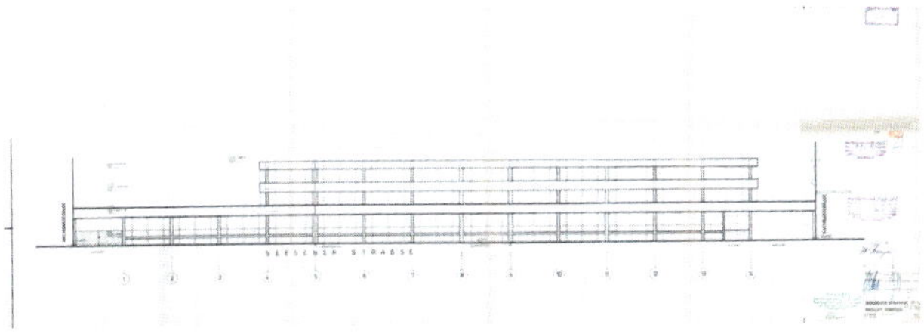
Ansichtszeichnung

Lage: Gelände der ehemaligen Großgaragen Halensee, an Stadtautobahn und S-Bahn-Ring, nahe Paulsborner Brücke
Gebäude: 3- und 4-geschossiges Fertigungs- und Bürogebäude; teilweise auf Stützen aufgeständert; Zufahrt zum tiefer gelegenen Hof mit Parkpalette; ursprüngliche Planung mit Luftgeschoss als Parkgeschoss, darüber 2 Geschosse mit Arbeitsräumen; aufgelockerte Fassade, weitgehend verglast; Grundstück: 5.000 m²; Nutzfläche: 6.500 m²; umbauter Raum: 27.000 m³; Frontlänge Seesener Straße: 110 m
Bauverlauf: 3.7.1964 Architektenvertrag; 7.5.1965 Grundsteinlegung; Sep. 1965 Richtfest
Architekten: Schwebes und Schoszberger
Auftraggeber: W. Erich Heilmann & Co, Berlin
Ausführung: Wiemer & Trachte
Quellen: Paul Schwebes Archiv, Bauaktenarchiv Charlottenburg-Wilmersdorf

1964–1966
Hotel Corporation of America
Budapester Straße 31–35, Kurfürstenstraße 88–91, Burggrafenstraße 9–10, Berlin-Tiergarten
Entwurf, nicht ausgeführt

Lage: Budapester Straße, Ecke Kurfürstenstraße, schräg gegenüber Hotel Hilton, ehemaliger Standort des Deutschen Künstlertheaters (auch: „Kurfürstenoper", „Staatstheater Kleines Haus", Ruine 1963 gesprengt), gegenüber dem Aquarium des Zoologischen Gartens, neben Lenzhaus (1928–1929, Architekt: Heinrich Straumer)
Gebäude: 19-geschossiges Luxushotel mit 6-geschossiger Anschlussbebauung an bestehendes Nachbargebäude Kurfürstenstraße (Lenzhaus); zur Budapester Straße Haupteingang, große Halle, Ballsaal (500 Personen, unterteilbar) mit Foyer, Ladengeschäften und PKW-Zufahrt; im EG und 1. OG 8 Konferenzzimmer (280 Personen); Gastronomie für 625 Personen (Hotelrestaurant, Spezialitätenrestaurant, Caféhaus, Bar und Frühstücksraum) mit vorgelagerter Gartenanlage und Terrasse an Südwestseite des Grundstücks; im KG Warenannahme, Kühl- und Lagerräume, Personalzugang und -räume; Parkhaus für 431 PKW an Burggrafenstraße, direkter Zugang von Parkhaus über KG zu den Aufzügen der Halle; 430 (+39) Zimmer, davon 250 EZ, 150 DZ und 30 Appartements; Grundstück: 9.200 m²; Geschossfläche: 21.000 m²; umbauter Raum (ohne Parken): 80.000 m³. Variante A: 9-geschossiges Luxushotel mit Anschluss an bestehendes Nachbargebäude Kurfürstenstraße (Lenzhaus); zur Budapester Straße Haupteingang, große Halle, Ballsaal (500 Personen, unterteilbar) mit Foyer, Ladengeschäfte und PKW-Zufahrt; im EG 2 Konferenzzimmer (je 50 Personen), Gastronomie für 500 Personen (Hotelrestaurant, Spezialitätenrestaurant, Caféhaus, Bar) mit vorgelagerter Gartenanlage und Terrasse an Südwestseite des Grundstücks, zum Innenhof Frühstückszimmer und Mehrzweckraum; im 1. OG Konferenzräume für 240 Personen; im KG Warenannahme, Kühl- und Lagerräume, Personalzugang und -räume; Parkhaus für 466 PKW an Burggrafenstraße, direkter Zugang von Parkhaus über KG zu den Aufzügen der Halle; 299 Zimmer, davon 100 EZ, 199 DZ und 26 Appartements; Grundstück: 9.200 m²; Geschossfläche: 23.700 m²; umbauter Raum (ohne Parken): 101.650 m³
Planungsverlauf: 31.7.1964 erste Besprechung in Frankfurt am Main zu Vorhaben Hotelneubau; Okt. 1964 Vorstellung des Projektes auf der HCA-Jahreszusammenkunft in Boston; 26.11.1964 Verhandlungen HCA / Schwebes und Schoszberger zu Bauprogramm; 14.1.1965 Entwurfsvorstellung bei Senatsbaudirektor Werner Düttmann; 20.5.1965 Vorvertrag HCA und Artur Brauner, CCC Filmges. mbH; 31.5.1965 Übersendung Projektunterlagen an Senator für Wirtschaft und Kredit; 8.6.1965 Vorbesprechung mit Senatsdirektor für Bau- und Wohnungswesen (Grabert); 7.7.1965 Verhandlungstreffen HCA und Artur Brauner in Paris; 29.7.1965 Übersendung Projektunterlagen an Senatsdirektor für Bau- und Wohnungswesen (Grabert), Senator für Finanzen (Striek) und Senator für Wirtschaft und Kredit (Dr. Brunner); 9.9.1965 interne HCA-Besprechung in Maine zu veränderten Vertragskonditionen Brauner; 15.2.1966 HCA-Zusage zu veränderten Vertragskonditionen
Architekten: Schwebes und Schoszberger
Auftraggeber: Artur Brauner, CCC Filmges. mbH
Pächter: Hotel Corporation of America International, Limited
Quellen: Paul Schwebes Archiv, Architekturmuseum der TU Berlin

1964–1968

Büro- und Geschäftshaus CCC Kurfürstendamm „Passage 202“ (Artur Brauner) mit Kino Lupe 1 und Lupe 2

Kurfürstendamm 202, Knesebeckstraße 38–49, Berlin-Charlottenburg
verändert

LAGE: Knesebeckstraße, Ecke Kurfürstendamm; Nachbarblock des späteren Ku'damm-Karree
GEBÄUDE: 5-, 6- und 7-geschossiges Büro- und Geschäftshaus mit 26 Apartments (50–150 m²) im jeweils obersten Geschoss; EG als Passage mit durchgehender Schaufensterfront und 3 Zugängen von Kurfürstendamm und Knesebeckstraße, Ladengeschäfte, Filmkunsttheater (Lupe 1 und Lupe 2) und Restaurant, 3 runde Mosaiksäulen vor den Kinos im EG; Tiefgeschoss mit Beat-Lokal Big Eden (1.000 m², 400 Gäste); Stahlbetonskelettbau; nicht tragende Wände aus Mauerwerk; Straßenfassade im EG mit Schaufensterfront unter breitem Vordach, darüber horizontal gegliederte Fassade, durchgehende Fensterbänder, Brüstungen mit Aluminiumplatten verkleidet; bestehende Tankstelle Knesebeckstraße in Bau integriert; Apartments in den obersten Geschossen jeweils mit Dachterrasse; bebaute Fläche: 2.004,98 m²; Bruttogrundfläche: 11.396,48 m²; Nutzfläche Läden EG: 2.043 m²; Nutzfläche Läden 1.OG: 2.570 m²; Fassadenlänge Kurfürstendamm: 32,5 m; Fassadenlänge Knesebeckstraße: 150,2 m
BAUVERLAUF: 7.4.1964 Antrag auf Vorbescheid; 10.7.1964 Antrag auf Baugenehmigung; 22.7.1964 Antrag auf vorläufige Baugenehmigung Ausführung Erdarbeiten; 17.8.1964 Beginn Ausschachtungsarbeiten; 16.9.1965 Baugenehmigung Bauschein Nr. 2450 für 1. Bauabschnitt; 20.2.1967 Nachtrag zu Baugenehmigung für Filmkunst-Theater im EG und 1. OG; 29.4.1968 Schlussgebrauchsabnahme; 1. Bauabschnitt: Knesebeckstraße; 2. Bauabschnitt: Kopfbau Kurfürstendamm
ARCHITEKTEN: Schwebes und Schoszberger
AUFTRAGGEBER: Central-Cinema-Company, Filmgesellschaft mbH (Artur Brauner)
AUSFÜHRUNG: Arbeitsgemeinschaft Knesebeckstraße (Beton- und Monierbau AG, Hochtief, Aktiengesellschaft für Hoch- und Tiefbau, vorm. Gebr. Heilmann, Niederlassung Berlin)
QUELLEN: Paul Schwebes Archiv, Architekturmuseum der TU Berlin, Bauaktenarchiv Charlottenburg-Wilmersdorf

1964–1968/69

Büro- und Geschäftshaus Kurfürstendamm-Passage „Basar“

Kurfürstendamm 206–209, Lietzenburger Straße 78–84, Uhlandstraße 30 und 32, Berlin-Charlottenburg
Entwurf, nicht ausgeführt

LAGE: Kurfürstendamm, Grundstück hinter Komödie und Theater am Kurfürstendamm bis zur Lietzenburger Straße, ehemals Standort des 1906 erbauten Tattersall am Kurfürstendamm, später: Standort Ku'damm-Karree (1969–1974, Architektin: Sigrid Kressmann-Zschach, 2018 abgerissen)

ENTWURF 1964
GEBÄUDE: 5-geschossiges Bürogebäude vor Theater am Kurfürstendamm als 1. Bauabschnitt; hinter den Theaterhäusern Einkaufskomplex als Passage mit mehr als 100 Läden, Kaffeehäusern, kleinen Restaurants und Grünanlagen; auf den Dächern Parkplätze für 500 PKW sowie 8-geschossiges Bürogebäude (ursprünglich als Hochhaus geplant), Zugang vom Kurfürstendamm zwischen den Theatern; im letzten Bauabschnitt Abriss des Gebäudes vor der Komödie am Kurfürstendamm und Wiederaufbau als 7-geschossiges Bürogebäude; Grundstücksfläche: 20.000 m²; Nutzfläche Läden 5.000 m²

ENTWURF 1966
GEBÄUDE: vor den beiden bestehenden Theatergebäuden 2 6-geschossige Bürogebäude, aufgeständert mit offenem EG; dahinter Einkaufszentrum mit 30–40 Läden und Grünanlagen; darüber 2-geschossige Parkpalette für 500 PKW sowie 6-geschossiges Bürogebäude, Zugang vom Kurfürstendamm als Passage zwischen den Theatern, für diese neue Foyers; an Uhlandstraße zwei Parkhäuser für 200 PKW

PLANUNGSVERLAUF: 1965 vorläufiger Baubescheid; Frühjahr 1966 geplanter Baubeginn
ARCHITEKTEN: Schwebes und Schoszberger
AUFTRAGGEBER: Baubetreuung GmbH & Co KG
QUELLEN: Paul Schwebes Archiv, Architekturmuseum der TU Berlin

1965

Hotel Atlantic Hamburg

An der Alster 72–79, Hamburg
Aufmaß

ARCHITEKTEN: Schwebes und Schoszberger
QUELLE: Architekturmuseum der TU Berlin

1965
Landwirtschaftliche Absatzzentrale
Bockum-Hövel

Architekten: Schwebes und Schoszberger
Quelle: Paul Schwebes Archiv

1965–1966
Hotel Intercontinental
Budapester Straße 31–35, Kurfürstenstraße 88–91, Burggrafenstraße 9–10, Berlin-Tiergarten
Entwurf, nicht ausgeführt

Lage: Budapester Straße, Ecke Kurfürstenstraße, schräg gegenüber Hotel Hilton, ehemaliger Standort des Deutschen Künstlertheaters (auch: „Kurfürstenoper", „Staatstheater Kleines Haus", Ruine 1963 gesprengt), gegenüber dem Aquarium des Zoologischen Gartens, neben Lenzhaus (1928–1929, Architekt: Heinrich Straumer)
Gebäude: 16-geschossiges Luxushotel zur Budapester Straße, vorgelagerter 1-geschossiger Flachbau, Haupteingang zur Budapester Straße; Hochhausscheibe abgesetzt durch ZG; 8-geschossiger Anschlussbau an Nachbargebäude (Hotel Schweizerhof); Ladenzone im EG mit durchgehendem Vordach; darüber Luftgeschoss und leicht zurückversetzter 4-geschossiger Riegel
Planungsverlauf: Ende Jan. 1966 Übersendung Antragsunterlagen an zuständige Senatsstellen
Architekten: Schwebes und Schoszberger
Auftraggeber: Artur Brauner, CCC Filmges. mbH
Pächter: Intercontinental Hotel Corporation (Pan American Airways)
Quellen: Paul Schwebes Archiv, Architekturmuseum der TU Berlin

1965–1967
Kaufhaus Karstadt Schloßstraße
Schloßstraße 7–10, Markelstraße 62–63, Treitschkestraße 1–5 (heute: Schildhornstraße 1–5), Berlin-Steglitz
2007 Teilabriss, stark verändert

Lage: ehemals Wohnbebauung neben Kaufhaus Wertheim (1951–1952, Architekt: Hans Soll), Nähe Titania-Palast und Bekleidungshaus Leineweber, heute: Standort Karstadt Premium Kaufhaus neben Einkaufszentrum Boulevard Berlin (2007–2012, Architekten: Ortner & Ortner Baukunst)
Gebäude: 2-geschossiges Kaufhaus mit 13.000 m^2 Verkaufsfläche und Parkdeck für 385 PKW auf dem Dach, über Doppelhelix-Rampe erschlossen; im EG ca. 200 m Schaufensterfront mit Vordach, darüber geschlossene Fassade mit Verkleidung aus Waschbetonplatten, teils als schräggestellte Lamellen; Stahlbetonskelettbau; im hinteren Gebäudeteil Büro- und Lagerräume im EG; im OG Personalräume, Erfrischungsraum, Küche, Kasino und Räume der Geschäftsleitung; im KG Anlieferung, Technik und Lagerräume; bebaute Fläche: ca. 9.300 m^2; umbauter Raum: ca. 146.200 m^3; Verkaufsfläche: ca. 12.830 m^2
Bauverlauf: 3.1.1962 Antrag auf Abbruch der Ruinengrundstücke Schloßstraße 7–8 und Markelstraße 63; 8.1.1963 Genehmigung mit Abbruchschein Nr. 48; 2.1.1964 Antrag auf Verlängerung der Genehmigung (da Probleme bei Entmietung); 13.11.1964 Genehmigung Abriss der Wohngebäude Schloßstraße 9–10; 1965 Beauftragung Schwebes; 1.10.1965 geplanter Baubeginn; 14.1.1966 Abbruchschein Nr. 209; 28.4.1967 Richtfest; 29.9.1967 Eröffnung
Architekten: Schwebes und Schoszberger
Auftraggeber: Karstadt AG Essen
Quellen: Paul Schwebes Archiv, Architekturmuseum der TU Berlin, Bauaktenarchiv Steglitz-Zehlendorf

1966
Cinema 105 am Lietzensee
Kaiserdamm 105, Sophie-Charlotte-Straße 55–56, Berlin-Charlottenburg
Umbau, Fassadenumgestaltung

Architekten: Schwebes und Schoszberger
Quelle: Bauaktenarchiv Charlottenburg-Wilmersdorf

1966
Kaufhaus Hamburg-Altona
Jessenstraße 21–27, Funkstraße 9–12, Große Bergstraße 38–44 (heute: Mörkenstraße), Hamburg
Vorentwurf

Lage: zwischen Bahnhof Altona und Altona-Altstadt, nahe der Nordelbe
Gebäude: 2-geschossiges Kaufhaus, unterkellert, mit Parkdeck auf dem Dach und einem darüberliegenden ZG; darüber 6-geschossiges Bürohochhaus
Architekten: Schwebes und Schoszberger
Quelle: Architekturmuseum der TU Berlin

1966
Küche im Deutschen Pavillon auf der Weltausstellung *Expo 67*
Montreal, Kanada

Architekten: Schwebes und Schoszberger
Quelle: Architekturmuseum der TU Berlin

1966

Verwaltungsgebäude der Berliner Disconto Bank

Otto-Suhr-Allee 6–16, Berlin-Charlottenburg
Wettbewerb, nicht ausgeführt

Lage: am Ernst-Reuter-Platz, gegenüber dem Haus der Elektrizität (Telefunken-Hochhaus)
Gebäude: 2-geschossiger Flachbau, darüber 12-geschossige Hochhausscheibe über ZG. Variante: 2-geschossiger Flachbau, darüber 12-geschossige Hochhausscheibe (doppelte Breite) sowie 15-geschossiges Punkthochhaus, über Flachbau verbunden
Architekten: Schwebes und Schoszberger
Auslober: Deutsche Bank AG
Quelle: Paul Schwebes Archiv

1966

Wohn- und Geschäftshaus Bülowstraße 11–12

Bülowstraße 11–12, Berlin-Schöneberg
Vorentwurf, nicht ausgeführt

Planungsverlauf: 1966 skizzenhafte Planung Gesamtkomplex mit Einreichung Bauantrag für Bebauung Nachbargrundstück Bülowstr. 10
Architekten: Schwebes und Schoszberger
Auftraggeber: Neues Heim, Gemeinnützige Wohnungsbauges. mbH (Grundstückseigentümer)
Quelle: Paul Schwebes Archiv

1966–1968

Lanke-Werft Marina

Scharfe Lanke 109–131, Berlin-Spandau
verändert

Lage: auf dem Gelände der ehemaligen Lanke-Werft an der Havel
Gebäude: Umbau der Lanke-Werft zu Marina-Wassersportzentrum nach amerikanischem Vorbild

1. Bauabschnitt (Eröffnung Mai 1967)
Gebäude: orthogonales System an Schwimmstegen (auf 200 m Länge bis zu 80 m in die Havel hinaus), Tankstelle am Uferrand, Umkleidebau mit sanitären Einrichtungen, Snackbar mit Einkaufsmöglichkeit

2. Bauabschnitt (Fertigstellung Sommer 1967)
Gebäude: 3.000 m^2 große Bootslagerhalle in Stahlskelettbau mit Ausmauerung an den Giebelseiten und Verkleidung mit Durisolwandplatten an den Längsseiten, Dachdeckung aus Welleternit

3. Bauabschnitt (1968, nicht realisiert)
Gebäude: 3-geschossiges Ferienapartmenthaus mit 54 Einraumapartments und 3 Wohnungen, umbauter Raum: 6.625 m^3; verputztes Mauerwerk, zwischen Fenstern Wandscheiben mit Plattenverkleidung, Stahlbetondecken, Pultdach mit Dachdeckung aus Welleternit

Bauverlauf: 5.7.1966 Bauantrag für Bootshalle und Apartmenthaus; 1967 Umbau und Erweiterung; Mai 1967 Eröffnung; Sommer 1967 Fertigstellung der Bootshalle; 1968 geplanter Bau Ferienapartmenthaus, Baugenehmigung mehrfach verlängert, Bau nicht realisiert
Architekten: Schwebes und Schoszberger
Auftraggeber: Hugo Reinicke (Inhaber Lanke-Werft), Hans Twelkmeyer
Quellen: Paul Schwebes Archiv, Bauaktenarchiv Spandau

1966–1968

Wohn- und Geschäftshaus Bülowstraße 10

Bülowstraße 10, Berlin-Schöneberg
verändert

Gebäude: 7-geschossiges Wohn- und Geschäftshaus mit Geschäftsräumen im EG, passagenartiger Zugang zum Treppenhaus, Büroräume im 1.OG und 10 Apartmentwohnungen im 2.–6. OG
Bauverlauf: 15.3.1966 Einreichung Bauantrag; 19.4.1966 Ablehnung Bauantrag durch Stadtplanungsamt; 21.7.1966 Einreichung neuer Bauantrag; 3.2.1967 Baugenehmigung mit Bauschein Nr. 282/67; 17.4.1967 Baubeginn
Architekten: Schwebes und Schoszberger
Auftraggeber: Berliner Verein Krankenversicherung auf Gegenseitigkeit, Köln (Bauherr); Neues Heim, Gemeinnützige Wohnungsbauges. mbH (Grundstückseigentümer)
Ausführung: Heilmann & Littmann Bau-Aktiengesellschaft
Quellen: Paul Schwebes Archiv, Bauaktenarchiv Tempelhof-Schöneberg

1966–1971

Wohnstift „Otto Dibelius“

Hausstockweg 57, Berlin-Mariendorf
geringfügig verändert

Lage: Mariendorfer Damm zwischen Hausstockweg und verlängertem Hundsteinweg; Grundstück der evangelischen Gemeinde, zuvor landwirtschaftlich genutzt
Gebäude: Komplex aus 9-, 11-, 12-, 13- und 14-geschossigen Wohnhochhäusern, vollunterkellert, mit eingeschossigen Anbauten für Speisesaal, Küche, Verwaltung, Eingangshalle, Café und Weinstube sowie 2-geschossigem Theatertrakt; Wohnungen: 1- und 2-Zimmerapartments mit Loggia; Diele mit Einbauschränken für Kochgelegenheit und Kühlschrank (Normenprogramm); Gemeinschafts- und Versorgungsräume: Foyer, Theatersaal, Fernseh-

räume, Restaurant mit Nebenräumen, Speisesäle, Wohnflure, Leseräume mit Bibliothek, Pforte und Post, Verwaltungsräume, Wäscherei, Küchenvorbereitung, Küche und Küchennebenräume, Personalaufenthaltsräume, Badeabteilung; Beton- und Mauerwerkskonstruktion, Stahlbetondecken; Giebelfassaden mit hinterlüfteten Betonspezialplatten verkleidet; Balkonblenden aus Sichtbetonfertigteilen; Fassade Theater- und Wirtschaftstrakt mit Klinkermauerwerk bzw. Klinkerverkleidung
Bauverlauf: 21.7.1967 Antrag auf Baugenehmigung; 14.6.1968 Besprechung bei SenBauWohn zu Entwurfsänderung nach Bewohnerprotest; 28.6.1968 Einreichung überarbeiteter Entwurf; 6.11.1968 Antrag auf Baugenehmigung; Mrz. 1969 Baubeginn; 12.9.1969 Grundsteinlegung; 29.10.1970 Richtfest
Architekten: Schwebes und Schoszberger, Hartwig, Ott, Dr. Dirk Haubold, Manfred Heinrich
Auftraggeber: Wohnstift „Otto Dibelius" e. V., Berlin
Betreuung: Neues Heim Gemeinnützige Wohnungsbauges. mbH, Berlin
Quellen: Paul Schwebes Archiv, Bauaktenarchiv Tempelhof-Schöneberg

1967–1968
Haus Käthe Schwebes
List auf Sylt
Umbau

Aquarell Entwurfszeichnung

Architekt: Paul Schwebes
Quelle: Architekturmuseum der TU Berlin

1967–1969
Flughafenhotel Stuttgart
Leinfelden-Echterdingen bei Stuttgart
abgerissen

Lage: Flughafen Stuttgart, zwischen der Randstraße Nord und der Autobahn München–Karlsruhe–Frankfurt–Basel
Gebäude: eingeschossiger Flachbau mit Empfangshalle, Bar, Restaurant und Konferenzräumen, darüber 3-geschossiger Bettenriegel
Bauverlauf: 6.6.1967 Genehmigung des Bauvorhabens durch Landratsamt Esslingen; 1.2.1969 Eröffnung
Architekten: Schwebes und Schoszberger
Quelle: Stadtarchiv Leinfelden-Echterdingen

1967–1969
Hotel Intercontinental Düsseldorf
Karl-Arnold-Platz, Düsseldorf
stark verändert

Lage: zwischen Kaiserwerther Straße und Kennedydamm, in der Nähe der Messe und des Flughafens
Gebäude: 10-geschossiger Luxushotelbau mit 600 Betten, Gastronomie, Geschäften, Tagungsräumen, Ballsaal, Bankettsaal, private Speise-/Tagungsräume, Schwimmbad, Friseur- und Kosmetiksalon, verschiedene Geschäfte, Garage; im EG Großrestaurant und Schnellimbissbar, 1.–8. OG je 37 Zimmer; 9. OG mit 20 Zimmern, Dachrestaurant mit Bar und Aussicht auf die Stadt und den Rhein, Präsidentensuite mit eigener Küche, Bar, Vestibül, großem Salon, zwei Schlafzimmern und 3 Bädern; sämtliche Zimmer mit Privatbad und Toilette, Nutzung sowohl als Einzel- als auch Doppelzimmer möglich, 58 Zimmer können zu Appartements (Wohn- und Schlafräume) verbunden werden
Bauverlauf: seit mind. 1957 Verhandlungen von Stadtdirektor Reiner Rausch mit Intercontinental Hotels Corporation über Hotelneubau; 23.12.1964 Eintragung der Düsseldorfer Intercontinental Hotels GmbH ins Handelsregister; Apr. 1967 Einreichung der Baupläne beim Bauaufsichtsamt; 3.7.1967 Grundsteinlegung; 14.3.1968 Richtfest mit amerikanischem Botschafter George C. McGhee
Architekten: Schwebes und Schoszberger, Hartwig und Ott
Auftraggeber: Intercontinental Hotels GmbH, Düsseldorf
Quellen: Paul Schwebes Archiv, Architekturmuseum der TU Berlin

vor 1968

Hochhaus Dortmunder Union

Dortmund
Entwurf, nicht ausgeführt

Modell. Foto: unbekannt

Lage: Areal neben dem Brauereigelände der Dortmunder Union Brauerei, an den Bahngleisen, kurz vor dem Dortmunder Hauptbahnhof
Gebäude: Bürohochhaus (Variante mit Anschluss an bestehendes Kellereihochhaus)
Architekten: Schwebes und Schoszberger
Auftraggeber: Dortmunder Union AG, Dortmund
Quellen: Paul Schwebes Archiv, Architekturmuseum der TU Berlin

1968

Park- und Boardinghouse am Flughafen Tempelhof

Tempelhofer Damm 20, Berlin-Tempelhof
Entwurf, nicht ausgeführt

Architekten: Schwebes und Schoszberger
Quelle: Paul Schwebes Archiv

1969–1971

Hotel Intercontinental Köln

Helenenstraße, St.-Apern-Straße, Neue Friesenstraße (heute: Magnusstraße), Köln
stark verändert

Architekten: Paul Schwebes, Hartwig und Ott, Berlin, Joh. Mronz, Köln
Quellen: Architekturmuseum der TU Berlin, Historisches Archiv Köln

1969–1973

Büro- und Geschäftshaus „Berlin-Center" (urspr. Philips-Center)

Martin-Luther-Straße 1–1a, Kleiststraße 30–31, Kalckreuthstraße 1–2, Berlin-Schöneberg
stark verändert

Lage: Grundstück an der Südtangente gegenüber der Urania, in Sichtachse der Tauentzienstraße, unmittelbar angrenzend an Verwaltungsgebäude der Philips GmbH
Gebäude: Bauantrag 1969: Büro- und Geschäftshaus mit 1, 4 und 22 Vollgeschossen; Flachbau als Anschluss an benachbartes Philips-Gebäude; Restaurant, Bar und Büros in den oberen Geschossen; Läden in den unteren Geschossen. Geänderter Entwurf 1970: 18-geschossiges Hochhaus und 7-geschossige Randbebauung, als Kaufhaus und Parkhaus genutzt
Bauverlauf: 6.3.1969 Beauftragung Paul Schwebes durch Heinz Mosch; 13.11.1969 Antrag auf Baugenehmigung; 12.12.1969 Baugenehmigung Nr. 1546/69; 21.7.1970 Antrag auf Vorbescheid (geänderter Entwurf); 15.9.1970 Ablehnung Antrag auf Vorbescheid; 16.11.1970 Antrag auf Baugenehmigung (geänderter Entwurf)
Architekten: Paul Schwebes (Vorentwurf und künstlerische Oberleitung); Heinz Mosch Wohnbau Berlin KG (Entwurf)
Auftraggeber: KLEIST-ECK Grundstücksvermittlungs KG – Heinz Mosch
Quellen: Paul Schwebes Archiv, Architekturmuseum der TU Berlin, Bauaktenarchiv Tempelhof-Schöneberg

1960er Jahre

Projekt Schubert

Frankfurt am Main

Entwurf, nicht ausgeführt

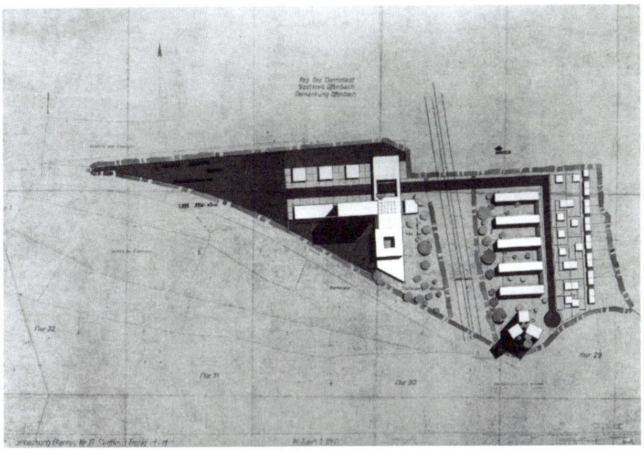

Lageplan. Foto: unbekannt

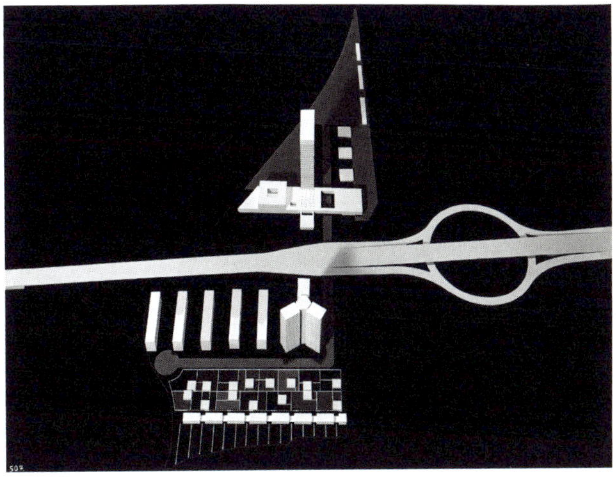

Modell. Foto: Walter Köster

Lage: Kaiserleipromenade 10 und Strahlenberger Wäldchen, Frankfurt am Main; Areal an der Stadtgrenze zu Offenbach, südlich des Kaiserleikreisels, an der Autobahn A661 in Richtung Darmstadt und Frankfurt/Offenbach, im Süden begrenzt von der Bahnstrecke Frankfurt–Offenbach

Gebäude: Apartmenthochhaus/Y-Hochhaus (verschiedene Studien)

Architekten: Schwebes und Schoszberger

Quellen: Paul Schwebes Archiv, Architekturmuseum der TU Berlin

vmtl. Ende 1960er Jahre

Hotel Teneriffa

Entwurf

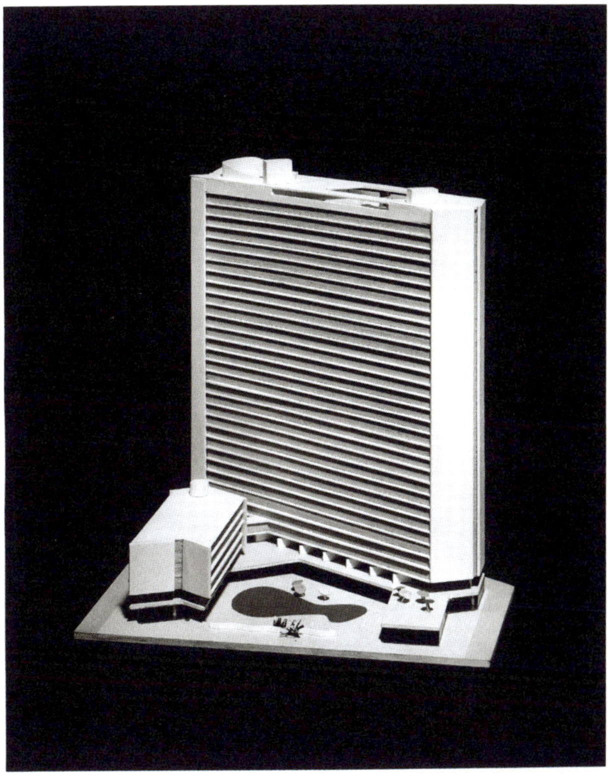

Modell. Foto: Walter Köster

Gebäude: 29-geschossige Hochhausscheibe und 4-geschossiger Riegel, verbunden über 1-geschossigen Flachbau mit darüberliegendem Luftgeschoss

Architekten: Schwebes und Schoszberger

Quellen: Paul Schwebes Archiv, Architekturmuseum der TU Berlin

1970

Haus Hüdepohl

Umbau

Architekt: Paul Schwebes

Auftraggeber: vmtl. Prof. Dr. Ferdinand Hüdepohl

Quelle: Architekturmuseum der TU Berlin

1970
Hotel CCC
Torremolinos, Spanien
Entwurf, nicht ausgeführt

LAGE: Badeort an der Costa del Sol, südlich von Malaga
GEBÄUDE: 8- und 12-geschossiges Hotel mit Dachgartenbar, Diskothek, Kino, Bowling, Läden
ARCHITEKT: Paul Schwebes
AUFTRAGGEBER: Artur Brauner
QUELLE: Architekturmuseum der TU Berlin

1970
Hotelkomplexe Marokko
Agadir, Kenitra und Marrakesch, Marokko
als Architekt angefragt

ARCHITEKT: Hans Stephan (Vorentwurf)
AUFTRAGGEBER: marokkanische Gruppe auf Initiative der marokkanischen Regierung
QUELLEN: Paul Schwebes Archiv

o. D.
Kaufhaus Karstadt Bundesallee
Badensche Straße 21–23, Berliner Straße 152–154, Bundesallee 42–44, Berlin-Wilmersdorf
Entwurf, nicht ausgeführt

LAGE: gesamter Baublock hinter EPA-Warenhaus (1929–1932, Architekt: Philipp Schaefer, Bauabteilung Rudolph Karstadt AG) bis zur Bundesallee; schräg gegenüber Sparkasse der Stadt West-Berlin
GEBÄUDE: Erweiterung des wiederhergestellten Karstadt-Kaufhauses bis zur Bundesallee; dort 8-geschossiger Riegel mit Ladenzone und Eingang Karstadt im EG, ZG und 5 Geschosse mit je 10 Apartments (42 m^2); Ladenzone zwischen Altbau und Neubau als 1-geschossiger Supermarkt fortgesetzt, ca. 4.500 m^2 Verkaufsfläche, umlaufende Schaufensterfront mit Vordach, Parkdeck auf dem Dach, Rampe zur Badenschen Straße
ARCHITEKTEN: Schwebes und Schoszberger
QUELLE: Architekturmuseum der TU Berlin

o. D.
Verwaltungsgebäude Spezialbaugeschäft Franz Mietsch
Ordensmeisterstraße 22, Berlin-Tempelhof

ARCHITEKT: Paul Schwebes
QUELLE: Paul Schwebes Archiv

PROJEKTE nicht zuzuweisen

QUELLE: Architekturmuseum der TU Berlin

1950er Jahre
unbekanntes Büro- und Geschäftshaus (vmtl. Neckermann, Danziger Platz, Frankfurt am Main)

Modell. Foto: Arthur Köster

1950er Jahre
unbekanntes Kaufhaus (vmtl. Vorentwurf Kaufhaus Neckermann, Frankfurt am Main)

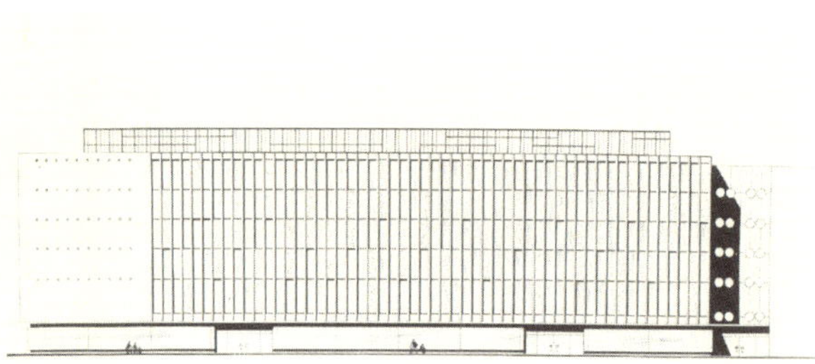

Ansichtszeichnung

1960er Jahre
unbekanntes Verwaltungsgebäude (vmtl. Beuth-Verlag)
Burggrafenstraße, Berlin-Tiergarten

Modell. Foto: Walter Köster

1960er Jahre
unbekanntes Verwaltungsgebäude

Modell. Foto: Walter Köster

Ende 1960er Jahre
unbekanntes Hotel

Entwurfszeichnung

WEITERE BAUVORHABEN UND AUFTRAGGEBER
nicht nachgewiesen

QUELLE: Paul Schwebes Archiv (verschiedene Projektlisten)

Neckermann, Danziger Platz, Frankfurt am Main, 1957
Maggi, Haus am Tannenweg, Frankfurt am Main, 1959
DEZ, Frankfurt am Main, um 1966
Fasanenstraße 5 (verschiedene Entwürfe), Berlin-Charlottenburg, um 1966
Geschäftshaus Dr. Nath, Uhlandstraße, Berlin-Charlottenburg, um 1966
Hotel (Vorentwurf), Ingolstadt, um 1966
Kaufhaus Neckermann (Vorentwurf), Köln, um 1966
Mövenpick, o. O., um 1966
Hotel Pepper (vmtl. Hotel Europa-Center), o. O., vmtl. 1960er Jahre
Hotel Sonesta, o. O., vmtl. 1960er Jahre
A. Zuntz sel. Wwe. GmbH, o. O., o. D.
Aktualitätenkino „AKI" am Hauptbahnhof, Frankfurt am Main, vmtl. Anfang 1950er Jahre
Blumenhalle, o. O., o. D.
Degussa Plath, Nickel, o. O., o. D.
Deutsche Waggon- und Maschinenfabrik, o. O., o. D.
Gemeinnützige Deutsche Wohnungsbaugesellschaft mbH Frankfurt am Main, o. D.
Haus Spethmann, o. O., o. D.
Kaiser's Kaffee, Markt 11, Berlin-Spandau, o. D.
Konditorei Miericke, Rankestraße 36, Berlin-Charlottenburg, o. D.
Telefunken (Umbau), Mehringdamm, Berlin-Kreuzberg, o. D.
Telefunken, Ulm, o. D.
Wohnhaus Lyckallee 17, Berlin-Westend, o. D.

PROJEKTLISTE (typologisch)

Verwaltungsbauten

Verwaltungsgebäude Kathreiner Malzkaffee-Fabrik GmbH, Berlin, 1929–1930 (Mitarbeit im Büro Bruno Paul) S. 108
Verwaltungsgebäude Heinrich Franck Söhne GmbH, Berlin, 1932–1940 S. 109 **S. 354**
Neubau einer Reichsführerschule (Ideenwettbewerb), Neu-Grünwald bei München, 1933–1934 S. 111 **S. 355**
Fabrikations- und Verwaltungsbau Adrema Maschinenbau GmbH, Berlin, 1935 **S. 356**
Industrie- und Handelskammer Berlin, Berlin, 1936–1937 und 1938–1939 S. 112 **S. 356**
Haus der Reichs-Apotheker-Kammer, Berlin, 1938–1939 S. 116 **S. 357**
Aschinger's AG Zentrale, Berlin, 1939 **S. 358**
Finanzdirektion Lemberg, Lwiw, Ukraine, 1942 **S. 358**
unbekanntes Verwaltungsgebäude, o. O., vor 1945 **S. 358**
Verwaltungsgebäude der Berliner Disconto Bank AG, Berlin, 1950–1951 und 1955–1957 S. 117 **S. 362**
Verwaltungsgebäude der Berliner Bank AG (Wettbewerb), Berlin, 1951 S. 118 **S. 364**
Verwaltungsgebäude der Landeszentralbank Berlin, Berlin, vor 1952 S. 119 **S. 364**
Verwaltungsgebäude der Adrema Maschinenbaugesellschaft mbH, Berlin, 1952–1953 **S. 365**
Industrie- und Handelskammer mit Börse (Wettbewerb), Berlin, 1953 S. 120 **S. 366**
Verwaltungsgebäude der Landesversicherungsanstalt Berlin (Wettbewerb), Berlin, 1953 S. 121 **S. 366**
Archivgebäude der Allianz-Versicherungs AG, Berlin, 1954 S. 122 **S. 367**
Verwaltungsgebäude Telefunken AG, Berlin, 1954–1955 **S. 368**
Erweiterungsbau Verwaltungsgebäude der Deutschen Forschungsgemeinschaft, Berlin, 1956 S. 123 **S. 374**
Verwaltungsgebäude und Restaurant der Aschinger's AG, Berlin, 1956–1957 und 1959–1960 **S. 376**
Verwaltungsgebäude Hermann Meyer AG, Berlin, 1956–1957 S. 125 **S. 375**
Verwaltungsgebäude Zoologischer Garten, Berlin, 1956–1957 S. 126 **S. 376**
Verwaltungsgebäude Hermann Schäler Bauunternehmen, Berlin, 1957–1958 S. 128 **S. 380**
Hauptverwaltung Dresdner Bank, Frankfurt am Main, Ende 1950er Jahre / Anfang 1960er Jahre **S. 383**
Verwaltungsgebäude der Sparkasse der Stadt Berlin West (Wettbewerb), Berlin, 1960 S. 130 **S. 383**
Verwaltungsgebäude und Zentrallager Leiser, Berlin, 1960–1961 S. 131 **S. 383**
Büro- und Verwaltungskomplex der VARTA Accumulatoren-Fabrik AG, Frankfurt am Main, 1961 **S. 385**
Verwaltungs- und Forschungszentrum der OSRAM GmbH (Wettbewerb), München, 1962 **S. 387**
Verwaltungsgebäude der Berliner Disconto Bank (Wettbewerb), Berlin, 1966 S. 132 **S. 394**
Hochhaus Dortmunder Union, Dortmund, vor 1968 **S. 396**
Verwaltungsgebäude Spezialbaugeschäft Franz Mietsch, Berlin, o. D. **S. 398**

Büro- und Geschäftsbauten

Hochhaus am Potsdamer Platz, Berlin, 1936 und 1938–1939 S. 136 **S. 356**
Büro- und Geschäftshaus Franz Bergmann, Berlin, 1937 S. 140 **S. 357**
Amerika-Haus, NAAFI-Club, Berlin, 1946 und 1951–1953 **S. 359**
WMF-Geschäftshaus, Berlin, Ende 1940er Jahre / vor 1950 **S. 361**
Büro- und Geschäftshaus Deutsche Zündholzfabriken AG, Berlin, 1950 S. 142 **S. 361**
Büro- und Geschäftshaus Tauentzienstraße, Berlin, 1952–1954 S. 143 **S. 365**
Büro- und Geschäftshaus der Allianz-Versicherungs AG (Wettbewerb), Berlin, 1952 S. 145 **S. 364**
Büro- und Geschäftshaus der Allianz-Versicherungs AG, Berlin, 1952–1955 S. 147 **S. 365**
Maggi-Haus Frankfurt am Main, Frankfurt am Main, 1954 S. 148 **S. 367**
Haus Königstadt, Berlin, 1954–1955 S. 150 **S. 367**
Schultheiss, Büro- und Geschäftshaus am Kurfürstendamm, Berlin, 1954–1955 S. 152 **S. 367**
Haus Hardenberg, Berlin, 1954–1956 S. 154 **S. 368**
Bebauungsvorschlag für das Victoria-Areal (Wettbewerb), Berlin, 1955 **S. 369**
Büro- und Geschäftshaus Kurfürstendamm 182–183, Filiale der Berliner Disconto Bank AG, Berlin, 1955 und 1958–1959 S. 160 **S. 369**
Büro- und Geschäftshaus der Agrippina Lebensversicherungs-AG, Berlin, 1955–1956 S. 162 **S. 370**
Büro- und Geschäftshaus der Vorsorge-Lebensversicherungs-AG, Berlin, 1955–1956 S. 163 **S. 370**
Büro- und Geschäftshaus Beamtenversicherungsverein des Deutschen Bank- und Bankiergewerbes a. G., Berlin, 1956–1957 S. 165 **S. 374**
Büro- und Geschäftshaus „Haus am Zoo“, Berlin, 1956–1960 S. 166 **S. 376**
Schloßgartenbau, Geschäftshausbebauung mit Kino auf dem ehemaligen Marstallgelände, Stuttgart, Stuttgart, 1957 S. 168 **S. 378**
Büro- und Geschäftshaus „Alte Volksfürsorge“, Berlin, 1957–1960 S. 171 **S. 380**
Büro- und Geschäftshaus Knesebeckstraße (urspr. Erweiterungsbau Haus Hardenberg), Berlin, 1957–1966 S. 172 **S. 381**

Büro- und Geschäftshaus Deutsche Beamten Versicherung, Berlin, 1958–1959 S. 174 **S. 381**
Büro- und Geschäftshaus Dortmunder Union, „Kibek-Haus“, Berlin, 1958–1960 S. 175 **S. 381**
Haus der Elektrizität (Telefunken-Hochhaus), Berlin, 1958–1960 S. 178 **S. 382**
Büro- und Geschäftshaus IBM (Wettbewerb), Berlin, 1959 S. 182 **S. 382**
Büro- und Geschäftshaus am Breitscheidplatz, Berlin, vmtl. 1961 S. 184 **S. 384**
Büro- und Geschäftshaus der Philips GmbH, Berlin, 1961–1966 S. 186 **S. 386**
Büro- und Geschäftshaus Königstadt Turmstraße, Berlin, 1963–1964 **S. 388**
Büro- und Geschäftshaus CCC Kurfürstendamm „Passage 202“ (Artur Brauner) mit Kino Lupe 1 und Lupe 2, Berlin, 1964–1968 S. 192 **S. 392**
Büro- und Geschäftshaus Kurfürstendamm-Passage „Basar“, Berlin, 1964–1968/69 S. 196 **S. 392**
Büro- und Geschäftshaus „Berlin-Center“ (urspr. Philips-Center), Berlin, 1969–1973 S. 190 **S. 396**

Hotelbauten und Gastronomie

Aschinger Bierquelle Nr. 19, Berlin, 1934–1935 **S. 355**
Aschinger Bierquelle Nr. 30, Berlin, 1934–1935 S. 200 **S. 355**
Aschinger Bierquelle Nr. 8, Konditorei Nr. 18, Berlin, 1935 S. 201 **S. 355**
Hotel Fürstenhof, Berlin, 1935 **S. 356**
Weinhaus Rheingold, Berlin, 1937 S. 200 **S. 357**
unbekanntes Hotelhochhaus, o. O., vor 1945 **S. 358**
Stammhaus der Firma F. W. Borchardt, Berlin, 1946 **S. 359**
Café Kranzler und Braustübl, Bonn, 1949 **S. 360**
Hotel Eden, Berlin, 1949 S. 205 **S. 360**
Sarotti-Pavillon, Berlin, Ende 1940er Jahre S. 213 **S. 361**
Aschinger Bierquelle am Zoo, Berlin, 1950 S. 201 **S. 361**
Betrieb Kempinski, Berlin, 1950 **S. 361**
Hotel Kempinski (später Bristol Hotel Kempinski), Berlin, 1950–1952, 1957–1958 und 1964–1967 S. 206 **S. 362**
Café Kranzler Berlin, Berlin, 1951 S. 211 **S. 363**
Dortmunder Union Klause, Berlin, 1951 **S. 363**
Stadtküche und Feinkostgeschäft Rollenhagen, Berlin, 1951 **S. 364**
Parkhotel Düsseldorf, Düsseldorf, 1953–1954 **S. 367**
Hotel Hilton, Berlin, 1955–1958 S. 214 **S. 373**
Hotel Berlin am Lützowplatz, Berlin, 1957–1958 und 1964–1965 S. 226 **S. 378**
Hotel Conti-Hansa am Schloßgarten, Kiel, 1961–1963 S. 228 **S. 385**
Hotel Mondial am Dom, Köln, 1961–1963 S. 229 **S. 386**
Parkhotel Karlsruhe, Karlsruhe, 1963–1964 S. 230 **S. 389**
Schwarzwaldhotel Karlsruhe, 1964–1965 S. 232 **S. 390**
Stadtküche und Feinkostgeschäft Rollenhagen, Berlin, 1964 **S. 389**
Hotel Schweizerhof, Berlin, 1964–1965, 1965, 1967 und 1969–1972 S. 234 **S. 389**
Hotel Corporation of America, Berlin, 1964–1966 S. 236 **S. 391**
Hotel Atlantic Hamburg, Hamburg, 1965 **S. 392**
Hotel Intercontinental, Berlin, 1965–1966 **S. 393**
Küche im Deutschen Pavillon auf der Weltausstellung Expo 67, Montreal, Kanada, 1966 **S. 393**
Flughafenhotel Stuttgart, Leinfelden-Echterdingen bei Stuttgart, 1967–1969 S. 239 **S. 395**
Hotel Intercontinental Düsseldorf, Düsseldorf, 1967–1969 S. 240 **S. 395**
Park- und Boardinghouse am Flughafen Tempelhof, Berlin, 1968 **S. 396**
Hotel Intercontinental Köln, Köln, 1969–1971 **S. 396**
Hotel CCC, Torremolinos, Spanien, 1970 S. 241 **S. 398**
Hotel Teneriffa, o. O., vmtl. Ende 1960er Jahre **S. 397**
Hotelkomplexe Marokko, Agadir, Kenitra und Marrakesch, Marokko, 1970 **S. 398**

Produktionsbauten

Zentrum am Zoo, Berlin, 1955–1957 S. 244 **S. 372**
Graphisches und Gewerbe-Zentrum Kreuzberg, Berlin, 1956–1961 S. 258 **S. 377**
Produktions- und Verwaltungsgebäude Schindler GmbH, Berlin, 1957–1958 und 1964–1966 S. 262 **S. 379**
OKAL-Fabrik, Berlin, 1958 **S. 381**
Produktionsgebäude Julius-Bötzow-Brauerei, Berlin, 1964–1965 **S. 390**
Fertigungs- und Bürogebäude OPTI-Werke Berlin, Berlin, 1964–1966 **S. 391**
Landwirtschaftliche Absatzzentrale, Bockum-Hövel, 1965 **S. 393**

Kaufhäuser und Einkaufszentren

Läden der Protzen'sche Erbengemeinschaft, Berlin, 1937 **S. 357**
Geschäftshaus Tauentzienpalast, Berlin, 1948–1949 **S. 360**
Textil- und Wirtschaftsladen der Handels-Organisation (HO), Berlin, 1949 **S. 360**
Kaufhaus Kajot-Kleidung, Berlin, 1950 **S. 361**
Bekleidungshaus Leineweber, Berlin, 1950 und 1952 S. 266 **S. 362**
Ruinennutzung Baublock Dortmunder Union, Berlin, 1950–1955 S. 267 **S. 363**
Kaufhaus Peek & Cloppenburg, Berlin, 1951 **S. 363**
Kaufhaus HELD, Berlin, 1952–1953, 1959–1960 und 1965–1966 S. 270 **S. 364**
Bilka-Kaufhaus Wedding, Berlin, 1955 **S. 369**
DEFAKA – Deutsches Familien Kaufhaus, Berlin, 1955 S. 274 **S. 370**
Hilton-Kolonnaden, Berlin, 1955–1958 **S. 373**

Kultur- und Sportbauten

Verkehrsbauten

Wohnungs- und Siedlungsbauten

Einfamilienhäuser und Villenbauten

Sonstige Projekte

Dokumente

Dok. 1 *Berlin kommt wieder*, Broschüre, 1955, vmtl. anlässlich der gleichnamigen Ausstellung des Senats von Berlin

Dok. 2 „Berlin kommt wieder“, Notenblatt, Couplet aufgeführt im Kabarett der Komiker, 1. Juni 1945 (!) durch Brigitte Mira

Dok. 3 *Baut mit im Nationalen Aufbauprogramm Berlin* [Ost] *1952*, Broschüre

Der künftige Breitscheidplatz im Modell

Übersichtlicher als früher ist der Blick auf den Verkehrsknotenpunkt — zumi von oben betrachtet. Ein kompliziertes Ampelsystem soll in Kürze Fahrzeuge Fußgänger dirigieren. Der Neubau der Kaiser-Wilhelm-Gedächtniskirche wird Kurfürstendamm und von der Kantstraße aus — ohne eine Fahrbahn überq zu müssen — zu erreichen sein. Auch damit wurde ein altes „Problem" bese

Die Umgestaltung des Breitscheidplatzes im Herzen der West-Berliner City ist zwar noch nicht abgeschlossen, aber durch die Freigabe des Autotunnels nördlich der Gedächtniskirche um einen wichtigen Abschnitt der Vollendung nähergerückt. Die Auflösung des bisherigen Kreisverkehrs durch das einer Schnalle ähnelnde neue Fahrbahnsystem erschien den Stadtplanern als die beste Lösung, um des Verkehrsstroms aus den sechs Straßenmündungen Herr zu werden. Die Kosten des Umbaus betragen über 12,4 Mill. DM. – Bauzeit: 1955–1961.

Zukunft - und Gegenwart der City

…s Labyrinth der Umleitungen und Absperrungen rund um die Gedächtniskirche hat sich bereits gelichtet

…rkes Gefälle hat die Unterführung

Mit Ein- und Ausfahrtrampe mißt das Bauwerk 235 Meter; die eigentliche Tunnelstrecke ist jedoch nur 42 Meter lang. Kreuzungsfrei wird der Kraftfahrzeugverkehr von der Hardenberg- in die Budapester Straße geschleust. Der Breitscheidplatz-Tunnel ist der zweite moderne Straßentunnel Berlins.

…er- und unterirdisch rollt der Verkehr

Nicht gerade weltstädtisch ideal mutet der Straßenbahnverkehr an, der zunächst noch den Breitscheidplatz in einer leichten S-Kurve passieren wird. Sieben Linien sind es zur Zeit; die 2, 6, 25, 54, 55, 77 und 78. Senat und BVG meinen, daß man diese stark frequentierten Straßenbahnstrecken nur nach und nach durch den weiteren Ausbau des U-Bahn-Netzes als Massenverkehrsmittel stillegen oder durch wendigere Omnibusse ersetzen könne.

Nr. 26 / 1960

Das Modell ist zum Teil schon Wirklichkeit

Das DOB-Hochhaus links im Vordergrund steht bereits. Auch der Neubau der Dortmunder Union-Brauerei an der Hardenberg- Ecke Joachimstaler Straße ist schon bezogen. Auf der anderen Seite wird sich noch einiges verändern. Vor dem Terrassenrestaurant des Bahnhofs Zoo nimmt die Zukunft Gestalt an.

Die Riesensonne auf dem Hardenbergplatz

Wenn die größte Straßenleuchte der Welt auch jetzt noch in erster Linie Berlins Buddelstelle Nummer 1 ins rechte Licht rückt, so soll in ihrem gleißenden Schein einmal die repräsentative Umgebung des S- und Fernbahnhofs Zoo erstrahlen. Gegenwärtig erlischt allerdings die 65 000 Watt starke Xenon-Lampe schon gegen 23 Uhr wieder — des hohen Stromverbrauchs wegen. Und unter dem Hardenbergplatz liegt der neue U-Bahnhof Zoo.

Nr. 26 / 1960

Dok. 4 *IBZ Illustrierte Berliner Zeitschrift*, Nr. 26, 1960, hinter dem Bahnhof-Zoo-Projekt das Verwaltungsgebäude und Restaurant der Aschinger's AG, Joachimsthaler Straße 1–3 (nicht ausgeführt), links: Zentrum am Zoo, Großes Hochhaus und Büro- und Geschäftshaus Dortmunder Union, „Kibek-Haus“

Nicht wiederzuerkennen sind die Randgebiete des Zoo neben der vieldiskutierten Ruine der Gedächtniskirche. Hier hat sich die „DOB" (zu deutsch: Damen-Oberbekl

Berlin, Berlin,

Berlin, wie haste Dir verändert." Erstaunte und manchmal auch neidische Bemerkungen des Berlin-Besuchers aus dem Jahre 1957. Dort, wo vor einigen Jahren noch Ruinenfelder und Schutthalden trostlose Ausblicke boten, stehen heute moderne Hochhäuser, Wohnblocks, Verwaltungsbauten. Grünanlagen durchziehen die Wohngegenden, neue Verkehrsadern durchqueren die Stadt, viele Straßen wurden verbreitert. Großzügige neue Projekte sind im Bau: die U-Bahn-Strecke Neukölln-Wedding wird nach Norden verlängert, eine andere Linie soll Steglitz mit Moabit verbinden. In den vergangenen acht Jahren sind in Berlin 100 000 Wohnungen entstanden, zum Teil erbaut aus 25 Millionen cbm abgeräumten Trümmerschutts; zusammen Wohnraum für 300 000 Personen; das entspricht etwa der Einwohnerzahl Mannheims. Die insulare Lage Berlins verzögerte zwar den Beginn des Wiederaufbaus, gab den Stadtplanern jedoch die Chance, aus den Baufehlern anderer Städte zu lernen. Berlin hat diese Chance wahrgenommen. Die ehemalige Reichshauptstadt plant in die Zukunft. Die Interbau im Hansaviertel ist ein Musterbeispiel dafür, daß man in Berlin auch den Mut zu kühnen und ungewöhnlichen Bauten hat. Weit vorausplanend schrieben Berlins Stadtväter jüngst einen Wettbewerb „Hauptstadt Berlin" aus, der den Wiederaufbau der gesamten Innenstadt zwischen Siegessäule und dem Alexanderplatz zum Ziele hat. 300 Architekten aus aller Welt arbeiten bereits an den Plänen zur Neugestaltung des Berliner Stadtzentrums nach der Wiedervereinigung. Wenn die Ideen der Städtebauer verwirklicht werden, dürfte die Innenstadt Berlins einen Anblick bieten, der eher an eine der hypermodernen Städte Südamerikas als an die ehemalige Metropole Preußens mit ihrem strengen Charme erinnert.

Ein Teilstück in dem 35-Millionen-Projekt zur „Verkehrsbefriedung" ist die Südtangente, die den Verkehr aus d

Dok. 5 *Constanze*, Nr. 20, 1957

dungs-Industrie) einen modernen Gebäudekomplex mit Verwaltungs- und Arbeitsräumen als Erstaz für das verlorene DOB-Zentrum am Hausvogtei-Platz errichtet.

wie haste Dir verändert!

City absaugen wird.

Der Maler und sein Modell: Auf dem Foto sehen Sie Otto Eglau mit dem Zeichenblock vor dem neuen Hochhaus der DOB am Bahnhof Zoo, links das Zeichenblatt, das an dieser Stelle entstand. Die Bekleidungsindustrie, die hier ihr neues Zentrum hat, ist übrigens zusammen mit der Elektroindustrie Berlins größter Exportfaktor. In der Mitte des Fotos taucht der neue „Zoo-Palast" auf, im Volksmund die „Klappstulle" genannt. Der Bau enthält zwei Kinos, die schräg übereinander liegen, und ist für Uraufführungen der Filmfestspiele bestimmt.

WEITER ▶

Die Stadt von morgen

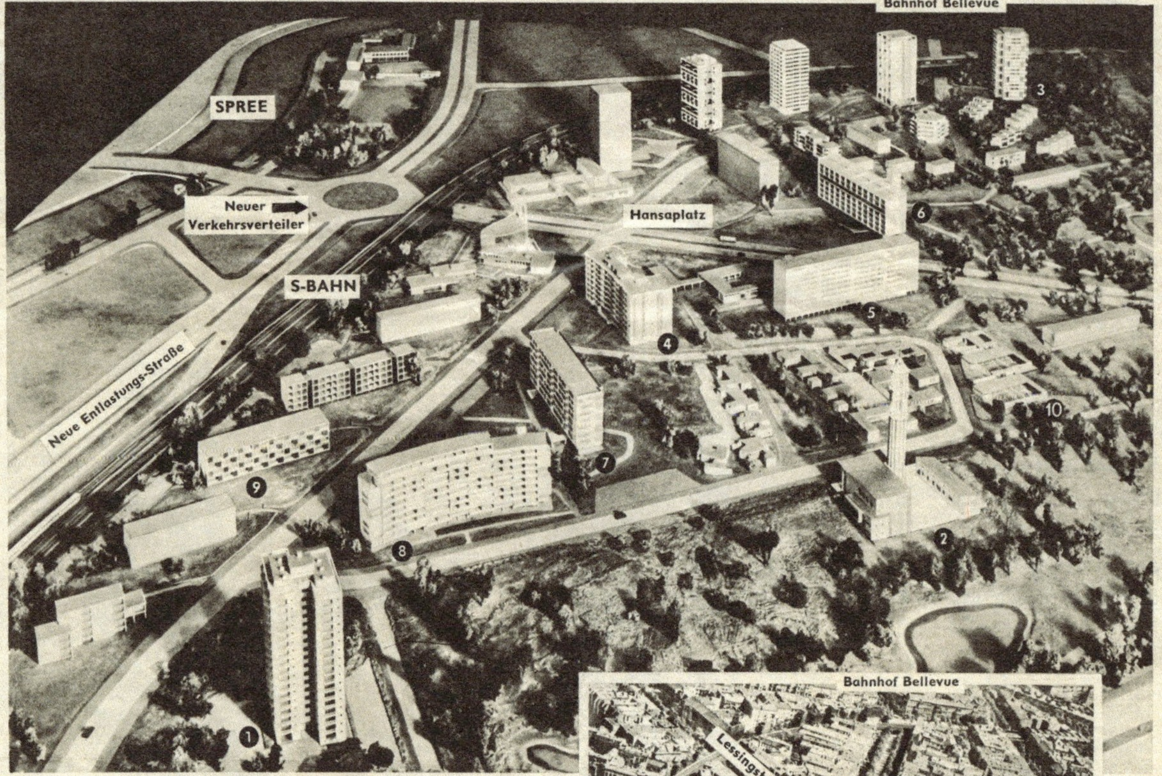

Die Stadt von morgen zeigt ihr Gesicht. In dem Hansaviertel, das während der Gründerjahre mit Wohnblöcken vollgestopft wurde — siehe die Vorkriegsaufnahme rechts — entsteht heute eine moderne Gartenstadt. Wieder werden hier 5000 Menschen wohnen, aber jeder wird Licht, Luft und Sonne haben. Neue Straßen sind entstanden, alte wurden verlegt oder ganz ausgelöscht. Alle Wohnhaustypen sind anzutreffen: von den 16geschossigen Turmhäusern im Hintergrund über acht- und neunstöckige Wohnhäuser bis zum flachen, eingeschossigen Einfamilienhaus.

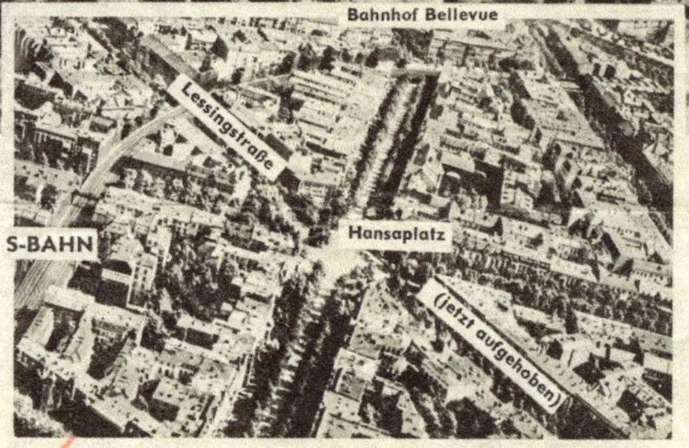

Das kommt davon, wenn man sich auf einem Bauplatz auf einen Balken setzen will, um auszuruhen. Eh' man sich versieht, wird man mit vermauert. Monsieur Le Corbusier baut am Berliner Olympia-Stadion sein Riesenwohnhaus. Das Modell links zeigt, wie es aussehen wird: 17geschossig, 135 m lang, mit 527 Wohnungen.

8 NR. 27 Frankfurter Illustrierte

Dok. 6 *Frankfurter Illustrierte*, Nr. 27, 1957

Heimweh nach dem Kurfürstendamm (rechts im Bild) weckt diese Aufnahme. Wo unlängst noch die Straßenbahn ratterte, ist ein Parkstreifen entstanden. Da steht der alte Turm der Gedächtniskirche, links von ihm der lange Bau der Berliner Damenkonfektion, vom Berliner — weil das mittlere Geschoß nur eine offene Säulengalerie ist — „Bikini" genannt (unten n' bißchen, oben n' bißchen, in der Mitte frei). Wo der einstige Ufa-Palast stand, gibt es zwei neue Kinos. Der Platz hier im Vordergrund ist für die neue Gedächtniskirche vorgesehen. Das kleine Bild oben rechts veranschaulicht mit einem Ausschnitt aus einer westdeutschen Stadt das heutige Verkehrsproblem: etwa ein Dutzend Wagen verstopft die enge Straße. Die gleiche Anzahl von Autos auf einer Berliner Straße verliert sich in der geräumigen Weite. Links wird für die neue U-Bahnstrecke gebuddelt: sie führt von Steglitz unter Landwehrkanal und Spree hinweg bis Reinickendorf.

Frankfurter Illustrierte NR. 27 Den ausführlichen Text zu diesen Bildern lesen Sie auf Seite 40 9

Man spricht davon

die stadt von morgen

Berlin baut für die Zukunft. Architekten aus aller Welt machen aus der alten Metropole die modernste Stadt Europas.

1

Jetzt ist es soweit. Fräulein Gisela zieht ein. Sie wird in Berlins neuestem Appartementhaus wohnen, das gerade noch zur Eröffnung der Berliner Bauausstellung fertig wurde. Vom 17. Stockwerk aus wird sie auf grüne Wipfel und in die Weite eines riesigen Stadtpanoramas schauen. Was sie in ihrem neuen Heim alles erwartet, kann (im Bildstreifen links) nur in einigen ganz wenigen Ausschnitten gezeigt werden: Es gibt komplett eingerichtete Kochnischen, Müllschlucker im Hausflur. Der Grundriß zweier Appartements zeigt die Raumaufteilung. Ein schöner, großer, heller Wohnraum mit Balkon und mit wandhohen Fenstern empfängt den glücklichen Besitzer und seine Gäste.

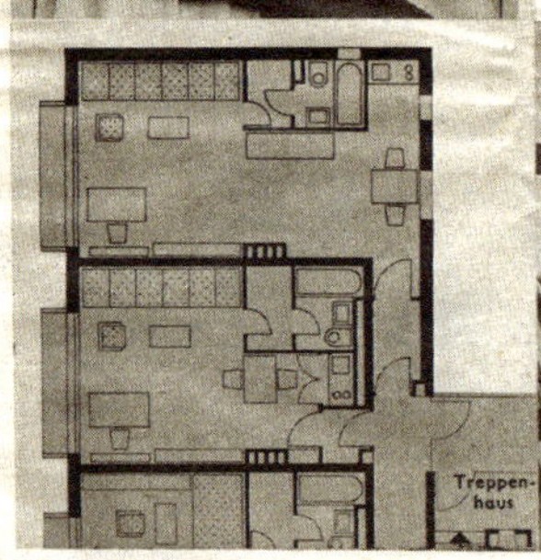

Da sitzt er, der Junggeselle von einst. Diese Art Stilleben, so hoffen wir, wird bald nur noch Andenkenwert haben. Oder? Sollten einige Leser sich selbst in dieser Situation erkennen? Wer, es am eigenen Leibe erfahren hat, dieses ewig improvisierte Leben, wird den Bauleuten dankbar sein, die endlich für den unbehausten Junggesellen ein Herz entdeckt haben.

Dok. 7 *Frankfurter Illustrierte*, Nr. 27, 1957

Alter Name strahlt in neuem Glanz:

Kempinski

Max Leonard photographierte Berlins modernstes Hotel

Jede Weltstadt hütet in ihren Mauern einen kleinen, aber kostbaren Schatz an gastronomischen Juwelen, deren Namen sich unlösbar mit dem Begriff der Metropole verbinden. Wie das „Waldorf Astoria" in New York, das „Riz" in Paris, so gehört der Name Kempinski zu den Erinnerungen an das alte Berlin. Eine einzige Bombennacht genügte, um siebzig Jahre Tradition auszulöschen. Mit ihr versank die alte Zeit, in der die Liebespaare ihre Zärtlichkeit bei Sauce Bearnaise austauschten, in der die Kultur des Speisens neben Geld auch noch zeremonielle Eß-Sitten verlangte. Im Juli 1952, genau achtzig Jahre nach der ersten Geschäftsgründung in Berlin, erstrahlt die Kempinski-Ecke am Kurfürstendamm in neuem Glanz. Die Zeiten haben sich geändert, und mit ihnen die Ansprüche, die an ein modernes Hotel gestellt werden. Das neue Kempinski, bei dessen Aufbau die amerikanische ERP-Verwaltung Hilfestellung leistete, ist mit 220 Betten Berlins größter Hotelneubau. Ein Meisterstück des Hotelraffinements. Die Zimmer sind mit schwarzem oder beigefarbigem Opakglas getäfelt, und die Farbe des Fußbodenbelages, der Möbelbezüge und Fensterdekorationen wechselt je nach dem Holz, das für die bequeme Einrichtung der Appartements verwendet wurde. *(Das Gedicht auf der gegenüberliegenden Seite stammt aus der Zeit um 1908.)*

6 Münchner Illustrierte

Dok. 8 *Münchner Illustrierte*, 25.10.1952

Inge Bech, dänische Erfolgsarchitektin, richtete in

Sie macht

Berlin

Tokio

Athen

Bangkok

Ihr Blickpunkt liegt immer genauso tief oder so hoch wie der Blickpunkt des Gastes. Das Brunnenmodell muß natürlich von unten gesehen werden. Inge Bech stieg unverdrossen in die Baugrube des Berlin-Hilton.

8

Dok. 9 *Constanze*, Nr. 5, 1959

vier Erdteilen Hotels ein. Constanze sprach mit ihr über ihr jüngstes Werk: das Hilton-Hotel in Berlin.

internationale Gemütlichkeit

Wer ein Hilton-Hotel betritt, den empfängt Inge Bech. Nicht persönlich natürlich. Denn wenn heute ein Gast in Berlin ankommt, ist sie schon längst in Bangkog — und richtet weiter ein. Jeder Sessel, jeder Teppich, jedes Bild wird von ihr ausgewählt. Sie ist wohl die einzige Frau der Welt, die weiß, wie man in Afrika, in Asien, in Amerika und in Europa gern ißt, trinkt und schläft. Einerseits soll alles wie zu Hause sein, andererseits typisch für das Gastland; so etwa lautet das Motto der Hilton-Hotels, nach dem sie arbeitet. Farben sind ihr Hobby. Sie treibt monatelange Studien, um herauszufinden, welche Zusammenstellung zu einem Land paßt. Für Kairo wählte sie hellblau, korallenrot und gelb, für Istanbul blau, grün und lila. Für Berlin schien ihr grün, rot und gold am besten zu passen. Ausgerechnet mit Farben passierte die einzige Panne in Berlin: ein Teppich wurde blau geliefert. Er sollte lila sein. Inge Bech ließ rasch billigen Sisal legen — und lila streichen. Die Eröffnung war gerettet. Auf der nächsten Seite erzählt Constanze mehr von dieser Frau.

Bagdad

Rom

Kairo

Schlüsselloch im Vogelauge: Die Schränke für Sicherungen sind hinter vergnüglichen Wandmalereien verborgen.

Der Abend 8. JANUAR 1959

Ball-Saison

Sie hat zwar diesmal schon vorzeitig begonnen, die neue Ball-Saison, aber ihre Höhepunkte erlebt sie erst in den ersten Wochen des neuen Jahres. Übermorgen ist Modeball im Hilton, am 24. Januar steigt der Presseball, am 7. Februar der Filmball, und am 21. Februar dann bildet der Opernball den Schlußpunkt der großen festlichen Veranstaltungen. Und alle, die meinen, der Ernst der Zeit rechtfertige kein Feiern, sollten nicht vergessen, daß die Einnahmen dieser großen Bälle wohltätigen Zwecken zugute kommen und daß die festlichen Roben, die auf den Bällen getragen werden, viele Modeateliers mit Arbeit versorgen. Seit Wochen herrscht hier Hochbetrieb. Wieder entstehen Träume aus kostbaren Seiden, zarten Spitzen, königlichen Samten, von 1000 Händen unbekannter Näherinnen und Stickerinnen gezaubert, mit Perlen, Straß und Pailletten verziert.
Diesmal stehen Duchesse und Moiré in besonderer Gunst. Alle Pastellfarben, vor allem zartes Türkis, Flieder, Orange, Rosa und Gelb machen dem bisher dominierenden Weiß Konkurrenz, und rote Farbnuancen werden weiter einen effektvollen Kontrast zu dem Schwarz der Smokings und Fräcke bilden. Natürlich wird sich die Vorliebe unserer Mode zur Empire-Linie auch im Ballsaal widerspiegeln, in langen, fließenden Kleidern mit sehr kurzen Oberteilen.

* DIESEN DEKORATIVEN und leicht zu zaubernden Kopfschmuck hat sich der junge Pariser Modeschöpfer Cardin, dessen Ideen sich immer stärker durchsetzen, ausgedacht. Er besteht aus einer Rose und einer genial um den Hinterkopf drapierten Tüllwolke. Man trägt ihn zum Cocktail- und zum Abendkleid.

* EINE BEZAUBERNDE LINIE, die den Empirestil besonders gut zur Geltung bringt, stellt hier Ursula Schewe vor. Sie wählte als Material für dieses attraktive Abendkleid unaufgeschnittenen cyclamenfarbenen Samt und für die losen Stolenteile, die über der Brust die hohe Taille unterstreichen, bunt gemusterten schimmernden Samt mit weißem Fond.

* ETHEL RESCHKE wählte im Atelier Märzke dieses schicke Abendkleid aus fliederfarbenem Duchesse aus. Interessant der im Empirestil hochangesetzte, schleppende Uberrock der sich vorn über dem fußfreien mit Perlen bestickten, schmalen Kleid teilt. Dazu eine Rose aus gleichem Stoff geformt!

* APART und unerhört effektvoll in seinem Schwarz-Weiß-Kontrast ist dieses Abendkleid mit schwarzem Samtoberteil, dessen „Schnepfentaille" in einen weißen Satinrock übergeht. Reizend die Idee, auf das großzügige Dekolleté durch den einseitigen Träger aufmerksam zu machen. Ein Modell aus dem Atelier Rudow-Brosda!

* FRAU SCHWEBES, Gattin des bekannten Berliner Architekten, erscheint auf den kommenden großen Bällen in einem aprikosenfarbenen Duchessekleid, dessen Drapierungen von kostbarer Perlenstickerei nachgezeichnet werden. Die breiten, drapierten Saumteile aus Organza-Duchesse sind lose nach oben gezogen und münden unter der Brust. (Modell: Ursula Schewe)

* EINE KOSTBARKEIT aus dem Hause Rudow-Brosda! Eine prominente Kundin wird diesen mädchenhaft anmutigen Abendmantel auf den großen Bällen dieser Saison tragen. Er wurde aus weißem Duchesse gearbeitet und ganz und gar in feine Biesen abgesteppt. Dekorativ, naiv die Pelerine.

* GRETE LEITNER-SELLIER, Gattin des erfolgreichen Regisseurs, trägt in dieser Ballsaison ein Modell von Heinz Oestergaard. Ein schmales Abendkleid mit Empireeffekt, der durch eine weiße Atlasschleife und aus gleichem Stoff drapierter Rose erreicht wird. Das Material dieses Kleides, zu dem noch eine V-förmige, hüftlange Jacke gehört, wurde aus schwarzem Samt gearbeitet!

* RENATE HOLM, einer der jüngsten Operettenstars, ließ sich von Heinz Oestergaard ein ihrem Temperament entsprechendes, junges und beschwingtes Abendkleid aus reinseidenem Duchesse in Rosenholzfarbe arbeiten. Eine kostbare plastische Stickerei schmückt Rock und Corsage und wird von spitz nach oben und unten geführten Blenden begrenzt. Stirnband mit Straß!

* AUCH DIE ABENDSCHUHE sind sehr viel anspruchsvoller geworden und verfolgen genau wie die Kleider die Tendenz zur Anmut. Hier ist ein Pumps aus pastellfarbenem Duchesse, reich bestickt mit winzigen schwarzen Perlen. Beachtenswert daran — die „abgeschnittene" Spitze und der fast senkrechte Ansatz. Das ist neu!

* VERA FRYDTBERG bringt ihren blonden Typ durch zart türkisfarbenen Samt, der mit gleichfarbenem plissiertem Nylontüll kombiniert wurde, besonders gut zur Geltung. Interessant daran die unterschiedliche Länge und das raffiniert tiefe Rückendekolleté — von bestickten Trägern betont! Ein Entwurf vom Atelier Märzke.

* UND HIER ist eine weitere neue Idee des weltbekannten Schuhmodeschöpfers Vivier Roger von Dior: Ein schlichter, langgestreckter Pumps mit hohem, geradem Absatz und abgeflachter Spitze. Der Schuh ist mit zart türkisfarbenem Moiré, über den schwarzer Tüll gespannt wurde, bezogen. Originell ist die fächerförmige Garnierung aus unzähligen Tüllscheiben! Beide Abendschuhe sind Modelle von Vivier Roger aus dem Hause Dior, Paris (in Berlin zu haben).

Dok. 10 *Der Abend*, 8.1.1959, Cocktailkleid für Käthe Schwebes (Hervorhebung)

Sechzig Meter hoch wird der Hotelturm sein und sechzehn Stockwerke wird er haben, wie das Modell (links) zeigt. Mit seinem Bau wird noch in diesem Jahr begonnen. Fertig und bereits von den ersten Gästen bezogen ist der Längstrakt (unten bei Nacht). Er hat in seinen vier Wohngeschossen 257 Zimmer.

Im völlig zerstörten Lützowviertel Berlins, im Angesicht des Hansaviertels, der sogenannten Stadt von morgen, wurde der erste Bauabschnitt des „Hotel Berlin" seiner Bestimmung übergeben. Das fertige Hotel wird mit 500 Zimmern das größte Deutschlands sein

Deutschlands größtes Hotel

Die Bar wird den Tagungs- und Kongreßteilnehmern, die allein in diesem Jahr zu 600 internationalen Veranstaltungen kommen, besonders willkommen sein.

Die geräumige Halle, die Speise- und Gesellschaftsräume liegen im Erdgeschoß. Sie sind repräsentativ ohne luxuriös zu sein. Denn das „Hotel Berlin" gehört zur Kategorie der „Touristenhotels". Preise und Aufmachung sind dem allgemeinen Standard angeglichen. In vier Wohnstockwerken des Langbaus mit über hundert Meter langen Fluren stehen 287 Betten zur Verfügung.

Zur Einweihungsfeier, an der auch Mrs. Dulles, die Schwester des amerikanischen Außenministers, teilnahm, marschierten die Köche mit Bravourstücken auf.

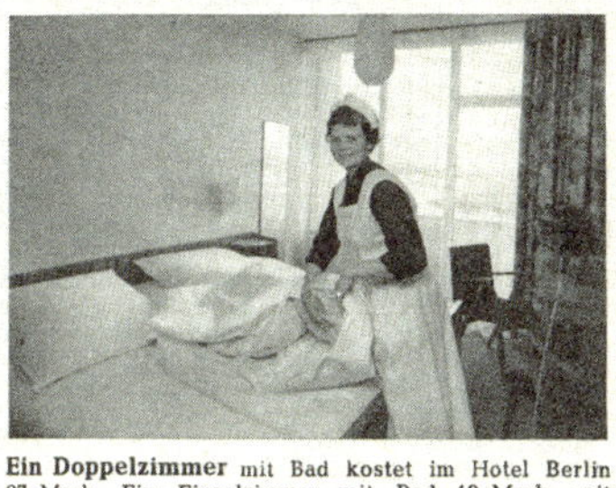

Ein Doppelzimmer mit Bad kostet im Hotel Berlin 27 Mark. Ein Einzelzimmer mit Bad 19 Mark, mit Dusche 17 Mark. Alle Zimmer haben einen Balkon.

Dok. 11 *IBZ. Illustrierte Berliner Zeitschrift*, 17.5.1958

Radio Revue Nr. 48 Jahrg. 1958

Wo der Gast

Berliner Hotels sind wiede

Luxus-Hotels sind die Visitenkarten einer Weltstadt. Eine Stadt mag noch so sehenswert sein, ihre Geschäftigkeit und ihr verführerischer Glanz finden erst dann die richtige internationale Beachtung, wenn aus aller Welt gern Diplomaten und Industrielle, Bankiers, Wissenschaftler und Künstler zu ihr zu Besuch kommen, weil ihnen ein gastliches Dach und ein behagliches Zimmer geboten werden.

Von der einstigen Pracht und Größe Berlins auf diesem Gebiet blieb nach dem Krieg kaum etwas erhalten. Zwar konnte Westberlin – im Gegensatz zum Ostsektor – erstaunlich schnell wieder mit gutgeführten und repräsentativen Hotels aufwarten, nicht nur in der City längs dem Kurfürstendamm, sondern auch in Wannsee, Zehlendorf, Grunewald und Spandau. Aber die großen Hotels reichten, sowie Kongresse oder Festivals oder internationale Ausstellungen im Gange waren, doch nicht aus, weil Besucher aus dem Ausland und insbesondere aus Übersee nun einmal unbedingt nahe dem Kurfürstendamm bleiben und nicht auf ein Zimmer mit eigenem Bad verzichten wollen. Überall in der Welt ist der Anspruch jener, die weite Reisen machen, gestiegen. Eine Separat-Toilette, ein eigenes Bad und Rundfunk- oder Fernsehunterhaltung im Hotelzimmer erscheinen dem zahlungskräftigen Touristen als etwas Selbstverständliches.

Manche Berliner Hotels haben ihre Erweiterungsbauten auf diese Wünsche eingestellt, und die „Berlin-Werbung“ im Ausland kann nunmehr darauf hinweisen, daß der Komfort im Hotelwesen unserer Stadt durch das Hotel „Berlin“ und das nun eröffnete „Hilton“-Hotel noch erweitert wurde.

Rechts: ***In diesem Jahr eröffnet,*** *präsentiert sich das „Hotel Berlin“ an der Kurfürsten-, Ecke Einemstraße, seit dem 26. April als modern ausgestatteter Bau, dessen 260 Zimmer (mit 290 Betten) dem Komfortbedürfnis der prominenten Besucher entsprechen.*

Das Fernsehgerät *ist unerläßliches Zubehör eines Luxus-Appartements, auch wenn dieses wie hier im Hotel Windsor in der Knesebeckstraße im antiken Stil gehalten ist. Der anspruchsvolle Gast findet heute in den großen Berliner Hotels allen neuzeitlichen Komfort, denn auch in der geschäftigsten Weltstadt gibt es Stunden, in denen der Gast allein sein will.*

Rechts: ***Gutgeschultes Personal*** *ist das A und O der Hotellerie. Wenn es dazu noch fröhliche Gesichter zeigt, kann auch der Hotelgast schmunzeln. Diesen Zimmermädchen des neuen Hotel Berlin am Lützowplatz ist das „keep smiling“ sogar beim „Inspektionsappell“ selbstverständlich. Auch Sprachgewandtheit tut not, wo Menschen aus allen Ländern eintreffen.*

... und wo er es früher war

Mit eigenem Tunnel zum Anhalter Bahnhof, von Geheimrat Curt Elschner gebaut, galt das altrenommierte „Hotel Excelsior“ 1928 als größtes Hotel des europäischen Kontinents. Es wurde ausgebombt.

Vom Erdboden verschwunden ist das 1893 vom Architekten Heim gebaute „Palast-Hotel“. Es stand an der Nordostecke des Potsdamer Platzes. Das gleiche Schicksal ereilte das gegenüberliegende Café Josty.

Der berühmte Dachgarten des „Eden-Hotel“ in der Budapester Straße am Zoologischen Garten war einst Treffpunkt der Welt des Films. Das Hotel hatte „nur“ 160 Zimmer. Nachbar war das „Künstler-Theater“.

6

Dok. 12 *Radio Revue*, Nr. 48, 1958

Radio-Revue Nr. 48 Jahrg. 1958

König ist . . .

llen Ansprüchen gewachsen

Oben: **Bei Kongressen und Festivals,** die einen großen Besucherstrom nach Berlin ziehen, heißt es am Kurfürstendamm und im „Hotel am Zoo": „Alles besetzt!"

Unten: **„Wer bei Kempinski** speist, dem schmeckt das Leben besser", lautete der Werbespruch früher. Das Hotel „Bristol-Kempinski" wahrt diese alte Tradition.

Oben: **Vierzehn Stockwerke hoch** ragt Berlins jüngstes Hotel, das „Hilton", das der USA-Hotelkönig in dieser Woche glanzvoll eröffnet.

Unten: **Die Abteilungs-Chefs** sind alles junge Leute, genau wie Curt R. Strand, der Generaldirektor des Hilton-Hotels (vorn: 2. von links).

Nur noch ein Konzertsaal mit Restaurantbetrieb blieb von dem weitläufigen Bau des „Hotel Esplanade" übrig, den die Architekten Boswau und Knauer im Jahre 1908 in der Bellevuestraße errichteten.

Ein volkseigener Betrieb mit HO-Preisen führt noch heute den Namen „Hotel Adlon", aber von dem 1907 an Stelle des früheren Palais Redern errichteten Prachtbau steht nicht mehr viel am Pariser Platz.

Als Treffpunkt von Industrie und Handel spielte das Hotel „Kaiserhof" am Wilhelmplatz bei der „Machtergreifung" eine verhängnisvolle Rolle. Es wurde 1875 gebaut und war Berlins erstes Hotel auf Aktienbasis.

7

Dok. 13 *Programm Deutsche Industrie-Ausstellung 1958*, Broschüre

Dok. 14 *Ella in Berlin*, Aufzeichnung des Konzertes vom 13.2.1960, Plattencover, Titelfoto: Jay Thompson

Program of the study tour

Sept. 9	by plane from Berlin
„ 10	New York, N. Y.
„ 14	Washington D. C.
„ 21	Baltimore, Maryland
„ 24	Hartford, Connecticut
„ 26	Boston, Massachusetts
„ 27	Buffalo, New York
„ 28	Detroit, Michigan
Oct. 1	Chicago, Illinois
„ 3	Milwaukee
„ 7	Evanston
„ 8	Louisville, Kentucky
„ 10	St. Louis, Missouri
„ 11	Dallas, Texas
„ 17	Washington D. C.
„ 18	New York, N. Y.
„ 23	from New York by S. S. "America"
„ 31	Bremerhaven
Nov. 1	Berlin

…del of the Graphic Centre (Back)

Study Tour of Berlin Printing- and Building-Experts through the USA from 9th Sept. — 1st Nov. 1958

Model of the Graphic Centre (Front)

Dok. 15 *Technical Exchange Program of the USA, Study Tour of Berlin Printing and Building Experts through the USA*, 1958, Graphisches und Gewerbe-Zentrum Kreuzberg im Modell (Bürogebäude nicht ausgeführt)

The graphical center completely destroyed during the war is now under reconstruction in the City of Berlin. For this purpose the "Graphisches Zentrum Aktiengesellschaft" was founded. The costs of the new building will amount to approximately 22 million DM, out of which 13 million DM are coming from American sources.

The present reconstruction of the graphical center is partly due to a suggestion of American printing experts visiting Berlin in 1953 under the leadership of Mr. Charles E. Schatvet. The project making use of the unique situation after the destruction of the City of Berlin concentrates firms of various lines of the graphical industry including complementary plants for printing purposes, publishing houses, and advertising offices. The site on which the graphical center is now being built is 20.000 square meter large and provides 50.000 square meter room for printing plants, offices, store-houses etc.

The latest experiences of the graphical industry with a view to construction, rentability, economic and technical requirements shall be taken into consideration in the construction and layout of the new Printing Center. Due to the experiences made, especially in the United States, the efficiency of specialized plants is by far greater that of mixed ones which are still usual in Berlin today. The purpose of the graphical center is to promote specialization as well as rationalization of printing plants. Our study team is going to the USA in order to get acquainted with the experiences the American printing industry has made in this field. We owe this study trip to the Technical Exchange Program of the USA.

Werner Schwark
Team leader. Managing Director of the "Graphisches Zentrum Berlin Aktiengesellschaft" and Secretary of the Association of Berlin Employing Printers "Wirtschaftsverband Graphisches Gewerbe", 81b, Potsdamer Str., Berlin W 35.
Nearly 500 firms with 16.000 employees are members of this association.
Fields of interest: Concentration and specialization of the graphic trade.
Languages: German

Eberhard Gottwald
Secretary of the team. Diplom-Ingenieur, engineer for paper-technics in "Gottwald & Co. Karton- und Papierfabrik GmbH.", 15, Am Wiesendamm, Berlin-Ruhleben, paper and cardboard mill.
The mill occupies 300 employees and produces 2.500 tons of paper and board per month on three machines.
Speciality: Manufacturing of wrapping and bag paper and high glazed cardboard. Raw material: waste paper and pulp.
Fields of interest: Manufacturing, storage and transportation of paper and board. Paper handling and working up in printing plants, air-conditioning.
Languages: German, English

Walter Ott
Expert for photogravure. Joint proprietor of "H. A. Braun & Co.", 19-23, Alboinstr., Berlin-Tempelhof, "HABRA-Werk", Darmstadt (both rotogravure plants) and "ZU-PACK" G.m.b.H., Darmstadt.
The plants engage about 1.500 employees.
Speciality: Illustrated catalogues and magazines. Mass editions of multicoloured rotogravure, endless prints of decorative laminating papers, modern packaging matters.
Fields of interest: Technical specialization and rationalization.
Languages: German, English, French

Walter Fürst
Printing expert. Joint proprietor of "Adolph Fürst & Sohn", 9, Hauptstr., Berlin-Schöneberg.
In the very modern plant about 120 workers are employed.
Speciality: Type setting of excellent advertisements, job-prints, book printing of highest quality.
Fields of interest: Specialization, rationalization and technical equipment of printing plants, especially of job-printing plants. Lighting and air-conditioning of work-rooms.
Languages: German, English

Klaus Steiniger
Junior Chief of "Hch. Fasbender", Book printing, 10, Dudenstr., Berlin SW 61.
The paternal plant employs about 40 workers.
Speciality: Tickets, multi-colour bill-books, special endless paper printing.
Fields of interest: Specialization and technical equipment of printing plants, business management.
Languages: German

Hans-Hubertus Mootz
Joint proprietor and manager of "Raebel-Werke", 9-10, Teilestr., Berlin-Tempelhof. This firm is charged with the construction of the "Graphisches Zentrum Berlin" and employs between 500 and 1.000 workers.
Speciality: Construction of big business and industrial buildings.
Fields of interest: Designing and performing of buildings for the graphic industry.
Languages: German, English

Heinrich Kirch
Main architect of the "Schwebes & Schoszberger Architect Office", 29c, Hardenbergstr., Berlin W 30, in charge of the construction draught for the graphical centre. This firm is one of the largest in Berlin and occupies 40 employees.
Speciality: Planning and designing of big buildings for administrative and trading purposes.
Fields of interest: Problems of building construction, designing, lighting and air-conditioning
Languages: German

Alfred Wäsche
Diplom-Kaufmann, confidential clerk of the "Graphisches Zentrum Berlin", 29c, Hardenbergstr., Berlin W 30.
Fields of interest: Problems of business management, organization, training, wages, social and human relations.
Languages: German, English, French

Dok. 16 *Technical Exchange Program of the USA, Study Tour of Berlin Printing and Building Experts through the USA*, 1958, unter den Teilnehmern Heinrich Kirch, Mitarbeiter im Büro Schwebes und Schoszberger

Zur Eröffnung: 100 000 stürmten Neckermann

nic. **Berlin, 9. Oktober**

Das hat es in Berlin bei einer Warenhaus-Eröffnung noch nicht gegeben: Tumultszenen, Verkehrsstörungen, zersplitterte Fensterscheiben und vier Verletzte. Das war gestern bei Neckermann. Der Sachschaden ist noch nicht zu übersehen. Über 100 000 Berliner drängten gestern in die Verkaufsräume des neuesten Berliner Warenhauses in der Kant- Ecke Wilmersdorfer Straße.

Schon eine Stunde vor Beginn versperrte eine riesige Menschenmenge die Gehwege an der verkehrsreichen Kreuzung. Um 9.16 Uhr zerbarst die erste Schaufensterscheibe. Hausfrau Ingeborg C. (38) aus Marienfelde wurde in einen Schaukasten gedrückt. Schülerin Barbara Sch. (12) trug durch Glasscherben Fußverletzungen davon. Hausfrau Helene Sch. (59) wurde so heftig getreten, daß sie einen Beinbruch erlitt.

Im Innern des Kaufhauses war die Flut der Frauen, Männer und Kinder nicht mehr zu steuern. Über 900 Verkäuferinnen und Verkäufer waren machtlos. Drei große Verkaufstheken wurden zusammengeschoben und umgeworfen, drei Zentner Bonbons zertrampelt, ein Verkäufer verletzt.

Über 50 Beamte mußte die Polizei einsetzen, um ein völliges Chaos zu verhindern.

An der Kreuzung vor dem Kaufhaus kam es den ganzen Tag über zu Verkehrsstockungen. Kilometerlange Autoschlangen verstopften die Zufahrtsstraßen. Polizeilautsprecher forderten die Berliner auf, die Straßen zu meiden. Auch über den Rundfunk wurde gewarnt.

Am späten Abend trat die Geschäftsleitung zu einer Sondersitzung zusammen. Einziges Thema: Wie kann der zu erwartende Käuferzustrom künftig besser gesteuert werden? Ein Sprecher der Geschäftsleitung zu BILD: „Mit einem starken Andrang haben wir gerechnet, aber nicht mit einem solchen Ansturm."

Nachdem die erste Glasscheibe (Pfeil) in Scherben ging, mußte die Geschäftsleitung die Schaukastenscheiben im Eingang entfernen lassen. Der Straßenverkehr an der Kreuzung kam fast völlig zum Erliegen. Aber die Schau- und Kauflustigen wichen nicht von der Stelle.

Durch einen Sprung auf einen Tisch „rettete" sich dieser Verkäufer aus dem Gewühl

Dok. 17 *Bild-Zeitung*, 9.10.1964

The New York Times.

MONDAY, JUNE 14, 1965.

European Developers Turning To Suburban Shopping Centers

By LEONARD SLOANE

The regional shopping center came to Europe with a bang last year but the fireworks seem to be just beginning. Merchants in Europe and other parts of the world now realize, just as American retailers did a decade or so ago, the tremendous potential of the sales market outside the central cities.

As a result they are starting to move into the suburbs.

"The growth in Europe has been relatively small up to now, but there's no doubt they've been influenced by us," says an official of the International Council of Shopping Centers, a trade association.

Perhaps the biggest impetus to the development of shopping centers outside the United States was the opening in May, 1964, of the giant Main-Taunus-Zentrum center, six miles from downtown Frankfurt, Germany. Its owners call it the first center over 250,000 square feet on the European continent that was not built in conjunction with an apartment house or suburban development.

Experiment Was a Hit

From the opening day when 150,000 customers jammed the 80 stores and public malls, the "experiment in the field" was a hit. Its pattern—as planned by the German architects, Schwebes Schossberger, together with the American retail consultants, P. K. Halstead Associates, Inc.—followed the typical United States shopping center design.

Lathrop Douglass, the shopping center architect, who has designed such projects in Europe, notes that there is "a growing population and increasing government enthusiasm for centers. Also the creation of United States style supermarkets over the last few years has served to help orient the people of Europe to the one-stop type of shopping a large center offers.

Buying Power Rising

These first signs of a shopping center movement overseas are a far cry from the current situation in this country. Last year, according to Chain Store Age, a trade magazine, there were 7,800 centers in operation here. Another 800, with 90 million square feet of space, will be added in 1965, it says.

Nevertheless, the nascent Western European shopping center movement has a lot going for it today. Wage rates are rising, thereby increasing the buying power of consumers. Automobile ownership is gaining at a rapid pace, with car sales growing at an annual rate of about 5 per cent. Highways are becoming better and are stretching for miles in all directions.

Thus the market in Europe

Dok. 18 *The New York Times*, 14.6.1965, Verweis auf das Main Taunus Zentrum

Prominente Ecke noch immer ein Schandfleck

Häßliche Behelfsbauten überschatten den neuen architektonischen Glanz in unserer City

In den letzten Jahren entstanden rings um den Bahnhof Zoo Bürohäuser, Geschäftsbauten und moderne Ladenstraßen. Der architektonische Glanz wird aber immer noch überschattet von häßlichen Behelfsbauten. Während der Kurfürstendamm zwischen Café Kranzler und Hotel am Zoo sich bald in neuem Gewand zeigt, bleibt ein anderes Gelände in der Berliner City, die Ecke Hardenberg-, Joachimstaler Straße, ein „Schandfleck".

Hinter den Kulissen wird seit Jahren heftig gestritten. Die Aschinger-Betriebe und der Industrielle Quandt, der Stiefsohn von Josef Goebbels, sind die Kontrahenten. Alle Bemühungen des Bausenators und der Architekten, die strittigen Partner unter einen Hut zu bringen, scheiterten bisher.

Das Gelände von der Eisenbahnüberführung am Bahnhof Zoo in der Hardenbergstraße bis zum Bekleidungshaus Leineweber ist wohl Berlins wertvollster Baugrund. Jeder Quadratmeter an dieser prominenten Straßenecke Berlins hat heute einen Wert von 3000 Mark. Aschinger und Quandt sind dort die Grundstückseigentümer.

Im Atelier der Aschinger-Architekten Schwebes & Schoszberger türmen sich Entwürfe und Skizzen für die städtebauliche Lösung an dieser meist begangenen Berliner Straßenecke. Es wurden Pläne für eine Häuserfront mit Restaurant, Kaffeehaus, einer Hochgarage im luftigen Zwischendeck und mit Bürogeschossen angefertigt. Fünf Millionen Mark würde dieser Bau kosten. Aber mit Aschinger und dem Industriellen Quandt stehen sich zwei vermögende Grundbesitzer gegenüber, von denen einer dem anderen sein wertvolles Terrain nicht verkaufen und nicht einmal in Erbpacht überlassen will.

„Prominente Ecke" – noch immer ein „Schandfleck". Foto: berlin-bild

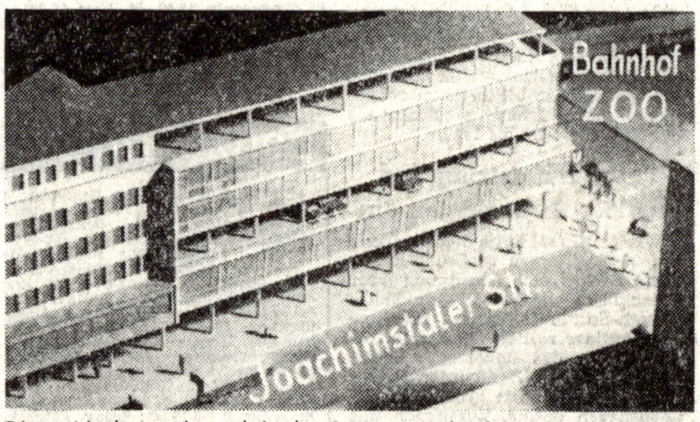

Dieser Neubau steht noch in den Sternen geschrieben. Foto: Bertram

Abriß auf dem Kurfürstendamm: Behelfsbauten verschwinden. Foto: Bertram

„Hornberger Schießen"

Als die Pläne, gemeinsam an der Ecke Hardenberg-Joachimstaler Straße zu bauen, gescheitert waren, versuchte man, Quandt zum Verkauf an Aschinger zu bewegen. Vor wenigen Tagen erst kamen die Verhandlungspartner erneut zusammen. Diesmal wurde der entgegengesetzte Vorschlag gemacht, die Aschinger-Betriebe sollen an Quandt verkaufen. Aber auch diese Besprechung ging aus wie das „Hornberger Schießen".

Vorläufig wird also nichts daraus, daß die Firma Leineweber ihr Bekleidungshaus an der Joachimstaler Straße nach Norden erweitert. Das ist nämlich nur möglich, wenn die Aschinger-Betriebe Platz machen und sich selbst auf dem Quandt gehörenden Eckgrundstück an der Hardenberg- und Joachimstaler Straße mit einem Restaurant zu ebener Erde und einem Café im Obergeschoß etablieren können.

Keine Schwierigkeiten

Auf dem Kurfürstendamm, zwischen Café Kranzler und Hotel am Zoo, gibt es solche Grundstücksschwierigkeiten glücklicherweise nicht. Denn Eigentümer des gesamten Geländes vom „bilka-Kaufhaus" über die berühmte Kranzler-Ecke bis an das Hotel am Zoo ist die Viktoria-Versicherung.

In ihrem Auftrag begann jetzt der Abriß der letzten nach dem Kriege entstandenen Behelfsbauten. Sechzig Arbeitstage sind dafür vorgesehen. Das fast hundert Meter lange Stück auf der Nordseite des Kurfürstendamms wird dann bis zum Frühjahr 1962 zweigeschossig bebaut. Die Viktoria-Versicherung will dafür sechs Millionen Mark ausgeben.

H. J. Bünger

Dok. 19 *Berliner Morgenpost*, 14.1.1961, Bild in der Mitte: Verwaltungsgebäude und Restaurant der Aschinger's AG mit Luftgeschoss, Joachimsthaler Straße 1–3 (nicht ausgeführt)

(26.)/37

Berlin, Theater am Kurfürstendamm

Spielgebiet: Schauspiel, Operette

Eigentümer: A. Heilmannsche Grundbesitzverwaltungs-GmbH

Platzzahl: 775, Fgb. 770

Baugeschichte: Erbaut 1923 durch Architekt Oskar Kaufmann ~~(Jude)~~. = Fgb. 1921. Als Umbau des 1904 von Archit. Taubschung geschaffenen Ausstellungsgebäudes der „Sezession";

Bauherr: Emil Heinicke - A.G.

Baukosten: nicht mehr feststellbar

Eröffnet am 6.11.1923 mit 760 Plätzen (10.10.21. Fgb.)

Umgestaltungen: 1.) 1925 Anbau an das Bühnenhaus, Architekt Oskar Kaufmann, Bauherr Tattersall am Kurfürstendamm A.G.

2.) 1930/31 Umgestaltung der Front, Vorbau der Eingangshalle, Erweiterung der Kassenhalle, ~~Architekt und Bauherr wie vor.~~

Zu 1.) u. 2.) ~~Kosten nicht mehr festzustellen~~

F Am ... 194.. durch anglo-amerikan. Fliegerbomben ... zerstört

~~Besondere Bemerkungen: Das Theater wurde aus der 1904 erbauten Sezession geschaffen,~~ aber in dem ~~schon~~ auch schon 1908 ein einfaches kleines Theater eingerichtet worden war.

Bauanordnung: Gesamtbau: Freistehender Eigenbau.

Außengestaltung: Putzbau

Bebaute Grundfläche: 1620 qm.

Zuschauerraum: Anstaltstyp: Saaltheater mit Parkettlogen. Grdfl. im Parkett 380 qm. Rauminhalt 2800 cbm. Luftraum je Zuschauer 3,6 cbm. Niederdruckdampfheizg und Ventilatorlüftung.

Orchester: Vertieft, fest, für 14 Musiker; durch Vorbühne überbaut.

Bühnengliederung: Grundfl. d. Hauptb. 245 qm, der Seitenb. 65 qm Gesamtfl. d. Bühne 310 qm. Höhe bis Schnürbod. 14,0 m; der Unterb. 2,10 m.

Bühnentechnik. Bauliche Bühneneinrichtg: ? Einzelversenkgn (nur für Personen). ~~Antriebskraft~~ mit Handbetrieb. Bühnenhimmel hochziehbar, ? m hoch.

Bühnenbeleuchtg: 5 Oberlichter. Reglerstand auf d. Bühne rechts. Fgb „unten"?

Magazinfläche: zugleich für ~~Gemeinsam mit~~ die Komödie im Hptbau ? außerhalb ...?

Gefolgschaft: Gemeinsam mit der Komödie: siehe dort (Nr. 37)

Einwohnerschaft d. Stdt nach d. dem Eröffngsjahr 4024,3 (1925) oder 1902,5 (1919)

Bühnengeschichte. Künstler: Adele Sandrock, Schauspielerin 1921–22, 23–24 und 25–26. Wilhelm Diegelmann, Schauspieler 1924–25. Agnes Straub, Direktorin u. Schauspielerin 1935–36.

Schrifttum. Theater u. Lichtspielhäuser, S. 38 ff. Abb.

Dok. 20 Schriftstück zum Fragebogen des GBI für das Handbuch *Das Deutsche Theater*, 1941, Oskar Kaufmann: „Jude" (nachträglich?) gestrichen, Max Reinhardt als Direktor in der Historie unerwähnt

Parkett mit neuem Make up

Theater am Kurfürstendamm: Attraktive Innenausstattung – große Pläne

● Zwei schöne alte Gaslaternen, eigentlich für das Schloß Charlottenburg bestimmt, werden am Freitag dem Publikum ins Theater am Kurfürstendamm heimleuchten. Der im August begonnene Umbau ist beendet, die Putzfrauen saugen die letzten Fussel von der attraktiven Aufmachung des ehemaligen Volksbühnen-Hauses.

Direktor Hans Wölffer kann, wenn der Vorhang zu den beiden Einaktern „Hören Sie zu" und „Geben Sie acht" aufgeh[illegible] in die Hände klatschen: Er feiert [illegible]and in seinem dritten Berliner Theater und den Sieg in einem Grundstück-Scharmützel, dem fast die „Komödie" und das „Theater am Kurfürstendamm" zum Opfer gefallen wären. Ein Kaufhaus wollte sich zwischen Kurfürstendamm und Lietzenburger Straße raumgreifend etablieren.

Mit hellgrauem Putz und bordeauxrotem Velours, neuen Logen, neuen Wänden, neuen Plätzen (zirka 800) wurde das recht verwohnte Haus chic und schön aufgemöbelt: Die kleineren, intimen musikalischen Lustspiele, die hier angesiedelt werden sollen, haben eine angemessene Verpackung.

Doch der kleine Orchesterraum halb unter der Bühne wird auf die 24 Musiker noch warten müssen: Hans Wölffer hat ein „Interregnum" ausgerufen, da ihm langfristige Planungen nicht möglich waren.

Peter Shaffers Einakter, die „Aufrichtige Lügnerin" und das Comeback von „Irma la Douce" haben erst einmal Vorfahrt; zwei Stroux-Inszenierungen kommen als Gast: Eugene O'Neills Stück „Eines langen Tages Reise in die Nacht" mit Elisabeth Bergner (im November) und die „Medea" mit Maria Wimmer (im März).

▶ Anfang Dezember soll den kleinen Theatergängern Zucker gegeben werden: mit den „Räubern von Kardemomme" des skandinavischen Malers und Poeten Thorbjörn Egner.

Erst im Frühjahr wird Wölffer Zeit haben, den Spielplan zu verwirklichen, „um dessentwillen ich das Theater übernommen habe".

Der verbindliche Theater-Imperator plant, die skandinavische Theatersensation „Teenager-Love" in einer Übersetzung von Wolfgang Neuss zu importieren. Er liebäugelt mit den Stükken „Halt die Welt an, ich will aussteigen" von Anthony Newley und „Half a sixpence" nach H. G. Wells. Er will „Feuerwerk" und „Kiss me Kate" neu herausbringen (das kratzbürstige Kätchen mit Violetta Ferrari, Olivia Moorefield und Paul Hubschmid).

Die künstlerische Ausstattung des neuen Theaters am Kurfürstendamm läßt sich sehen: Harry Meyen, Wolfgang Spier und Leonard Steckel werden Regie führen.

▶ Violetta Ferrari und Karin Huebner sollen „neue Aufgaben" erhalten, Günter Lüders und Joachim Teege heimgeführt werden . . .

Noch vor Beginn der Schlechtwetterperiode werden die Parkplätze hinter dem Theater „urbar" gemacht; im Frühjahr wird der Kassenhalle eine Passage in Glas vor die Nase gesetzt.

Wölffers dritter Streich erscheint durchaus attraktiv — doch muß ein Mann gleich drei Theater regieren?

▶ „Ich denke, man muß nicht. Es gehört nicht unbedingt zum modernen Lebensstandard — aber ich habe meine guten Gründe . . ."

Einer der wichtigsten Gründe: Hans Wölffer war schon einmal Herr im Haus, als er das Theater am Kurfürstendamm 1936 von Agnes Straub übernahm. Und er führte schon einmal drei Theater in Berlin — bis die Nazis die Bühnen im Krieg „verstaatlichten". **Vs.**

ANHEIMELND UND ELEGANT: ***Der Zuschauerraum wurde mit bordeauxrotem Velours und hellgrauem Putz aufgemöbelt.***

Dok. 21 *Der Abend*, 29.10.1963

Kaufzentrum nach italienischem Vorbild am Kurfürstendamm

Mit „Galeria" und Grünanlagen

Passage mit 40 Läden – Bürohäuser stehen auf Säulen

✱ Zwei sechsgeschossige, auf Säulen stehende Bürohäuser vor dem „Theater am Kurfürstendamm" und der „Komödie", dazwischen eine Passage, die zu einem Einkaufszentrum nach italienischem Vorbild mit viel Grünanlagen führt, oberhalb der Ladenstraße zweigeschossige „Parkpaletten" für etwa 500 Fahrzeuge, eine „Versorgungsstraße" und als Mittelpunkt darüber ein weiteres sechsgeschossiges Bürohaus: Dieses interessante Projekt entstand jetzt bei den Architekten Schwebes und Schossberger für die Neugestaltung des Viertels Kurfürstendamm/Uhlandstraße, Lietzenburger- und Knesebeckstraße.

Schon in den zwanziger Jahren ging das Gelände — dazu gehören auch das Theater am Kurfürstendamm und die Komödie — in den Besitz der heutigen Heilmann'schen Erben über, die jetzt als Bauherren auftreten.

Etwa 25 Millionen Mark werden für die Neuerschließung erforderlich sein, wozu auch noch zwei Parkhäuser auf senatseigenem Gelände an der Uhlandstraße für etwa 200 Autos kommen werden.

„Die Vorentscheidung ist bereits erteilt worden", heißt es im Architektenbüro von Schwebes und Schossberger. „Wenn wir Anfang des nächsten Jahres beginnen können, brauchen wir etwa zwei Jahre, um die Pläne verwirklichen zu können". Das Bürohaus vor der Komödie soll als letzter Bau entstehen. „Zu diesem Zweck müssen wir das Vorderhaus abtragen. Aber beide Theater erhalten neue Foyers und werden während der gesamten Bauzeit weiterspielen können."

„Durch diese Ausnutzung des Innenraums ist das Viertel am Kurfürstendamm gut erschlossen", heißt es bei der zuständigen Charlottenburger Bauverwaltung. „Der Boulevardcharakter wird nicht gestört. Im Gegenteil: Durch die vorgesehene Bebauung wird ein neuer Anziehungspunkt geschaffen."

Die zwischen den Theatern entstehende Kurfürstendamm-Passage soll nach dem Vorbild der im Kriege zerstörten Linden-Passage gestaltet werden. „Wer hier durchgeht, wird auf eine Art ‚Galeria' stoßen, ein Einkaufszentrum mit etwa 30 bis 40 Läden und vielen Grünanlagen", versichern die Architekten.

▶ Mit insgesamt 700 Wagenabstellplätzen hofft man außerdem, der Parknot am Kurfürstendamm und in den Seitenstraßen zu begegnen. —ert.

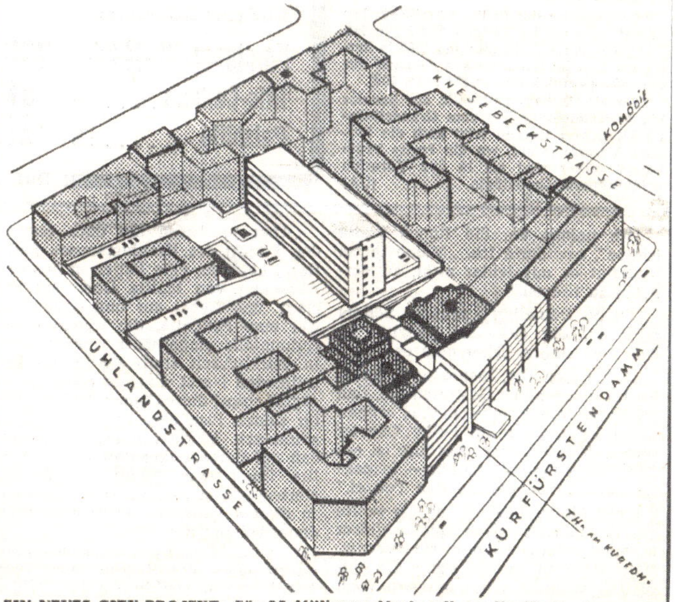

EIN NEUES CITY-PROJEKT: Für 25 Millionen Mark soll am Kurfürstendamm ein attraktives Einkaufszentrum entstehen (hell eingezeichnet). Die „Komödie" und das „Theater am Kurfürstendamm" werden in die Neubebauung des Geländes einbezogen; sie erhalten neue Foyers.

Dok. 22 *Der Abend*, 12.2.1966

In Berlin lohnt das Investieren

Von LUDWIG GELDER

Viele Firmen stehen immer wieder vor der Frage, ob sie in Berlin oder aber in Westdeutschland investieren sollen: Firmen, die hüben wie drüben Produktionsstätten haben; ausländische und westdeutsche Unternehmen, die nach Standorten für Zweigbetriebe suchen; Firmengründer, die für ihre geplanten Fabriken Produktionsorte auszuwählen haben; Berliner Unternehmen, die entscheiden müssen, ob sie ihre Stammhäuser an der Spree erweitern oder in Westdeutschland Niederlassungen ausbauen oder einrichten sollen; westdeutsche und ausländische Unternehmen schließlich, die sich nach Beteiligungen umsehen.

Investitionen in Berlin werden durch ein System von Förderungsmaßnahmen erleichtert, die wirtschaftlich und politisch notwendig und berechtigt sind, weil es gilt, die Standortbedingungen zu verbessern, die mit der Sonderlage der Stadt zusammenhängen.

Wer in Berlin produzieren will, kann schon bei der Finanzierung in das wirtschaftspolitische Instrumentarium greifen, das den Ausbau der Berliner Industrie in Gang halten soll. Berlin hat ein eigenes ERP-Sondervermögen, das sich aus Tilgungszahlungen und Zinseinnahmen immer wieder auffüllt. Aus diesem revolvierenden Fonds gewährt die Berliner Industriebank AG Investitionskredite zu 4 Prozent Zinsen mit einer durchschnittlichen Laufzeit von zehn Jahren; wenn der Anteil der Gebäudeinvestition groß ist, können die Kredite auf achtzehn und mehr Jahre vergeben werden. Im Anschluß an diese Investitionskredite kann das Institut im engeren Rahmen Betriebsmittelkredite für zwei bis drei Jahre zu Zinssätzen bis zu 6 Prozent einräumen. Wenn es an Eigenkapital fehlt, kann die Industriebank dem Unternehmen auf dem Wege der Beteiligung eigene Mittel zuführen. Ergänzt wird die Kreditgewährung durch Landesbürgschaften, die jetzt auch von westdeutschen Firmen mit Niederlassungen in Berlin in Anspruch genommen werden können.

*

Sehr attraktiv sind offenbar die Sonderabschreibungen auf Investitionen, die in Berlin möglich sind. In den Jahren 1959 bis 1961 dürfen auf abnutzbare Güter des Anlagevermögens bis zu 75 Prozent abgeschrieben werden, und zwar auch auf Gebäude, die zu mindestens einem Drittel gewerblich genutzt werden. Zweifellos ist das ein wirksamer Anreiz, besonders bei Gebäuden, die normalerweise nur in Jahresraten bis zu 3 Prozent abgeschrieben werden können.

Investitionen in Berlin sind auch eine Frage des Ertrages. Auch hier hat die Steuerpolitik den Hebel angesetzt. Die Sätze der Einkommensteuer sind seit 1955 in Berlin 20 Prozent niedriger als im Bundesgebiet. Das gleiche gilt für die Lohnsteuer. Auch die Körperschaftssteuer ist ermäßigt worden. So zahlen zum Beispiel Kapitalgesellschaften, die nicht personengebunden sind, auf nichtausgeschüttete Gewinne statt 51 nur 37,6 Prozent und auf ausgeschüttete Gewinne statt 15 lediglich 8,8 Prozent.

Wer in Westberlin investieren will, fragt sich natürlich auch, was die Sonderlage Berlins für den Absatz bedeutet. Deshalb sind Lieferungen aus Berlin nach Westdeutschland umsatzsteuerfrei, und zwar für den Westberliner Lieferanten ebenso wie für den westdeutschen Käufer. Der Absatzförderung dienen auch die Auftragsfinanzierungskredite, die aus dem ERP-Vermögen an westdeutsche Unternehmen gewährt werden, die im Bundesgebiet investieren wollen und deshalb zusätzliche Investitionsgüteraufträge nach Berlin vergeben. Diese Kredite, die zurzeit 5 Prozent für die gewerbliche Wirtschaft kosten, werden von der Kreditanstalt für Wiederaufbau in Frankfurt a. M. verwaltet, die in diesen Tagen in Berlin ein Büro errichtet hat, um den Kontakt mit der Berliner Wirtschaft zu verbessern. Die Kreditanstalt refinanziert auch jene Geschäftsbanken, die ihrerseits Auftragsfinanzierungskredite einräumen. Weil Westberlin als Notstandsgebiet gilt, wird es bei öffentlichen Aufträgen bevorzugt.

Auf dem Wege über die Hermes-Kreditversicherungs AG gewährt die Bundesregierung auf Antrag Garantien gegen politische Risiken im Waren- und Zahlungsverkehr zwischen Westdeutschland und Westberlin. Diese Garantien erstrecken sich u. a. auf Waren, die zwischen Berlin und Westdeutschland unterwegs sind, sowie auf einige andere politische Risikofälle, die theoretisch mit dem Warenweg durch die Sowjetzone verbunden sind. Diese Warengarantie wird durch eine Transportmittelgarantie ergänzt, die gegen Verluste durch unverschuldete Beschlagnahme von Lastwagen und Binnenschiffen schützen soll. Daß im vergangenen Jahr im Warenverkehr zwischen Berlin und Westdeutschland kein einziges Fahrzeug beschlagnahmt wurde, sei hier am Rande bemerkt.

*

Eine neue Förderungsmaßnahme ist in diesen Tagen beschlossen worden. Der Senat von Berlin wird in Zukunft in der Lage sein, Ansiedlungsinteressenten von Fall zu Fall bei der Grundstücksbeschaffung und auf andere Weise finanziell zu unterstützen. Im neuen Berliner Etat ist zum erstenmal ein Betrag von einer Million D-Mark für diese Zwecke vorgesehen, weitere zwei Millionen können im Vorgriff auf spätere Etatjahre in Anspruch genommen werden. Mit diesen Mitteln dürfen zum Beispiel Aufschließungskosten übernommen, also Straßen angelegt und Versorgungsleitungen gezogen werden. Die Berliner Verwaltung sollte mit Mut und Beweglichkeit diese Mittel unbürokratisch zur Verfügung stellen, wo immer sie nur von Nutzen sein können.

Das Bukett der allgemeinen Vergünstigungen, die den Investor in Berlin erwarten, wird durch einige Maßnahmen für einzelne Wirtschaftszweige ergänzt. Für die angestammten Berliner Firmen spielen auch Lastenausgleichserleichterungen eine Rolle. Ein „natürlicher" Vorteil sind die Arbeitskraftreserven, die in Berlin nicht so erschöpft sind wie in Westdeutschland.

Über die wirtschaftspolitische Hilfestellung bei der Industrieansiedlung in Berlin gibt es für Interessenten bisher nur dürftige Merkblätter in trockenem Behördenstil. Wann endlich entwirft man einen werbewirksamen Ansiedlungsprospekt, wie ihn westdeutsche Bundesländer und Gemeinden für ihre Zwecke längst verwenden?

*

Zweifellos hat die politische Berlin-Propaganda, die die Stadt als eine Insel im roten Meer zeigt, die wichtigste Funktion, aber die wirtschaftliche Vertrauenswerbung, die darauf hinweist, daß Westberlin ein verläßlicher Geschäftspartner und ein interessanter Industriestandort ist, darf nicht vernachlässigt werden. Im Ausland sollte daran erinnert werden, daß Westberlin zum Gemeinsamen Europäischen Markt gehört. Viele ausländische Firmen, die das erkannt haben (sehr viele wissen es nicht), interessieren sich gerade deshalb in letzter Zeit zunehmend für die Industrieansiedlung in Berlin.

Die Vergünstigungen, die der Berliner Wirtschaft gewährt werden, sind offensichtlich nicht überdosiert, denn sie haben keinen Run auf Berlin ausgelöst. Allerdings besteht ihr Zweck nicht nur darin, neue Betriebe zu gewinnen, sondern auch darin, die alten Unternehmen in Berlin zu halten, damit sie nicht nach und nach ihr Schwergewicht auf westdeutsche Zweigwerke verlagern.

In Berlin sind von 1950 bis 1959 mehr als 7 Milliarden D-Mark investiert worden, davon rund 3,3 Milliarden für Industrieanlagen. Gestützt auf diese Investitionen, wurde in dieser Zeit allein der Export von 0,09 auf 1,15 Milliarden D-Mark verzwölffacht. Auch in Berlin läßt sich's arbeiten.

Dok. 23 Zeitungsausschnitt mit Verweis auf die Vergünstigungen der Berlin-Hilfe, ohne Quelle und Datum, vmtl. 1959/60

Schreiber

Noch größer als „Europa-Center"

Wenige hundert Meter vom Berliner „Europa-Center" wird das „Berlin-Center" errichtet, mit dessen Bau in Kürze begonnen werden soll. Wie mitgeteilt wurde, wird Berlins neues „Renommierstück" noch größer als das „Europa-Center". In dem 22geschossigen, 80 Meter hohen Gebäude werden in den oberen Etagen ein Aussichtsrestaurant, Tanzbars und Konferenzräume eingerichtet. Geplant sind außerdem ein Kaufhaus, ein Schönheitssalon sowie ein Schwimmbad mit Sauna und Büroräume. Das 43-Millionen-Mark-Projekt soll in zweieinhalb Jahren bezugsfertig sein. Offensichtlich erfreut über das Modell des „Berlin-Centers" zeigen sich hier Bauherr Heinz Mosch (rechts) und Ex-Boxeuropameister Bubi Scholz. Bild: dpa

Dok. 24 *Stuttgarter Nachrichten*, 1.12.1969

PAUL SCHWEBES (1902–1978)

19.4.1902 geboren in Stargard (Pommern, heute Szczeciński, Polen); dort elterliches Kolonialwarengeschäft

1908–1921 Besuch der Oberrealschule in Stargard, Reifeprüfung

1922 Musikstudium (Violine) in Wien; Wechsel des Studienfaches zur Architektur (vmtl. unterstützt durch Isak Asriel)

1922 Beginn des Architekturstudiums an der Technischen Hochschule zu Berlin; weitere Studienaufenthalte in Darmstadt und Wien

1927 Staatsexamen in Berlin (Note: gut); danach Meisterschüler im Atelier Hans Poelzig; in diesem Kontext erste baupraktische Tätigkeit für die Firma Fonitram-G.m.b.H. Rostock; Planungen im Rahmen der Ausstellung *Wochenendhäuser* (Berlin Messegelände, April – Juni 1927); hier Projekterfahrungen im vorfabrizierten, standardisierten Bauen

ab 1928 Architekt im Atelier Bruno Paul

ab Januar 1932 selbstständiger Architekt in Berlin; zuvor bereits eigene Projekte in Kooperation mit Kollegen; in diesen Jahren eigenständige Arbeiten: Haus Seidel, Glasow Neumark; Treibhausanlage Georg Hoeft, Stargard; Wohnhaus Dr. Witting, Berlin; Verwaltungsgebäude Franz Mietsch, Berlin; Umbau Verwaltungsgebäude Heinrich Franck Söhne GmbH, Berlin; Ladenumbau Firma Paul Schwebes, Stargard; mehrere Inneneinrichtungen; Mitarbeit: Hochhaus Kathreiner GmbH, Berlin; Kurhaus Norderney; Warenhaus, Chemnitz; Messepalast, Prag; Norddeutscher Lloyd Dampfer „Bremen"; Verwaltungsgebäude I.G. Farben, Berlin; Siedlung Leipzig-Gohlis[1]

15.12.1933 Aufnahme in die Reichskammer der bildenden Künste und Angabe zur Mitgliedschaft im Kampfbund Deutscher Architekten und Ingenieure (KDAI) (beruht auf Fragebogen für die Reichskammer der bildenden Künste 1933); in den Jahren ab 1933 größere Aufträge im Umfeld des Industrie- und Bürohausbaus in Berlin; ab 1937/38 Planungs- und Bauaufgaben im Umfeld des Generalbauinspektors (GBI) Albert Speer

1937 Heirat mit Käthe Seidel, zwei Kinder

1942 Beauftragung durch Stadthauptmann von Lemberg, Generalgouvernement Distrikt Galizien, zur „Durchführung der vorliegenden dringenden Bauaufgaben des Ostaufbaus"; Wiederherstellung des Gebäudes ehemalige Finanzdirektion Lemberg als Postgebäude[2]

ab vmtl. Ende 1943/44 Arbeiten u. a. für die Firma Berliner Maschinenbau-AG (vormals L. Schwartzkopff)

ab 1946 Teilnahme an mehreren Wettbewerben und erfolgreiche Wiederbelebung des ehemaligen Atelier Paul Schwebes, das zu einem der meistbeschäftigten Architekturbüros West-Berlins wird (Geburtstagszeichnung Atelier Schwebes: 19.4.1956 (Abb. S. 26))

1955–1978 Mitglied im Bund Deutscher Architekten (BDA); Mitglied im Architekten- und Ingenieurverein zu Berlin (AIV), u. a. durch Fürsprache seitens Ernst Randzio

1956–1968 erfolgreiche Büropartnerschaft mit Hans Schoszberger (krankheitsbedingte Reduktion der Arbeitsintensität); wesentliche Finanzierungs-Partnerschaften v. a. mit dem Schweizer Finanzier Dr. Jacques Rosenstein[3]

Juli 1959 krankheitsbedingtes „Recht, nicht mehr wie bisher seine volle Arbeitskraft zur Verfügung zu stellen"

Januar 1960 Auflösung des Büros Paul Schwebes am Kurfürstendamm 17; Büroneugründung mit Hans Schoszberger in der Hardenbergstraße 29c; Schwebes vermehrt Engagement in Privathausbauten; in diesen Jahren Kollegenkontakte, u. a. mit William Pereira und Charles Luckman

ab 1962 intensive Mitarbeit des Architekten Peter Hartwig, der die Großprojekte Main Taunus Zentrum (Frankfurt am Main) und Elbe Einkaufszentrum (Hamburg) mitbetreut; 1965, nach Fertigstellung der Großprojekte, Beschluss, Hartwig in die Geschäftsleitung des Büros einzubinden

1965 mehrere projektbezogene Partnerschaften und Arbeitsgemeinschaften des Büros Schwebes und Schoszberger Architekten wie 1965/66 für den „Ideen-Wettbewerb Flughafen Berlin-Tegel" und ab 1966 die Großbaustelle „Passage 202" für Artur Brauner

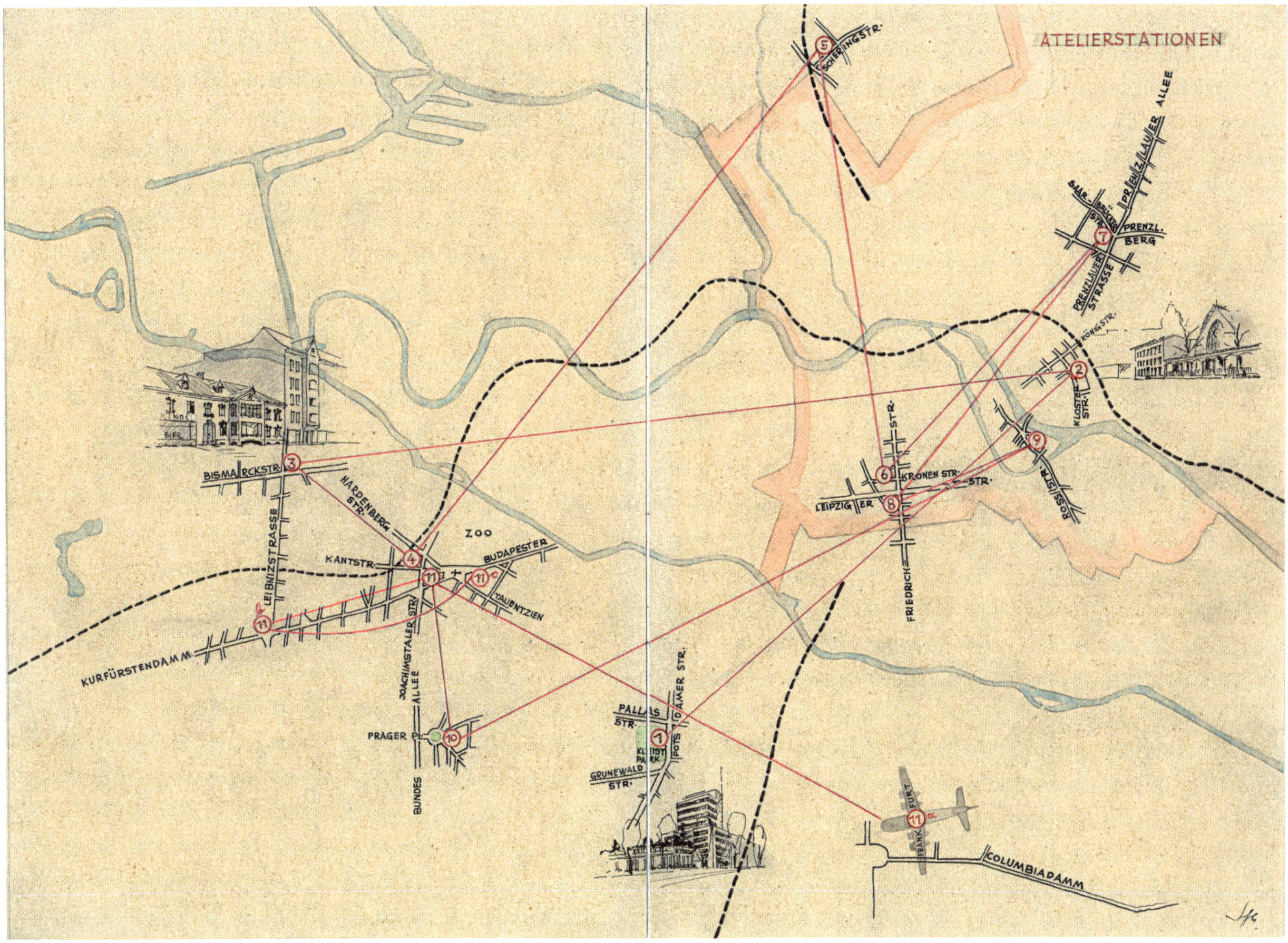

Atelierstationen, Geburtstagsgruß 19. April 1956: (1) Kathreiner Haus / Franck und Söhne, Potsdamer Straße 186; (2) Ateliergemeinschaft Klosterstraße 75; (3) Bismarckstraße 14 mit Rudolf Ullrich; (4) Aschinger-Restaurant, Joachimsthaler Straße 2–3; (5) Firma Schwartzkopf, Scheringstraße 13–28; (6) Kronenstraße; (7) Hauptverwaltung Aschinger's AG, Saarbrücker Straße 34–38; (8) Leipziger Straße; (9) Roßstraße 29–30; (10) Prager Platz 6; (11) Kurfürstendamm 17; (11a) Frankfurt am Main; (11b) Olivaer Platz; (11c) Breitscheidplatz (DOB)

Inscript in the Golden Book (gewidmet von Isak und Hella Asriel)

Juni 1966 Gründung der Gesellschaft „Schwebes und Schoszberger / Hartwig + Ott" (Franz Ott), deren Auflösung im Dezember 1968 erfolgt; danach selbstständige Projekte

1978 gestorben in Berlin; Eintragung in das *Golden Book* (Israel) durch ehemaligen jüdischen Kollegen Isak und dessen Frau Hella Asriel

Anmerkungen

[1] LAB A_Rep_243_Nr_8729_00 (Reichskammer der bildenden Künste)

[2] Ebd. Hinweis auf die anstehende Versetzung

[3] Rosenstein: 1900 geboren in Affoltern, Schweiz, Studium u. a. in Heidelberg, jüdischer Unternehmer/Investor; in Berlin seit den 1930er Jahren, später mit Gründung der Internationalen-Kapital-Anlage-Gesellschaft (IKAP), Kuratoriumsmitglied des Instituts für empirische Wirtschaftsforschung; durch Rosenstein u. a. Vermittlung einiger Hotelplanungen für das Büro Schwebes und Schoszberger in der BRD; 1971 Verleihung des Bundesverdienstkreuzes 1. Klasse der BRD durch den Regierenden Bürgermeister von Berlin Klaus Schütz im Rathaus Schöneberg). Zur Person Rosenstein siehe: Walter Laqueur / Richard Breitman, *Der Mann, der das Schweigen brach. Wie die Welt vom Holocaust erfuhr*, Frankfurt am Main / Berlin 1986

HANS SCHOSZBERGER (1907–1997)

(in verschiedenen Publikationen auch „Schoßberger" oder „Schloßberger")

16.3.1907 geboren in Priwoz/Oderfurt, Mähren (Österreichisch-Ungarische Monarchie; 1920–1938 Privoz, Erste Tschechoslowakische Republik; Meldezettel 1925: Brünn, mosaischen Glaubens)

Besuch des Realgymnasiums in Nový Bohumín / Neu Oderberg

1925–1931 Architekturstudium an der Deutschen Technischen Hochschule Brünn, dort auch Hochschulabschluss; Studienaufenthalt in Wien

1932 Übersiedelung nach Berlin, Beginn des Promotionsstudiums an der Technischen Hochschule zu Berlin; Veröffentlichung der Dissertation 1934 im Bauwelt-Verlag (Ullstein A. G.); seitdem bis 1939 freie Mitarbeit in der Zeitung *Bauwelt* zum Thema Luftschutz, ab 1946 wieder regelmäßig mit Beiträgen in der *Bauwelt* vertreten

1933 Aufnahme in die Architektenliste der Reichskammer der bildenden Künste verweigert

1937 Meldezettel Brünn „konfessionslos"

23.4.1938 Abmeldung aus Brünn, Anmeldung in Berlin-Schöneberg, Ehrwalder Straße 3 (konfessionslos); aus Anlass der „Volks-, Berufs- und Betriebszählung 17.5.1938" ebendort gemeldet; unter „Großelternteile der Rasse nach Volljude" väterlicherseits gemeldet; wohnhaft in der Ehrwalder Straße, bis 1943 dort nachweisbar

19.6.–1.8.1940 freie Mitarbeit im Büro Ernst Neufert für Luftschutzbauten (Einsatz der „Gefolgschaftsmitglieder"); ab August aus diesem Stab ausgeschieden

ab 1947/48 gemeldet als *stage architect* (Licensing Control Section PR / ISC Group, Case Report), Berlin-Charlottenburg, Preußenallee 7a; bereits 1947 Bühnenbild für Noël Cowards *Weekend*, Premiere 31.12.1947 (Regie: Thomas Engel); Bühnenbild für Georges Rolands *Simone und der Friede*, Premiere 11.11.1949 (Regie: Thomas Engel); Bühnenbild Komödie am Kurfürstendamm für Marc-G. Sauvajons *Die Kinder Eduards*, Premiere 12.10.1950

Juli 1950 – Februar 1971 Mitglied im Bund Deutscher Architekten (BDA), Vorstandsmitglied, Vorsitzender des Presseausschusses; 1952–1955 „Erster Vorsitzender" des BDA Berlin, wegen interner Streitigkeiten Verzicht auf die Wiederwahl zum Vorsitzenden; in diesen Jahren mehrere Auslandsreisen (u. a. 1951 in die USA); Heirat

1951 Ausstellungsvorbereitung Deutscher Werkbund Berlin *Mensch und Raum* (Hochschule der Künste), aus diesem Anlass Teilnahme am Vortragszyklus

1951–1956 Lehrauftrag an der Technischen Universität Berlin für das „Baugeschehen der Gegenwart", 1954 Vorlesungsreihe „Methode und Kritik einer Baugeschichte der Gegenwart"; in diesen Jahren häufige Berufung als Wettbewerbsjuror

1951–1971 Mitglied im Architekten- und Ingenieurverein zu Berlin (AIV) (Angabe der Staatsbürgerschaft „Tscheche")

1952 Teilnahme am Darmstädter Gespräch „Mensch und Technik"; Redaktion der Publikationen zu den ECA-Entwicklungsbauten im Auftrag des Bundesministeriums für Wohnungsbau (Hermann Wandersleb)

1952–1962 Mitglied im Deutschen Werkbund Berlin; Oktober 1952 – 1955 im Herausgeber-Ausschuss der bundesdeutschen BDA-Zeitschrift *Der Architekt*

1953 Teilnahme am UIA-Kongress „Union Internationale des Architectes" in Lissabon als Vertreter des BDA

1953/54 Mitglied im Koordinationsausschuss und Exposé für die *Internationale Bauausstellung* in Berlin, *Interbau 57*, einige Ideen fließen später ins Konzept von Bausenator Karl Mahler ein; Mitglied im Technischen Ausschuss der Arbeitsgruppe „Wiederaufbau Hansaviertel"; Auftrag der Wohnungsbaugesellschaft Schleswig-Holstein für Wohnungen mit Luftschutzbunkern als Versuchsbauten in Neumünster; Teilnahme mit Vortrag „Stahlskelett contra Atombombe" an Stahlbautagung in Berlin

1956–1968 erfolgreiche Büropartnerschaft mit Paul Schwebes

1957 Leitung der Arbeitsgruppe „Bauwesen und Kerntechnik" der Arbeitsgemeinschaft für Kerntechnik in Frankfurt am Main

1997 gestorben in Berlin

HANS SCHOSZBERGER: AUSGEWÄHLTE AUFSÄTZE (1933–1958)

1933

„Der Luftschutz beim Wettbewerb der Reichsbank", in: *Bauwelt*, 24. Jg. Nr. 33, S. 893–894

„Luftschutz und Städtebau. Vorschläge für eine ‚Luftsichere' Idealstadt", in: *Wasmuths Monatshefte. Monatshefte für Baukunst und Städtebau*, 17. Jg., S. 476–479

1934

„Der Schutz gegen Sprengbomben bei Neubauten", in: *Bauwelt*, 25. Jg., Nr. 6, 6.2.1934, S. 137–139 [hier Dipl.-Ing. Hans Schoßberger, Berlin]

„Luftschutzräume für Sonderfälle", in: *Bauwelt*, 25. Jg., Nr. 33, S. 790–793 [hier Dipl.-Ing. Hans Schoßberger]

1935

„Baulicher Luftschutz (Veröffentlichung vom RLM genehmigt. Reichsluftfahrtministerium)", in: *Deutsche Bauzeitung. Illustrierte Wochenschrift für Baugestaltung, Bautechnik Stadt-und Landplanung. Bauwirtschaft und Baurecht*, Nr. 12, 20.3.1935, S. 219–226

„Schutzraumbau in Neubauten", in: *Bauwelt*, 26. Jg., Nr. 19, S. 438–443

„Neue Schutzraumbauweisen", in: *Bauwelt*, 26. Jg., Nr. 48, S. 1103–1109

1936

„Luftschutz durch Stahl", in: *Bauwelt*, 27. Jg., Nr. 9, S. 195–196

„Neue Schutzraumbauweisen II, in: *Bauwelt*, 27. Jg., Nr. 25, S. 591–597

1937

„Bautechnischer Luftschutz. Beton und Eisenbeton im Schutzraumbau", in: *Bauwelt*, 28. Jg., Nr. 17, S. 393–394 (Bauwelt-Tafeln)

1938

„Sicherung der Schutzräume gegen Feuchtigkeit", in: *Bauwelt*, 29. Jg., Nr. 21, S. 473–474

„Englische Luftschutzräume, I. Sonderbauten, zusammengestellt auf Grund ausländischer Veröffentlichungen von Dr.-Ing. Hans Schoszberger", in: *Bauwelt*, 29. Jg., Nr. 46, 17.11.1938, S. 1049–1062

1939

„Der Luftschutzraum der zehn Millionen", in: *Bauwelt*, 30. Jg., Nr. 27, S. 602–603

1946

„Was sind eigentlich Nissen-Hütten?", in: *Neue Bauwelt*, 1. Jg. Nr. 25, 16.12.1946, S. 6–8 [hier Dr.-Ing. Hans Schoszberger]

1948

„Bücherschau: Künftige Wohnbauweisen", in: *Neue Bauwelt*, 3. Jg., Nr. 13, 29.3.1948, S. 201 [hier Schoßberger]

„Dem Luftschutz wird der Prozeß gemacht", in: *Neue Bauwelt*, 3. Jg., Nr. 34, 23.8.1948, S. 531–536

Sonderheft: Meinungen zur Maßordnung. Bericht und Umfrage (zu Neufert mit Zeichnungen von Schoszberger), in: *Neue Bauwelt*, 3. Jg., Nr. 39, 27.9.1948

1950

„Blick über die Grenzen. Aus dem Notizbuch eines Architekten", in: *Neue Bauwelt*, 5. Jg., Nr. 12, 20.3.1950, S. 185–192

„Blick über die Grenzen", 2. Folge, in: *Neue Bauwelt*, 5. Jg., Nr. 18, 1.5.1950, S. 287–293

„Krankenhausbau im Ausland. Blick über die Grenzen", 3. Folge, in: *Neue Bauwelt*, 5. Jg., Nr. 21, 22.5.1950, S. 334–338

„Blick über die Grenzen", 4. Folge, in: *Neue Bauwelt*, 5. Jg., Nr. 24, 12.6.1950, S. 382–388

„Schulbau im Ausland. Blick über die Grenzen", 5. Folge, in: *Neue Bauwelt*, 5. Jg., Nr. 27, S. 429–436

„Wohnhausbau im Ausland. Blick über die Grenzen", 6. Folge, in: *Neue Bauwelt*, 5. Jg., Nr. 30, S. 477–483

„Wo steht die Architektur des Auslandes? Blick über die Grenzen", 7. Folge, in: *Neue Bauwelt*, 5. Jg., Nr. 34, S. 539–543

„Wo steht die Architektur des Auslandes? Blick über die Grenzen", 8. Folge, in: *Neue Bauwelt*, 5. Jg., Nr. 36, S. 574–578

„Wo steht die Architektur des Auslandes? Blick über die Grenzen", 9. Folge, in: *Neue Bauwelt*, 5. Jg., Nr. 38, S. 606–611

„Wo steht die Architektur des Auslandes, Blick über die Grenzen“, 10. Folge, in: *Neue Bauwelt*, 5. Jg., Nr. 40, S. 640–642

„Die billige Schule im Ausland. Blick über die Grenzen“, 11. Folge, in: *Neue Bauwelt*, 5. Jg., Nr. 43, S. 692–694

„Wo steht die Architektur des Auslandes? Blick über die Grenzen“, 12. Folge, in: *Neue Bauwelt*, 5. Jg., Nr. 48, S. 763–767 und 776

1951

„Spuk in der Sylvesternacht. 13. Blick über alle Grenzen“, in: *Neue Bauwelt*, 6. Jg., Nr. 1, 1.1.1951, S. 4–7

„Auch der Amtsschimmel gewinnt manches Rennen. Blick über die Grenzen“, 14. Folge, in: *Neue Bauwelt*, 6. Jg., Nr. 5, 29.1.1951, S. 69–73 und 77

„Max Lehmann geht auf den Künstlerball. 15. Blick auf die innerdeutsche Grenze“, in: *Neue Bauwelt*, 6. Jg., Nr. 8, 19.2.1951, S. 122–124

„‚Das neue Schulhaus‘. Zu dem Buch von Alfred Roth, Zürich und St. Louis, USA“, in: *Neue Bauwelt*,6. Jg., Nr. 10, S. 150–151

„Bautechnischer Atomschutz. Blick über die Grenzen“, 16. Folge, in: *Neue Bauwelt*, 6. Jg., Nr. 17, 23.4.1951, S. 259–262

„Bautechnischer Atomschutz. Blick über die Grenzen“, 17. Folge, in: *Neue Bauwelt*, 6. Jg., Nr. 20, 14.5.1951, S. 307–310

„Bautechnischer Atomschutz. Blick über die Grenzen“, 18. Folge, in: *Neue Bauwelt*, 6. Jg., Nr. 25, 18.6.1951, S. 389–393

„Hans Hertlein siebzig Jahre“, in: *Neue Bauwelt*, 6. Jg., Nr. 26, 25.6.1951, S. 431

„Die Ausgrabung der Constructa im Jahre 2500. Blick über die Grenzen der Zeit“, 19. Folge, in: *Neue Bauwelt*, 6. Jg., Nr. 34, 20.8.1951, S. 553–556

„Was sich so ansammelt … besprochen und bebildert von Scho.“, in: *Neue Bauwelt*, 6. Jg., Nr. 39, 24.9.1951, S. 638

„Interview mit Heinrich Mendelssohn“, in: *Neue Bauwelt*, 6. Jg., Nr. 40, 1.10.1951, S. 656

„Das Bühnenbild“, in: *Neue Bauwelt*, 6. Jg., Nr. 41, 8.10.1951, S. 669–670

„Besatzungsbauten und ähnliches“, in: *Neue Bauwelt*, 6. Jg., Nr. 42, 15.10.1951, S. 686

„Wochenschau“, in: *Neue Bauwelt*, 6. Jg., Nr. 43, 22.10.1951, S. 703

„ECA geht in die letzte Runde“, in: *Neue Bauwelt*, 6. Jg., Nr. 44, 29.10.1951, S. 714–715

„Aufforderung zur Revolte“, in: *Neue Bauwelt*, 6. Jg., Nr. 45, 5.11.1951, S. 738 [darauf Replik in: Nr. 48, S. 775–776]

„Versuch einer Kennzeichnung des Funktionalismus“, *Neue Bauwelt*, 6. Jg., Nr. 46, 12.11.1951, S. 746–747

„Wochenschau“, in: *Neue Bauwelt*, 6. Jg., Nr. 47, 19.11.1951, S. 767

„Wochenschau“, in: *Neue Bauwelt*, 6. Jg., Nr. 48, 26.11.1951, S. 780 [hier u. a. über Gropius und Hinweis: „Ich war kürzlich in Washington …“]

„Interview mit einem Staatssekretär“, in: *Neue Bauwelt*, 6. Jg., Nr. 50, 10.12.1951, S. 809

„Silvesternacht mit einem alten Baumeister“, 6. Jg., Nr. 52, 27.12.1951, S. 848–849

1952

„Wochenschau. Heinrich Mendelssohn erklärt den Krieg“, in: *Neue Bauwelt*, 7. Jg., Nr. 5, S. 73–74

„Wochenschau. Gedanken eines müden Preisrichters“, in: *Neue Bauwelt*, 7. Jg., Nr. 7, S. 108–109

„Die Besatzung baut“, in: *Neue Bauwelt*, 43. Jg., Nr. 9, S. 37–41

„Der BDA tagt in Bonn“, in: *Neue Bauwelt*, 7. Jg., Nr. 11, S. 167–168

„BDA in München“, in: *Bauwelt*, 43. Jg., Nr. 22, S. 351–352

„Ein Buch über Bartning als Anlaß zu einem Aufruf“, in: *Bauwelt*, 43. Jg., Nr. 24, S. 379

„Eine Geschichte mit unerwartetem Ausgang. Der Berliner Wettbewerb um den Reichskanzlerplatz“, in: *Bauwelt*, 43. Jg., Nr. 26, S. 411–413 [mit Hinweis auf Heinrich Mendelssohn]

„Randbemerkungen zum Merkblatt ‚Bautechnischer Luftschutz‘“, in: *Bauwelt*, 43. Jg., Nr. 29, S. 455–460 und 466

„Ferien in Italien“, in: *Bauwelt*, 43. Jg., Nr. 36, 8.9.1952, S. 578–579

„Das Darmstädter Gespräch“, in: *Bauwelt*, 43. Jg., Nr. 40, 6.10.1952, S. 639–640

„Über das Verhalten bei Vorträgen“, in: *Bauwelt*, 43. Jg., Nr. 41, 13.10.1952, S. 659

„BDA-Bundestag in Stuttgart“, in: *Bauwelt*, 43. Jg., Nr. 43, 27.10.1952, S. 680–682

„Die Damenrede“ (gehalten am 7. Oktober 1952 auf dem BDA-Bundestag in Stuttgart), in: *Bauwelt*, 43. Jg., Nr. 44, 3.11.1952, S. 703

„Schmutzige Wäsche“, in: *Bauwelt*, 43. Jg., Nr. 45, 10.11.1952, S. 714

„Schmutzige Wäsche (Zweiter Teil)“, in: *Bauwelt*, 43. Jg., Nr. 46, S. 737

„Plädoyer für den Kitsch“, in: *Bauwelt*, 43. Jg., Nr. 47, S. 749–750

„Die Lawine von Kaiserslautern“, in: *Bauwelt*, 43. Jg., Nr. 48, S. 771–772

„Plädoyer für den Kitsch (Schluß)“, in: *Bauwelt*, 43. Jg., Nr. 49, S. 791–792

„Die Sylvestergeschichte“, in: *Bauwelt*, 43. Jg. Nr. 52, S. 848–849

1953

„Der UIA-Kongress in Lissabon“, in: *Der Architekt*, 2. Jg., Nr. 12, S. 289–291

„Das Spiel vom deutschen Wohnungsbau“, in: *Bauwelt*, 44. Jg., Nr. 2, 12.1.1952, S. 23–25

„Nachruf Hans Frese“, in: *Bauwelt*, 44. Jg., Nr. 4, S. 75

„Hat Paula Schäfer wirklich gelebt“, in: *Bauwelt*, 44. Jg., Nr. 8, S. 154–155

„Argumente für Luftschutzgegner“, in: *Bauwelt*, 44. Jg., Nr. 10, S. 188–193

„Der bayrische Löwe knurrt", in: *Bauwelt*, 44. Jg., Nr. 11, S. 214
„Der Herr Präsident wird 70 Jahre", in: *Bauwelt*, 44. Jg., Nr. 15, S. 295 [gemeint ist Otto Bartning]
„Studenten im Ministerium", in: *Bauwelt*, 44. Jg., Nr. 17, S. 334–335
„Wie sieht der Beamte der Zukunft aus?", in: *Bauwelt*, 44. Jg., Nr. 25, S. 496
„Wie sieht der Beamte der Zukunft aus? (Schluß)", in: *Bauwelt*, 46. Jg., Nr. 26, S. 514
„Bautechnischer Lehrfilm", in: *Bauwelt*, 44. Jg., Nr. 27, S. 530–531
„Die Geschichte wird in Bildern und Farbflecken erzählt", in: *Bauwelt*, 44. Jg., Nr. 34, S. 675–676
„Der BDA-Bundestag in Hamburg", in: *Bauwelt*, 44. Jg., Nr. 39, S. 767–768
„Internationaler Architekten-Kongreß in Lissabon", in: *Bauwelt*, 44. Jg., Nr. 46, S. 914–915
„Der Schildbürgerstreich von Hannover", in: *Bauwelt*, 44. Jg., Nr. 47, S. 932–933
„Internationaler Architekten-Kongreß in Lissabon, Zweiter Teil", in: *Bauwelt*, 44.Jg., Nr. 49, S. 973–974

1954

Bautechnischer Atomschutz, Essen 1954
„Die Sylvestergeschichte", in: *Bauwelt*, 45. Jg., Nr. 2, S. 32–34
„Ein Hochhaus schlägt Wellen", in: *Bauwelt*, 45. Jg., Nr. 4, S. 71–72
„Eine Idee zur Internationalen Bauausstellung Berlin 1956", in: *Bauwelt*, 45. Jg., Nr. 11, S. 201–201
„Eine Diskussion auf hohem Niveau", in: *Bauwelt*, 45. Jg., Nr. 17, S. 332–333
„Lohnlisten für Bauleute", in: *Bauwelt*, 45. Jg., Nr. 18, S. 352–353
„Kommentar zum Wettbewerb ‚Stahlausbau von Kellern zu Schutzräumen'", in: *Bauwelt*, 45. Jg., Nr. 25, S. 488–490
„Wotans Wasserwerk", in: *Bauwelt*, 45. Jg., Nr. 27, S. 534–535
„Mit der Regierung nach Helgoland", in: *Bauwelt*, 45. Jg., Nr. 28, S. 553
„Streiflichter vom BDA – Bundestag", in: *Bauwelt*, 45. Jg., Nr. 41, S. 814–815
„In eigener Sache", in: *Bauwelt*, 45. Jg., Nr. 46, S. 913
„Leitfaden zu Veranstaltungen mit Ministerreden", in: *Bauwelt*, 45. Jg., Nr. 49, S. 972
„Sylvester-Rede an alle Leute vom Bau", in: *Bauwelt*, 45. Jg., Nr. 52, S. 1030–1032
„Der Berliner Luftschutz-Versuchsbau", in: *Ziviler Luftschutz* [vormals „Gasschutz und Luftschutz"]. *Wissenschaftlich-Technische Zeitschrift für das Gesamte Gebiet des Zivilen Luftschutzes*, 18. Jg., Nr. 12, S. 299–303

1955

„Architekten aller Länder vereinigt", in: *Bauwelt*, 46. Jg., Nr. 1, S. 12–14
„Ein merkwürdiges Preisgericht", in: *Bauwelt*, 46. Jg., Nr. 4, S. 72–73
„Atomphysik und Bauen", in: *Bauwelt*, 46. Jg., Nr. 5, S. 92–93
„Oscar Niemeyer von außen und innen", in: *Bauwelt*, 46. Jg., Nr. 12, S. 231–233
„Pier Vago um 5 Uhr morgens", in: *Bauwelt*, 46. Jg., Nr. 16, S. 308
„Atomphysik und Bauen", in: *Bauwelt*, 46. Jg., Nr. 28, S. 541–543
„Vom Internationalen Architektenkongreß in Den Haag", in: *Bauwelt*, 46. Jg., Nr. 32, S. 633
„Vom Internationalen Architektenkongreß in Den Haag (Zweiter Teil)", in: *Bauwelt*, 46. Jg., Nr. 34, S. 672–673
„Wandersleb. Ein Festspiel zum Geburtstag", in: *Bauwelt*, 46. Jg., Nr. 35, S. 692
„Der häßlichste Neubau des Jahres", in: *Bauwelt*, 46. Jg., Nr. 38, S. 752
„Le Corbusier zu halben Preisen", in: *Bauwelt*, 46. Jg., Nr. 42, S. 836–837
„Senatsrat Otto Jaeckel 60 Jahre", in: *Bauwelt*, 46. Jg., Nr. 43, S. 871
„Das neue DOB-Zentrum", in: *Die Berliner Wirtschaft. Mitteilungen der Industrie-und Handelskammer zu Berlin e. V.*, 5. Jg., Nr. 46, S. 1431–1432 [hier Sch.]

1956

„Das Hilton-Hotel für Hollywood. Ein 450-Zimmer-Palast vor den Toren von Los Angeles / Das 29. Glied in der Hilton-Hotelkette", in: *Die Deutsche Gaststätte*, Nr. 6, 11.2.1956, S. 6 [hier Dr. Sch. Die Abkürzung könnte allerdings auch für Dr. W. Schweisheimer stehen, der in der Weihnachts-/Silvester-Ausgabe 1955 der *Deutschen Gaststätte* über „Hotelpaläste in Amerika" geschrieben hat; von ihm auch das Foto vom Beverly-Hilton-Hotel]
„Fernsehen mit dem Herrn Minister", in: *Bauwelt*, 47. Jg., Nr. 8, 20.2.1956, S. 185
„Das Hochhaus und die Bombe", in: *Bauwelt*, 47. Jg., Nr. 29, S. 679–681
„Berlins neuer Baudirektor. Anmerkungen zu Zeichnungen von Hans Stephan", in: *Bauwelt*, 47. Jg., Nr. 50, S. 1192–1194

1958

„Aus der Berliner Wirtschaft. Neue Bauten im Zentrum Westberlins", in: *Die Berliner Wirtschaft. Mitteilungen der Industrie- und Handelskammer zu Berlin e. V.*, 8. Jg., Nr. 32, S. 1001–1002 [hier Sch., mit Hinweisen auf die „Hilton-Kolonnade"]

ALLGEMEINE LITERATUR UND ARCHIVE

A

Abgeordnetenhauses von Berlin (Hg.), *Stenographische Berichte des Abgeordnetenhauses von Berlin, I.–II. Wahlperiode*, Berlin 1953–1955

Ahrens, Ralf, „Teure Gewohnheiten. Berlinförderung und Bundeshilfe für West-Berlin seit dem Mauerbau", in: *Vierteljahrschrift für Sozial- und Wirtschaftsgeschichte*, Bd. 102, Nr. 3, Stuttgart 2015

Arbeitsgruppe Berlinförderung / Albrecht, Christoph, *Wirtschaftspolitik in Berlin. Vom Notopfer zur Milliardensubvention*, Frankfurt am Main 1979

Architekten- und Ingenieurverein zu Berlin (Hg.), *Berlin und seine Bauten. Teil IV Wohnungsbau. Bd. C: Die Wohngebäude, Einfamilienhäuser, individuell geplante Einfamilienhäuser, die Hausgärten*, Berlin/München/Düsseldorf 1975

Architekten- und Ingenieurverein zu Berlin (Hg.), *Berlin und seine Bauten. Teil V Bauwerke für Kunst, Erziehung und Wissenschaft. Bd. A: Bauten für die Kunst*, Berlin/München 1983

Architekten- und Ingenieurverein zu Berlin (Hg.), *Berlin und seine Bauten. Teil V Bauwerke für Kunst, Erziehung und Wissenschaft. Bd. B: Hochschulen*, Berlin/München/Petersberg 2004

Architekten- und Ingenieurverein zu Berlin (Hg.), *Berlin und seine Bauten, Teil VIII Bauten für Handel und Gewerbe. Bd. A: Handel*, Berlin/München/Düsseldorf 1978

Architekten- und Ingenieurverein zu Berlin (Hg.), *Berlin und seine Bauten. Teil VIII Bauten für Handel und Gewerbe. Bd. B: Gastgewerbe*, Berlin/München/Düsseldorf 1980

Architekten- und Ingenieurverein zu Berlin (Hg.), *Berlin und seine Bauten. Teil IX Industriebauten, Bürohäuser*, Berlin/München/Düsseldorf 1971

Arnold, Dietmar / Janick, Reiner, *Bunker, Sirenen und gepackte Koffer. Berlin unter Stahlbeton*, Berlin 2017

Ausstellungs-Messe-Kongress-GmbH [AMK Berlin / Gerd Fenske] (Hg.), *50 Jahre Deutschlandhalle*, Berlin 1997

B

Beckmann, Regine, *Das Telefunken-Hochhaus am Ernst-Reuter-Platz. Ein West-Berliner Bau* (Magisterarbeit Technische Universität Berlin, Fachgebiet Kunstwissenschaft, Robert Suckale), Berlin 1999

Bie, Oskar, *Der Architekt Oskar Kaufmann*, Berlin 1928

Bisky, Jens, *Berlin. Biographie einer großen Stadt*, Berlin 2019

Blauert, Elke, *Gerhard Siegmann 1911–1989. Architekt*, Berlin 1999

Bodenschatz, Harald, *Platz frei für das neue Berlin! Geschichte der Stadterneuerung seit 1871* (Studien zur neueren Planungsgeschichte, Bd. 1), Berlin 1987

Bongiorno, Biagia, *Spolien in Berlin nach 1945. Motive und Rezeption der Wiederverwendung von Fragmenten* (Berliner Beiträge zur Bauforschung und Denkmalpflege, Bd. 13), Petersberg 2013

Brauner, Alice, *„Also dann in Berlin …". Artur und Maria Brauner. Eine Geschichte vom Überleben, von großem Kino und der Macht der Liebe*, Frankfurt am Main 2021

Bürgermeister-Reuter-Stiftung (Hg.), *Dr. Paul Hertz hat das Wort*, Berlin o. J.

Burkhardt, Francois, *Gestalten. Für eine interdisziplinäre, ethische und kulturelle Politik in Design und Architektur*, Berlin 2023

Burtin, Beatrix, *Hans Stephan. Leben und Werk* (Dissertation Bauhaus-Universität Weimar), Weimar 2014

Buttlar, Adrian von / Wittmann-Englert, Kerstin / Dolff-Bonekämper, Gabriele, *Baukunst der Nachkriegsmoderne. Architekturführer Berlin 1949–1979*, Berlin 2013

C

Claude, Henri, *Der Marshall-Plan*, Berlin 1949

Conrads, Ulrich / Neitzke, Peter (Hg.), *Die Städte himmeloffen. Reden und Reflexionen über den Wiederaufbau des Untergegangenen und die Wiederkehr des Neuen Bauens 1948/49* (Bauwelt Fundamente, Bd. 125), Basel/Boston/Berlin 2003

D

Daiber, Hans, *Deutsches Theater seit 1945*, Stuttgart 1976

Der Kulturbund in Berlin, Berlin 1948

Der Senator für Kreditwesen [P. Hertz] (Hg.), *Das Berliner Notstandsprogramm im Haushaltsjahr 1950*, Berlin 1951

Derenbach, Rolf / Gutbrod, Konrad / Dietrich, Rolf, *Exemplarische Bauwerke des Architekten Rolf Gutbrod in der Orientierungsphase des Bauens 1950 bis 1970*, Berlin 2019

Deutsches Bühnenjahrbuch für 1963, Berlin 1962

Diefendorf, Jeffry M., *In the Wake of War. The Reconstruction of German Cities after World War II*, New York / Oxford 1993

Diefendorf, Jeffry M., „America and the Rebuilding of Urban Germany", in: Diefendorf, Jeffry M. / Frohn, Axel / Rupieper, Hermann-Josef (Hg.), *American Policy and the Reconstruction of West Germany, 1945–1955* (Publications of the German Historical Institute), Cambridge 1994

Doede, Werner, *Die Berliner Secession. Berlin als Zentrum der deutschen Kunst von der Jahrhundertwende bis zum ersten Weltkrieg*, Berlin 1977

Dorsemagen, Dirk, *Büro- und Geschäftshausfassaden der 50er Jahre. Konservatorische Probleme am Beispiel West-Berlin*, Berlin 2004 (Dissertation Technische Universität Berlin), Berlin 2004, online abrufbar: https://d-nb.info/971885397/34 (zuletzt aufgerufen: 24.8.2023)

Drebusch, Thomas, *Bruno Paul. Schönheit ist Freude*, Soest 2019

Dulles, Eleanor L., *Berlin und die Amerikaner*, Köln 1967

Durth, Werner, *Deutsche Architekten. Biographische Verflechtungen 1900–1970*, 2. Aufl., Stuttgart/Zürich 2001

Durth, Werner / Gutschow, Niels, *Träume in Trümmern. Planungen zum Wiederaufbau zerstörter Städte im Westen Deutschlands 1940–1950*, 2 Bde. (Schriften des Deutschen Architekturmuseums zur Architekturgeschichte und Architekturtheorie), Braunschweig 1988

Durth, Werner / Sigel, Paul, *Baukultur. Spiegel gesellschaftlichen Wandels*, Berlin 2009

Düwel, Jörn / Durth, Werner / Gutschow, Niels / Schneider Jochem (Hg.), *1945. Krieg – Zerstörung – Aufbau. Architektur und Stadtplanung 1940–1960* (Schriftenreihe der Akademie der Künste, Bd. 23) Berlin 1995

E

Elias, Norbert, *Frühschriften*, Frankfurt am Main / Baden-Baden 2002

Enderlein, Anne (Mitarb.: Geyersbach, Ulf) (Hg.), *Ullstein Chronik 1903–2011*, Berlin 2011

Engel, Helmut / Jersch-Wenzel, Stefi / Treue, Wilhelm (Hg.), *Geschichtslandschaft Berlin. Orte und Ereignisse, Bd. 1: Charlottenburg*, Berlin 1986

Enzensberger, Hans Magnus (Hg.), *Europa in Trümmern. Augenzeugenberichte aus den Jahren 1944–1948*, Frankfurt am Main 1990

Erhard, Ludwig, *Wohlstand für alle*, Düsseldorf 1957

Erpenbeck, Fritz, *Vorhang auf. Anekdoten und Geschichten*, Berlin/Weimar 1963

F

Feder, Gottfried (Mitarb.: Rechenberg, Fritz), *Die neue Stadt. Versuch der Begründung einer neuen Stadtplanungskunst aus der sozialen Struktur der Bevölkerung*, 2. Aufl., Berlin 1939

Forßbohm, Ulrike, *Kriegs-End-Moränen. Zum Denkmalwert der Trümmerberge in Berlin*, (Diplomarbeit Technische Universität Berlin), Berlin 2009

G

Gatz, Konrad / Hierl, Fritz, *Treppen und Treppenhäuser. Stairs and Staircases. Escaliers et cages déscaliers*, München 1954

Geist, Johann Friedrich, *Passagen. Ein Bautyp des 19. Jahrhunderts*, 4. Aufl., München 1982

Geist, Johann Friedrich / Kürvers, Klaus, *Das Berliner Mietshaus 1945–1989. Eine dokumentarische Geschichte der Ausstellung „Berlin plant / Erster Bericht" 1946 und der Versuche, auf den Trümmern der Hauptstadt des Großdeutschen Reiches ein NEUES BERLIN zu bauen, aus dem dann zwei geworden sind*, Bd. 3, München 1989

Geist, Johann Friedrich / Kürvers, Klaus, „Tatort Berlin, Pariser Platz. Die Zerstörung und ‚Entjudung' Berlins", in: *1945 Krieg, Zerstörung, Aufbau. Architektur und Stadtplanung 1940–1960*, (Schriftenreihe der Akademie der Künste, Bd. 23), Berlin 1995

Glaser, Hermann, *Deutsche Kultur 1945–2000*, Berlin 1999

Glaser, Karl-Heinz, *Aschingers „Bierquellen" erobern Berlin. Aus dem Weinort Oberderdingen in die aufstrebende Hauptstadt*, Ubstadt-Weiher 2004

Gleiter, Jörg H., *Architekturtheorie zur Einführung*, Hamburg 2022

Groß, Robert / Knoll, Martin / Scharf, Katharina (Hg.), *Transformative Recovery? The European Recovery Program (ERP) / Marshall Plan in European Tourism*, Innsbruck 2020

Gruen, Victor, *Shopping Town. Memoiren eines Stadtplaners (1903–1980)*, hg. v. Anette Baldauf, Wien/Köln/Weimar 2014

Gruen, Victor / Smith, Larry, *Shopping Towns USA. The Planning of Shopping Centers*, New York 1960

Grünfeld, Fritz V., *Heimgesucht – Heimgefunden. Betrachtung und Bericht des letzten Inhabers des Leinenhauses Grünfeld*, Berlin 1979

Günther, Sonja, *Bruno Paul, 1874–1968*, Berlin 1992

Gutschow, Niels, *Ordnungswahn. Architekten planen im „eingedeutschten Osten" 1939–1945* (Bauwelt-Fundamente, Bd. 115), Basel/Gütersloh 2001

H

Haben, Michael, „Kein Phönix aus den Trümmern. Arbeiten des Architekten Paul Schwebes vor 1945", in: Breuning, Werner / Schaper, Uwe (Hg.), *Berlin in Geschichte und Gegenwart* (Jahrbuch des Landesarchivs Berlin 2018), Berlin 2019

Hagemann, Otto, *Das neue Gesicht Berlins*, 3. Aufl., Berlin 1959

Hanchett, Thomas W., „U.S. Tax Policy and the Shopping-Center Boom of the 1950s and 1960s", in: *The American Historical Review*, 101. Jg., Nr. 4, Oktober 1996

Hansen, Antje, *Oskar Kaufmann. Ein Architekt zwischen Tradition und Moderne*, Berlin 2001

Harich, Wolfgang, „Europa und der Marshall-Plan", in: *Die Weltbühne. Wochenschrift für Politik, Kunst, Wirtschaft*, neu hg. von Maud v. Ossietzky / Hans Leonard, 2. Jg., Nr. 14, Jul. 1947

Harich, Wolfgang, *Ahnenpaß. Versuch einer Autobiographie*, hg. von Thomas Grimm, Berlin o. J. [1999]

Harvey, David, „Geld, Zeit, Raum und die Stadt", in: Wentz, Martin (Hg.), *Stadt-Räume*, Frankfurt am Main / New York 1991

Haubrich, Rainer, *Der Kurfürstendamm. Eine kurze Geschichte des Berliner Boulevards*, Berlin 2021

Heidemann, Arnold / Kekulé, Friedrich von / Beese, Walter (Hg.), *Berliner Secession* (Ausst.-Kat. Neuer Berliner Kunstverein), Berlin o. J.

Heischkel, Henriette, *Bauen in West-Berlin 1949–1963. Die Rolle der Bauverwaltung im Spannungsfeld von Kunst und Politik*, Berlin 2018

Hertz, Paul, „Neues graphisches Zentrum", in: *Mitteilungen des Wirtschaftsverbandes Graphisches Gewerbe e. V.*, Nr. 79, Berlin 1957

Hertz, Thomas, *Die Industrie- und Handelskammer zu Berlin. Ein Beitrag zur Wirtschaftsgeschichte Berlins*, Berlin 2008

Hillmann, Roman, *Die erste Nachkriegsmoderne. Ästhetik und Wahrnehmung der Westdeutschen Architektur 1945–1963*, Petersberg 2011

Hilpert, Heinz, *Das Theater ein Leben*, St. Gallen 1961

Hilton, Conrad N., *Die Welt bei mir zu Gast. Das ungewöhnliche Leben des amerikanischen Hotelkönigs*, München 1957

Hilton Hotels Corporation, *Annual Report 1950–1959*, Chicago 1950–1959

Hoffmann, Herbert (Hg.), *Gaststätten. Cafés und Restaurants, Ausflugs- und Tanzlokale, Bars, Trink- und Imbißstuben aus Deutschland und dem Ausland*, Stuttgart 1939

Hofmeister, Burkhard, *Berlin (West). Eine geografische Strukturanalyse der zwölf westlichen Bezirke, Wissenschaftliche Länderkunden. Bd. 8: Bundesrepublik Deutschland und Berlin (West)*, Darmstadt/Gotha 1990

Hoh-Slodczyk, Christine / Huse, Norbert / Kühne, Günther / Tönnesmann, Andreas (Hg.), *Hans Scharoun. Architekt in Deutschland 1893–1972*, München 1992

Hoiman, Sibylle (i. A. Akademie der Künste, Berlin) (Hg.), *Werner Düttmann. Nachdenken über Architektur. Reden und Schriften*, Berlin 2021

Hübsch, Heinrich, *In welchem Style sollen wir bauen*, Karlsruhe 1828 (Nachdr. Karlsruhe 1984 [Nachwort: Wulf Schirmer])

Huse, Norbert, *Verloren, gefährdet, geschützt. Baudenkmale in Berlin* (Ausst.-Kat. ehem. Arbeitsschutzmuseum Berlin-Charlottenburg, 7.12.1988–5.3.1989), Berlin 1989

I

Ihering, Herbert, *Theater der produktiven Widersprüche. 1945–1949*, Berlin/Weimar 1967

Institut für Kommunikationsgeschichte und Angewandte Kulturwissenschaften der Freien Universität Berlin (Hg.), *Berlin wirbt! Metropolenwerbung zwischen Verkehrsreklame und Stadtmarketing 1920–1995*, Berlin 1995

Institut für Raumforschung Bonn (Hg.), *Die unzerstörbare Stadt. Die raumpolitische Lage und Bedeutung Berlins*, Köln/Berlin 1953

Internationale Bauausstellung Berlin GmbH (Hg.), *Interbau Berlin 1957* (Amtl. Kat. Berliner Hansaviertel 6.7.–29.9.1957), Berlin 1957

J

Jacobs, Jane, „Downtown Is for People", in: Whyte, William H. et al. (Hg.), *The Exploding Metropolis*, New York 1958

Jahn, Gunther (Hg.), *Die Bauten und Kunstdenkmäler von Berlin. Stadt und Bezirk Spandau*, Berlin 1971

Jersch-Wenzel (Hg.), *Das Leinenhaus Grünfeld. Erinnerungen und Dokumente von Fritz V. Grünfeld* (Schriften zur Wirtschafts- und Sozialgeschichte, Bd. 12), Berlin 1967

Jochens, Birgit / Miltenberger, Sonja / Museum Charlottenburg-Wilmersdorf von Berlin (Hg.), *Von Haus zu Haus am Kurfürstendamm. Geschichte und Geschichten über Berlins ersten Boulevard*, Berlin 2011

K

Kleining, Jochen, *M. Kempinski & Co. Die „Arisierung" eines Berliner Traditionsunternehmens*, Hamburg 2008

Kleinmanns, Joachim / Vrachliotis, Georg, *Eine Haltung, kein Stil. Das architektonische Werk von Rolf Gutbrod*, Berlin 2021

Klös, Heinz-Georg / Klös, Ursula, *Der Berliner Zoo im Spiegel seiner Bauten 1841–1989. Eine baugeschichtliche und denkmalpflegerische Dokumentation über den Zoologischen Garten Berlin*, Berlin 1990

Klotz, Heinrich, *Die röhrenden Hirsche der Architektur. Kitsch in der modernen Baukunst*, Luzern / Frankfurt am Main 1977

Kölbel, Martin (Hg.), *Zwischen den Kriegen. Blätter gegen die Zeit. Eine Zeitschrift von Werner Riegel und Peter Rühmkorf* (Edition der Arno Schmidt Stiftung, Bargfeld), Göttingen 2019

Köster, Baldur, *Berliner Gaststätten von der Jahrhundertwende bis zum ersten Weltkrieg*, Berlin 1964

Krohn, Carsten (Hg.), *Das ungebaute Berlin. Stadtkonzepte im 20. Jahrhundert*, Berlin 2010

Kunze, Jürgen, *Die Ära Schiller. Leitvorstellungen der Berliner Wirtschaftspolitik zwischen 1961 und 1965* (fhw forschung, Bd. 17, Veröffentlichungen der Fachhochschule für Wirtschaft Berlin), Berlin 1988

L

Laqueur, Walter / Breitman, Richard, *Der Mann, der das Schweigen brach. Wie die Welt vom Holocaust erfuhr*, Frankfurt am Main / Berlin 1986

Larsson, Lars Olof, *Die Neugestaltung der Reichshauptstadt. Albert Speers Generalbebauungsplan für Berlin*, Stuttgart 1978

Lefebvre, Henri, *Die Revolution der Städte*, München 1972 (Neuausg. Hamburg 2014)

Lemburg, Peter, *Verein Berliner Kaufleute und Industrieller (VBKI). Berlin Charlottenburg, Fasanenstraße 83, Baudokumentation*, Berlin 1996

Lemburg, Peter, *Bikini Berlin und seine Story. Stationen – Bauten – Visionen*, Petersberg 2015

Lemburg, Peter / Werner Hildebrandt / Jörg Wewel-Blake, *Aufbruch im Wandel. Der Weg zum Ludwig Erhard Haus. VBKI, IHK, Börse. Drei Berliner Institutionen, ihre Geschichte und ihre Bauten*, hg. von der Industrie- und Handelskammer zu Berlin, Berlin 1998

Luft, Friedrich, *Stimme der Kritik I. Berliner Theater 1945–1965*, Frankfurt am Main / Berlin / Wien 1982

M

Magistrat von Groß-Berlin / Arbeitsgemeinschaft Wiederaufbau „Rund um den Zoo" (Hg.), *Wettbewerb zur Erlangung von Ideen-Plänen für die Gestaltung des Berliner Stadtviertels „Rund um den Zoo"*, Berlin 1947

Mendelsohn, Erich, *Amerika. Bilderbuch eines Architekten*, Berlin 1926

Merkel, Patricia, *Das Wirken Ernst Neuferts in den Jahren 1920 bis 1940. Mit einem Werkverzeichnis und einer Werksübersicht in Bildern*, Wiesbaden 2017

Miller Lane, Barbara, *Architektur und Politik in Deutschland 1918–1945*, Braunschweig/Wiesbaden 1986

Moest, Walter, *Der Zehlendorfer Plan. Ein Vorschlag zum Wiederaufbau Berlins. Bericht über das Ergebnis der Untersuchung des Berliner Verkehrs durch die Außenstelle Zehlendorf des Hauptamtes für Planung in der Abteilung für Bau- und Wohnungswesen des Magistrats von Groß-Berlin* (Schriftenreihe der „Neuen Bauwelt", Bd. 30), Berlin 1947

Mönninger, Michael, „Bauen für das Wirtschaftswunder. Die Siedlungen des Marshallplans in Deutschland", in: Düwel, Jörn / Mönninger, Michael (Hg.), *Zwischen Traum und Trauma. Stadtplanung der Nachkriegsmoderne*, Berlin 2011

Müller-Reppen, Frithjof (Hg.), *Le Corbusier's Wohneinheit 66 „Typ Berlin"*, Berlin 1958

Musil, Robert, *Der Mann ohne Eigenschaften*, 3 Bde., Berlin ab 1930 [1. und 2. Bd., 6. Aufl., Reinbek b. Hamburg 2011]

N

Nawrocki, Joachim, „Berliner Wirtschaft: Wachstum auf begrenztem Raum", in: *Berlin. Berichte zur Lage der Stadt: Architektur, Bildende Künste, Literatur, Museen, Musik, Rechtsstatus, Theater, Wirtschaft, Wissenschaft*, Berlin 1975 (1983)

Nestriepke, Siegfried, *Neues Beginnen. Die Geschichte der Freien Volksbühne Berlin 1946 bis 1955*, Berlin 1956

Neufert, Ernst, *Bombensicherer Luftschutz im Wohnungsbau*, Berlin 1942

O

Oschilewski, Walther G., *Zehn Jahre Theater am Kurfürstendamm. Das Haus der Freien Volksbühne Berlin 1949/1959*, Berlin 1960

Oschilewski, Walther G., *Freie Volksbühne Berlin*, Berlin 1965

Oschilewski, Walther G. / Scholz, Oscar, *Berlin kommt wieder. Ein Buch vom wirtschaftlichen und kulturellen Aufbau der Hauptstadt Deutschlands*, Berlin 1950

P

Pehnt, Wolfgang / Schirren, Matthias (Hg.), *Hans Poelzig 1869 bis 1936. Architekt, Lehrer, Künstler*, München 2007

Pfankuch, Peter (Hg.), *Hans Scharoun. Bauten, Entwürfe, Texte* (Schriftenreihe der Akademie der Künste Berlin, Bd. 10), Berlin 1975 (Neuausg. Berlin 1993)

Pfefferkorn, Rudolf, *Die Berliner Secession. Eine Epoche Deutscher Kunstgeschichte*, Berlin 1972

Posener, Julius, *Hans Poelzig. Reflections on His Life and Work*, hg. v. Kristin Feireiss, Cambridge, MA / London 1992

Pracht, Elfi, *M. Kempinski & Co.*, hg. von der Historischen Kommission zu Berlin, Berlin 1994

Pragher, Willy, „Die Reise nach Berlin. Ick hab' mein'n Koffer wieder mitjebracht", in: Berliner Festspiele GmbH (Hg.), *Die Reise nach Berlin* (Ausst.-Kat. Hamburger Bahnhof, Berlin, 1.5.–1.11.1987), Berlin 1987

Prowe, Diethelm, *Weltstadt in Krisen. Berlin 1949–1958* (Veröffentlichungen der Historischen Kommission zu Berlin, Bd. 42), Berlin / New York 1973

R

Randzio, Ernst, *Unterirdischer Städtebau, besonders mit Beispielen aus Groß-Berlin* (Veröffentlichung der Akademie für Raumforschung und Landesplanung, Bd. 20), Bremen 1951

Rave, Paul Ortwin / Wirth, Irmgard (Hg.), *Die Bauten und Kunstdenkmäler von Berlin. Stadt und Bezirk Charlottenburg*, Berlin 1962

Reichhardt, Hans Joachim / Schäche, Wolfgang, *Von Berlin nach Germania. Über die Zerstörung der Reichshauptstadt durch Albert Speers Neugestaltungsplanungen*, 11. Aufl., Berlin 1998

Ribbe, Wolfgang (Hg.), *Von der Residenz zur City. 250 Jahre Charlottenburg*, Berlin 1980

Riess, Curt, *Berlin Berlin 1945–1953*, Berlin 1953

Rogge, Peter G., *Die amerikanische Hilfe für Westberlin. Von der deutschen Kapitulation bis zur westdeutschen Souveränität*, Tübingen 1959

Roters, Eberhard (Hg.), *Ateliergemeinschaft Klosterstraße Berlin 1933–1945. Künstler in der Zeit des Nationalsozialismus* (Ausst.-Kat. Akademie der Künste, Berlin), Berlin 1994

S

Scarpa, Ludovica, „Martin Wagner oder die Rationalisierung des Glücks", in: Scarpa, Ludovica et al., *Martin Wagner 1885–1957. Wohnungsbau und Weltstadtplanung. Die Rationalisierung des Glücks*, Berlin 1985

Scarpa, Ludovica, *Martin Wagner und Berlin. Architektur und Städtebau in der Weimarer Republik*, Braunschweig/Wiesbaden 1986

Schäche, Wolfgang, „Erbauer des Neuen Berlin. Heinrich Mendelssohn (1881–1959)", in: Schäche, Wolfgang / Schmitz, Ralf / Pessier, David, *Berlin und seine Bauherren. Als die Hauptstadt Weltstadt wurde*, Berlin 2018

Schiller, Karl, *Berliner Wirtschaft und deutsche Politik. Reden und Aufsätze 1961 bis 1964*, Stuttgart-Degerloch 1964

Schilling, Martina, *Freie Universität Berlin. Ein Architekturführer zu den Hochschulbauten*, Salenstein 2011

Schilling, Martina, „Paul Schwebes und Hans Schoszberger", in: Hänsel, Jessica / Haspel, Jörg / Salge, Christiane / Wittmann-Englert, Kerstin (Hg.), *Baumeister – Ingenieure – Gartenarchitekten* (Berliner Lebensbilder, Bd. 11), Historische Kommission zu Berlin, Berlin 2016

Schirmer, Lothar, *„Suche Nägel, biete gutes Theater!" Theater in Berlin nach 1945 – Nachkriegszeit* (Ausst.-Kat. Stiftung Stadtmuseum Berlin), Berlin 2001

Schirren, Matthias (Hg.), *Hans Poelzig. Die Pläne und Zeichnungen aus dem ehemaligen Verkehrs- und Baumuseum in Berlin*, Berlin 1989

Schlusche, Günter / Pfeiffer-Kloss, Verena / Dolff-Bonekämper, Gabriele, *Stadtentwicklung im doppelten Berlin. Zeitgenossenschaften und Erinnerungsorte*, Berlin 2014

Schmidt, Lisa Marei / Wittmann-Englert, Kerstin (Hg.), *Werner Düttmann. Berlin. Bau. Werk.* (Werner Düttmann Building Berlin), Berlin 2021

Schneider, Rolf, *Theater in einem besiegten Land. Dramaturgie der deutschen Nachkriegszeit 1945–1949*, Frankfurt am Main / Berlin 1989

Schoszberger, Hans, *Bautechnischer Luftschutz. Grundsätze des bautechnischen Luftschutzes gegen Fliegerbomben bei der Landesplanung, beim Aufbau der Gebäude und beim Schutzraumbau*, Berlin 1934

Schoszberger, Hans, *Luftschutz durch Stahl. Eine Untersuchung über die Anwendung von Stahl im bautechnischen Luftschutz*, Berlin 1936

Schuster, Walter, „Franck gegen Kathreiner: die Kaffee(ersatz)schlacht", in: Kuretsidis-Haider, Claudia / Schindler, Christine (Hg.), *Zeithistoriker – Archivar – Aufklärer. Festschrift für Winfried R. Garscha*, Wien 2017

Schwarz, Ullrich (Hg.), *neue heimat. Das Gesicht der Bundesrepublik. Bauten und Projekte 1947–1985* (Schriftenreihe des Hamburgischen Architekturarchivs, Bd. 38), München/Hamburg 2019

Schwippert, Hans (Hg.), *Mensch und Technik. Erzeugnis – Form – Gebrauch. Darmstädter Gespräch 1952*, Darmstadt 1952

Sedlmaier, Alexander, „Berlin's Europa-Center (1963–65). Americanization, Consumerism, and the Uses of the International Style", in: Grewe, Cordula (Hg.), *From Manhattan to Mainhattan. Architecture and Style as Transatlantic Dialogue, 1920–1970* (Bulletin of the German Historical Institute, Supplement 2), Washington 2005, online abrufbar: https://www.ghi-dc.org/fileadmin/publications/Bulletin_Supplement/Supplement_2/supp2.pdf (zuletzt aufgerufen: 21.7.2023)

Sedlmaier, Alexander, „Berlin als doppeltes ‚Schaufenster' im Kalten Krieg", in: Biskup, Thomas / Schalenberg, Marc (Hg.), *Selling Berlin. Imagebildung und Stadtmarketing von der preußischen Residenz bis zur Bundeshauptstadt*, Stuttgart 2008

Senat von Berlin (Hg.), *Berlin kommt wieder*, Berlin 1955 [Broschüre]

Senator für Bau- und Wohnungswesen (Hg.), *Die Interbau wird diskutiert. Die ersten Ergebnisse*, Wiesbaden/Berlin 1960

Shell, Kurt Leo, *Bedrohung und Bewährung. Führung und Bevölkerung in der Berlin-Krise*, Köln 1965

Slevogt, Esther, *„Aufgebaut werden durch dich die Trümmer der Vergangenheit". Das jüdische Gemeindehaus in der Fasanenstraße*, Berlin/Teetz 2009

Spennrath, Friedrich / Industrie- und Handelskammer zu Berlin e. V. (Hg.), *Die Wirtschaft Westberlins 1945 bis 1955*, Berlin 1955

Stegers, Rudolf, *Hermann Herrey. Werk und Leben 1904–1968*, Basel 2018

Steinbring, Karl Olaf, *Organisation und Durchführung des Berliner Notstandsprogramms 1950–1956*, (Dissertation Freie Universität Berlin), Berlin 1956

Stephan, Senatsrat Dipl.-Ing. Hans, „Die Berliner Stadtplanung im Jahre 1953", in: Schwedler, Rolf, Senatsverwaltung für Bau- und Wohnungswesen Berlin (Hg.), *Berliner Baubuch 1954*, Berlin 1954

Stephan, Senatsrat Dipl.-Ing. Hans, „Die Berliner Stadt- und Landesplanung", in: Schwedler, Rolf, Senatsverwaltung für Bau- und Wohnungswesen Berlin (Hg.), *Berliner Baubuch 1955*, Berlin 1955

Suhr, Otto, „Die Projekte des Langfristigen Aufbauplanes für Berlin", in: Schwedler, Rolf, Senatsverwaltung für Bau- und Wohnungswesen Berlin (Hg.), *Berliner Baubuch 1955*, Berlin 1955

T

Taut, Max, *Berlin im Aufbau. Betrachtungen und Bilder des Architekten Max Taut*, Berlin 1946

Teut, Anna, *Architektur im Dritten Reich 1933–1945*, Berlin / Frankfurt am Main / Wien 1967

Treber, Leonie, *Mythos Trümmerfrauen. Von der Trümmerbeseitigung in der Kriegs- und Nachkriegszeit und der Entstehung eines deutschen Erinnerungsortes*, Essen 2015

V

Van Doren, Carlton S., „PAN AM's Legacy to World Tourism", in: *Journal of Travel Research*, 32. Jg., Nr. 1, Juli 1993

W

Wagner-Conzelmann, Sandra, *Die Interbau 1957 in Berlin. Stadt von Heute – Stadt von Morgen. Städtebau und Gesellschaftskritik der 50er Jahre*, Petersberg 2007

Walser, Robert, *Aschinger. Jahresgabe der Nicolaischen Buchhandlung Friedenau 1993*, Berlin 1993

Wandersleb, Hermann, *Neuer Wohnbau. Neue Wege des Wohnungsbaues als Ergebnis der ECA-Ausschreibung. Bd. 1: Bauplanung*, Ravensburg 1952

Warnke, Stephanie, *Stein gegen Stein. Architektur und Medien im geteilten Berlin 1950–1970*, Frankfurt am Main 2009

Was weißt Du von Berlin?, Berlin o. J. [Broschüre Senator für das Bau- und Wohnungswesen Karl Mahler]

Weckherlin, Gernot, *BEL. Zur Systematik des architektonischen Wissens am Beispiel von Ernst Neuferts Bauentwurfslehre*, Tübingen/Berlin 2017

Werner, Frank, *Stadtplanung Berlin. Theorie und Realität. Teil I: 1900–1960*, Berlin 1976

Westphal, Uwe, *Berliner Konfektion und Mode 1836–1939. Die Zerstörung einer Tradition* (Deutsche Vergangenheit. Stätten der Geschichte Berlins, Bd. 14), 2. Aufl., Berlin 1992

Wharton, Annabel Jane, *Building the Cold War. Hilton International Hotels and Modern Architecture*, Chicago/London 2001

Wilde, Alexander, „Zwischen Zusammenbruch und Währungsreform. Fremdenverkehr in den westlichen Besatzungszonen", in: Spode, Hasso (Hg.), *Goldstrand und Teutonengrill. Kultur- und Sozialgeschichte des Tourismus in Deutschland 1945 bis 1989*, Berlin 1996

Wilhelm, Karin, „‚... Träume, die verwirklicht werden ...'. Salins Suche nach Urbanität", in: Wilhelm, Karin / Gust, Kerstin, *Neue Städte für einen neuen Staat. Die städtebauliche Erfindung des modernen Israel und der Wiederaufbau in der BRD. Eine Annäherung*, Bielefeld 2013

Wilhelm, Karin / Gisbertz, Olaf / Jessen-Klingenberg, Detlef / Schmedding, Anne, *Gesetz und Freiheit. Der Architekt Friedrich Wilhelm Kraemer (1907–1990)*, Berlin 2007

Wilhelm, Karin / Jessen-Klingenberg, Detlef (Hg.), *Formationen der Stadt. Camillo Sitte weitergelesen* (Bauwelt Fundamente, Bd. 132), Basel/Boston/Berlin 2006

Worbs, Dietrich, „Offenheit und Transparenz. Vier Bauten der 50er Jahre im Zentrum von Berlin (West)", in: Huse, Norbert, *Verloren, gefährdet, geschützt. Baudenkmale in Berlin* (Ausst.-Kat. ehemaliges Arbeitsschutzmuseum Berlin-Charlottenburg, 7.12.1988–5.3.1989), Berlin 1989

Worbs, Dietrich, *Einblicke in die Berliner Denkmal-Landschaft*, Berlin 2002

Worbs, Dietrich, *Komödie und Theater am Kurfürstendamm. Das Erbe von Oskar Kaufmann und Max Reinhardt*, München/Berlin 2007

Z

Zehle, Sibylle, *Max Reinhardt. Ein Leben als Festspiel*, Wien 2020

Zentrum am Zoo Geschäftsbauten AG [Binger, L. / Borgelt, H. / Hellemann, S.] (Hg.), *Vom Filmpalast zum Kinozentrum Zoo-Palast. Festschrift zur Vollendung des Kinozentrums*, Berlin 1983

Ziffer, Alfred (Hg.), *Bruno Paul. Deutsche Raumkunst und Architektur zwischen Jugendstil und Moderne*, München 1992

Archive

Paul Schwebes Archiv (PSA)
Architekturmuseum der TU Berlin
Landesarchiv Berlin
Bundesarchiv Berlin-Lichterfelde

Bauaktenarchiv Charlottenburg-Wilmersdorf
Bauaktenarchiv Friedrichshain-Kreuzberg
Bauaktenarchiv Mitte
Bauaktenarchiv Neukölln
Bauaktenarchiv Pankow
Bauaktenarchiv Reinickendorf
Bauaktenarchiv Spandau
Bauaktenarchiv Steglitz-Zehlendorf
Bauaktenarchiv Tempelhof-Schöneberg

Akademie der Künste Berlin
Archiv der „Komödie" Berlin
Archiv Hotel Intercontinental Berlin
Archiv Museum Tempelhof Schöneberg
Archiv Wohnstift „Otto Dibelius"
Archiv Zoologischer Garten Berlin AG
Berlin Brandenburgisches Wirtschaftsarchiv
Berlinische Galerie. Museum für moderne Kunst
Brandenburgisches Landeshauptarchiv
Bund Deutscher Architekten (BDA), Berlin
Deutsches Technikmuseum Berlin
Historisches Archiv der Berliner Sparkasse
Stiftung Stadtmuseum Berlin

Archiv der Moderne, Weimar
Hamburgisches Architekturarchiv
Haus der Stadtgeschichte – Archiv – Offenbach
Historisches Archiv Köln
Institut für Stadtgeschichte Frankfurt am Main
Institut für Stadtgeschichte Gelsenkirchen
Landesarchiv Baden-Württemberg / Staatsarchiv Freiburg
Stadtarchiv Düsseldorf
Stadtarchiv Kiel
Stadtarchiv Leinfelden-Echterdingen
Stadtarchiv Stuttgart
Theatermuseum München

Denkmalliste des Landesdenkmalamts Berlin, online abrufbar: https://www.berlin.de/landesdenkmalamt/denkmale/liste-karte-datenbank/denkmalliste/ (zuletzt aufgerufen: 21.7.2023)

Fachzeitschriften

Architektur und Wohnform
Baugilde
Baukunst und Werkform
Bauwelt
Bildende Kunst. Zeitschrift für Malerei, Graphik, Plastik und Architektur
Der Architekt
Deutsche Bauzeitung
Die Kunst im Dritten Reich
Die neue Stadt
Domus
L'architecture d'aujourd'hui
Wasmuths Monatshefte für Baukunst
Zentralblatt der Bauverwaltung / Zeitschrift für Bauwesen

Das Paul Schwebes Archiv (PSA) führt einen umfangreichen Sammlungsbestand an Zeitschriften und Zeitungsausschnitten aus Tages- und Fachpresse.

Bildnachweis

Umschlag-Innenseite, Berlin-Plan: Felix Künkel
S. 10: Foto: Jürgen Wagner / timeline images
S. 12, oben und unten: Privatbesitz, Foto: Werner Kornetzki, Rechtsnachfolger Werner Kornetzki
S. 13, links: Reproduktion aus *Neue Bauwelt*, 2. Jg., Nr. 1, 1947, Titelblatt
S. 13, rechts: Privatbesitz
S. 15, links oben: Institut für Stadtgeschichte Gelsenkirchen, Inv.-Nr. FS I LB 01 – Sl.002 Nr. 03405, Foto: Max Majer
S. 15, links unten: Reproduktion aus *Wasmuths Monatshefte für Baukunst* 1924, S. 30, Zeichnungen: Erich Mendelsohn
S. 15, rechts unten: Reproduktion aus Regina Stephan, *Erich Mendelsohn. Gebaute Welten*, Ostfildern-Ruit 1990, S. 97, Foto: Arthur Köster © VG Bild-Kunst, Bonn 2023
S. 22, oben und unten: Privatbesitz
S. 24: Landesarchiv Berlin, F Rep. 290 (08) Nr. 0261871, Foto: Iglarz
S. 25, oben: Reproduktion aus *Neue Bauwelt*, 2. Jg., Nr. 48, 1947, S. 760
S. 25, unten: Reproduktion aus Ernst Randzio, *Unterirdischer Städtebau, besonders mit Beispielen aus Gross-Berlin*, Bremen 1951, S. 67
S. 26: Privatbesitz
S. 27, oben und Mitte: Reproduktion aus *bildende kunst*, Nr. 9, 1948, S. 18
S. 27, unten: Reproduktion aus *Neue Bauwelt*, 3. Jg., Nr. 37, 1948, S. 580
S. 30, oben: Anja Elisabeth Witte / Berlinische Galerie
S. 30, unten: ullstein bild – Archiv Hahn/Weissberg, Foto: Ernst Hahn
S. 33, links: Paul Schwebes Archiv, Foto: Verlag Kunst und Bild
S. 33, rechts: Hamburgisches Architekturarchiv, Borngräber _Y_2025_2_035, Foto: Lieselotte Schröder, Rechtsnachfolger Lieselotte Schröder
S. 34: Paul Schwebes Archiv, Foto: unbekannt
S. 36: Landesarchiv Berlin, E Rep. 200-17 Nr. 190-210, Foto 193/1, Foto: unbekannt
S. 37: Paul Schwebes Archiv, Foto: Arthur Köster © VG Bild-Kunst, Bonn 2023
S. 38: Landesarchiv Baden-Württemberg, Abt. Staatsarchiv Freiburg, Inv.-Nr. W 134 Nr. 048986a, Foto: Willy Pragher
S. 39, oben: Paul Schwebes Archiv, Foto: Walter Köster © VG Bild-Kunst, Bonn 2023
S. 39, unten: Landesarchiv Baden-Württemberg, Abt. Staatsarchiv Freiburg, Inv.-Nr. W 134 Nr. 049003, Foto: Willy Pragher
S. 40, oben und unten: Privatbesitz, Foto: unbekannt
S. 42: Reproduktion aus *Bauwelt*, 28. Jg., Nr. 17, 1937, Tafel 2
S. 43: Privatbesitz
S. 46: Paul Schwebes Archiv, Foto: Horst Urbschat © Foto Studio Urbschat GmbH
S. 48, oben: Reproduktion aus Wim de Wit, Christopher J. Alexander, *Overdrive. L.A. Constructs the Future, 1940–1990*, Los Angeles 2013, S. 168
S. 48, unten: Paul Schwebes Archiv
S. 49, links: Paul Schwebes Archiv
S. 49, rechts: Firmenarchiv Hotel Intercontinental Berlin, Foto: unbekannt
S. 51, links: Hamburgisches Architekturarchiv, Borngräber _Y_2000
S. 51, rechts: Paul Schwebes Archiv, Foto: Joachim Diederichs © Joachim Diederichs
S. 53, oben: Landesarchiv Baden-Württemberg, Abt. Staatsarchiv Freiburg, Inv.-Nr. W 134 Nr. 049034, Foto: Willy Pragher
S. 53, unten: Paul Schwebes Archiv, Foto: Rolf Koehler, bpk / Rolf Koehler
S. 54, unten: Landesarchiv Berlin, F Rep. 290 (06) Nr. 0147002/1, Foto: Bert Sass
S. 55, links: Reproduktion aus *baukunst und werkform*, Nr. 4, 1957, S. 204
S. 55, rechts: Paul Schwebes Archiv, Foto: Hans Hartz © Hans Hartz / DHM
S. 56: Telefunken Archiv im Museum für Verkehr und Technik, Berlin, Inv.-Nr. 1.2.060FS008-4-42-30, Foto: unbekannt
S. 57, oben: Berlin-Brandenburgisches Wirtschaftsarchiv BBWA, Foto: unbekannt
S. 57, Mitte: Landesarchiv Baden-Württemberg, Abt. Staatsarchiv Freiburg, Inv.-Nr. W 134 Nr. 061121a, Foto: Willy Pragher
S. 57, unten: Paul Schwebes Archiv, Foto: unbekannt
S. 58, oben: Paul Schwebes Archiv, Foto: Rolf Koehler, bpk / Rolf Koehler
S. 58, unten: Paul Schwebes Archiv, Foto: Rolf Koehler, bpk / Rolf Koehler
S. 59, oben: Hamburgisches Architekturarchiv, NH.FH.3.03.2.02.1.047, Foto: Neue Heimat
S. 59, unten: Hamburgisches Architekturarchiv, NH.FH.3.03.2.02.1.043, Foto: Neue Heimat
S. 60: Landesarchiv Berlin, F Rep. 290 (01) Nr. 0047303, Foto: Bert Sass
S. 70: Architekturmuseum der Technischen Universität Berlin, Inv.-Nr. TBS 020,09, Foto: unbekannt
S. 71: Paul Schwebes Archiv
S. 72, links: Foto: Johann Sauer
S. 72, rechts: Landesarchiv Berlin, F Rep. 270, Nr. A 1942 1857
S. 73, oben: Stadtmuseum Berlin, Inv.-Nr.: IV 67/109 V, Foto: Max Missmann, Sammlung Stiftung Stadtmuseum Berlin, Reproduktion: Dorin Alexandru Ionita, Berlin
S. 73, unten: Bauaktenarchiv Charlottenburg-Wilmersdorf
S. 74: bpk / Zentralarchiv, SMB / Rosa Mai, Foto: Rosa Mai
S. 75: Reproduktion aus: Oskar Bie, *Der Architekt Oskar Kaufmann*, Ernst Pollak Verlag, Berlin 1928, S. 72, Foto: unbekannt
S. 76, links: Architekturmuseum der Technischen Universität Berlin, Inv.-Nr. TBS 020,07
S. 76, rechts: Architekturmuseum der Technischen Universität Berlin, Inv.-Nr. TBS 020,09, Foto: unbekannt
S. 77, oben: Bauaktenarchiv Charlottenburg-Wilmersdorf
S. 77, Mitte: Landesarchiv Berlin, B Rep. 207 Nr. 2202

S. 77, unten: Architekturmuseum der Technischen Universität Berlin, Inv.-Nr. TBS 048,10, Foto: unbekannt
S. 78: Paul Schwebes Archiv
S. 79: © Deutsches Theatermuseum München, Archiv Ilse Buhs, Foto: Ilse Buhs
S. 81: Architekturmuseum der Technischen Universität Berlin, Inv.-Nr. F 10365, Foto: Walter Köster © VG Bild-Kunst, Bonn 2023
S. 82: Paul Schwebes Archiv, Foto: Walter Köster © VG Bild-Kunst, Bonn 2023
S. 84: Landesarchiv Berlin, F Rep. 290 (03) Nr. 0270117, Foto: unbekannt
S. 85: Landesarchiv Berlin, A Rep. 225 Nr. 198
S. 86, links: Paul Schwebes Archiv, Vereinigte Kunstanstalten J. Bargou Söhne Nachf., Berlin
S. 86, rechts oben: Landesarchiv Berlin, A Rep. 225 Nr. 185
S. 86, rechts unten: Landesarchiv Berlin, F Rep. 290 (03) Nr. 0270117, Foto: unbekannt
S. 87: Landesarchiv Berlin, F Rep. 290 (03) Nr. 0080652, Foto: Fritz T. Ratej
S. 88, oben: Landesarchiv Berlin, B Rep. 212 Nr. 777
S. 88, unten: Landesarchiv Berlin, F Rep. 290 (03) Nr. 0008456, Foto: Bert Sass
S. 89: Stadtmuseum Berlin, Inv.-Nr. SM 2014-1841,99 © Stiftung Stadtmuseum Berlin – Archiv Rolf Goetze, Foto: Rolf Goetze
S. 90: Privatbesitz, Atelier Eggert / Kurt Kranz, Courtesy Ingrid Kranz
S. 92, oben und unten: Privatbesitz, Foto: unbekannt
S. 93, alle Abb.: Landesarchiv Berlin, Histomap Berlin
S. 94: Stadtmuseum Berlin, Inv.-Nr. SM 2014-1861,62 © Stiftung Stadtmuseum Berlin – Archiv Rolf Goetze, Foto: Rolf Goetze
S. 96, oben: Stadtmuseum Berlin, Inv.-Nr. SM 2011-0571,18 © Stiftung Stadtmuseum Berlin – Archiv Rolf Goetze, Foto: Rolf Goetze
S. 96, unten: Landesarchiv Berlin, B Rep. 010 Nr. 704
S. 97, oben: Architekturmuseum der Technischen Universität Berlin, Inv.-Nr. F10358, Foto: Walter Köster © VG Bild-Kunst, Bonn 2023
S. 97, unten: Architekturmuseum der Technischen Universität Berlin, Inv.-Nr. 49624
S. 98: Paul Schwebes Archiv
S. 99, oben: Architekturmuseum der Technischen Universität Berlin, Inv.-Nr. 49621
S. 99, unten: Architekturmuseum der Technischen Universität Berlin, Inv.-Nr. 49622
S. 101: ullstein bild – euroluftbild.de
S. 108, oben: Bauaktenarchiv Tempelhof-Schöneberg
S. 108, unten: Bauaktenarchiv Tempelhof-Schöneberg, Foto: unbekannt
S. 109: Paul Schwebes Archiv, Foto: Ernst H. Börner, Rechtsnachfolger Ernst H. Börner
S. 110, oben und unten: Bauaktenarchiv Tempelhof-Schöneberg
S. 111, oben und unten: bpk / Staatliche Museen zu Berlin – Preußischer Kulturbesitz, Kunstbibliothek, Reproduktion aus *Baugilde*, 16. Jg., Nr. 9, 1934, S. 314
S. 112, oben und unten: Bundesarchiv Berlin Lichterfelde, Inv.-Nr. BArch R 4606/3611
S. 113, oben: Paul Schwebes Archiv, Foto: Ernst H. Börner, Rechtsnachfolger Ernst H. Börner, Reproduktion aus *Die Kunst im Dritten Reich*, Juni 1939, S. 252
S. 113, unten: Bundesarchiv Berlin Lichterfelde, Inv.-Nr. BArch R 4606/3611
S. 114, oben: Paul Schwebes Archiv, Foto: Ernst H. Börner, Rechtsnachfolger Ernst H. Börner
S. 114, unten: Bundesarchiv Berlin Lichterfelde, Inv.-Nr. BArch R 4606/3611
S. 115, oben: Paul Schwebes Archiv, Foto: unbekannt
S. 115, unten: Bundesarchiv Berlin Lichterfelde, Inv.-Nr. BArch R 4606/3611
S. 116: Bundesarchiv Berlin Lichterfelde, Inv.-Nr. BArch R 4606/2373
S. 117, oben: Paul Schwebes Archiv, Foto: unbekannt
S. 117, Mitte und unten: Bauaktenarchiv Tempelhof-Schöneberg
S. 118: Paul Schwebes Archiv, Foto: Albert Vennemann, Rechtsnachfolger Albert Vennemann
S. 119, oben: Paul Schwebes Archiv, Foto: Albert Vennemann, Rechtsnachfolger Albert Vennemann
S. 119, unten: Paul Schwebes Archiv, Foto: Max Krajewsky © Stefan Fuhrmann, Nikola Eisenmenger
S. 120, oben: Architekturmuseum der Technischen Universität Berlin, Inv.-Nr. 49360
S. 120, unten: Architekturmuseum der Technischen Universität Berlin, Inv.-Nr. 49361
S. 121, oben: Architekturmuseum der Technischen Universität Berlin, Inv.-Nr. F 10113, Foto: Arthur Köster © VG Bild-Kunst, Bonn 2023
S. 121, unten: Paul Schwebes Archiv, Foto: Arthur Köster © VG Bild-Kunst, Bonn 2023
S. 122: Landesarchiv Berlin, B Rep. 207, Nr. 6499
S. 123, oben: Bauaktenarchiv Steglitz-Zehlendorf
S. 123, unten: Architekturmuseum der Technischen Universität Berlin, Inv.-Nr. F 10173, Foto: Arthur Köster © VG Bild-Kunst, Bonn 2023
S. 124, oben und unten: Bauaktenarchiv Steglitz-Zehlendorf
S. 125: Berlin-Brandenburgisches Wirtschaftsarchiv e. V., Bestand Hermann Meyer, Foto: unbekannt
S. 126, oben: Paul Schwebes Archiv, Foto: Horst Urbschat © Foto Studio Urbschat GmbH
S. 126, unten: Paul Schwebes Archiv, Foto: Horst Urbschat und Hans Joachim Fischer © Foto Studio Urbschat GmbH
S. 127, oben und unten: Archiv Zoologischer Garten Berlin AG
S. 128: Paul Schwebes Archiv, Foto: Rolf Koehler, bpk / Rolf Koehler
S. 129, oben und unten: Bauaktenarchiv Tempelhof-Schöneberg
S. 130, oben: Architekturmuseum der Technischen Universität Berlin, Inv.-Nr. 49273
S. 130, Mitte und unten: Paul Schwebes Archiv
S. 131, oben: Bauaktenarchiv Neukölln
S. 131, unten: Paul Schwebes Archiv, Foto: Walter Köster © VG Bild-Kunst, Bonn 2023

S. 132: Paul Schwebes Archiv, Foto: Walter Köster © VG Bild-Kunst, Bonn 2023
S. 133: Paul Schwebes Archiv, Foto: Walter Köster © VG Bild-Kunst, Bonn 2023
S. 136, oben und unten: Landesarchiv Berlin, A Rep. 010-02 Nr. 32158
S. 137, alle Abb.: Landesarchiv Berlin, A Rep. 010-02 Nr. 32158
S. 138: Paul Schwebes Archiv, Foto: Ernst H. Börner, Rechtsnachfolger Ernst H. Börner
S. 139, alle Abb.: Paul Schwebes Archiv, Foto: Ernst H. Börner, Rechtsnachfolger Ernst H. Börner
S. 140: Bundesarchiv Berlin Lichterfelde, Inv.-Nr. BArch R 4606/2642
S. 141, oben und unten: Bundesarchiv Berlin Lichterfelde, Inv.-Nr. BArch R 4606/2642
S. 142, oben: Architekturmuseum der Technischen Universität Berlin, Inv.-Nr. 48520
S. 142, unten: Architekturmuseum der Technischen Universität Berlin, Inv.-Nr. 48522
S. 143, oben: Museen Tempelhof-Schöneberg, Foto: unbekannt
S. 143, unten: Architekturmuseum der Technischen Universität Berlin, Inv.-Nr. 48517
S. 144, oben links: Architekturmuseum der Technischen Universität Berlin, Inv.-Nr. 48519
S. 144, oben rechts: Architekturmuseum der Technischen Universität Berlin, Inv.-Nr. 48518
S. 144, unten: Architekturmuseum der Technischen Universität Berlin, Inv.-Nr. 48515
S. 145: Paul Schwebes Archiv, Foto: Albert Vennemann, Rechtsnachfolger Albert Vennemann
S. 146: Paul Schwebes Archiv, Foto: Albert Vennemann, Rechtsnachfolger Albert Vennemann
S. 147, oben: Paul Schwebes Archiv, Foto: Arthur Köster © VG Bild-Kunst, Bonn 2023
S. 147, unten: Bauaktenarchiv Charlottenburg-Wilmersdorf, Rechtsnachfolger Alfred Gunzenhauser
S. 148: Paul Schwebes Archiv, Foto: unbekannt
S. 149: © Institut für Stadtgeschichte Frankfurt am Main (ISG FFM), Inv.-Nr. S7C 1998-10834, Foto: Wilfried Woscidlo
S. 150: Paul Schwebes Archiv, Foto: Arthur Köster © VG Bild-Kunst, Bonn 2023
S. 151: Bauaktenarchiv Charlottenburg-Wilmersdorf
S. 152, oben: Bauaktenarchiv Charlottenburg-Wilmersdorf, Foto: unbekannt
S. 152, unten: Bauaktenarchiv Charlottenburg-Wilmersdorf
S. 153, oben und unten: Bauaktenarchiv Charlottenburg-Wilmersdorf
S. 154: Paul Schwebes Archiv, Foto: Arthur Köster © VG Bild-Kunst, Bonn 2023
S. 155, oben und unten: Paul Schwebes Archiv, bpk / Rolf Koehler
S. 156–157, oben und unten: Bauaktenarchiv Charlottenburg-Wilmersdorf
S. 158, oben und unten: Bauaktenarchiv Charlottenburg-Wilmersdorf
S. 159: Paul Schwebes Archiv, Foto: Günter Horn, Rechtsnachfolger Günter Horn
S. 160: Bauaktenarchiv Charlottenburg-Wilmersdorf
S. 161: Paul Schwebes Archiv, Foto: Walter Köster © VG Bild-Kunst, Bonn 2023
S. 162, oben: Paul Schwebes Archiv, Foto: Rolf Koehler, bpk / Rolf Koehler
S. 162, unten: Bauaktenarchiv Charlottenburg-Wilmersdorf
S. 163: Bauaktenarchiv Charlottenburg-Wilmersdorf, Rechtsnachfolger Hanns Dustmann
S. 164, oben: Paul Schwebes Archiv, Foto: unbekannt
S. 164, unten: Paul Schwebes Archiv, Foto: E. & H. Fischer, Rechtsnachfolger E. & H. Fischer
S. 165, oben und unten: Bauaktenarchiv Charlottenburg-Wilmersdorf
S. 166, oben und unten: Bauaktenarchiv Charlottenburg-Wilmersdorf
S. 167, oben: Bauaktenarchiv Charlottenburg-Wilmersdorf
S. 167, unten: Landesarchiv Berlin, F Rep. 290 (02) Nr. 0104347, Foto: Gert Schütz
S. 168, oben: Architekturmuseum der Technischen Universität Berlin, Inv.-Nr. 49803
S. 168, unten: Architekturmuseum der Technischen Universität Berlin, Inv.-Nr. F 10185, Foto: Arthur Köster © VG Bild-Kunst, Bonn 2023
S. 169, oben und unten: Stadtarchiv Stuttgart
S. 170, alle Abb.: Stadtarchiv Stuttgart
S. 171, oben und unten: Bauaktenarchiv Charlottenburg-Wilmersdorf
S. 172, oben und unten: Bauaktenarchiv Charlottenburg-Wilmersdorf
S. 173, oben und unten: Bauaktenarchiv Charlottenburg-Wilmersdorf
S. 174, oben: Paul Schwebes Archiv, Foto: unbekannt
S. 174, unten: Bauaktenarchiv Tempelhof-Schöneberg
S. 175: Landesarchiv Berlin, F Rep. 290 (01) Nr. 0073985, Foto: Bert Sass
S. 176: Paul Schwebes Archiv, Foto: unbekannt
S. 177, oben: Architekturmuseum der Technischen Universität Berlin, Inv.-Nr. 48525
S. 177, unten: Architekturmuseum der Technischen Universität Berlin, Inv.-Nr. 48528
S. 178: Paul Schwebes Archiv, Foto: unbekannt
S. 179, oben: Paul Schwebes Archiv
S. 179, links unten: Paul Schwebes Archiv, Foto: Walter Köster © VG Bild-Kunst, Bonn 2023
S. 179, rechts unten: Paul Schwebes Archiv, Foto: Arthur Köster © VG Bild-Kunst, Bonn 2023
S. 180: Paul Schwebes Archiv, Foto: Walter Köster © VG Bild-Kunst, Bonn 2023
S. 181, oben: Paul Schwebes Archiv
S. 181, unten: Paul Schwebes Archiv, Foto: Walter Köster © VG Bild-Kunst, Bonn 2023
S. 182: Paul Schwebes Archiv, Foto: Walter Köster © VG Bild-Kunst, Bonn 2023
S. 183, oben und unten: Paul Schwebes Archiv, Foto: Walter Köster © VG Bild-Kunst, Bonn 2023

S. 184: Paul Schwebes Archiv, Foto: Walter Köster © VG Bild-Kunst, Bonn 2023
S. 185: Paul Schwebes Archiv, Foto: Walter Köster © VG Bild-Kunst, Bonn 2023
S. 186: Paul Schwebes Archiv, Foto: Walter Köster © VG Bild-Kunst, Bonn 2023
S. 187, oben und unten: Bauaktenarchiv Tempelhof-Schöneberg
S. 188, oben: Bauaktenarchiv Tempelhof-Schöneberg
S. 188, unten: Paul Schwebes Archiv
S. 189, alle Abb.: Paul Schwebes Archiv, Foto: Walter Köster © VG Bild-Kunst, Bonn 2023
S. 190: Landesarchiv Berlin, F Rep. 290 (01) Nr. 0203558, Foto: Filipp Israelson
S. 191: Paul Schwebes Archiv
S. 192, links: Bauaktenarchiv Charlottenburg-Wilmersdorf
S. 192, rechts oben und unten: Paul Schwebes Archiv, Foto: Walter Köster © VG Bild-Kunst, Bonn 2023
S. 193, oben: Bauaktenarchiv Charlottenburg-Wilmersdorf
S. 193, unten: Paul Schwebes Archiv, Foto: Rolf Koehler, bpk / Rolf Koehler
S. 194–195: Architekturmuseum der Technischen Universität Berlin, Inv.-Nr. 48924
S. 196, oben: Paul Schwebes Archiv
S. 196, unten: Architekturmuseum der Technischen Universität Berlin, Inv.-Nr. 49152
S. 197: Architekturmuseum der Technischen Universität Berlin, Inv.-Nr. 49153
S. 200, oben: Landesarchiv Berlin, F Rep. 290 (03) Nr. 0270117, Foto: unbekannt
S. 200, links und rechts unten: Bundesarchiv Berlin Lichterfelde, BA R 4606 / 2834
S. 201, oben: Foto: Fritz Klinke, Photo-Reklamewerkstätten, Berlin, Rechtsnachfolger Fritz Klinke, Photo-Reklamewerkstätten, Berlin
S. 201, unten: akg-images / Elsengold Verlag / Jürgen Grothe
S. 202: Paul Schwebes Archiv, Zeichnung: Hahne
S. 203, alle Abb.: Bauaktenarchiv Charlottenburg-Wilmersdorf
S. 204, oben und unten: Paul Schwebes Archiv, Zeichnung: Hahne
S. 205, oben und unten: Landesarchiv Berlin, B Rep. 009, Nr. 241
S. 206, oben: Landesarchiv Berlin, F Rep. 290 (02) Nr. 0032511, Foto: Gert Schütz
S. 206, unten: Bauaktenarchiv Charlottenburg-Wilmersdorf
S. 207, oben: Paul Schwebes Archiv, Foto: Max Krajewsky © Stefan Fuhrmann, Nikola Eisenmenger
S. 207, unten: Architekturmuseum der Technischen Universität Berlin, Inv.-Nr. 49371
S. 208, oben: Paul Schwebes Archiv, Foto: Horst Urbschat und Hans Joachim Fischer © Foto Studio Urbschat GmbH
S. 208, unten: Bauaktenarchiv Charlottenburg-Wilmersdorf
S. 209, alle Abb.: Bauaktenarchiv Charlottenburg-Wilmersdorf
S. 210, oben: Architekturmuseum der Technischen Universität Berlin, Inv.-Nr. 49367
S. 210, unten: Architekturmuseum der Technischen Universität Berlin, Inv.-Nr. 49450
S. 211: Landesarchiv Berlin, F Rep. 290 (02) Nr. 0047699, Foto: Gert Schütz
S. 212, oben: Jürgen Wagner / Timeline Images
S. 212, unten: Paul Schwebes Archiv, Foto: Albert Vennemann, Rechtsnachfolger Albert Vennemann
S. 213, oben und unten: Paul Schwebes Archiv, Foto: Albert Vennemann, Rechtsnachfolger Albert Vennemann
S. 214: Paul Schwebes Archiv, Foto: Joachim Diederichs © Joachim Diederichs
S. 215: Landesarchiv Berlin, F Rep. 270 Nr. A 7949-1
S. 216: Architekturmuseum der Technischen Universität Berlin, Inv.-Nr. 49559
S. 217, oben: Architekturmuseum der Technischen Universität Berlin, Inv.-Nr. 49582
S. 217, unten: Architekturmuseum der Technischen Universität Berlin, Inv.-Nr. 49565
S. 218, oben: Paul Schwebes Archiv, Foto: Leon Müller, Rechtsnachfolger Leon Müller
S. 218, unten: Paul Schwebes Archiv, Foto: unbekannt
S. 219, alle Abb.: Bauaktenarchiv Mitte
S. 220: Paul Schwebes Archiv, Foto: Arthur Köster © VG Bild-Kunst, Bonn 2023
S. 221: Paul Schwebes Archiv, Foto: Walter Köster © VG Bild-Kunst, Bonn 2023
S. 222: Architekturmuseum der Technischen Universität Berlin, Inv.-Nr. HH 0501, 003 © Herta Hammerbacher, Architekturmuseum der Technischen Universität Berlin
S. 223, oben: Architekturmuseum der Technischen Universität Berlin, Inv.-Nr. F 13198, Foto: unbekannt, Brunnenplastik: Prof. Alexander Gonda, Rechtsnachfolger Alexander Gonda
S. 223, unten: Architekturmuseum der Technischen Universität Berlin, Inv.-Nr. F 12676, Foto: unbekannt
S. 224, oben und unten: Paul Schwebes Archiv, Foto: Horst Urbschat und Hans-Joachim Fischer © Foto Studio Urbschat GmbH
S. 225, oben: Paul Schwebes Archiv, Foto: Karl und Helma Toelle, Rechtsnachfolger Karl und Helma Toelle, Wandbild: Ulrich Knispel © Ulrich und Burga Knispel-Stiftung, UdK Berlin
S. 225, unten: Paul Schwebes Archiv, Foto: Karl und Helma Toelle, Rechtsnachfolger Karl und Helma Toelle, Wandmosaik: Götz Loepelmann, Courtesy Friedrike Yarwood
S. 226, oben: Paul Schwebes Archiv, Foto: Arthur Köster © VG Bild-Kunst, Bonn 2023
S. 226, unten: Paul Schwebes Archiv, Foto: Rolf Koehler, bpk / Rolf Koehler
S. 227, oben: Architekturmuseum der Technischen Universität Berlin, Inv.-Nr. F 10184, Foto: Arthur Köster © VG Bild-Kunst, Bonn 2023
S. 227, unten: Architekturmuseum der Technischen Universität Berlin, Inv.-Nr. 49553
S. 228, oben: Architekturmuseum der Technischen Universität Berlin, Inv.-Nr. F 10322, Foto: Walter Köster © VG Bild-Kunst, Bonn 2023
S. 228, links unten: Paul Schwebes Archiv, Foto: H. W. Taubitz, Rechtsnachfolger H. W. Taubitz

S. 228, rechts unten: Stadtarchiv Kiel, 2.3 Magnussen 43677, Foto: Friedrich Magnussen
S. 229: Paul Schwebes Archiv, Foto: Walter Köster © VG Bild-Kunst, Bonn 2023
S. 230: Paul Schwebes Archiv
S. 231, oben und unten: Paul Schwebes Archiv
S. 232, oben: Stadtarchiv Karlsruhe, 8/BA Schlesiger A21/127/6/25, Foto: Horst Schlesiger
S. 232, unten: Stadtarchiv Karlsruhe, 8/BA Schlesiger A23/90/1/21, Foto: Horst Schlesiger
S. 233: Paul Schwebes Archiv, Foto: Bildstelle der Stadt Karlsruhe, Foto: Förster
S. 234, oben: Landesarchiv Berlin, B Rep. 010 Nr. 704, Foto: unbekannt
S. 234, unten: Landesarchiv Berlin, B Rep. 010 Nr. 704
S. 235, oben: Landesarchiv Berlin, B Rep. 010 Nr. 704
S. 235, unten: Architekturmuseum der Technischen Universität Berlin, Inv.-Nr. 49633
S. 236: Paul Schwebes Archiv
S. 237, oben und unten: Paul Schwebes Archiv
S. 238: Paul Schwebes Archiv
S. 239, oben und unten: Flughafen Stuttgart GmbH, Archivierungsstelle Baurechtsamt der Stadt Leinfelden-Echterdingen
S. 240: Paul Schwebes Archiv
S. 241: Architekturmuseum der Technischen Universität Berlin, Inv.-Nr. 49793
S. 244: Paul Schwebes Archiv, Foto: Arthur Köster © VG Bild-Kunst, Bonn 2023
S. 245: Bauaktenarchiv Charlottenburg-Wilmersdorf
S. 246, oben: Paul Schwebes Archiv, Foto: Arthur Köster © VG Bild-Kunst, Bonn 2023
S. 246, links und rechts unten: Paul Schwebes Archiv, Foto: Arthur Köster © VG Bild-Kunst, Bonn 2023
S. 247, oben und unten: Paul Schwebes Archiv, Foto: Arthur Köster © VG Bild-Kunst, Bonn 2023
S. 248: Paul Schwebes Archiv / Foto: Otto Hagemann, Landesarchiv Berlin, F Rep. 290 (01) Nr. 0170677
S. 249: Paul Schwebes Archiv / Foto: Otto Hagemann, Landesarchiv Berlin
S. 250–251, alle Abb.: Bauaktenarchiv Charlottenburg-Wilmersdorf
S. 252: Paul Schwebes Archiv, Foto: Arthur Köster © VG Bild-Kunst, Bonn 2023
S. 253: Paul Schwebes Archiv, Foto: Rolf Koehler © bpk / Rolf Koehler
S. 254, alle Abb.: Bauaktenarchiv Charlottenburg-Wilmersdorf
S. 255, oben und unten: Bauaktenarchiv Charlottenburg-Wilmersdorf
S. 256, oben und unten: Bauaktenarchiv Charlottenburg-Wilmersdorf
S. 257: Bauaktenarchiv Charlottenburg-Wilmersdorf
S. 258, oben: Paul Schwebes Archiv, Foto: unbekannt
S. 258–259, unten: Bauaktenarchiv Kreuzberg
S. 259, oben: Paul Schwebes Archiv, Foto: Walter Köster © VG Bild-Kunst, Bonn 2023
S. 260, alle Abb.: Bauaktenarchiv Kreuzberg
S. 261, oben: Paul Schwebes Archiv, Foto: Walter Köster © VG Bild-Kunst, Bonn 2023
S. 261, unten: Bauaktenarchiv Kreuzberg
S. 262: Architekturmuseum der Technischen Universität Berlin, Inv.-Nr. 49294
S. 263: Bauaktenarchiv Tempelhof-Schöneberg
S. 266: Steglitz Museum, Inv.-Nr. FG-00934, Foto: unbekannt
S. 267, oben: ullstein bild – Quade
S. 267, unten: Foto: Rolf Koehler, bpk / Rolf Koehler
S. 268: Bauaktenarchiv Charlottenburg-Wilmersdorf
S. 269, oben und unten: Bauaktenarchiv Charlottenburg-Wilmersdorf
S. 270: Paul Schwebes Archiv, Foto: Max Krajewsky © Stefan Fuhrmann, Nikola Eisenmenger
S. 271, oben: Paul Schwebes Archiv, Foto: Max Krajewsky © Stefan Fuhrmann, Nikola Eisenmenger
S. 271, unten: Landesarchiv Berlin, B Rep. 211 Nr. 5584
S. 272, oben: Landesarchiv Berlin, B Rep. 211 Nr. 5581
S. 272, unten: Landesarchiv Berlin, B Rep. 211 Nr. 5586
S. 273, oben: Architekturmuseum der Technischen Universität Berlin, Inv.-Nr. F 10315, Foto: Walter Köster © VG Bild-Kunst, Bonn 2023
S. 273, unten: Paul Schwebes Archiv
S. 274: Paul Schwebes Archiv, Foto: Rolf Koehler, bpk / Rolf Koehler
S. 275, oben: Bauaktenarchiv Charlottenburg-Wilmersdorf
S. 275, unten: Paul Schwebes Archiv
S. 276: Foto: ullstein bild – Berlin Bild
S. 277, alle Abb.: Bauaktenarchiv Charlottenburg-Wilmersdorf
S. 278–279: Architekturmuseum der Technischen Universität Berlin, Inv.-Nr. F 10329, Foto: Walter Köster © VG Bild-Kunst, Bonn 2023
S. 280: Paul Schwebes Archiv, Foto: unbekannt
S. 281, oben: Architekturmuseum der Technischen Universität Berlin, Inv.-Nr. 48798
S. 281, unten: Paul Schwebes Archiv, Foto: unbekannt
S. 282: Paul Schwebes Archiv, Foto: unbekannt
S. 283, oben und unten: Paul Schwebes Archiv
S. 284: Paul Schwebes Archiv, Foto: unbekannt
S. 285, oben und unten: Paul Schwebes Archiv, Foto: Fritz Fischmann, Rechtsnachfolger Fritz Fischmann
S. 286, oben: Paul Schwebes Archiv, Foto: unbekannt
S. 286, unten: Paul Schwebes Archiv, Foto: Hamburger Aero Lloyd GmbH
S. 287: Hamburgisches Architekturarchiv, NH.FH.3.03.2.02.1, Foto: Neue Heimat
S. 288: Paul Schwebes Archiv, Foto: unbekannt
S. 289: Paul Schwebes Archiv, Foto: unbekannt
S. 290, oben und unten: Paul Schwebes Archiv, Foto: Walter Köster © VG Bild-Kunst, Bonn 2023
S. 291: Architekturmuseum der Technischen Universität Berlin, Inv.-Nr. 49265
S. 292, oben: Architekturmuseum der Technischen Universität Berlin, Inv.-Nr. 49257

S. 292, unten: Architekturmuseum der Technischen Universität Berlin, Inv.-Nr. 49264
S. 293: Architekturmuseum der Technischen Universität Berlin, Inv.-Nr. 49154
S. 296: Paul Schwebes Archiv, Foto: Max Krajewsky © Stefan Fuhrmann, Nikola Eisenmenger
S. 297: Paul Schwebes Archiv, Foto: Max Krajewsky © Stefan Fuhrmann, Nikola Eisenmenger
S. 298, oben und unten: Bauaktenarchiv Charlottenburg-Wilmersdorf
S. 299, oben: Paul Schwebes Archiv, Foto: Walter Köster © VG Bild-Kunst, Bonn 2023
S. 300–301: Paul Schwebes Archiv, Foto: unbekannt
S. 301, oben: Architekturmuseum der Technischen Universität Berlin, Inv.-Nr. F 10162, Foto: Arthur Köster © VG Bild-Kunst, Bonn 2023
S. 301, unten: Architekturmuseum der Technischen Universität Berlin, Inv.-Nr. F 10159, Foto: Arthur Köster © VG Bild-Kunst, Bonn 2023
S. 302, oben: Bundesarchiv Fotosammlung, B 145 Bild-P018933, Foto: unbekannt
S. 302, unten: Landesarchiv Berlin, F Rep. 290 (02) Nr. 0020745, Foto: Bert Sass
S. 303: Landesarchiv Berlin, B Rep. 207 Nr. 6550
S. 304, oben: Landesarchiv Berlin, B Rep. 207 Nr. 6555
S. 304, unten: Bauaktenarchiv Charlottenburg-Wilmersdorf
S. 305, oben: Architekturmuseum der Technischen Universität Berlin, Inv.-Nr. F 10133, Foto: Arthur Köster © VG Bild-Kunst, Bonn 2023
S. 305, unten: Archiv Zoologischer Garten Berlin AG
S. 306, oben: Paul Schwebes Archiv
S. 306, unten: Paul Schwebes Archiv, Foto: Walter Köster © VG Bild-Kunst, Bonn 2023
S. 307, oben und unten: Bauaktenarchiv Spandau
S. 310: Architekturmuseum der Technischen Universität Berlin, Inv.-Nr. 48543
S. 311: Landesarchiv Berlin, F Rep. 290 (05) Nr. 0048406, Foto: Willi Nitschke
S. 312: Paul Schwebes Archiv
S. 313, oben und unten: Paul Schwebes Archiv
S. 316, oben: Architekturmuseum der Technischen Universität Berlin, Inv.-Nr. F 10205, Foto: Arthur Köster © VG Bild-Kunst, Bonn 2023
S. 316, unten: Bauaktenarchiv Tempelhof-Schöneberg
S. 317, oben und unten: Bauaktenarchiv Tempelhof-Schöneberg
S. 318, oben und unten: Bauaktenarchiv Tempelhof-Schöneberg
S. 319, oben: Architekturmuseum der Technischen Universität Berlin, Inv.-Nr. 49818
S. 319, unten: Bauaktenarchiv Tempelhof-Schöneberg
S. 320: Architekturmuseum der Technischen Universität Berlin, Inv.-Nr. F 10166, Foto: Arthur Köster © VG Bild-Kunst, Bonn 2023
S. 321, alle Abb.: Bauaktenarchiv Tempelhof-Schöneberg
S. 322: Architekturmuseum der Technischen Universität Berlin, Inv.-Nr. 49826
S. 323, alle Abb.: Bauaktenarchiv Spandau
S. 324: Bauaktenarchiv Charlottenburg-Wilmersdorf
S. 325, alle Abb.: Bauaktenarchiv Charlottenburg-Wilmersdorf
S. 326: Bauaktenarchiv Spandau
S. 327, alle Abb.: Bauaktenarchiv Spandau
S. 328: Bauaktenarchiv Tempelhof-Schöneberg
S. 329, oben: Archiv Wohnstift Otto Dibelius, Foto: unbekannt
S. 329, unten: Bauaktenarchiv Tempelhof-Schöneberg
S. 330, oben und unten: Bauaktenarchiv Tempelhof-Schöneberg
S. 331, oben: Bauaktenarchiv Tempelhof-Schöneberg
S. 331, unten: Archiv Wohnstift Otto Dibelius
S. 332, oben und unten: Paul Schwebes Archiv, Foto: unbekannt
S. 333, oben und unten: Paul Schwebes Archiv, Foto: unbekannt
S. 336, oben und unten: Archiv Müller-Hofstede, Foto: O. K. Vogelsang, Rechtsnachfolger O. K. Vogelsang
S. 337: Bauaktenarchiv Steglitz-Zehlendorf
S. 338, oben: Paul Schwebes Archiv, Foto: unbekannt
S. 338, unten: Bauaktenarchiv Steglitz-Zehlendorf
S. 339, oben und unten: Bauaktenarchiv Steglitz-Zehlendorf
S. 340, oben: Paul Schwebes Archiv, Foto: unbekannt
S. 340, unten: Architekturmuseum der Technischen Universität Berlin, Inv.-Nr. 49860 © Herta Hammerbacher, Architekturmuseum der Technischen Universität Berlin
S. 341, alle Abb.: Paul Schwebes Archiv, Foto: unbekannt
S. 342, oben: Architekturmuseum der Technischen Universität Berlin, Inv.-Nr. 49862, Zeichnung: Hahne
S. 342, unten: Architekturmuseum der Technischen Universität Berlin, Inv.-Nr. 49863, Zeichnung: Hahne
S. 343, oben und unten: Paul Schwebes Archiv, Foto: unbekannt
S. 344, oben: Architekturmuseum der Technischen Universität Berlin, Inv.-Nr. 49852
S. 344, unten: Architekturmuseum der Technischen Universität Berlin, Inv.-Nr. 49854
S. 345, oben und unten: Paul Schwebes Archiv, Foto: Werner I. Bauerfeld, Rechtsnachfolger Werner I. Bauerfeld
S. 346: Bauaktenarchiv Charlottenburg-Wilmersdorf
S. 347: Bauaktenarchiv Charlottenburg-Wilmersdorf
S. 348: Bauaktenarchiv Charlottenburg-Wilmersdorf
S. 349: Paul Schwebes Archiv, Foto: Karl und Helma Toelle, Rechtsnachfolger Karl und Helma Toelle
S. 350, oben und unten: Paul Schwebes Archiv, Foto: Karl und Helma Toelle, Rechtsnachfolger Karl und Helma Toelle
S. 351, oben und unten: Paul Schwebes Archiv
S. 356: Landesarchiv Berlin, A Rep. 005-07 Nr. 7 Bild 3, Foto: unbekannt
S. 358, links: Center for Urban History, Lwiw, Ukraine, Foto: unbekannt
S. 358, rechts oben: Paul Schwebes Archiv, Foto: unbekannt
S. 358, rechts Mitte: Paul Schwebes Archiv, Foto: unbekannt
S. 358, rechts unten: Architekturmuseum der Technischen Universität Berlin, Inv.-Nr. F 10105, Foto: unbekannt
S. 359: Paul Schwebes Archiv, Foto: Hans Hartz, Hans Andres Verlag Berlin © Hans Hartz / DHM
S. 360, oben: Architekturmuseum der Technischen Universität Berlin, Inv.-Nr. 48512
S. 360, unten: Architekturmuseum der Technischen Universität Berlin, Inv.-Nr. 48511

S. 361, links: Landesarchiv Berlin, F Rep. 290 (03) Nr. 0008456, Foto: Bert Sass
S. 361, rechts: Landesarchiv Berlin, F Rep. 290 (01) Nr. 0007034, Foto: Willi Nitschke
S. 363: Paul Schwebes Archiv, Reproduktion aus *Neue Bauwelt*, 6. Jg., Nr. 22, 1951, S. 92, Foto: unbekannt
S. 364: Landesarchiv Berlin, F Rep. 290 (01) Nr. 0018886, Foto: Gert Schütz
S. 366: Bauaktenarchiv Charlottenburg-Wilmersdorf
S. 368, oben: Architekturmuseum der Technischen Universität Berlin, Inv.-Nr. F 10175, Foto: Arthur Köster © VG Bild-Kunst, Bonn 2023
S. 368, unten: Architekturmuseum der Technischen Universität Berlin, Inv.-Nr. F 10176, Foto: Arthur Köster © VG Bild-Kunst, Bonn 2023
S. 369: Privatbesitz, Foto: unbekannt
S. 371: akg images, holzmann-bildarchive.de, HDB
S. 377: Paul Schwebes Archiv
S. 378, links: Landesarchiv Berlin, F Rep. 290 (02) Nr. 0085488, Foto: Johann Willa
S. 378, rechts: Architekturmuseum der Technischen Universität Berlin, Inv.-Nr. 49556
S. 379: Architekturmuseum der Technischen Universität Berlin, Inv.-Nr. 49552
S. 383: Paul Schwebes Archiv, Foto: Walter Köster © VG Bild-Kunst, Bonn 2023
S. 385: Paul Schwebes Archiv, Foto: Walter Köster © VG Bild-Kunst, Bonn 2023
S. 387, links: Architekturmuseum der Technischen Universität Berlin, Inv.-Nr. 49805
S. 387, rechts: Paul Schwebes Archiv
S. 388, links: Architekturmuseum der Technischen Universität Berlin, Inv.-Nr. 49935
S. 388, rechts: Architekturmuseum der Technischen Universität Berlin, Inv.-Nr. 49968, Zeichnung: Hahne
S. 391: Bauaktenarchiv Charlottenburg-Wilmersdorf
S. 395: Architekturmuseum der Technischen Universität Berlin, Inv.-Nr. 49868, Zeichnung: Hahne
S. 396: Paul Schwebes Archiv, Foto: unbekannt
S. 397, links oben: Paul Schwebes Archiv, Foto: unbekannt
S. 397, links und rechts unten: Paul Schwebes Archiv, Foto: Walter Köster © VG Bild-Kunst, Bonn 2023
S. 398, oben: Architekturmuseum der Technischen Universität Berlin, Inv.-Nr. F 10118, Foto: Arthur Köster © VG Bild-Kunst, Bonn 2023
S. 398, unten: Architekturmuseum der Technischen Universität Berlin, Inv.-Nr. 49268
S. 399, oben: Architekturmuseum der Technischen Universität Berlin, Inv.-Nr. F 10308, Foto: Walter Köster © VG Bild-Kunst, Bonn 2023
S. 399, Mitte: Architekturmuseum der Technischen Universität Berlin, Inv.-Nr. F 10348, Foto: Walter Köster © VG Bild-Kunst, Bonn 2023
S. 399, unten: Architekturmuseum der Technischen Universität Berlin, Inv.-Nr. 49794
S. 406: Paul Schwebes Archiv
S. 407: Paul Schwebes Archiv
S. 408: Paul Schwebes Archiv
S. 408–409: Paul Schwebes Archiv
S. 410–411: Paul Schwebes Archiv
S. 412–413: Paul Schwebes Archiv
S. 414: Paul Schwebes Archiv
S. 415: Paul Schwebes Archiv
S. 416–417: Paul Schwebes Archiv
S. 418: Paul Schwebes Archiv
S. 419: Paul Schwebes Archiv
S. 420–421: Paul Schwebes Archiv
S. 422: Paul Schwebes Archiv
S. 423: Courtesy Verve Records, Universal Music Group
S. 424: Paul Schwebes Archiv
S. 425: Paul Schwebes Archiv
S. 426: Paul Schwebes Archiv
S. 427: Paul Schwebes Archiv
S. 428: Paul Schwebes Archiv
S. 429: Architekturmuseum der Technischen Universität Berlin, Inv.-Nr. TBS 048, 02
S. 430: Paul Schwebes Archiv
S. 431: Paul Schwebes Archiv
S. 432: Paul Schwebes Archiv
S. 433: Paul Schwebes Archiv
S. 435 oben und unten: Privatbesitz

Die Autoren haben sich bemüht, bis Redaktionsschluss sämtliche Bildrechte und Inhaber zu ermitteln. Berechtigte Ansprüche werden selbstverständlich im Rahmen der üblichen Vereinbarungen abgegolten.

Impressum

Umschlagfoto: Walter Köster © VG Bild-Kunst, Bonn 2023
Lektorat: Theresa Hartherz
Korrektorat: Sandra Leitte
Gestaltung und Satz: Susanne Rösler
Lithografie: Max-Color
Gedruckt und gebunden in der Europäischen Union

Bibliografische Information der Deutschen Nationalbibliothek: Die Deutsche Nationalbibliothek verzeichnet diese Publikation in der Deutschen Nationalbibliografie; detaillierte bibliografische Daten sind im Internet über http://dnb.d-nb.de abrufbar.

jovis Verlag
Genthiner Straße 13
10785 Berlin

www.jovis.de

jovis-Bücher sind weltweit im ausgewählten Buchhandel erhältlich. Informationen zu unserem internationalen Vertrieb erhalten Sie in Ihrer Buchhandlung oder unter www.jovis.de.

ISBN 978-3-98612-002-3

Realisierte Projekte ● **1** Hotel Hilton, Budapester Straße 2 **2** Hilton-Kolonnaden, Budapester Straße 4–30 **3** Hotel Schweizerhof, Budapester Straße 21–29, Burggrafenstraße 2a und 8 **4** Hotel Berlin am Lützowplatz, Kurfürstenstraße 62–69 **5** Büro- und Geschäftshaus der Philips GmbH und **5a** Büro- und Geschäftshaus „Berlin-Center" (urspr. Philips-Center), Martin-Luther-Straße 1–1a, Kleiststraße 30–31, Kalckreuthstraße 1–2, Fuggerstraße 10 und 12 **6** Büro- und Geschäftshaus der Vorsorge-Lebensversicherungs-AG, Tauentzienstraße 19a–19b **7** Büro- und Geschäftshaus Deutsche Beamten Versicherung, Tauentzienstraße 2–3 **8** DEFAKA – Deutsches Familien Kaufhaus, Tauentzienstraße 13, Rankestraße 36 **9–12** Zentrum am Zoo, Hardenbergplatz 2, Hardenbergstraße 29 und 29a–d, Budapester Straße 38–50, Joachimsthaler Straße 45 mit 12 Großes Hochhaus, 11 Kino Zoo-Palast, 10 Langbau („Bikini"), 9 Kleines Hochhaus mit Parkhaus **13** Verwaltungsgebäude Zoologischer Garten, Hardenbergplatz 8 **14** Büro- und Geschäftshaus „Haus am Zoo", Hardenbergstraße 20 **15** Klubhaus für den Verein Berliner Kaufleute und Industrieller e. V., Fasanenstraße 83 **16** Büro- und Geschäftshaus Dortmunder Union „Kibek-Haus", Joachimsthaler Straße 43–44, Hardenbergstraße 27–27a, Kantstraße 2–2a und 3–4 **16a** Ruinennutzung Baublock Dortmunder Union, Joachimsthaler Straße 43–44, Hardenbergstraße 27–27a, Kantstraße 2–2a und 3–4 **17** Aschinger Bierquelle am Zoo, Joachimsthaler Straße 3 **18** Café Kranzler Berlin, Kurfürstendamm 18–19, Joachimsthaler Straße 8–9 **19** Stadtküche und Feinkostgeschäft Rollenhagen, Kurfürstendamm 229 **20** Büro- und Geschäftshaus der Agrippina Lebensversicherungs-AG, Rankestraße 5–6 **21** Büro- und Geschäftshaus der Allianz-Versicherungs AG, Joachimsthaler Straße 10–12 **22** Schultheiss, Büro- und Geschäftshaus am Kurfürstendamm, Kurfürstendamm 220, Meinekestraße 1 **23** Hotel Kempinski (später Bristol Hotel Kempinski), Kurfürstendamm 27 und 29, Fasanenstraße 16–21, Uhlandstraße 181–182 **24** Haus Königstadt, Kurfürstendamm 33, Grolmannstraße 37 **25** Komödie am Kurfürstendamm und Theater am Kurfürstendamm, Kurfürstendamm 206–207 und 208–209 **26** Büro- und Geschäftshaus CCC Kurfürstendamm „Passage 202" (Artur Brauner) mit Kino Lupe 1 und Lupe 2, Kurfürstendamm 202, Knesebeckstraße 38–49